Jürgen Hilse / Werner Netzel / Diethard B. Simmert (Hrsg.)

Praxishandbuch Firmenkundengeschäft

Jürgen Hilse / Werner Netzel
Diethard B. Simmert (Hrsg.)

Praxishandbuch Firmenkundengeschäft

Geschäftsfelder, Risikomanagement, Marketing

GABLER

Bibliografische Information der Deutschen Nationalbibliothek
Die Deutsche Nationalbibliothek verzeichnet diese Publikation in der Deutschen Nationalbibliografie; detaillierte bibliografische Daten sind im Internet über <http://dnb.d-nb.de> abrufbar.

1. Auflage 2010

Lektorat: Guido Notthoff

Gabler ist Teil der Fachverlagsgruppe Springer Science+Business Media.
www.gabler.de

Umschlaggestaltung: KünkelLopka Medienentwicklung, Heidelberg
Druck und buchbinderische Verarbeitung: MercedesDruck, Berlin
Gedruckt auf säurefreiem und chlorfrei gebleichtem Papier
Printed in Germany

ISBN 978-3-8349-1569-6

Vorwort

Die Kreditwirtschaft erlebt – wie nie zuvor – turbulente Zeiten. Die schon vor Jahren begonnenen Restrukturierungsprozesse werden fortan noch intensiviert werden. Jedes Geschäftsfeld muss sich mehr denn je an seiner Effizienz und seinem Wertbeitrag messen lassen müssen.

Dies gilt auch für das Firmenkundengeschäft, das sich ganz im Besonderen einer breiten Palette von Herausforderungen ausgesetzt sieht. Angefangen mit der globalen Finanzkrise und deren Auswirkungen auf die Unternehmensfinanzierung. Stichworte für eine Skizze dieser Problemlage sind „veränderte aufsichtrechtliche Anforderungen“ (u.a. Basel II), entsprechend „erhöhte Risikosensibilität“ und notwendige „Konsequenzen für den Kreditvergabeprozess“. Infolge expansiver „Ersatzgeschäfte“ mit teils riskanten Verbriefungen gerieten einige für die Finanzierung „realer“ Geschäfte entwickelte und genutzte innovative Produkte in Misskredit.

Zum anderen ist seit geraumer Zeit eine steigende Wettbewerbsintensität festzustellen, bedingt vor allem durch eine Rückbesinnung einiger Banken auf das klassische Firmenkundengeschäft. Dieser neu entbrannte Wettbewerb insbesondere um mittelständische Firmenkunden führt – verstärkt durch wirtschaftskrisenbedingt steigende Risikokosten – zu sehr spürbarem Margendruck. Die Ergebnisse im Firmenkundengeschäft werden auf absehbare Zeit erheblich unter Druck bleiben.

Die strategische Aufstellung im Firmenkundengeschäft bedarf daher einer kritischen Reflektion. Vor allem aber sind jetzt Antworten und Optionen gefragt, um unter dramatisch sich verändernden Rahmenbedingungen die Zukunft des Firmenkundengeschäfts erfolgreich zu gestalten. Dies ist die Begründung für unser Buchprojekt.

Wir geben nicht vor, in diesem „Praxishandbuch Firmenkundengeschäft“ eine Blaupause für die Neustrukturierung dieses Geschäftsfeldes zu präsentieren. Dies ist angesichts unterschiedlicher Ausgangslagen und Rahmenbedingungen sowie divergierender geschäftspolitischer Ausrichtungen der Banken nicht möglich. Unser Anspruch ist vielmehr, Erfahrungen weiterzugeben, Anregungen und Anstöße für den Prozess der kritischen Überprüfung sowie einer eventuell notwendig werdenden strategischen Neuausrichtung zu geben, m.a.W., wir unterstützen beim Suchprozess für das jeweils individuell passende, maßgeschneiderte Konzept.

Wir starten – wie sollte es anders sein – mit der Diskussion der Kundenbedürfnisse. Die Bedarfe, aber auch die Anspruchshaltung der Kunden haben sich in den letzten Jahren stark verändert. Man denke nur an die immer mehr in den Vordergrund gerückte Qualitätsberatung, zu der die gesamte Kundensituation (inklusive Privatbereich) ebenso gehört wie die Erarbeitung zukunftsgerichteter (Finanzierungs-/Anlage-) Konzepte. Allein der klassische Betriebsmittel- und Investitionskredit (immer noch die Grundversorgung darstellend) bilden heute kein wettbewerbsfähiges Angebot mehr, gefragt ist vielmehr der speziell auf den Kunden zugeschnittene Finanzierungs- Mix aus klassischen und alternativen Finanzprodukten.

Hier stellt sich zwangsläufig die Frage nach der Profitabilität von Marktsegmenten: Nicht allen Kundengruppen können die gleichen Leistungen in der gleichen Tiefe zuteil werden. Mit Blick auf die Deckungsbeiträge der Kundensegmente sind unter geschäftspolitischen Gesichtspunkten unterschiedliche Standardisierungsgrade und differenzierte Marktbearbeitungskonzepte zu diskutieren.

Beim nächsten Diskussionsschwerpunkt geht es um die strategische Positionierung im härter werdenden Firmenkundengeschäft der Banken. Neben grundsätzlichen Positionen stehen hier einzelne marktrelevante Bereich wie Existenzgründung und Sanierung im Fokus.

Sehr umfassend werden – und dies ist ein zentrales Anliegen dieser Publikation – die Wachstumsmärkte analysiert. Dabei wird nicht nur erörtert, welche Geschäftsfelder gute Zukunftsaussichten versprechen, sondern auch aufgezeigt, wo noch Nachholbedarf besteht und insbesondere wie Potenziale (eine breite Palette mit diesen Themen: Corporate Finance, Private Equity, Internationales Geschäft, Factoring, Leasing, Public Private Partnership, betriebliche Altersvorsorge, Vermögensanlage bis hin zur Risikoabsicherung über Versicherungen) zu heben sind. Praxisbeispiele zu zukunftsorientierten Vertriebs- und Marketingkonzepten runden diesen Blick auf die bereits erkennbaren Markterfordernisse ab.

Produkte, Beratung und Vertrieb sind nicht alles – ein excellentes Risikomanagement ist – wie die aktuelle Finanzkrise belegt – wichtiger denn je. So haben Basel II und Rating Meilensteine für Risikoeinschätzung und – handling gesetzt, neue Instrumente setzen Maßstäbe für die Entwicklung der Kunde-Bank- Beziehung (zu denken ist bspw. an das Strategiegespräch). Vor allem aber ersetzt „Risikoadjustiertes Pricing“ die „Bauchkalkulation“ bzw. die teilweise willkürliche Festlegung von Preisen durch einen systematischen Prozess.

Last, but not least: Erfolg im Firmenkundengeschäft setzt qualifizierte Kundenbetreuer, eine stringente Führung und eine offene Kommunikation voraus. Die Anforderungen an die Firmenkundenbetreuer sind generell erheblich gestiegen, sowohl vertriebsseitig als auch produktseitig. Höhere Professionalität, differenzierteres Know-how und richtig gesteuerter Spezialisteneinsatz sind mehr denn je gefordert. Schließlich haben wir spätestens im Zusammenhang mit Basel II und Rating gelernt, dass Kommunikation nicht alles, aber alles ohne Kommunikation nichts ist. Im Firmenkundengeschäft ist in der Vergangenheit Kommunikation – im Gegensatz zum Privatkundengeschäft – eher vernachlässigt worden. Heute besteht ein breiter Konsens darüber, dass Kommunikation ein strategischer Erfolgsfaktor auch im Firmenkundengeschäft ist.

Die abschließenden Beiträge analysieren sehr detailliert, umfassend und praxisorientiert die wichtigen Aspekte der Qualifikation der Firmenkundenbetreuer und die hohe Relevanz der Finanzkommunikation.

Das breite Spektrum an Themen in diesem Werk dürfte für das geschäftpolitisch so wichtige Geschäftsfeld „Firmenkundengeschäft“ sehr viele Ansatzpunkte bieten, um bei grundsätzlichen, aber auch bei spezifischen Frage- bzw. Problemstellungen zur Diagnose und zu den Perspektiven des Firmenkundengeschäfts konkrete Hinweise und praktische Anregungen zu bieten.

Wir würden uns sehr freuen, wenn uns dies mit der Herausgabe dieses Werks gelungen ist.

Jürgen Hilse *Werner Netzel* *Diethard B. Simmert*

Inhaltsverzeichnis

Vorwort 5

Teil I
Kundenbedürfnisse und Profitabilität von Marktsegmenten

Spannungsfeld Segmentierung vs. Kundenbindung im Firmenkundengeschäft 15
Hubert Herpers

Konzern Kommune – der etwas andere Firmenkunde 23
Wolfgang Zender / Sebastian Bergmann

Chancen im Geschäft mit Kommunen und Institutionellen 39
Günter Högner

Teil II
Strategische Positionierungen im Firmenkundengeschäft

Aktive Marktbearbeitung im mittelständischen Firmenkundengeschäft 51
Michael Fröhlich

Existenzgründung 59
Frank Brockmann

Sanierung 73
Karl-Heinz Weber

Strategische Positionierung einer Großbank im Firmenkundengeschäft 87
Wilhelm von Haller

Teil III
Wachstumsmärkte im Firmenkundengeschäft

Corporate Finance für den Mittelstand 97
Christoph Schulz

Fördermöglichkeiten der KfW für Unternehmen und Gründer 109
Jochen Struck

Zur Bedeutung von Private Equity im mittelständischen Unternehmenssektor 129
Carsten Schmeding / Diethard B. Simmert

Nachfolgeregelung im Mittelstand 149
Horst Kary / Hermann Dittmers

Einsatz von Derivaten bei mittelständischen Unternehmen 177
Ulrich Kirchhoff / Heinz-Josef Bickers

Internationales Firmenkundengeschäft 193
Christoph Holzem

Zahlungsverkehr als Basis der Firmenkundenbeziehung 207
Bernd M. Fieseler

Factoring 225
Hendrik Harms

Chancen im Leasingmarkt – Leasing als Verbundprodukt der Sparkassen 241
Hans-Michael Heitmüller

Public Private Partnership 259
Bodo Ihlenburg / Sebastian Bergmann

Betriebliche Altersvorsorge

Betriebliche Altersversorgung und Bilanzrechtsmodernisierungsgesetz –
Neue Chancen für das Firmenkundengeschäft und neue Anforderungen 285
Markus Gigl

Zeitwertkonten – Grundlagen und Neuerungen 299
Roger Hellmich

Zeitwertkonten und etablierte Konzepte der betrieblichen Altersversorgung – „verbesserter Nachfolger" der gesetzlichen Altersteilzeit 311
Rainer Steinhaus

Vermögensanlage von Firmenkunden

Anlage von Firmen- und Privatvermögen 321
Britt Niggemann

Unternehmer als Stifter: Im Interesse des Unternehmers, im Interesse des Unternehmens, im Interesse der Sparkassen und im Interesse des Gemeinwohls 339
Klaus Küsgen / Thomas Grunwald

Die Risikolandschaft von Firmenkunden im Wandel – was bedeutet dies für Versicherungsunternehmen? 363
Rainer Fürhaupter

Zukunftsorientierte Vertriebs- und Marketingkonzepte im Firmenkundengeschäft

Beratungsqualität und Kundenbeziehungsmanagement im Fokus – Kreissparkasse Köln – Partner des Mittelstands 379
Josef Hastrich / Georg Lixenfeld

Zukunftsorientierte Vertriebs- und Marketingkonzepte im Firmenkundengeschäft – aus Sicht der Genossenschaftsbanken 397
Uwe Fröhlich

Liquiditätssicherung als Kernaufgabe der Banken im Firmenkundengeschäft 407
Andreas Voglis

Teil IV
Risikomanagement

Risikomanagement – Strategiegespräch mit dem Unternehmensmanagement 421
Rudolf Schüller / Ralf Goebel

Risikoadjustiertes Pricing – von der Konzeption bis zur Umsetzung 435
Thomas Grützemacher / Manfred Theis

Value-basiertes Pricing: Wege aus der Ertragskrise im Firmenkundengeschäft 451
Georg Wübker / Frank Niemeyer / Jan Engelke

Teil V
Finanzkommunikation

Der Firmenkundenbetreuer als Unternehmenspartner –
Anforderung an Qualifikation und Führung 469
Frank Haupt

Kommunikation als strategischer Erfolgsfaktor im Firmenkundengeschäft 477
Michael Ilg

Finanz-Kommunikation zur Existenzsicherung im Mittelstand 491
Stephan Paul

Die Herausgeber 511

Die Autorinnen und Autoren 513

Stichwortverzeichnis 525

Teil I

Kundenbedürfnisse und Profitabilität von Marktsegmenten

Spannungsfeld Segmentierung vs. Kundenbindung im Firmenkundengeschäft

Hubert Herpers

1. Einleitung

Das Geschäft der Banken und Sparkassen mit Firmen-, Gewerbe- und Geschäftskunden befindet sich seit Jahren in einem ständigen Wandel und einer aus mehreren Perspektiven betrachteten Umbruchsituation. Dabei sind die Veränderungsbewegungen vielschichtiger Natur und haben sich wandelnde, unmittelbare Auswirkungen auf die Beziehung des Kunden zu seinem Kreditinstitut.

Die Einflussfaktoren sind unterschiedlichster Art. Zusammenfassend kann man den Blick auf wirtschaftliche, ökologische, technologische und ordnungspolitische Aspekte fokussieren. Diese Veränderungstendenzen bedeuten, dass sich sowohl die Betriebe als auch die Banken und Sparkassen mit den neuen Gegebenheiten befassen müssen, sich auf diese einzustellen haben und kontinuierliche Anpassungsprozesse vornehmen müssen.

Naturgemäß messen Kreditinstitute dem Bankgeschäft mit mittelständischen Unternehmen eine besondere Bedeutung bei. Es gilt für diese die verschiedenen, zugänglichen Finanzierungsquellen sinnvoll zu erschließen und miteinander zu verbinden.

Aufgrund fehlender Emissionsfähigkeit ist das Einwerben von ausreichendem Eigenkapital aus externen Quellen ein entscheidender Begrenzungsfaktor für die Entwicklung dieser Unternehmen. Die Selbstfinanzierung vor allem durch Gewinnthesaurierungen bildet in diesem Segment die entscheidende Innenfinanzierung, wobei im Mittelstand der Zusammenhang zwischen der privaten und der betrieblichen Sphäre besondere Bedeutung hat.

Eine nicht ausreichende Eigenkapitalausstattung ist oftmals das Finanzierungsproblem vieler mittelständischer Betriebe. Gesamtwirtschaftlich folgt aus diesem Aspekt die besondere Ausprägung der Fremdfinanzierung über Kreditinstitute.

Auf der Ebene der aus Kundensicht formulierten Ansprüche können als „Mussfelder" die Beratungskompetenz, schnelle Kreditentscheidungen und die fehlerfreie Abwicklung von Bankgeschäften festgehalten werden.

Daneben fordern mittelständische Unternehmen aber auch verstärkt beim Kreditinstitut einen professionellen Partner, der sie insbesondere mit Blick auf die unternehmerischen Probleme in besonders zutreffender Weise unterstützt. Hieraus ergibt sich gleichzeitig ein geändertes Anforderungsprofil an die personelle und soziale Kompetenz der eingesetzten Firmenkundenbetreuer sowie an die Prozessqualität innerhalb des Kreditinstituts.

Der Beherrschung der diesem Geschäft innewohnenden Kreditrisiken kommt in den weiteren Ausführungen eine besondere Bedeutung zu, da dies für die Gesamtrentabilität dieses Geschäftsfeldes von absolut grundlegender Bedeutung ist.

Auf dem Weg zur Abdeckung der vorstehend formulierten Grundanforderungen des Geschäftsfeldes gibt es nicht die Patentlösung schlechthin. Vielmehr ist eine sehr unterschiedliche, individuelle Ausgestaltung von Lösungsansätzen auf der Ebene eines jeden Kreditinstituts möglich, sodass die folgenden Eckwerte unterschiedlichen praktischen Ausformungen begegnen werden.

In jüngerer Vergangenheit waren viele Sparkassen und Banken primär auf die Verbesserung der Rentabilitäts- und Risikosituation ausgerichtet. Dies ging einher mit verschieden formulierten Rationalisierungs- und Kostensenkungsmaßnahmen sowie einem Risikomanagement, das der jeweiligen Geschäftspolitik folgte.

Es bildet sich jedoch zunehmend die Erkenntnis heraus, dass derartige kostenreduzierende Aktivitäten alleine nicht ausreichen, die Ergebnisse im Firmen-, Gewerbe- und Geschäftskundenbereich signifikant zu verbessern. Es bedarf ergänzender Erträge, um die Zukunft des mittelständischen Geschäftes auf einer guten Basis zu erhalten.

Dabei spielt eine nachhaltige Ertragsorientierung als Handlungsleitlinie für alle Aktivitäten im Alltag eine entscheidende Rolle. Gleichzeitig gewinnt ein bedarfsorientierter Vertrieb als wichtiger Stellhebel zur Realisierung der vorgenannten strategischen Ausrichtung immer mehr an Bedeutung. So verstanden ist der Vertrieb das Herzstück des Firmenkundengeschäftes. Die umfassende Ausprägung aller Aktivitäten und Veränderungsprozesse in einem Kreditinstitut zu Zwecken der aktiven Marktbearbeitung im Mittelstandsgeschäft bedarf daher einer in sich geschlossenen Gesamtkonzeption, die auf die individuellen Verhältnisse des Kreditinstituts, aber insbesondere auch der Kunden abzustellen ist.

2. Segmentierung

Personelle und zeitliche Ressourcen sind selbstverständlich auch im Firmenkundengeschäft auf die ertragsmäßig interessant erscheinenden Kundenbeziehungen zu konzentrieren. Dazu bedarf es einer Segmentierung der Kunden, die sich grundsätzlich neben dem bisherigen

Geschäftsumfang in erster Linie an den zu erwartenden Ertragspotenzialen der einzelnen Geschäftsverbindungen ausrichten muss.

2.1 Ansätze für die Segmentierung

Die im Mittelstandskreditgeschäft betreuten Betriebe und Unternehmen lassen sich nach unterschiedlichen Kriterien gliedern; oftmals steht die Größe des vorhandenen Fremdfinanzierungsvolumens oder die Umsatzgröße des Unternehmens im Vordergrund. Aber auch eine Segmentierung nach Branchen, dem Lebenszyklus des Unternehmens bzw. dem Komplexitätsgrad der nachgefragten Bankleistung ist oftmals üblich.

Denkbar ist jedoch auch eine Segmentierung nach dem wichtigsten Bedarf des jeweiligen Betriebes. Beispielhaft seien hier aufgeführt der Standardfirmenkunde mit ausgeprägtem Bedarf im Finanzierungsbereich, der Vermögensberatungskunde sowie der Kunde mit Unterstützungsbedarf im Unternehmensberatungsbereich – hier vor allem Start-up-Unternehmen –, Nachfolgeregelungen und Sanierungsfälle.

Schwachpunkt vieler Ansätze ist die vergangenheitsorientierte Verfahrensweise. Ihr fehlt der in die Zukunft gerichtete Potenzialansatz. In der Vertriebssteuerung gilt es diese Potenziale aufzuspüren und durch eine gezielte Vorgehensweise in effektives Geschäft umzusetzen. Daher müssen in der Praxis des Firmenkundengeschäftes zunehmend die Zukunftspotenziale bereits bei der Segmentierung des Kundenbestandes berücksichtigt werden.

Die Ausformulierung einer zum Zwecke der Ertragssteigerung im Mittelstandsgeschäft grundlegenden Segmentierung dieser Kunden findet allerdings ihre praktische Begrenzung in dem zur Verfügung stehenden Mitarbeiterstab, den es sinnvoll auf die angedachte Kundengliederung auszurichten gilt. Zudem sind diese Mitarbeiter auf die jeweiligen Veränderungen einzustellen, damit sie auch vom Kunden als Problemlöser anerkannt werden können.

2.2 Segmentspezifische Betreuungsansätze

Analysen des Produktnutzungsverhaltens der Kunden haben gezeigt, dass die bilanziellen Umsätze der Unternehmen eine wesentliche Determinante für die konkrete Inanspruchnahme von Bankdienstleistungen bilden. Der Deutsche Sparkassen- und Giroverband formuliert die Segmentabgrenzungen beispielsweise wie folgt:

- Geschäftskunden bis 250.000 Euro Jahresumsatz
- Gewerbekunden zwischen 250.000 und 1 Mio. Euro Jahresumsatz

- Firmenkunden über 1 Mio. Euro Jahresumsatz

Viele Kreditinstitute gliedern große Firmenkunden mit beispielsweise über 10 Mio. Euro Jahresumsatz nochmals in eine separate Abteilung aus, da den speziellen Anforderungen in geeigneter Art und Weise begegnet werden muss.

Bei ausreichender Fallzahl sind auch branchenspezifische Segmente sinnvoll, da sich durch die Fokussierung der Firmenkundenbetreuer auf spezielle Branchen eine besondere Problemlösungskompetenz für den jeweiligen Bereich herausbildet.

3. Betreuungsintensitäten

Eine systematische und konsequente persönliche Betreuung des jeweiligen Kunden führt zu einer zielgerichteten Tätigkeit des jeweiligen Firmenkundenbetreuers, die zwangsläufig Erfolge zeigen wird.

3.1 Intensitätsdifferenzierungen

Vertrieb mit System bedeutet die Vermeidung von Zeitverlusten und Ressourcenverschwendungen und damit – betriebswirtschaftlich formuliert – die Reduzierung von Vertriebskosten, sodass die Intensität der Kundenkontakte nach den wirtschaftlichen Ertragspotenzialen der individuellen Kundenverbindung ausgerichtet werden kann.

Unter dem Gesichtspunkt der Effizienzsteigerung gilt es, die Intensität der Betreuungsaktivitäten der Firmenkundenbetreuer abzustufen. Es lassen sich zusammenfassend betrachtet vier Gruppen bilden:

3.1.1 Intensiv pflegen

Bei Bestandskunden mit bereits hohen Ertragsergebnissen und bestehendem weiteren Geschäftspotenzial muss das vorrangige Ziel die noch intensivere Bindung des Unternehmens an das Kreditinstitut sein. Hierzu bedarf es der nachhaltigen, regelmäßigen und aktiven Kontaktpflege. Dadurch entwickelt sich grundsätzlich eine gewisse Immunisierung gegen Abwanderungstendenzen.

3.1.2 Mit hohem Aufwand umwerben

Es gibt eine Reihe von Firmenkunden, die die aktuelle Verbindung lediglich als Zweitbankverbindung verstehen. Im Verhältnis zu den gesamten Potenzialen dieser Verbindungen weisen die Deckungsbeiträge nur eine überschaubare Größe aus. Ziel ist es hier, die Nebenbankverbindung auszuweiten, um die Hausbankfunktion zu erlangen. Diese Kunden müssen dafür mit hohem zeitlichen Aufwand in der Akquisition angegangen werden. Nur gelegentliches Agieren ist wenig zielversprechend.

3.1.3 Regelmäßig beobachten

Zu relativ unauffälligen Kunden bestehen zwar bereits intensive Geschäftsbeziehungen, die jedoch aufgrund der individuellen Situation kaum Weiterungsmöglichkeiten anbieten. Hier kommt es primär auf die kostenrationelle Führung der Kundenverbindung an. Eine aus Sicht der Bank oder Sparkasse ertragsbewusste Konditionengestaltung steht im Vordergrund. Man wird diese Kunden eher anlassbezogen betreuen.

3.1.4 Standardisiert betreuen

Bei Kunden mit wenig individuellen Anforderungen, geringen Deckungsbeiträgen und kaum gegebenem zukünftigen Ertragspotenzial liegt der Fokus in erster Linie auf der effizienten Abwicklung der Geschäfte und damit insbesondere im Bereich der Standardisierung. Vielfach werden diese Kunden in den Geschäftsstellen betreut.

Insgesamt bedarf die Tiefe der Intensivierung der Kundenbetreuung eines besonderen Erfahrungspotenzials des jeweiligen Betreuers und einer individuellen Vorgehensweise.

3.2 Zielvereinbarungen

Die konkrete Wahrnehmung der im Rahmen von Punkt 3.1 formulierten Differenzierungen geht in der Praxis mit einer entsprechend ausgestalteten Zielvereinbarung im Bereich der Aktivitäten der jeweiligen Firmenkundenbetreuer einher, sodass die Aspekte zu einem Regelkreislauf zusammengeführt werden.

3.3 Kundenbindung

Die Gesamtzusammenhänge im Firmen-, Geschäfts- und Gewerbekundengeschäft werden zunehmend komplexer und stärker verzahnt. Von daher ist die Akzeptanz des Beziehungsgedankens in der Kreditwirtschaft bereits sehr weit fortgeschritten. Es geht hier im Grundsatz um die Ausprägung einer Geschäftsbeziehung durch einen fortwährenden Kommunikations- und Aktivitätenprozess zwischen den beiden Geschäftspartnern, dem Kunden und dem Kreditinstitut; es geht um die wechselseitige Ausprägung eines Vertrauensverhältnisses und einer Bindungswirkung für die beiden Partner. Daher handelt es sich um einen ganzheitlichen und langfristig ausgerichteten Aspekt.

Erfahrungsgemäß ist die Gewinnung eines interessanten Neukunden relativ schwierig und anspruchsvoll, zumal dies in der Regel nur über unzureichende Konditionenbeiträge bzw. durch das Eingehen überhöhter Risiken möglich ist. Von daher kommt der Bedeutung einer möglichst abgeschirmten Bindung bereits vorhandener Kunden die größte strategische Bedeutung zu.

Hauptziel ist die Intensivierung der vorhandenen Kundenbeziehung über eine dauerhafte Bindung des Kunden. Ein so zu erreichender Hausbankstatus führt dazu, dass der Kunde die von ihm benötigten Bankleistungen überwiegend bei seiner Bank oder Sparkasse nachfragt, was die Beziehung weiter festigt. Es entwickelt sich ein stetig wachsendes Vertrauensverhältnis, das für beide Partner förderlich ist.

Der Schlüsselfaktor liegt in der Kundenzufriedenheit, die auf gefestigtem Vertrauen des Kunden zu seiner Hausbank baut. Diese Zufriedenheit ist die logische Folgerung eines richtig gelebten Beziehungs-Bankings.

Aus Kundensicht ist Kundenbindung in diesem Sinne als Bereitschaft zu Folgetransaktionen zu formulieren. Diese Vorgehensweise hat auch eine investive Komponente, die von zukünftigen Vorteilen aus der gemeinsamen Geschäftsbeziehung ausgeht. Kunde wie Betreuer des Kreditinstituts messen der Geschäftsbeziehung eine hohe Wertschätzung bei. Aus diesem Aspekt heraus investiert der Kunde in Form von Informationen über sein Unternehmen und durch entsprechende kommunikative Verhaltensweisen. Seitens der Bank oder Sparkasse zeigt sich dies auch durch die Bereitschaft zur Zeichnung höherer Kreditrisiken (z.B. Unternehmensgründungen) und zu zunächst relativ rentabilitätsarmen Geschäften. Dies erfolgt in der Erwartung, am weiteren Wachstum der Beziehung teilzuhaben.

Im vorstehenden Sinne kommt der Bindung von Kunden durch die verschiedenen Marketingmaßnahmen eines Kreditinstituts eine Schlüsselbedeutung zu. Konkret zeigt sich dies im wiederkehrenden Abruf von Bankleistungen durch den Kunden und im erfolgreichen Cross-Selling-Ansatz sowie in den Weiterempfehlungsaktivitäten des Kunden.

4. Fazit

Ein zufriedener Kunde ist und bleibt der beste Werbeträger für ein jedes Kreditinstitut.

Literatur

KELLER, J.: Kundensegmentierung in Kreditinstituten, 2006

SCHMOLL, A.: Bankmarketing im Firmenkundengeschäft, Wiesbaden 1997.

SCHMOLL, A.: Vertriebsoptimierung im Firmenkundengeschäft, Lösungen für nachhaltige Ertragssteigerung, Wien 2006.

SCHMOLL, A: Erfolgreiche Vertriebsstrategien im Firmenkundengeschäft, 1. Auflage, Wien 2008.

SCHMOLL, A.: Die Praxis der Firmenkundenbetreuung, 2. überarbeitete Auflage, Wien 2009.

Konzern Kommune – der etwas andere Firmenkunde

Wolfgang Zender / Sebastian Bergmann

1. Kommune und Sparkasse – Partner im Wandel

Aus ihrer Historie sind Sparkassen und Kommunen seit jeher eng miteinander verbunden. Die gemeinsame Ausrichtung auf die Entwicklung der Region, der regional ansässigen Unternehmen und der Bürger eint Sparkassen und Kommunen auch nach der Neuordnung der Anstaltslast und Wegfall der kommunalen Gewährträgerhaftung. Sparkassen und Landesbanken sind daher auch heute für die Kommunen in Deutschland der mit Abstand wichtigste Partner in allen Finanzfragen. So ist die S-Finanzgruppe mit einem Marktanteil von 44 %[1] der wichtigste Kreditgeber für Städte, Gemeinden und Landkreise. Die ostdeutschen Sparkassen konnten ihren Marktanteil im Geschäft mit öffentlichen Haushalten in den letzten Jahren sogar ausbauen und zwischen 2003 und 2008 10 % Marktanteil hinzugewinnen. Die Sparkassen sehen sich dabei als Partner der Kommunen, übernehmen Verantwortung durch persönlichen Einsatz und stellen darüber hinaus Spenden, Zuwendungen und Sponsoringmittel von jährlich knapp 445 Mio. Euro zur Verfügung. Und dies zusätzlich zu Steuerzahlungen in Höhe von fast 1 Mrd. Euro jährlich.

Im Wettbewerbsvergleich ist allerdings festzustellen, dass private Geschäfts- und Hypothekenbanken die Kommunen als zusätzliche Kundengruppe ebenfalls für sich entdeckt haben und deutlich aktiver am Markt auftreten als in der Vergangenheit. Erst Anfang 2009 haben die Deutsche Bank und die HypoVereinsbank angekündigt, in diesem Geschäftsfeld gezielt wachsen zu wollen.[2] Andere Anbieter, die in der Vergangenheit bereits im Kommunalkundengeschäft aktiv waren, haben ihre Engagements während – und wahrscheinlich wegen – der andauernden Finanzkrise stark verringert. Dies kommt den Sparkassen zugute, zumal sie in Krisenzeiten einen besonderen Vertrauensbonus von allen Kundengruppen erfahren. Für viele Kunden sind nicht mehr die Konditionen allein bei der Wahl eines Kreditinstituts aus-

---

1 Vgl. Deutsche Bundesbank: Bankenstatistik, Januar 2009

2 Vgl. Handelsblatt: „Kommunalgeld lockt Banken an“ vom 02.02.2009

schlaggebend, sondern die Reputation, die Verlässlichkeit und die Sicherheit der Einlagen. Dies gilt für kommunale Kunden genauso wie für Privat- und Firmenkunden.

1.1 Kommunale Kunden haben steigenden Beratungsbedarf

Städte und Gemeinden haben einen hohen Beratungsbedarf, denn die Aufgaben von Kommunen und die damit verbundenen Anforderungen haben sich in den letzten Jahren verändert. So hat der Gesetzgeber den Kommunen sukzessive zusätzliche Aufgaben übertragen. Gleichzeitig nimmt die Komplexität der bestehenden Aufgaben zu und erfordert immer größeres Spezialwissen. Aus aktuellen Entwicklungen der letzten Jahre sehen sich viele Kommunen mit ähnlichen Herausforderungen konfrontiert:

- In Folge der Wirtschafts- und Finanzkrise werden Bund und Ländern zwischen 2009 und 2012 ca. 316 Mrd. Euro an Steuereinnahmen weniger zufließen, als geplant.[3] In der Folge wird der kommunale Handlungsspielraum enger. Umso größer werden die Herausforderungen für das kommunale Finanzmanagement sein, die Haushalte von Kommunen und kommunalen Gesellschaften zu entlasten, Risiken zu senken und Handlungsspielräume offen zu halten. Hier ist der Einsatz moderner Finanzinstrumente gefragt, die es ermöglichen die Zinsbelastungen der Haushalte besser zu steuern.
- Die mit dem Konjunkturpaket II beschlossenen Maßnahmen werden zwar zu einer Verbesserung der kommunalen Infrastruktur führen, bedeuten aber gleichzeitig einen weiteren, noch nie dagewesenen Anstieg der Schuldenlast der öffentlichen Hand.
- Insbesondere für die ostdeutschen Haushalte bleibt die nachhaltige Überwindung der strukturellen Unterfinanzierung eine der zentralen Herausforderungen. So konstatiert der Landesrechnungshof Sachsen in seinem Jahresbericht 2008 bei den sächsischen Kommunen einen Zuwachs bei den Steuereinnahmen, der erstmals die Haupteinnahmequelle darstellt.[4] Diese positive Entwicklung wird sich allerdings nicht verstetigen lassen, sondern vorerst eher ein „Ausreißer" bleiben. Im Vergleich zu westdeutschen Kommunen sind zwangsläufig die Zuweisungen mit durchschnittlich 1.146 Euro je Einwohner im Jahr 2007 fast doppelt so hoch wie bei westdeutschen Kommunen mit ähnlicher Kostenstruktur.
- Die Umstellung der kommunalen Haushaltsrechnung auf die Doppik ist in der kommunalen Landschaft bereits seit Jahren Thema. Dabei geht es nicht mehr nur allein um die Einführung eines neuen Rechnungswesens, sondern Doppik ist mittlerweile zum Schlagwort für eine Modernisierungsagenda der kommunalen Verwaltung geworden.

---

3 Ergebnis des Arbeitskreises „Steuerschätzungen" vom Mai 2009

4 Ergebnis des Arbeitskreises „Steuerschätzungen" vom Mai 2009

- Vielerorts stehen die Kommunen einer schleichenden Belastung durch die demografische Entwicklung gegenüber. Die Abwanderung junger Menschen aus strukturschwächeren Regionen wird direkte Auswirkungen auf den Umfang und die Angebote der öffentlichen Hand haben. Damit hat die Alterung der Gesellschaft unmittelbar gestaltenden Einfluss auf die Haushalts- und Investitionsplanung.

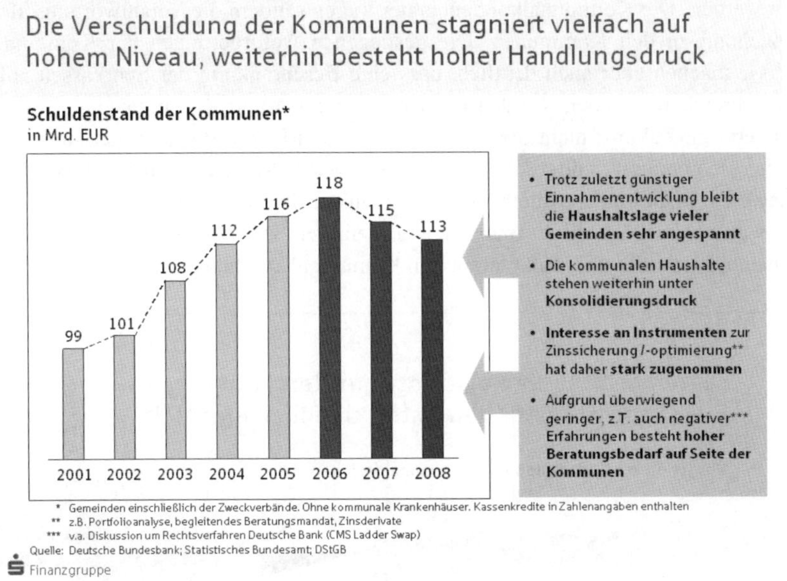

Abbildung 1: *Verschuldung der Kommunen*

Um den sich wandelnden und wachsenden Herausforderungen bei knapper Kassenlage zu begegnen, haben die Kommunen schon seit längerem damit begonnen, immer mehr öffentliche Aufgaben aus der klassischen Verwaltung auszulagern. Das hat dazu geführt, dass sich die Kommunen in ihrem Organisationsgefüge deutlich ausdifferenziert haben und heute durch ihre Beteiligungen teilweise über konzernartige Strukturen verfügen. Der Organisationsgrad kann dabei sehr verschiedene Ausprägungen aufweisen, von Regie- bis Eigenbetrieb, Kommunalunternehmen, GmbH etc. Dadurch entsteht ein Beteiligungsportfolio, welches einerseits von der Kommune gesteuert, aber andererseits von der Finanzwirtschaft mit schlüssigen Konzepten aktiv begleitet werden muss. Die Ansprüche und der Beratungsbedarf von Kommunen an ihre Finanzpartner sind entsprechend gewachsen. Hier liegt die Chance für die Sparkassen-Finanzgruppe, denn in ihrer Funktion als Hausbanken der Kommune verstehen sich Sparkassen auch als Problemlöser für kommunale Herausforderungen.

1.2 Neue Vertriebsausrichtung steigert den Ergebnisbeitrag

Bereits vor einigen Jahren haben die Sparkassen begonnen, Gemeinden, Städte und Landkreise als eigenständige Kundengruppe zu verstehen, die von speziell geschulten Kundenberatern betreut werden. Die Kommunalkundenberater tragen seitdem die Verantwortung für die Kundenbeziehung zu den Kommunen. Die gestiegenen Anforderungen der Kommune an ihre Sparkasse machen aber auch deutlich, dass eine Beschränkung der Sparkassen auf die Versorgung ihrer kommunalen Kunden mit Kassenkrediten und Kommunaldarlehen als alleiniges Angebot in Zukunft nicht mehr ausreicht. Zudem ist die Profitabilitätssituation im margenengen Kommunalkreditgeschäft unbefriedigend.[5] Aufgrund eines stärker werdenden Wettbewerbs, insbesondere durch die Förderbanken, hat sich diese Situation in den letzten Jahren weiter verschärft. Eine Analyse unter mehreren Sparkassen hat ein relativ homogenes Vorgehen in Methodik und Kalkulation von Kommunaldarlehen gezeigt.

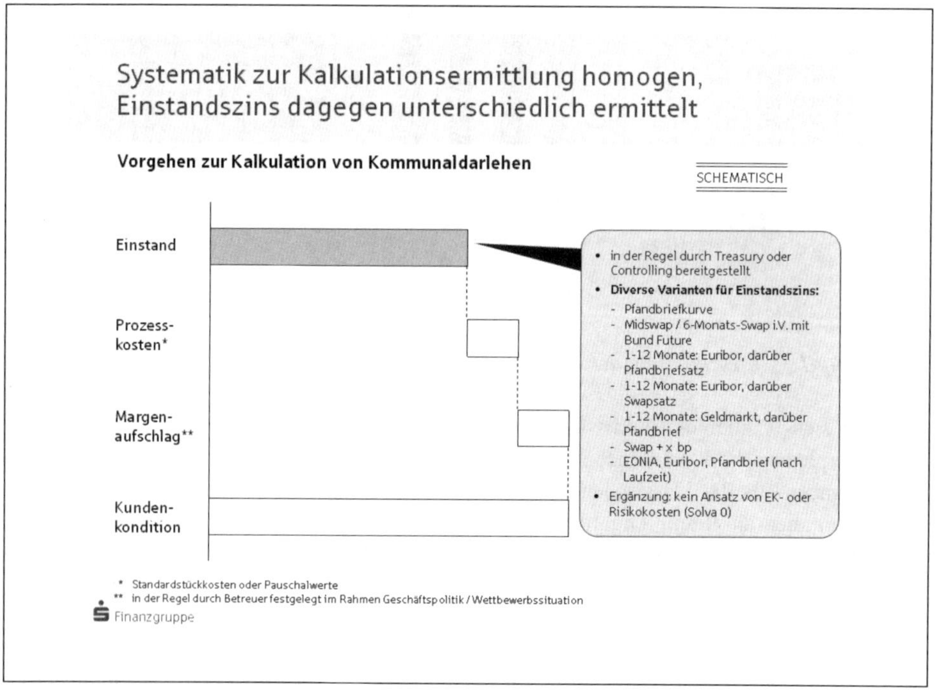

Abbildung 2: *Kalkulation von Kommunaldarlehen*

[5] Vgl. Bergmann, S., Jochims, M.: Ganzheitliche Beratung von Kommunen und Institutionellen mit dem Sparkassen-Finanzkonzept, in: Betriebswirtschaftliche Blätter 09/2009

Die im Ergebnis realisierte Marge streut allerdings sehr stark. Dies ist in erster Linie auf die Verwendung unterschiedlicher Einstandszinssätze und Margenaufschläge zurückzuführen. Die risikolose Kreditvergabe bei geringen Bearbeitungskosten macht den Kommunalkredit auch weiterhin für Sparkassen interessant.

Der Kommunalkredit ist und bleibt das Ankerprodukt für die Kundenbeziehung, dennoch soll eine stärkere Begleitung der Kommune auch außerhalb von Finanzierungsbedarfen erfolgen. Mit der zusätzlichen Erschließung profitabler Geschäftsfelder wird die Ausschöpfung der gesamten Kundenpotenziale sichergestellt und ein Ausbau der Kundenbeziehung erreicht. Die Betrachtung der Kommune unter Konzernaspekten offenbart ein deutlich erweitertes Spektrum an Vertriebspotenzialen und erfordert die Einbeziehung von Verbundunternehmen aus der gesamten S-Finanzgruppe.

2. Systematische Marktbearbeitung mit S-Finanzkonzept Kommune und Institutionelle

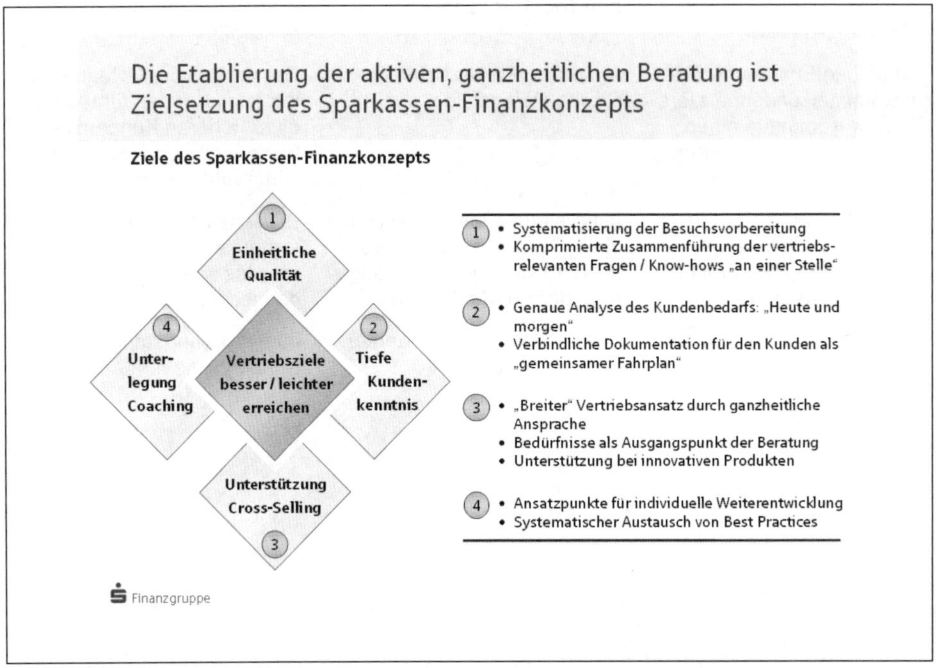

Abbildung 3: *Ziele des Sparkassen-Finanzkonzepts*

Um in der Sparkassenorganisation eine einheitliche Beratungs- und Dienstleistungsqualität für kommunale Kunden anbieten zu können, wurde das „Sparkassen-Finanzkonzept Kommunen und Institutionelle“ entwickelt.[6] Dieser Beratungsansatz steht den Sparkassen erstmals seit 2008 für ihre kommunalen Kunden zur Verfügung. Das Sparkassen-Finanzkonzept Kommunen und Institutionelle ist das jüngste Mitglied einer „Finanzkonzept-Familie“. Die vertrieblichen Erfolge in anderen Kundengruppen waren Anlass genug, die Methodik eines systematischen Beratungsansatzes auch für kommunale Kunden zu adaptieren.

Zentrales Merkmal jedes Sparkassen-Finanzkonzepts ist die ganzheitliche und bedarfsorientierte Beratung. Gemeinsam mit dem Kunden wird ein auch mittelfristig gültiges Konzept für seine Finanzsituation erarbeitet. Die Sparkassen setzen dabei auf langfristige Partnerschaft statt isolierter Produktabschlüsse.

Vorteile der ganzheitlichen Beratung mit dem Sparkassen-Finanzkonzept Kommunen und Institutionelle

Für den Kunden	Für den Kommunalkundenbetreuer	Für die Sparkasse
Die Orientierung an den Kundenbedürfnissen führt zu einer Steigerung der Beratungsqualität	Systematische und frühzeitige Aufnahme von Informationen vom Kunden	Systematische Erschließung zusätzlicher Ertragspotenziale außerhalb des Kreditgeschäfts
Durch die Einführung eines Kommunalkundenberaters hat die Kommune einen zentralen Ansprechpartner	Ansatzpunkte für Cross-Selling-Potenziale	Der professionelle Marktauftritt beim Kunden führt zu einer höheren Kundenzufriedenheit und Abschottung vom Wettbewerb
Die aufgenommenen Informationen bleiben im Vertretungs- und Überleitungsfall erhalten	Initialisierung eines verbindlichen Gesprächsprozesses mit der Kommune und Steigerung der Kundenbindung	Effizienzsteigerung durch systematischen Vertriebsprozess im Kommunalkundengeschäft
Komplexe Vorhaben können frühzeitig angesprochen werden	Profilierung als kompetenter Gesprächspartner	Intensivierung der gesamten Kundenbeziehung

---

[6] Bergmann, S., Jochims, M.: Ganzheitliche Beratung von Kommunen und Institutionellen mit dem Sparkassen-Finanzkonzept, in: Betriebswirtschaftliche Blätter 09/2009

2.1 Ganzheitliche Beratung orientiert sich am Kundenbedarf

Ein wesentliches Element des Finanzkonzepts ist die Definition der relevanten Kundenbedarfsfelder. Aus der Diskussion mit Experten haben sich insgesamt sechs Bedarfsfelder herauskristallisiert, mit denen die wesentlichen Bedürfnisse einer Kommune abgedeckt werden können. Im Ergebnis ist eine Bedarfsfeldpyramide entstanden, die das gesamte Leistungsspektrum der S-Finanzgruppe für Kommunen abbildet.

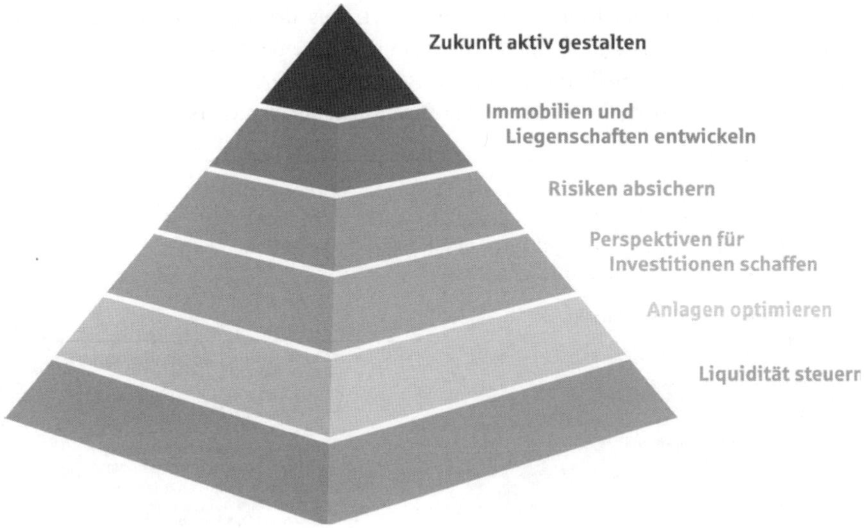

Abbildung 4: *Bedarfsfelder des Sparkassen-Finanzkonzepts Kommunen und Institutionelle*

Die Leistungen rund um das Konto und die grundlegende Liquiditätssteuerung bilden die Grundlage jeder Geschäftsbeziehung. Ausgehend von dieser Basis werden schrittweise alle weiteren finanzwirtschaftlichen Kundenbedürfnisse systematisch angesprochen und erfasst. Gemeinsam mit ihren Verbundpartnern bieten die Sparkassen den Kommunen in allen Bedarfsfeldern konkrete Hilfestellungen an, wie z.B. bei der Realisierung von Einsparpotenzialen durch eine aktive und vorausschauende Gestaltung des Kreditportfolios.

Ein erheblicher Teil der kommunalen Einnahmen muss bereits heute für die Zahlung von Zins- und Tilgungsleistungen aufgebracht werden. Daher ist es für Städte, Gemeinden und Landkreise von großer Bedeutung, eine dauerhaft ausreichende Liquidität sicherstellen zu können. Bislang verfügen die wenigsten Kommunen über das Know-how und die Infrastruktur, um ihre Kreditportfolios selbst zu managen und die Zinslast zu optimieren. Es gehört zum Anspruch der Sparkassenorganisation, ihren Kunden Lösungen unter Berücksichtigung der länderspezifischen Besonderheiten aufzuzeigen. Die Qualifikation der kommunalen Entscheidungsträger zur Beurteilung und zum Umgang mit modernen Finanzinstrumenten gehört dabei ebenfalls zum Angebot der Sparkassen-Finanzgruppe für Kommunen.

Die Bedarfsfelder finden sich in allen Hilfsmitteln und Instrumenten wieder und stellen für den Kunden einen Wiedererkennungswert dar. Das Kernstück der Kundenberatung ist das Grundsatzgespräch. Der Berater hat die Möglichkeit, über die wirtschaftliche Ausgangssituation der Kommune und die weiteren Planungen in das Grundsatzgespräch einzusteigen. Dieser Gesprächseinstieg hat sich als vorteilhaft erwiesen, da die kommunalen Gesprächspartner so auch auf die dringendsten Anliegen der Kommune eingehen.

Vom Inhalt her ist das Gespräch auf die Führungsebene der Kommunalverwaltung, d.h. Landrat bzw. Bürgermeister und Kämmerer, ausgerichtet. Aus den ersten Praxisrückmeldungen zeigt sich, dass der unmittelbare Kontakt zur Führungsebene der Kommune für den Kommunalkundenbetreuer einen qualitativen Mehrwert darstellt, da er die strategische Zielrichtung der Verwaltung und Informationen über zukünftige Maßnahmen aus erster Hand erfährt.

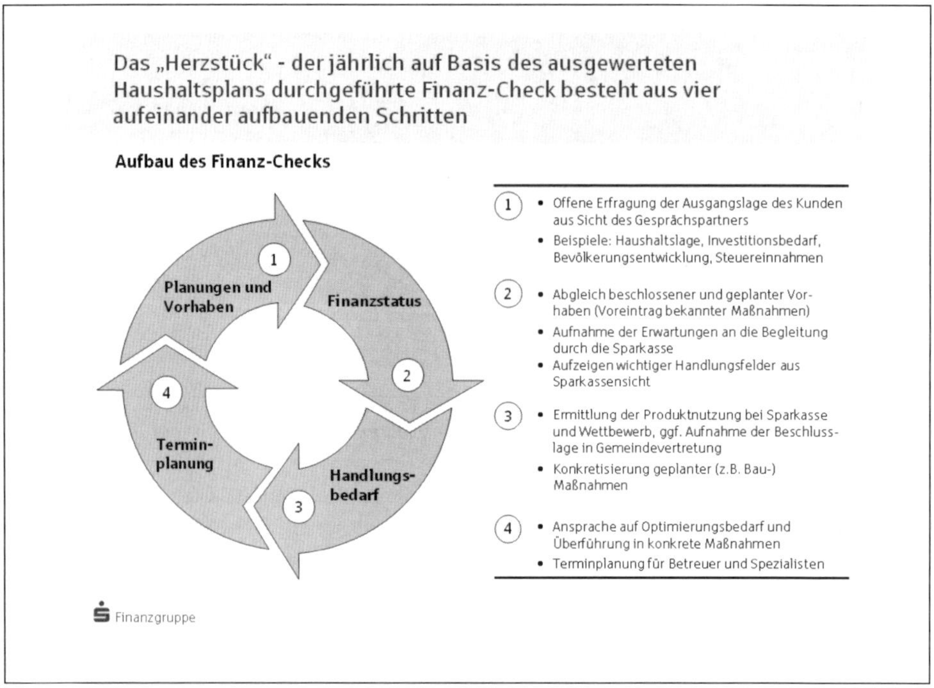

Abbildung 5: *Aufbau des „Finanz-Checks"*

Bei der Ansprache der sechs Bedarfsfelder nimmt der Kommunalkundenberater die Produktnutzung des Kunden im eigenen Haus und beim Wettbewerber systematisch auf. Die Fragen zu den einzelnen Bedarfsfeldern sind vielfach bewusst pointiert gestellt, um gemeinsam vorhandene Lücken und Verbesserungspotenziale zu erkennen. Die im Gespräch identifizierten Handlungsfelder werden zusammen mit dem Kunden priorisiert und führen entweder zu einem Produktabschluss, zu einem vertiefenden Beratungsgespräch unmittelbar im Anschluss an den „Finanz-Check" oder münden in einen verbindlich vereinbarten Folgetermin.

2.2 Der Finanz-Check als „roter Faden" im Kundengespräch

Der Finanz-Check unterstützt den Berater in der Vorbereitung und Führung des Grundsatzgesprächs. Ein strategisches Grundsatzgespräch mit den Entscheidungsträgern der Kommune will gut vorbereitet sein. Hierzu gehört auch die Kenntnis der wesentlichen Informationen über die aktuelle Situation des Kunden. Für die Gesprächsvorbereitung ist die Zusammenstellung der Daten zur finanzwirtschaftlichen Lage der Kommune aus dem Haushaltsplan Pflichtaufgabe für den Kommunalkundenberater.

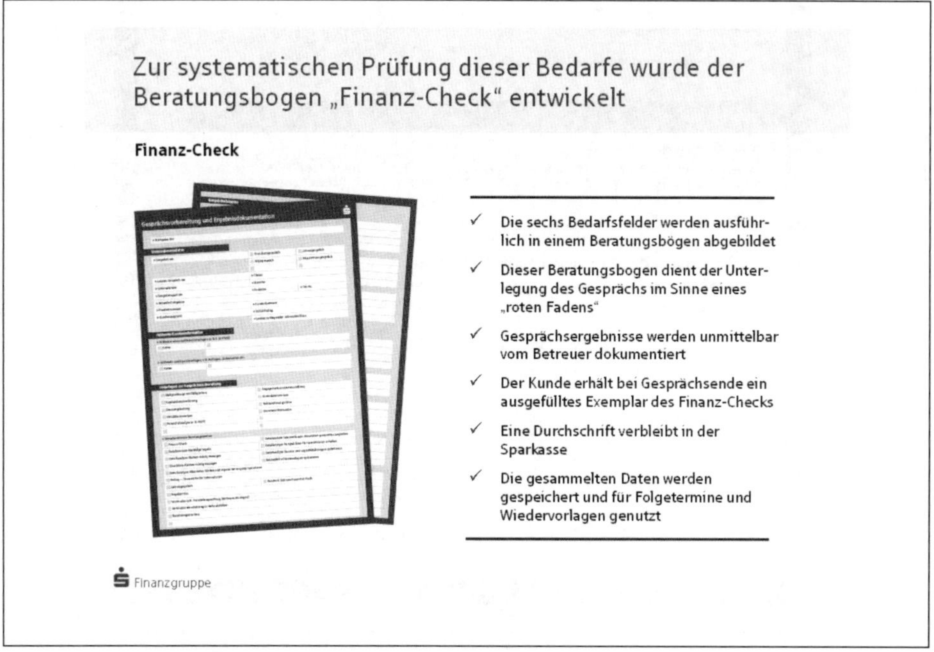

Abbildung 6: *Beratungsbogen „Finanz-Check"*

Der Finanz-Check dient dem Betreuer als interaktive Beratungsunterlage und erleichtert eine ziel- und abschlussorientierte Gesprächsführung. Parallel zum Gesprächsverlauf werden wesentliche Informationen und Ergebnisse auf dem Beratungsbogen dokumentiert, sodass am Ende des Gesprächs ein ganzheitlicher Finanzstatus mit einem „Fahrplan" für das weitere Vorgehen steht. Ein Exemplar des „Fahrplans" erhält der Ansprechpartner der Kommune, während das andere beim Kommunalberater der Sparkasse verbleibt. Hierdurch wird die Verbindlichkeit für die zukünftige intensivere Geschäftsbeziehung noch einmal unterstrichen.

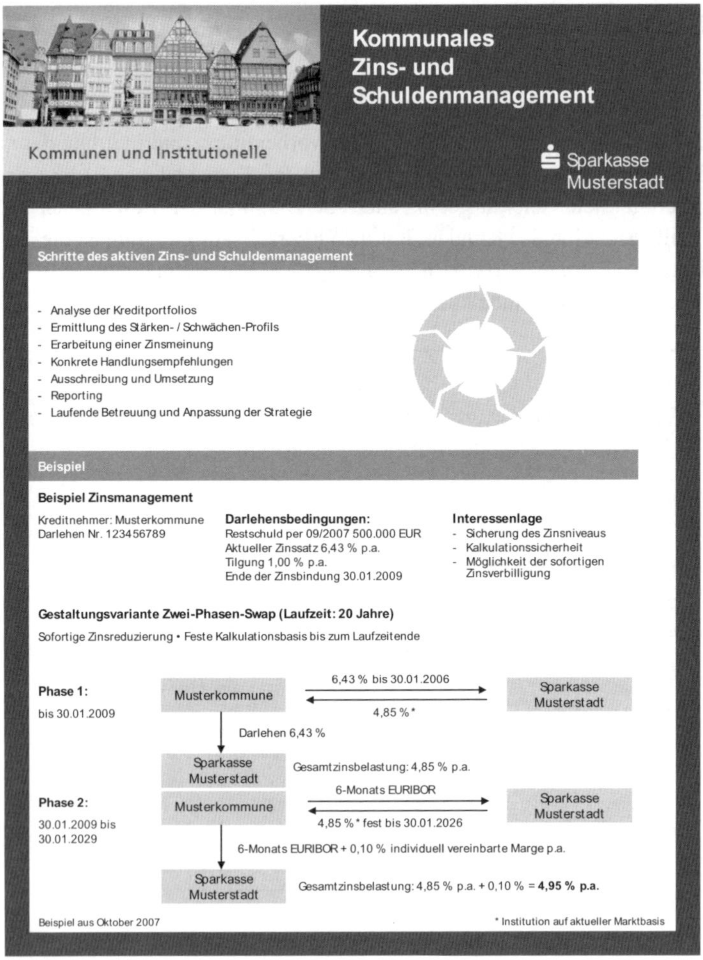

Abbildung 7: *Kommunales Zins- und Schuldenmanagement*

Die Anforderungen an den Kommunalkundenbetreuer in Bezug auf seine Gesprächskompetenz und deren Inhalte steigen deutlich. Eine der größten Herausforderungen für den Kundenbetreuer besteht in der Kenntnis der gesamten Produktpalette der S-Finanzgruppe. Um das Leistungsversprechen einer ganzheitlichen Beratung gegenüber der Kommune erfüllen zu können, muss der Berater ein grundlegendes Verständnis aller Beratungsinhalte des Finanz-Checks haben. Dies schließt auch komplexere Themen ein und reicht vom modernen, aber sicheren Umgang im Zins- und Schuldenmanagement bis zu Public-Private-Partnership-Finanzierungen.

Um das breite Leistungsangebot der S-Finanzgruppe kompetent präsentieren zu können, wird der Kommunalkundenberater durch zahlreiche Hilfsmittel unterstützt. Für eine konkretere Analyse des Kundenbedarfs bei kommunalen Infrastrukturprojekten wurde in Ergänzung zum Finanz-Check eine Detailanalyse entwickelt. Diese Detailanalyse hat den Anspruch, den spezifischen Kundenbedarf ganzheitlich zu beleuchten und gezielte Hinweise für Handlungsbedarfe zu geben. Dazu gehören z.B. auch Fragen, die für eine spätere Realisierung als Public-Private-Partnership-(PPP-)Maßnahme zu klären sind.[7] Der Einsatz der Detailanalyse empfiehlt sich entweder zur konkreten Aufnahme gezielter Informationen im Grundsatzgespräch oder im Folgetermin mit den Spezialisten der Verbundunternehmen.

Als weitere vertriebsunterstützende Instrumente wurden Musterpräsentationen für den Einsatz im Kundengespräch entwickelt. Branchenbezogene Expertenempfehlungen mit Hinweisen zu vertrieblichen Ansatzpunkten für den Konzern Kommune dienen der individuellen Gesprächsvorbereitung. Ein umfassender Verkäuferleitfaden für die Betreuer gibt konkrete Hinweise für den Einsatz und den Umgang mit allen Medien und dient auch als „Nachschlagewerk" für erste Fragen.

2.3 Weiterentwicklung von Kompetenzen

Das neue Beratungskonzept bietet dem Kommunalkundenberater eine große Vielzahl von vertrieblichen Ansatzpunkten. Der persönliche Erfolg im Umgang mit dem S-Finanzkonzept liegt nicht in der finalen Angebots- und Abschlusskompetenz des Beraters. Die Herausforderung wird es sein, eine „Gesprächsfähigkeit" zum Leistungsangebot der S-Finanzgruppe zu entwickeln. In diesen Fällen vermittelt der Betreuer einen Folgetermin mit den Spezialisten aus den Verbundunternehmen der S-Finanzgruppe. Neben den Landesbanken sind hier insbesondere die öffentlichen Versicherer und die DekaBank zu nennen. Für die betriebswirtschaftliche Begleitung der Kunden können die Sparkassen zudem auf die „DKC-Deka Kommunal Consult GmbH" als kommunales Kompetenzzentrum für Beratungsleistungen zurückgreifen. Mit dieser Schnittstellenfunktion vermittelt der Kommunalkundenbetreuer fachspezifische Gesprächspartner und kann sich als Ratgeber und verlässlicher Gesprächspartner bei der

7 Vgl. Netzel, W.: Die Sparkassen-Finanzgruppe-Hausbank der Kommunen, in: Sonderausgabe Kommunalwirtschaft, Juli 2009

Kommune positionieren. Der Spezialist des Verbundpartners greift auf die gesammelten Informationen des Finanz-Checks zurück und kann den Folgetermin mit der Kommune abschlussorientiert führen. Mit diesem Zusammenspiel von Generalist und Spezialist gelingt es, den Kunden kompetent aus einer Hand zu beraten.

Um den Beratern der Sparkassen das deutlich ausgeweitete Leistungsspektrum vermitteln zu können, wurden entsprechende Schulungsangebote entwickelt. Mit der Einführung des S-Finanzkonzept Kommunen und Institutionelle geht folglich eine deutliche Weiterqualifizierung der Kommunalkundenberater einher.

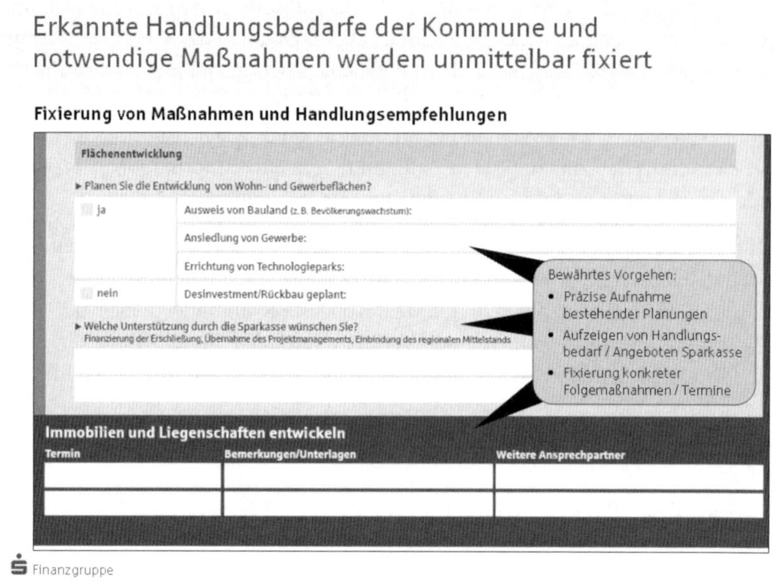

Abbildung 8: *Fixierung von Maßnahmen und Handlungsempfehlungen*

2.4 Positive Erfahrungen im produktiven Einsatz

Unter Federführung des Deutschen Sparkassen- und Giroverbandes wurde Mitte 2008 mit der bundesweiten Pilotierung des Konzepts begonnen. Insgesamt 18 Sparkassen unterschiedlicher Größe und regionaler Voraussetzungen haben bis Januar 2009 das S-Finanzkonzept

Kommunen und Institutionelle umfassend getestet.[8] Bereits nach wenigen Wochen war klar: Die erarbeitete Systematik und die Inhalte passen gut! Dennoch war eine ausreichende Anzahl von Kundengesprächen wichtig, um die Projektergebnisse bestmöglich zu validieren. Während des Pilotierungsprozesses wurden die Sparkassen zusätzlich von den Regionalverbänden aktiv unterstützt. So konnte flächendeckend ein gleichgerichteter Pilotierungsfortschritt erreicht werden.

Die erzielten Ergebnisse aus der Pilotierung sind sehr ermutigend. Jede der 18 Pilot-Sparkassen hat zum guten Gesamtergebnis beigetragen und gleichzeitig auch individuelle Fortschritte in der Betreuung ihrer kommunalen Kunden gemacht. Die positiven Kundenreaktionen der ersten Kundengespräche haben die anfängliche Unsicherheit bei den Kommunalkundenberatern sehr schnell in Zuversicht und Routine gewandelt. Die Kundenberater berichten von einem deutlichen Mehrgewinn an Informationen über den aktuellen Stand des Konzerns Kommune. Einigen Sparkassen ist es mit dem S-Finanzkonzept gelungen, den Gesprächsfaden mit Kommunen wieder neu zu knüpfen. Insbesondere wenn Termine vom Vorstand der Sparkasse begleitet wurden, konnte die Sparkasse in den folgenden Wochen deutlich mehr Anfragen einzelner Kommunen verzeichnen. Dies belegt den großen Bedarf nach kompetenter Beratung. In Einzelfällen wurden von den Sparkassen bereits im ersten Grundsatzgespräch neue Anlage- und Kreditgeschäfte im zweistelligen Millionenbereich akquiriert. Über die intensivierten Kontakte ist mehreren Sparkassen auch der Einstieg bei kommunalen Tochtergesellschaften gelungen. Damit kann der Erfolg des S-Finanzkonzepts mit seinem ganzheitlichen Beratungsansatz im Konzern Kommune eindrucksvoll belegt werden.

Bei größeren Kommunen hat es sich – was Gesprächsführung und -dokumentation angeht – als Vorteil herausgestellt, wenn an dem Grundsatzgespräch zwei Sparkassenberater teilnehmen. Die Berater können sich im Gespräch in ihren Kompetenzen ergänzen und die Komplexität der Gesprächsinhalte besser aufnehmen. Der Kunde respektiert dieses Vorgehen, da bei größeren Kommunen ebenfalls mehrere Gesprächspartner anwesend sind.

Die Gesprächsergebnisse werden vom Kundenbetreuer zeitnah dokumentiert und gemäß Ergebnistyp umgesetzt. Die Informationen aus dem Termin werden systematisch aufbereitet und dienen für die Folgetermine als Grundlage für die Vertriebsplanung. Konkrete Angebotsanfragen werden abgearbeitet bzw. an die Spezialisten in der Sparkasse oder bei den Verbundpartnern weitergeleitet. Die zeitnahe Erfüllung der Aufgaben aus einem Kundentermin hat sich in der Pilotierung als wesentlicher Erfolgsfaktor herausgestellt. Damit schafft der Kommunalkundenbetreuer zusätzliches Vertrauen bei den Kunden und Ansatzpunkte für eine Fortsetzung der Gespräche.

---

8 Vgl. Bergmann, S., Jochims, M.: Erfolgreiche Betreuung der Zielgruppen Kommunen und Institutionelle mit dem neuen Sparkassen-Finanzkonzept, in: Sparkassen-Zeitung, 13.06.2009

3. Umsetzung der Kundenbetreuung für den Konzern Kommune

Die Kommunalkundenbetreuung ist bei den meisten Sparkassen an die Firmenkundenabteilung angeschlossen. So können inhaltliche Synergien zwischen Firmenkunden und Kommunen am besten gehoben und die fachliche wie disziplinarische Verantwortung wahrgenommen werden. Allerdings zeigt sich, dass sich der Konzern Kommune in einigen Teilbereichen von anderen Firmenkunden unterscheidet und insoweit vom Betreuer ein besonderes Verständnis im Umgang voraussetzt. Ein wesentlicher Unterschied zwischen den Kundengruppen liegt im Ablauf der Entscheidungsprozesse. Während der Inhaber oder Geschäftsführer eines Unternehmens die Vor- und Nachteile für eine finanzwirtschaftliche Lösung abwägt und nach seiner Markteinschätzung entscheidet, sind bei einer Kommune vorgeschriebene Entscheidungswege und –kompetenzen zu berücksichtigen. Die unserem Demokratieverständnis geschuldete und damit notwendige Diskussion in den beschlussfassenden Gremien ist zeitaufwendig. Die Regularien des öffentlichen Ausschreibungsverfahrens sind zu beachten und damit ist ein Geschäftsabschluss in der Regel zunächst offen.

Bei kommunalen Konzerntöchtern (z.B. in Form einer GmbH) sind weitere Besonderheiten zu beachten. Hier ist es in der Regel zweckdienlich, wenn der Kommunalberater der Sparkasse dem kommunalen Gesprächspartner durch gezielte Fragen Gelegenheit gibt, administrative Feinheiten auf dem Weg zu einem möglichen Geschäftsabschluss zu erläutern.

Die Befugnisse der unterschiedlichen kommunalen Entscheidungsträger leiten sich aus Vorschriften, aber auch z.B. aus der jeweiligen Gemeinde-Größenklasse ab. Weiterhin spielen die politischen Mehrheitsverhältnisse in den Gremien sowie das Ausmaß des gelebten Vertrauens zwischen Rat und Verwaltung einer Kommune eine Rolle. Nicht zu unterschätzen sind auch die örtlich tradierten Besonderheiten im Umgang miteinander. Hier zeigt sich ein bunt gewebter Teppich der Wirklichkeit, dessen ortsspezifisches Muster der erfolgreiche Kommunalberater einer Sparkasse kennt bzw. sich als Hintergrundwissen aneignen sollte.

4. Ausblick und Fazit

Das Geschäft mit kommunalen Kunden wird zunehmend anspruchsvoller. Das Angebot rund um den Kommunalkredit und das klassische Anlagengeschäft reichen nicht mehr aus, um die Bedürfnisse der Kommunen zu erfüllen. Mit der Entwicklung und Einführung des Sparkassen-Finanzkonzepts Kommunen und Institutionelle hat die Sparkassenorganisation ein klares

Bekenntnis zu dieser Kundengruppe abgegeben und ihren Leistungsanspruch nach einer umfassenden und qualifizierten Beratung dokumentiert. Bei konsequentem Einsatz der neuen Beratungskonzeption zeichnet sich für die Sparkassen eine deutlich verbesserte Vertriebssituation mit kommunalen Kunden ab. In der Folge wird sich die Marktstellung der S-Finanzgruppe weiter festigen. Die Sparkassen sind mit dem S-Finanzkonzept gut und zukunftssicher aufgestellt. Somit sind die Sparkassen auch zukünftig in der Lage, selbstbewusst ihren Anspruch als gekorene Partner der Kommunen zu leben.

Literatur

BERGMANN, S; JOCHIMS, M.: Ganzheitliche Beratung von Kommunen und Institutionellen mit dem Sparkassen-Finanzkonzept, in: Betriebswirtschaftliche Blätter, 09/2009

BERGMANN, S.; JOCHIMS, M.: Erfolgreiche Betreuung der Zielgruppe Kommunen und Institutionelle mit dem neuen Sparkassen-Finanzkonzept, in: Sparkassen-Zeitung, 13.06.2009

NETZEL, W.: Die Sparkassen-Finanzgruppe – Hausbank der Kommunen, in: Sonderausgabe Kommunalwirtschaft, Juli 2009

Chancen im Geschäft mit Kommunen und Institutionellen

Günter Högner

1. Einleitung

Bergen Geschäfte mit Kommunen und institutionellen Kunden tatsächlich Chancen für Banken und Sparkassen? Gilt dieses Geschäftsfeld nicht traditionell als margenschwach, während es gleichzeitig aber ein hohes Maß an Know-how bindet? Auf den ersten Blick verspricht am ehesten die Zusammenarbeit mit institutionellen Kunden noch attraktives Potenzial. Kommunen indessen erscheinen vielen Geldinstituten nur mäßig interessant und als Folge der Konjunkturkrise der Jahre 2008/2009 haben sich manche Finanzdienstleister sogar aus der Staatsfinanzierung weitgehend zurückgezogen. Für die Sparkassen freilich handelt es sich dabei um ein geradezu klassisches Geschäft neben dem Privat- und Firmenkundenbereich. Sparkassen fungieren traditionell als Hausbanken der Städte, Gemeinden und Landkreise, die wiederum die Träger dieser regional verankerten Institute sind. Und aus dieser Zusammenarbeit kann nicht nur – um es modisch-salopp auszudrücken – eine Win-win-Situation für alle Beteiligten erwachsen, vielmehr erweist sich dieses Geschäft auch betriebswirtschaftlich als interessant, wenn es professionell betrieben wird. Der öffentliche Sektor stellt andere Anforderungen an das Finanzmanagement als die Privatwirtschaft. Gefragt sind ferner Lösungen, die über klassische Dienstleistungen hinausgehen und den Kommunen neue finanzielle Handlungsspielräume verschaffen. Einige dieser Lösungen werden auf den folgenden Seiten kurz skizziert.

Zunächst macht es allerdings Sinn, genauer zu definieren, welche Kunden zum Kreis der Kommunen zu rechnen sind. In den vergangenen Jahren haben viele Städte, Gemeinden und Landkreise eine Reihe von Aufgaben ausgelagert. In der Konsequenz verfügen die Kommunen heute über ein recht großes Beteiligungsportfolio. Daher zählen zur „Kundengruppe Kommune" aus Sicht der Nassauischen Sparkasse (Naspa) nicht nur die Gebietskörperschaften, sondern auch deren Eigenbetriebe und Eigengesellschaften sowie kommunale Zweckverbände. Nicht von ungefähr spricht die Sparkassen-Finanzgruppe vom „Konzern Kommune" mit recht komplexen Organisationsstrukturen, die seitens der Kreditwirtschaft eine noch größere Betreuungsintensität notwendig machen.

2. Enges Finanzkorsett der Kommunen

Die Ausgangssituation für die Zusammenarbeit mit diesen Kunden erscheint anspruchsvoll. Ein sehr enges Finanzkorsett hat die Handlungsspielräume der Städte, Gemeinden und Landkreise in den vergangenen Jahren deutlich eingeschnürt. Zwar hat sich die Einnahmesituation der Kommunen dank der positiven konjunkturellen Entwicklung zwischen 2005 und 2008 deutlich verbessert. Immerhin machten die Überschüsse im kommunalen Gesamthaushalt 2008 nach Angaben des Deutschen Städtetages 7,4 Mrd. Euro aus. Im selben Jahr stiegen allerdings die Kassenkredite der Kommunen auf eine neue Rekordhöhe von 29,7 Mrd. Euro. Zahlreiche Städte, vor allem in strukturschwachen Regionen, weisen immer noch defizitäre Haushalte auf und müssen laufende Ausgaben über hohe Kassenkredite finanzieren. Darüber hinaus spürten die Städte und Gemeinden ab dem Jahr 2009 die Folgen der internationalen Wirtschafts- und Finanzkrise. Der markante Rückgang der Gewerbesteuer konnte durch die Mittel aus dem zweiten Konjunkturpaket der Bundesregierung nur zum Teil abgemildert werden. Zudem handelt es sich dabei um einmalige Effekte. Nach Lage der Dinge ist aber vermutlich davon auszugehen, dass die Auswirkungen der Krise die kommunalen Haushalte über mehrere Jahre belasten werden – wenngleich natürlich in unterschiedlicher Intensität, da nicht alle Regionen gleich stark betroffen sind. Dies gilt gleichermaßen auch für die demografische Entwicklung in den einzelnen Regionen.

Zum Geschäftsgebiet der Naspa – einer der größten Flächen-Sparkassen in Deutschland – gehören sehr unterschiedliche Kommunen mit entsprechend differenzierten strukturellen Voraussetzungen. Die Naspa ist in der Finanzmetropole Frankfurt ebenso vertreten wie in der Landeshauptstadt Wiesbaden. Zu ihrem Geschäftsgebiet gehören die vergleichsweise einkommensstarken Landkreise Main-Taunus und Hochtaunus nördlich von Frankfurt sowie der Rheingau-Taunus und der Kreis Limburg, aber auch der Westerwald- und Rhein-Lahn-Kreis, die einen Teil von Rheinland-Pfalz ausmachen. Somit erstreckt sich das Geschäftsgebiet der Sparkasse über zwei Bundesländer (Hessen und Rheinland-Pfalz). Es umfasst zwei kreisfreie Städte (Frankfurt und Wiesbaden), sechs Landkreise mit rund 400 Gemeinden, Gemeindeverbände und kommunale Zweckverbände. Darüber hinaus sind dort zahlreiche kommunale Eigenbetriebe und Eigengesellschaften sowie Körperschaften und Anstalten des Öffentlichen Rechts vertreten. Da liegt es auf der Hand, dass die Kundengruppe „Kommunen“ für die Naspa schon traditionell eine wichtige Rolle spielt. Dabei steht sie in diesen Regionen in direktem Wettbewerb mit vier konkurrierenden Sparkassen.

3. Gleichgerichtete Interessen von Kommunen und Sparkassen

Wenn die Sparkassen – wie zu Beginn beschrieben – als Hausbanken der Kommunen fungieren, so mag dies natürlich mit der besonderen Eigentümerstruktur dieser öffentlich-rechtlichen Geldinstitute zusammenhängen. Aber unabhängig davon haben die Sparkassen sowie die Städte und Gemeinden durchaus gleichgerichtete Interessen an der Weiterentwicklung ihrer Region zu einem attraktiven Lebensraum und Wirtschaftsstandort. Das ergibt sich nicht nur aus dem Förderauftrag der Sparkassen, sondern ist durchaus in deren Eigeninteresse, da das Geschäft der Sparkassen regional ausgerichtet bleibt. Sie können sich ihren Markt nicht aussuchen oder in andere Länder expandieren. Über den Erfolg des Geldinstituts entscheidet die Qualität der Zusammenarbeit mit den Kunden vor Ort. Dazu gehören zum einen natürlich die Privatkunden als eine sehr starke Säule des Geschäfts, zum anderen größtenteils mittelständische Unternehmen sowie Freiberufler und eben nicht zuletzt Kommunen und institutionelle Kunden. Daher muss eine Sparkasse notwendigerweise ein großes Interesse an einer möglichst starken und zukunftsträchtigen Region haben. Dort lassen sich naturgemäß wirtschaftliche Erfolge eher erreichen als in strukturschwachen Regionen. Dabei geht es allerdings nicht allein um die rein ökonomische Stärke des Geschäftsgebiets. Nicht zu unterschätzen sind zudem die weichen Standortfaktoren, die darüber entscheiden, ob die Menschen gern in der betreffenden Region leben und ob es den Unternehmen gelingt, qualifizierte Mitarbeiterinnen und Mitarbeiter zu akquirieren. Muss eine Kommune aufgrund budgetärer Zwänge wichtige Infrastrukturprojekte streichen, leidet über kurz oder lang das Image der Region – mit unmittelbaren Folgen für die wirtschaftliche und gesellschaftliche Entwicklung. Insofern kommt den Sparkassen ein hohes Maß an Verantwortung zu. Sie sind – anders ausgedrückt – nicht nur Hausbanken der Kommunen, sondern im Idealfall Ideengeber und Berater sowie Finanzpartner der kommunalen Wirtschaftspolitik bei der Ansiedlung von Unternehmen und Stütze des Mittelstandes. Deshalb verfolgt die Naspa in ihrer Zusammenarbeit mit Kommunen und institutionellen Kunden konsequent einen ganzheitlichen Ansatz. Dies muss indes mehr sein als ein Modebegriff, den so gut wie alle Finanzdienstleister mittlerweile für sich reklamieren. Er muss in der praktischen Zusammenarbeit immer wieder mit konkreten Taten und Empfehlungen, mit innovativen Produkten und Dienstleistungen unterlegt werden.

4. Volumina der Kassenkredite drastisch gestiegen

Beginnen wir zunächst mit den Grundlagen der Zusammenarbeit mit den Gebietskörperschaften. Angesichts der erwähnten angespannten Finanzlage der meisten Kommunen, die sich in den kommenden Jahren eher weiter verschärfen dürfte, hat das Kreditgeschäft besondere Priorität. Im Mittelpunkt steht dabei der in der Haushaltsgemeindeordnung definierte Kassenkredit. Die Kommune kann mit diesem Fremdkapital laufend fällige Verwaltungsausgaben finanzieren, falls die dafür eingeplanten Einnahmen noch nicht eingegangen sind. In diesem Sinne sind Kassenkredite im Grunde eine Vorfinanzierung der im Haushaltsplan veranschlagten Einnahmen. In Zeiten rückläufiger Gewerbesteuereinnahmen und gleichzeitig steigender Sozialausgaben ist die Nachfrage nach Kassenkrediten seitens der Kommunen überwiegend sehr hoch. In den vergangenen Jahren ist die Inanspruchnahme dieser Mittel regelrecht explodiert. Im Jahr 1992 hatten die deutschen Kommunen noch Kassenkredite in Höhe von rund 1,2 Mrd. Euro aufgenommen, im Jahr 2008 waren es – wie bereits erwähnt – 29,7 Mrd. Euro. Angesichts rückläufiger Gewerbesteuereinnahmen infolge der für die Jahre 2009/2010 vorausgesagten Konjunkturabschwächung dürften schon sehr bald neue Rekorde aufgestellt werden.

Kassenkredite stellen also die Liquidität der Kommunen sicher. Doch damit allein ist es nicht getan. Für Investitionsfinanzierungen vergibt die Naspa „klassische“ Kommunaldarlehen. Diese werden den Gebietskörperschaften ohne Bestellung von Sicherheiten gewährt, da letztlich die Gemeinde mit ihrem gesamten Vermögen und ihren Erträgen haftet und somit kein Insolvenzrisiko besteht. Neben diesen beiden gängigen Formen der Finanzierung bietet die Naspa eine Reihe von alternativen Möglichkeiten an. Dazu gehören z.B. Leasing sowie Factoring/Forfaitierung, also der Ankauf von unstrittigen Forderungen durch das Geldinstitut. Zur Forfaitierung geeignet sind z.B. Forderungen der Kommunen aus Contracting- und Werksverträgen. Als weitere alternative Finanzierungsmöglichkeit kommt eventuell die Auflegung geschlossener Fonds in Betracht.

In manchen Fällen lassen sich Investitionen zudem im Rahmen eines Public-Private-Partnership-(PPP-)Modells umsetzen. Durch die Zusammenarbeit mit privaten Investoren profitiert die Kommune von festen langfristigen Kalkulationsgrundlagen über den gesamten Lebenszyklus der geplanten Investition (z.B. Schulneubau und –sanierung, Bau von Kindergärten, Rathäusern und Heizkraftwerken). Wenn hoheitliche Aufgaben betroffen sind, bleiben diese – im Gegensatz zu einer vollständigen Privatisierung – jedoch bei der Gebietskörperschaft. In manchen Fällen sind PPP-Projekte aber mit einer Teilprivatisierung von öffentlichen Aufgaben verbunden. Um die legitimen Renditevorstellungen eines Investors mit dem am Gemeinwohl orientierten Handeln der Öffentlichen Hand in Einklang zu bringen, ist die Begleitung durch einen erfahrenen Partner, der sowohl die Kommunen als auch eventuelle Investoren gut kennt, durchaus empfehlenswert.

Die Verschuldungssituation der Gebietskörperschaften führt zu langfristig hohen Zinsbelastungen. Hier kann ein aktives Schuldenmanagement dazu beitragen, den Aufwand nachhaltig zu reduzieren und planbarer zu gestalten. Die Naspa bietet den Kommunen an, gemeinsam nach Möglichkeiten zu suchen, um durch eine Optimierung der Schuldenstruktur die Zinslast und das Zinsänderungsrisiko zu verringern. Dies kann durch den Einsatz von Derivaten wie etwa Zinsswaps geschehen. In diesem Fall tauschen zwei Vertragspartner Zinsverpflichtungen aus, um so flexibler auf Marktveränderungen reagieren zu können. Unabhängig von dem Ursprungsdarlehen kann so während der Laufzeit die Zinsposition der Kommune verändert werden. Beispielsweise könnte ein langfristiger Festzinssatz gesichert oder durch einen Tausch von niedrigeren Geldmarktzinsen profitiert werden. Dabei legt die Naspa Wert darauf, dass nur Derivate eingesetzt werden, die nachvollziehbar sind und überschaubare Risiken bei guten Chancen aufweisen.

5. Lösungen vom Tagesgeld bis zu Spezialfonds

Neben günstigen Finanzierungen und innovativem Schuldenmanagement bieten die Sparkassen den Kommunen eine Reihe von Möglichkeiten zur Geldanlage an. Die Palette reicht dabei von Produkten für das kurzfristige Liquiditätsmanagement bis hin zu langfristigen Anlageformen. Im Bereich der kurzfristigen Geldanlagen stehen neben Sichteinlagen die flexiblen Tagesgeldkonten zur Verfügung, mit deren Hilfe die Gebietskörperschaften sogar bei einer sehr kurzfristigen Geldanlage Zinsvorteile realisieren können. Ähnlich wie im Privatkundengeschäft, sind für eine mittlere Anlagedauer in erster Linie die Festgeldangebote interessant. Und natürlich bietet die Naspa den Kommunen ihr gesamtes Wertpapier-Knowhow – ganz gleich, ob sich die Kunden für festverzinsliche Rentenwerte, Aktien oder Spezialfonds interessieren.

Möchte die Kommune langfristige Rücklagen mit geringstem Risiko und bestmöglichen Renditen anlegen, dann kommen auch Sondersparformen in Betracht, die ganz speziell auf die Wünsche der Kunden zugeschnitten werden. Gerade im Bereich der mittel- bis langfristigen Anlage bedarf es passgenauer Lösungen, was einen intensiven Austausch zwischen den Verantwortlichen der Kommune und des Kreditinstituts voraussetzt.

Wie bereits betont, verfolgt die Naspa im Geschäft mit den Gebietskörperschaften einen ganzheitlichen Ansatz, was nicht zuletzt unter betriebswirtschaftlichen Aspekten sinnvoll erscheint. Ganzheitliche Betreuung heißt, nicht nur Kredite, Produkte zur Geldanlage und Serviceleistungen rund um den Zahlungsverkehr anzubieten, sondern den Kunden darüber hinaus mit Beratung und Unterstützung zur Seite zu stehen. Das beginnt bei einer Optimierung des Electronic Banking, geht über die Umstellung auf den standardisierten europäischen Zahlungsverkehr (SEPA), aber auch Zahlungen über Kartenterminals – z.B. im Bürgerbüro oder in der Kfz-Zulassungsstelle – und reicht bis hin zu gezieltem Consulting, z.B. bei kommunalen Beteiligungsmaßnahmen oder bei Outsourcing-Plänen an externe Dienstleister. Auch bei der Privatisierung bislang kommunaler Unternehmen sowie der Entwicklung von Wohn- und Gewerbesiedlungen steht die Naspa den Kommunen auf Wunsch mit Rat und Tat zur Seite.

Über die Sparkassen-Finanzgruppe hält die Naspa für diesen Kundenkreis zudem Lösungen bereit, die über das eigentliche Bankgeschäft hinausreichen. Hierzu zählen neben dem Gebäudemanagement auch Lösungen zur Bewältigung der Pensionsverpflichtungen. Vielfach zeigt sich außerdem, dass eine Kommune – ähnlich wie ein privater Haushalt – ungünstig versichert ist. Mit der Sparkassen-Versicherung hat die Naspa daher ein speziell auf die spezifischen Bedürfnisse von Kommunen fokussiertes Versicherungspaket zusammengestellt.

Um die Bedarfsfelder der einzelnen Kommunen herauszufinden, die erfahrungsgemäß sehr unterschiedlich ausgeprägt sein können, ermitteln wir in einem persönlichen Gespräch mittels eines umfangreichen Finanzchecks die konkreten Bedürfnisse unserer Gesprächspartner und bieten Lösungen an. Hierfür bedarf es gut ausgebildeter Kommunalkundenbetreuer, die neben der gesamten Palette der Bankdienstleistungen zusätzlich für die Bedürfnisse der Kommunen und deren Lösungsmöglichkeiten geschult sind.

Der erwähnte ganzheitliche Ansatz bei der Betreuung dieser Kunden darf also im Sinne einer Allfinanzstrategie interpretiert werden: ein Partner für die gesamten Finanz- und Versicherungsgeschäfte der Gebietskörperschaften.

Anforderungsprofil an den idealen Kommunalkundenbetreuer

Der Erfolg im Kommunalkundengeschäft hängt naturgemäß sehr stark von der Betreuungsintensität und dem Know-how des Beraters ab.

Der Kommunalkundenbetreuer

- erkennt Handlungsfelder und Lösungsmöglichkeiten,
- hat Ergebnisverantwortung für die zugeordneten kommunalen Kunden,
- kanalisiert und bündelt interne und externe Informationen zu kommunalen Themen,
- schließt die Geschäfte mit den Kommunen im Aktiv-, Passiv- und Dienstleistungsbereich ab und koordiniert innerhalb der Sparkassen-Finanzgruppe,
- ist erster Ansprechpartner für Kämmerer und Dienststellenleiter der Gemeinden, teilweise auch direkt für die Bürgermeister kleinerer und mittlerer Kommunen,
- arbeitet eng mit den Firmenkundenbetreuern und sonstigen Spezialisten zusammen,
- nutzt Kontakte zu externen Kooperations- und Netzwerkpartnern, vor allem zum Kompetenzcenter der jeweiligen Landesbank,
- entwickelt und präsentiert Finanzierungskonzepte für kommunale Vorhaben,
- koordiniert die von Sachbearbeitungseinheiten übernommenen Serviceleistungen für die Kommunalkundenbetreuung.

Abbildung 1: *Anforderungsprofil an den idealen Kommunalkundenbetreuer*

6. Differenzierte Angebote für institutionelle Kunden

Vieles, was für das Kommunalkundengeschäft gilt, trifft gleichermaßen für institutionelle Kunden zu, wobei diese Gruppe allerdings viel heterogener ist, weshalb noch differenziertere Lösungen erforderlich sind. Zu diesen Kunden zählt die Naspa z.B. Versorgungswerke, Berufsgenossenschaften und –verbände, Ständevertretungen, kirchlich karitative Institutionen, Parteien, Gewerkschaften, Vereine und Stiftungen. Diesen Kunden bietet die Naspa passgenaue Lösungen für die kurz- bis mittelfristige Kapitalanlage, für Finanzierungen sowie für weitere Beratungsleistungen an. Die Ziele und Wünsche der institutionellen Kunden sind in aller Regel sehr spezifisch und komplex, sodass die Betreuung höchst individuell ausfallen muss. Trotz dieser unterschiedlichen Anforderungen gibt es bei dieser Klientel doch manche Übereinstimmung. So zeichnen sich institutionelle Kunden meist durch hohe und recht stabile Vermögen, bei geringer Risikoneigung aus. Im Vordergrund steht üblicherweise der Kapitalerhalt, was in besonderer Weise auf Stiftungen zutrifft. Ich werde gleich näher auf diesen Sonderfall eingehen. Im Bereich der Kapitalanlage und Vermögensverwaltung müssen überdies oft sehr individuelle Anlagerichtlinien beachtet werden. Interessant ist dieses Geschäft, weil für das Kreditinstitut daraus sowohl bilanzwirksame Anlagen als auch Provisionserträge aus Wertpapiergeschäften resultieren können.

Die Palette der Produkte und Dienstleistungen für institutionelle Kunden umfasst – abgesehen von individuellen, auf den Einzelfall zugeschnittenen Lösungen – bedarfsgerechtes Cashmanagement und Liquiditätsplanung, die aktive Betreuung der Depots sowie ggf. die Vermögensverwaltung und Spezialfonds. Und natürlich spielt die reibungslose Abwicklung des teilweise umfangreichen Massenzahlungsverkehrs für die institutionellen Kunden eine wichtige Rolle.

7. Stiftungsboom eröffnet attraktive Chancen

Stiftungen stellen im Kreis der institutionellen Kunden eine interessante und wachsende Zielgruppe dar, die aber besondere Anforderungen an den Finanzdienstleister stellt. Scheinbar unberührt von der Finanz- und Wirtschaftskrise hat die Zahl der Stiftungen in der Bundesrepublik in den vergangenen Jahren stark zugenommen. Sie stieg nach Angaben des Bundesverbandes Deutscher Stiftungen allein im Jahr 2008 um 1.020 Neugründungen. Damit wurden in den Jahren seit der Jahrtausendwende mehr neue Stiftungen aus der Taufe gehoben als in 50 Jahren zuvor. Zudem flossen den bereits bestehenden Stiftungen weitere Mittel in nennenswertem Umfang zu. Die Gründung von Stiftungen liegt im Trend – und nach Lage der Dinge dürfte sich daran in den nächsten Jahren nichts ändern.

Jede Stiftung ist auf Dauer angelegt, das macht sie als Förderinstrument so nachhaltig. Der Stifter trennt sich in der Regel unwiderruflich von seinem Vermögen oder Teilen davon und stellt das Geld als Stiftungskapital zur Verfügung. Der Stiftungszweck wird ausschließlich aus den Kapitalerträgen finanziert. Das bedeutet: Von der Höhe des unantastbaren Stiftungskapitals und vom Anlageerfolg hängt in hohem Maße die Effizienz der betreffenden Stiftung ab. Je höher die Erträge ausfallen, die durch die Anlage des Stiftungskapitals erwirtschaftet werden, desto mehr Geld kann dem Stiftungszweck zufließen. Die Renditeoptimierung stellt daher ein wichtiges Ziel in der Vermögensverwaltung für Stiftungen dar; gleichwohl gilt es aber, andere Vorgaben von ähnlich hoher Priorität zu beachten. Tatsächlich befindet sich auch der Vermögensverwalter einer Stiftung in einem „magischen Dreieck". Die Eckpunkte dieses Spannungsfeldes werden markiert von dem erwähnten Ziel einer bestmöglichen Performance zur Erfüllung des Stiftungszwecks, dem ungeschmälerten Erhalt des Vermögens auf Dauer und – nicht zuletzt – der Sicherstellung der Gemeinnützigkeit der Stiftung als Voraussetzung für deren Steuerbegünstigung.

Wie werden diese Ziele erreicht? Zunächst hat der Stifter die Wahl unter verschiedenen Möglichkeiten zur Verwaltung des Stiftungsvermögens. Folgende Alternativen bieten sich an:

- Eigenverwaltung
- Fondsverwaltung
- Asset Management
- Spezialfonds

Nehmen wir diese Möglichkeiten etwas genauer unter die Lupe. Bei der Eigenverwaltung sind aktive Anlagestrategien durch bewusstes Abweichen von der Benchmark wegen fehlender Voraussetzungen kaum möglich. In diesen Fällen unterstützt die Naspa die Stiftungskunden auf Wunsch mit Empfehlungen von Einzeltiteln oder Produkten. Zieht die Stiftung eine Fondsverwaltung vor, so werden die Anlageentscheidungen an ein erfahrenes Management delegiert, die Anlageziele aber klar vorgegeben. Dank eines hohen Fondsvolumens wird mit einer solchen Lösung eine bessere Vermögensstrukturierung erreicht. Zusätzlich profitiert die Stiftung von Rationalisierungseffekten (Einzelbuchungen sowie Zins- und Dividendenbuchungen entfallen).

Eine sinnvolle Alternative besteht in der Verwaltung des Stiftungsvermögens durch ein professionelles Asset Management. Der Kunde gibt die Anlagegrundsätze vor, die Umsetzung erfolgt durch die Naspa. Hierzu unterhält die Sparkasse eine eigenständige Betreuungseinheit, die eng mit dem hauseigenen Research kooperiert. Auf der Grundlage einer kontinuierlichen Betreuung erarbeitet die Naspa eine langfristige Anlagestrategie.

Als weitere Möglichkeit bietet sich unter bestimmten Voraussetzungen die Verwaltung des Stiftungsvermögens über Spezialfonds an. Auch hierbei werden die Investitionsrichtlinien vom Anleger bestimmt, um das aktive Portfoliomanagement kümmern sich Spezialisten. Über seine Mitwirkung im Anlageausschuss behält der Kunde die Kontrolle über das Vermögen. Hinzu kommt die hohe Sicherheit dieser gesetzlich detailliert geregelten Anlageform.

Für welche der drei zuletzt genannten aktiven Formen der Vermögensverwaltung sich der Kunde letztlich entscheiden mag – angesichts der vielfältigen Einflussfaktoren und ihrer Komplexität, die bei der Verwaltung eines Stiftungsvermögens zu berücksichtigen sind, spricht alles dafür, die Vermögensverwaltung an erfahrene Finanzdienstleister zu delegieren. Diese Erfahrung im Umgang mit Stiftungen sollte nachvollziehbar und überzeugend sein. Sprich: Der Finanzdienstleister muss einen entsprechenden Track Record aufweisen können. Die Nassauische Sparkasse kann in diesem Zusammenhang auf eine eigene, seit vielen Jahren erfolgreich in der Region arbeitende Stiftung verweisen: Unter dem Namen „Initiative und Leistung" fördert sie die Kultur, den Sport sowie die Heimat- und Brauchtumspflege, den Umweltschutz, Jugendaktivitäten und die Gesundheitsvorsorge.

8. Fazit

Das Geschäft der Kreditinstitute mit Kommunen und institutionellen Kunden hat sich in den vergangenen Jahren in erheblichem Umfang gewandelt. Längst geht es nicht mehr darum, nur Kommunalkredite zu vergeben, obgleich diese als Deckungsmasse für Kommunalschuldverschreibungen der Sparkassen neue Bedeutung erlangen. Die Städte, Gemeinden und Landkreise weisen heute durch die Vielzahl von Ausgliederungen, Teilprivatisierungen und PPP-Projekten konzernartige Strukturen auf. Daran müssen sich folglich die Finanzierungs- und Dienstleistungsangebote der Kreditinstitute ausrichten. Es gilt mithin, die gesamte Wertschöpfungskette zu erschließen. Die vernetzte Zusammenarbeit im Verbund der Sparkassen-Finanzgruppe erweist sich dabei als hilfreich. Ähnliches gilt für institutionelle Kunden. Auch ihr Erfolg ist von einem ganzheitlichen Betreuungsansatz und von dem spezifischen Know-how des Beraters abhängig; immerhin werden diese Institutionen in höchst unterschiedlichen Rechtsformen geführt. Das reicht bei karitativen Einrichtungen z.B. von der gemeinnützigen GmbH über den eingetragenen Verein, bis hin zur komplexen und langfristig ausgerichteten Konstruktion einer Stiftung.

Je besser es gelingt, in beiden Kundengruppen die Wertschöpfungsketten hinsichtlich des gesamten Bedarfs an Finanz- und Beratungsleistungen auszuschöpfen, desto weniger überzeugt der Einwand, Geschäfte mit diesen Kunden seien ausgesprochen margenschwach. Zu dieser Erkenntnis kann nur kommen, wer sich isoliert die Ergebnisse in Teilsegmenten anschaut. Das Geschäft mit Kommunen und institutionellen Kunden kann bei entsprechender Umsetzung durchaus ertragbringend gestaltet werden. Sparkassen wie die Naspa haben hierfür aufgrund ihrer regionalen Verwurzelung und ihrer traditionell engen Beziehungen zu den Gebietskörperschaften und den ihnen nahestehenden Institutionen sehr gute Voraussetzungen. Als größter Finanzdienstleister im Privatkundengeschäft und bewährter Partner der mittelständischen Wirtschaft bringen die Sparkassen schließlich umfassende und facettenreiche

Erfahrungen aus der Region in die Zusammenarbeit mit den Kommunen ein. So wird aus dem Finanzdienstleister gleichsam eine regionale Know-how-Drehscheibe, von der am Ende alle Kundengruppen profitieren können.

Teil II

Strategische Positionierungen im Firmenkundengeschäft

Aktive Marktbearbeitung im mittelständischen Firmenkundengeschäft

Michael Fröhlich

1. Einleitung

Verantwortliche in Kreditinstituten sind heute mehr denn je gefordert, eine aktive und zielorientierte Marktbearbeitung zu organisieren. Firmenkunden werden zunehmend kritischer und anspruchsvoller. Das Produktspektrum wird rasend schnell breiter, während personelle Ressourcen knapp bleiben. Keine Frage: Die Organisation von Betreuung und Beratung ist anspruchsvoll und ein entscheidender Faktor für ein rentables Firmenkundengeschäft.

Mittelständische Firmenkunden erwarten heute eine nachhaltige und qualitativ gute Beratung von ihrer Hausbank. Sie wollen einen wiederkehrenden partnerschaftlichen Informationsaustausch, der alle Ebenen der betrieblichen Finanzierung abdeckt und auch adäquate Lösungen für andere betriebliche Fragen aufzeigt. Ein breiter Informationsaustausch auf hohem qualitativem Niveau erfordert aktuelle und durchdachte Konzepte von der jeweiligen Hausbank sowie persönlich und fachlich kompetente Betreuer in den Firmenkundenabteilungen.

Den verantwortlichen Führungskräften in Kreditinstituten stellt sich die Frage, wie sie vertrieblich vorgehen wollen. Entscheidend wird dabei die Frage sein, welche grundsätzlichen Elemente die aktive Marktbearbeitung im mittelständischen Firmenkundengeschäft prägen und fördern.

Die wichtigste Voraussetzung für eine aktive Marktbearbeitung ist ein **strukturierter, systematischer Vertriebsprozess** mit klaren Aufgaben und Verantwortlichkeiten.

Darüber hinaus muss eine **umfassende Beratung** in allen Beratungsfeldern gewährleistet sein; Spezialwissen muss in den Beratungsprozess eingebracht werden können.

Schließlich sind eine **systematische Erfolgsmessung** und **motivierende Führungsarbeit** von großer Bedeutung für einen nachhaltigen Vertriebserfolg.

Diese Kernanforderungen bilden die Ausgangslage für alle modernen Beratungskonzepte. Als Marktführer im Geschäft mit mittelständischen Kunden haben die Sparkassen gemeinsam mit dem Deutschen Sparkassen- und Giroverband (DSGV) das S-Finanzkonzept für Firmenkunden entwickelt, das mittlerweile seine Bewährungsprobe bestanden hat und nunmehr bundesweit eingesetzt wird. Die einzelnen Institute können einen zeitgemäßen, qualitativ hochwertigen und in der Praxis erprobten Vertriebsprozess übernehmen. Alle Vertriebskräfte können sich auf die Anwendung des S-Finanzkonzepts konzentrieren.

Gerade die Umsetzung der theoretisch nachvollziehbaren Vertriebskonzepte in die betriebliche Praxis verläuft jedoch häufig nicht ohne Probleme. Nachstehend sollen daher die wichtigsten Aspekte für eine erfolgreiche Implementierung näher betrachtet werden.

2. Voraussetzungen für aktiven Vertrieb

Ausgangsbasis für den aktiven Vertrieb ist eine vorhandene **Kundengruppensegmentierung**. Grundsätzlich gilt zwar: Jeder Kunde ist anders, kein Kunde gleicht dem anderen. Dennoch ist die Bildung von Kundengruppen erforderlich, um eine aktive Betreuung zu organisieren und Beratungsschwerpunkte zu setzen. Dabei soll die Individualität und Einzigartigkeit jedes Kunden keineswegs beschnitten werden.

In den Sparkassen findet man im gewerblichen Geschäft regelmäßig die Segmente Geschäftskunden, Gewerbekunden und Firmenkunden vor. Wesentliche Abgrenzungsmerkmale sind Umsatz, Geschäftsvolumen Aktiv/Passiv, aber auch die jeweilige Branche und weitere Kriterien.

In der Feinsegmentierung werden diese Merkmale durch potenzialbezogene Kriterien ergänzt. Die Ermittlung des Potenzials einer Kundenverbindung ist nicht allein aus Bestandsdaten zu ermitteln. Stattdessen sind hier die potenziellen Geschäftsmöglichkeiten durch die Betreuer selbst einzuschätzen. Ziel ist eine möglichst genaue Abschätzung des zukünftigen Ertragspotenzials einer Adresse, um dann die oft knappen Personalressourcen in der Kundenbetreuung effizient und chancenorientiert einsetzen zu können.

Weitere unverzichtbare Grundlage für aktiven Vertrieb ist eine **kundenorientierte Aufbauorganisation**. Die Struktur der kundenorientierten Aufbauorganisation folgt sinnvollerweise der Kundengruppensegmentierung. Im Geschäft mit gewerblichen Kunden finden sich dementsprechend Betreuer für Geschäfts-, Gewerbe- und Firmenkunden.

Geschäftskundenbetreuer sind oft dezentral angesiedelt, Gewerbe- und Firmenkundenbetreuung wird eher von zentralen Einheiten geleistet.

Für Spezialgebiete hat sich eine geschäftsabhängige und unterstützende Einbindung von Spezialisten in den Vertriebsprozess bewährt.

3. Strukturierter, systematischer Vertriebsprozess

Vertrieb lässt sich nur auf der Grundlage eines klaren qualitätsgesicherten Vertriebsprozesses aktiv organisieren. Ohne die Festlegung konkreter Prozessschritte und -schnittstellen ist die nachhaltige Betreuung von gewerblichen Kunden zufällig. Eine Beurteilung der Vertriebsaktivitäten im Verhältnis zu den vereinbarten Zielen ist ohne eine definierte Vorgehensweise kaum möglich.

Üblicherweise besteht der Vertriebsprozess aus mehreren Schritten (siehe Abb. 1):

1. Besuchsvorbereitung
2. strukturierte Kundenberatung
3. Nachbereitung und Dokumentation des Gesprächs
4. Folgeterminplanung bzw. Spezialisteneinbindung
5. Reporting/Controlling

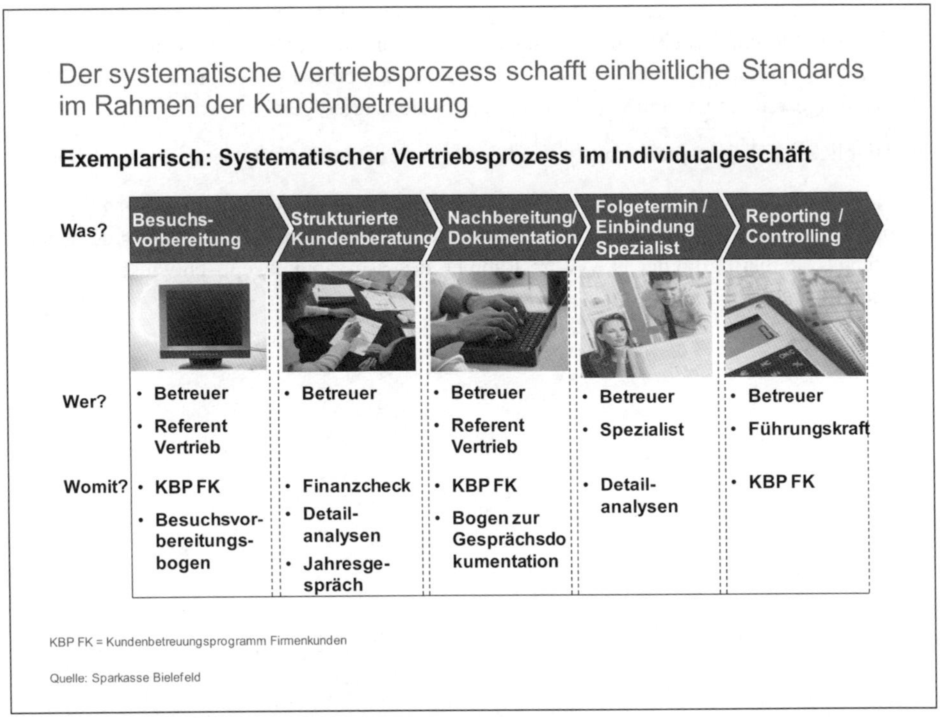

Abbildung 1: *Systematischer Vertriebsprozess*

Die Besuchsvorbereitung umfasst die Terminvereinbarung und die Beschaffung sämtlicher Informationen für das Kundengespräch. Vertriebsreferenten, die die jeweiligen Betreuer unterstützen, stellen alle wichtigen Unterlagen zusammen und entwickeln eine Tagesordnung.

Die Betreuer führen mit dem Kunden das avisierte und gut vorbereitete Gespräch, Dauer ein bis zwei Stunden. Unterstützt werden die Betreuer durch den Einsatz von erprobten Beratungsmedien, die Ansprachehilfen für die verschiedenen Themen enthalten. Diese gesprächs- und themenunterstützenden Bögen müssen laufend aktualisiert und gepflegt werden. Sie enthalten auch Checklisten zu den einzelnen Gesprächsschwerpunkten. Für spezielle Produktfelder (z.B. Vorsorge) werden Detailanalysen mit eigenen Beratungsbögen durchgeführt.

Nach Abschluss des Gesprächs werden die Inhalte und Informationen ausgewertet und der Beratungsbogen wird vom Vertriebsreferenten in die Kundendatenbank übertragen. Aufträge des Kunden werden zügig erledigt.

Enthält das Gesprächsergebnis Hinweise oder Wünsche aus speziellen Fachgebieten, werden die jeweiligen Spezialisten vom Betreuer beauftragt. Sie haben unter Einhaltung definierter Zeiten eine Folgeberatung zu vereinbaren und mit dem Kunden zu verhandeln. Das Ergebnis ist ebenfalls zu dokumentieren und dem Betreuer mitzuteilen.

Die Einbindung der Spezialisten, die mit detaillierten Analysen besondere Fachthemen vertiefen und dann eine sinnvolle Problemlösung entwickeln sollen, ist besonders aufmerksam zu beobachten. Oft entwickelt sich an dieser vertrieblichen Schnittstelle eine Unterbrechung des erfolgreich begonnenen Vertriebsprozesses. Es muss sichergestellt sein, dass die Spezialisten ihre Aufträge zeitnah und mit vertrieblicher Kompetenz erledigen.

Im Hinblick auf die Gesprächsmuster sind drei verschiedene Grundtypen zu unterscheiden:

Grundsätzlich führt der Betreuer alle zwei bis drei Jahre ein **Grundsatzgespräch**. Hinzu kommt im Abstand von maximal zwölf Monaten ein **Jahresgespräch.** Die zugrunde liegende Beratungssystematik, die der DSGV im Rahmen des S-Finanzkonzepts entwickelt hat, ist in Abbildung 2 abgebildet.

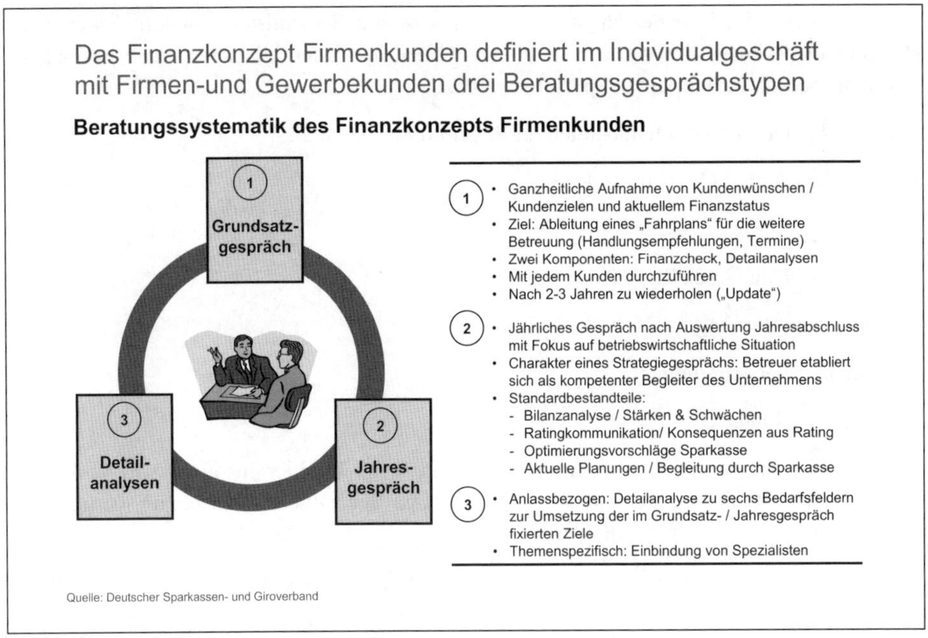

Abbildung 2: *Beratungsgesprächstypen*

Ergänzend gibt es **Detailgespräche**, die von den jeweiligen Spezialisten anlassbezogen geführt werden. Es ist kein Geheimnis, dass für viele Fachgebiete besondere Expertise erforderlich ist. Auf diese Weise wird die Qualität der Beratung sichergestellt.

Ein mithilfe unterschiedlicher Gesprächstypen gestalteter Vertriebsprozess sichert eine nachhaltige und differenzierte Beratung ab. Der jeweilige Betreuer kann so eine qualitativ hochwertige und umfassende Beratung sicherstellen. Die Folgeabläufe sind klar und deutlich geregelt. Auf dieser Basis wird aktiver erfolgreicher Vertrieb möglich.

4. Umfassende Beratung durch Spezialisten

Allfinanzvertrieb über einen einzelnen Mitarbeiter funktioniert nicht. Heutzutage bedarf es vieler Spezialisten, um komplexe Beratung auf hohem Niveau zu erbringen.

Zunächst müssen grundlegende Basisleistungen wie die Kontoführung ohne Beanstandungen funktionieren. Diese Basisleistungen werden oft von Filialen in räumlicher Nähe zum Kunden erbracht.

Für weitergehende Dienstleistungen ist der Einsatz von Spezialisten sinnvoll. Erkennt der Betreuer im Rahmen der von ihm geführten Grundsatz- oder Jahresgespräche besonderen Beratungsbedarf, zieht er einen Spezialisten hinzu.

In folgenden Geschäftsfeldern beraten im Regelfall Spezialisten:

1. Vermögens- und Geldanlage
2. Leasing
3. Internationale Geschäfte
4. Electronic Banking
5. Vorsorge/Versicherungen
6. Corporate Finance

Soweit keine eigenen Spezialisten für bestimmte Produktfelder institutsintern vorhanden sind, ist klar festzulegen, wer für die entsprechenden Spezialgebiete zuständig ist; ggf. sind entsprechende Verträge abzuschließen.

Die Schnittstelle zum Spezialisten bietet den Kreditinstituten die Möglichkeit, sowohl auf eigenes Spezialwissen als auch alternativ auf andere, vertraglich gebundene Experten zurückgreifen zu können. In der Sparkassen-Finanzgruppe steht im Verbund für alle Fragen des Firmenkundengeschäfts umfassendes Know-how zur Verfügung.

Dem Zusammenspiel zwischen Betreuer und Spezialist ist besondere Aufmerksamkeit zu widmen, wenn der Vertrieb erfolgreich sein soll. Spezialisten müssen die Verantwortung für den Absatz „ihrer" Produkte haben und eine Treiberfunktion für ihr Produktfeld übernehmen.

Öffnet der Betreuer einen Kunden für ein bestimmtes Produkt(-feld) und schreibt dem Spezialisten ein entsprechendes Ticket, so muss dieser den Auftrag bearbeiten und den Erfolg bzw. Misserfolg festhalten. Durch diese Matrix zwischen Betreuer und Spezialist werden Schwachstellen schnell deutlich, ein gesondertes Controlling ist weitestgehend entbehrlich. Betreuer und Spezialist arbeiten gemeinsam an Verbesserungen, wenn der Vertriebserfolg noch nicht optimal sein sollte.

Der gesamte Vertriebsprozess ist allen Beteiligten in seiner Bedeutung bekannt zu machen. Er ist verbindlich zu vereinbaren oder in den Organisationsrichtlinien anzuweisen. Ergänzend muss der Vertriebsprozess im Steuerungs- bzw. Zielsystem verankert werden.

5. Systematische Erfolgsmessung und Führung

Ein definierter Beratungsprozess und eine entsprechende Zielvereinbarung bilden eine Klammer und sind die Grundlage für den Erfolg im Firmenkundenvertrieb. Entsprechend muss das Zielsystem an den Sollprozess in der Beratung anknüpfen und neben konkreten Produktabschlüssen auch Erfolgsdimensionen aus dem Beratungskonzept (in Sparkassen dem S-Finanzkonzept) messen, wie z.B. Überleitungen an Spezialisten oder Gesprächsfrequenzen der Betreuer.

Die Kundendatenbank liefert hier umfangreiche Möglichkeiten. So lässt sich auch das Zusammenspiel von Kundenbetreuer und Spezialist abbilden, sodass deutlich wird, ob der arbeitsteilige Vertriebsprozess von Erfolg gekrönt ist und entsprechende Verkaufserfolge erzielt werden.

Oft reichen die Möglichkeiten der vorhandenen Kundendatenbanken für eine aktive Vertriebssteuerung aber nicht aus. Es fehlen Hinterlegungsfelder für detailliert erfragte und anschließend sauber dokumentierte, überprüfbare Potenzialangaben zum Kunden und seine spezifischen geschäftlichen Bedürfnisse.

Ein Verzicht auf eine klare Dokumentation hilft nicht weiter, denn nur was messbar ist, kann auch im Steuerungsprozess wirksam eingesetzt werden. „Miss es oder vergiss es" – dieses Motto gilt auch für den Firmenkundenvertrieb. Deshalb sind die Möglichkeiten einer umfassenden Dokumentation von Gesprächsergebnissen im Vorfeld eines aktiven Vertriebs zu überprüfen und ggf. anzupassen.

Neben der Transparenz sind aber auch regelmäßige Rückkoppelungsgespräche zwischen Betreuer und Führungskraft wichtig. Dabei ist darauf zu achten, dass sämtliche geschäftlichen Facetten des Kunden besprochen werden und nicht auf einen bestimmten Geschäftsschwerpunkt, z.B. das Kreditgeschäft, fokussiert wird.

Gesprächsrunden der Betreuer untereinander sowie der Austausch von Best-Practice-Ansätzen im Vertrieb bilden einen guten Ausgangspunkt für die Weiterentwicklung der Betreuer und eine damit einhergehende Zielerreichung.

Unterstützend wirkt eine laufende, sensible Registrierung vertriebsfremder Aufgaben, die häufig auf die Betreuer zukommen. Die Führungskräfte sollten sich über derartige Aufgaben aus anderen Fachbereichen zu Lasten „ihrer" Firmenkundenbetreuer berichten lassen, damit sie die knappe Nettomarktzeit schützen können. Vielfach kann eine anderweitige Bearbeitung von vertriebsfremden Aufgaben erreicht werden, sodass mehr Zeit für aktive Kundenbetreuung, also die Nettomarktzeit, bleibt.

Dazu kommt noch der persönliche Faktor: Geschäfte werden bekanntlich zwischen Menschen gemacht. Deshalb muss den am Kunden tätigen Betreuern besonderes Augenmerk geschenkt werden. Ihre Persönlichkeit, ihre Bereitschaft zu immer wieder neuen Anforderungen und nicht zuletzt ihre Motivation sind entscheidend für den vertrieblichen Erfolg.

Es versteht sich von selbst, dass Kunden hohen Wert auf langjährige Betreuungsverhältnisse und persönliche Bindung legen. Personalrochaden sollten deshalb vermieden werden. Vielmehr ist Kontinuität in der Verbindung von Kunde und Kreditinstitut ein wichtiges Erfolgselement.

Dementsprechend muss ein passendes Zielsystem vor allem den langfristigen und nachhaltigen Erfolg abbilden und darf keinesfalls kurzfristig und rein aktionistisch steuern.

6. Fazit

Ein systematischer Vertriebsprozess bildet die Grundlage für ein erfolgreiches Firmenkundengeschäft. Umfassende Beratung – auch durch Spezialisten – sowie langjährige, motivierte Mitarbeiter, deren nachhaltige Leistung transparent gemacht werden kann, sind die wesentlichen Erfolgsfaktoren für eine aktive Marktbearbeitung im Firmenkundengeschäft.

Existenzgründung

Frank Brockmann

1. Einleitung

Kleine und mittlere Unternehmen stellen innerhalb der deutschen Wirtschaft einen bedeutenden Faktor dar. Auch für Banken sind mittelständische Unternehmen äußerst interessant, da diese häufig einen umfangreichen Bedarf an Finanzprodukten haben. Vor diesem Hintergrund versuchen immer mehr Kreditinstitute sich im Mittelstandsgeschäft zu positionieren. Die deutschen Sparkassen verfügen in diesem Segment bisher über eine starke Position. Ziel ist es, diese Marktstellung auch in einem verschärften Wettbewerbsumfeld zu halten. Eine Möglichkeit dazu bietet beispielsweise die frühzeitige Bindung erfolgversprechender junger Unternehmen an das Institut, da junge Existenzgründer noch keine feste Beziehung zu einem Kreditinstitut haben. Das öffentliche Engagement der Sparkassenorganisation im Bereich der Existenzgründungsfinanzierung ist traditionell sehr hoch. Sparkassen werden als gründerfreundliche Institute wahrgenommen, was zu zahlreichen Finanzierungsanfragen potenzieller Neu-Unternehmer führt. Die Finanzierungsbegleitung von Gründungsvorhaben ist der erste Schritt zu einer möglichst ertragreichen Geschäftsbeziehung mit dem Kunden in der Zukunft und daher ein strategisch wichtiges Betätigungsfeld für die Sparkasseninstitute.

Zielsetzung des nachfolgenden Textes ist es, einen Einblick in das Existenzgründungsgeschäft der Sparkassenorganisation, hier am Beispiel der Hamburger Sparkasse, zu geben. Dabei wird folgendermaßen vorgegangen:

Zunächst wird auf die volkswirtschaftliche Bedeutung des Mittelstandes und der Existenzgründungen eingegangen. Im Anschluss daran folgt eine kurze Darstellung des Existenzgründungsgeschehens in Deutschland sowie der Bedeutung von Gründungen für die Sparkassenorganisation. Danach wird ein komprimierter Überblick über den Markt für Start-up-Finanzierungen gegeben und die Ausgestaltung öffentlicher Förderprogramme am Beispiel dreier Existenzgründungsprogramme der Kreditanstalt für Wiederaufbau skizziert. Der nächste Teil befasst sich mit dem Existenzgründungsgeschäft der Hamburger Sparkasse (Haspa). In diesem Abschnitt werden das StartUp-Center der Haspa vorgestellt und die wesentlichen Erfolgskriterien, die der Gründer und sein Vorhaben erfüllen müssen, definiert. Im Anschluss werden mögliche Schnittstellen im Hause genannt und ein Teil des externen Netzwerks der Haspa aufgezeigt. Der Beitrag endet schließlich mit einer Kurzvorstellung besonderer Projekte der Haspa im Rahmen ihres Existenzgründungsgeschäfts.

2. Volkswirtschaftliche Bedeutung des Mittelstands und der Existenzgründungen

Für den Begriff „Mittelstand" existiert bisher keine einheitliche Definition. Das Institut für Mittelstandsforschung Bonn fasst aus quantitativer Sicht unter diesem Begriff alle Unternehmen, einschließlich des Handwerks und der freien Berufe, zusammen, die maximal 500 Mitarbeiter haben und maximal 50 Mio. Euro Umsatz erzielen. Damit gehören 99,7 % aller in Deutschland existierenden Unternehmen dem Mittelstand an. Der deutsche Mittelstand wird gerne als „Rückgrat" der deutschen Volkswirtschaft bezeichnet. Dass diese Bezeichnung keinesfalls übertrieben ist, zeigt sich dadurch, dass über 70 % der in Deutschland beschäftigten Arbeitnehmer und 83 % der Auszubildenden für mittelständische Unternehmen tätig sind. 38,3 % des Gesamtumsatzes aller deutschen Unternehmen wird von Mittelständlern erzielt.[1] Betrachtet man diese Ergebnisse, ist es nicht verwunderlich, dass ein florierender Mittelstand von primärer Bedeutung für das Wohl der deutschen Volkswirtschaft ist.

Für den Mittelstand wiederum sind Existenzgründungen von essenzieller Bedeutung. Durch Gründungen entstehen neue Unternehmen und bestehende bleiben infolge von Nachfolgeregelungen erhalten.[2] Darüber hinaus gelten Unternehmensgründungen als Antrieb für die Wettbewerbsfähigkeit und das Wachstum von Volkswirtschaften. Treten neue Unternehmen in einen bestehenden Markt ein, erhöht sich die Zahl der Anbieter und somit der Wettbewerbsdruck auf die Anbieter. Um sich auf dem Markt weiterhin behaupten zu können, werden existierende Unternehmen dazu veranlasst, ihre Produkte und Dienstleistungen bzw. Arbeitsprozesse zu verbessern, um für die Nachfrageseite weiterhin attraktiv zu bleiben. Können die etablierten Unternehmen dieses nicht leisten, werden sie sich auf Dauer nicht mehr im Markt halten können und verdrängt werden. Gelingt es, Gründungen ausreichend innovativ zu gestalten, können dadurch sogar neue Märkte erschlossen werden. Dies führt zumindest temporär zu einer Monopolstellung und der Möglichkeit zur Realisierung sogenannter Pioniergewinne, bis die ersten Nachahmer auf den neuen Markt drängen und wieder ein neuer Wettbewerb um die Nachfrager entsteht. Volkswirtschaftlich bedeutungsvoll ist auch der Aspekt der Schaffung neuer Arbeitsplätze durch die Gründung neuer Unternehmen.[3]

Mit dem Wissen um die Bedeutsamkeit von Existenzgründungen für den Mittelstand ist es besonders bedauerlich zu beobachten, dass das Gründungsaufkommen in Deutschland bereits seit mehreren Jahren rückläufig ist. Der Deutsche Industrie- und Handelskammertag sieht in der allgemeinen Konjunkturentwicklung der letzten Jahre eine wesentliche Ursache für die

---

1 Vgl. Bundesministerium für Wirtschaft und Technologie, Mittelstand: Leistung durch Vielfalt, März 2009, S. 7

2 Vgl. Bundesministerium für Wirtschaft und Technologie, GründerZeiten Nr. 01, Thema: Existenzgründung in Deutschland, Juni 2007

3 Vgl. KfW-Bankengruppe, KfW-Gründungsmonitor 2008, Gründungen in Deutschland: weniger aber besser – Chancenmotiv rückt in den Vordergrund, Juni 2008, S. 10

sinkenden Zahlen. Bis zur ersten Jahreshälfte 2008 war die deutsche Wirtschaft von einem deutlichen Konjunkturaufschwung geprägt. Messbar wurde diese Entwicklung durch das starke Sinken der Arbeitslosenzahlen. Einhergehend mit der Verbesserung der Perspektiven auf dem Arbeitsmarkt, haben sich z.B. die Anreize für eine „Gründung aus der Not heraus" verringert. Fachkräfte haben die Chance auf eine gut dotierte abhängige Beschäftigung dem unternehmerischen Risiko einer Selbstständigkeit vorgezogen.[4] Vor dem Hintergrund der sich derzeit verschlechternden Konjunktur, kann daher voraussichtlich wieder mit steigenden Gründungszahlen gerechnet werden.

Eine Studie der Kreditanstalt für Wiederaufbau (KfW) belegt, dass das Gründungsgeschehen in Deutschland von kleinen und kleinsten Gründungsprojekten dominiert wird.[5] Mehr als drei Viertel der Gründer mit finanziellem Mittelbedarf benötigen zur Umsetzung ihres Vorhabens nicht mehr als 25.000 Euro. Etwa ein Drittel aller Gründer beenden wiederum innerhalb der ersten drei Jahre ihre selbstständige Tätigkeit wieder. Nach sieben Jahren haben sogar mehr als drei Viertel aller Gründer ihre Geschäftstätigkeit wieder aufgegeben. Solche Ergebnisse machen deutlich, dass eine Gründungsfinanzierung für Banken mit überdurchschnittlichen Risiken behaftet ist.

3. Bedeutung von Existenzgründern für die Sparkassenorganisation

Die deutschen Sparkassen werden in der Regel durch das Regionalprinzip und die Bindung an die kommunalen Träger dazu veranlasst, ihre Geschäftspolitik auf die Region des Trägers auszurichten. Sie haben somit großes Interesse an einer positiven Wirtschaftsentwicklung in ihrem Geschäftsgebiet, da sie keine Ausweichmöglichkeiten auf andere Regionen Deutschlands haben. Die Förderung der regionalen Wirtschaft und des Mittelstands zählt damit zu den primären Aufgaben einer Sparkasse. Die regionale Beschränkung in der Geschäftstätigkeit führt dazu, dass Sparkassen ihren Markt mit seinen Teilnehmern und Entwicklungen sehr genau kennen und dadurch intensiver bearbeiten können als andere Kreditinstitute.[6] Genaue Kenntnisse über die regionale und überregionale Fördermittellandschaft für Existenzgründer und die Fähigkeit, daraus maßgeschneiderte Finanzierungslösungen für den Gründer zusammenzustellen, gehören zu den Kompetenzen der Sparkasseninstitute. Durch die Verbindung

---

4 Vgl. Deutscher Industrie- und Handelskammertag, Gründungsflaute im konjunkturellen Aufschwung – DIHK-Gründerreport 2008, Zahlen und Einschätzungen der IHK-Organisation zum Gründungsgeschehen in Deutschland, Juni 2008

5 Vgl. KfW-Bankengruppe, KfW-Gründungsmonitor 2008, Gründungen in Deutschland: weniger aber besser – Chancenmotiv rückt in den Vordergrund, Juni 2008, S. 2f.

6 Vgl. Goeke, M. (Hrsg.), Praxishandbuch Mittelstandsfinanzierung, 2008, S. 69

von Wissen über die Besonderheiten der regionalen Märkte und einem gut funktionierenden Netzwerk mit öffentlichen Institutionen, wie der Handwerks- und der Handelskammer oder auch der Bürgschafts- und Förderbanken, sind Sparkassen ein attraktiver Finanzierungspartner für Existenzgründer. Mehr als jede zweite Existenzgründung wird inzwischen finanziell von einer Sparkasse begleitet, sodass die Institute der Sparkassen-Finanzgruppe Marktführer in diesem Geschäftsbereich sind. Existenzgründer sind die Firmenkunden von morgen. Sie sichern die Stabilität des Firmenkundenbestandes der Sparkassen für die Zukunft. Es ist für Sparkassen daher von elementarem Interesse, erfolgversprechende Jungunternehmen mit Vertriebspotenzialen als Kunden zu gewinnen und für ertragreiche Geschäfte in der Zukunft auf Dauer an das Institut zu binden. Die Sparkassen positionieren sich als kompetente Ansprechpartner für die mittelständische Kundschaft. Von der Gründung über das Wachstum bis hin zur Übergabe an die nächste Generation bieten die Sparkasseninstitute eine ganzheitliche Beratung und Begleitung über alle Unternehmensphasen hinweg an.

4. Der Markt für Start-up-Finanzierungen

Der deutsche Markt für Start-up-Finanzierungen bietet Existenzgründern ein umfangreiches Angebot an Finanzierungsmöglichkeiten. Neben den klassischen Bankdarlehen gibt es zahlreiche Kreditprogramme sowohl auf Bundes-, Landes- als auch auf kommunaler Ebene. Öffentliche und private Träger agieren auf diesem Markt parallel. In der Regel sind die einzelnen Finanzierungsangebote an die Erfüllung bestimmter Förderbedingungen geknüpft, sodass sie nicht gleichermaßen für jeden Gründer in Betracht kommen. Klassische Bankdarlehen spielen in der Existenzgründungsfinanzierung oft zunächst eine Nebenrolle. Öffentliche Mittel sind hinsichtlich der Finanzierungskosten und Rückzahlungsbedingungen für den Gründer in der Regel günstiger. Häufig gibt es tilgungsfreie Anlaufjahre, kostenfreie Sondertilgungsmöglichkeiten und damit einhergehend eine größere Flexibilität für den Kreditnehmer. Die Kreditinstitute, die die Fördermittel an den Kunden durchleiten, profitieren hingegen von einer verbesserten Risikolage, da öffentliche Programme oft mit Haftungsfreistellungen ausgestattet sind und Darlehensstückelungen ermöglicht werden. Zur Veranschaulichung möglicher Ausgestaltungen öffentlicher Kreditangebote für Existenzgründer werden nachfolgend drei bekannte Förderprogramme der KfW Mittelstandsbank skizziert. Allen KfW-Förderprogrammen gemein ist, dass es keinen Rechtsanspruch auf die Bewilligung der Mittel gibt. Darüber hinaus erfolgt die Gewährung der KfW-Kredite nicht unmittelbar an den Investor, sondern ausschließlich über Kreditinstitute, die für die von ihnen durchgeleiteten Kredite teilweise die Haftung übernehmen. Ein Existenzgründer kann einen Antrag auf KfW-Mittel somit nur bei einem Kreditinstitut stellen, dessen Wahl ihm natürlich freisteht.

4.1 KfW-StartGeld

Das in der Öffentlichkeit wohl bekannteste Förderinstrument der KfW ist das KfW-StartGeld. Mit dem KfW-StartGeld bietet die KfW Gründern, Freiberuflern und kleinen Unternehmen bis zu drei Jahre nach Aufnahme der Geschäftstätigkeit Finanzierungen von Investitionen und Betriebsmitteln in Deutschland zu günstigen Konditionen bis maximal 50.000 Euro an.[7] Neben einem Festzinssatz über die gesamte Kreditlaufzeit können auch Tilgungsfreijahre gewährt werden. Die Zins- und Tilgungszahlungen erfolgen monatlich und vorzeitige Tilgungen sind jederzeit kostenfrei möglich. Gefördert werden im StartGeld-Programm alle Formen der Existenzgründung, wie die Neugründung und Übernahme eines Unternehmens, der Erwerb einer tätigen Beteiligung und Festigungsmaßnahmen. Der Fremdfinanzierungsbedarf des Vorhabens darf dabei 50.000 Euro nicht übersteigen. Eine Besonderheit des StartGeld-Programms ist zudem, dass zunächst auch Gründungen im Nebenerwerb finanziert werden, sofern die Gründung mittelfristig auf einen Vollerwerb ausgerichtet ist. Finanziert werden bis zu 100 % der Sachinvestitionen, wie z.B. Grundstücke, Gebäude, Maschinen, Anlagen und Einrichtungsgegenstände, die Betriebs- und Geschäftsausstattung, die Erstausstattung und die betriebsnotwendige langfristige Aufstockung des Material-, Waren- oder Ersatzteillagers. Betriebsmittel hingegen werden maximal bis zu einem Wert von 20.000 Euro mitfinanziert. Es ist gewünscht, dass der Antragsteller vorhandene eigene Mittel in die Finanzierung einbringt. Die Höhe der Eigenmittel fließt in die Bonitätsbeurteilung durch die KfW ein. Hinsichtlich der Stellung von Sicherheiten macht die KfW keine Vorgaben. Ein Vorteil des KfW-StartGelds aus Sicht des durchleitenden Kreditinstituts ist die Gewährung einer 80%igen Haftungsfreistellung durch die KfW. Das bedeutet, dass das Kreditinstitut nur für 20 % der Darlehenssumme aufkommen muss, wenn der Kreditnehmer nicht mehr in der Lage sein sollte, den Kapitaldienst für das Darlehen zu leisten. Das KfW-StartGeld eignet sich insbesondere für Gründungsvorhaben mit einem überschaubaren Fremdmittelbedarf. Eine Kombination des im Programm KfW-StartGeld geförderten Vorhabens mit anderen KfW- oder ERP-Programmen ist für den Antragsteller nicht möglich.

4.2 Unternehmerkapital ERP-Kapital für Gründung

Mit dem Produkt „Unternehmerkapital ERP-Kapital für Gründung“ bietet die KfW Mittelstandsbank Nachrangdarlehen für Gründer, Freiberufler und Mittelständler bis drei Jahre nach Geschäftsaufnahme an.[8] Ein Nachrangdarlehen bietet u.a. folgende entscheidenden

---

[7] Vgl. KfW Mittelstandsbank, Merkblatt KfW-StartGeld der KfW Mittelstandsbank, November 2008; Bundesministerium für Wirtschaft und Technologie, GründerZeiten Nr. 06, Thema: Existenzgründungsfinanzierung, Februar 2008

[8] Vgl. KfW Mittelstandsbank, Merkblatt KfW-Unternehmerkapital ERP-Kapital für Gründung, Januar 2009

Vorteile: Nachrangigkeit bedeutet, dass die Forderungen aus dem Nachrangdarlehen im Insolvenzfall zuletzt bedient werden. Dieser Sachverhalt erleichtert dem Gründer die Aufnahme weiteren Fremdkapitals, da im Falle einer Zahlungsunfähigkeit des Unternehmens zunächst alle anderen Gläubiger bei der Befriedigung ihrer Forderungen Vorrang hätten. Das Nachrangdarlehen der KfW steht dem Gründer langfristig zu einem sehr günstigen Zinssatz zur Verfügung und bekommt dadurch eigenkapitalähnlichen Charakter. Dadurch verbessert sich die Bonität des Unternehmens, was wiederum die weitere Aufnahme von Fremdkapital erleichtert. Die Laufzeit des „ERP-Kapitals für Gründung" beträgt fünfzehn Jahre, wobei die ersten sieben Jahre tilgungsfrei gestellt sind. Da die Tilgung des Nachrangdarlehens somit erst im achten Jahr der Kreditlaufzeit einsetzt, wird die Liquidität des Gründers geschont. Das Nachrangdarlehen wird von der KfW unbesichert vergeben, es wird lediglich die Übernahme einer persönlichen Haftung gefordert. Dieser Umstand trägt zu einer Schonung des Besicherungspotenzials des Unternehmens bei. Für das durchleitende Kreditinstitut besteht der Vorteil dieses Programms in der 100%igen Haftungsfreistellung. Gefördert werden betriebsnotwendige Investitionen und branchenübliche Markterschließungsaufwendungen, Unternehmensübernahmen sowie tätige Beteiligungen. Auch die Beschaffung und Aufstockung des Warenlagers kann mitfinanziert werden. Eine wesentliche Voraussetzung für die Gewährung des „ERP-Kapitals für Gründung" ist der Einsatz eigener Mittel des Gründers. Diese sollten mindesten 15 % der förderfähigen Kosten betragen und können mit dem Nachrangdarlehen auf maximal 45 % der förderfähigen Kosten aufgestockt werden (in den neuen Ländern auf bis zu 50 %). Es werden maximal 500.000 Euro je Antragsteller als Nachrangdarlehen gewährt. Der restliche Finanzierungsbedarf könnte z.B. durch ein weiteres Förderprogramm oder ein Hausbankdarlehen gedeckt werden. Der Zinssatz des „ERP-Kapitals für Gründung" wird in den ersten zehn Jahren der Laufzeit durch Mittel des ERP-Sondervermögens vergünstigt. Eine vorzeitige vollständige oder teilweise außerplanmäßige Tilgung ist nur gegen Zahlung einer Vorfälligkeitsentschädigung möglich.

4.3 KfW-Unternehmerkredit

Der Unternehmerkredit der KfW Mittelstandsbank steht in- und ausländischen Unternehmen der gewerblichen Wirtschaft, Freiberuflern und Existenzgründern zur Verfügung, sofern ein Jahresumsatz von 500 Mio. Euro nicht überschritten wird.[9] Finanziert werden alle Investitionen, die einer mittel- und langfristigen Mittelbereitstellung bedürfen und einen nachhaltigen wirtschaftlichen Erfolg erwarten lassen. Darüber hinaus können auch Betriebsmittel sowie vorübergehende Liquiditätsengpässe finanziert werden. Für kleine und mittlere Unternehmen, die unter die KMU-Definition fallen, gibt es beim Unternehmerkredit ein spezielles KMU-Fenster mit günstigeren Zinskonditionen. Im KMU-Fenster sind u.a. der Erwerb von Grundstücken und Gebäuden, der Kauf von Maschinen, Anlagen, Fahrzeugen und Einrich-

9 Vgl. KfW Mittelstandsbank, Merkblatt KfW-Unternehmerkredit, Januar 2009

tungen, die Betriebs- und Geschäftsausstattung sowie die Übernahme eines bestehenden Unternehmens oder der Erwerb einer tätigen Beteiligung durch eine natürliche Person förderfähig.[10] Betriebsmittel können grundsätzlich nur außerhalb des KMU-Fensters finanziert werden. Der Finanzierungsanteil beträgt bis zu 100 %, wobei der Kredithöchstbetrag bei 10 Mio. Euro liegt. Die Kreditlaufzeit beträgt in der Regel bis zu zehn Jahre bei höchstens zwei Tilgungsfreijahren. Der Zinssatz für den Unternehmerkredit wird von dem durchleitenden Kreditinstitut risikogerecht nach Bonität und Sicherheiten des Gründers festgelegt. Während der ersten zehn Jahre ist eine vorzeitige ganze oder teilweise außerplanmäßige Tilgung des Darlehens möglich. Zu beachten ist, dass der Auszahlungskurs des Unternehmerkredits 96 % beträgt. Die Kredite sind vom Kreditnehmer bankühblich zu besichern. Die Form und der Umfang der Sicherheiten werden von der KfW nicht festgeschrieben, diese sind vielmehr individuell zwischen dem Antragsteller und der durchleitenden Bank zu vereinbaren.

Gründer sollten auf jeden Fall die Förderprogramme des Bundes und der Länder miteinander vergleichen. Je nach Ausgestaltung der Landesprogramme kann es eventuell sinnvoll sein, z.B. das „ERP-Kapital für Gründung“ mit einem Förderprogramm des jeweiligen Bundeslandes zu kombinieren. Zu prüfen ist dabei jedoch, ob eine solche Mittelkombination in den Förderbedingungen der Programme nicht ausgeschlossen wird. Eine Orientierungshilfe in der Fördermittellandschaft des Bundes, der Länder und der Europäischen Union bietet die Förderdatenbank der Bundesregierung, die im Internet unter der Adresse www.foerderdatenbank.de erreichbar ist. Die Datenbank bietet einen vollständigen und aktuellen Überblick über alle Förderprogramme und ermöglicht es, über eine komfortable Suchfunktion geeignete Förderprogramme auszuwählen.

5. Beteiligungskapital

Handelt es sich bei einem Existenzgründungsprojekt um ein größeres Vorhaben, das entsprechend mehr Kapitalbedarf erfordert, ist es für Gründer oftmals schwerer, das dafür notwendige Kapital aufzubringen. Dies ist insbesondere der Fall, wenn es sich bei dem Vorhaben um ein neues Produkt oder eine neuartige Technik handelt und der zukünftige Erfolg kaum eingeschätzt werden kann. Das ohnehin vorhandene höhere Ausfallrisiko eines Existenzgründers wird somit noch weniger kalkulierbar. Kreditinstitute scheuen daher oftmals ein Engagement bei größeren und risikoreicheren Gründungsprojekten, zumal häufig keine Sicherheiten in entsprechenden Höhen existieren. In solchen Fällen können private oder öffentliche Beteiligungsgesellschaften in die Finanzierung eintreten.

---

10 Eine detaillierte Aufstellung kann dem KfW-Merkblatt „Unternehmerkredit“ entnommen werden.

5.1 Beteiligungsgesellschaften

Beteiligungsgesellschaften stellen kleinen und mittleren Unternehmen zeitlich befristet Eigenkapital ohne banküblPiche Sicherheiten zur Verfügung.[11] Je nach Ausgestaltung der Beteiligung kann diese mit mehr oder weniger starken Einflussmöglichkeiten der Beteiligungsgesellschaft versehen sein. Gewöhnlich streben die Gesellschaften jedoch keinen unternehmensstrategischen Einfluss an, möchten jedoch regelmäßig über das Tun der Unternehmung informiert werden und engagieren sich beispielsweise in deren Aufsichtgremien. In Deutschland sind ca. 250 Kapitalbeteiligungsgesellschaften aktiv. Zwischen den einzelnen Gesellschaften bestehen Unterschiede hinsichtlich der geschäftspolitischen Ausrichtung, den bevorzugten Investmentschwerpunkten, den Finanzierungsphasen und Branchen, u.U. sind auch geografische Präferenzen bei der Auswahl von Beteiligungsunternehmen vorhanden. Jede Beteiligungsgesellschaft legt ihre betragsmäßigen Ober- und Untergrenzen für Beteiligungen selbst fest. Die Mehrzahl der am Markt aktiven Beteiligungsgesellschaften ist privater Natur. Sie sind stark gewinnorientiert und an einer hohen Rendite beim Ausstieg aus der Beteiligung interessiert. Vor diesem Hintergrund sind häufig solche Unternehmen für Beteiligungsgesellschaften von Interesse, die über ein hohes Wachstumspotenzial verfügen. Beteiligungskapital wird gewöhnlich ab ca. 250.000 Euro bis hin zu mehreren Millionen Euro gewährt. Die Kapitalgeber der privaten Beteiligungsgesellschaften sind in der Regel Banken und Industrieunternehmen. In fast allen Bundesländern gibt es außerdem öffentlich geförderte mittelständische Beteiligungsgesellschaften. Diese bieten speziell auf KMU und Existenzgründer abgestimmte Beteiligungen an. Gesellschafter sind Kammern, Verbände und Banken, die keinen Einfluss auf die laufende Geschäftsführung nehmen. Im Unterschied zu erwerbswirtschaftlich ausgerichteten Beteiligungsgesellschaften beteiligen sich öffentlich geförderte Beteiligungsgesellschaften oftmals schon mit relativ kleinen Beträgen ab ca. 50.000 Euro an Unternehmen. Die Beteiligungskonditionen sind moderat, da diese Gesellschaften nicht in erster Linie gewinnorientiert arbeiten, sondern der Aspekt der Wirtschaftsförderung im Vordergrund steht. Auch die KfW Bankengruppe tritt in diesem Markt als Akteur auf. Sie beteiligt sich an kleinen und mittleren Unternehmen, außerdem an Kapitalbeteiligungsgesellschaften, die kleinen und mittleren Unternehmen Beteiligungskapital zur Verfügung stellen.

---

11 Vgl. Bundesministerium für Wirtschaft und Technologie, GründerZeiten Nr. 21, Thema: Beteiligungskapital, März 2007, S. 2

5.2 Business Angel

Beteiligungskapital wird auch von sogenannten „Business Angels“ zur Verfügung gestellt.[12] Dabei handelt es sich um Privatpersonen oder Unternehmer, die nicht nur ihr Kapital, sondern auch ihr Wissen und ihre Kontakte in das Unternehmen einbringen. Eine Teilnahme am operativen Geschäft ist damit jedoch nicht verbunden. Die Beteiligung erfolgt in der Regel in Form einer Minderheitsbeteiligung. Nach Ablauf einer zuvor vereinbarten Frist verlässt der Business Angel das Unternehmen wieder. Seine Beteiligung wird er verkaufen und dabei im besten Fall einen Gewinn realisieren können.

6. Bürgschaftsbanken

Eine wichtige Rolle auf dem Markt für Start-up-Finanzierungen spielen Bürgschaftsbanken. Kreditinstitute verlangen Sicherheiten für die Herausgabe von Fremdkapital. Existenzgründer verfügen oftmals nicht über ausreichende Werte zur Absicherung von Krediten. Damit eine Kreditvergabe nicht an mangelnden Sicherheiten scheitern muss, gibt es in jedem Bundesland Bürgschaftsinstitute, die für kurz-, mittel- und langfristige Kredite aller Art Ausfallbürgschaften übernehmen. Finanziert werden können alle wirtschaftlich vertretbaren Vorhaben. Bürgschaftsbanken sind Selbsthilfeeinrichtungen der Wirtschaft.[13] Gesellschafter einer Bürgschaftsbank sind u.a. Industrie- und Handelskammern, Handwerkskammern, Wirtschaftsverbände und Innungen, Banken und Sparkassen und teilweise sogar Versicherungsunternehmen. Jede Bürgschaftsbank ist nur regional begrenzt in ihrem eigenen Bundesland tätig. Dadurch herrscht zwischen den einzelnen Bürgschaftsbanken keine Konkurrenzsituation. Ausfallbürgschaften werden von den Bürgschaftsbanken bis zu 80 % der beantragten Kreditsumme übernommen. Die finanzierende Hausbank übernimmt damit immer mindestens 20 % des Risikos. Ausfallbürgschaften der Bürgschaftsbanken sind auf der Grundlage europäischer Beihilferegelungen betragsmäßig auf 1,5 Mio. Euro für ein einzelnes Unternehmen beschränkt. Die Laufzeit der Bürgschaft beträgt bis zu 15 Jahre. Der Kreditnehmer hat für eine Ausfallbürgschaft eine einmalige Bearbeitungsgebühr sowie eine laufende Provision von üblicherweise bis zu 1,5 % der verbürgten Summe zu zahlen.

---

12 Vgl. Bundesministerium für Wirtschaft und Technologie, GründerZeiten Nr. 21, Thema: Beteiligungskapital, März 2007, S. 3

13 Vgl. Bundesministerium für Wirtschaft und Technologie, GründerZeiten Nr. 27, Thema: Sicherheiten und Bürgschaften, April 2008, S. 2f.

7. Das Gründungsgeschäft der Hamburger Sparkasse

Hamburg gilt als eines der dynamischsten Wirtschaftszentren Deutschlands. Im Vergleich zu ländlichen Regionen profitiert die Stadt von klassischen Ballungsvorteilen, wie z.B. dem umfassenden Angebot an Bildungseinrichtungen, dem großen Pool an gut geschulten Arbeitskräften, der hohen Kaufkraft der städtischen Bevölkerung sowie dem vielfältig existierenden Branchenmix. Der Wirtschaftsstandort Hamburg lebt insbesondere von seinem breit aufgestellten Servicesektor. Die Dienstleistungs-, Medien- und IT-Bereiche sind in der Stadt besonders präsent. Vielfalt und Kreativität bestimmen das Wirtschaftsgeschehen in der Stadt und im Umland. Vor diesem Hintergrund werden der Metropolregion Hamburg allgemein gute Gründungsperspektiven bescheinigt.[14] Existenzgründungen stellen einen wichtigen Faktor für die positive Entwicklung des Wirtschaftsstandorts Hamburg dar.

7.1 Daten und Fakten

Die Hamburger Sparkasse versteht sich als Bank und Partner mittelständischer Unternehmen in der Metropolregion Hamburg. Vor diesem Hintergrund hat auch das Thema Existenzgründung für die Haspa seit jeher einen großen Stellenwert. Gründer werden in den ersten Jahren der Selbstständigkeit zentral in der Abteilung StartUp, auch StartUp-Center genannt, betreut. Die Abteilung StartUp besteht bereits seit 1985 und finanziert klassische Neugründungen, tätige Beteiligungen sowie Firmenübernahmen in der Metropolregion Hamburg. Derzeit stehen den Existenzgründern acht Firmenkundenbetreuer für die Beratung und Betreuung zur Verfügung. Bis 2008 wurden insgesamt 11.290 Konzepte analysiert und 4.688 Vorhaben mit einem Volumen von 597,3 Mio. Euro finanziert. Kein anderes Kreditinstitut in der Metropolregion Hamburg engagiert sich in diesem Maße für Existenzgründer.

7.2 Erfolgskriterien

Das Gründungsgeschäft ist aufgrund der größeren Ausfallwahrscheinlichkeit in den ersten Jahren für Kreditinstitute mit einem höheren Risiko verbunden. Aus diesem Grund hat die

---

[14] Vgl. Sternberg, Rolf: Existenzgründungsranking deutscher Regionen, Abschlussbericht zum 12.10.2007, S. 29ff.

Haspa wesentliche Erfolgskriterien definiert, die die Gründerperson und ihr Vorhaben vor einer Bankfinanzierung erfüllen müssen. Dies sind z.B. die einwandfreie persönliche Bonität des Gründers, eine angemessene fachliche und auch kaufmännische Qualifikation sowie ein plausibles und realistisches Gründungskonzept. Zur Prüfung der persönlichen Bonität werden hauseigene Informationen aus der Kontoführung bereits bestehender Giro- und Darlehenskonten herangezogen. Sofern noch keine Geschäftsverbindung zum Kunden besteht, wird eine Bankauskunft bei der Hausbank des Kunden angefordert. Eine Anfrage bei der Schutzgemeinschaft für allgemeine Kreditsicherung (Schufa) vervollständigt die Bonitätsprüfung. Liegen negative Bonitätsmerkmale wie z.B. Rücklastschriften, Scheckrückgaben, unabgesprochene Kreditüberschreitungen, Pfändungen oder negative Schufa-Einträge vor, wird die Haspa sich nicht an der Finanzierung beteiligen. Negative Bonitätsmerkmale können in der Regel nicht durch Sicherheiten kompensiert werden. Neben einer guten persönlichen Bonität ist auch der Einsatz eigener finanzieller Mittel in angemessener Höhe erforderlich. Die meisten Gründungsvorhaben, die an die Haspa herangetragen werden, erfolgen in traditionellen Branchen. Kreditfinanzierungen von echten Innovationen sind eher selten. Die Haspa sieht deshalb eine angemessene fachliche und kaufmännische Qualifikation als elementaren Faktor für eine erfolgreiche Tätigkeit des Gründers an. Fachliche Kompetenz kann durch eine Ausbildung und mehrjährige Berufserfahrung in der entsprechenden Branche erworben werden. Idealerweise besitzt der Gründer bereits Erfahrungen aus Leitungsfunktionen und verfügt über ein Netzwerk an Branchenkontakten. Die kaufmännischen Kenntnisse der Gründerperson fließen ebenfalls in die Bewertung des Gesamtkonzepts ein. Der Erfolg eines Vorhabens ist jedoch auch eng mit dem Konzept verknüpft. Für die Prüfung einer Finanzierungsanfrage ist deshalb die Einreichung eines aussagekräftigen Businessplans inklusive einer detaillierten Kapital-, Rentabilitäts- und Liquiditätsplanung erforderlich. Der Businessplan des Gründers dient dem Firmenkundenbetreuer dazu, sich ein ganzheitliches Bild von dem Vorhaben zu verschaffen und dieses zu bewerten. Dafür werden z.B. auch Branchenberichte herangezogen, die von dem Deutschen Sparkassen- und Giroverband zur Verfügung gestellt werden.

7.3 Schnittstellen im Haus

Gewöhnlich ist die Geschäftsstelle der erste Anlaufpunkt eines Gründungsinteressierten. In der Geschäftsstelle findet jedoch noch keine umfassende Beratung statt. Sie versorgt den Gründungsinteressierten vielmehr mit Informationen über das StartUp-Center und vermittelt den Kontakt zum jeweiligen Ansprechpartner. Darüber hinaus verweisen die Mitarbeiter der Geschäftsstellen auch auf den Internetauftritt der Haspa. Dort finden Interessierte u.a. ausführliche Informationen zum Thema Existenzgründung, Businessplanerstellung und Gründungsfinanzierung, einschließlich einer Vielzahl von Vordrucken, die sie sich downloaden können. Sollte der Gründungsinteressent bei seinem Besuch in der Geschäftsstelle bereits ein Geschäftskonzept dabei haben, wird dieses an das StartUp-Center zur Prüfung weitergeleitet. Das StartUp-Center steht auch allen Kollegen aus den Geschäftsstellen für Fragen zum Thema Existenzgründungsfinanzierung zur Verfügung.

Weitere Berührungspunkte zu anderen Stellen im Haus entstehen vor allem während der Betreuung und Begleitung des Gründers. Eine ergebnisorientierte Gründungsbegleitung, einschließlich der Abdeckung der individuellen Bedürfnisse des Gründers, erfordert eine breite, gleichzeitig jedoch zielgruppenspezifische Produktpalette, die über die reinen Finanzierungsprodukte hinausgeht. Bei Fragen und Bedürfnisse außerhalb der Gründungsfinanzierung haben die Mitarbeiter des StartUp-Centers immer die Möglichkeit, Spezialisten der Haspa einzubeziehen. Dies betrifft z.B. die Bereiche Electronic Services und Leasing, das Anlage- und Vermögensmanagement sowie die gesamte betriebliche und private Risikovorsorge. Die Einbeziehung von Spezialisten ermöglicht es dem StartUp-Center, sich auf seine Kernkompetenz, die Finanzierung von Gründungsvorhaben, zu konzentrieren und führt dazu, dass der Kunde in allen Bereichen professionell beraten und betreut wird. Die Erfahrungen in der Praxis zeigen, dass die Bereitschaft der Gründer, Angebote zu den genannten Themen in Anspruch zu nehmen, außerordentlich hoch ist (nahezu 100 %), wenn diese Angebote im Rahmen einer systematischen Gründungsbetreuung konsequent erfolgen. Bei Existenzgründern ergeben sich somit interessante Cross-Selling-Ansätze.

7.4 Externes Netzwerk

Die Hamburger Sparkasse ist Teil des Hamburger Gründungsnetzwerks, das aus Banken, Handels- und Handwerkskammer, Bürgschaftsgemeinschaft, Verbänden, Innungen, Unternehmensberatern, Seminaranbietern und vielen anderen Institutionen (z.B. Hamburger Existenzgründungsinitiative u.a.) besteht, die sich mit dem Thema Existenzgründung befassen. Die Hamburger Sparkasse verfügt über gute Kontakte zu diesen Institutionen und arbeitet mit vielen von ihnen im Rahmen ihres Gründungsgeschäfts eng zusammen.

Beispielhaft seien hier die Bürgschaftsgemeinschaft Hamburg GmbH sowie die BTG Beteiligungsgesellschaft Hamburg mbH genannt. Die Bürgschaftsgemeinschaft Hamburg GmbH (BG) ist eine Selbsthilfeeinrichtung der Hamburger Wirtschaft zur Förderung mittelständischer Unternehmen in Hamburg. Sie übernimmt Ausfallbürgschaften bis zu 80 % für Hausbankkredite, öffentlich refinanzierte Darlehen oder Leasingfinanzierungen bis zu einer Höhe von 1,5 Mio. Euro. Die Freie und Hansestadt Hamburg unterstützt die BG mit eigenkapitalähnlichen Darlehen und – gemeinsam mit dem Bund – mit Rückgarantien. Die Hamburger Sparkasse gehört zum Gesellschafterkreis der BG, dem auch diverse regionale Kammern, Innungen, Branchenverbände sowie weitere Kreditinstitute und auch Versicherungen angehören. Die Haspa ist zudem im Bewilligungsausschuss der BG vertreten, der wöchentlich zusammenkommt und über die einzelnen Bürgschaftsanträge entscheidet.[15]

Die BTG Beteiligungsgesellschaft Hamburg mbH wiederum ist eine Institution, die Hamburger Unternehmen und Existenzgründern Beteiligungskapital zu günstigen Bedingungen zur

15 Nähere Informationen unter: www.bg-hamburg.de

Verfügung stellt. In Zusammenarbeit mit der BTG-Tochter MAZ level one GmbH besteht die Möglichkeit, sehr junge, innovative Technologieunternehmen mit Eigenkapital zu unterstützen. Die BTG Beteiligungsgesellschaft Hamburg mbH ist eine „Tochter“ der am Bankplatz Hamburg ansässigen Kreditinstitute. Auch Die Hamburger Sparkasse gehört zum Gesellschafterkreis der BTG und schätzt die BTG-Mittel als Finanzierungsergänzung für ihre Kunden.[16]

7.5 Besondere Projekte

Als größter Mittelstandsfinanzierer der Region ist es der Haspa ebenfalls ein Anliegen, generell den Mut zur Selbstständigkeit und die Gründerkultur in der Metropolregion Hamburg zu fördern. Aus diesem Grund engagieren sich die Mitarbeiter der Abteilung StartUp über die Finanzierung von Gründungsvorhaben hinaus noch in einer Vielzahl weiterer Bereiche. In diesem Zusammenhang ist z.B. der Hamburger Gründerpreis zu nennen. Dieser wird jedes Jahr in einem feierlichen Rahmen in den Kategorien Existenzgründung, Aufsteiger und Lebenswerk verliehen und dient der Anerkennung überdurchschnittlicher unternehmerischer Leistungen. Dieser Wettbewerb wird federführend von der Haspa organisiert und zusätzlich von Partnern wie der Handels- und Handwerkskammer, dem Hamburger Abendblatt und dem Fernsehsender Hamburg 1 unterstützt. Des Weiteren ist die Haspa in diversen Gremien, wie dem Bewilligungsausschuss der Bürgschaftsgemeinschaft Hamburg GmbH, dem Existenzgründungsausschuss des Deutschen Sparkassen- und Giroverbandes, dem Haus der Jungen Produzenten von Studio Hamburg sowie dem Gründerrat des „Hamburger Existenzgründungs Programms“ (hep) zur Förderung von Gründungen aus der Hochschule heraus tätig. Die Haspa beteiligt sich an Gründermessen (z.B. Gründertag der Handels- und Handwerkskammern) und nimmt an Podiumsdiskussionen zum Thema Existenzgründung teil. In regelmäßigen Abständen wird mit den Studentinnen und Studenten des Studiengangs „Entrepreneurship“ der Wirtschafts- und Sozialwissenschaftlichen Fakultät der Universität Hamburg diskutiert. Die Firmenkundenbetreuer des StartUp-Centers halten zudem regelmäßig auf Gründungsveranstaltungen Fachvorträge zum Thema Gründungsfinanzierung.

---

16 Nähere Informationen unter: www.btg-hamburg.de

8. Fazit und Ziel

Sparkassen engagieren sich im Bereich Existenzgründung weit über die reine Finanzierung hinaus. Die genannten Aktivitäten der Hamburger Sparkasse können hier exemplarisch für die Institute der Sparkassenorganisation gesehen werden.

Zusammenfassend kann festgehalten werden, dass das Gründungsgeschäft für die Sparkassen einen wichtigen strategischen Faktor im Rahmen ihrer Geschäftstätigkeit im Firmenkundenbereich darstellt. Es bietet die Chance, aussichtsreiche Gründer frühzeitig an das Institut zu binden und vorhandene und zukünftige Vertriebspotenziale im Rahmen einer ganzheitlichen Betreuung auszuschöpfen. Es bleibt für Sparkassen daher weiterhin von elementarem Interesse, auch zukünftig Gründungsfinanzierer Nummer eins zu sein und sich in diesem Bereich stark zu engagieren.

Sanierung

Karl-Heinz Weber

1. Unternehmenskrisen

Kreditgeschäft ist seit jeher eine Domäne der Sparkassen und Landesbanken. Mit 43 % Anteil an dem Gesamtbestand der Kredite aller Unternehmen und Selbstständigen per Ende Juni 2008 wird dies eindrucksvoll unterstrichen. [1][2][3] Es ist daher auch für diese Institute normal Problemkredite im Portfolio zu haben.

Insbesondere vor dem Hintergrund der lokalen Aktivitäten kann eine Sparkasse sich von der Entwicklung des jeweiligen Geschäftsgebiets nur schwer abkoppeln. Die professionelle Begleitung von Unternehmen in schwierigen geschäftlichen Zeiten ist daher eine zentrale Aufgabe. So können zum einen Verluste vermieden, zum anderen jedoch auch sanierungsfähige Unternehmen weiter begleitet werden. Sanierung (lateinisch: sanare – heilen) umfasst dabei alle Maßnahmen, um die Leistungsfähigkeit des Unternehmens wiederherzustellen. Die Unternehmenskrise ist, vereinfacht gesagt, eine Notsituation eines Unternehmens.

Auffällig ist, dass die Entwicklung dieser Notsituation unterschiedlich wahrgenommen wird. In der Praxis ist vielfach zu beobachten, dass eine realistische Wahrnehmung des Unternehmers erst dann eintritt, wenn sich die Liquiditätslage bereits deutlich verschlechtert hat. Bankberater hingegen müssen eine solche Notsituation viel früher, nämlich bei sich z.B. verschlechternden Ratings oder dem Auftreten von Frühindikatoren, erkennen und definieren daher eine Unternehmenskrise systematisch früher. Allein hieraus ergibt sich schon Gesprächsbedarf zwischen Bank und Unternehmer.

Zentraler Baustein des weiteren Vorgehens muss die Wiederherstellung der Ertragsfähigkeit des Unternehmens sein. Hierbei steht die Prüfung der Sanierungsfähigkeit am Anfang aller Überlegungen.

---

1 Vgl. Handelsblatt vom 10.12.2008

2 Vgl. www.dsgv.de: Sparkassen weiten Neugeschäft im Unternehmenskredit deutlich aus, 30.04.2009

3 Vgl. www.dsgv.de: Deutschland baut auf den Mittelstand. Der Mittelstand baut auf uns, 30.04.2009

Die Prüfung der Sanierungsfähigkeit umfasst dabei die Untersuchung, ob das Unternehmen überhaupt in die Lage versetzt werden kann wieder eine stabile Existenzbasis zu erlangen. Die Anforderungen an ein Sanierungsgutachten sind dabei vielfältig. Hilfe zur Einordnung geben die Verlautbarungen des Instituts der Wirtschaftsprüfer (IDW) FAR 1/1991, FAR 1/1996 und IDW PS 800.

Für alle weiteren Maßnahmen ist es wichtig, die Ursachen der Krise zu ergründen. Hier wird bereits deutlich, dass Sanierung mehr als Finanzwirtschaft ist. Denn die erfolgreiche Sanierung kann nur als Ergebnis betriebswirtschaftlicher, marktwirtschaftlicher und verhaltensbedingter Aktivitäten im Unternehmen gesehen werden. Insofern ist Sanierung ein Tätigkeitsfeld mit einem breiten Spektrum von Aufgaben.

1.1 Häufigste Insolvenzursachen

Das Zentrum für Insolvenz und Sanierung an der Universität Mannheim e.V. hat hierzu im Jahre 2006 eine Studie durchgeführt.[4] Hiernach sind die häufigsten Ursachen für eine Insolvenz:

- fehlendes Controlling
- Finanzierungslücken
- unzureichendes Debitorenmanagement
- autoritäre, rigide Führung
- ungenügende Transparenz und Kommunikation
- Investitionsfehler
- falsche Produktionsplanung

Es sind also letztlich in der Regel Managementfehler, die zur Insolvenz führen. Häufig handeln die Verantwortlichen viel zu spät; oft trügt die Hoffnung, es werde von selbst wieder aufwärtsgehen und nicht selten scheuen die Entscheidungsträger Entscheidungen.

---

4 Vgl. www.zis.uni-mannheim.de/: Ursachen für Insolvenzen. Gründe für Unternehmensinsolvenzen aus der Sicht von Insolvenzverwaltern

1.2 Sanierung

Ausgehend von der Aussage, dass Sanierung etwas mit „heilen" zu tun hat, können nun die Sanierungsaktivitäten aufgenommen werden. Entweder steht die Sanierung des finanzwirtschaftlichen Engagements im Kreditinstitut im Vordergrund oder der Versuch ganzheitlich zu agieren, mit dem Ziel, das Unternehmen als solches zu sanieren. Aus Sicht der Sparkasse steht das Interesse der Reduktion des möglichen Ausfalls im Vordergrund. Dies auch unter Beachtung der Aufwendungen, die eine längerfristige Begleitung eines Sanierungsunternehmens verursacht. Basis für diese Überlegungen sind geschäftspolitische Ausrichtungen, die je nach Ausgangslage in Kreditinstituten sicherlich variieren. Sanierung heißt dabei immer, entsprechende Konsequenz an den Tag zu legen.

Ohne dies ist der Erfolg nicht erzielbar; müssen doch oftmals langjährige Verhaltensmuster von Unternehmern oder auch des Kreditinstituts schnell und tiefgreifend geändert werden. Gleichzeitig ist die Nachhaltigkeit dieser Änderungen sicherzustellen.

1.3 Mindestanforderungen an das Risikomanagement (MaRisk)

Bei allen Überlegungen der Ausgestaltung der Sanierung bilden die Anforderungen der MaRisk den Rahmen für die Umsetzung. Hierzu finden sich in den BTO 1.2.5, Behandlung von Problemkrediten in der Entwurfsfassung der MaRisk vom Februar 2009, entsprechende Hinweise. Hiernach, wie auch schon in der ersten Fassung, hat ein Institut Kriterien festzulegen, die die Überleitung eines Engagements in die Sanierung regeln. Die Federführung für den Sanierungsprozess oder die Überwachung ist außerhalb des Bereichs Markt wahrzunehmen.[5] Hiervon ausgehend sind prozessuale Fragen zu beantworten und deren Ergebnisse entsprechend zu implementieren. Für Auslegungsfragen kann dabei innerhalb der Sparkassen-Finanzgruppe auf Leitfäden und Umsetzungshandbücher zurückgegriffen werden.

---

5 Vgl. MaRisk-Entwurf, Fassung 02/2009

2. Rahmenbedingungen der Wirtschafts- und Finanzkrise 2009

Der Zeitpunkt, zu dem dieser Beitrag geschrieben wurde, im Frühjahr 2009, fällt mit dem (ersten) Höhepunkt der Auswirkungen der Finanzkrise zusammen. Meldungen über Kurzarbeit, Rettungsschirme des Sonderfonds Finanzmarktstabilisierung (SoFFin), staatliche Garantien und die Rettung von großen Konzernen, sind aktuell Alltag in der Berichterstattung.

Die klassische Zielgruppe der Sparkassen im gewerblichen Kreditgeschäft, der Mittelstand, ist von der Entwicklung der Finanz- und Wirtschaftskrise nicht ausgenommen.[6] Ausgehend von Umfragen der Kammern[7] sind die Erwartungen negativ. Bestätigung findet dies in den Insolvenzprognosen[8]. Hiernach dürfte auch in Deutschland die Zahl der Insolvenzen entsprechend ansteigen. Nachdem sie in den Jahren 2003/2004 deutlich geringer wurden, ist daher für 2009 mit einem Anstieg zu rechnen auf 33.000 bis 35.000 Fälle.[9] Die Abbildungen 1 und 2 zeigen den Verlauf der letzten Jahre:

---

6 Vgl. www.creditreform.de/Deutsch/Creditreform/Aktuelles2/Creditreform_News_dyn/Creditreform_News/MittelstandsMonitor_2009.jsp: MittelstandsMonitor 2009: Deutsche Wirtschaft in der Rezession – Talfahrt auch im Mittelstand, 09.03.2009

7 Vgl. www.dihk.de/print.php?url=/root/inhalt/themen/standortpolitik/konjunktur/konj10_2008_ergebnis.html

8 Vgl. u.a.: Euler-Hermes Kreditversicherung: Insolvenzprognose 2009 – Im Abwärtssog der Weltwirtschaft

9 Vgl. www.creditreform.de/Deutsch/Creditreform/Aktuelles2/Creditreform_News_dyn/Archiv/2008/2008-12-29_Presseinformation_Insolvenzprognose.jsp

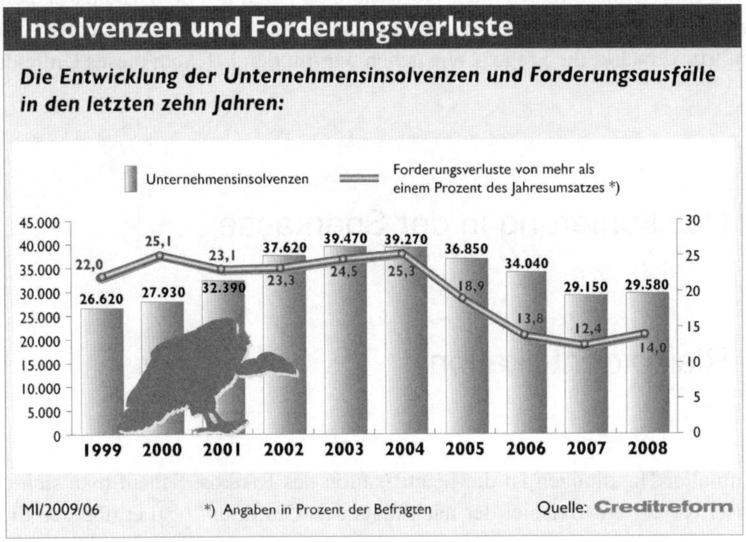

Abbildung 1: *Insolvenzen und Forderungsverluste*

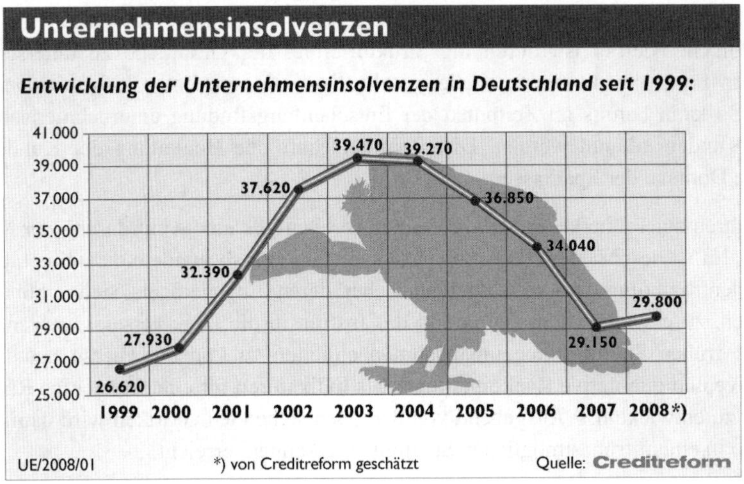

Quelle: Creditreform Wirtschaftsforschung „Insolvenzen, Neugründungen und Löschungen" vom 03.12.2008

Abbildung. 2: *Unternehmensinsolvenzen*

Die aktuelle Entwicklung führt zu der Notwendigkeit, sich mit dem Thema Sanierung intensiv zu beschäftigen. Dabei gilt es, die Ausgangslage des Kreditinstituts kritisch zu überprüfen. Hinzu tritt verstärkt die Frage: „Wie gehen wir mit den Effekten dieses Umfelds um?“

3. Positionierung in der Sparkasse

3.1 Risikoidentifikation

Der Beginn aller Handlungen ist die Identifikation des Risikos. Schaut man sich einen typischen Krisenverlauf am Beispiel der nachfolgenden Grafik an[10], so ergibt sich die Notwendigkeit „nah am Kunden“ zu sein.

Die Erfahrung zeigt immer wieder, dass die Ursachen für Krisen zu einem sehr frühen Zeitpunkt im Unternehmen gelegt werden. Zur Erkennung dieses Risikos sind eine partnerschaftliche Begleitung der Kunden und eine Beschäftigung mit den Plänen der Kunden erforderlich. Dies kann in der S-Finanzgruppe mithilfe des S-Finanzkonzepts im gewerblichen Bereich erfolgen. Hierbei ist, durch die Strukturierung der Gespräche zu unterschiedlichen Themen in Form von Leitfäden, sichergestellt, dass alle relevanten Informationen erhoben werden. So kann bereits im Zeitpunkt der Entscheidungsfindung unternehmerisches Risiko bei den Kunden erkannt werden. Diese partnerschaftliche Begleitung der Kunden ist seit jeher eine Domäne der Sparkassen.

Ein Verfahren zur Früherkennung von Risiken ist ebenfalls eine Anforderung der MaRisk. In den BTO 1.3 ist beschrieben, dass ein solches Verfahren insbesondere dazu dient, eine rechtzeitige Identifizierung von Kreditnehmern, bei deren Engagements sich erhöhte Risiken abzeichnen, zu gewährleisten. Damit soll das Institut in die Lage versetzt werden, in einem möglichst frühen Stadium Gegenmaßnahmen einleiten zu können. Hierzu hat das Institut quantitative und qualitative Risikomerkmale als Indikatoren für eine frühzeitige Risikoidentifizierung zu entwickeln.[11] Ausgehend von den oben stehenden Grafiken wird damit das Ziel, ein Risiko in einem frühestmöglichen Stadium zu erkennen, erreicht.

---

10 Vgl. Frankfurt School of Finance & Management (Hrsg.): Studienwerk, Bd. 5, Teil: Firmenkundengeschäft

11 Vgl. MaRisk: BTO 1.3

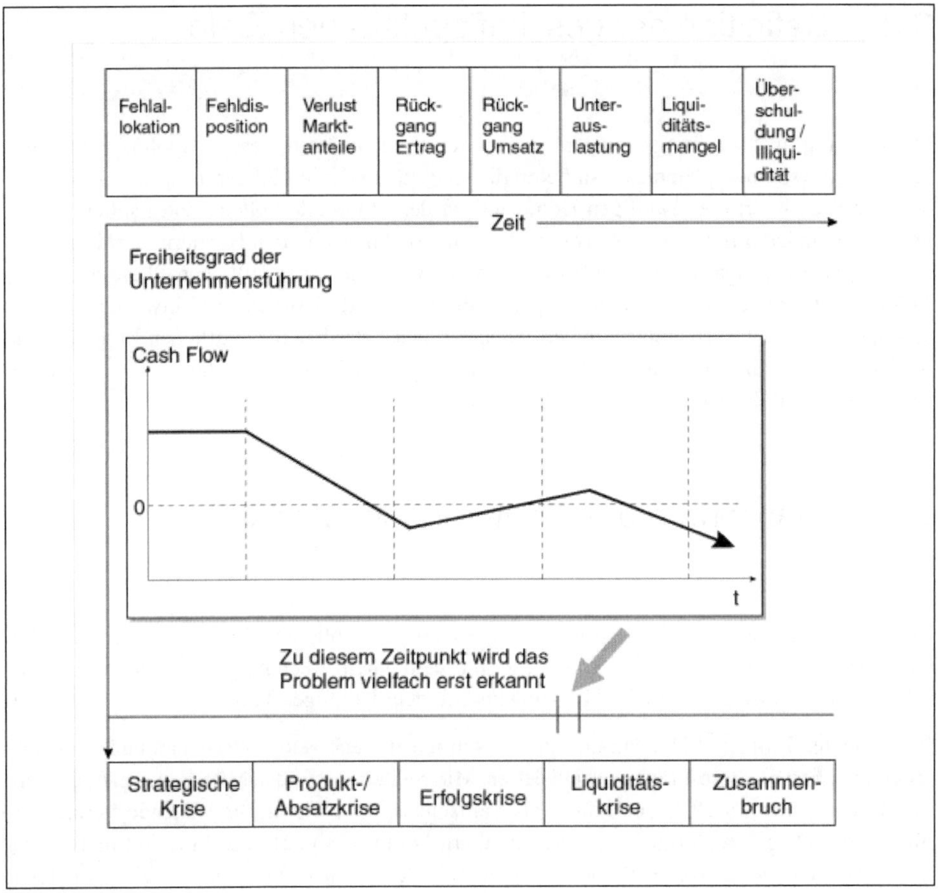

Abbildung 3: *Typischer Krisenverlauf im Unternehmen*

In der S-Finanzgruppe helfen auch hier Umsetzungsleitfäden zu diesen Themen. Dabei ist die Kontoführung ein zentraler Baustein. Überziehungen, Verzüge, Rückgaben oder auch vermehrte Auslastungen von Linien können dabei frühe Indikatoren für ein Risiko sein. Gerade in der aktuellen wirtschaftlichen Situation ist auf diese Aspekte ein besonderes Augenmerk zu legen, da die traditionellen Instrumente wie z.B. Bilanzauswertungen regelmäßig zu spät greifen. Parallel dazu ist es notwendig, die Risikosensibilität der an dem Prozess beteiligten Mitarbeiter zu schärfen. Naturgemäß empfindet jeder ein Risiko unterschiedlich. Hier gilt es – ausgehend von der in den Geschäftsstrategien normierten Risikoneigung des Instituts – dies an alle Beteiligten gleichermaßen zu transportieren. Nur so kann auf Dauer eine Gleichgerichtetheit innerhalb des Kreditinstituts im Umgang mit dem Risiko erreicht werden. Diese Normierung muss ihren Eingang in die Kompetenzstruktur des Instituts finden.

3.2 Definition der geschäftspolitischen Ziele

Der Umgang mit Sanierungsengagements erfordert einen klaren, geschäftspolitisch definierten Handlungsrahmen. Hieraus resultieren die Aktivitäten der am Sanierungsprozess Beteiligten und er definiert die jeweiligen Kompetenzen der Mitarbeiter. Gleichzeitig sollen die Inhalte allen anderen beteiligten Personen, dem Unternehmer und den Beratern vermittelt werden. So ist der Umgang mit Kunden in einer schwierigen wirtschaftlichen Phase auch eine Möglichkeit, die regionale Verankerung und die volkswirtschaftliche Verantwortung zu unterstreichen. Alle Überlegungen finden jedoch in den betriebswirtschaftlichen Fragen sowie in der Frage nach dem Machbaren – ausgehend von der Sanierungsfähigkeit und Sanierungswürdigkeit des Unternehmens – ihre Grenzen.

3.3 Etablierung des Sanierungsprozesses

Sanierung ist als normaler Prozess im Kreditgeschäft zu etablieren. Nur so kann der Tatsache, dass „Risikoaktiva“ auch tatsächlich ein Risiko beinhalten, Rechnung getragen werden. Sanierung ist also etwas „Normales“ im Umgang mit dem Kreditgeschäft.

Im konkreten Einzelfall ist dann das oben beschriebene rechtzeitige Erkennen und ein Überleiten auf die auf diese Frage spezialisierten Mitarbeiterinnen oder Mitarbeiter erforderlich. Dieses Überleiten ist als Signal, quasi als Startschuss, sehr wichtig. Bestehende Verhaltensmuster zwischen langjährigen Gesprächspartnern kommen so auf den Prüfstand und führen dazu, dass ein neues Kennenlernen beginnt, mit der Chance eines neuen, zielgerichteten Dialogs im Rahmen der Sanierung.

Exkurs: Darstellung am Beispiel der Sparkasse Koblenz

Die heutige Aufstellung der Sanierung ist in ihrer Entstehung auf den Beginn der 90er-Jahre zurückzuführen, als die ersten Erfahrungen gesammelt wurden. Bereits damals wurden erste Überleitungen und damit ein Betreuerwechsel vorgenommen. Gegen Ende der 90er-Jahre wurde dies zunehmend institutionalisiert und mit der Umsetzung der Mindestanforderungen an das Kreditgeschäft weiter normiert. Heute sind Kriterien wie

- definierte Ratingergebnisse,
- Ratingmigrationen über mehre Klassen und
- Erkenntnisse aus der Früherkennung von Kreditrisiken

harte Prüfungskriterien für die Überleitung in die auf Sanierung spezialisierte Abteilung. Die frühzeitige Überleitung ist dabei ein wesentlicher Erfolgsfaktor für eine erfolgreiche Sanierung.

Bei allen Überlegungen zum Umgang mit dem speziellen Risiko steht am Anfang die Frage nach der Sanierungswürdigkeit und Sanierungsfähigkeit eines Unternehmens. Zentrale Handlungsmaxime ist dabei natürlich die Minimierung des Kreditrisikos. Durch die Einbindung eines externen Gutachters werden die Ursachen und die Handlungsfelder aufgedeckt, die im Unternehmen zu verbessern sind. Erst auf dieser Grundlage wird die weitere Vorgehensweise definiert. Dabei ist die enge Begleitung durch die Sanierer ein wichtiger Erfolgsfaktor für die Sanierung.

Die rein finanzwirtschaftliche Engagementsanierung steht dabei nicht zwingend im Vordergrund. Vielmehr wird versucht, durch die Einbindung und Einbeziehung von Steuerberatern, juristischem Berater sowie Unternehmensberater eine Flankierung für den Kunden zu erreichen. Dadurch steht häufig die Unternehmenssanierung im Mittelpunkt der Aktivitäten. Dies kann jedoch nur gelingen, wenn alle an der Sanierung Beteiligten in die gleiche Richtung denken und handeln. Für den Erfolg sind die frühzeitige Erkennung des Risikos und die klare Ansprache erforderlich. Nur so stehen Zeit, Mittel und Vertrauen noch zur Verfügung.

Dabei ist, neben der rein betriebswirtschaftlichen und rechtlichen Würdigung, das Hineindenken in den Kunden von Bedeutung. Damit kann in einer solchen Phase ein Beitrag dazu geleistet werden, dass auch weiterhin rationale Entscheidungen getroffen werden.

Mögliche Handlungsfelder sind dabei alle Maßnahmen, die dem Ziel der Risikoreduktion dienen. Hierzu zählen natürlich die Verstärkung von Sicherheiten, Kosteneinsparungen, Umsatzexpansionen, aber auch Entnahmebeschränkungen und weiterführende Covenants sowie Stundungen bis hin zu Sanierungsbeiträgen aller Beteiligten.

3.4 Steuerung und Erfolgsmessung

Betrachtet man ein Ziel als eine Beschreibung für einen angestrebten Endpunkt im Sinne eines angestrebten Endzustands, so ist auch für die Tätigkeit Sanierung ein Zielsystem im Sinne einer Steuerung und Erfolgsmessung zu etablieren. Hierbei ist der AT 7.1 zum Thema Personal der MaRisk zu berücksichtigen.

Abgeleitet aus dem Ziel der Risikominimierung ist eine wichtige Zielgröße die Reduktion des konkreten Einzelrisikos. Dies kann sich an der Volatilität von Einzelwertberichtigungen orientieren. Daneben sind Kennzahlen für Rückführungen in die Normalbetreuung sowie die Einhaltung von Meilensteinen im Rahmen der Maßnahmen bei der Sanierung von Bedeutung. Hiermit kann der Erfolg entsprechend dokumentiert werden. Je nach Ausgestaltung und

Beginn der Sanierung sind auch Überleitungen zu Spezialisten, wie z.B. eine Risikoabschirmung durch Versicherungsleistungen, denkbar.

Ziel muss es auch sein, dass die Sanierung im Gesamtkontext der gewerblichen Betreuung des jeweiligen Hauses steht, sodass die auch weiterhin vorhandenen Bedürfnisse gewerblicher Kunden erfüllt werden. In der S-Finanzgruppe wurden hierzu mit dem Modell Pro – Organisation und Prozess der Problemkreditbearbeitung – Handlungsempfehlungen gegeben.

3.5 Erfolgsfaktoren für die Sanierung

Bei allen Überlegungen stellt sich immer wieder die Frage nach den wesentlichen Erfolgsfaktoren für die Sanierung aus Sicht des Kreditinstituts. Nachfolgend werden diese aus Sicht des Autors dargelegt.

3.5.1 Frühzeitiges Erkennen von Risiken und deren Überleitung aus dem Markt

Das frühzeitige Erkennen von Risiken stellt eine wesentliche Aufgabe im Rahmen des Managements von Risiken dar. Nur so kann das erforderliche Zeitfenster für die notwendigen Veränderungen in einem Unternehmen sichergestellt werden. Nur in diesem Stadium sind noch Ressourcen vorhanden, die für den betrieblichen Erfolg einer Sanierung notwendig sind. So können z.B. Vermögenswerte liquidiert werden, deren Erlöse für die zielgerichtete Umstrukturierung genutzt werden können. Diese Mittel stehen nach einer längeren Finanzierung von Verlusten nicht mehr zur Verfügung. Die konsequente Überleitung aus dem Markt auf spezialisierte Mitarbeiterinnen und Mitarbeiter schafft zudem Sicherheit im Umgang mit Ausfall- und Haftungsrisiken. Gleichzeitig ist es ein klares Signal nach außen, durch das der „Ernst der Lage“ auch sichtbar dokumentiert wird. Dies führt in der Folge zu anderen Gesprächsverläufen, da neu begonnen wird, Fragen zu erörtern und zu klären. Gerade diese Überleitung ist ein wichtiger Baustein für den Sanierungserfolg, dokumentiert sie doch einen klaren Rollenwechsel auch innerhalb des Kreditinstituts.

3.5.2 Klare, abgegrenzte Aufgaben

Die Aufgabe Sanierung ist wie jede andere Spezialistenfunktion als klar abzugrenzen und zu definieren. Eine Bündelung schafft die Voraussetzung für Kompetenzaufbau, mit dem Effekt, dass dem jeweiligen Problem routiniert begegnet werden kann.

Die hieraus resultierenden Vorteile und die Verhandlungssicherheit in den spezifischen Situationen werden als Kompetenz bei den Verhandlungspartnern wahrgenommen und führen zu besseren Ergebnissen. Diese gilt es im Sinne von Produktivitätssteigerungen bzw. Kostensenkungen in den jeweiligen Instituten zu nutzen, da die damit verbundenen betriebswirtschaftlichen Vorteile Effizienzen ermöglichen.

Durch die Abgrenzung der Aufgaben sind zudem widerspruchsfreie Steuerungsmöglichkeiten einsetzbar. Dies führt in der Folge zu weiterer Effizienz und bietet die Basis, Freiraum in den Vertriebseinheiten zu schaffen, der für weitere vertriebliche Aktivitäten genutzt werden kann. Darüber hinaus kann im Rahmen eines Personalentwicklungskonzepts die temporäre Tätigkeit als Sanierer eine sehr gute Ausgangsbasis für die Vorbereitung auf die Tätigkeit im gewerblichen Geschäft sein.

3.5.3 Persönlichkeit des Sanierers

Das Verhandeln in schwierigen Situationen erfordert eine hohe Belastbarkeit, verbunden mit klarer Zielfokussierung und Stringenz in der Umsetzung. Gerade an das Verhandlungsgeschick sind hohe Anforderungen zu stellen. Gilt es doch im Umgang mit dem Kunden, den Beratern des Kunden und ggf. weiteren Beteiligten in Form von anderen Finanzierungspartnern die eigenen Ziele zu positionieren und durchzusetzen.

Dies erfordert Mitarbeiter, die über ein hohes Maß an Eigenmotivation und Selbstorganisation verfügen. Gilt es doch immer wieder, das Ziel der Risikoreduktion auch gegen andere Meinungen zu verfolgen. Für eine erfolgreiche Umsetzung sind daher auch empathische Fähigkeiten im Umgang mit Menschen, die durchaus über lange Jahre erfolgreich Unternehmen geführt haben, erforderlich. Dabei gilt es, die Balance zwischen den Faktoren Risikoreduktion und notwendiger Flankierung derart sicherzustellen, dass alle Beteiligten an dem gemeinsamen Ziel festhalten und darauf hinarbeiten.

Dies zusammengenommen definiert eine hohe Anforderung an die Personalentwicklung, um die erforderlichen Mitarbeiterkapazitäten und Mitarbeiterqualitäten entsprechend zur Verfügung zu stellen. Innerhalb der S-Finanzgruppe wird dies regelmäßig von entsprechenden Seminaren flankiert.[12]

3.5.4 Konkrete Sanierung als Projektorganisation

Der Beginn einer Sanierung ist häufig mit dem Auftakt eines Projekts zu vergleichen. Hierbei gilt es, die jeweiligen aufeinanderfolgenden Schritte und das Ergebnis der Maßnahme zu definieren. Gleichzeitig werden Verantwortlichkeiten und Terminabsprachen verbindlich vereinbart. Nur so ist es möglich, die Vielzahl von parallel laufenden Aktivitäten auf der Liquiditätsebene, der Leistungsebene und der bilanziellen Ebene zu koordinieren.

---

12 Vgl. www.deutsche-sparkassenakademie.de/

Alle Bereiche werden durch das projektorientierte Vorgehen miteinander verzahnt. Gleichzeitig können Ziel- und Ressourcenkonflikte transparent werden. Hierbei zeigt sich häufig, dass in Unternehmen Flaschenhälse existieren, da immer wieder die gleichen Personen bei allen Fragen einzubinden sind. Immer wieder wird deutlich, dass Probleme auch von nicht optimalem Delegationsverhalten bzw. von nicht weiterentwickelten Führungsstilen herrühren.[13]

3.5.5 Projektteam aus Steuerberater/Wirtschaftsprüfer, Unternehmensberater, Kunde und Bank

Am Anfang der Arbeit dieses Projektteams steht also die Erkenntnis des gemeinsamen Ziels. Vor der eigentlichen Sanierung stehen die klare Definition und die Akzeptanz des Ziels durch alle Beteiligten. Sind die Ziele

- Engagementsanierung im Sinne von schneller Risikoreduktion und
- Unternehmenssanierung im Sinne von Erhalt und Rückkehr zur Profitabilität des Unternehmens und damit der Notwendigkeit der Begleitung über einen längeren Zeitraum

unüberbrückbar, so muss die Risikoreduktion klar verfolgt werden.

Kann jedoch eine gemeinsame Zieldefinition erreicht werden, sind der Informationsfluss und die regelmäßige Abstimmung der operativen Umsetzungen zu definieren. Dies ermöglicht eine ressourcenschonende und damit betriebswirtschaftlich sinnvolle Begleitung durch das Kreditinstitut. Hierzu zählt auch das gegenseitige Verständnis, dass aufgrund der gemeinsamen Zieldefinition alle das Gleiche verfolgen und insoweit ihre Interessen gleichgerichtet sind. Dies kann die gegenseitige Akzeptanz deutlich erhöhen und Kreativität freisetzen. Gelingt dies, so ist die Sanierung, sofern keine unüberwindbaren exogenen Faktoren auftreten, erfolgversprechend.

4. Fazit

Das klare geschäftspolitische Bekenntnis, dass zum Kreditgeschäft als Risikoaktiva das Risiko gehört und damit offensiv umgegangen wird, hat sich für unser Haus – die Sparkasse Koblenz – als wichtiger Erfolgsfaktor für die Sanierung erwiesen. Dabei gilt es, Risiken frühzeitig zu erkennen, zu thematisieren sowie professionell zu handhaben. Hierzu sind Sanierungsspezialisten erforderlich. Eine klare Aufgabendefinition bietet die Möglichkeit für eine Steuerung zur Unterstützung der Aufgabe und zur Schaffung von Transparenz des Er-

13 Vgl. 1.1 Häufigste Insolvenzursachen

folgs. Dabei gilt es zu Beginn des Sanierungsprozesses die gemeinsamen Interessen mit dem Kunden herauszuarbeiten. Die Rettung von Vermögen und der Existenzgrundlage des Kunden ist die gemeinsame Basis für das Kreditinstitut und den Kunden. Auf dieser Basis können dann die weiteren, notwendigen Schritte gemeinsam gegangen werden. Alles zusammen führt zu einem weiteren Akzent der regionalen Verankerung und Verantwortung der S-Finanzgruppe.

Strategische Positionierung einer Großbank im Firmenkundengeschäft

Wilhelm von Haller

1. Einleitung

Unser Land besitzt etwas Einmaliges, etwas, worüber in dieser Form keine andere Volkswirtschaft weltweit verfügt: die Familienunternehmen des deutschen Mittelstands. Über 90 % aller Betriebe werden in dieser Form geführt. Auch andere Länder haben einen ausgeprägten Mittelstand, doch keine Nation beheimatet so viele große und international aufgestellte Familienunternehmen. Viele von ihnen erreichen hohe dreistellige Millionenumsätze oder besitzen Weltgeltung. Andere sind in ihren jeweiligen Märkten „hidden champions".

Der deutsche Mittelstand besitzt zudem eine enorme beschäftigungspolitische Wirkung, denn er stellt über die Hälfte aller Arbeitsplätze. Er erwirtschaftet rund 40 % des Umsatzes aller Unternehmen und das mit großem Erfolg: Die durchschnittliche Eigenkapitalrendite liegt im Langfristvergleich bei rund 30 %. Eine enorme Leistung! Und auch in der aktuellen Krise zeigt der Mittelstand, dass er seine „Hausaufgaben" gemacht und sich frühzeitig gut aufgestellt hat. Keine Frage: Der Mittelstand ist das Rückgrat der deutschen Wirtschaft.

Auch in der Geschäftspolitik der Deutschen Bank hat der Mittelstand traditionell eine überragende Bedeutung. Schon bei der Gründung unseres Hauses im Jahre 1870 war eines der zentralen Motive, deutsche Unternehmen als Bank ins Ausland zu begleiten – so etwa beim Bau der wenig später unter deutscher Leitung entstandenen Bagdad-Bahn. Damals wie heute sehen wir in der Finanzierung und strategischen Begleitung des Mittelstands, eine unserer wichtigsten Aufgaben.

Die Deutsche Bank startet immer wieder Mittelstandsoffensiven – zuletzt vor einigen Jahren –, um den sich wandelnden Anforderungen gerecht zu werden. Es ist ein klares Bekenntnis zu einer heterogenen Kundengruppe mit zum Teil sehr differenzierten und spezifischen Ansprüchen. Um mit dieser Klientel dauerhaft erfolgreich im Geschäft zu sein, sollte man wissen, was der Mittelstand aktuell von einer Firmenkundenbank erwartet. Dazu wollen wir uns im Folgenden die nach unserer Erfahrung zentralen Erfolgsfaktoren im Firmenkundengeschäft ansehen.

2. Zentrale Erfolgsfaktoren im Firmenkundengeschäft

2.1 Branchen- und Unternehmenskompetenz

An vorderster Stelle: Unsere Kunden erwarten eine hohe Branchen- und Unternehmenskompetenz. Sie wollen einen Berater als Gesprächspartner, der nicht nur die jeweilige Branche versteht, sondern auch das Unternehmen. Der Berater muss wissen, was läuft und warum. Er sollte die Wettbewerbssituation, die Branchentrends und die jeweiligen Werttreiber kennen und letztlich in der Lage sein, strategische Entscheidungen des Kunden in einen Branchenkontext zu stellen. Kurz: Kunde und Berater müssen eine Sprache sprechen – und zwar nicht die der Bank, sondern die des Kunden. Denn der Kunde erwartet Verständnis für seine unternehmerischen Entscheidungen und er darf die Bank bei seinem Risikomanagement nicht ausschließlich als Bedenkenträger erleben.

Das aber setzt voraus, dass die Bank selbst durch und durch unternehmerisch denkt und arbeitet. Eine Bank, die sich als Bank für Unternehmer versteht, sollte nach unserer Meinung deshalb von ihrer ganzen Kultur privatwirtschaftlich und wettbewerbsorientiert geprägt sein – eben genauso wie ihre Firmenkunden.

2.2 Internationale Kompetenz

Viele unserer Firmenkunden haben sich längst über die nationalen Grenzen hinaus entwickelt. Das bedeutet, dass sie von ihrer Bank nicht nur ein funktionstüchtiges, durchgängiges und in allen Märkten hoch entwickeltes Auslandsnetz erwarten, sondern in ihr einen echten Begleiter und Wegweiser sehen auf dem Weg in die europäischen oder internationalen Märkte. Sie erwarten Vor-Ort-Kenntnisse und konkrete Kontakte in den jeweiligen regionalen Märkten, egal ob in Europa, Asien oder Amerika. Sie suchen einen Türöffner mit globaler Kapitalmarktexpertise, der ihnen den Zugang zu wichtigen internationalen Investoren genauso ermöglicht wie er ihnen Unterstützung bei den ersten Schritten bietet.

2.3 Lokale Präsenz

Dennoch: All business is local. Bei aller Globalisierung wollen unsere deutschen Firmenkunden eine Bank, die in ihrem eigenen Heimatmarkt mindestens genauso verankert ist wie sie selbst. Sie erwarten zu Recht ein flächendeckendes bundesweites Filialnetz und wollen nicht lange reisen, um mit ihrer Bank persönlich sprechen zu können. Eine Bank für den Mittelstand muss deshalb heute zugleich international und lokal sein.

2.4 Exzellente Qualität bei Beratung und Service

Alles in allem fordern unsere Firmenkunden heute deutlich mehr als vor 10 oder 15 Jahren – und diese Erwartungshaltung wird weiter zunehmen. Wir werden dabei weit über das traditionell gewohnte Geschäft hinausgehen müssen. So haben unsere Kunden heute viel mehr Fragen jenseits der klassischen Finanzierung. Sie suchen eine Bank als strategischen Partner. Sie erwarten dabei deutlich mehr Eigeninitiative von uns. Und d.h.: Der Markt fordert eine exzellente Qualität bei Beratung und Service, die weit mehr leistet als das Ausreichen eines Kredits. Diese an uns gerichtete, wachsende Serviceerwartung erleben wir in immer mehr Teilen unserer Kundenunternehmen – und eben längst nicht mehr nur im Bereich der **klassischen Finanzierung**.

Dies alles ist aber keine Herausforderung, die nur den jeweiligen Kundenbetreuer betrifft. Es bedeutet vielmehr, dass eine Bank in ihrer Gesamtheit mit einem deutlich gestiegenen Anspruchsniveau konfrontiert ist. Der Firmenkunde will schnelle Entscheidungen, er erwartet eine reibungslose Zusammenarbeit zwischen seinem Berater vor Ort und den Produktspezialisten. Zudem erwartet der Kunde, dass der Berater das Netzwerk der Bank möglichst umfassend und zugleich zielgerichtet für seine Belange zur Verfügung stellt. Er fordert eine hohe interne Effizienz in der Organisation einer Großbank und erwartet, dass die Prozesse stimmen. Diese Effizienz muss sich ohne Abschläge in der Qualität auch in der Preisfindung niederschlagen: Kein Kunde akzeptiert Preise, die nicht marktgerecht sind – weder beim normalen Kredit noch bei maßgeschneiderten Einzellösungen. Dies gilt auch für unser Haus. Einen „Premiumzuschlag" bekommt die Deutsche Bank nicht bezahlt.

Und auch wer groß ist, muss schnell laufen: Werden etwa mehrere Bereiche der Bank von einem Kundenthema berührt, dann muss eine Großbank genauso schnell zu einer Antwort kommen wie der Wettbewerb. So wollen unsere Kunden zu Recht wissen, wie ein neues Rating ihre Kreditkonditionen verändert – und das umgehend und zeitnah. Jeder Kunde hat zudem Verständnis für standardisierte Abläufe. Kein Verständnis hat er jedoch, wenn die Standardisierung flexible und individuell auf den Kunden zugeschnittene Lösungen blockiert oder stark verzögert.

Gerade in der aktuell angespannten Situation erleben wir, dass viele Firmenkunden mehr Klarheit und weniger Komplexität bei ihren Finanzierungsthemen möchten. Die Zeiten, in denen man mit zahlreichen Banken und Finanzspezialisten zeitgleich jonglierte, sind auf Kundenseite wohl erst mal vorbei. Wir sehen deshalb einen Trend zur Reduzierung von Bankverbindungen und eine Rückbesinnung auf die Stärken einer gewachsenen und berechenbaren Hausbankverbindung („one-stop-shopping").

2.5 Investitionen in die Dienstleistungen für den Mittelstand

Zu den zentralen Erfolgsfaktoren im Firmenkundengeschäft zählt auch, dass Großbanken in ihre Dienstleistungen für den Mittelstand investieren, um langfristigen Trends und aktuellen Themen angemessen zu begegnen.

Dazu ein Beispiel: Geld von A nach B bewegen kann heute jede Bank. Doch wie kann ein Mehrwert für die Kunden geschaffen werden? Wurden vor 25 Jahren nur rund ein Viertel der Zahlungen beleglos ausgeführt, sind es heute 99 %. Die gleiche Entwicklung ist bei Rechnungen zu erwarten. Dass heute Rechnungen überwiegend papieren sind, wird sich schon bald zugunsten der elektronischen Rechnung ändern. Von einer Großbank kann man zu Recht erwarten, dass sie für den Mittelstand in eine Technologie investiert, die diesen Trend führend unterstützt und hilft, Kostenvorteile zu erlangen. Gleiches gilt auch für den Bereich des europäischen Zahlungsverkehrs (SEPA), den die Deutsche Bank zu den Konditionen einer Inlandsüberweisung abrechnet und eine Technologie entwickelt hat, die dem Mittelstand aufwendige IT- und andere Anpassungsprojekte erspart.

Gerade im aktuellen Umfeld gehört es sich für eine Großbank, Instrumente zu entwickeln, die dem Mittelstand helfen, bei wichtigen Themen Transparenz zu schaffen und gemeinsam mit dem Firmenkundenberater Antworten zu finden. So hat die Deutsche Bank im Bereich des Risikomanagements in ein Instrument investiert, dass es erlaubt, zusammen mit ihren Kunden die Auswirkungen der größten Marktpreisrisiken auf Bilanz und GuV zu modellieren. Dadurch kann eine Großbank dazu beitragen, den Mittelstand durch die Beherrschung von Risiken bei der Sicherung der Wettbewerbsfähigkeit zu unterstützen.

Der Kunde will also eine Menge, und dies zu Recht. Das bedeutet aber auch, dass wir uns zum Teil sehr hohen Anforderungen stellen müssen. Die Konsequenzen, die dies für ein auch in Zukunft erfolgreiches Firmenkundengeschäft einer Großbank hat, möchte ich im Folgenden beschreiben.

3. Konsequenzen aus den Kundenanforderungen

Die vielleicht wichtigste Erfahrung aus der Praxis gleich zu Beginn: Der klassische Produktverkauf ist kein zielführender Ansatz. Denn obwohl der Kredit ein Ankerprodukt in unseren Geschäftsbeziehungen bleibt, kann sich keine zeitgemäße **Corporate Bank** ausschließlich auf die Rolle des Kreditgebers und -verkäufers beschränken. Wer heute im Firmenkundengeschäft wirklich erfolgreich sein will, muss deutlich mehr anbieten. Und d.h.: Die Bank besetzt zahlreiche Funktionen gleichzeitig. Sie handelt als ein Rundumberater für viele strategische Fragen, sie ist ein Manager für die Finanzierungs- und Geschäftsrisiken des Kunden und sie fungiert als eine Art Übersetzer zwischen der Welt der Kapitalmärkte und der des Kunden. Denn wir dürfen nicht vergessen: Einen Treasurer als Experten und „Dolmetscher" zwischen Finanz- und Unternehmenswelt leistet sich bis heute nur jedes zehnte der von uns betreuten Unternehmen.

Wir müssen deshalb die Ziele und Wünsche unserer Kunden in den Mittelpunkt stellen. Wir müssen die Bedarfssituation des Unternehmers systematisch analysieren und zum Teil antizipieren, ihn auf alle möglichen Bedarfsfelder ansprechen und Lösungen anbieten. Das setzt voraus, dass wir in den Kundengesprächen gut zuhören und aus den richtigen Fragen die passenden Antworten entwickeln. Dann liefern wir echten Mehrwert. Wir müssen Kompetenz zeigen auf vielen Gebieten, um damit auch Geschäft auf vielen Gebieten jenseits des Kredits zu erzielen.

Deshalb sind wir Gesprächspartner für zahlreiche Themen weit über das traditionelle Verständnis einer Bank hinaus. Einige will ich hier nennen: alternative Finanzierungsinstrumente, Unterstützung im Auslandsgeschäft, staatliche Förderprogramme, Erschließung des Kapitalmarkts, Fragen der betrieblichen Altersvorsorge, des unternehmenseigenen Risikomanagements, der Unternehmensnachfolge, betriebswirtschaftliche Beratung oder Beratung rund um alle Fragen zum Thema Rating sind nur einige Beispiele für das deutlich erweiterte Leistungsportfolio einer modernen Unternehmerbank.

Und das ist im Wortsinne so gemeint: Wir sind Unternehmer, genauso wie unsere Kunden. Als Unternehmerbank sind wir deshalb darüber hinaus ein strategischer Partner beim Kauf und Verkauf von Unternehmen (Mergers & Acquisition), bei der Hereinnahme von Finanzinvestoren (Private Equity), als Experte bei allen Compliance-Themen und als Frühwarnsystem für Unternehmenskrisen. Wir versuchen, bei unseren Kunden ein ganzheitliches Verständnis von Betriebs- und Privatvermögen zu entwickeln oder sie für die Folgen demografischer Veränderungen zu sensibilisieren. Gerade beim Thema Unternehmensnachfolge ist es wichtig, lange vor dem eigentlichen Schritt sowohl im Unternehmen als auch für das Privatvermögen die optimalen Voraussetzungen zu schaffen. Das setzt ein besonderes Vertrauensverhältnis durch persönliche Integrität und kompetente Beratung voraus. Wir wollen mehr sein als eine Bank und dabei profitieren wir natürlich auch von der Größe und der damit einhergehenden thematischen Wissenskraft unseres Hauses (etwa über unseren „Thinktank" **DB Research**). Ein derart universales Leistungsspektrum ist eine Stärke und ein klarer Wettbewerbsvorteil im Firmenkundenmarkt.

4. Exzellente Mitarbeiter als Antwort auf die Anforderungen

Dieser hohe Anspruch lässt sich nur mit exzellenten Mitarbeitern realisieren. Wir erwarten deshalb von unseren Firmenkundenbetreuern, dass sie sich in zwei Welten zugleich bewegen: jener des Kunden und jener der Bank. Sie sind Experten für die besonderen Bedürfnisse und Wesensarten von Familienunternehmen. Sie sollen ihre Kunden verstehen mit all ihren spezifischen Anforderungen, ihrem Geschäftsmodell und ihren Risiken. Sie sind ein Begleiter auf dem Weg in die Internationalisierung genauso wie auf dem Weg in die Kapitalmärkte. Zugleich können sie aber auch die richtigen Experten zusammenführen und verstehen die Bank nicht als monolithische Organisation, sondern als ein Netzwerk, in dem sie sich frei bewegen. Kunden haben auf unsere Empfehlung hin kein Problem mit Spezialisten, solange ihr jeweiliger Firmenkundenbetreuer zentraler Ansprechpartner für sie bleibt. Wir agieren daher nach dem Motto „one face to the customer". Die Firmenkundenbetreuer lassen sich von unseren Branchenteams unterstützen und beraten, die wir inzwischen in zahlreichen klassischen, aber auch neuen Industrien gegründet haben. Und sie bilden sich mit Unterstützung der Bank laufend weiter, um bei allen wichtigen Themen stets aktuell und ein adäquater Gesprächspartner zu sein.

So besitzt unser Haus eigene Branchenteams sowohl in den traditionellen als auch in den aufstrebenden Branchen, etwa für Automotive, Telecom, Life Science oder GreenTech. Diese Teams können wir projektweise mit Spezialisten zusammenführen, z.B. aus dem Bereichen Währungen, Rohstoffe oder Zinsen. Für den Firmenkundenbetreuer und damit letztlich für unsere Firmenkunden ergibt sich somit ein einzigartiger Wissenspool. Denn: Ob unsere Kunden mit uns zufrieden sind, entscheidet nicht ein etwas höherer oder niedrigerer Zins – den bestimmt ohnehin der Markt. Die Akzeptanz im Firmenkundengeschäft definiert sich über die Qualität der Beratung. Überragende Beratung ist und bleibt die „Unique Selling Proposition" (USP) einer Bank für Unternehmer.

Ein Firmenkundenbetreuer kann jedoch immer nur so gut sein wie die Bank hinter ihm. Deshalb haben wir in den vergangenen Jahren massiv in die Qualität unserer „Produktion" investiert. Wir haben das Risikomanagement der Bank verstärkt, unsere Prozesse verschlankt und beschleunigt und wir haben ein „tracking" eingeführt wie bei einem Paketdienst, sodass alle Beteiligten jederzeit um den jeweiligen Bearbeitungsstand wissen. Bei zahlreichen neuen regulatorischen Auflagen (z.B. Basel II und SEPA) haben wir die Vorgaben sogar übertroffen und hierfür wie für die Servicequalität massiv in unsere IT-Infrastruktur investiert. Kurz: Das Serviceniveau im Firmenkundengeschäft ist heute deutlich höher als vor fünf Jahren.

5. Neue Entwicklungen im Firmenkundengeschäft

All dies sind grundlegende Themen im Geschäft mit deutschen Firmenkunden. Sie gelten immer. Die aktuelle Finanz- und Wirtschaftskrise hat hier allerdings einige Parameter verschoben. Erstens: Wir sehen, dass bei unseren Firmenkunden derzeit wieder eine langfristig ausgerichtete, tragfähige Finanzierung in den Fokus rückt. Statt kurzfristig die Zinszahlungen zu optimieren und dabei höhere Risiken einzugehen, wollen unsere Kunden heute ihren Finanzbedarf lieber längerfristig sichern. Zweitens: Der Markt hat gelernt, dass der Kredit nicht länger als Mitnahmeprodukt im Regal steht und damit praktisch an jeder Ecke zu haben ist. Liquidität ist wieder zu einem Wert an sich geworden, für den durchaus ein Preis akzeptiert wird. Drittens: Bei Geldanlagen kommt es nicht mehr allein auf Rendite an. Wir erleben eine zunehmende Verteilung des Anlagevolumens auf verschiedene Banken – allerdings mit einer Bevorzugung jener Banken mit hervorragendem Rating. Dies ist vielen Kunden inzwischen wichtiger als eine überdurchschnittliche Verzinsung.

Völlig zu Recht wird Liquidität jetzt immer mehr wie ein Rohstoff gesehen. Und wir wissen, dass Rohstoffe nicht nur begrenzt vorhanden sind, sondern in ihren Preisen schwanken. Deshalb merken unsere Kunden, dass sie ihren Rohstoff Liquidität genauso sparsam einsetzen sollten, wie sie es auch von anderen betrieblichen Vorprodukten gewohnt sind. Viertens: Spätestens seit deutsche Automobilkonzerne ihre Anleihen mit 7 bis 8 % verzinsen müssen, ist für mittelständische Unternehmen das Thema Finanzierung noch stärker in den Fokus gerückt. Wir glauben deshalb, dass eigenkapitalnahe Finanzierungsformen wie etwa Mezzanine-Kapital ein Comeback erleben werden – allerdings ohne die Fehler der Vergangenheit wie z.B. ein nicht risikoadäquates Pricing. Und: Wir sehen, dass all jene Produkte aktuell gefragt sind, die Zahlungsverkehrs-, Wechselkurs- und Liquiditätsrisiken reduzieren, die mit der Internationalisierung des Geschäfts zwangsläufig entstehen. Vor diesem Hintergrund ist auch bei mittelständischen Unternehmen die Einsicht in die Notwendigkeit eines konsequenten Währungsmanagements weiter gewachsen. Dies hat sich in einer deutlichen Zunahme der Geschäftsaktivitäten unserer Kunden in diesem Bereich niedergeschlagen. Unser Haus ist hier als die weltweite Nummer eins im Devisenhandel ein bestens etablierter Partner.

Was bedeutet dies alles in einem Wort? Mehrwert! Wir müssen mehr bringen als nur Finanzierung, wir müssen im Idealfall sogar mehr bringen als der Kunde von uns erwartet. Ich nenne diese neue, weitere Perspektive deshalb **„beyond banking“**. Dabei müssen wir permanent im Dialog stehen zwischen Bank und Kunde. Der Firmenkundenbetreuer ist hier sicher unser wichtigster Verbindungsmann, er darf aber nicht der einzige Kontaktpunkt sein. Drei Beispiele sollen zeigen, wie wir Kundenbindung auch über den geschäftlichen Alltag hinaus leben: So veranstalten wir alle zwei Jahre einen hochkarätig besetzten Unternehmerkongress, zu dem wir Spitzenpolitiker als Referenten laden und auf dem wir in zahlreichen Workshops viele Themen der Unternehmensführung und -finanzierung diskutieren. Dieser Kongress ist jedes Mal ein voller Erfolg und längst eine Institution mit jährlich rund 1.000 teilnehmenden

Unternehmern. Zudem geben wir für unsere deutschen Firmenkunden ein eigenes Unternehmermagazin heraus, das alle Fragen des betrieblichen Alltags abdeckt und so zur Kundenbindung beiträgt und im Netz bieten wir ein eigenes Portal für den Mittelstand an.

6. Fazit und Ausblick

Lohnt der Aufwand? Unsere Kunden sagen dazu eindeutig Ja. Im gesamten deutschen Mittelstand, vom Freiberufler bis zur Aktiengesellschaft, haben wir über 930.000 Kunden – Tendenz weiter steigend. Drei von vier Kunden stehen seit über zehn Jahren mit uns in Verbindung. Allein 2008 hat die Deutsche Bank 30.000 Mittelstandskunden neu gewonnen. Bei bundesweit rund 3,4 Millionen mittelständischer Unternehmen vertraut somit jedes vierte Unternehmen auf unsere Kompetenz. Von den großen, international aufgestellten Familienunternehmen nutzt praktisch jedes unsere Bank. Heute sind rund 50.000 Mitarbeiter in 74 Ländern für unsere Kunden tätig. Im Firmenkundengeschäft ist diese globale Präsenz in Verbindung mit unserem regionalen Betreuungsansatz eines unserer wertvollsten Assets; wir werden sie deshalb noch weiter ausbauen. Allein in Deutschland sind wir flächendeckend mit rund 850 Standorten vertreten und damit für jeden Firmenkunden eine **„bank next door“**. 3.400 Berater arbeiten ausschließlich für den deutschen Mittelstand.

Unsere Kunden sehen uns als erster und größter Partner eines starken und international aufgestellten deutschen Mittelstands. All dies vor dem Hintergrund eines weiterhin hoch kompetitiven deutschen Bankenmarkts. Doch auch in diesem nicht einfachen Wettbewerbsumfeld sind wir von der Zukunft unseres Firmenkundengeschäfts absolut überzeugt. Es ist ein zentraler Pfeiler unseres Hauses, es ist ein Teil der Marke **Deutsche Bank**.

Teil III

Wachstumsmärkte im Firmenkundengeschäft

Corporate Finance für den Mittelstand

Christoph Schulz

1. Einleitung

Unter Corporate Finance ist neben der reinen Finanzierung von Unternehmen auch im weiteren Sinne die Planung, Beratung sowie Verwirklichung von Finanzierungsstrategien unternehmerischer Situationen zu verstehen. Betrachtet werden sämtliche Maßnahmen, die im Zusammenhang mit der Kapitalbeschaffung, dem Kapitaleinsatz sowie der Kapitalrückzahlung eines Unternehmens einhergehen. So können unter dem Begriff Corporate Finance zahlreiche Produktangebote subsumiert werden, die die langfristig ausgerichtete Unternehmenswertmaximierung zum Gegenstand haben.

Gestützt auf die KMU-Definition des Instituts für Mittelstandsforschung Bonn werden Unternehmen mit bis zu 9 Beschäftigten respektive weniger als 1 Mio. Euro Jahresumsatz als kleine und Unternehmen ab 10 bis 499 Beschäftigte bzw. einem Jahresumsatz von 1 Mio. Euro bis unter 50 Mio. Euro als mittlere Unternehmen bezeichnet. In Anlehnung an diese Begriffsbestimmung zählen rund 99 % der Unternehmungen zu den kleinen und mittleren Unternehmen, auf die ca. 37 % aller Umsätze, rund 70 % aller Beschäftigten sowie ein Anteil an Auszubildenden in Höhe von ca. 83 % entfallen.

Anhand dieser Zahlen lässt sich erkennen, dass Deutschland vor allem ein Land des Mittelstands ist. Dementsprechend rücken neben dem Potenzial der Geschäftsverbindungen mit großen, kapitalmarktorientierten Unternehmen die Beziehungen zu mittelständischen Firmenkunden in den Fokus des Interesses der Banken. Insbesondere Sparkassen und Genossenschaftsbanken zählen die Finanzierung des Mittelstands zu ihren Kerngeschäftsfeldern. Das Corporate Banking lässt sich somit als ein wichtiger Werttreiber der Banken identifizieren.

Auch aus Sicht mittelständischer Unternehmen kommt dem Corporate Finance eine wichtige Bedeutung zu. Mit den Beschlüssen des Baseler Ausschusses für Bankenaufsicht hat die Bonität der Kunden zunehmend an Bedeutung gewonnen. Die Bonität sowie das damit einhergehende Rating können durch die Ausstattung mit Eigenkapital maßgeblich verbessert werden. Eine Vielzahl von Unternehmen hat mit Abflauen des Wendewunders und den Einbrüchen um das Jahr 2000 zahlreiche Vorsorgemaßnahmen getroffen, sodass die Aufbesserung der Eigenkapitalbasis bislang vor allem durch eigene Mittel oder Familiengelder realisiert werden konnte. Mit der Finanzmarktkrise 2008/2009 und dem damit einhergehenden Verzehr der aufgebauten Reserven hat jedoch die Nachfrage nach eigenkapitalorientierten Finanzierungsinstrumenten stetig zugenommen.

Auch Faktoren wie Expansionsbestrebungen, gesellschaftsrechtliche und wirtschaftliche Verflechtungen, zunehmende Wachstumsorientierung, Existenzgründungen in Wachstumsbranchen sowie ein zunehmender Bedarf von Nachfolgeregelungen ergeben eine erhöhte Nachfrage nach alternativen Finanzierungsformen und Dienstleistungen im Corporate Finance. So betrachtet eine Vielzahl kleiner und mittlerer Unternehmen die Banken noch immer als ihre wichtigsten Kapitalgeber. Diese Bedürfnisse der mittelständischen Unternehmen bieten den Sparkassen, nicht zuletzt auch in Zeiten eines ungewöhnlich turbulenten Finanzmarktumfelds, eine solide Geschäftsbasis.

2. Corporate Finance der Sparkassen-Finanzgruppe

Sparkassen und Landesbanken zeichnen sich durch ein flächendeckendes Filialnetz aus, das einen wichtigen Bestandteil der regionalen Infrastruktur in Deutschland darstellt. Auch diese räumliche und geschäftliche Nähe zu ihren Kunden macht die Sparkassen zum wichtigsten Partner der kleinen und mittleren Unternehmen. Als „wichtige Seismografen der regionalen Entwicklung“[1] ermöglichen die Banken durch die verlässliche Kreditvergabe an mittelständische Unternehmen Investitionen, die Erschließung neuer Märkte sowie die Schaffung neuer und sicherer Arbeitsplätze. Die Stärkung der regionalen Wirtschaftsentwicklung fällt somit in den Aufgabenbereich der Sparkassen und Landesbanken – nicht zuletzt deswegen, da sich der Erfolg dieser lokal und regional verankerten Kreditinstitute analog zum wirtschaftlichen Erfolg der Region entwickelt.

Bereits im Jahr 2001 hat der Deutsche Sparkassen- und Giroverband unter dem Stichwort „Corporate Finance für den Mittelstand“ ein Konzept entwickelt, um die traditionelle Finanzierungspraxis um neue Finanzierungsinstrumente für den Mittelstand zu erweitern. Das Konzept wurde im Markt positioniert und unterliegt einer kontinuierlichen Weiterentwicklung. Fokussiert werden innovative Finanzierungsprodukte und Beratungsinstrumente als Alternative und/oder Ergänzung zu den klassischen Bankkrediten. Zu diesen Finanzierungsalternativen zählen insbesondere eigenkapitalorientierte Instrumente wie Börsengang, Mezzanine-Kapital, Mergers & Acquisition oder Beteiligungskapital sowie die Unternehmensbilanz entlastende Instrumente, wie Leasing oder Factoring.

---

1 Sparkassen-Finanzgruppe: Diagnose Mittelstand 2007, S. 60

Mit diesem zukunftsorientierten und umfassenden Beratungskonzept steht weniger der Produktverkauf im Vordergrund als die individuelle Lösungsentwicklung für verschiedene Finanzierungsherausforderungen. Die Corporate-Finance-Dienstleistungen der Sparkassen-Finanzgruppe beziehen sich dabei auf eine ganzheitliche Betreuung der mittelständischen Unternehmen entlang ihrer Lebensphasen. So werden je nach individuellen Bedürfnissen und künftigen Entwicklungsmöglichkeiten der mittelständischen Unternehmen entsprechende Finanzierungsalternativen angeboten:

	Gründung	Wachstum	Reife	Konsolidierung	Turnaround	Nachfolge
Kunde benötigt	• Risikokapital und Know-how für die Existenzgründung	• Eigenkapital für Investitionen und ggf. Internationlisierung	• Externes Wachstum • Eigenkapital für Zukäufe	• Konzentration auf das Kerngeschäft • Überwindung Kapitalengpass	• Sicherung der Liquidität • Steigerung der Rentabilität	• Regelung der Unternehmensnachfolge
Sparkasse bietet	• Venture Capital • Private Equity	• Beteiligungskapital • Börsengang (Going Public)	• Zukauf Wettbewerber (M&A) • Going Public	• Verkauf Randbereiche (M&A) • Beteiligungskapital	• Verkauf von Unternehmensteilen (M&A)	• MBO • MBI • M&A (Verkaufsmandat)

Abbildung 1: *Dienstleistung entlang der Lebensphasen*[2]

Um eine bedarfsgerechte Unterstützung der mittelständischen Unternehmen mit den verschiedensten Corporate-Finance-Dienstleistungen gewährleisten zu können, nutzt das Konzept die bewährte Verbundzusammenarbeit in der Sparkassen-Finanzgruppe. Während die Sparkasse die Kundenakquisition und -betreuung vornimmt, agieren Landesbanken sowie andere Verbundpartner als Produktlieferanten und Beratungsspezialisten. Die Braunschweigische Landessparkasse gehört fest zum Verbund der Sparkassen-Finanzgruppe, zu der insgesamt 438 rechtlich eigenständige Sparkassen, 7 Landesbank-Konzerne, 10 Landesbausparkassen, 12 Erstversicherergruppen der Sparkassen, die DekaBank sowie zahlreiche Kapitalbeteiligungsgesellschaften und Spezialkreditinstitute zählen. Die Sparkassen verfügen somit über eine leistungsfähige Betreuungskonzeption und eine umfassende Dienstleistungspalette. Als Anstalt in der Anstalt hat die Braunschweigische Landessparkasse als teilrechtsfähiges Unternehmen der Norddeutschen Landesbank zudem den Vorteil sich jederzeit bei der Produkt- und Dienstleistungsvielfalt beider Familien, der der Sparkassen und der der Landesbanken, bedienen zu können – sie kann sozusagen ihren Kunden das Beste aus zwei Welten anbieten und weiterreichen.

Im Folgenden werden sowohl die „klassischen Finanzierungsformen" als auch die ergänzenden Finanzierungsinstrumente und Dienstleistungen des Corporate Finance näher betrachtet.

2 Sparkassen-Finanzgruppe: Corporate Finance – innovative Lösungen für den Mittelstand, S. 5

2.1 „Klassische" Finanzierungsformen

Trotz der Einführung von Basel II und dem dadurch ausgelösten Wandel in der Unternehmensfinanzierung spielen die klassischen Finanzierungsformen in Deutschland nach wie vor eine wesentliche Rolle. Die klassische Kreditfinanzierung ist charakterisiert als Fremd- und Außenfinanzierung. Hierbei wird dem Kreditnehmer für einen befristeten Zeitraum Fremdkapital von außen überlassen. Der Gläubiger übernimmt keine Haftung für die Geschäftstätigkeit, erhält gleichzeitig aber auch kein Mitspracherecht bei unternehmerischen Entscheidungen. Für den Kapitaleinsatz hat der Kreditnehmer bestimmte Bedingungen, wie eine entsprechende Bonität und die Gewährung von Sicherheiten, zu erfüllen und Zinsen zu zahlen. Bei den klassischen Finanzierungen werden verschiedene Arten von Krediten unterschieden; diese werden zumeist in Abhängigkeit von ihrer Laufzeit differenziert.

Langfristige Bankkredite oder Darlehen werden zumeist als Investitionskredite zur Verfügung gestellt und dienen der Beschaffung oder Erstellung von Investitionsgütern. Als Kreditgeber kommen neben den Kreditinstituten und Realkreditinstituten auch Versicherungen und Bausparkassen infrage. Zusätzlich stellen auch Kreditinstitute mit Sonderaufgaben, wie beispielsweise die Kreditanstalt für Wiederaufbau (KfW), Fremdkapital zur Verfügung. Diese finanziellen Mittel werden von der staatlichen Kreditanstalt für Wiederaufbau zur Förderung der deutschen Wirtschaft bereitgestellt. Gefördert werden sowohl Existenzgründer als auch bereits etablierte mittelständische Unternehmen mithilfe verschiedener Unterstützungsprogramme. Auch Umweltinvestitionen werden entsprechend gefördert.

Für die kurz- bis mittelfristige Finanzierung werden des Weiteren Kontokorrentkredite an die Unternehmenskunden vergeben. Voraussetzung für die Einräumung eines solchen Kredits ist oftmals die Abwicklung des Zahlungsverkehrs des Kreditnehmers über die entsprechende Bankverbindung beim Kreditgeber. Dieser erlangt hierdurch umfassende Einblicke in die finanzielle Unternehmenssituation, dennoch erfordert auch diese Finanzierungsform regelmäßig eine Bereitstellung entsprechender Kreditsicherheiten. Bei den Kontokorrentkrediten wird zum einen zwischen dem Betriebsmittelkredit – zur kurzfristigen Finanzierung von Lohn- und Gehaltszahlungen, zur Beschaffung von Roh-, Hilfs- und Betriebsstoffen sowie zur Ausnutzung von Skonti – und zum anderen den Saisonkrediten für die Finanzierung saisonaler Beschäftigungsspitzen unterschieden. Zwischenkredite stellen eine dritte Finanzierungsform dar und werden zur Vorfinanzierung von Bauvorhaben oder Wertpapieremissionen genutzt. Die Unternehmen können bei der Finanzierung über den Kontokorrentkredit sowohl die in Anspruch genommene Höhe als auch den Verwendungszweck frei wählen. Nachteilig sind jedoch die hohen Kapitalkosten, die sich je nach Bonität zwischen 3 und 7 % über den Geldmarktsätzen einordnen lassen. Hinzu kommen Umsatz- und ggf. Kreditprovisionen.

Diese traditionellen Finanzierungsinstrumente werden durch die im Folgenden skizzierten alternativen Finanzierungsformen ergänzt.

2.2 Eigenkapitalorientierte Corporate-Finance-Instrumente

2.2.1 Die Finanzierung durch Beteiligungskapital

Mittelständische Unternehmen haben im Gegensatz zu großen börsennotierten Unternehmen in Form einer AG nur begrenzte Möglichkeiten zur Akquirierung von zusätzlichem Eigenkapital. Als Alternative zur Kapitalerhöhung über die Börse steht kleinen und mittleren Unternehmen die Aufnahme von Beteiligungskapital von eigens darauf ausgerichteten Beteiligungsgesellschaften zur Verfügung.

Die Sparkassen-Finanzgruppe unterscheidet bei Beteiligungskapital zwischen Venture Capital für die Frühphase und die Start-up-Phase (Early Stage) sowie klassischem Beteiligungskapital/Private Equity für die Finanzierung bereits etablierter Unternehmen (Later Stage). Im Vordergrund des Venture Capital stehen im Wesentlichen die Finanzierung des Konzepts bis zur Aufnahme der Produktion und Markteinführung. In dieser Phase der unternehmerischen Tätigkeit ist der Kapitalbedarf in der Regel sehr hoch. Das Beteiligungskapital zählt zu den traditionellen Formen der Stärkung der Eigenkapitalbasis und wird speziell während der Wachstumsphase eines Unternehmens eingesetzt. Der Ablauf einer Beteiligungskapitalfinanzierung lässt sich durch ein Grundmodell beschreiben: Kapitalgeber nehmen an einer Kapitalerhöhung der zu finanzierenden Unternehmen teil und erhalten im Gegenzug zur Bareinlage Geschäftsanteile in entsprechender Höhe. Im Hinblick auf dieses Grundmodell lassen sich bei dem Beteiligungskapital im Gegensatz zum üblichen Bankkredit Unterschiede auffinden. Während der Kapitalgeber eines üblichen Bankkredits lediglich einen Anspruch auf Rückzahlung des gewährten Betrags inklusive Zinszahlung hat, partizipiert der Gesellschafter mit dem erlangten Quotenkapital im Rahmen des Beteiligungskapitals an der Entwicklung des Unternehmens. Hierbei ist die Beteiligungskapitalfinanzierung jedoch mit einer höheren Unsicherheit bezüglich der Kalkulationsgrundlage behaftet. Demnach lassen sich Prognosen über Ertrags- bzw. Einzahlungsüberschüsse der Unternehmen im Vergleich zu Zins- und Tilgungskalkulationen nur mit Unsicherheit aufstellen. Ein weiterer Unterschied zum Bankkredit ist in der Befristung erkennbar. Während ein Kredit an eine bestimmte Laufzeit gebunden ist, steht die Befristung bei dem Beteiligungskapital nicht im Vordergrund. Darüber hinaus gehen mit der Beteiligungskapitalfinanzierung, anders als bei einem Bankkredit, die Haftung des Kapitalgebers für Verluste des Unternehmens sowie ein Mitspracherecht im Verhältnis des Beteiligungskapitals einher.

2.2.2 Die Finanzierung über Mezzanine Capital

Neben dem Beteiligungskapital, das insbesondere für wachstumsstarke Unternehmen von Interesse ist, gibt es eine weitere Möglichkeit der Finanzierung. Bei dem sogenannten „Mezzanine Capital“, nach dem italienischen Begriff „mezzanino“ (Zwischengeschoss), handelt es sich um eine Mischform von Eigen- und Fremdkapital (Hybridform). Je nach Schwerpunkt der Vertragsbestandsteile tendiert Mezzanine Money in der rechtlichen Ausgestaltung sowie in der Risiko-Ertrags-Relation mehr zum Fremdkapital oder mehr zum Eigenkapital. Hierunter fallen sämtliche Finanzierungsformen, die weder reines Eigenkapital noch reines Fremdkapital sind. Die Angebotspalette reicht somit von stimmrechtslosen Vorzugsaktien bis zum variabel verzinslichen Fremdkapital. Für mittelständische Unternehmen bieten sich dabei vor allem Nachrangdarlehen und stille Beteiligungen an.

2.2.3 Die Finanzierung durch „Going Public“

Der Börsengang als weitere Finanzierungsalternative eröffnet den Unternehmen neue strategische Möglichkeiten. Demnach können die Eigenkapitalbasis des Unternehmens durch das sogenannte „Going Public“ langfristig gestärkt, die Kapitalkosten gesenkt und die Bonität erhöht werden. Dies ermöglicht den Unternehmen die Aufnahme von zusätzlichem Fremdkapital. Weitere positive Aspekte sind in der Steigerung des Bekanntheitsgrads durch die Medienpräsenz, eine erhöhte Reputation bei Lieferanten, Kunden, Geschäftspartnern und Banken sowie die Möglichkeit der Mitarbeiterbeteiligung am Unternehmen und die nachhaltige Steigerung des Unternehmenserfolgs zu finden. Jedoch gehen mit dem Börsengang nicht nur positive, sondern auch negative Konsequenzen einher, die von den jeweiligen Unternehmen bzw. Eigentümern abgewogen werden müssen. Als ein möglicher Nachteil sind die Kosten des Börsengangs zu benennen, die sich auf ca. 7-10 % des Emissionserlöses belaufen. Weiterhin fallen wiederkehrende Kosten, beispielsweise für die jährliche Hauptversammlung, die Veröffentlichung von Geschäftsberichten sowie die Vergütung der Aufsichtsratmitglieder an. Auch das Mitspracherecht der Investoren, die Sperrfrist für Altaktionäre sowie gesetzliche Insiderregelungen resultieren als negative Konsequenzen aus dem Börsengang.

2.3 Unternehmensbilanz entlastende Corporate-Finance-Instrumente

2.3.1 Die Finanzierung durch Leasing

Leasing lässt sich ursprünglich aus dem Englischen ableiten und steht für Miete, Mietkauf oder Pacht. In Deutschland hat sich jedoch eine eigene Bedeutung herauskristallisiert: So wird unter Leasing die mittel- bis langfristige Überlassung mobiler oder immobiler Investitionsgüter verstanden, die von einem Leasinggeber in der Regel an einen gewerblichen Nutzer gegen ein monatliches Entgelt erfolgt. In der betrieblichen Praxis sind verschiedene Formen des Leasings anzutreffen. Unter dem **Operate-Leasing** sind kurzfristige und jederzeit kündbare Leasingverträge zu verstehen, wobei der Leasingnehmer das Risiko der Weitervermietung und somit das wirtschaftliche Risiko der Investition in das Leasingobjekt übernimmt. **Vollamortisationsverträge** zeichnen sich dadurch aus, dass die Leasingraten die Summe der Anschaffungs- und Herstellungskosten des Leasingguts und seine Nebenkosten voll abdecken. Diese Verträge sind häufig mit einer Kaufoption am Laufzeitende verbunden. Bei **Teilamortisationsverträgen** erfolgt keine vollständige Amortisation durch den Leasingnehmer. Es verbleibt ein kalkulatorischer Restwert, der bei wiederholtem Verleasen oder bei anschließendem Verkauf des Objekts erwirtschaftet wird.

Unabhängig von der Form birgt das Leasing für den Mittelstand eine Vielzahl positiver Aspekte. Zu nennen ist u.a. der Bilanzstruktureffekt. Durch die Bilanzierung des Objekts bei dem Leasinggeber erfolgt keine Verlängerung der Bilanz des Leasingnehmers. Erfolgt eine Kreditwürdigkeitsprüfung auf Basis von Verschuldungskennzahlen, ergibt sich für den Leasingnehmer so ein besseres Rating. Durch diesen Effekt wird den mittelständischen Unternehmen eine Erweiterung des unternehmerischen Handlungsspielraums geboten.

Obgleich es sich beim Leasing in der Grundidee um eine 100%ige Fremdfinanzierung handelt, hat der Leasingnehmer keine weiteren Sicherheiten oder Eigenkapital zu hinterlegen. Dies hat zur Folge, dass die Substanz des Unternehmens geschont wird und für weitere Investitionen eingesetzt werden kann.

Des Weiteren ermöglicht das Leasing eine bessere Kalkulationsgrundlage als die klassischen Finanzierungsformen. Bekannte und konstante Leasingleistungen erleichtern dem Leasingnehmer seine unternehmerische Planung. Dieser Aspekt ist für viele Leasingnehmer von großer Bedeutung.

Ein weiteres, ausschlaggebendes Argument ist die Flexibilität der Finanzierungsangebote, die eine zeitgerechte Anpassung an schnelle Trendwechsel sowie bei technischer und wirtschaftlicher Veralterung ermöglicht. Nicht nur bei Vertragsbeginn, sondern auch während der Vertragsdauer und bei Vertragsende weist das Leasing einen flexiblen Charakter auf. Demnach können Zahlungen beispielsweise vorgezogen oder angepasst, Verlängerungen oder auch ein Austausch oder die Rückgabe des Objekts vorgenommen werden. Auch freie Verhandlungen über die Verantwortung für Wartung und Instandhaltung sowie die Weiterverwertung bieten eine Passgenauigkeit für spezifische Bedürfnisse der Leasingnehmer.

Aufgrund der benannten Aspekte, die lediglich eine Auswahl der Vorteile darstellen, lässt sich das Leasing als sehr interessante Finanzierungsform für mittelständische Unternehmen identifizieren.

2.3.2 Die Finanzierung durch Factoring

Unter Factoring ist der Ankauf kurzfristig fälliger Forderungen aus Warenlieferungen und Dienstleistungen zu verstehen. Kreditinstitute oder deren auf Factoring spezialisierte Tochtergesellschaften im Firmenkundengeschäft bieten diese Finanzierungsform häufig an, obwohl es sich hierbei nicht um ein originäres Bankgeschäft im Sinne des § 1 I KWG handelt.

Zu unterscheiden sind das „echte Factoring“, bei dem gleichzeitig eine Übernahme des Ausfallrisikos des Forderungsschuldners erfolgt und der Firmenkunde lediglich für den rechtlichen Bestand der Forderung haftet sowie das „unechte Factoring“, bei dem das Bonitätsrisiko bei dem Forderungsverkäufer verbleibt. In Deutschland ist vor allem das echte Factoring von Bedeutung. Dieses wird unterteilt in ein stilles und ein offenes Factoring. Während bei dem offenen Factoring der Factor (die ankaufende Bank) in seinem Namen auftritt und handelt, arbeitet er bei dem stillen Factoring unter dem Namen des Firmenkunden. Mit dem Factoring sind verschiedene Voraussetzungen verbunden, die der Firmenkunde erfüllen muss. Demnach sind u.a. eine gute eigene Bonität, eine solide Bonität der Kunden, deren Forderungen verkauft werden sollen, eine geringe Forderungsausfallsquote sowie eine breite Streuung des Kundenstamms notwendig. Der Unternehmer leistet für das Factoring eine Gebühr an den Factor, die zwischen 1 und 5 % variiert.

Das Factoring hat für mittelständische Unternehmen eine große Bedeutung. Durch den Verkauf der Forderungen erhalten die Unternehmen innerhalb kürzester Zeit frische Liquidität. Hierdurch ist es den Unternehmen möglich, sowohl Skonti zu nutzen und selber günstiger zu finanzieren als auch den eigenen Kunden längere Zahlungsziele einzuräumen und sich somit gegenüber ihren Wettbewerbern durchzusetzen. Ebenso erfolgt durch die Ausbuchung der verkauften Forderungen und den damit einhergehenden Zufluss liquider Mittel eine Verkürzung der Bilanz. Dies und das verringerte Risiko der Zahlungsausfälle wirken sich positiv auf das Rating aus.

3. Praxisbeispiele der Braunschweigischen Landessparkasse

3.1 Finanzierung eines Hofbrauhauses

Die Braunschweigische Landessparkasse betreibt eine erfolgreiche Zusammenarbeit mit einem Hofbrauhaus der Region. Nach der Philosophie „in der Region – mit der Region – für die Region“ fördert dieses Braunschweiger Modell sowohl den Zusammenhalt als auch die regionale Stärke. Zur Abkopplung von einem internationalen Brauriesen entwickelte die Landessparkasse ein langfristig angelegtes Finanzierungskonzept, das innerhalb kürzester Zeit zur Verfügung gestellt werden konnte. Eine gute Bonität des Bierbrauers und eine ausreichende Unterlegung mit Sicherheiten waren Voraussetzung dieser Zusammenarbeit. Das Unternehmen überzeugt mit einem Marktanteil von 10 % in der Region zwischen Harz und Heide, einer starken regionalen und überregionalen Gastronomiepräsenz sowie mit einer allgemein guten wirtschaftlichen Situation. Die insgesamt erforderliche Finanzierungssumme von 4,5 Mio. Euro wurde zum größten Teil durch eine Bürgschaft des Landes abgesichert. Des Weiteren erfolgte die Übernahme persönlicher Bürgschaften, eine Grundschuldeintragung auf Erbbaurecht, Raumsicherungsübereignungen der Maschinen und des Inventars sowie die Verpflichtung der geschäftsführenden Gesellschafter, dem Unternehmen so lange keine Gewinne zu entziehen, bis das Darlehen getilgt ist. Alles was in dem Unternehmen erwirtschaftet wird, verbleibt zur Sicherung der Brauerei und der Arbeitsplätze im Unternehmen.

Die Braunschweigische Landessparkasse ermöglichte dem Unternehmen mit diesem realisierten Konzept eine Verbesserung der Liquidität. Darüber hinaus erhielt das Hofbrauhaus die Eigentumsrechte an der Marke, die bis zur endgültigen Ablösung des Kaufpreises bei der internationalen Muttergesellschaft lagen. Diese hätte dem Hofbrauhaus die Nutzungsrechte jederzeit entziehen und somit die Tätigkeit des Unternehmens beenden können.

3.2 Investitionsmaßnahme für eine Glashütte

Im Rahmen eines weiteren Projekts unterstützte die Braunschweigische Landessparkasse ein Unternehmen für hochwertige und innovative Glasverpackungen aus dem Landkreis Holzminden bei einer Investitionsmaßnahme. Hierbei handelt es sich um ein Unternehmen, das bereits seit mehr als 140 Jahren sowohl in der Region als auch weltweit etabliert ist und somit langjährige Erfahrungen bei der Herstellung von Verpackungsglas – verbunden mit hochmodernen Produktionsverfahren – vorweisen kann. Neben einem vielfältigen Produktportfolio und der Beratungsqualität über Möglichkeiten der Oberflächengestaltung beweist sich das Unternehmen vor allem durch Kundennähe und Flexibilität. Gemäß der Firmenphilosophie „Niemals auf dem Erfolg ausruhen, Entwicklungen forcieren und Akzente im Behälterglassegment setzen“ entwickelte das Unternehmen ein wirksames Qualitätsmanagementsystem zur ständigen Qualitätsverbesserung. Ziel ist es, in den Bereichen Qualität und Innovation das führende Unternehmen zu werden.

So wagte das besagte Unternehmen trotz der Krisenzeit 2008/2009 Investitionsmaßnahmen von mehr als 50 Mio. Euro zur Errichtung eines neuen Werks in der Region Holzminden. Ermöglicht wurde dieses Engagement durch das partnerschaftliche Zusammenwirken eines Bankkonsortiums, bestehend aus der Braunschweigischen Landessparkasse, der Commerzbank sowie der Volksbank Paderborn-Höxter. Öffentliche Förderungen des Landkreises sowie der Bezirks- und Landesregierung dienten zur Absicherung der Finanzierung.

Das neue Werk verfügt über eine Schmelzwanne mit drei Produktionsmaschinen, sodass mit dem Bau dieses Werks die bisherige Kapazität erheblich ausgeweitet werden konnte. Auf diesem Weg konnten bis zu 120 neue Dauerarbeitsplätze geschaffen werden. Im Rahmen der Bauarbeiten kamen überwiegend heimische Handwerksbetriebe zum Einsatz, sodass auch hier über viele Monate bis zu 250 Arbeitsplätze der Bauhandwerker gehalten werden konnten. Demnach standen auch bei diesem Projekt die Region und der Zusammenhalt im Mittelpunkt des Interesses der Braunschweigischen Landessparkasse.

4. Fazit

Die Unternehmensfinanzierung stellt nach wie vor eine große Herausforderung für jede Form von Unternehmen dar und gehört zu den dringlichsten Aufgaben der Unternehmensführung. Da die Unternehmen bei reiner Innenfinanzierung in ihren Möglichkeiten zwangsläufig Beschränkungen unterliegen, sind sie auf Außenfinanzierung angewiesen. Kleine und mittlere Unternehmen finanzieren sich dabei traditionell in hohem Maße über Bankkredite. Doch auch die klassische Finanzierung stößt zunehmend an ihre Grenzen. Somit gewinnen alternative Finanzierungsformen stetig an Bedeutung. Langfristige Finanzierungsentscheidungen werden dabei nicht nur für die Optimierung der gegebenen Kapitalstruktur immer wichtiger, sondern sie erhalten auch strategische Bedeutung, da sie eine wesentliche Rolle für die Sicherung von Potenzialen und erweiterten Spielräumen für die zukünftige Entwicklung spielen. Beispielsweise unterstützt die rasante Wandlung der Informations- und Kommunikationstechnologie die Entwicklung hin zu globalen Leistungsverflechtungen, was – bei sich gleichzeitig verkürzenden Technologiezyklen – die Notwendigkeit mit sich bringt, sich in den neuen Revieren Marktpositionen zu sichern. Dafür genügt jedoch immer seltener ein Wachstum aus eigener Kraft. Somit steigt die Herausforderung mehr zu tun, als die traditionelle Kombination von Innen- und Kreditfinanzierung erlaubt. Das Spektrum hierfür ist vielfältig und Anbieter am Markt gibt es viele. Wichtig für jede Wahl der Finanzierungsform ist und bleibt die vertrauensvolle Kunden-Bank-Beziehung.

Literatur

BROST, HEIKE, DAHMEN, ANDREAS, LIPPMANN, INGO: Corporate Banking – Zukunftsorientierte Strategien im Firmenkundengeschäft, Frankfurt am Main 2006

ELSNER, HOLGER, GENCER, TUGBA: Leasing als attraktive Alternative zur Kreditfinanzierung für den Mittelstand, in: Goeke, Manfred (Hrsg.): Praxishandbuch Mittelstandsfinanzierung – Mit Leasing, Factoring & Co. unternehmerische Potenziale ausschöpfen, Wiesbaden 2008, S.149–171

EXTERNBRINK, HASKO: Herausforderung in der Finanzierung von mittelständischen Unternehmen: Basel II, in: Haasis, Heinrich, Fischer, Thomas R., Simmert, Diethard B. (Hrsg.): Mittelstand hat Zukunft – Praxishandbuch für eine erfolgreiche Unternehmenspolitik, Wiesbaden 2007, S. 237–253

GÜNTHERBERG, BRIGITTE: KMU-Definition des IfM Bonn, in: http://www.ifm-bonn.de/index.php?id=89, Speicherdatum 19.05.2009

MANG, THOMAS: Wohin muss sich das Mittelstandsgeschäft der Sparkassen entwickeln, in: Tietmeyer, Hans, Rolfes, Bernd (Hrsg.): Die Banken und der Mittelstand – Beiträge des Duisburger Banken-Symposium, Wiesbaden 2003, S. 29–43

NETZEL, WERNER: Sparkassen als Finanzierer des Mittelstands – Alternative Finanzierungsinstrumente und –wege für mittelständische Unternehmen, in: Haasis, Heinrich, Fischer, Thomas R., Simmert, Diethard B. (Hrsg.): Mittelstand hat Zukunft – Praxishandbuch für eine erfolgreiche Unternehmenspolitik, Wiesbaden 2007, S. 223–237

O.V.: Eigenkapitalausstattung im Mittelstand, in: http://www.bdi-online.de/de/fachabteilungen/1938.htm, Speicherdatum 22.05.2009

O.V.: Sparkassen-Finanzgruppe, in: http://www.sparkassen-finanzgruppe.de/, Speicherdatum 28.05.2009

SCHNECK, OTTMAR: Handbuch Alternative Finanzierungsformen, Weinheim 2006

SPARKASSEN-FINANZGRUPPE: Corporate Finance – innovative Lösungen für den Mittelstand

SPARKASSEN-FINANZGRUPPE: Diagnose Mittelstand, 2007

SPARKASSEN-FINANZGRUPPE: Diagnose Mittelstand, 2009

RECHTSRATGEBER CORPORATE FINANCE, Wiesbaden 2006

UNTERGRABNER, GABRIELA, EHRENHÖFER, ROBERT: Strategische Finanzierung über die Börse, in: Stadler, Wilfried (Hrsg.): Die neue Unternehmensfinanzierung – Strategisch Finanzieren mit Bank- und Kapitalmarktorientierten Instrumenten, S. 211–224

Fördermöglichkeiten der KfW für Unternehmen und Gründer

Jochen Struck

1. Solide Unternehmensfinanzierung – wesentliche Kernfrage in allen Unternehmensphasen

In Zeiten einer globalen Wirtschafts- und Finanzkrise wird es für mittelständische Unternehmen schwerer, die nötigen Finanzmittel zur Aufrechterhaltung ihrer Geschäftstätigkeit und für weitere Investitionen zu erhalten. Vorhandenes Eigenkapital ist schnell aufgezehrt, das Rating verschlechtert sich. Die Folge: Banken und Sparkassen tun sich zunehmend schwer bei der Kreditvergabe. Die KfW Bankengruppe hat daher Ende 2008 ein Sonderprogramm zur Unternehmensfinanzierung aufgelegt. Für die Jahre 2009 und 2010 stehen bis zu 40 Mrd. Euro im Rahmen der beiden Maßnahmenpakete der Bundesregierung bereit. Die Finanzierungsangebote richten sich an freiberuflich Tätige und Unternehmen der gewerblichen Wirtschaft, deren Jahresumsatz 500 Mio. Euro nicht überschreitet („KfW-Sonderprogramm – Mittelständische Unternehmen"), und große Unternehmen, die keinen Zugang zum Kapitalmarkt haben („KfW-Sonderprogramm – Große Unternehmen"). Darüber hinaus können im „KfW-Sonderprogramm – Projektfinanzierung" auch Projektfinanzierungen begleitet werden.

Mit dem Sonderprogramm löst die KfW ihre traditionellen Finanzierungsangebote wie den Unternehmerkredit oder das Unternehmerkapital aber nicht ab, es steht vielmehr ergänzend für einen befristeten Zeitraum zur Verfügung. Während das KfW-Sonderprogramm bei einem marktgerechten Zinssatz besonders hohe Haftungsfreistellungen für die durchleitende Hausbank bietet, liegt der Vorteil bei den traditionellen KfW-Darlehen eher in günstigen Zinssätzen. Unternehmen mit Finanzierungsbedarf sollten also prüfen, welches Finanzierungsangebot das für sie passgenaueste ist. Dabei sind auch Bürgschaften oder die Finanzierungsangebote der Landesförderinstitute einzubeziehen, die oftmals von der KfW refinanziert werden. Genauso wichtig wie die Beschaffung des notwendigen Kapitals ist das Einbinden externen Fachwissens, um Vorhaben in die richtigen Bahnen zu lenken.

Nachfolgend werden einige typischen Situationen für Unternehmen und Gründer dargestellt. Für diese werden dann im 2. Kapitel die Fördermöglichkeiten der KfW übersichtsartig erläutert – auch die Kombination verschiedener KfW-Programme. Während das 3. Kapitel den Weg zur Förderung beschreibt, kann man dem 4. Kapitel noch einige Fakten rund um die KfW entnehmen. Abgerundet wird dieser Beitrag durch Checklisten, die u.a. für eine optimale Vorbereitung auf das Finanzierungsgespräch bei der Hausbank oder Sparkasse genutzt werden können. Am Ende findet sich eine Übersicht über direkte Informationsmöglichkeiten bei der KfW.

Beispiel 1: Finanzierung einer Betriebsverlagerung

Jürgen Ziesche machte mit 21 Jahren seine ersten Erfahrungen mit Bauelementen, als neben dem historischen Zentrum seiner heimatlichen Kleinstadt ein Freizeitpark mit Sportgeräten errichtet wurde und er den effektiven Einsatz von vorgefertigten Modulen beobachten konnte. Als der Park fertiggestellt war, gründete Jürgen Ziesche mit finanzieller Hilfe seiner Eltern eine Firma für Module und Sportgeräte für Freizeiteinrichtungen. Ziesches Firma entwickelte sich gut, sodass er sich nach einer größeren Betriebsstätte umsehen musste. Als im Nachbarort die Zwangsversteigerung eines seit Jahren verlassenen Betonfertigteilwerks anstand, bot Ziesche mit – und erhielt den Zuschlag für ein fast 15.000 Quadratmeter großes Betriebsgelände mit 2.500 Quadratmeter Hallen- und 430 Quadratmeter Bürofläche. Die Kosten der gesamten Betriebsverlagerung mit Erwerb und Einbau der technischen Anlagen belaufen sich auf **400.000 Euro**. Vorhandene Mittel sind bisher in das Unternehmen geflossen und stehen somit nicht zur Verfügung.

Im vergangenen Jahr machte das Unternehmen 1,6 Mio. Euro Umsatz. Der Markt für Freizeiteinrichtungen in Parks wächst trotz knapper Kassen jährlich um etwa 5 %.

Beispiel 2: Unternehmen ohne Kapitalmarktzugang

Bernd Schreiters gründete seinen Montage- und Zulieferbetrieb für elektrische Steuergeräte für den Maschinenbau vor über 15 Jahren in Sachsen im Zuge eines MBO. Mit innovativen Weiterentwicklungen der Steuergeräte konnte er sich den Markt namhafter Hersteller erschließen. Sein Unternehmen war in den letzten 10 Jahren permanent gewachsen und wurde durch weitere Investitionen erweitert. Der Einbruch des weltweiten Absatzes im Maschinenbau hat sein spezialisiertes Unternehmen stark getroffen. Schreiter hat sich am Markt umgesehen und will nun neue Zielgruppen im Bereich der erneuerbaren Energien erschließen. Dafür sind weitere Investitionen in Höhe von **1,5 Mio. Euro** sowie **0,5 Mio. Euro** Betriebsmittel erforderlich. Die Bilanzsumme erreichte im letzten Jahres rund 3,5 Mio. Euro. Nicht ausreichende Sicherheiten und bestehende Verpflichtungen aus vorangegangenen Investitionen waren für seine Hausbank bisher ein Grund, die aussichtsreiche Neuorientierung nicht durch einer Finanzierung begleiten zu wollen. Die Hausbank möchte den Kontokorrentkredit kündigen.

Beispiel 3: Unternehmensgründung

Christian Heinze ist beruflich im Sinne des Wortes „auf den Hund gekommen". Der gelernte Tierpfleger, seit 15 Jahren Mitglied im örtlichen Hundesportverein, hat sich bislang „nebenbei" mit Hunden beschäftigt. Jetzt hat er sich mit einem Tiernahrungsgeschäft speziell für Hunde selbstständig gemacht und verarbeitet vor allem Frischfleisch. In einer ehemaligen Metzgerei hat er einen 150 Quadratmeter großen Gewerberaum mit Kühllager gepachtet. Dort sollen die Ausgangsprodukte zwischengelagert, verarbeitet und kundengerecht portioniert werden. Die Umbau- und Einrichtungskosten belaufen sich auf **20.000 Euro**. Da er nicht über entsprechende Eigenmittel verfügt und auch keine banküblichen Sicherheiten aufweisen kann, muss eine geeignete Finanzierungsquelle gefunden werden.

Beispiel 4: Unternehmensgründung aus der Arbeitslosigkeit mit Inanspruchnahme von externer Beratungsleistung

Ein Großunternehmen, bei dem **Gisela Hoffmann** mehr als sechs Jahre im IT-Bereich beschäftigt war, hat die Zweigstelle an ihrem Wohnort aufgegeben und alles an den Hauptsitz des Unternehmens verlagert. Aus familiären Gründen kann Frau Hoffmann ihren Wohnort nicht verlassen und wird arbeitslos. Aus der Arbeitslosigkeit heraus will sie sich nun im Computerbereich selbstständig machen und Computerkurse, insbesondere für Späteinsteiger, anbieten. Sei Jahren beschäftigt sie sich in der Freizeit mit Computern hat in den letzten beiden Jahren einige PC-Kurse besucht. Für die Anmietung von Räumen, die Renovierung, Erstausstattung mit Technik sowie für Werbung benötigt sie **35.000 Euro** Fremdkapital. Da sie als Unternehmerin noch nicht über genügend praktische Erfahrungen verfügt, soll ein Experte für Marketing und Betriebsführung für die Anlaufphase dem Unternehmen beratend zur Seite stehen. Diese Beratungsleistung wird sich auf rund **4.000 Euro** belaufen. An Eigenmitteln stehen Frau Hoffmann ca. 2.500 Euro zur Verfügung. Über Immobilien oder andere Beleihungswerte zur Absicherung von Krediten verfügt Frau Hoffmann nicht.

Beispiel 5: Selbstständigkeit durch Unternehmensnachfolge

Michael Glausch arbeitet seit 20 Jahren als angestellter Schreinermeister in einem Schreinereibetrieb in Bayern mit zwölf Angestellten. Der Inhaber will sich nach über 30 Jahren Geschäftstätigkeit mit dem Erreichen der Altersgrenze zur Ruhe setzen. Da aus der eigenen Familie kein Nachfolger zur Verfügung steht, bietet er Michael Glausch an, den etablierten Familienbetrieb mit Gebäude, Maschinen, Inventar sowie festem Kundenstamm für **300.000 Euro** Kaufpreis zu übernehmen. Michael Glausch hat 35.000 Euro angespart und würde zudem von einem nahe stehenden Verwandten ein unbefristetes, unverzinsliches Darlehen in Höhe von 10.000 Euro zur Verfügung gestellt bekommen. Der Rest muss finanziert werden.

Beispiel 6: Entwicklung und Einführung von Innovationen

Das Unternehmen von **Claudia Conrad** in Südhessen hat sich seit mehr als 40 Jahren auf die Produktion von Metallverbindungselementen spezialisiert, die für die Herstellung von Spezialverglasungen benötigt werden. Fast alle Hersteller in Europa werden mit diesen speziellen Metallverbindern beliefert, insgesamt rund 500 verschiedene Produkte für verschiedene Profilbreiten und -höhen. Zukünftig wollen die Hersteller ausschließlich Kunststoffverbinder einsetzen. Aus gutem Grund: Kunststoff bleibt im Gegensatz zu Metall in gewissen Grenzen flexibel und stellt eine dauerhaft stabile Verbindung sicher. Auf den sich abzeichnenden Marktwandel muss das Unternehmen reagieren und neue innovative Kunststoffverbinder entwickeln. Die Entwicklung und Markteinführung dieser Innovation wird mit **250.000 Euro** veranschlagt, dafür muss das Unternehmen einen Kredit aufnehmen, da in dieser Höhe freie Mittel nicht zur Verfügung stehen.

Beispiel 7: Kostensenkung durch Energieeffizienz

Das Stahlbauunternehmen mit eigener Lackiererei von **Herbert Hinkelmann** besteht seit über 25 Jahren. Die bauliche Ausstattung sowie einige energieintensive Prozessabläufe entsprechen nicht mehr dem heutigen Standard. Hinkelmann hat erkannt, dass darin große Reserven zur Einsparung von Energiekosten liegen und will nun dieses Energiesparpotenzial nutzen. Im eigenen Unternehmen stehen keine Fachexperten zur Verfügung, um dieses Thema zu bewältigen.

Hinkelmann will nun einen speziellen Energieberater einsetzen, um zunächst die Ausgangssituation zu ermitteln. In einem zweiten Schritt sollen konkrete Maßnahmen beschlossen werden, die dann im dritten Schritt mit entsprechenden Investitionen umgesetzt werden sollen. Es wird ein Investitionsbedarf von rund **600.000 Euro** erwartet. Das Metallbauunternehmen steht im Wettbewerb unter einem hohen Kostendruck und will diese Maßnahmen so günstig wie möglich finanzieren.

2. Förderangebote der KfW sichern die optimale Finanzierung

Es kommt bei einer optimalen Finanzierung vor allem darauf an, die richtigen Förderprogramme in Anspruch zu nehmen oder gute Kombinationen zu wählen. Die nachfolgenden Finanzierungsvorschläge für die genannten Beispiele verdeutlichen dies.

Finanzierungsmöglichkeiten für das Beispiel 1: Betriebsverlagerung

Finanzierungsvorschlag:

KfW-Unternehmerkredit	200.000 Euro
ERP-Regionalförderprogramm*	200.000 Euro
Gesamt	400.000 Euro

* *In deutschen Regionalfördergebieten; alternativ kann der Gesamtbedarf durch den KfW-Unternehmerkredit abgedeckt werden.*

Der **KfW-Unternehmerkredit** ist ein universell anwendbares Förderprogramm und kann bei allen Situationen der Unternehmensfinanzierung eingesetzt werden. Er steht Existenzgründern, **Freiberuflern** und gewerblichen Unternehmen für Investitionen und Betriebsmittel im In- und Ausland zur Verfügung.

Vorteile:

- 100 % Finanzierung;
- attraktive Festzinssätze mit bis zu 10 oder 20 Jahren Zinsbindung;
- zusätzlich vergünstigter Zinssatz für kleine und mittlere Unternehmen;
- 50 % Haftungsfreistellung des durchleitenden Kreditinstituts für Unternehmen und Freiberufler, die bereits zwei Jahre am Markt tätig sind;
- tilgungsfreie Anlaufzeit;
- vorzeitige Tilgung kostenfrei;
- kombinierbar mit anderen KfW-Programmen und öffentlichen Fördermitteln;
- **Höchstbetrag 10 Mio. Euro.**

Das ERP Regionalförderprogramm bietet kleinen und mittleren Unternehmen in den deutschen Regionalfördergebieten (alle Regionen in den neuen Bundesländern sowie Regionalfördergebiete in den alten Bundesländern) eine Anteilsfinanzierung für Investitionen mit günstigen ERP-Mittel.

Vorteile:

- Laufzeiten bis zwanzig Jahre mit bis zu fünf tilgungsfreien Anlaufjahren, neue Laufzeitvariante bis zu fünf Jahre bei höchstens einem tilgungsfreien Anlaufjahr;
- attraktive Festzinssätze mit zehn Jahren Zinsbindung;
- Förderfenster für kleine Unternehmen mit zusätzlich vergünstigtem Zinssatz;
- Laufzeiten bis fünf Jahre bei höchstens einem tilgungsfreien Anlaufjahr;
- 100 % Auszahlung;
- Kombination mit weiteren Fördermitteln möglich.

Finanzierungsmöglichkeiten für das Beispiel 2: Unternehmen ohne Kapitalmarktzugang

Finanzierungsvorschlag:

KfW-Sonderprogramm – Mittelständische Unternehmen

-Investitionen mit 90%iger Haftungsfreistellung	1.500.000 Euro
-Betriebsmittel mit 60%iger Haftungsfreistellung*	500.000 Euro
Gesamtfinanzierungsbedarf	2.000.000 Euro

* *Bei der Finanzierung von Betriebsmitteln darf der Kreditbetrag maximal 30 % der letzten Bilanzsumme des Antragstellers bzw. bei nicht bilanzierenden Unternehmen/freiberuflich Tätigen 30 % des letzten Jahresumsatzes des Antragstellers betragen.*

Im neuen **KfW-Sonderprogramm** werden zum einen bankdurchgeleitete Kredite mit der Option einer hohen anteiligen Haftungsfreistellung der durchleitenden Banken vergeben. Zum anderen können auch Direktkredite im Rahmen von Bankenkonsortien vergeben werden. Das KfW-Sonderprogramm orientiert sich in seiner Struktur an dem Programm „KfW-Unternehmerkredit“. Im KfW-Sonderprogramm werden Kredite zu Marktkonditionen an mittelständische und große Unternehmen, die grundsätzlich wettbewerbsfähig sind und positive Zukunftsaussichten haben, zur mittel- und langfristigen Finanzierung von Vorhaben in Deutschland vergeben. Wichtig: Zum Stichtag 30.06.2008 darf sich das Unternehmen noch nicht in wirtschaftlichen Schwierigkeiten befunden haben. Für die Sanierung von in Insolvenz befindlichen Unternehmen können sowohl das Sonderprogramm als auch die anderen KfW-Darlehensprogramme nicht eingesetzt werden.

Durch die Möglichkeit einer Haftungsfreistellung nimmt die KfW den durchleitenden Banken einen erheblichen Teil des Kreditrisikos ab und erleichtert damit die Kreditvergabe.

Vorteile:

- Bis zu 100 % der förderfähigen Investitionskosten bzw. der Betriebsmittel können finanziert werden;
- Kreditbetrag bis maximal 50 Mio. Euro pro Vorhaben;
- für Investitionsvorhaben ist auf Antrag eine Haftungsfreistellung des durchleitenden Kreditinstituts von 90 % oder optional 50 % möglich;
- für die Finanzierung von Betriebsmitteln kann eine Haftungsfreistellung von 60 % beantragt werden.

Finanzierungsmöglichkeiten für das Beispiel 3: Unternehmensgründung

Finanzierungsvorschlag:

Gesamtfinanzierungsbedarf kann mit KfW-StartGeld gedeckt werden: 20.000 Euro.

Das **KfW-StartGeld** ist das optimale Förderprogramm für diese Situation.
Mit dem KfW-StartGeld werden Existenzgründer, Freiberufler und kleine Unternehmen gefördert, die weniger als drei Jahre am Markt tätig sind und die nicht mehr als 50.000 Euro finanzieren müssen.

Vorteile:

- Die Kosten (Investitionen und Betriebsmittel) werden nach Abzug der Eigenmittel bis zu 100 % finanziert;
- 80 % Haftungsfreistellung für die Hausbank, das erleichtert den Zugang zu einem Darlehen und ist kostenfrei;
- ein zweiter Antrag ist möglich, solange der Kreditbetrag von 50.000 Euro nicht ausgeschöpft wurde;
- Förderung auch für einen Nebenerwerb, wenn er mittelfristig zum Haupterwerb wird;
- tilgungsfreie Anlaufzeit;
- monatliche Zins- und Tilgungszahlungen;
- vorzeitige Tilgung jederzeit kostenfrei möglich.

Finanzierungsmöglichkeiten für das Beispiel 4: Unternehmensgründung aus der Arbeitslosigkeit mit Inanspruchnahme von externer Beratungsleistung

Finanzierungsvorschlag:

KfW-StartGeld: 25.000 Euro

Für Kosten, die durch externe Beratungsleistungen entstehen, kann bei der KfW aus dem Beratungsförderprogramm **Gründercoaching Deutschland** ein Zuschuss beantragt werden. Bei Gründungen aus der Arbeitslosigkeit besteht innerhalb des ersten Jahres nach Gründung eine besonders günstige Förderung, der Zuschuss kann hier bis zu 90 % betragen.

Finanzierungsvorschlag:

Persönlicher Eigenanteil	400 Euro
Zuschuss der KfW	3.600 Euro
Gesamtkosten Beratung	4.000 Euro

Darüber hinaus können junge Unternehmen innerhalb der ersten fünf Jahre nach Unternehmensgründung bei der Inanspruchnahme externer Beratungsleistungen einen Zuschuss von bis zu 75 % erhalten.

Gründercoaching Deutschland unterstützt Gründer und junge Unternehmen, die eine kompetente Beratung brauchen, damit das Unternehmen Erfolg hat. Bewährt hat sich das Coachingprinzip. Ein qualifizierter Unternehmensberater betreut und begleitet das junge Unternehmen. Das Coaching wird durch einen Zuschuss aus Mitteln des Europäischen Sozialfonds gefördert.

Die Gründung oder Übernahme darf nicht länger als fünf Jahre zurückliegen. Bei Gründern und Gründerinnen, die vorher arbeitslos waren und Leistungen nach dem Sozialgesetzbuch (SGB II oder SGB III) erhalten, kann innerhalb des ersten Jahres nach der Gründung die Förderung mit einem höheren Zuschussanteil beantragt werden.

Vorteile:

Insgesamt werden maximal 6.000 Euro gefördert.

Bezogen auf die förderfähigen Kosten gelten folgende Zuschüsse:

- 75 % in den neuen Bundesländern
- 50 % in den alten Bundesländern einschließlich Berlin (außer „Phasing Out“-Region Lüneburg)

Bei Gründungen aus der Arbeitslosigkeit werden maximal 4.000 Euro gefördert: 90 % des Beratungshonorars werden bundesweit als Zuschuss gezahlt.

Finanzierungsmöglichkeiten für das Beispiel 5: Unternehmensnachfolge

Finanzierungsvorschlag:

Einsatz von Eigenmitteln	45.000 Euro
ERP-Kapital für Gründung	90.000 Euro
KfW-Unternehmerkredit	165.000 Euro
Gesamt(-Kaufpreis)	300.000 Euro

ERP-Kapital für Gründung für Existenzgründer und junge Unternehmer bis drei Jahre nach Geschäftsaufnahme:

Gründer erhalten verbilligte Zinssätze aus dem ERP-Sondervermögen. Als Nachrangdarlehen stärkt es die Eigenkapitalbasis und ebnet den Weg für die Aufnahme von Fremdkapital, das zur Finanzierung der Gründungs- oder Festigungsinvestitionen zusätzlich benötigt wird.

Vorteile:

- Das Kapital steht sieben Jahre in voller Höhe zur Verfügung, erst dann beginnt die Tilgung.
- Der Zinssatz wird aus dem ERP-Sondervermögen subventioniert.
- Die Unternehmer stellen für das Nachrangdarlehen keine Sicherheiten. Die nachrangige Haftung ist gewährleistet. Die Ansprüche der KfW Mittelstandsbank treten im Haftungsfall hinter den Forderungen der anderen Gläubiger zurück.
- Es ist kombinierbar mit anderen KfW-Programmen und öffentlichen Fördermitteln (KfW-Unternehmerkredit: siehe Beispiel „Betriebsverlagerung").

Finanzierungsmöglichkeiten für das Beispiel 6: Entwicklung und Einführung von Innovationen

Finanzierungsvorschlag:

Entwicklungskosten (130.000 Euro): ERP-Innovationsprogramm Programmteil 1

ERP-Innovationsprogramm (Fremdkapitaltranche)	52.000 Euro
ERP-Innovationsprogramm (Nachrangkapitaltranche)	78.000 Euro

Markteinführungskosten (120.000 Euro): ERP-Innovationsprogramm Programmteil 2

Einsatz von Eigenmitteln	60.000 Euro
ERP-Innovationsprogramm (Fremdkapitaltranche)	24.000 Euro
ERP-Innovationsprogramm (Nachrangkapitaltranche)	36.000 Euro
Gesamtkosten	250.000 Euro

ERP-Innovationsprogramm für Forschungs- und Entwicklungsmaßnahmen (Programmteil 1) als auch für die Markteinführung (Programmteil 2) neuer Produkte, Verfahren oder Dienstleistungen:

Durch das Finanzierungspaket, das aus einem klassischen Kredit (Fremdkapitaltranche) und einem Nachrangdarlehen (Nachrangtranche) besteht, wird die Kapitalstruktur des Unternehmens gestärkt.

Vorteile:

- Zinsgünstige Kreditfinanzierung mit ERP-Mitteln;
- feste Zinssätze und damit sichere Kalkulationsgrundlage;
- sieben tilgungsfreie Anlaufjahre in der Nachrangtranche und zwei in der Fremdkapitaltranche; dadurch wird die Liquidität geschont und es ergibt sich ein Spielraum, über die Zeit die Eigenkapitaldecke zu stärken;
- bis zu 100 % Finanzierung in der Forschungs- und Entwicklungsphase;
- das durchleitende Kreditinstitut wird von der Haftung für die Nachrangtranche freigestellt;
- Der Unternehmer stellt für die Nachrangtranche keine Sicherheiten;
- eigenkapitalähnliche Funktion durch Nachrangtranche;
- Kombination der Programmteile 1 und 2 möglich;
- Kombination mit anderen Fördermitteln der KfW möglich;
- Förderfenster für kleine Unternehmen mit zusätzlich vergünstigtem Zinssatz in der Fremdkapital- und Nachrangtranche.

Finanzierungsmöglichkeiten für das Beispiel 7: Energieeffizienz

Finanzierungsvorschlag:

Initialberatung zur Ermittlung energetischer Schwachstellen

Einsatz von Eigenmitteln	320 Euro
KfW-Zuschuss für Energieeffizienzberatung	1.280 Euro
Förderfähiges Beraterhonorar	1.600 Euro

Detailberatung zur Ermittlung konkreter Maßnahmen

Einsatz von Eigenmitteln	3.200 Euro
KfW-Zuschuss für Energieeffizienzberatung	4.800 Euro
Förderfähiges Beraterhonorar	8.000 Euro

Zur Umsetzung der konkreten Energieeffizienzmaßnahmen wurde ein Investitionsbedarf von 600.000 Euro ermittelt.

Finanzierungsvorschlag:

Gesamtfinanzierungsbedarf durch das ERP-Umwelt- und Energieeffizienzprogramm: 600.000 Euro

Der Sonderfonds Energieeffizienz in KMU ist eine gemeinsame Initiative des Bundesministeriums für Wirtschaft und Technologie und der KfW zur Erschließung von Energieeffizienzpotenzialen in kleinen und mittleren Unternehmen (KMU).

Das Förderprogramm dient der Überwindung bestehender Informationsdefizite über betriebliche Energieeinsparmöglichkeiten und soll einen Anreiz zur Umsetzung von Investitionen zur Verbesserung der Energieeffizienz geben. Bestandteile des Sonderfonds sind die beiden Komponenten „*Energieeffizienzberatungen*“ und „*Investitionskredite für Energieeinsparmaßnahmen*“.

Vorteile:

Im Rahmen der „*Energieeffizienzberatungen*“ werden Zuschüsse für qualifizierte und unabhängige Energieeffizienzberatungen in Unternehmen der gewerblichen Wirtschaft und für Freiberufler gewährt.

- Förderung von Initial- und Detailberatung;
- Unternehmen erhalten für die ein- bis zweitägige Initialberatung einen Zuschuss in Höhe von bis zu 80 % des vereinbarten Tageshonorars (maximal 640 Euro pro Beratungstag bei einer maximalen Bemessungsgrenze von 1.600 Euro);
- Unternehmen erhalten für die Detailberatung einen Zuschuss in Höhe von bis zu 60 % des maximal förderfähigen Tageshonorars (maximal 480 Euro pro Tag), bei einer maximalen Bemessungsgrundlage von 8.000 Euro.

Mit dem neuen **ERP-Umwelt- und Energieeffizienzprogramm** unterstützt die KfW Investitionen durch eine zinsgünstige Finanzierung bei der Umsetzung von allgemeinen Umweltschutzmaßnahmen und Maßnahmen zur effizienten Energieerzeugung und –verwendung (Programmteil A). Energieeffizienzmaßnahmen kleiner und mittlerer Unternehmen (KMU) werden besonders gefördert (Programmteil B).

Vorteile:

- Zinsgünstige Finanzierung der Investitionsmaßnahmen;
- zusätzliche Zinsvergünstigung für kleine Unternehmen (KU);
- Finanzierung von bis zu 100 % der förderfähigen Investitionskosten;
- lange Laufzeiten.

3. Der Weg zu den Fördermitteln

Die öffentlichen Fördergelder für Mittelstandsförderung und Unternehmensgründungen werden in den überwiegenden Fällen als rückzahlbare **Darlehen** ausgereicht.

Wesentliche Merkmale dieser Förderdarlehen sind günstige Zinssätze, feste Zinssätze über einen langen Zeitraum, lange Laufzeiten und häufig tilgungsfreie Anlaufjahre. Eine ganz besondere Förderung kann durch **Nachrangdarlehen** erreicht werden. Nachrangige Darlehen verbessern die Finanzierungsstruktur des Unternehmens und wirken eigenkapitalähnlich. Diese Darlehen werden ohne bankübliche Besicherungen ausgereicht und „ersetzen“ nicht vorhandenes Eigenkapital.

Bei fehlenden oder ungenügenden Sicherheiten kann bei ausgewählten Förderprogrammen eine **Haftungsfreistellung** der Hausbank beantragt werden. In besonderen Fällen kann die Haftungsfreistellung bis zu 90 % betragen.

In den Bundesländern stehen als Selbsthilfeeinrichtungen der Kreditinstitute und der Wirtschaft sogenannte **Bürgschaftsbanken** zur Verfügung, die bei ungenügenden Sicherheiten den Kreditbetrag verbürgen können. Ebenso kann über die **mittelständischen Beteiligungsgesellschaften** (MBG) mit einer zeitlich begrenzten Unternehmensbeteiligung „fremdes Eigenkapital“ eingebracht werden, um die Finanzierungslücke zu schließen oder weiteres Fremdkapital zu mobilisieren.

Darüber hinaus gibt es bei ausgewählten Förderprogrammen **Zuschüsse**, die einen gewissen Anteil der Kosten tragen, eigene Mittel aufstocken und nicht zurückgezahlt werden müssen.

Auf diese öffentlichen Fördermittel besteht allerdings **kein Rechtsanspruch**.

Es ist zu beachten, dass Fördergelder grundsätzlich vor Beginn des Vorhabens zu beantragen sind und dann zweckbestimmt eingesetzt werden müssen. Eine nachträgliche Beantragung für bereits begonnene oder bereits laufende Vorhaben ist bei öffentlichen Mitteln nicht möglich. Ebenso können Umschuldungen oder Nachfinanzierungen bei Verteuerungen von Vorhaben nicht vorgenommen werden. Sanierungsfälle sowie „Unternehmen in Schwierigkeiten“ sind von der Förderung generell ausgeschlossen. (Ausnahmen bilden die Beratungsförderprogramme „Runder Tisch“ und „Turn Around Beratung“). Die Fördervoraussetzung ist in jedem Fall ein schlüssiges, prüffähiges Unternehmenskonzept und eine zu erwartende nachhaltige Tragfähigkeit des Vorhabens. Weiterhin muss die Gesamtfinanzierung gesichert sein, möglichst mit einem angemessenen Anteil von Eigenmitteln. Ebenso ist eine hinreichende fachliche und kaufmännische Qualifikation des Antragstellers notwendig, um an Fördermittel zu gelangen.

Bei den überwiegenden Förderprogrammen muss der Antrag über eine Hausbank eingereicht werden, die im Vorfeld die erste Prüfung der Förderfähigkeit des Vorhabens übernimmt und sich in der Regel mit einem eigenen Finanzierungsanteil an der Gesamtfinanzierung des

Vorhabens beteiligt. Deshalb ist es äußerst wichtig, frühzeitig das Gespräch mit einer Hausbank zu suchen, um einen soliden Finanzpartner an der Seite zu haben.

Der Bund hat die überwiegende Förderung des Mittelstands der KfW übertragen. Ausgewählte Förderziele werden auch von Institutionen des Bundes, z.B. vom Bundesamt für Wirtschaft- und Ausfuhrkontrolle (BAFA) in Eschborn betreut.

Auf Ebene der Bundesländer ist die Mittelstandsförderung bei den jeweiligen Landesförderinstituten (LFI) angesiedelt und auf kommunaler Ebene bei kommunalen Institutionen wie z.B. bei Wirtschaftsämtern oder Wirtschaftsfördereinrichtungen.

Die **Fördermittel der EU** sind in der Regel an bestimmte Förderziele und Projektträger gebunden, die diese Mittel im Rahmen von Förderprogrammen bereitstellen. Die Beantragung dieser Mittel erfolgt bei den jeweiligen Projektträgern bzw. bei den durch die Projektträger beauftragten Institutionen.

Die **Fördermittel des Bundes** für die mittelständische Wirtschaft ab dem Zeitpunkt der Gründung werden über die KfW gewährt.

Die **Fördermittel der Länder** werden in der Regel von den jeweiligen Landesförderinstituten betreut und sind dort zu beantragen. In den überwiegenden Fällen geschieht dies über eine Hausbank. Für die Vergabe von Fördermitteln der Länder sind auch die einschlägigen Fachministerien, wie Arbeits-, Wirtschafts-, Sozial-, Kultus- oder Forschungsministerium, zuständig.

4. Exkurs: KfW-Förderung für den Mittelstand

Das Geschäftsmodell der KfW ist nicht neu und dennoch in Zeiten einer Finanz- und Wirtschaftskrise wichtiger und moderner denn je. Bereits vor über 60 Jahren, am 18.11.1948, trat das KfW-Gesetz in Kraft und machte den Weg frei für eine nachhaltige Förderung der deutschen Wirtschaft. Kurz darauf nahm die KfW Bankengruppe, damals noch unter ihrem alten Namen Kreditanstalt für Wiederaufbau, ihre Fördertätigkeit auf. Der Werdegang der KfW ist eng verbunden mit der wirtschaftlichen Entwicklung der Bundesrepublik. Als Bank des Bundes (80%iger Anteilseigner) und der Länder (20%ige Anteilseigner) fördert sie den Einzelnen, Unternehmen und somit die Gesellschaft. Gerade in wirtschaftlich schwierigen Zeiten ist eine Förderbank wie die KfW besonders gefordert, die Wirtschaft und den Finanzstandort zu unterstützen.

In den sechs Jahrzehnten ihres Bestehens haben sich die wirtschaftlichen und gesellschaftlichen Rahmenbedingungen verändert – und damit zugleich Aufbauorganisation und Förderaufgaben der KfW. Heute vergibt sie günstige Kredite an kleine und mittlere Unternehmen, fördert Infrastruktur und Wohnungsbau und bringt den Klimaschutz voran. Zu ihren Kernaufgaben gehören ferner die Exportförderung sowie die finanzielle Zusammenarbeit mit Entwicklungs- und Schwellenländern. Ein noch vergleichbar junges, aber immer wichtiger werdendes Zukunftsfeld ist heute die Bildungsfinanzierung.

Die Förderung des Mittelstands gewann in den 70er-Jahren an Bedeutung, als die erste große Energiekrise weltweit zu wirtschaftlichen Verwerfungen führte. Dass Deutschland in der Klimapolitik seit Jahren eine führende Rolle spielt, ist auch der Verdienst einer frühen und weitsichtigen Förderstrategie auf dem Gebiet des Umweltschutzes. Die KfW ist heute einer der wichtigsten Förderer erneuerbarer Energien – im In- und Ausland. Gleichzeitig wurde das Förderinstrumentarium laufend an sich verändernde Gegebenheiten angepasst.

Mit der „Initiative Kleiner Mittelstand" trägt die KfW dazu bei, die Finanzierungssituation der kleinen und ganz kleinen Unternehmen zu verbessern. Etwa jeder fünfte Euro, der als KfW-Darlehen in die Wirtschaft fließt, geht an ein mittelständisches Unternehmen.

Im Rahmen der Maßnahmepakete I und II der Bundesregierung „Beschäftigungssicherung durch Wachstumsstärkung" stellt die KfW in den Jahren 2009 und 2010 zur Sicherstellung der Kreditversorgung der Wirtschaft und insbesondere des Mittelstands bis zu 40 Mrd. Euro bereit. Die Darlehen werden im „KfW-Sonderprogramm" mit der Option einer hohen anteiligen Haftungsfreistellung der durchleitenden Banken vergeben.

5. Checklisten

Eine tabellarische Übersicht in fünf Checklisten soll bei der Planung von Vorhaben helfen, öffentliche Fördermittel einzusetzen und dabei die wichtigsten Punkte zu berücksichtigen.

Checkliste 1 – Geschäftskonzept/Businessplan

1. Geschäftsidee
- Was ist Ihre Geschäftsidee (Produkt oder Dienstleistung)?
- Welchen Nutzen hat Ihr Angebot?
- Wie bekannt ist Ihr Produkt/Ihre Dienstleistung?
- Welchen Service bieten Sie?
- Was bieten Sie im Unterschied zu anderen Wettbewerbern?
- Warum soll jemand Ihr Produkt/Ihre Dienstleistung kaufen?

2. Persönliche Voraussetzungen
- Welche schulische bzw. berufliche Ausbildung haben Sie?
- Welche Fähigkeiten haben Sie (nicht), um ein Unternehmen zu führen?
- Besitzen Sie ausreichende kaufmännische Kenntnisse?
- Ist Ihre berufliche Qualifikation für eine Selbstständigkeit ausreichend?
- Welche Erfahrungen haben Sie in der Branche Ihres Unternehmens?
- Welche finanziellen Verpflichtungen haben Sie?
- Wie ist es um Ihre Gesundheit bestellt?
- Wer hilft Ihnen bei Krankheit oder Unfall?
- Unterstützt Ihr Partner Ihr Geschäftsvorhaben?

3. Markteinschätzung
- Welche Kunden sprechen Sie an?
- Kennen Sie die Wünsche Ihrer Kunden?
- Wie groß ist das Marktvolumen dieser Zielgruppe?
- Wie (mit welchen Maßnahmen) erreichen Sie diese Zielgruppe?
- Welche Kosten veranschlagen Sie für Ihre Marketingaktivitäten?
- Sind Sie von wenigen Großkunden abhängig?
- Haben Sie schon Kundenkontakte?
- Kennen Sie für Ihren Markt Betriebsvergleichszahlen der Kammern oder Verbände?

4. Wettbewerbssituation
- Treten Sie als einziger Anbieter in einem neuen oder als zusätzlicher in einem bereits bestehenden Markt auf?
- Wer sind Ihre Konkurrenten?
- Welchen Service bieten Sie zu welchen Preisen?
- Wo ist Ihre Konkurrenz besser/schlechter als Sie?
- Wie können Sie Ihren Kunden mehr Nutzen bieten?

5. Produktions-/Dienstleistungsfaktoren
- Wie wollen Sie Ihre Betriebsprozesse strukturieren (vom Einkauf über die Herstellung bis zum Vertrieb)?
- Welche Materialien, Maschinen, Einrichtungen brauchen Sie zur Herstellung Ihres Produktes bzw. zur Bereitstellung Ihrer Dienstleistung?
- Was benötigen Sie zum Vertrieb Ihres Produktes/Ihrer Dienstleistung?
- Wie stellen Sie Ihre Bevorratung sicher?
- Welche Mitarbeiter mit welchen Qualifikationen benötigen Sie für welche Zeiträume?
- Welche Teilleistungen können Sie bei Lieferanten einkaufen?

6. Standortwahl
- Welche Bedingungen muss der Standort erfüllen?
- Kennen Sie geeignete Standorte?
- Gibt es genügend Kunden im Einzugsgebiet des Standortes?
- Wie ist die Verkehrsanbindung des Standortes?

7. Zukunftsaussichten
- Welche Ziele haben Sie sich für Ihre Firma gesetzt?
- Mit welchen Maßnahmen wollen Sie diese Ziele erreichen?
- Wie könnte die Entwicklung Ihrer Branche aussehen?
- Wie wird sich die Nachfrage nach Ihrem Angebot entwickeln?
- Rechnen Sie mit mehr Konkurrenten in Ihrem Markt?
- Wie reagieren Sie auf negative Markt-/Nachfrageveränderungen?
- Gibt es vergleichbare Branchen, die Orientierungshilfe bieten?

8. Weitere wichtige Aspekte

Rechtsform:	Welche Rechtsform soll Ihr Unternehmen haben?
	Welche Gesellschafterstruktur planen Sie?
	Bei mehreren Gesellschaftern: Wer übernimmt welche Funktionen im Unternehmen?
Genehmigungen:	Welche Genehmigungen brauchen Sie für Ihren Betrieb?
	Benötigen Sie für Ihre Tätigkeit eine spezielle Zulassung?
Flächen/Räume:	Wie viel Gewerbefläche (Räume) benötigen Sie?
	Kennen Sie die marktüblichen Preise dafür?
	Haben Sie sich nach mietgünstigen Flächen (z. B. in kommunalen Gewerbeparks) erkundigt?
Versicherungen:	Welche Versicherungen benötigen Sie für Ihren Betrieb?
	Welche Versicherungen sollten Sie für Ihre Familie abschließen?
	Wie sichern Sie als Selbstständiger Ihre Altersversorgung?

Der nebenstehende Fragenkatalog hilft Ihnen, einen Businessplan zu erarbeiten. Er kann notwendigerweise nur einen Orientierungsrahmen vorgeben. Erweitern Sie ihn deshalb um Fragen und Gesichtspunkte, die für Ihre Geschäftsidee von Bedeutung sein können.

(Übrigens: Die gesonderten Checklisten Investitionsplan, Liquiditätsplan und Rentabilitätsvorschau sind Bestandteil des Businessplans.)

Checkliste 2 – Investitionsplan

Wie viel Geld brauchen Sie für Ihre Unternehmensgründung? Mithilfe des Investitionsplans ermitteln Sie, wie hoch Ihr Kapitalbedarf ist.

Investitionen	TEUR
Grunderwerbskosten inkl. Nebenkosten (Grundstück, Gebäude)	
Gewerbliche Baukosten	
Maschinen, Geräte	
Einrichtungen, Büroausstattung	
Fahrzeuge	
Übernahme/Kauf von Unternehmensanteilen	
Einmalige Patent-, Lizenz-, Franchisegebühr	
Warenlager/Materiallager	
Markterschließungskosten	
• Kosten für Beratung und Erstellung eines ersten Werbekonzepts	
• Maßnahmen zur Anknüpfung konkreter Geschäftskontakte	
• Kosten für einmalige Informationserfordernisse bei der Erschließung neuer Märkte	
• Kosten für die Teilnahme an oder den Besuch von geschäftlich wichtigen Messen/Ausstellungen	
• Kosten für die Ausbildung von Handelsvertretern	
Zwischensumme Investitionen (Berechnungsgrundlage für die Investitionsförderdarlehen der KfW, z. B. Unternehmerkapital, ERP-Regionalförderprogramm, KfW-Unternehmerkredit)	
Betriebsmittel Summe der Positionen 4.1 bis 4.17 der Checkliste 3 – Rentabilitätsvorschau	
Gesamtsumme Kapitalbedarf (Berechnungsgrundlage für KfW-StartGeld)	

Checkliste 3 – Rentabilitätsvorschau

Alle Beträge in TEUR und ohne MwSt.	Geschäftsjahr 1	Geschäftsjahr 2	Geschäftsjahr 3
1. Nettoumsatz			
./. 2. Wareneinsatz			
= 3. Rohertrag/Rohgewinn			
./. 4. Aufwendungen			
4.1 Personalkosten (inkl. Lohn- und Lohnnebenkosten)			
4.2 Miete			
4.3 Heizung, Strom, Wasser, Gas			
4.4 Werbung			
4.5 Kraftfahrzeugkosten			
4.6 Reisekosten			
4.7 Telefon, Fax, Internet			
4.8 Büromaterial			
4.9 Verpackung			
4.10 Reparatur/Instandhaltung			
4.11 Versicherungen*			
4.12 Beiträge (z. B. Kammern, Fachverbände)			
4.13 Leasing			
4.14 Buchführungskosten, Beratung			
4.15 Sonstige Ausgaben			
4.16 Zinsen			
4.17 Sonstige Aufwendungen			
4.18 Summe Aufwendungen			
= 5. Betriebsergebnis (Cashflow)			
./. 6. Abschreibungen			
./. 7. Einkommen- und Gewerbesteuer			
= 8. Jahresüberschuss/-defizit			
./. 9. Tilgung			
./. 10. Private Versicherungen**			
= 11. Verfügbares Einkommen			

* z. B. Betriebshaftpflicht, Feuer, Glas, Wasser

** z. B. Kranken- und Pflegeversicherung, private Altersvorsorge, Unfallversicherung

Checkliste 4 – Liquiditätsplan

Alle Beträge in TEUR	Monat											
	1	2	3	4	5	6	7	8	9	10	11	12	Summe
1. Einzahlung													
1.1 Umsatz (inkl. MwSt.)													
1.2 Sonstige Einzahlungen													
1.3 Summe Liquiditätszugang													
2. Auszahlungen													
2.1 Anlageinvestitionen													
2.2 Personal													
2.3 Material/Waren													
2.4 Betriebsausgaben													
2.5 Kredittilgung													
2.6 Zinsen													
2.7 Vorsteuer/Umsatzsteuer													
2.8 Einkommen- und Gewerbesteuer													
2.9 Privatentnahme													
2.10 Sonstige Auszahlung													
2.11 Summe Liquiditätsabgang													
3. Liquiditätssaldo (1.3 minus 2.11)													
4. Liquiditätssaldo (kumuliert)													
5. Finanzierung													
5.1 Eigenkapital													
5.2 Fremdfinanzierung													

Checkliste 5 – Allgemeine Tipps für das Bankgespräch

Ein Antrag bei einer Bank oder Sparkasse ist Voraussetzung für die Gewährung von staatlichen Fördermitteln. Schon beim ersten Treffen entscheidet sich meistens, ob der Mitarbeiter des Kreditinstituts Sie unterstützt – und Ihnen damit den Weg zum optimalen Finanzierungsmix ebnet.

Vereinbaren Sie rechtzeitig einen Gesprächstermin.

Machen Sie dabei – je nach Organisationsstruktur des Instituts – ein Treffen mit den Fachleuten für Förderprogramme aus. Fragen Sie bei dieser Gelegenheit nach, welche Unterlagen schon vor dem Gespräch benötigt werden, z. B. der Businessplan.

Bereiten Sie sich sorgfältig auf das Gespräch vor.

„Warum wollen Sie sich selbstständig machen?" und „Warum hat Ihre Geschäftsidee bessere Marktchancen als ähnliche Produkte oder Dienstleistungen?" sind Fragen, die Ihnen der Bankberater sicher stellen wird.

Behalten Sie das Ziel des Gesprächs vor Augen.

Zunächst überzeugen Sie die Bank oder Sparkasse, Ihr Projekt zu finanzieren. Dann suchen Sie gemeinsam nach der günstigsten Lösung. Die lautet normalerweise: öffentliche Fördermittel, ergänzt durch ein Darlehen der Hausbank.

Treten Sie selbstsicher und beharrlich auf.

Zeigen Sie, dass Sie 100-prozentig hinter den geplanten Investitionen und Ihrer Geschäftsidee stehen. Machen Sie Ihrer Bank klar, wie sehr Ihnen an einer guten Zusammenarbeit gelegen ist und dass Sie sie in Zukunft intensiv über den Fortgang Ihres Unternehmens informieren wollen.

Sprechen Sie von sich aus das Thema öffentliche Fördermittel an.

Kreditinstitute arbeiten gewinnorientiert, bemühen sich also, ihr Geld zu möglichst guten Konditionen zu verleihen. Verständlich, dass ihre Mitarbeiterinnen und Mitarbeiter nicht immer auf preisgünstige staatliche Finanzquellen verweisen.

Sammeln Sie vor dem Gespräch Argumente für den Einsatz öffentlicher Fördermittel.

Das können z. B. der Verzicht auf Sicherheiten, niedrigere Zinsen oder liquiditätsschonende, tilgungsfreie Jahre am Beginn der Laufzeit sein.

Überlegen Sie, welche Sicherheiten Sie für einen Kredit anbieten können.

Kreditinstitute müssen bei der Vergabe große Vorsicht walten lassen und bestehen deshalb auf einer weitreichenden Absicherung ihres finanziellen Engagements. Bieten Sie aber keinesfalls Ihr ganzes Vermögen als Sicherheit an, sondern behalten Sie immer einen „Notgroschen" zurück.

Rechnen Sie damit, dass nicht jede Bank Ihr Vorhaben finanzieren will.

Vereinbaren Sie deshalb Termine bei verschiedenen Kreditinstituten. Im Bereich der Wohnungsbauförderung können auch Bausparkassen Ihre Anträge entgegennehmen.

Achtung: Wer Fördermittel nutzen möchte, muss unbedingt die Fristen einhalten.

Beantragen Sie die Fördermittel vor dem Beginn der Investition beim Kreditinstitut – zwischen Antrag und Auszahlung des Geldes können Wochen oder mehr vergehen. Kalkulieren Sie die Bearbeitungszeit der Bank oder Sparkasse zusätzlich mit ein.

6. Informationsquellen

Internetportale der KfW

Förderung von Mittelstand und Existenzgründern, Beratungsangebote
www.kfw.de

Förderung von Umweltschutz, Bauen, Wohnen und Bildung, Beratungsangebote
www.kfw.de

Telefonische Beratung zu allen Förderprogrammen der KfW

Montag bis Freitag von 08:00 – 17:30 Uhr

Servicenummern zu den Förderprogrammen

Gewerbliche Kreditprogramme Inland und Ausland, gewerbliche Umweltprogramme, Beteiligungsprogramme und KfW-Beratungsangebote (Runder Tisch, Turn Around Beratung, Gründercoaching Deutschland, Energieeffizienzberatung, Agenturen)	0180 1241124*
KfW-Sonderprogramm – Mittelständische Unternehmen KfW-Sonderprogramm – Große Unternehmen KfW-Sonderprogramm – Projektfinanzierung	0180 1242428*
Wohnwirtschaftliche Programme sowie bankdurchgeleitete Infrastrukturprogramme	0180 1335577*
Direktkredite Infrastruktur	030 202645555
KfW-Studienkredit	0180 12424-25*
Bildungskredit	0180 12424-21*
Meister-BAföG	0180 12424-22*
BAföG-Bankdarlehen	0180 12424-23*

Fax-Nummer: 069 7431-9500

* *3,9 Cent/Minute aus dem Festnetz der Deutschen Telekom, Preise aus Mobilfunknetzen können abweichen.*

Zur Bedeutung von Private Equity im mittelständischen Unternehmenssektor

Carsten Schmeding / Diethard B. Simmert

1. Einleitung

Bereits im 15. Jahrhundert beschäftigten sich Unternehmer mit Finanzierungsfragen. Ein Thema, welches in der jüngsten Vergangenheit – im Angesicht der weltweiten Finanzkrise – kaum aktueller sein könnte. Bereits Johannes Gutenberg musste auf finanzkräftige Unterstützung für die Realisierung seiner Geschäftsideen zurückgreifen. Im Jahr 1450 wurde seine erste richtige Druckerwerkstatt über ein Darlehen des Kaufmanns Johannes Fust finanziert. Kaum anders als heute ging es nicht ohne Kreditsicherheiten: Der Unternehmer musste seine Maschinen dafür verpfänden. Wenig später nahm Gutenberg bei Fust einen weiteren Kredit auf, kam allerdings mit Zins- und Tilgungsleistungen in Verzug. In einem folgenden Gerichtsprozess wurde dem Kreditgeber ein Großteil der Druckerwerkstatt zugesprochen.

Auch heute haben junge und neu zu gründende, aber auch bereits etablierte Unternehmen im mittelständischen Sektor einen relativ hohen Kapitalbedarf, um ihre Ideen umzusetzen und weiteres Wachstum zu finanzieren. In der Praxis fungiert auch heute noch die Kreditfinanzierung als wesentliche Finanzquelle. Zwar gibt es auch alternative und ergänzende Finanzierungsformen, wie das Beteiligungskapital. Diese Möglichkeiten werden jedoch von Mittelständlern in Deutschland bisher nur wenig genutzt. Wegen ihres Einflusses und ihrer vermeintlich kompromisslosen Gewinnorientierung stoßen Private-Equity-Investoren auf Kritik in der Öffentlichkeit. Unser Beitrag möchte beleuchten, wie der deutsche Mittelstand von Private Equity profitieren kann und wie sich Kapitalanleger in diesem Marktsegment sinnvoll ausrichten.

2. Definition und Merkmale

Unter dem angelsächsischen Begriff „Private Equity“ wird die Bereitstellung von Eigenkapital für zumeist nicht börsennotierte Unternehmen verstanden. Im Hinblick auf die Unternehmensreife werden durch die Bereitstellung von Beteiligungskapital sowohl junge Unternehmen als auch bereits etablierte Unternehmen mit überdurchschnittlichem Wachstumspotenzial finanziell unterstützt und über einen längeren Zeitraum durch den Kapitalgeber mit unterschiedlich intensiver Managementbetreuung im strategischen und operativen Geschäft begleitet.

Im Vergleich zur herkömmlichen Fremdfinanzierung durch Kreditinstitute zeichnet sich Private Equity insbesondere dadurch aus, dass den jeweiligen Unternehmen das Beteiligungskapital ohne die banküblichen Sicherheiten zur Verfügung gestellt wird. Dafür nehmen Private-Equity-Geber als Partner und Mitgesellschafter des Unternehmens unterschiedlich ausgestaltete Mitsprache-, Mitwirkungs-, Zustimmungs- und Kontrollrechte wahr. Ziel der Private-Equity-Geber ist es, mithilfe ihrer Beteiligung eine ansprechende Rendite zu erzielen. Zu diesem Zweck bringen Private-Equity-Geber über ihre Mitwirkung hinaus ihre Erfahrung und ihr Know-how in das finanzierungsbedürftige Unternehmen ein. Zudem wird von ihnen üblicherweise ein Netzwerk zur Verfügung gestellt, das die Portfoliounternehmen nutzen können. Die Eigenkapitalüberlassung durch den Private-Equity-Geber ist zeitlich begrenzt (meist auf circa fünf Jahre) und endet, wenn die übernommenen Unternehmensanteile erheblich im Wert gestiegen sind. In diesem Fall streben Private-Equity-Geber einen Ausstieg aus der jeweiligen Beteiligung an (Exit). Erst zu diesem Zeitpunkt realisiert der Private-Equity-Geber seinen Gewinn aus der Beteiligung. Die gewinnträchtige Veräußerung der Beteiligung kann beispielsweise durch den Verkauf an strategische Investoren erfolgen.

3. Beteiligungsformen

Die Bereitstellung von Beteiligungskapital kann auf zwei grundsätzlichen Wegen erfolgen. Eine sogenannte direkte Beteiligung liegt vor, wenn das erforderliche Eigenkapital dem finanzierungsbedürftigen Unternehmen direkt, also ohne Zwischenschaltung eines Finanzintermediärs, zur Verfügung gestellt wird. Bei den direkten Investoren handelt es sich üblicherweise um institutionelle Investoren oder um sogenannte Business Angels, also um vermögende, unternehmerisch denkende und handelnde Privatpersonen, die in der Vergangenheit ein oder mehrere Unternehmen erfolgreich geführt haben und neben einer rentablen Kapitalanlage die Möglichkeit zur aktiven Managementunterstützung suchen. Schaltet sich zwischen dem Private-Equity-Geber und dem Private-Equity-Nehmer hingegen eine Kapitalbeteiligungsgesellschaft (KBG) ein, liegt eine indirekte Beteiligungsform vor. Als Finanzintermediäre haben Kapitalbeteiligungsgesellschaften den Zweck, den Anlagebedarf der Kapitalgeber und den Finanzierungsbedarf der Kapitalnehmer zu koordinieren. Zur Erlangung ausreichender Investitionsmittel und um das Kapital der Private-Equity-Geber für mehrere Private-Equity-Nehmer koordinieren zu können, legen Kapitalbeteiligungsgesellschaften üblicherweise Fonds auf, durch deren Anteilserwerb sich die Anleger an einem Unternehmensportfolio (10 bis 15 Unternehmen bei einem Direktfonds) beteiligen können. Indirekte Investoren sind neben Funds of Funds (Dachfonds), Family Offices, Versicherungen, Pensionsfonds, Kreditinstitute sowie auch Unternehmen und staatliche Organisationen. Die Investoren, die sich indirekt beteiligen, beschränken sich selbst auf die Finanzierungsfunktion. Das gesamte Management des Private-Equity-Fonds wird von der Kapitalbeteiligungsgesellschaft geleistet (siehe Abbildung 1).

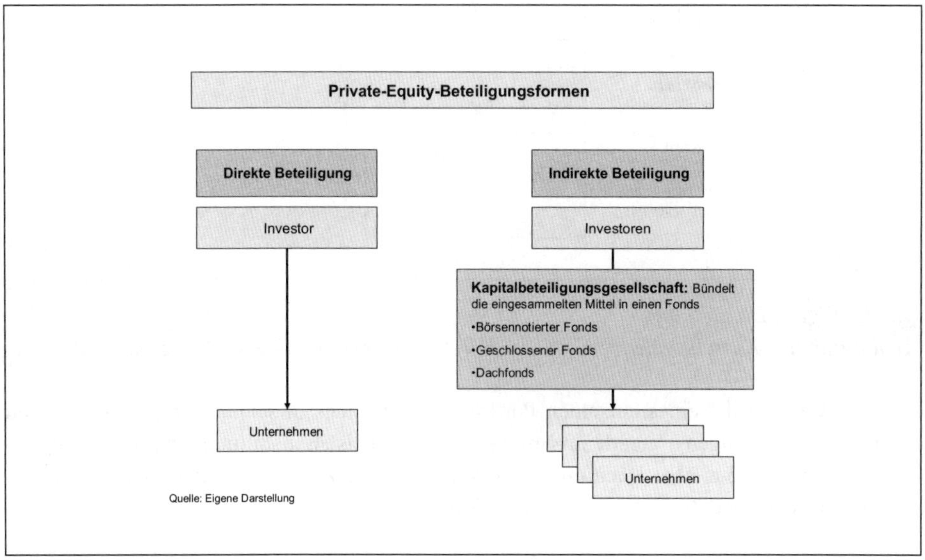

Abbildung 1: *Private-Equity-Beteiligungsformen*

Neben den dargestellten Wegen in Private Equity haben sich zunehmend auch indirekte Beteiligungen über Dachfonds etabliert. Hier investieren institutionelle Anleger wie Versicherungen, Pensionskassen etc. sowie vermögende Privatpersonen in einen Dachfonds, der wiederum in circa 15 Fonds investiert. Hierdurch kann der Anleger zwei erhebliche Vorteile für sich verzeichnen. Zum einen beteiligt er sich mit nur einem Investment an durchgerechnet 200 bis 300 Unternehmen, was für ihn zu einer höchst relevanten Reduktion des Ausfall- und Wertschwankungsrisikos führt. Zum anderen stellt er mit der Fremdvergabe der Selektion der unterliegenden Fonds an einen professionellen Dachfondsmanager sicher, dass er nicht versehentlich mangels eigener Erfahrung und professioneller Inhouse-Ressourcen für diese Assetklasse mediocre Fonds auswählt und damit eine nur schwache Investment-Performance erreicht. Dieser Selektion kommt vor einer sehr breiten Performance-Streuung von sehr guten zu durchschnittlichen Managern eine besondere Bedeutung zu, die die von den Dachfonds-Managern erhobenen Verwaltungsvergütungen leicht akzeptieren lässt.

Private Equity weist im Vergleich zu anderen Assetklassen, wie beispielsweise Aktien und festverzinslichen Wertpapieren, überdurchschnittlich hohe Renditeaussichten auf. Zudem lässt sich durch die Beimischung von Private-Equity-Fonds ein verbessertes Rendite-Risiko-Profil des Gesamtportfolios erzielen, da Private-Equity-Fonds eine geringe bzw. negative Korrelation zu traditionellen Anlageformen aufweisen (siehe Abbildung 2).

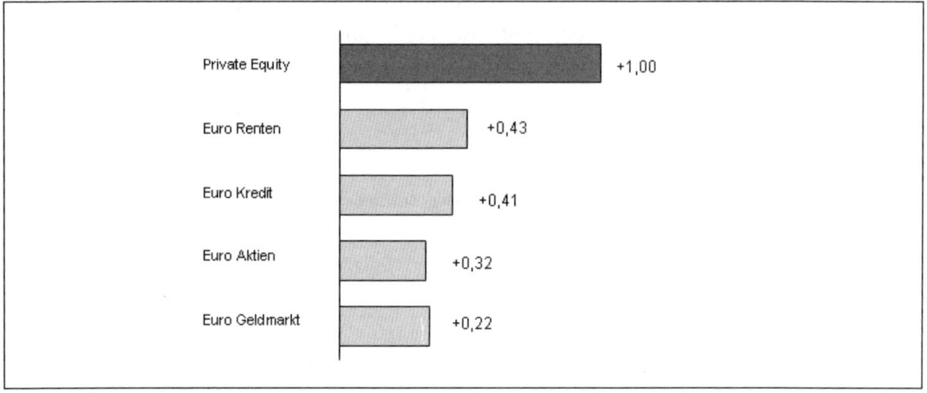

Quelle: Eigene Darstellung
Abbildung 2: *Korrelationen von Private Equity zu diversen Anlagen 1/1998 bis 12/2007*

Um das Ausfallrisiko eines einzelnen Portfoliounternehmens in seiner Wirkung weitgehend abzufedern, bevorzugen – gerade im Mittelstand – die meisten institutionellen Anleger Private-Equity-Investments über Dachfonds, um den oben aufgezeigten Nutzen zu realisieren und eigenkapitalschonend die Performance ihrer Anlegerportfolien zu steigern.

4. Finanzierungsanlässe und Beteiligungsstrategien

Es wird zwischen mehreren Finanzierungsphasen differenziert, in denen Beteiligungskapital bereitgestellt wird. Hierbei wird nochmals deutlich, dass der Begriff „Private Equity“ als Oberbegriff für den gesamten Markt privater Unternehmensfinanzierungen verwendet wird und auch Buy-out-Finanzierungen und hybride Finanzierungsformen wie Mezzanine Capital enthält. Venture Capital, auch Risiko- oder Wagniskapital genannt, bezeichnet hingegen einen Teilmarkt von Private Equity, der sich auf die Finanzierung junger, innovativer Unternehmen in frühen Entwicklungsphasen (Early Stage) sowie auf bereits etablierte Unternehmen in späteren Entwicklungsphasen (Later Stage) bezieht. Als Anlässe der Frühfinanzierungsphase kommen die Ideenfinanzierung (Seed-Finanzierung) und die Gründungsfinanzierung (Start-up-Finanzierung) in Betracht. Die Spätfinanzierungsphase umfasst die Wachstumsfinanzierung (Expansion-Finanzierung), den Gesellschafterwechsel (Replacement-Finanzierung), die Sanierungsfinanzierung (Turnaround-Finanzierung) und die Finanzierung der Börsenvorstufe (Bridge-Finanzierung). Im Gegensatz zu Venture-Capital-Fonds werden durch Buy-out-Fonds Übernahmen entweder durch das eigene Management (Management-Buy-out) oder durch ein fremdes bzw. externes Management (Management-Buy-in) finanziert. Wird der Kaufpreis für eine Übernahme zum Teil aus Fremdmitteln (Leverage) bestritten, liegt eine sogenannte Leverage Buy-out-Finanzierung vor. Eine noch relativ junge Beteiligungsstrategie stellt die eigenkapitalnahe Ausgestaltung von Mezzanine Capital dar, die beispielsweise in Form einer atypischen stillen Beteiligung angeboten werden kann. Neben diesen Grundformen haben sich zudem verschiedene Exit-Lösungen als weitere Beteiligungsstrategien im Private-Equity-Segment herausgebildet, die im Zuge eines Trade Sale (Verkauf der Unternehmensanteile an einen industriellen Investor), eines Börsengangs (IPO oder Going Public), eines Buy Back (Rückkauf der Unternehmensanteile durch die ehemaligen Eigentümer), eines Secondary Purchase (Verkauf der Unternehmensanteile an eine andere Kapitalbeteiligungsgesellschaft oder einen finanziell interessierten Partner) sowie einer Liquidationsfinanzierung vollzogen werden können. Einen Überblick über die von Kapitalbeteiligungsgesellschaften verfolgten Strategien gibt Abbildung 3.

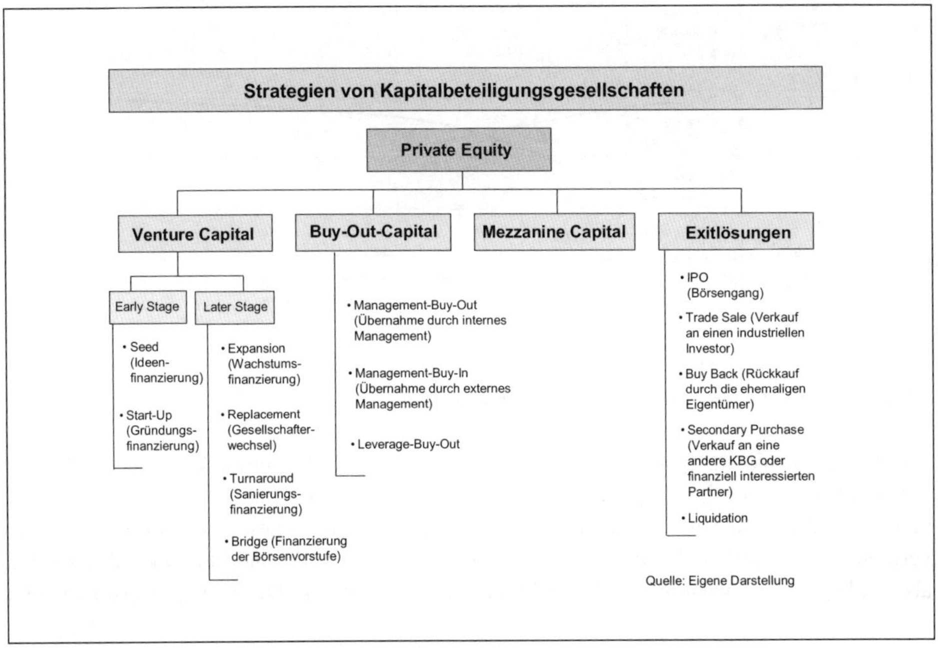

Abbildung 3: *Strategien der Beteiligungsfirmen*

Im Rahmen der Seed-Finanzierung werden von Kapitalbeteiligungsgesellschaften finanzielle Mittel vor allem für Forschung und Entwicklung zur Verfügung gestellt, um eine Idee in kommerziell erfolgreiche Produkte, Prozesse und Geschäftsmodelle umzusetzen. Diese Phase ist üblicherweise durch ein sehr hohes Risiko charakterisiert, da der kommerzielle Erfolg eines neuen Produkts oder einer Dienstleistung nur schwer abschätzbar ist. Dafür haben die Investoren im Erfolgsfall aber auch die Chance, überdurchschnittlich hohe Renditen zu erzielen. In der Spätfinanzierungsphase, in der die Bereitstellung von Beteiligungskapital mit dem Ziel der Erweiterung des Produktions- und Vertriebssystems zur Ausschöpfung des Marktpotenzials erfolgt, fällt das Risiko dagegen deutlich geringer aus. Dies liegt insbesondere daran, dass erfolgreiche Unternehmen in dieser Phase bereits hohe Umsätze und Gewinne erzielen (siehe Abbildung 4).

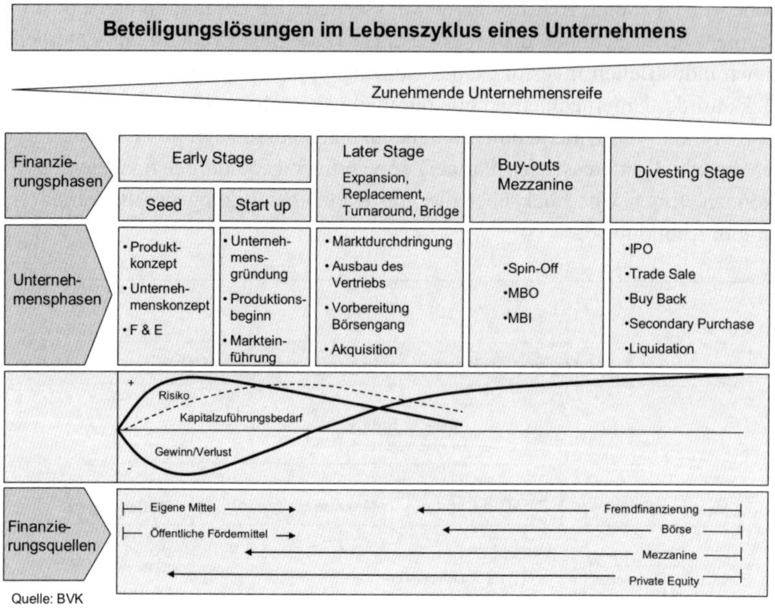

Abbildung 4: *Lebenszyklus und Beteiligungslösungen*[1]

Wichtigste Eigenkapitalgeber in Europa für Private Equity sind insbesondere Funds of Funds, Versicherungen, Pensionsfonds und der öffentliche Sektor, die in der Regel strategische, monetäre oder – im Falle staatlicher Eigenkapitalprogramme – gesamtwirtschaftliche Ziele verfolgen. Aber auch Industrieunternehmen, Banken und vermögende Privatkunden spielen als Geldgeber eine wichtige Rolle im Private-Equity-Segment. Der deutsche institutionelle

1 Vgl. BVK

Markt ist bisher noch nicht weitreichend für die Assetklasse Private Equity erschlossen worden. Der aktuelle Anteil von Private Equity liegt in den meisten Fällen immer noch weit unter 1 % und damit weit unter den in vielen wissenschaftlichen Analysen ermittelten Quoten von 3 bis 5 % als Beimischung in institutionellen Anlageportfolien. Häufig wird hierfür das hohe Risiko als Begründung herangezogen – dieses kann jedoch für Anlagen über Buy-out-Dachfonds in keiner Weise gelten gelassen werden – wie eine Vielzahl von Untersuchungen zeigt. Die häufig geringe Nutzung der Anlageklasse zur Renditesteigerung und Portfoliodiversifikation ist vielmehr Resultat einer Grundangst gegenüber Beteiligungen – die bei vielen Entscheidern aus mangelnder Beschäftigung mit der Anlageklasse und der Verwechslung mit Venture Capital herrührt.

5. Private-Equity-Geschehen in Deutschland

Die ersten dem Private Equity ähnlichen Finanzierungen gab es in den USA bereits um 1900, als reiche Privatpersonen und Privatbanken Kapital für die Gründung und Entwicklung von Unternehmen bereitstellten. Unter ihnen waren bekannte Namen wie Rockefeller oder Phillips. Diese projektbezogene, informelle Form der Beteiligungsfinanzierung kann als Vorstufe zum heutigen Private Equity angesehen werden.

Die ersten Private-Equity-Firmen in Deutschland wurden in den späten 60er-Jahren gegründet, hauptsächlich von deutschen Bankhäusern. In den 80er-Jahren wurde dann der Venture-Capital-Ansatz aus den USA übernommen. In den 90er-Jahren fand schließlich eine zunehmende Spezialisierung der Häuser statt (nach Industriezweigen, Entwicklungsstatus der Portfoliounternehmen).

Bis zum Jahr 1997 war der Markt für Private Equity in Deutschland von einem eher geringen Volumen geprägt. Dominiert wurde er in dieser Zeit von Expansionsfinanzierungen mittelständischer Unternehmen, die im Rahmen ihrer klassischen Wachstumsfinanzierung neues Eigenkapital erhielten. Die Situation änderte sich jedoch deutlich Ende der 90er-Jahre, als sowohl bestehende als auch neu gegründete Kapitalbeteiligungsgesellschaften angesichts des internationalen Technologiebooms in wachstumsstarke junge und etablierte Unternehmen investierten. Vor allem die Nachfrage nach Seed- und Start-up-Finanzierungen durch junge Unternehmen und nach Bridge-Finanzierungen durch potenzielle Börsenkandidaten stieg in dieser Zeit sprunghaft an. Der Boom von 1997 führte dazu, dass überall neue Anbieter entstanden. Nach Angaben des Bundesverbands Deutscher Kapitalbeteiligungsgesellschaften (BVK) haben sich Private-Equity-Investitionen in Deutschland im Jahr 2000 auf rund 4,45 Mrd. Euro summiert, was einem Zuwachs von rund 58 % gegenüber dem Vorjahr entspricht. Die Anzahl der Unternehmen, die im Jahr 2000 Beteiligungskapital erhielten, belief sich auf 2.181. Die Börse stellte sich als exzellenter Exit-Kanal dar mit 174 Börsengängen in 1999 und 142 in 2000.

Mit dem Abflauen der Börseneuphorie und dem Zusammenbruch des Neuen Markts verloren Beteiligungsfinanzierungen allerdings wieder zunehmend an Bedeutung. Ab 2001 stabilisierte und konsolidierte sich die Private-Equity-Branche wieder. Dies hatte zur Folge, dass Kapitalbeteiligungsgesellschaften im Jahr 2002 insgesamt nur noch rund 2,5 Mrd. Euro in 1.720 kleine und mittlere Unternehmen investierten. Im Vorjahr waren es noch rund 4,4 Mrd. Euro, was das Volumen betraf, und 1.969 bei der Anzahl der Unternehmen gewesen.

Seit dem Jahr 2004 ist der Markt für Private-Equity-Investitionen in Deutschland allerdings wieder leicht gewachsen. Die 80 berücksichtigten Kapitalbeteiligungsgesellschaften investierten im Jahr 2004 wieder insgesamt rund 3,7 Mrd. Euro in 950 kleine und mittlere Unternehmen. Im Vergleich zum Vorjahr entspricht das einem Wachstum von rund 56 % beim Volumen und rund 8 % bei der Anzahl der Unternehmen. Gemessen am Bestand der an inländische Unternehmen vergebenen Bankkredite in Höhe von 1.300 Mrd. Euro (2003) ist das natürlich immer noch sehr wenig.

Während der Konsolidierung professionalisierte sich die Private-Equity-Industrie merklich und verfügt heute über eine relevante Anzahl von sehr erfahrenen Managern mit einem internationalen Background. Die Mehrheit der Top-Level-Manager verfügt in deutschen Dachfonds heute über mehr als eine Dekade Private-Equity-Erfahrung. Bei den Dachfonds sind in Deutschland ebenfalls bereits Manager mit 10 Jahren Erfahrung zu finden.

In 2007 kam es dann zu einem weiteren Boomjahr für die Private-Equity-Branche. Dieser führte – insbesondere bei größeren Transaktionen – häufig zu erheblich übersteigerten Kaufpreisen wie auch Leverage-Quoten. Es steht somit hoffentlich zum Ende der Finanzkrise bereits die nächste Konsolidierungswelle an. Sicher werden die heutigen Akteure der Private-Equity-Industrie auf Erfahrungen aus der ersten Konsolidierungswelle zurückgreifen, um die aktuelle Krise gut zu überstehen, denn im Gegensatz zum Ende der 90er-Jahre haben die Manager heute deutlich mehr Erfahrung.

5.1 Auswirkungen der Finanzkrise

Die Folgen der Bankenkrise auf die allgemeine Wirtschaftslage und auch auf den deutschen Mittelstand sind weitreichend. Zahlreiche Analysen beschäftigen sich mit den Wirkungen der Krise auf unseren Mittelstand und vor allem seiner Finanzierung. Bereits durch die Einführung von Basel II war die Kreditvergabe an den Mittelstand deutlich restriktiver geworden. Angesichts der Finanzkrise fällt es nun selbst renommierten Familienunternehmen schwer, bei ihrer Hausbank eine Finanzierung zu erhalten. Die Finanzierung des Mittelstands ist in unruhiges Fahrwasser geraten. Umfragen der Kreditanstalt für Wiederaufbau und von Allensbach zeigen, dass mittlerweile weit mehr als die Hälfte aller Mittelständler Schwierigkeiten bei der Unternehmensfinanzierung hat. Für die größeren Mittelständler und die jungen Wachstumsunternehmen wäre die Börse eine weitere wichtige Quelle der Kapitalbeschaffung. Allerdings ist momentan auch dieser Kapitalkanal kaum nutzbar.

Aber nicht nur im Zuge des weiteren Unternehmenswachstums oder bei Restrukturierungen können Private-Equity-Gesellschaften ins Spiel kommen. Zu den größten Herausforderungen im eigentümergeführten Mittelstand gehört die Sicherung der Unternehmensnachfolge. In Deutschland wechseln fast 71.000 Unternehmen jedes Jahr den Besitzer. Jährlich stehen fast 80.000 Unternehmen vor einer Nachfolgeregelung aus Altersgründen. 2008 wurden in Europa fremdfinanzierte Übernahmen im Wert von 73 Mrd. Euro abgeschlossen. Das sind 60 % weniger als 2007, als das Geschäftsvolumen noch 184,9 Mrd. Euro betragen hatte. So ist der Wert von Investitionen, die in den Jahren 2006 und 2007 gemacht wurden, mit dem Abschwung und dem Crash an den Finanzmärkten auch in Deutschland deutlich zurückgegangen. Das Volumen des Jahres 2008 halbierte sich von 30 auf 15 Mrd. Euro, die Zahl der Transaktionen sank um 8 % auf 165. Besonders stark verringerte sich das Transaktionsvolumen im zweiten Halbjahr 2008. Gegenüber dem ersten Halbjahr fiel es um 64 % von 11 auf 4 Mrd. Euro.

Große Milliarden-Transaktionen finden gegenwärtig nicht mehr statt. Die Private-Equity-Gesellschaften führen heute vor allem kleine und mittelgroße Transaktionen durch, bei denen sie nicht oder kaum auf Bankkredite angewiesen sind. Die neuen Marktbedingungen zwingen Beteiligungsgesellschaften, ihre Strategie zu ändern – weg von fremdfinanzierten Übernahmen großer Gesellschaften. Viele Fonds verfügen über frisches Kapital, können dieses aber nur langsam anlegen. Schätzungen zufolge liegen etwa 400 Mrd. Euro Kapital in der Branche, die investiert werden sollen. Für große Übernahmen fehlen allerdings die notwendigen Bankkredite, so werden kleine und mittlere Unternehmen wieder verstärkt zu attraktiven Übernahmezielen.

Die Finanzkrise wirkt wie ein Stresstest auf das Geschäftsmodell der Private-Equity-Fonds. Eine Wahrheit ist sicherlich auch, dass nicht jedes Private-Equity-Haus die Fähigkeit hat, operative Verbesserungen bei den Portfoliounternehmen herbeizuführen. Und natürlich: Unternehmen im Bestand müssten wetterfest gemacht werden. „Portfolio, Portfolio, Portfolio", beschreibt Kravis die Priorität Nummer eins. Für Investoren in die Anlageklasse heißt die wichtigste Lektion häufig, künftig eine noch selektivere Auswahl der Unternehmen oder Fonds vorzunehmen, in die investiert wird. Gleichzeitig ist bei vielen Investoren aber auch die Erkenntnis gereift, dass die Auswahl der besten Fonds eben doch nicht so leicht ist wie gedacht. Diese orientieren sich gerade im aktuellen Umfeld zunehmend Richtung professioneller Dachfonds, um ihre künftigen Anlagen zu optimieren.

Berücksichtigt werden muss hier aber auch, dass sich die Illiquidität der Anlageklasse Private Equity in Krisenzeiten für Anleger und Private-Equity-Manager sehr zum Vorteil auswirkt. So findet eine Bewertung bestehender Portfoliounternehmen im Private-Equity-Bereich nur viertel- bis halbjährlich statt, während an den Aktienmärkten Unternehmenswerte tagesaktuellen Kursschwankungen unterliegen. Weiter werden die Halteperioden aktuellen Marktbedingungen stets angepasst. Die Laufzeit eines Private-Equity-Fonds beläuft sich auf zehn bis zwölf Jahre. Hier besteht kein akuter Handlungsbedarf in Krisenzeiten. Es ist nicht entscheidend für den Erfolg eines Anlageprogramms, ein Unternehmen zu einem bestimmten Zeitpunkt zu veräußern.

Allerdings belasten das gesamtwirtschaftliche Klima und die negativen Konjunkturaussichten natürlich auch Unternehmen in Private-Equity-Hand. Ebenso werden Leverage-Finanzierungen in diesem Umfeld schwieriger. Geschäftsmodelle von Investoren, die Unternehmen überteuert, mit starkem Kredithebel in Boomzeiten gekauft haben, werden unter Druck geraten. Trotzdem bleibt Deutschland mit seinem starken Mittelstandssegment weiterhin ein attraktives Ziel für Private-Equity-Investoren. Im Jahr 2008 waren in Deutschland ca. 150 professionelle Private-Equity-Manager aktiv. Durch die aktuellen Marktumstände wird sich die Diskrepanz zwischen den besten und schlechtesten Anbietern zukünftig vergrößern. Aber die Branche wird sich den geänderten Marktparadigmen anpassen. In der Vergangenheit zeigten sich besonders die Krisenjahre als außerordentlich erfolgreiche Private-Equity-Jahrgänge. Dies liegt nicht zuletzt an den zurückgegangenen Einkaufspreisen. So verwundert es nicht, dass das M&A-Volumen stärker zurückgeht als die Anzahl der Transaktionen. Es findet eine Verlagerung hin zu Transaktionen mit einem hohen Eigenkapitalanteil statt. Der Private-Equity-Markt wird durch kleine und mittlere Transaktionen stabil gehalten. Abschreibungen und geringere Exit-Multiples werden dazu führen, dass die Renditen einiger Fonds auf absehbare Zeit geringer ausfallen. Selbst wenn sich die Wirtschaft wieder erholt, wird es noch eine Weile dauern bis die Durchschnittsrenditen wieder nach oben gehen: In den Boomjahren wurde eben in Teilen für zu hohe Preise eingekauft. In wirtschaftlich schwachen Jahren können solche Exit-Preise nicht reproduziert werden. Bei etlichen Private-Equity-Firmen werden die Renditen so bescheiden ausfallen, dass sie kein frisches Geld von Investoren mehr einwerben können. Wie bereits erwähnt, ist die professionelle Selektion für die Anleger der wichtigste Schlüssel zu angemessenen Renditen, denn der Spread zwischen den Renditen der Top-Fonds und durchschnittlichen ist erheblich. Es gilt also, mit geeigneten Mitteln die Top-Fonds zu identifizieren.

5.2 Chancen in 2010

Für viele Fonds muss dies freilich nichts Schlechtes sein. Es gibt durchaus neue Chancen im geänderten Marktfeld. Während die Pessimisten düstere Zeiten prognostizieren, erinnert sich mancher an die positiven Effekte der Krisenjahre 2001 und 2002. Den Fonds bieten sich derzeit Minderheitsbeteiligungen, Mezzanine-Finanzierungen oder auch niedrig bewertete Anleihen vieler Firmen sowie günstige Einstandspreise an.

So werden beispielsweise vermehrt Minderheitsanteile von Unternehmen aufgekauft, die derzeit mit deutlichen Abschlägen gehandelt. werden, obwohl die Firmen dahinter nicht schlecht aufgestellt sind. Bracheninsider sehen hier jedoch nur Potenzial bei Investoren, die bereits Erfahrung mit solchen Transaktionen aufweisen können.

Es handelt sich derzeit um eine Phase massiver Entschuldung. Selbst gesunde Unternehmen sind teilweise wegen ihrer Schulden ins Trudeln geraten und müssen refinanziert werden. Immer häufiger werden Banken daher Verkaufsprozesse vorantreiben, da nach ihrer Ansicht das Kapital der Eigentümer nichts mehr wert ist. Nun gilt es für die Private-Equity-Häuser vom „Deleveraging“ zu profitieren. Eine weitere Chance bietet sich nämlich auch im Aufkauf von Firmenkrediten, die wegen der Krise teils mit Abschlägen von 50 % oder mehr auf die Forderungen gehandelt werden. Diese Kredite kann der Investor dann später in Eigenkapital wandeln und sich so direkt an den Firmen beteiligen. Alternative Strategien sehen die komplette Übernahme hoch verschuldeter Unternehmen von Banken vor.

Nicht zuletzt profitieren Marktteilnehmer von der Krise, die sich bereits seit längerem auf kleinere Transaktionen spezialisiert haben. Sicherlich werden wir auf längere Sicht keine vergleichbaren Leverage Rates mehr sehen. Für die kleineren Kreditfinanzierungen müssen eventuell andere Finanzquellen gesucht werden. Außerdem müssen sich die Beteiligungsgesellschaften auf längere Haltefristen einstellen.

Wichtig ist auch, dass die Private-Equity-Industrie aus Fehlern gelernt hat. Entscheidend ist eine neue Offenheit der Branche auch gegenüber Dritten, um Vertrauen wiederherzustellen. Alle Akteure in diesem Markt sollten sich der Tatsache bewusst werden, dass Private-Equity-Transaktionen zwar nicht öffentlich stattfinden sollten, aber in Richtung der Investoren in diese Anlageklasse eine weitgehende Transparenz herrschen muss, um deren Reporting-Erfordernisse zu erfüllen.

6. Nutzen von Private Equity

6.1 Schließen von Finanzierungslücken und Optimierung der Finanzstruktur

Das Eigenkapital eines Unternehmens bildet die Grundlage für den unternehmerischen Erfolg. Dennoch weisen deutsche Unternehmen, vor allem im mittelständischen Bereich, eine zu geringe Eigenkapitalquote aus. Ursächlich für die geringen Eigenkapitalquoten von durchschnittlich 15 % (laut DSGV „Diagnose Mittelstand 2008“) sind die international vergleichsweise günstigen Konditionen für Fremdkapital, die hohe Unternehmensbesteuerung sowie ein schwach entwickelter deutscher Kapitalmarkt. Um langfristig überlebensfähig zu sein, sind eigenkapitalschwache Unternehmen dazu gezwungen, neue Finanzierungsalternativen zu identifizieren. Eine Konsequenz aus der verstärkten Zurückhaltung der Banken bei der Kreditvergabe ist eine erhöhte Eigenkapitalquote bei den durch Private Equity finanzierten Unternehmen. Wenn das Kapital bei Banken knapp wird, haben Private-Equity-Gesellschaften immer noch die Möglichkeit, ihre Eigenkapitalanteile zu erhöhen. Bereits vor der Finanzkrise betrug die Eigenkapitalquote der durch Private Equity finanzierten Unternehmen im Schnitt

30 % – und war damit deutlich höher als die durchschnittliche Eigenkapitalquote deutscher Unternehmen. In den vergangenen Monaten sind die Eigenkapitalquoten auf nahezu 43 % angestiegen.

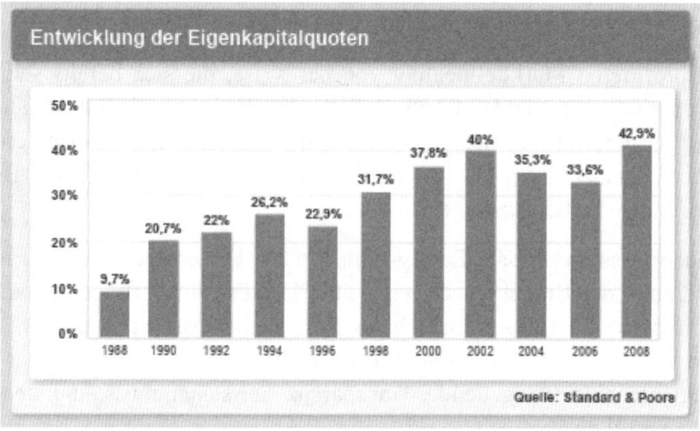

Abbildung 5: *Eigenkapitalquoten*

6.2 Umsetzung von Ideen in kommerziell erfolgreiche Innovationen

Das Eigenkapital spielt in Deutschland eine – auch im internationalen Vergleich – noch viel zu geringe Rolle. In den USA haben kleine und mittlere Gesellschaften im Durchschnitt eine Eigenkapitalquote von ca. 50 %. Der Großteil des Eigenkapitals dieser Unternehmen wird mit 62 % dabei von den Eigentümern selbst aufgebracht. Auch bei US-amerikanischen Großunternehmen findet man im Durchschnitt eine Eigenkapitalquote von knapp 40 %. Die Unterschiede in der Finanzierungsstruktur sind dort zwischen den Größenklassen der Unternehmen relativ gering. Sie unterscheiden sich primär in der Mittelherkunft. Grob gesagt: Je größer eine Gesellschaft, desto stärker ist die Nutzung des Kapitalmarkts. Auch in Europa findet sich ein ähnliches Bild. Die Eigenkapitalquote von Großunternehmen liegt nach Berechnungen der EU-Kommission im EU-Durchschnitt bei knapp 40 %, bei kleinen und mittleren Unternehmen immerhin noch bei über 30 %. In Deutschland stellt sich die Lage anders dar. Während große Gesellschaften immerhin eine Eigenkapitalquote von 30 % aufweisen, ist für den Mittelstand gerade einmal eine Quote von 18 % festzustellen. Nur 22,2 % aller Unternehmen erreichen hier eine Eigenkapitalquote von 30 %. Aktuelle Statistiken belegen, dass das Verhältnis von Eigenkapital zu Fremdkapital bei durch Private-Equity finanzierten Mittelstandsunternehmen besser ist als bei denen ohne diese Art von Finanzierung.

Die zentrale Bedeutung von Innovationen für die Leistungsfähigkeit einer modernen Volkswirtschaft wird immer wieder betont. Schließlich sind es die neuen Produkte und Dienstleistungen, die für eine Steigerung der Lebensqualität sorgen. Allerdings gelingt es europäischen Ländern im Vergleich zu Japan und den USA oftmals nicht, ihre Ideen und Erfindungen in Form kommerziell erfolgreicher Produkte und Geschäftsmodelle umzusetzen, obwohl Europa durchaus erfindungsreich ist. So geht aus der aktuellen Patentstatistik von Eurostat (Stand: 27.02.2008) hervor, dass bei der Anzahl der eingereichten Patente beim Europäischen Patentamt (EPA) in den Jahren 2003 und 2004 von den drei führenden Volkswirtschaften der Welt, der Wirtschaftsraum der EU-27 an der Spitze lag, gefolgt von den USA und Japan. Konkret beliefen sich die vom Wirtschaftsraum der EU-27 eingereichten Patente im Jahr 2004 auf schätzungsweise knapp 55.000, in den USA und Japan waren es dagegen nur rund 35.000 bzw. etwas mehr als 23.000. Des Weiteren zeigt die Patentstatistik von Eurostat, dass Deutschland mit rund 23.000 geschätzten Patentanmeldungen im Jahr 2004 im Vergleich zu anderen EU-Mitgliedstaaten in Bezug auf die absoluten Zahlen den ersten Platz einnahm (siehe Abbildung 6.

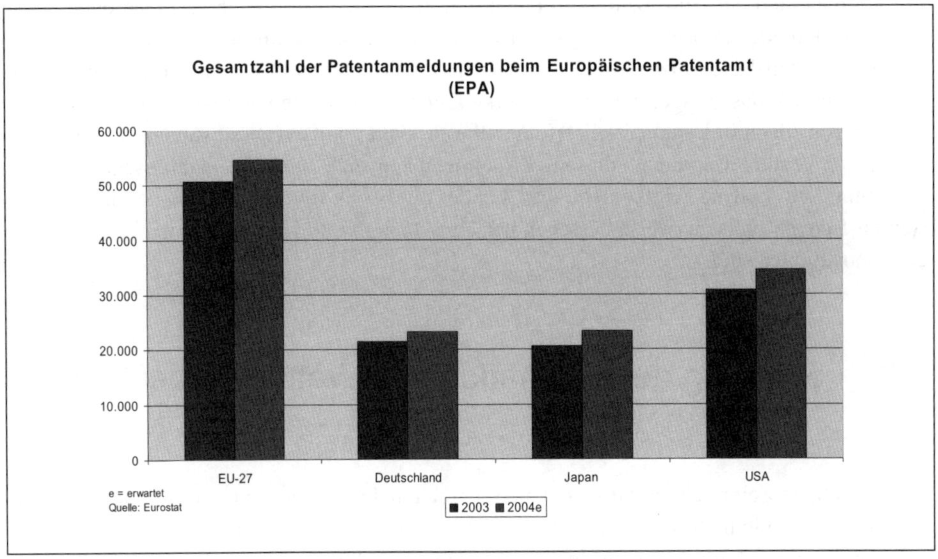

Abbildung 6: *Patentanmeldungen beim Europäischen Patentamt 2003/2004*

Von den insgesamt in einer Volkswirtschaft ansässigen Unternehmen gehen positive Innovationswirkungen insbesondere von jungen, kleinen und mittleren Unternehmen aus, da wahrgenommene gesellschaftliche und ökonomische Probleme vor allem von innovativen Start-ups relativ erfolgreich und zeitnah gelöst werden. Die Finanzierung solcher Vorhaben stellt aber gerade für innovative Start-ups eine große Herausforderung dar, da sie in der Regel über keine Sicherheiten verfügen und ihr Geschäftsmodell üblicherweise unerprobt ist. In diesem Zusammenhang kommt dem Beteiligungsmarkt eine wichtige Funktion zu.

Ohne ausreichende Finanzierung werden jedoch immer mehr Firmen an Wachstumsgrenzen stoßen oder Probleme bei der Konsolidierung bekommen. Gerade in wirtschaftlich schwierigen Zeiten muss wirtschaftliches Wachstum nachhaltig gefördert und finanziert werden, wenn sich unsere Industrie weiterhin positiv entwickeln soll. Wachstum ist nicht alles – aber ohne Wachstum ist alles nichts. Nachhaltig heißt, dass das Unternehmen auch in schwierigen Zeiten nicht sofort vom Wettbewerb verdrängt wird und Krisen überstehen kann. Vor allem die Kapitalausstattung muss solide sein. Wachsende Investitionserfordernisse auf den Gebieten Forschung, Entwicklung und Innovation werden gerade heute immer dringender. Die Erschließung neuer Märkte zum Aufbau und zur Ausweitung der Marktpräsenz bedingen eine solide Kapitaldecke und führen zu verstärkter Marktbereinigung. Der Preis- und Wettbewerbsdruck erhöht sich immer mehr und insbesondere das Jahr 2009 wird den Unternehmern einiges abverlangen, um die konsummüden Endverbraucher für sich zu gewinnen. Die Stärkung der Eigenkapitalbasis – auch unter Nutzung innovativer Finanzierungsinstrumente – wird für den Mittelstand zukünftig von elementarer Bedeutung sein.

Einen positiven statistischen Zusammenhang zwischen dem Volumen von Private-Equity-Investitionen und der Umsetzung von Ideen in kommerziell erfolgreiche Innovationen belegt auch eine aktuelle empirische Analyse der Deutschen Bank, die auf der statistischen Auswertung eines Panel-Datensatzes für 15 europäische Länder und die USA basiert. Die Ergebnisse zeigen deutlich, dass junge, innovationsstarke Unternehmen eine wichtige Rolle bei der Umsetzung von Ideen in kommerziell erfolgreiche Produkte und Prozesse spielen und dass insbesondere Venture Capital in diesem Zusammenhang eine wichtige katalytische Funktion zukommt. Die Analyse zeigt zudem, dass Länder mit hohen Investitionsvolumen im Venture-Capital-Bereich typischerweise besser in der Umsetzung von Ideen in kommerziell erfolgreiche Innovationen sind.

6.3 Stärkung der internationalen Wettbewerbsfähigkeit

In der heutigen Zeit reicht es für viele Unternehmen nicht mehr aus, nur auf regionalen Märkten zu agieren. Vielmehr muss die Ausweitung der unternehmerischen Aktivitäten international, d.h. über die Landesgrenzen hinaus angelegt sein. Internationale Wettbewerbsfähigkeit setzt jedoch voraus, dass erfolgversprechende Investitionsvorhaben nicht an mangelnden Finanzierungsmöglichkeiten scheitern. Junge, innovative Unternehmen, die auf dynamischen und überdurchschnittlich wachsenden Märkten agieren, müssen daher in ihrer Expansionsstrategie finanziell unterstützt werden, um international wettbewerbsfähig zu sein. Die Finanzierung mit Eigenkapital kann sich zudem positiv auf die Qualität der Unternehmensführung auswirken, wenn Kapitalgeber ihre Erfahrung und ihr Know-how in den Unternehmensprozess einbringen.

6.4 Bestandssicherung mittelständischer Unternehmen

Die Erfahrungen der letzten Jahre haben gezeigt, dass die erfolgreiche Gestaltung der Unternehmensnachfolge in Familienunternehmen und die damit verbundene Vermögensweitergabe in der Praxis oftmals mit erheblichen Schwierigkeiten und Problemen verbunden sind. Ursächlich für die Nachfolgeproblematik sind komplexe betriebswirtschaftliche und steuerrechtliche Rahmenbedingungen, mit denen der Unternehmensinhaber bei einem Führungswechsel im Unternehmen konfrontiert ist. Aber auch psychologisch-soziologische Konflikte und deren Verdrängung tragen in hohem Maße dazu bei, dass die Regelung der Unternehmensnachfolge häufig unangemessen oder aber zeitlich zu spät erfolgt. Alleine in Deutschland stehen im Fünfjahreszeitraum 2005 bis 2009 von den insgesamt 2.005.000 Familienunternehmen mit einem Jahresumsatz von über 50.000 Euro voraussichtlich etwa 354.000 dem Problem der Nachfolgeplanung gegenüber, wie eine vom Bonner Institut für Mittelstandsforschung (IfM) durchgeführte aktuelle Studie zeigt. Dies entspricht 71.000 jährlichen Unternehmensübertragungen mit ca. 678.000 Beschäftigten (siehe Abbildung 7).

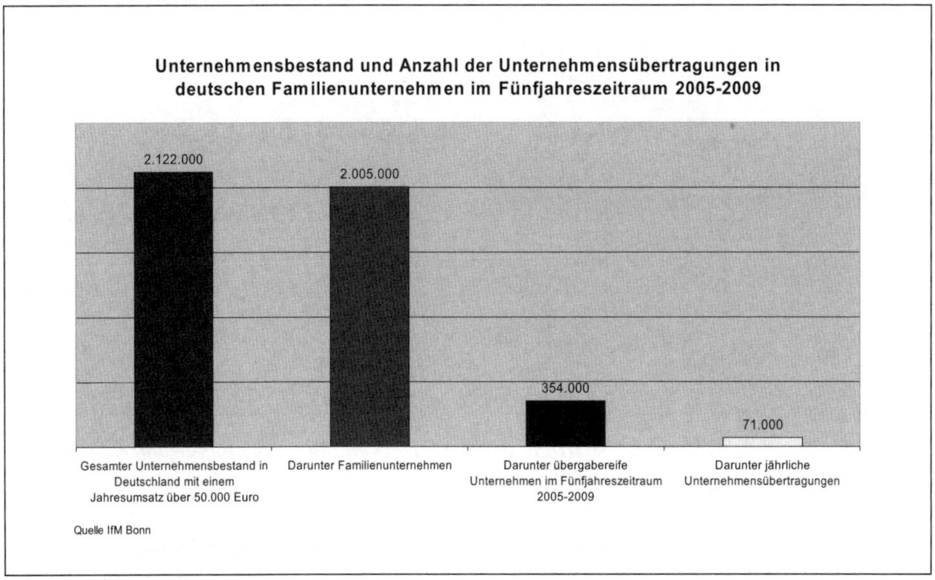

Abbildung 7: *Bestand und Anzahl der Übertragungen von Familienunternehmen*

Von den 71.000 jährlichen Unternehmensübertragungen werden schätzungsweise lediglich 43,8 % der übergabereifen Unternehmen an ein internes Familienmitglied übergeben, obwohl die familieninterne Nachfolge das idealtypische Nachfolgemodell ist, das vielen Unternehmen traditionell noch immer vorschwebt. Angesichts des Mangels an geeigneten oder übernahmewilligen Familienmitgliedern treten viele Unternehmen zwangsläufig die familienexterne Nachfolge an. Nach Schätzungen des IfM werden in den kommenden Jahren 26,7 % der übergabereifen Unternehmen an einen Außenstehenden übergeben, wobei das Unternehmen an das bisherige Management bzw. die Geschäftsführung oder an ein externes Management verkauft werden kann. Vorteilhaft bei dieser Nachfolgevariante ist, dass mit dem neuen Eigentümer möglicherweise neue Impulse in das Unternehmen kommen. Im bestmöglichen Fall findet dadurch in sämtlichen Unternehmensfeldern eine Vitalisierung statt, die durch neue Kreativität und Innovationen, durch ein verbessertes Arbeitsklima, durch einen Investitionsschub für moderne Technologie, durch verbesserte Kunden- und Lieferantenbeziehungen, durch die Erschließung neuer Märkte sowie durch eine erhöhte Attraktivität des Unternehmens für Fach- und Führungskräfte gekennzeichnet ist. Die genannten Vorteile treffen aber hauptsächlich auf die Unternehmensübertragung im Rahmen eines Management-Buy-in zu. Abbildung 8 gibt einen Überblick über die Anzahl der jährlichen Unternehmensübertragungen nach Herkunft der Nachfolger und über die Anzahl der jährlichen Stilllegungen.

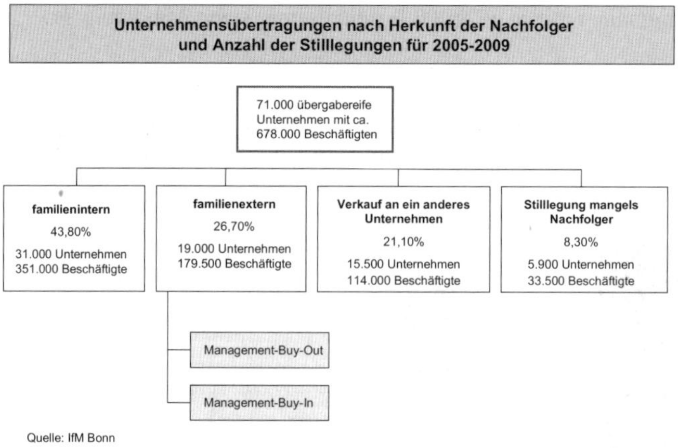

Abbildung 8: *Unternehmensübertragungen nach Herkunft der Nachfolger und Anzahl der Stilllegungen*

Da 26,7 % der übergabereifen Familienunternehmen in den kommenden Jahren an ein internes oder ein externes Management übertragen werden, dürfte es einleuchtend sein, dass die konsequente Ausschöpfung des Buy-out-Markts durch einheimische Marktteilnehmer nicht nur für deutsche Unternehmen, sondern auch für die deutsche Wirtschaft von herausragender Bedeutung ist. Wesentliche Ursache hierfür dürfte die Tatsache sein, dass Buy-out-Finanzierungen einen wichtigen Beitrag zur Bestandsicherung deutscher Unternehmen leisten können. Dies belegt u.a. eine aktuelle Studie des Deutschen Instituts für Wirtschaftsforschung (DIW), die im Auftrag des Bundesverbands Deutscher Kapitalbeteiligungsgesellschaften (BVK) erstellt wurde.

7. Vorbehalte im Mittelstand

„Buy it, strip it, flip it“ – also kaufen, filetieren und abstoßen – heißt eine gefürchtete Investorenstrategie. Obwohl Private-Equity-Kapital eine sinnvolle alternative Finanzierungsform für innovative, mittelständische Unternehmen ist, zeigen sich einige mittelständische Unternehmer noch zögerlich. Dies ist das zentrale Ergebnis einer Umfrage, die von den Industrie- und Handelskammern München, Passau, Regensburg und Würzburg zusammen mit dem Center for Entrepreneurial and Financial Studies (CEFS) der Technischen Universität München Ende 2004 unter 266 mittelständischen Unternehmen in Bayern durchgeführt wurde. Ein Viertel der Unternehmen sieht diese Finanzierungsform als geeignet oder sehr geeignet an. Als größte Hemmschwelle wurden die vermeintlich hohen Renditeerwartungen der privaten Kapitalbeteiligungsgesellschaften angesehen. Gleichzeitig schreckten die befragten mittelständischen Unternehmen vor den Mitspracherechten der Kapitalbeteiligungsgesellschaften und somit davor zurück, Entscheidungsbefugnisse zu verlieren. Auffällig ist, dass insbesondere Unternehmen ohne Beteiligung dieser Meinung waren (52 %).

Im Hinblick auf den Informationsstand gaben nur 26 % der befragten Unternehmen an, dass sie sich mit dieser Finanzierungsalternative sehr gut oder gut auskennen. Rund 63 % der Befragten fühlten sich hingegen mittelmäßig oder schlecht über Beteiligungskapital informiert. Auf der Suche nach Informationen wenden sich die meisten Unternehmen an den Steuerberater (46 %) oder ihre Bank (45 %). Als weitere Quellen dienen auch die Fachpresse oder die Industrie- und Handelskammern. Nur knapp 23 % der befragten Unternehmen suchten den direkten Kontakt zur Beteiligungsbranche (siehe Abbildung 9). Ein detaillierter Vergleich zwischen den einzelnen Unternehmensgrößen zeigt, dass sich Unternehmen mit hohem Umsatz (> 50 Mio. Euro Jahresumsatz) signifikant häufiger direkt an ein Beteiligungshaus wenden, um sich zu informieren, als kleine und mittlere Unternehmen mit einem Jahresumsatz unter 50 Mio. Euro.

Nach und nach sehen aber auch immer mehr Unternehmen die Vorteile von Private Equity. Sie schätzen den Kompetenzgewinn und das neu gewonnene Fachwissen durch den Investor. Gerade Private-Equity-Unternehmen mit einem bestimmten Branchenfokus, die selbst aus dem Heimatmarkt stammen, verfügen über Senior Manager, die umfassende Unterstützung leisten können. Diese Unterstützung bringen sie auch häufig in Form von Interim Management ein. Ihre Erfahrung verwandelt sich bei den Portfoliounternehmen in neue Möglichkeiten, das Geschäft weiter zu forcieren. Internationale Kontakte helfen bei der weiteren Expansion des Unternehmens. Durch das zusätzliche Eigenkapital im Unternehmen verbessert sich auch das Rating der Gesellschaft und somit seine Bonität. Dies ermöglicht auch in der Zukunft eine flexiblere Gestaltung bei der Unternehmensfinanzierung. Hilfe bei Akquisitionen gehört zum Standardgeschäft für Private-Equity-Gesellschaften und unterstützt das Unternehmen dabei, den nächsten Wachstumsschritt zu unternehmen. Häufig ergeben sich auch bereits Synergien zu anderen Portfoliounternehmen. So können beispielsweise auch Einkaufsgemeinschaften gebildet oder neue Lieferantenkontakte übernommen werden.

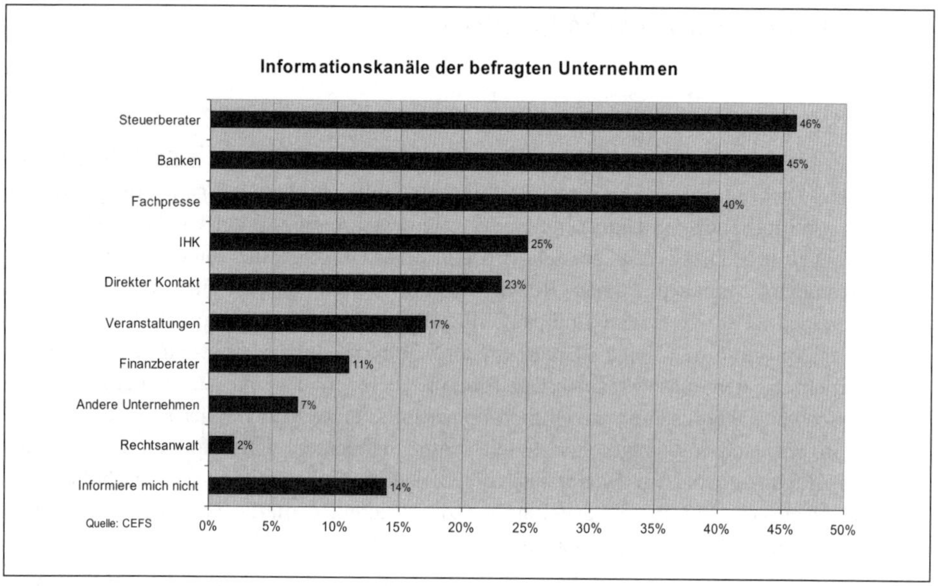

Abbildung 9: *Informationskanäle der befragten Unternehmen*

Allerdings sollte man als Unternehmer auch einiges bedenken vor dem Einstieg eines Private-Equity-Investors. Ziel eines solchen Investors ist immer, den Gewinn zu maximieren. Wegen dieses Strebens nach Gewinn wird er sich im Zweifelsfall auch aktiv in die Geschäftspolitik einbringen. Aber schon Goethe sagte: „Das Gleiche lässt uns in Ruhe, aber der Widerspruch ist es, der uns produktiv macht." Eine aktive Mitgestaltung der Zukunft des Unternehmens ist wahrscheinlich. Der Ausprägungsgrad variiert dabei. Der Unternehmer kann davon ausgehen, dass die Interessen des Private-Equity-Investors in dieselbe Richtung gehen wie die Ziele des Unternehmens – soweit kein Unterschied zu einem strategischen Investor. Allerdings ist ein Finanzinvestor nur für einen begrenzten Zeitraum im Unternehmen. Die übliche Halteperiode liegt bei circa fünf Jahren. Auch erwartet ein Finanzinvestor eine professionelle, umfassende Informationspolitik seiner Portfoliounternehmen, um eine adäquate Steuerung der Unternehmen sicherzustellen. Hierzu ist er auch im Sinne seiner Investoren verpflichtet. Darüber hinaus sollte beim Verkauf von Unternehmensanteilen an einen Finanzinvestor bedacht werden, dass meistens auch künftig eine Beteiligung des bisherigen Unternehmers gewünscht ist, um weiterhin zu gewährleisten, dass die Interessen am Unternehmenserfolg gleichgerichtet sind. Ein hundertprozentiger Verkauf ist nur selten möglich.

8. Fazit

Die Finanzkrise und die Zurückhaltung der Banken bei der Kreditvergabe werden mittelfristig zu gravierenden strukturellen Veränderungen bei der Unternehmensfinanzierung führen. Nicht nur aus diesem Grunde stellt Private Equity speziell für mittelständische Unternehmen eine erfolgversprechende Finanzierungsalternative dar. Gleichzeitig trägt Private Equity zur Schließung der bestehenden Eigenkapitallücke bei und sorgt dafür, dass kleine und mittlere Unternehmen in Zeiten des globalen Wettbewerbs bestehen können. Die Sparkassen als starke Hausbanken des Mittelstandes können hierzu einen wertvollen Beratungsbeitrag leisten. Außerdem gehört zum Portfolio einer Sparkasse heutzutage neben einem mittelständischen Kreditportfolio eine sinnvolle Beimischung von Private Equity im Depot A. Es sei nochmals darauf hingewiesen, dass es in der Regel volkswirtschaftlich sinnvoller und für das einzelne Haus effizienter und risikoadäquater ist, seine Anlagen in diese Assetklasse über professionelle Dachfonds zu tätigen – und somit angemessene Renditen zu erwirtschaften, statt zu versuchen, mit Boardmitteln regionale Investments zu tätigen, die in der Vergangenheit bei vielen Häusern zu Ausfällen und somit zu einer Verunsicherung in Bezug auf die Anlageklasse Private Equity führten. Richtig umgesetzt muss Private Equity nicht risikoreich sein!

Darüber hinaus hat sich gezeigt, dass die volkswirtschaftliche Bedeutung des Private-Equity-Marktes nicht zu unterschätzen ist. Angesichts der weiter wachsenden Bedeutung von Private Equity für den deutschen Mittelstand ist dafür zu plädieren, dass Deutschland einen sicheren und attraktiven Rechtsrahmen für Private-Equity-Finanzierungen und die Anlegen in diese Assetklasse bietet.

Die – nur in Deutschland geführte – populistische „Heuschreckendiskussion" war deswegen kontraproduktiv.

Denn zweifellos sind die Bedenken und Vorbehalte gegenüber fremden Investoren immer noch nicht ganz ausgerottet. Auch schwächen negative Einzelbeispiele die überwiegend gute Argumentationsbasis für Private Equity. Die aktuelle Finanz- und Bankenkrise hat diese Vorurteile noch weiter verstärkt.

Die Realität sieht zumeist anders aus. Um bei seinem Exit einen attraktiven Verkaufswert zu erzielen, muss der Finanzinvestor den Unternehmenswert steigern. Deshalb werden gemeinsam mit dem Management des Unternehmens neue Kundengruppen erschlossen oder Unternehmen hinzugekauft, in Einzelfällen auch Kostensenkungsprogramme entwickelt, das Beteiligungsportfolio wird gestrafft. Dabei erschließen sie meist bisher brachliegendes Potenzial und verbessern die Rentabilität des Unternehmens. Leider wird über solche Erfolgsstories zu wenig gesprochen. Es gibt hierzulande eine Reihe von Private-Equity-Gesellschaften, die sich als wertvolle Partner mittelständischer Firmen etabliert haben, um Wachstums- oder Internationalisierungsstrategien ebenso wie Zukäufe überhaupt erst zu ermöglichen, denn diese lassen sich aus dem Cashflow oder über Fremdkapital immer häufiger nicht finanzieren. Es gibt auch Private-Equity-Investoren, die sich auf bestimmte Branchen spezialisiert haben und hier spezifisches Know-how einbringen. Insofern bieten Beteiligungsgesellschaften auch große Chancen für den deutschen Mittelstand. Nur durch intensive Auseinandersetzung mit allen Optionen kann es gelingen, eine optimale Lösung für Finanzierungsprobleme zu erreichen. Inzwischen gibt es schon viele gute Beispiele dafür. Hier entpuppten sich die angeblichen Heuschrecken als Honigbienen.

Nachfolgeregelung im Mittelstand

Horst Kary / Hermann Dittmers

1. Einführung und aktueller Sachstand

Beratung und Begleitung einer Unternehmensnachfolge ist zweifellos die Königsdisziplin der Firmenkundenberatung. Nicht weniger muss der Berater leisten, als den Erhalt einer Firma zu sichern, den Übergeber zufriedenzustellen, dessen Familie angemessen zu berücksichtigen und gleichzeitig den Übernehmern ein akzeptables Geschäft zu ermöglichen. Dabei machen nicht ausschließlich die Vielzahl der Beteiligten oder die steuerlichen Einflussfaktoren das Projekt anspruchsvoll, mehr als bei anderen großen Abschlüssen spielt die biografische Situation der Geschäftspartner und ihrer Angehörigen hinein. Da Ehefrauen und Kinder direkt oder indirekt betroffen oder beteiligt sind und es oft um das „Kind" oder „Lebenswerk" des Inhabers geht, sind wenige große Deals so emotionsbefrachtet und konfliktträchtig wie die Übergabe oder der Verkauf eines mittelständischen Familienunternehmens[1].

Demografisch bedingt gab es nie so viele Unternehmensnachfolgen wie zurzeit. Rund 71.000 der gut zwei Millionen Familienunternehmen stehen jährlich nach Berechnungen des Instituts für Mittelstandsforschung Bonn (IfM) zur Übergabe an. Davon können etwa 30.000 die Nachfolge nicht intern bewerkstelligen. Alleine rund 15.000 Anfragen landen deshalb bei der Internet-Nachfolgebörse „nexxt-change", die vom Bundesministerium für Wirtschaft und Technologie initiiert wurde und von Verbänden, Banken, Sparkassen und Institutionen der Wirtschaft unterstützt wird. Der DIHK verzeichnete 2006 ca. 100 Interessenten und fünf erfolgreiche Vermittlungen pro Arbeitstag. Die Organisation geht davon aus, dass jährlich 40.000 Unternehmen Schwierigkeiten bei der Suche nach einem geeigneten Nachfolger haben. Die Kreditanstalt für Wiederaufbau (KfW) schätzt, dass rund 6.000 Unternehmer im Jahr überhaupt keinen Nachfolger finden; die Schäden für die Volkswirtschaft und die Arbeitsplät-

---

1 Unter Mittelstand (im Folgenden auch klein- und mittelständische Unternehmen und/oder KMU) werden im Rahmen dieses Beitrags nach einer Definition des IfM (Bonn) einerseits Unternehmen verstanden, die hinsichtlich der Anzahl der beschäftigten Mitarbeiter unter 500 Personen liegen und die einen Jahresumsatz von bis zu 50 Mio. Euro aufweisen. Daneben bezieht sich die engere Klassifizierung auf qualitative Elemente, um diese Unternehmensgruppe zu beschreiben: Familienunternehmen, deren Eigentums- und Leitungsrechte im Wesentlichen in der Person eines Unternehmers bzw. einer Unternehmerin vereint sind.

ze liegen auf der Hand. Generell lässt sich ein Trend hin zur familienexternen Nachfolge beobachten. Es scheint sich die Einsicht durchzusetzen, dass ausschließlich fachliche und persönliche Eignung des Nachfolgers den Fortbestand des Unternehmens sichern.

In der Regel vollzieht sich ein (externer) Übergang als Management-Buy-out (MBO) oder Management-Buy-in (MBI) – beides Formen mit meist erheblichem Finanzierungsbedarf. Blickt man auf die größten Hürden bei Nachfolgen, so gehört dazu aus Übergebersicht neben Suche und Auswahl des richtigen Nachfolgers die Finanzierung.[2] Befragte Übernehmer wiederum nennen die Ermittlung des Unternehmenswerts (mehr als ein Drittel) und die Verhandlungen mit der Hausbank (rund ein Viertel) als Probleme. Bezeichnend auch das Ergebnis, dass 40 % der Unternehmen nach der Übergabe einen höheren Finanzierungsbedarf haben als erwartet.

Diese Situation, verbunden mit der Vielzahl der Nachfolgen, macht Beratung und Finanzierung zu einer Chance für die Banken für Umsatz, Kundenbindung und Kundengewinnung. Eine Studie des Instituts für Kredit- und Finanzwirtschaft der Ruhr-Universität Bochum kam 2003 zum Ergebnis, dass 56 % der Mittelständler mehr als 25 Jahre bei einer Bank Kunde waren. Diese ungewöhnlich große Treue ist der Grund, warum die Hausbank neben Kammern, Verbänden und privaten Beratern zu den ersten Ansprechpartnern rund um die Unternehmensnachfolge gehört.

Die Dimensionen und Schritte einer geregelten Unternehmensnachfolge sind heute nach Maßgabe modernen Projektmanagements abgesteckt und definiert. Vorausgesetzt der Übergeber beginnt das Projekt rechtzeitig – bislang noch eines der häufigsten Hindernisse –, kann sich der Berater auf bewährte Ablaufpläne und Checklisten stützen. Mehr oder weniger ausgearbeitet umfassen sie in der Regel die Phase der Situationsanalyse mit der Entwicklung von Handlungsoptionen, die Phase der Ausarbeitung einer oder mehrerer Übergabelösungen, falls nötig die Phase der konkreten Nachfolgersuche und schließlich die Phase der Vertragsverhandlungen und des Abschlusses. Dementsprechend gehört die Finanzierung einer Unternehmensnachfolge über den klassischen Bankenkredit hinaus zum Standardrepertoire der Firmenkundenberatung.

Noch relativ wenig durchgesetzt haben sich im Bereich der Unternehmensnachfolgen strukturierte Finanzierungen unter Einbeziehung unterschiedlicher Formen von Beteiligungskapital. Dabei erweitern sie die Spielräume und erhöhen nicht zuletzt den Ertrag des Kreditinstituts – innerhalb einer Win-win-Situation. „Eine sinnvolle Alternative bzw. Ergänzung zur Bankenfinanzierung kann die Aufnahme von externem Beteiligungskapital (Private Equity) bzw. eine mezzanine Finanzierungsform (Nachrangdarlehen, Genussscheine etc.) sein“, deutet der WirtschaftsObserver der KfW[3] an. Weiter ist zu lesen: „Mit Hilfe der öffentlichen Förderinstrumente im Bereich der Mezzanine- und Eigenkapitalfinanzierung kann die Finanzierungs-

2 Vgl. Studie des Instituts für Mittelstandsforschung der Universität Mannheim 2002, präsentiert auf der Tagung „Erfolgreiche Unternehmensnachfolge im ländlichen Raum“, Hausach, 19.11.2008, Internetabruf vom 02.06.2009

3 Vgl. WirtschaftsObserver online: Finanzierung der Unternehmensnachfolge: Öffentliche Fördermöglichkeiten, Nr. 14, August 2006, S. 3f., Internetabruf vom 20.06.2009

struktur des jeweiligen Unternehmens verbessert und der Spielraum für die Aufnahme von Fremdkapital erweitert werden. Die Funktionsweise ist auf dem Gebiet der Mezzanine-Finanzierungen in Form von Nachrangdarlehen meist analog zur Kreditfinanzierung."

Dieser Einschätzung ist auch unabhängig vom Einsatz öffentlicher Fördergelder zuzustimmen: Der Einsatz von (ergänzendem) Beteiligungskapital ermöglicht intelligente Nachfolgefinanzierungen, die den eingangs genannten Hauptzielen einer gelungenen Übergabe gerecht werden.

Unternehmensneugründungen in der Bundesrepublik Deutschland stagnieren. Die Übernahme eines am Markt agierenden und etablierten Unternehmens beinhaltet insgesamt niedrigere Risiken als eine Neugründung, die in den ersten Lebensjahren eine Phase mit einem hohen Insolvenzrisiko durchläuft. Vor dem Hintergrund des gestiegenen Risikobewusstseins in der Finanzdienstleistungsbranche – nicht zuletzt aufgrund der Finanzmarktkrise – ist es sinnvoll, sich mit dem Thema Nachfolgeregelungen intensiv zu beschäftigen.

2. Die Situation vor der Übergabe eines Unternehmens

Vor der Übergabe eines Unternehmens bestehen bestimmte Anforderungen, denen sich sämtliche Beteiligte des Nachfolgeprozesses zu stellen haben. „Um sein Ziel sicher und mit hoher Trefferwahrscheinlichkeit ins Auge fassen zu können, muss ein Schütze wissen, wo er steht. Das gilt umso mehr, wenn er sich in einem Gelände bewegt, das ihm bisher unbekannt ist."[4] Diese für die Beteiligten häufig unbekannten Rahmenbedingungen sollen differenziert erläutert werden.

2.1 Rahmenbedingungen des übergebenden Unternehmers

Wirtschaft, Politik und die Gesellschaft sind sich einig: Der Mittelstand ist die tragende Säule der deutschen Wirtschaft. Arbeitsplatzsicherung und Stabilisierung des wirtschaftlichen Wachstums werden als Gründe genannt. Daher wird der rechtzeitigen Regelung der Unternehmensnachfolge eine sehr hohe Bedeutung beigemessen. Auf der einen Seite verkennt der

4 Vgl. Felden, Birgit, Klaus, Annekatrin: Unternehmensnachfolge, Stuttgart 2003, S. 3

Unternehmer nicht die Notwendigkeit, das Erarbeitete und damit sein Lebenswerk zu sichern. Auf der anderen Seite tritt diese wesentliche strategische Aufgabe oft hinter dem Tagesgeschäft zurück. Aber „das Wissen um den unausweichlichen Generationswechsel, bedingt durch das eigene Alter, verpflichtet den Unternehmer im Interesse der Unternehmung zielgerichtete Nachfolgemaßnahmen einzuleiten".[5] Dabei stehen neben den eigenen Emotionen (das rationale „Verstehen" der Notwendigkeit ist nachvollziehbar, aber das emotionale „Akzeptieren" erzeugt die Schwierigkeiten) betriebswirtschaftliche Notwendigkeiten im Vordergrund. Bedacht werden muss, dass die Nachfolge ein kritischer Punkt ist, an dem sich die Zukunftsfähigkeit eines Unternehmens entscheidet. Auch ehemals wirtschaftlich gesunde Mittelständler sind durch eine unzureichende Nachfolgeregelung in die Insolvenz getrieben worden.[6] So ergeben sich zusammengefasst bei Unternehmensnachfolgen für den „abgebenden Unternehmer" vier Ziele:[7]

1. *Sicherheit und Erhaltung des Unternehmensvermögens*[8] *durch Rechtsformenwahl*
   Die Sicherung des Unternehmensvermögens bedarf der Wahl einer geeigneten Gesellschafts- bzw. Rechtsform. Im Vordergrund steht hier die Frage, welche Haftungsrisiken der Übernehmer zu tragen bereit ist. Als mögliche Rechtsformen wird im Wesentlichen zwischen der Personengesellschaft (Einzelunternehmen, OHG, KG) und der Kapitalgesellschaft (GmbH, AG) unterschieden. Als Mischform käme noch die GmbH & Co. KG in Betracht, die der Form nach zwar Personengesellschaft, aufgrund ihrer materiellrechtlichen Ausgestaltung aber oft als Kapitalgesellschaft organisiert ist. Während bei Personengesellschaften mindestens ein Gesellschafter den Gläubigern unbeschränkt haftet, ist die Haftung bei Körperschaften nicht an die Personen gebunden und auf das einzuzahlende Haftungskapital beschränkt.

2. *Sicherung der Unternehmensnachfolge*
   Letztendlich entscheidet auch die Person des Übernehmers (sowohl in fachlicher als auch in sozialer Hinsicht) über das Wohl der Firma. In der Wahl des Übernehmers kann der Übergeber sowohl auf Personen aus dem familiären Umfeld als auch auf familienfremde Dritte (sogenannte „Fremdorganschaften") zurückgreifen. Wenn sich im Familienkreis kein geeigneter Nachfolger befindet, fällt die Wahl auf einen familienfremden Dritten. Hierbei bleibt zu überlegen, ob von Familienseite noch entsprechende „Überwachungsorgane" (Aufsichtsrat, Beirat) zu installieren sind, um zumindest noch an wesentlichen Entscheidungen mitwirken zu können.

---

5 Vgl. auch Grothe, Jan: Aspekte der Unternehmensnachfolge im Mittelstand: Eine Herausforderung, in: Schmeisser, Wilhelm, Krimphove, Dieter, Nathusius, Klaus (Hrsg.): Handbuch Unternehmensnachfolge, Stuttgart 2003, S. 3ff.

6 Vgl. Huber, Hans-Georg, Sterr-Kölln, Heribert: Nachfolge in Familienunternehmen, Stuttgart 2006, S. 11ff.

7 Vgl. Esch, Günter, Baumann, Wolfgang, Schulze zur Wiesche, Dieter: Handbuch der Vermögensnachfolge, Frankfurt 2001, S. 261ff.

8 Der Begriff beinhaltet neben den (sichtbaren) bilanziellen Vermögenswerten grundsätzlich auch die Qualität des Mitarbeiterstamms und würde damit auch das „immaterielle nichtbilanzierte Vermögen" eines Unternehmens umfassen; hier steht nur die Darstellung bezüglich der Rechtsformenwahl im Vordergrund.

3. *Befriedigung der Versorgungsnotwendigkeiten von Angehörigen*
Häufig ist das gesamte oder überwiegende Vermögen eines Unternehmers im Unternehmen gebunden. Die Rechtsnachfolgegestaltung muss sicherstellen, dass nicht nur das Vermögen wie vom Unternehmer gewünscht auf seine Rechtsnachfolger übergeht und in ihren Händen erhalten bleibt, sondern auch über die Gewinne des Unternehmens die Versorgungsbedürfnisse der Erben sichergestellt werden.
4. *steuergünstigste Gestaltung*
Bei der zu wählenden Gesellschaftsgestaltung für die aufnehmende Nachfolgeunternehmung muss jede vermeidbare Steuerbelastung (Schenkung- und Erbschaftsteuern, Ertragsteuern) für die „Abgeber" ausgeschlossen werden. Die Auswirkungen sind anhand der Gesellschaftsformen (Personen- oder Kapitalgesellschaft) vergleichend darzustellen.

2.2 Anforderungen an das zu übergebende Unternehmen und dessen Mitarbeiter(innen)

Ausgangspunkt jeder Betrachtung ist die wirtschaftliche Situation. Das zu übergebende Unternehmen sollte über eine positive Perspektive verfügen, die den (gestiegenen) Kapitaldienst ermöglicht. Bisher schon nachhaltig erwirtschaftete positive Cashflows und ein geringer Verschuldungsgrad stützen schwierige Verhandlungen mit Kapitalgebern. Weitere Indikatoren sind ausgereifte und marktgängige Produkte bzw. Dienstleistungen sowie eine gefestigte Position im relevanten Markt. Bisher nicht ausgeschöpfte Wachstumspotenziale und realistische Möglichkeiten zur weiteren Produktivitätssteigerung fördern eine erfolgreiche Nachfolgeregelung erheblich. Abhängigkeiten von einzelnen Lieferanten, aber auch von einzelnen Abnehmern, sollten beherrschbar erscheinen. Den internen Unternehmensprozess unterstützen detaillierte aufbau- und ablauforganisatorische Regelungen. Je besser ein Betrieb intern strukturiert ist, desto eher werden sich die Unternehmenskäufer in den Arbeitsprozess einfügen können.

Die Mitarbeiterinnen und Mitarbeiter müssen über einen soliden und guten Ausbildungsstand verfügen. Mit regelmäßigen Fortbildungen signalisieren sie, dass sie sich an sich verändernde Rahmenbedingungen des Markts schnell anpassen können und wollen. Das baldige „Karriereende" des Unternehmers darf nicht zu einem Investitionsstau bei Aus- und Weiterbildung führen. Eine zweite Führungsebene unterhalb des Unternehmers ist entscheidend für die Kontinuität: Sie muss einen neuen Chef bzw. eine neue Chefin konstruktiv unterstützen können.

2.3 Anforderungen an den Übernehmenden

Der Nachfolger muss in erster Linie fachlich qualifiziert sein, um ein Unternehmen führen zu können. Dazu gehören neben einer soliden betriebswirtschaftlichen Ausbildung auch technische Kenntnisse der Verfahren und Methoden, die in einem Unternehmen angewendet werden. Wo diese Kenntnisse nicht oder nicht vollständig vorhanden sind, bieten sich (teilweise) mehrstufige und berufsbegleitende Ausbildungsgänge an. Daneben sollten die Übernehmer über ein großes Stehvermögen verfügen; tägliche und andauernde Belastungen schädigen sonst Körper und Psyche.

Nicht weniger wichtig als die fachliche, ist die soziale Kompetenz. Dazu gehören Kommunikationsfähigkeit und Verhandlungsgeschick gegenüber Lieferanten, Kunden, Banken und Sparkassen sowie Mitarbeiterinnen und Mitarbeitern.

Zusammenfassen lassen sich die Anforderungen in dem von der Deutschen Gesellschaft für Mittelstandsberatung (DGM) entwickelten Anforderungskatalog für Nachfolger[9], der drei wesentliche Themenfelder mit den jeweiligen Schwerpunkten benennt:

1. Unternehmerisches Denken und Handeln
   - Ziel- und Ergebnisorientierung
   - Leistungsorientierung (Einsatz/Initiative)
   - Bereitschaft zur Übernahme von Verantwortung
   - Belastbarkeit und Ausdauer
   - Entscheidungsfreudigkeit
   - disziplinierte Arbeitsorganisation
2. Sozial- und Führungskompetenz
   - Kommunikations- und Teamfähigkeit
   - Konflikt- und Durchsetzungsfähigkeit
   - Annahme der Führungsaufgabe
   - Sympathie und „Auftreten“
3. Denkstruktur und Qualifikation
   - analytisches, kritisches und strategisches Denken
   - Kreativität
   - Managementkenntnisse
   - Ausbildung
   - Wertorientierung

9 Jetzt: Deutsche Junioren Akademie GmbH (DJA). Vormals: Deutsche Gesellschaft für Mittelstandsberatung mbH (DGM), die in Erweiterung des beschriebenen Kriterienkatalogs eine „Checkliste zur Vorbereitung der Unternehmensnachfolge“ entwickelt hat, in der die oben angegebenen Kriterien detaillierter abgeprüft werden.

Professionelle Berater ziehen auch die Familie des möglichen Neuunternehmers in ihre Betrachtung ein. Schließlich scheiterte manche Übernahme daran, dass die Familie die Abwesenheit und permanente Beschäftigung – auch während der Urlaubszeit – mit Unternehmensproblemen nicht ertrug. Vorab sollten deshalb mit der Lebenspartnerin oder dem Lebenspartner die aus der Übernahme auch für den privaten Bereich zu erwartenden Belastungen angesprochen werden. Nach der Übernahme ist es dafür im Regelfall zu spät. Die Lebensplanung des Übernehmers muss mit der seiner Familie übereinstimmen. Nur dann kann er frei von sonstigen Belastungen Verantwortung übernehmen und das Unternehmen erfolgreich weiterentwickeln. Es bildet sich dann in der Praxis – bei vorher nicht bedachten, auftretenden Problemen –eine „sensible" Risikobereitschaft sowohl für den geschäftlichen als auch für den privaten Bereich heraus.

3. Phasen im Nachfolgeprozess

In der Praxis wird unterschieden zwischen der ungeplanten, der unerwarteten und der geplanten Unternehmensnachfolge.[10] Ungeplante Nachfolgen entstehen durch Streitigkeiten innerhalb der Inhaberfamilie, durch Zerrüttung von Ehen und auch durch den plötzlichen Entschluss, aufzuhören. Unerwartete Nachfolgen ergeben sich meist nach Unglücksfällen, wie Krankheit, Unfall oder Tod des Unternehmers. Hier bedarf es mitunter sehr kurzfristiger Lösungen, um das Unternehmen zu retten. Ein Notfallplan sollte auch diese Ereignisse abbilden. Ein bewährtes Instrument, um den Fortbestand des Unternehmens in solchen Situationen zu sichern, ist ein Beirat. In ihm sitzen familienexterne Fachleute mit unterschiedlichen Schwerpunkten. Der Beirat bzw. der Vorsitzende dieses Gremiums sollte in der Lage sein, das Unternehmen zu führen, bis endgültige Lösungen erarbeitet sind.

Exemplarisch sollen die einzelnen Phasen einer geplanten Unternehmensnachfolge jetzt aus der Sicht des abgebenden Unternehmers skizziert werden. Sie verläuft umso harmonischer und zielorientierter, je mehr Zeit zur Verfügung steht. Drei bis fünf Jahre sind als realistisch zu betrachten.[11]

---

10 Vgl. Becker, Jürgen, Hammes, Stefan, Neuberger, Martin, Upplegger, Achim: Herausforderung Unternehmensnachfolge, IHK Heilbronn-Franken 2007, S.4ff., Internetabruf vom 15.06.2009

11 Vgl. Kaack, Jürgen: Unternehmensnachfolge erfolgreich planen, in: MittelstandsblogSchrift, 06/05, Internetabruf vom 16.06.2009

3.1 Vorbereitungsphase

In dieser Phase sollen die aktuellen Jahresabschlussunterlagen[12], die Planbilanzen sowie die Gewinn- und Verlustrechnungen für die nächsten drei Jahre erarbeitet und untersucht werden. Daneben sollten Produkte und Dienstleitungen sowie die Abnehmerseite durchleuchtet werden: Besteht weiterer Investitionsbedarf? Wenn ja: in welcher Höhe? Entsprechen die internen aufbau- und ablauforganisatorischen Regelungen den Markterfordernissen und den Bedürfnissen der Mitarbeiterinnen und Mitarbeiter? Das erfordert auch Gespräche mit den (anderen) Gesellschaftern, den leitenden Mitarbeitern und den bisher das Unternehmen finanzierenden Banken und Sparkassen. Familienintern wird in dieser Phase geklärt, ob sich Angehörige für eine Übernahme interessieren. Meistens wird man sich dazu der unterstützenden Analyse externer Berater bedienen müssen. Externes Know-how, etwa von Wirtschaftsprüfern und Steuerberatern, sollte auch bei finanziellen Fragen eingebunden werden. Hilfreich sind Rechtsanwälte, die sowohl im Gesellschaftsrecht als auch in den branchenspezifischen rechtlichen Besonderheiten firm sind.

Zusammenfassend lassen sich die Aufgaben dieser Berater auf Übergeberseite wie folgt aufführen:[13]

- Bestimmung der Übergabeform (entgeltlich oder unentgeltlich),
- zivilrechtliche Haftungsfragen und Erbrechtsprobleme sowie Fragen hinsichtlich der Altersversorgung der abgebenden Unternehmer,
- steuerliche Optimierung der Übergabe,
- Vorbereitung des abzugebenden Unternehmens in strategischer, organisatorischer, betriebswirtschaftlicher, finanzieller und technischer Hinsicht,
- Vornahme einer Unternehmensbewertung.

Dieser ersten Analysephase schließt sich die Erarbeitung eines Verkaufsprospektes an. Hier muss, ohne geschönte Daten[14] zu verwenden, wahrheitsgemäß, transparent und positiv über die Vorzüge des abzugebenden Unternehmens berichtet werden. Diese zunächst anonymisierte Zusammenfassung der wichtigsten Daten kann über weitere Berater (kostenpflichtige

---

12 Ggf. sind Maßnahmen zu erarbeiten, um die Bilanzstruktur zu verbessern („Bilanzstrukturmanagement")

13 Quelle sind verschiedene Internetveröffentlichungen (Abrufe vom 15.05.2009) mit überwiegend übereinstimmend aufgeführten Berateraufgaben; hierbei handelt es sich um eine beispielhafte Aufzählung, die keinen Anspruch auf Vollständigkeit erhebt.

14 Spätestens in einer von dem potenziellen Erwerber geforderten Due Diligence würden „Unwahrheiten" offensichtlich werden und könnten einen bis dahin erfolgreich durchgeführten Nachfolgeprozess u.a. auf die erste Phase zurückwerfen.

M&A-Consultants[15]) „in den Markt gebracht werden" oder über verschiedene Internet-Portale[16] online gestellt werden.

3.2 Umsetzungsphase

Nach der Erledigung der in der Vorbereitungsphase angesprochen Themen sollten die festgestellten Schwachpunkte des abzugebenden Unternehmens aufgearbeitet werden. Der geeignete Nachfolger wird in vielen Fällen in den Reihen der Familienangehörigen gesucht. Erst danach werden Alternativen erwogen. In beiden Fällen sollten professionelle Berater den Prozess unterstützen. Gesucht wird kein Abbild des alten Inhabers, sondern eine eigenständige Persönlichkeit, der die erfolgreiche Bewältigung der Übernahmeaufgabe zugetraut wird. Hierzu bedarf es eines Kriterienkatalogs, anhand dessen die Kandidaten neutral beurteilt werden. Da es wahrscheinlich ist, dass kein Kandidat alle Anforderungen der Kriterien erfüllt, sollte mit dem abgebenden Unternehmer eine „Hierarchie der Kriterien" (was ist besonders wichtig, was kann eher in den Hintergrund treten) bestimmt werden.

Nach Identifizierung des potenziellen Erwerbers schließen sich die Durchführung einer Due Diligence[17] und die Vertragsgespräche an. Vor den abschließenden Handlungen sollten – schließlich erlangen die Berater des potenziellen Nachfolgers weitgehende Einsichten in die gesamten Unterlagen und Verträge des zur Übergabe stehenden Unternehmens – ein Finanzierungsnachweis vorgelegt sowie eine Vertraulichkeitserklärung und ein „Letter of Intent" (Absichtserklärung im Rahmen vorvertraglicher Regelungen) unterzeichnet werden. Wenn die Due Diligence keine bisher nicht bekannten Risiken aufdeckt, sollte dieser Vorvertrag schon die wesentlichen Details für die Übernahme skizzieren und als Grundlage für den abschließenden Kaufvertrag formuliert sein.

---

15 M&A (Mergers & Acquisitions ist der Überbegriff für Unternehmenstransaktionen; übersetzt: „Fusionen und Übernahmen")-Berater erhalten neben einer Pauschale („retainer") bei erfolgreichem Abschluss eine Prämie („success fee"), die sich an dem Transaktionsvolumen (in der Regel Kaufpreis zuzüglich vom Käufer übernommener Verbindlichkeiten) orientiert.

16 Beispielhaft seien genannt: nexxt-change-Börse des Wirtschaftsministeriums, die zuständige Industrie- und Handelskammer (IHK) oder Handwerkskammer, Banken und Sparkassen sowie (öffentlich-rechtlich) organisierte Wirtschaftsförderungsgesellschaften

17 Unter Due Diligence („erforderliche Sorgfalt") versteht man die Untersuchung und Bewertung eines Unternehmens durch externe Fachleute. Es wird dabei unterschieden zwischen allgemeiner, wirtschaftlicher, finanzieller, rechtlicher, steuerrechtlicher und umweltrechtlicher Due Diligence. In diese (Über-) Prüfung fließt neben der aktuellen geschäftlichen und finanziellen Situation auch eine Risikobeurteilung ein.

3.3 Überleitungsphase

Dem erfolgreichen Abschluss der Vertragsverhandlungen, einschließlich der Entrichtung der vereinbarten (finanziellen) Gegenleistungen, folgt die Kommunikation der Übergabe an verschiedene Adressaten wie Kreditinstitute, Mitarbeiterinnen und Mitarbeiter sowie an Geschäftspartner und Kunden. Das erfordert zwingend eine konstruktive Zusammenarbeit von abgebendem Unternehmer und Nachfolger. Auch sollte dieser Prozessschritt durch einen erfahrenen Coach und/oder einen Kommunikationsberater (mit-)gesteuert werden. Die ersten Wochen nach dem Unternehmensübergang könnten für viele der genannten Adressaten zu einer Zeit der Gerüchte und Vermutungen werden. Eine offene, klare und zielgerichtete Informationspolitik verhindert dies.

Die Überleitungsphase kann noch einmal in zwei Schritte unterteilt werden:

1. In der **gemeinsamen Übergangsphase** kann vereinbart werden, dass abgebender Unternehmer und Übernehmer die weiteren Schritte abstimmen. So kann der Nachfolger die Erfahrungen des bisherigen Inhabers nutzen. Es muss jedoch für alle Beteiligten klar umrissen werden, wer in dieser Phase wo, wann, welche Entscheidungen treffen kann.

2. Der **endgültige Unternehmensübergang** ist dann erreicht, wenn die eventuell notwendige organisatorische und strategische Neuausrichtung abgeschlossen ist. Bildlich gesprochen, wenn der Übernehmer das Chefzimmer des Altinhabers übernimmt und damit seine alleinige unternehmerische Verantwortung auch nach außen sichtbar wird. Der abgebende Unternehmer übernimmt dann die abgesprochene Rolle als Berater, Beiratsmitglied oder Pensionär.

Die geschilderten Phasen der (idealtypischen) Unternehmensnachfolge soll Abbildung 1 noch einmal verdeutlichen:

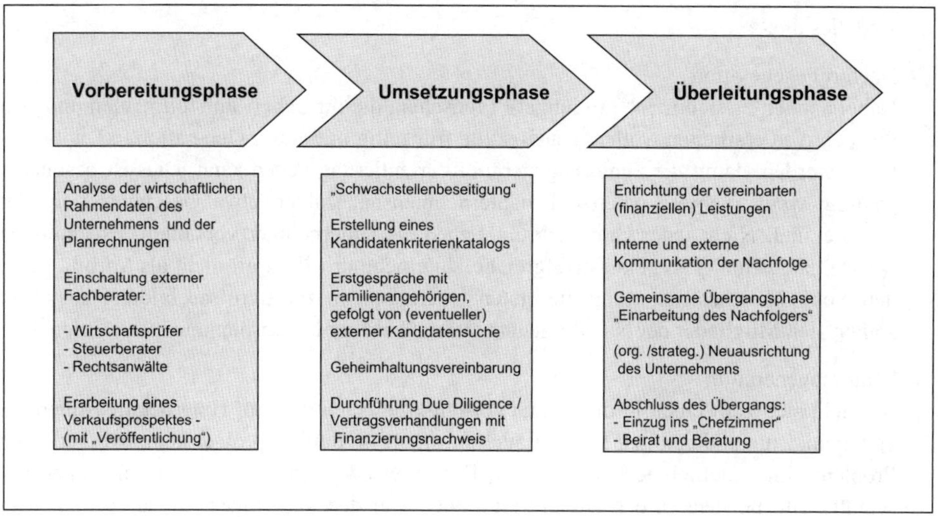

Abbildung 1: *Phasen der Unternehmensnachfolge*

4. Risiken und „Stolpersteine“

Je früher die Planung der Unternehmensnachfolge beginnt, desto leichter und erfolgreicher wird sie gelingen. Nicht nur deshalb wird in den Ratingverfahren der Banken und Sparkassen die rechtzeitige Einleitung einer Unternehmensnachfolge mit einem Bonus belohnt. Für alle Beteiligten ist dieser Prozess ein längerfristiges Unterfangen. Bis zu fünf Jahre können hierfür veranschlagt werden. Die Unternehmensnachfolge ist im Leben eines Unternehmers ein singuläres Ereignis und stellt für die weitere Entwicklung eines Unternehmens eine große Zäsur dar. Eine neue Führungsmannschaft kommt mit einer eigenen Führungskultur. Dem müssen die unternehmensinternen Prozesse angepasst werden. Im Außenverhältnis müssen die erfolgreichen Kundenbeziehungen aufrecht erhalten werden und die weitere Zusammenarbeit mit anderen Geschäftspartnern – vor allem den Lieferanten – gesichert werden.

Im Nachfolgeprozess eines Familienunternehmens treten aus der Familie und deren Umkreis mehrere Beteiligte auf. Sie haben unterschiedliche Interessen und Wünsche. Dies erfordert eine frühzeitige Ab- und Einstimmungsarbeit.

Es sind dies die:[18]

- Nachfolgegeneration
  Dabei handelt es sich meist um jüngere Menschen, die ihr Leben sinnvoll planen und sich Perspektiven erarbeiten wollen. Daher sollte frühzeitig mit dieser Generation in Dialog getreten werden, damit die Seniorengeneration Orientierung geben kann. Dies ist besonders wichtig, wenn mehrere potenzielle Unternehmensnachfolger, etwa Geschwister, in der Familie sind. Nicht jeder kann sich ein Leben als Unternehmer vorstellen. Psychologen weisen darauf hin, dass selbst erfolgreiche Unternehmer-Eltern oft nicht als Vorbild gesehen werden. Spätestens, wenn die ersten Überlegungen zur Berufsausbildung anstehen, sollten sich Mitglieder der Nachfolgegeneration über ihre Lebensplanung klar werden.

- Seniorengeneration
  Sie sieht sich zum einen in der Verantwortung, die Nachfolge im Unternehmensinteresse zu regeln. Zum anderen will sie aber auch im Interesse der Nachfolger keine wesentlichen Probleme im Unternehmen hinterlassen. Die notwendige Planung des dritten Lebensabschnitts tritt meistens in den Hintergrund. Nicht nur der Nachfolger braucht Zeit, sich in die neue Aufgabe einzuarbeiten; der abgebende Unternehmer muss jetzt lernen, die früher so knappe Freizeit sinnvoll zu nutzen. Daneben stellt sich für viele zum ersten Mal seit Jahrzehnten die Frage: Wie gestalte ich den Alltag mit meinem Lebenspartner bzw. meiner Lebenspartnerin?

- Weitere Familienmitglieder
  Hierunter fallen diejenigen der „Nichtnachfolgegeneration". Einerseits in einem Unternehmerumfeld mit einem höheren Lebensstandard aufgewachsen, kennen sie das Familienunternehmen aus Ferientätigkeiten – mit allen Vor- und Nachteilen. Dennoch fallen sie aus der Nachfolgeregelung heraus. Die einen verspüren Erleichterung und sehen jetzt die Möglichkeit, etwas ihren persönlichen Neigungen Entsprechendes zu erlernen. Andere fühlen sich zurückgesetzt und wollen wenigstens einen größtmöglichen materiellen Nutzen aus der „Versetzung in die zweite Reihe" ziehen.

- Weitere Beteiligte
  Auf der einen Seite stehen hier die sachbezogenen Berater, die sich durch Professionalität und fachliche Neutralität auszeichnen sollten: Wirtschaftsprüfer, Steuerberater und Rechtsanwälte. Diese Experten – sie sind häufig schon langjährig für das Unternehmen tätig – müssen sich selbst in die Pflicht nehmen und warnen, wenn der Nachfolgeprozess ihrer fachlichen Meinung nach in die falsche Richtung läuft. Das kann nach Abschluss der Nachfolgeregelung zu einem Verlust des Mandats führen, wenn die Übernehmer anderen Fachleuten das Vertrauen geben. Dennoch sollte ausschließlich das Wohl des Unternehmens und seiner Mitarbeiter im Vordergrund stehen.

---

[18] Vgl. Huber, Hans-Georg, Sterr-Kölln, Heribert: Nachfolge in Familienunternehmen, Stuttgart 2006, S. 40ff.

Daneben bilden sich gerade in kleineren und mittelständischen Unternehmen langjährige und sehr vertrauensvolle Beziehungen zu den Mitarbeitern und Mitarbeiterinnen. Diese sollten im Prozess selektiv die Möglichkeit haben, ihre Erfahrungen einzubringen. Nicht zu unterschätzen ist die Rolle persönlicher Freunde und Geschäftspartner. Zu Lieferanten, Kunden und Unternehmerkollegen besteht oft ein über Jahre gewachsenes Vertrauensverhältnis.

Auch wenn manche der Beteiligten mehr im Vordergrund stehen als andere: Jeder sollte seine Verantwortung ernsthaft und objektiv wahrnehmen. Denn jeder kann – und dessen sollten sich alle bewusst sein – durch seine in Wort und Schrift gemachten Beiträge den Nachfolgeprozess hemmen. Ziel aber muss eine konstruktive sowie faire[19] Unterstützung und Mitarbeit sein.

5. Formen der Nachfolge

Ein Unternehmen stellt eine Gesamtheit von Sachen und Rechten dar. Für Dritte zeigt sich die Existenz eines Unternehmens neben seiner Tätigkeit im allgemeinen Geschäftsleben in einer bestimmten Rechtsform (Einzelunternehmen, Personen- oder Kapitalgesellschaft). Die wirtschaftlichen Rahmendaten spiegeln sich im in der Regel einmal im Jahr zu erstellenden Jahresabschluss wider.

Als Alternativen für eine Unternehmensnachfolge hinsichtlich der Adressaten seien genannt:

- Familienmitglieder und Verwandte des abgebenden Unternehmers,
- (leitende) Mitarbeiter aus dem Unternehmen,
- Dritte, die aktiv in das Unternehmen einsteigen wollen,
- andere (branchenverwandte) Unternehmen, sogenannte strategische Investoren (Wettbewerber, Lieferant, Kunde),
- Unternehmensstiftungen.

In den nächsten Abschnitten sollen die grundsätzlichen Transaktionsformen und ausgewählte Modelle beschrieben werden. Sie zeigen, wie eine Nachfolgeregelung auch rechtlich und (aufbau-)organisatorisch umgesetzt werden kann. Es wird hierbei nicht zwingend auf die genannten Adressaten eingegangen; die Modelle sind im Wesentlichen davon unabhängig.

---

19 Vgl. Aargauische Kantonalbank: Nachfolgeregelung in KMU, 01/07, S. 9; danach gründet Fairness im Nachfolgeprozess auf drei Prinzipien: Kommunikation, Partizipation und Transparenz, Internetabruf vom 10.06.2009

5.1 Grundsätzliche Transaktionsformen

5.1.1 Asset Deal (AD)

Bei einem Asset Deal werden einzelne Vermögensgegenstände und/oder Rechtsverhältnisse eines Unternehmens oder Teile hiervon verkauft bzw. erworben. Erwerbsgegenstände (Assets) sind beispielsweise Grundstücke und Gebäude, Maschinen, Betriebs- und Geschäftsausstattung sowie Warenbestände und der Kundenstamm. Die bisherigen Forderungen aus Lieferungen und Leistungen kann der frühere Eigentümer einfordern und gemeinsam mit dem zu versteuernden Veräußerungsgewinn zur Abwicklung der Altgesellschaft verwenden. Die juristische Ausgestaltung eines Asset Deal erfolgt über einen oder mehrere Kaufverträge. Diese können zwar grundsätzlich formlos abgeschlossen werden (Ausnahme: Grundstücke und Gebäude), es empfiehlt sich aber diese schriftlich unter Hinzuziehung von Rechtsanwälten und/oder Wirtschaftsprüfern und Steuerberatern beweis- und rechtssicher zu machen. Das gilt auch für die sich daran anschließende dingliche Übereignung der Wirtschaftsgüter.

Die Vorteile dieser Transaktionsform liegen darin, dass sich der erwerbende Nachfolger auf einzelne Wirtschaftsgüter konzentrieren kann. Durch diese Auswahl bestimmt er, was er vom abgebenden Unternehmer erwerben wird, ohne Verbindlichkeiten/Schulden zu übernehmen. Der abgebende Unternehmer wiederum wird im Zweifel nur (die für den Käufer erfolgversprechenden) Teile seines Betriebs verkaufen können. Es verbleibt ihm der ursprüngliche rechtliche Unternehmensmantel.

Ein Asset Deal bietet sich an, wenn es einem Erwerber nicht zumutbar erscheint, ein mit nicht genau zu quantifizierenden Verbindlichkeiten/Schulden belastetes Unternehmen zu übernehmen.

5.1.2 Share Deal (SD)

Bei einem Share Deal werden Anteilsrechte an einer Kapital- oder Personengesellschaft verkauft bzw. erworben. Rechtlich erfolgt die Umsetzung über einen Kauf mit anschließender dinglicher Übertragung der Anteilsrechte (Abtretung). Bei einer Kapitalgesellschaft ist eine notarielle Beglaubigung des Anteilskaufvertrags notwendig. Häufig wird in diesem Termin auch die bisherige Geschäftsführung ganz oder teilweise abberufen und der Erwerber der Anteile als Geschäftsführer eingesetzt. Daneben sind zwingend die neuen rechtlichen Verhältnisse im Handelsregister einzutragen.

Als Vorteile sind die einfache Erfassung des Kaufgegenstands „Unternehmen“ und die zeitlich kürzere Durchführung der Transaktion zu nennen. Sämtliche Verträge, die das abzugebende Unternehmen geschlossen hat, bleiben vom Eigentümerwechsel „unberührt“, da das ganze Unternehmen „wie es steht“ veräußert wird. Der abgebende Unternehmer bleibt nicht auf einer Mantelgesellschaft sitzen. Nachteilig ist die Übernahme sämtlicher Verbindlichkeiten, die auch bisher im Jahresabschluss unberücksichtigte Positionen und beispielsweise nicht gebildete Rückstellungen umfasst sowie die Bindung des Übernehmers an bestehende Organbeschlüsse.

Die aufgeführten Transaktionsformen und die Möglichkeiten, diese bei verschiedenen Rechtsformen der abzugebenden Unternehmung einzusetzen, zeigt Abbildung 2:

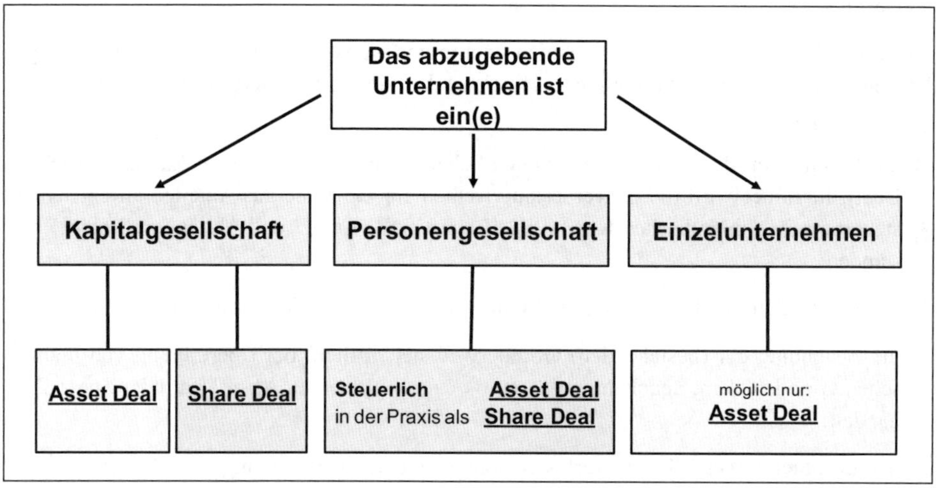

Abbildung 2: *Transaktionsformen und ihr Einsatz bei verschiedenen Rechtsformen*

5.1.3 Exkurs: steuerliche Sensibilisierung

Hinsichtlich der allgemeinen steuerlichen Behandlung aus Verkäufer- und aus Käufersicht bezüglich der Transaktionsformen Asset Deal (AD) und Share Deal (SD) und der sich daraus ergebenden Zielkonflikte zwischen den Parteien sei am Beispiel „Kapitalgesellschaft" (hier besteht die Möglichkeit der Übergabe durch beide Transaktionsformen) Folgendes skizziert:

Aus der Betrachtung eines Verkäufers von Wirtschaftsgütern (AD) einer Kapitalgesellschaft werden die aus dem Verkauf erzielten Erträge für Wirtschaftsgüter, die über den Buchwerten liegen, vollständig der Körperschaftsteuer und der Gewerbesteuer unterworfen. Bei einer Ausschüttung zugunsten der einzelnen Gesellschafter/Anteilseigner wird in der Regel über das Teileinkünfteverfahren eine weitere Versteuerung vorgenommen. Aus der Sicht des Erwerbers solcher Wirtschaftsgüter stehen dagegen die Vorteile der steuerlich wirksamen Abschreibungsmöglichkeiten (dieser gekauften Wirtschaftgüter) und der steuerlich berücksichtigungsfähigen Finanzierungsaufwendungen im Vordergrund.

Werden dagegen die Anteile (Shares) einer Kapitalgesellschaft verkauft (SD), unterliegen die Erträge hieraus bei einer natürlichen Person (Gesellschafter) im Rahmen des Teileinkünfteverfahrens nur der Einkommensteuer und sind von der Gewerbesteuer befreit. Aus der Sicht des Käufers entsteht jedoch kein steuerlich wirksames Abschreibungspotenzial und die Finanzierungskosten wären nur bei einem Erwerb durch eine Kapitalgesellschaft voll, bei einem Erwerb der Anteile durch natürliche Personen unter bestimmten Bedingungen nur teilweise abziehbar.

Grundsätzlich müssen bei Unternehmensnachfolgen verschiedene steuerliche Regelungen beachtet werden.[20] Die wesentlichen Hinweise bei den geschilderten Transaktionsformen betreffen ergänzend:[21]

- die Möglichkeit des gewerbesteuerlichen Schachtelprivilegs bei einem Anteilskauf (Share Deal); hierunter wird die Gewerbesteuerfreiheit für Gewinne aus Anteilen an einer nicht steuerbefreiten inländischen Kapitalgesellschaft (z.B. GmbH und Aktiengesellschaft) verstanden;
- die Möglichkeit der Umsatzsteuerbefreiung bei einer Geschäftsveräußerung im Ganzen;
- die Beachtung der (bestehenden) Grunderwerbsteuerpflicht bei Übertragung von inländischen Grundstücken, unabhängig davon, ob es sich um einen Asset Deal oder Share Deal handelt;
- der eventuelle Wegfall von Verlustvorträgen bei der Übertragung von Anteilen (Share Deal) an Kapitalgesellschaften; hier ist das wesentliche Kriterium die Höhe des Anteilseignerwechsels;
- die Nutzung des zulässigen steuerlichen Instruments „Ergebnisabführungsvertrag“ (Bildung einer steuerlichen Organschaft).

5.2 Ausgewählte Übergabeformen

Sobald sich ein Unternehmenseigentümer – gleich aus welchem Grund – für einen Nachfolgeprozess entschieden hat, stellt sich für ihn eine weitere entscheidende Frage: In welcher Form soll sein Eigentum, also das Unternehmen, übertragen werden?[22]

---

20 Es handelt sich nicht um eine abschließende Darstellung; notwendig ist die Konsultation von fachbezogenen Beratern (z.B. Wirtschaftsprüfer und Steuerberater).

21 Vgl. auch Fischer, Elke: Steueroptimierung im Vorfeld der Unternehmensnachfolge, in: Schlecht & Partner, Wessing, Taylor (Hrsg.): Unternehmensnachfolge, Berlin 2004, S. 357ff. Sie nennt (hier: steuerlich) drei Ziele, die im Vorfeld einer Nachfolgeregelung beachtet werden sollen: Vermeidung der Aufdeckung latenter Steuerbelastungen, Wahl einer steueroptimalen Rechtsform und Umwandlung von Privat- in Betriebsvermögen.

22 Vgl. Hering, Thomas, Olbrich, Michael: Unternehmensnachfolge, München 2003, S. 41ff.

In den folgenden Abschnitten sollen ausgewählte Modelle zur Gestaltung von Unternehmensübergaben genannt werden. Allgemein können diese Möglichkeiten zum einen dadurch unterschieden werden, ob eine familieninterne Nachfolgeregelung durchgeführt wird oder ob externe Personen das Unternehmen übernehmen. Des Weiteren können Unternehmen unentgeltlich übertragen oder entgeltlich verkauft bzw. verpachtet werden. Zusammengefasst bieten sich folgende Lösungen an:[23]

- Unternehmensnachfolge im Rahmen der vorweggenommenen Erbfolge,
- Verkauf der Unternehmung gegen Einmalzahlung,
- Verkauf des Unternehmens gegen wiederkehrende Leistungen,
- Vermietung und Verpachtung der gesamten Unternehmung oder von Teilbereichen.

Die Mehrzahl der arbeitsintensiven Nachfolgeregelungen findet nicht im familieninternen Bereich statt. Auf zwei mögliche Formen der externen Lösung soll hier näher eingegangen werden.

Diese Verfahren zeichnen sich durch eine besondere Zusammensetzung des Käuferkreises aus. Grundsätzlich wird hierbei unterschieden, ob es sich bei den Käufern bzw. den neuen Gesellschaftern um das alte und schon vorhandene oder um ein neues Management handelt. Diese Modelle können mit unterschiedlichen Schwerpunkten und differenzierter Gewichtung auch mit dem Engagement von Finanzinvestoren verbunden werden.

Man unterscheidet vier Standardformen:[24]

- Management-Buy-out (MBO) ist der Kauf durch das eigene Management.
- Management-Buy-in (MBI) ist der Kauf durch ein fremdes Management.
- Institutioneller Buy-out (IBO) ist der von Finanzinvestoren aus Renditeinteresse initiierte Buy-out.
- Leveraged Buy-out (LBO) ist der überwiegend fremdfinanzierte MBO oder MBI.

Im Bereich der klein- und mittelständischen Unternehmen liegt der Schwerpunkt der familienexternen Übertragungsformen auf den genannten Modellen MBO/MBI. Unterschieden wird bei diesen Modellen zwischen einer unmittelbaren und einer mittelbaren Übernahme. Bei einer unmittelbaren Übernahme erwerben die Manager die Gesellschaftsanteile an dem zu übergebenden (Alt-)Unternehmen selbst. Die Finanzierung erfolgt im Regelfall mit Fremdmitteln unter Ausnutzung verschiedener Darlehensprogramme öffentlich-rechtlicher Förderkreditanstalten. Hierbei sind die Manager bzw. die Übernehmer persönlich verpflichtet und haften für den vertraglich vereinbarten Kapitaldienst auch mit ihrem (sonstigen) Privatvermögen. Bei der mittelbaren Form – hier können auch Wagniskapitalgeber eingebunden werden – beteiligen sich die übernehmenden Manger an einer eigens für die Unternehmens-

---

23 Vgl. Handelskammer Hamburg: Formen der Unternehmensübertragung, Internetabruf vom 19.06.2009

24 Vgl. Weitnauer, Wolfgang: Management Buy-Out, Handbuch für Recht und Praxis, München 2003, S. 1ff.

transaktion gegründeten Akquisitionsgesellschaft (auch „NewCompany“ oder „NewCo“ genannt). Diese erwirbt die Gesellschaftsanteile[25] an dem abzugebenden Unternehmen und nimmt die Finanzierung hierfür auf. Anschließend können bei einem Share Deal – über einen Ergebnisabführungsvertrag – die erwirtschafteten Gewinne auf die „NewCo“ übertragen werden, damit diese ihre Finanzierungsverbindlichkeiten bedienen kann. Die Manager betreiben sowohl die „NewCo“ als auch das zu übernehmende Unternehmen.

Beide beschriebenen Formen sind in Abbildung 3 dargestellt:

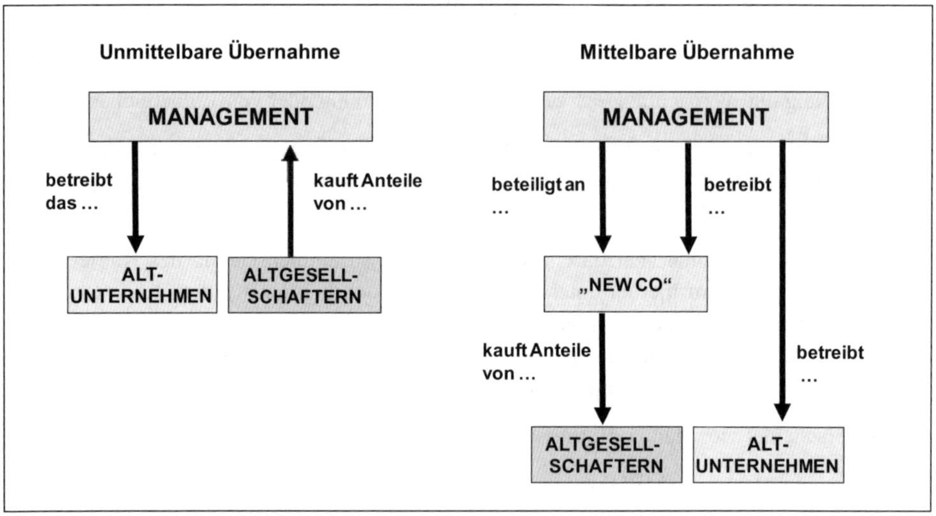

Abbildung 3: *Unmittelbare und mittelbare Übernahme*

5.3 Exkurs: Unternehmensträgerstiftung

Aufgrund der demografischen Entwicklung wird sich die Anzahl jüngerer Menschen, die ein Unternehmen übernehmen werden, reduzieren. Auch führen geänderte Lebensentwürfe der Gesellschaft dazu, dass die Bereitschaft der Jungen, den elterlichen Betrieb zu übernehmen, sinkt.[26] Neben den schon beschriebenen Ansätzen tritt für den deutschen Mittelstand eine bisher nicht im Fokus stehende Form der Weiterführung auf: die Übertragung eines Unternehmens auf eine Stiftung.

25 Bei beiden Übertragungsformen ist auch nur der Erwerb der Vermögensgegenstände (Assets) des abzugebenden Unternehmens möglich.

26 Vgl. Fritsche, Stefan, Kilian, Ulrike: Nachfolge in Familienunternehmen durch Unternehmensträgerstiftungen, S&S RS 03/2008, S. 2ff. sowie deren Verweis auf: www.ifm-bonn.de (Stand: 02.04.2008)

Als Unternehmensstiftung bzw. unter einer unternehmensverbundenen Stiftung wird ein Rechtsobjekt verstanden, das entweder selbst ein Unternehmen betreibt (Unternehmensträgerstiftung) oder als persönlich haftende Gesellschafterin einer Personengesellschaft oder als Gesellschafterin einer Kapitalgesellschaft in Erscheinung tritt (Beteiligungsträgerstiftung).[27]

Abbildung 4 soll die wesentlichen Unterschiede skizzieren:[28]

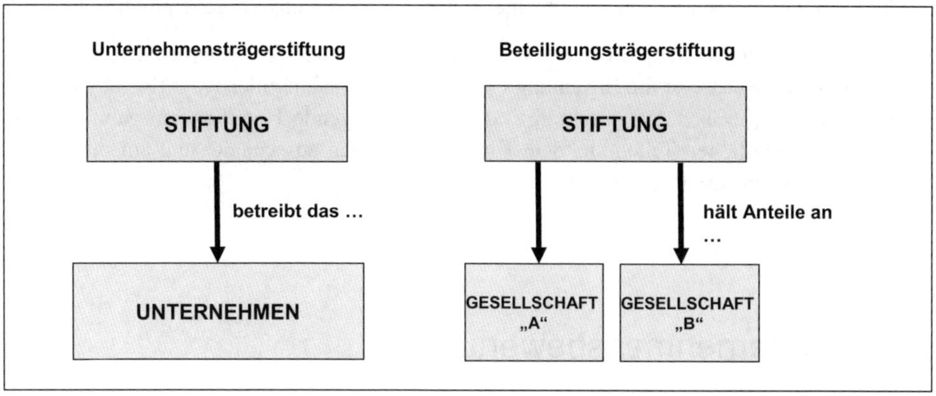

Abbildung 4: *Unterschiede zwischen Unternehmensträgerstiftung und Beteiligungsträgerstiftung*

Die Stiftung als besondere Rechtsform der juristischen Person ermöglicht es dem abgebenden Unternehmer (dem Stifter) den Stiftungszweck sowie die weitere Entwicklung in den wesentlichen Zügen vorab festzulegen.[29] Da die Stiftung keine Mitglieder (Gesellschafter und/oder Aktionäre) hat, entfällt das Recht dieser Mitglieder über die organisatorischen und wirtschaftlich bedeutsamen Entscheidungen ihrem jeweils aktuellen Willen entsprechend zu beschließen. Die Stiftung „gehört sich selbst“ und auch die (ehemals) potenziellen Erben haben keinen Einfluss auf die Stiftung. Sie können jedoch als sogenannte Destinatäre regelmäßige Zuwendungen aus der Stiftung erhalten.

Der übertragende Unternehmer bzw. die übertragende Unternehmerin legt insbesondere in der Stiftungssatzung die während der gesamten Laufzeit der Stiftung geltenden Regelungen verbindlich fest. Dies bürgt für eine hohe Kontinuität der bisherigen Geschäftspolitik. Jedoch sind an die Regelungen für eine Stiftungssatzung hohe Ansprüche zu stellen. Sollen doch die Werte und Vorstellungen des Heute auch in der Zukunft – unter vielleicht deutlich geänderten gesamtwirtschaftlichen Rahmenbedingungen – gelten. Die Satzung muss im Einzelfall das

---

27 Vgl. Habig, Helmut, Berninghaus, Jochen: Die Nachfolge im Familienunternehmen ganzheitlich regeln, Berlin/Heidelberg 2004, S. 267ff. Sie weisen als weitere Klassifizierung von Stiftungen auf die Familienstiftung und die gemeinnützige Stiftung hin.

28 Vgl. Fritsche, Stefan, Kilian, Ulrike: Nachfolge in Familienunternehmen durch Unternehmensträgerstiftungen, S&S RS 03/2008, S. 3 (mit weiteren Nachweisen)

29 Vgl. Grosche, Die Problematik der Nachfolgeregelungen kleiner und mittelständischer Unternehmen, Diplomarbeit, Freiburg/Lörrach 2005, S. 25

Spannungsverhältnis zwischen den Bedürfnissen des Unternehmens im täglichen Geschäft und den Stiftervorgaben regeln. Voraussetzung für die Errichtung einer rechtsfähigen Stiftung sind u.a. das Stiftungsgeschäft und die Anerkennung durch das Bundesland, in dem die Stiftung zukünftig ihren Sitz haben soll. Das Stiftungsgeschäft muss die verbindliche und abschließende Erklärung des stiftenden Unternehmers enthalten, ein Vermögen zur Erfüllung eines von ihm bestimmten gemein- oder privatnützigen Zwecks zu widmen. Das Stiftungsgeschäft kann unter Lebenden oder durch eine letztwillige Verfügung vorgenommen werden.[30]

Wenn kein geeigneter Nachfolger aus dem Familienkreis oder im Rahmen einer externen Suche gefunden wurde, ist die Errichtung einer Stiftung ein sinnvoller Weg. Es gilt jedoch zu beachten, dass – je nach Ausgestaltung – das zu übertragende Unternehmen ganz oder zumindest in wesentlichen Teilen aus dem Familienvermögen ausscheidet und auf dieses kein durchgehender Einfluss mehr besteht.

6. Unternehmensbewertung

Aufgrund einer Vielzahl anstehender Unternehmensnachfolgen gewinnt das Thema „Ermittlung des Unternehmenswerts bzw. des Eigenkapitalwerts“ für ein Unternehmen bzw. eine Unternehmensgruppe stark an Bedeutung. Die Methodik der Wertermittlung ist von dem erzielten Preis zu trennen.

Ein Wert wird errechnet. Dabei gehen geldwerte und andere Vorteile in die Rechnung ein. Damit ist er das Ergebnis einer zielgerichteten und fachüblichen Vorgehensweise. Ein Preis wird bezahlt und ist das Resultat von Verhandlungen. Beide Ergebnisse können identisch sein, sind es aber selten. Hierin zeigt sich, dass es einen objektiven Firmenwert nicht gibt. Denn in die Verkaufsverhandlungen finden neben den objektiven Kriterien auch subjektive Empfindungen der Verhandlungspartner Eingang.

6.1 Methoden der Wertermittlung

Es werden bei Nachfolgeregelungen bei kleineren und mittelgroßen Unternehmen verschiedene Berechnungsverfahren zur Prozessunterstützung verwendet. Unterschieden wird in vergangenheits- und zukunftsorientierte Verfahren. Bei den zukunftsorientierten Verfahren

30 Vgl. Huber, Hans-Georg, Sterr-Kölln, Heribert: Nachfolge im Familienunternehmen, Stuttgart 2006, S. 235f.

(Ertragswert und DCF-Methoden) wird der Wert durch Diskontierung zukünftiger Unternehmenserfolge ermittelt (vgl. Abbildung 5):

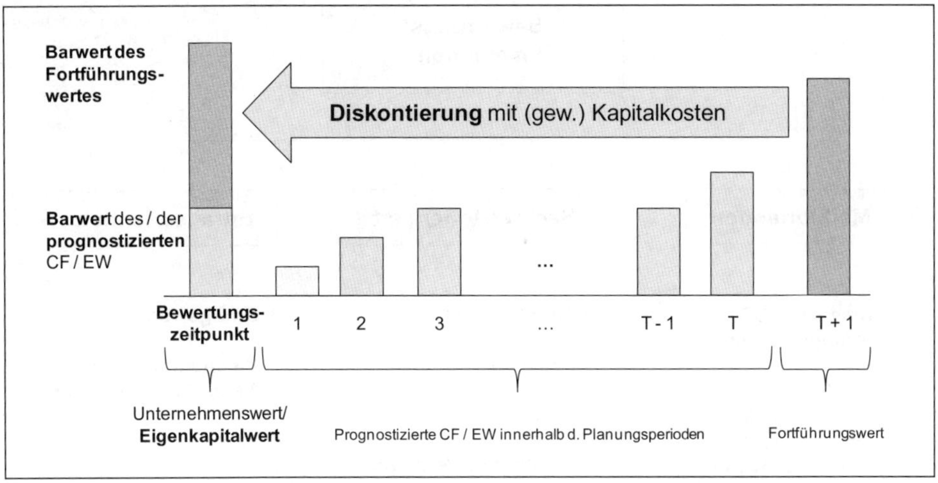

Abbildung 5: *Zukunftsorientierte Verfahren der Unternehmenswertermittlung*

Bei den eher vergangenheitsorientierten Verfahren leitet man den Unternehmenswert aus vorhandenen Vermögensgegenständen ab. So wird beispielsweise der Betrag ermittelt, den ein Dritter aufbringen müsste, um das aktuell bestehende Unternehmen neu aufzubauen (abzüglich der Verschuldung) oder welchen Wert die im Unternehmen vorhandenen Wirtschaftsgüter bei vollständiger Liquidation am Markt erzielen würden. Marktwertorientierte Verfahren basieren auf dem Ansatz, anhand der Verkäufe branchenzugehöriger Unternehmen einen Vergleichswert zu bestimmen. Dabei wird anhand definierter, standardisierter in jedem Unternehmen zu ermittelnder Daten wie Umsatz und/oder Ergebnis vor Zinsen/Ertragsteuern (EBIT) mithilfe von Multiplikatoren eine Wertermittlung vorgenommen. Dieser ermittelte Wert muss noch um die das Unternehmen belastenden, zinstragenden Verbindlichkeiten (abzüglich der überschüssigen Barreserven) reduziert werden.[31]

31 Vgl. beispielsweise: www.finance-research.de/multiples/index.php. Internetauftritt des FINANCE Magazins: Dort werden monatlich für etliche Branchen Umsatz- und EBIT-Multiplikatoren („Multiples") differenziert nach der jeweiligen Unternehmensgröße herausgegeben.

Abbildung 6 soll einen groben Überblick über die Bewertungsmethoden geben:

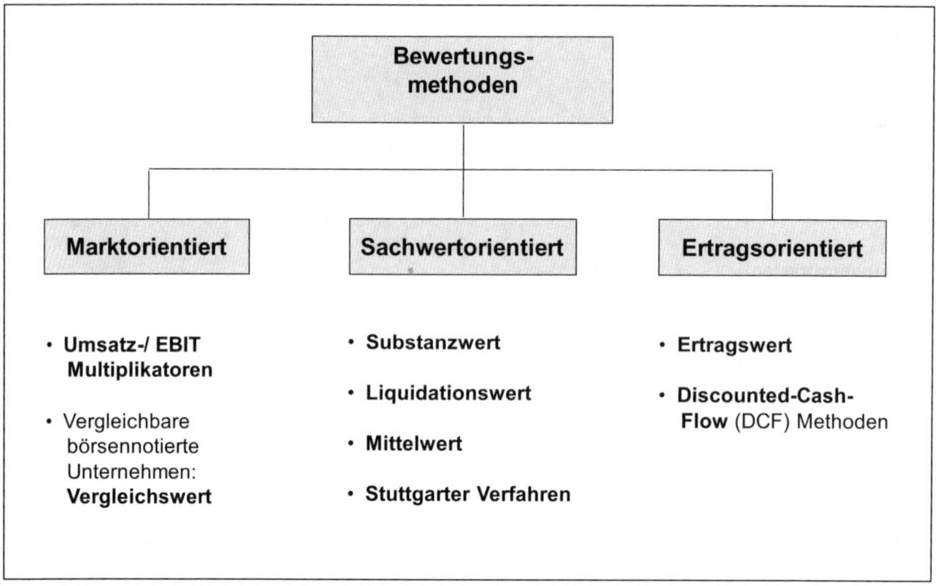

Abbildung 6: *Unternehmensbewertungsmethoden*

Sämtliche Methoden ermöglichen die Ermittlung von Unternehmenswerten mindestens als Annäherungs- und Ausgangswert und können entsprechend der Branchen weitergehender kombiniert und/oder modifiziert werden.

6.2 Grundsätze der Wertermittlung

Als Grundlage der Unternehmensbewertung haben sich in der Bundesrepublik Deutschland die Empfehlungen des Instituts der Wirtschaftsprüfer (IDW) etabliert. Hier wird erfolgreich daran gearbeitet, Richtlinien für die einheitliche Bewertung von Unternehmen festzusetzen, anhand derer Wirtschaftsprüfer u.a. Unternehmensbewertungen vornehmen sollen.[32] Bei klein- und mittelständischen Unternehmen werden die meisten Bewertungen nach dem Ertragswertverfahren durchgeführt. Dieses Verfahren wird auch bei Rechtsstreitigkeiten von deutschen Gerichten als der wesentliche Maßstab anerkannt.

32 Vgl. Standard des IDW (Institut der Wirtschaftsprüfer, Düsseldorf): Grundsätze zur Durchführung von Unternehmensbewertungen (IDW S1 in der Fassung 2008/ 02.04.2008)

Als Kernpunkte dieses Standards, bezogen auf die Bewertungsgruppe Klein- und mittelständische Unternehmen (KMU), sind zu nennen:[33]

- Maßgeblichkeit des Bewertungszwecks
  Der Bewertungszweck (hier: Unternehmensnachfolge), der zu Beginn eines Bewertungsprozesses festgelegt wird, determiniert die subjektiven Annahmen hinsichtlich der Zukunftsentwicklung und muss dem bewertenden Wirtschaftsprüfer (hier: dem neutralen Gutachter) mitgeteilt werden.

- Bewertung einer wirtschaftlichen Einheit
  Bei der Abgrenzung des zu bewertenden Objekts ist die Gesamtheit aller zusammenwirkenden Bereiche eines Unternehmens zu erfassen (Beschaffung, Absatz, Finanzierung, Management etc.), da alle Unternehmensbereiche gemeinsam zu dem zukünftigen wirtschaftlichen Erfolg beitragen. Bei von den Eigentümern dominierten klein- und mittelständischen Unternehmen ist die Abgrenzung von betrieblicher und privater Sphäre von besonderer Bedeutung. So werden häufig im Anlagevermögen vorhandene Vermögensgegenstände im Privatvermögen gehalten. Des Weiteren haben die betrachteten Unternehmen unter betriebswirtschaftlichen Gesichtspunkten kein angemessenes Eigenkapital. Im Falle einer Nichtberücksichtigung der persönlichen Haftung (diese ersetzt häufig das fehlende Eigenkapital) sind notwendige Maßnahmen zur Stärkung dieser Position vorab zu bedenken. Hier müssen die Auswirkungen auf die zukünftigen finanziellen Überschüsse Beachtung finden.

- Grundlagen zur Ermittlung finanzieller Überschüsse
  Die zur Ermittlung des Unternehmenswerts abzuzinsenden Nettoeinnahmen der Unternehmenseigner ergeben sich aus deren Anspruch auf Ausschüttung/Entnahme der vom Unternehmen erwirtschafteten Überschüsse. Eine ordnungsgemäße Unternehmensbewertung setzt aufeinander abgestimmte Plan-Bilanzen, Plan-Gewinn- und Verlustrechnungen sowie eine detaillierte Finanzplanung (Liquidität) voraus.

- (Ertrag-)Steuern
  Die (Ertrag-)Steuerbelastungen sowohl auf der Unternehmensseite als auch bezüglich der Belastungen der (zukünftigen) Unternehmenseigentümer (Gesellschafter, Aktionäre etc.) sind bei objektivierten Unternehmensbewertungen zu berücksichtigen.

- Gesonderte Behandlung des nicht betriebsnotwendigen Vermögens
  Betriebsvermögen, das nicht zum eigentlichen Betriebserfolg beigetragen hat, ist gesondert zu ermitteln. Hierbei ist zu prüfen, ob durch die bestmögliche Verwertung dieses Vermögens der Liquidationswert den Barwert der finanziellen Überschüsse, die aus diesem Vermögen erzielt werden, übersteigt.

---

33 Vgl. auch Siedner, Ron: Unternehmensbewertung aus investitionstheoretischer Sicht, in: Schmeisser, Wilhelm, Krimphove, Dieter, Nathusius, Klaus (Hrsg.): Handbuch Unternehmensnachfolge, Stuttgart 2003, S. 210f.

- Unbeachtlichkeit des (bilanziellen) Vorsichtsprinzips
  Das für eine handelsrechtliche Erstellung des Jahresabschlusses verbindliche Vorsichtsprinzip bringt eine ungleiche Gewichtung der gegenläufigen Interessen von Gläubigern (Kapitalerhaltung durch geringe Entnahmen) und Unternehmenseignern (Entnahme erwirtschafteter Gewinne) zugunsten des Gläubigerschutzes zum Ausdruck und kann daher nicht berücksichtigt werden. Keine Vertragspartei darf bei der Ermittlung der realistisch zu planenden Überschüsse benachteiligt werden: Wirtschaftliche Risiken werden im Kapitalisierungszins abgebildet.

- Nachvollziehbarkeit der Bewertungsansätze
  Bewertungsansätze beziehen sich auf eine Vielzahl von Prämissen, die einen erheblichen Einfluss auf das Bewertungsergebnis haben. Es muss deutlich gemacht werden, von wem die getroffenen Annahmen, die gesondert zu beschreiben sind, stammen: vom abgebenden Unternehmer und/oder Management und/oder von sachverständigen Dritten.

Die Akzeptanz der in die Verhandlung eingebrachten Unternehmenswerte durch alle Prozessbeteiligten steigt mit der Transparenz insbesondere bezüglich des gewählten Wertermittlungsverfahrens. Insofern sollten fachübliche Verfahren die Ausgangsbasis von Verhandlungen darstellen. Ergänzend hierzu sollten folgende Gedanken von Peemöller[34] während des Bewertungsprozesses beachtet werden: „Unternehmensbewertung ist eher eine Kunst als eine Wissenschaft. Die Prognose der Zukunftserfolge und des Kapitalisierungszinssatzes ist das eigentliche Problem – nicht die mathematische Berechnung des Wertes. Nicht die intime Kenntnis finanzmathematischer Verfahren und entscheidungstheoretischer Modelle macht den Unterschied zwischen einer guten und einer schlechten Unternehmensbewertung aus, sondern die Fähigkeit zur Einschätzung von Produkten, Märkten und Strategien." Hier ist der abgebende Unternehmer auch im Sinne seines Nachfolgers als verantwortungsbewusst handelnder Partner besonders gefordert.

7. Finanzierung der Nachfolgeregelung

Die Besonderheiten der Finanzierung der Nachfolge von klein- und mittelständischen Unternehmen liegen darin[35], dass

- aufgrund der Wertermittlungsverfahren ein Teil der Zukunftswerte36 oder nicht bilanzierten immateriellen Werte zu finanzieren sind und damit nicht genügend „beleihungsfähige"

34 Peemöller, Volker H.: Grundlagen zur Unternehmensbewertung (NWB-Seminare – Jahrgang 2009), Frankfurt 2009

35 Vgl. Tytko, Dagmar: Akquisitionsfinanzierung mittelständischer Unternehmen, in: Schmeisser, Wilhelm, Krimphove, Dieter, Nathusius, Klaus (Hrsg.): Handbuch Unternehmensnachfolge, Stuttgart 2003, S. 313ff.

– im Sinne von werthaltig für Kreditinstitute – als Sicherheit zur Verfügung stehende Vermögensgegenstände vorhanden sind,

- die Altersversorgung der abgebenden Unternehmer eine wesentliche Bedeutung einnimmt und häufig daneben auch Erbrechtsansprüche sonstiger Familienangehöriger befriedigt werden müssen; weshalb diese Adressaten mindestens Teilzahlungen vom abgebenden Unternehmer fordern,
- die überwiegende Anzahl der Firmenübergaben familienintern und/oder über interne/externe leitende Angestellte/Manager abgewickelt wird[37], die aufgrund ihrer finanziellen Möglichkeiten eine Ergänzung durch weitere Finanzdienstleistungen benötigen,
- die eher geringen Transaktionsvolumina für sonstige überregionale Finanzdienstleister wie Investmentbanken und Venture-Capital-Unternehmen wenig interessant sind.

Hieraus ergibt sich, dass für die Finanzierung solcher Transaktionen im Wesentlichen die auf KMU konzentrierten regionalen Banken und Sparkassen infrage kommen. Bei entsprechend hohem Eigenkapitaleinsatz des potenziellen Käufers wäre die Nachfolgefinanzierung trotzdem – eventuell mit Unterstützung öffentlich-rechtlicher Förderkreditanstalten – einfach zu lösen. Dies stellt erfahrungsgemäß eher die Ausnahme dar. Außerdem ist bei einer kompletten Firmenübernahme „im ersten Schritt" mehr Kapital notwendig als bei einer Neugründung.

Bei der Finanzierung von Unternehmensnachfolgen im Mittelstand sollte ein Mix aus verschiedenen Finanzierungsformen angestrebt werden („Mosaikfinanzierung").[38] Die Zusammenstellung orientiert sich an den Teilelementen, die finanziert werden sollen:

- Der zu finanzierende Zukunftswert bzw. die nicht bilanzierten immateriellen Werte eignen sich besonders als Einsatz für die vom Übernehmer einzubringenden Eigenmitteln. Ergänzt werden können diese haftenden Eigenkapitalbestandteile durch die Akquisition von wirtschaftlichem Eigenkapital beispielsweise über Beteiligungsgesellschaften. Dieses Mezzanine-Kapital39 hat den Vorteil, dass es analog der haftenden Eigenmittel keiner jährlichen Regeltilgung unterliegt und keine wesentlichen Mitspracherechte generiert, dafür aber im Falle von jährlichen Gewinnen aus der zu finanzierenden Transaktion höher verzinst werden muss.

---

36 Die zukünftigen Überschüsse des zu verkaufenden Unternehmens werden auf den Kaufzeitpunkt abgezinst und sind am vertraglich vereinbarten Übergabezeitpunkt zu entrichten.

37 Vgl. Studie der L-Bank Karlsruhe: Generationenwechsel in Baden-Württemberg, 2003, S. 12f. Internetabruf vom 01.06.2009

38 Vgl. Weitnauer, Wolfgang: Management Buy-Out, München 2003, S. 80ff.

39 Als Mezzanine-Kapital („Zwischengeschoss") werden eigenkapitalähnliche Mittel bezeichnet, deren Positionierung in der Bilanz zwischen dem haftenden Eigenkapital und den „echten" Fremdverbindlichkeiten erfolgt. Die Vergütung dieser Mittel erfolgt in der Regel durch eine Grundverzinsung und einen erfolgsabhängigen Vergütungsbestandteil: Dieser ist beispielsweise nur bei einem erwirtschafteten Jahresüberschuss zu zahlen.

- Zur Ergänzung des Altersvorsorgeziels des abgebenden Unternehmers bieten sich sogenannte Earn-out-Modelle40 an. Hierbei handelt es um eine Vereinbarung zwischen dem abgebenden Unternehmer und den Erwerbern/Nachfolgern, einen Teil des Kaufpreises für die Unternehmenstransaktion auf der Basis zukünftiger Erfolge (beispielsweise Umsätze oder Jahresergebnisse) zu leisten, d.h. vereinfacht ausgedrückt, der Kaufpreis wird erfolgsabhängig in Raten bezahlt.41 Dies kann zu höheren Kaufpreisen führen, gibt aber die Sicherheit, dass bei nicht Erreichen vorher definierter Ziele der Übernehmer auch die Möglichkeit der Kaufpreisreduktion hat.
- Für die Vermögensgegenstände, die als Sicherheiten zur Verfügung gestellt werden können (Grundstücke und Gebäude, Maschinen etc.) werden die herkömmlichen Kredit- und Darlehensfinanzierungen der Kreditinstitute in Betracht kommen. Diese sollten unbedingt durch die zahlreichen Programme der „öffentlichen Hand" ergänzt werden, da diese zum Teil mit einigen tilgungsfreien Jahren ausgestattet sind und die vorhandene Liquidität dadurch geschont wird.

Zusammengefasst sind die vordringlichen Ziele im Rahmen der Finanzierung einer Nachfolgeregelung die Liquiditätsorientierung (im Sinne liquiditätsschonender Finanzierungsformen) für den Übernehmer und die Ausgestaltung einer Übernahmebilanz (z.B. im Rahmen des NewCo-Modells) mit Verlustausgleichspotenzial. Daneben muss die steueroptimale Gestaltung erwähnt werden, da diese mit dem Liquiditätsziel eng verbunden ist.

8. Fazit: Nachfolgefinanzierung als Herausforderung für Kreditinstitute

Vor dem Hintergrund der beschriebenen großen Anzahl von anstehenden Unternehmensnachfolgen und der zahlreichen Übergabemöglichkeiten sind die Aufgaben für die Kreditinstitute gestiegen. Beratung und darauf aufbauende unternehmensindividuell zugeschnittene Finan-

---

40 Vgl. Bader, Michael: Earn-out: Entwicklung eines innovativen Vertragsmodells (...), Diplomarbeit, Fachhochschule Furtwangen 2004. Earn-out ist eine insbesondere in den USA gebräuchliche Art der Kaufpreisfestsetzung eines Unternehmens: Dabei wird der Kaufpreis teilweise anhand des zukünftigen, real erwirtschafteten Erfolgs der übernommenen Gesellschaft berechnet. Internetabruf vom 19.06.2009

41 Das Verfahren bietet sich auch an, wenn aufgrund herkömmlicher (beschriebener) Bewertungsmethoden keine gemeinsame Einschätzung über die Zukunftserfolge getroffen werden kann, weil das Potenzial der abzugebenden Unternehmung nicht abschließend beurteilt werden konnte. Hier erfolgt dann eine Splittung des Kaufpreises in einen Basispreis (= die mit „Sicherheit zu bestimmende Wertkomponente"; entspricht im Allgemeinen der Substanz des Unternehmens) und in einen Zusatzpreis, der die Entwicklung des Unternehmens nach Transaktionsabschluss widerspiegeln soll.

zierungslösungen stellen die Branche vor neue Herausforderungen im hart umkämpften Marktsegment des mittelständischen Firmenkundengeschäfts.[42]

Für einen Finanzdienstleister bietet die Einbindung in eine Unternehmensübernahme erst einmal zwei grundsätzliche Chancen:

1. der abgebende Unternehmer will die durch den Verkauf erzielten Mittel anlegen (Vermögensberatung),
2. während der Nachfolger die Übernahme durch eine zum Teil komplexe Finanzierung strukturiert haben möchte.

Eine Konzeption des Marktbereichs „KMU" bei Banken und Sparkassen, die die Bedürfnisse des Nachfolgemarkts berücksichtigt, bildet die Grundlage für eine „profitable" Marktbearbeitung.[43] Bei der Nachfolgefinanzierung ganzheitlich Fachwissen[44] aufzubauen und dieses auch in Centern/Teams zu bündeln, ergibt für alle Beteiligten in einem Nachfolgeprozess (Abgeber, Übernehmer, Finanzier) einen deutlichen Mehrwert. Ergänzt werden muss diese Kompetenz durch die Bereitstellung verschiedenster Finanzierungsprodukte (u.a. auch Beteiligungskapital) bzw. durch die Installation eines Netzwerks, um problemadäquate Beratungs- und Finanzierungsmöglichkeiten anbieten zu können.

---

42 Vgl. Tytko, Dagmar: Akquisitionsfinanzierung mittelständischer Unternehmen, in: Schmeisser, Wilhelm, Krimphove, Dieter, Nathusius, Klaus (Hrsg.): Handbuch Unternehmensnachfolge, Stuttgart 2003, S. 313ff.

43 Vgl. Bauer/Berg, Weiterentwicklung der Firmen- und Gewerbekundenkonzeption, in: Kary, Horst (Hrsg.): Strategische Neuausrichtung einer Sparkasse, Stuttgart 2001, S. 267ff. mit der Beschreibung einer kundengruppenorientierten Aufbauorganisation

44 Bezieht sich u.a. auch auf folgende Teilbereiche: Sensibilisierung des Unternehmers, Suche nach einem potenziellen Nachfolger, Hinweis auf geeignete Fachleute für Unternehmensbewertungen und auf Erbrechtsspezialisten; alles Dienstleitungen, die zur Profilierung und zur Festigung der Kundenbeziehungen wesentlich beitragen und die Sozialkompetenz der Berater dokumentieren.

Einsatz von Derivaten bei mittelständischen Unternehmen

Ulrich Kirchhoff / Heinz-Josef Bickers

1. Einführung

Bei mittelständischen Unternehmen steht in Deutschland nach wie vor die langfristige Fremdfinanzierung über Bankkredite bei der Kapitalbeschaffung für Investitionen im Vordergrund. Die Rahmenbedingungen für die Unternehmensfinanzierung, insbesondere bei kleinen und mittleren Unternehmen, haben sich in den letzten Jahren stark verändert. Neue alternative Finanzierungskonzepte sind neben den klassischen Bankkredit getreten. Stichworte hierzu sind Leasing, Schuldscheindarlehen, Projektfinanzierungen, Asset Backed Securities, Private Equity, Mezzanine-Kapital und derivative Finanzierungsstrukturen.

Gerade der Einsatz dieser derivativen Finanzierungsstrukturen, die seit vielen Jahren zu den Standardfinanzierungsinstrumenten bei Banken, Versicherungen im Eigengeschäft, aber auch Großunternehmen zählen, erfolgt zunehmend auch im mittelständischen Firmenkundengeschäft. Durch Derivate eröffnen sich neue Möglichkeiten, um Kalkulationssicherheit herzustellen und Cashflows zu optimieren. Viele Banken und Sparkassen haben daher das Geschäftsfeld Zins- und Währungsmanagement durch den Einsatz derivativer Produkte erfolgreich implementiert und bei ihren Firmenkunden umgesetzt.

Dieser Beitrag soll anhand von Beispielen die Einsatzmöglichkeiten der derivativen Finanzierungsinstrumente, einschließlich der damit zusammenhängenden Chancen und Risiken, aufzeigen.

Der Schwerpunkt liegt auf ausgewählten Derivaten wie Zinsswaps, Forward-Swaps, Swaptions, Caps, Floors und Collars.

2. Finanzierungsentscheidung aus Unternehmersicht

Bei der klassischen Aufteilung der Finanzierungsquellen ergibt sich neben der Innenfinanzierung durch Vermögensumschichtungen oder durch die Gewinnerzielung über Umsätze vor allem die Außenfinanzierung in Form von Beteiligungs- oder Kreditfinanzierung. Aus Sicht der Unternehmensleitung sind dabei die Finanzentscheidungen hinsichtlich ihrer Strukturierung zum Teil sehr komplex. Gerade die in den letzten Jahren stark angestiegenen Volatilitäten an den Zins-, Währungs- und Rohstoffmärkten verstärken die Bedeutung der „richtigen" Finanzierungsstruktur. Dabei hängt die Wahl der verschiedenen Finanzierungsmöglichkeiten – neben angestrebten Zielen wie Rentabilität, Liquidität, Unabhängigkeit und Flexibilität – auch von den Finanzierungskosten, den steuerlichen Regelungen und Controllingaspekten ab.

Da der Bankkredit gerade für die überwiegende Zahl kleinerer und mittlerer Unternehmen weiterhin die wichtigste Form der Außenfinanzierung ist, muss sich das Unternehmen vor allem bei dieser Finanzierungsart mit möglichen neuen Finanzierungsvarianten und Optimierungsmöglichkeiten beschäftigen. Aktuelle Zinsmeinungen des Unternehmens sowie die erwartete Zinsentwicklung sind als wichtiges Entscheidungsmerkmal in die Finanzierungsstruktur einzubeziehen.

Der Unternehmer sollte sich z.B. mit folgenden Themen auseinandersetzen:

- Können durch den Einsatz derivativer Finanzierungsinstrumente Transaktionskosten verringert werden?
- Kann die aktuelle Finanzierung der derzeitigen Zinssituation sowie den eigenen Zinserwartungen anpasst werden?
- Kann der bestehende Kredit mit Festzinssatz vor Ende der Laufzeit ohne Vorfälligkeitsentschädigung in eine variable Konditionsgestaltung wechseln, um z.B. am niedrigen Zinsniveau zu partizipieren?
- Kann bei einer variablen Finanzierung eine Begrenzung des Risikos durch steigende Zinsen abgesichert werden, ohne jedoch auf die Chancen sinkender Zinsen verzichten zu müssen?
- Soll die Zinshöhe für in naher Zukunft anstehende kurz laufende Kredite (z.B. Saisonkredite) bereits heute festgeschrieben werden?
- Ist eine feste Kalkulationsgrundlage für zukünftige Finanzierungen erforderlich?
- Soll für eine mittelfristig anstehende Darlehensprolongation das aktuell niedrige Zinsniveau bereits heute festgeschrieben werden?
- Kann ein zukünftiger Festzins für eine beabsichtigte Darlehensaufnahme gesichert werden, obwohl zurzeit offen ist, ob die Finanzierung in Anspruch genommen wird?

Bei all diesen Fragen sollte das Unternehmen die Möglichkeiten für den Einsatz derivativer Instrumente im Zins- und Währungsmanagement prüfen.

3. Merkmale derivativer Finanzierungsinstrumente

Seiner Herkunft nach stammt das Wort „Derivat“ aus dem Lateinischen, von „derivare“ bzw. „derivatum“ („ableiten“, „abgeleitet“). Es basiert auf einer definierten Abhängigkeit des Werts von einem originären, zugrunde liegenden Finanztitel, aber auch einer Ware oder einer anderen Referenzgröße, dem Basisobjekt.

Strukturiert werden können die Derivate u.a. nach Kriterien wie dem Erfüllungszeitpunkt (Kassa-/Termingeschäfte), dem Vertragsinhalt, der Verbindlichkeit (für beide Parteien bindende Instrumente wie Swaps vs. einseitig bindende Instrumente wie Optionen), dem börslichen oder außerbörslichen (OTC – over the counter) Handel, aber auch nach den Basiswerten (Zinsen, Währungen, Aktien, Güterpreise/Rohstoffe).

Derivative Finanzierungsinstrumente haben insbesondere seit den 70er-Jahren beeindruckende Markterfolge und Volumensteigerungen erzielt. Die Statistiken der Bank für Internationalen Zahlungsausgleich machen eindrucksvoll die Entwicklung und die Nutzung von derivativen Instrumenten im Unternehmensbereich deutlich. So haben sich beispielsweise die ausstehenden Gegenwerte von Zinsswaps mit Nichtfinanzinstituten von Juni 1998 bis Juni 2008 nahezu verzehnfacht (BIS Quarterly Review, December 2008).

Neben den Zinsrisiken sind für den export-/importorientierten Unternehmer, der in Fremdwährung fakturiert bzw. zahlen muss, in erster Linie Währungsrisiken zu managen. So entstehen Fremdwährungsrisiken aus der Ungewissheit, in welche Richtung und in welchem Ausmaß sich Austauschverhältnisse zwischen den Währungen im Zeitablauf verändern. Aufgabe des Währungsrisikomanagements eines Unternehmens ist daher zunächst die Risikoerkennung, die Analyse und das Management der Fremdwährungsrisiken. Hierdurch lassen sich Schwankungen in den Cashflows vermeiden oder reduzieren.

Auch Rohstoffpreisrisiken (z.B. die extremen Ölpreisentwicklungen) werden in jüngerer Zeit zunehmend durch derivative Produkte im mittelständischen Bereich gesteuert. In der Regel liegt hier jedoch im Gegensatz zu den Währungs- und Zinsrisiken ein Bezug zur Produktpalette des Unternehmens vor (z.B. große Abhängigkeit der Produktion von bestimmten Rohstoffen). Da zunehmend auch für mittelständische Unternehmen die Entwicklung der Rohstoffpreise (Agrarprodukte, Metalle, Energie) eine hohe wirtschaftliche Auswirkung besitzen, werden zur Warenabsicherung ebenfalls bestimmte Hedging-, Trading- und Arbitrage-Strategien genutzt.

Der sinnvolle Einsatz derivativer Instrumente im Zinsmanagement beruht im Kern auf der Trennung von Zins und Liquidität. Die klassische Finanzierungsstruktur mithilfe eines einzelnen Geschäfts, im Regelfall eines Kredits oder Darlehens, wird hierbei durchbrochen. In der „Klassik“ zahlt das Kreditinstitut dem Unternehmen seine Liquidität aus, während der Kunde dafür während der gesamten Laufzeit einen vereinbarten Zinssatz (im Regelfall einen Festzins zuzüglich Tilgung) zahlt. Die Liquiditätsüberlassung sowie die dazu gehörende Zinsgestaltung werden in einem einzelnen Geschäft, somit auch mit nur einem Vertrag, geregelt.

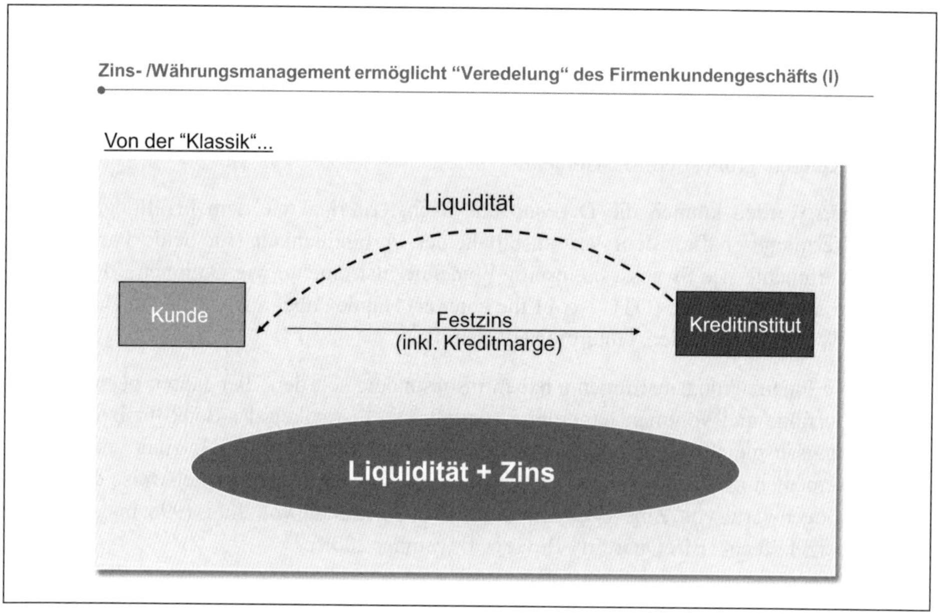

Abbildung 1: *„Klassische“ Finanzierungsstruktur mit nur einem Vertrag*

Beim Einsatz von Zinsmanagementinstrumenten wird hingegen die vertragliche Regelung der Liquiditätsüberlassung sowie der dazu gehörenden Zinsgestaltung in (mindestens) zwei verschiedene Rechtsgeschäfte aufgespalten. Anstelle eines „klassischen“ Festzinsdarlehensvertrags wird in der „modernen“ Finanzierungsstruktur ein Darlehensvertrag mit einer variablen Zinszahlung abgeschlossen. Dieser variable Zinssatz, im Regelfall ein Referenzzins wie der 6-Monats-EURIBOR, ermöglicht es dem Kunden, die Vorteile der jederzeitigen flexiblen Rückführung über Sondertilgungen uneingeschränkt nutzen zu können – im Maximalfall sogar der gesamten ausstehenden Darlehenssumme auf einmal.

Die Zinsgestaltung in der gewünschten Form erhält der Kunde dann mit einem zweiten Rechtsgeschäft, dem Festsatzzahlerswap (Payer-Swap). Diese Form der Aufspaltung des bekannten „klassischen“ Festzinsdarlehensvertrags in Grund- und Gestaltungsgeschäft bietet sich insbesondere beim Wunsch des Kunden nach Sondertilgungsmöglichkeiten und bei lang laufenden Zinssicherungen an, z.B. bei Laufzeiten von mehr als zehn Jahren. Hintergrund ist, dass die Regelungen des § 489 BGB nicht für Zinsderivate Anwendung finden.

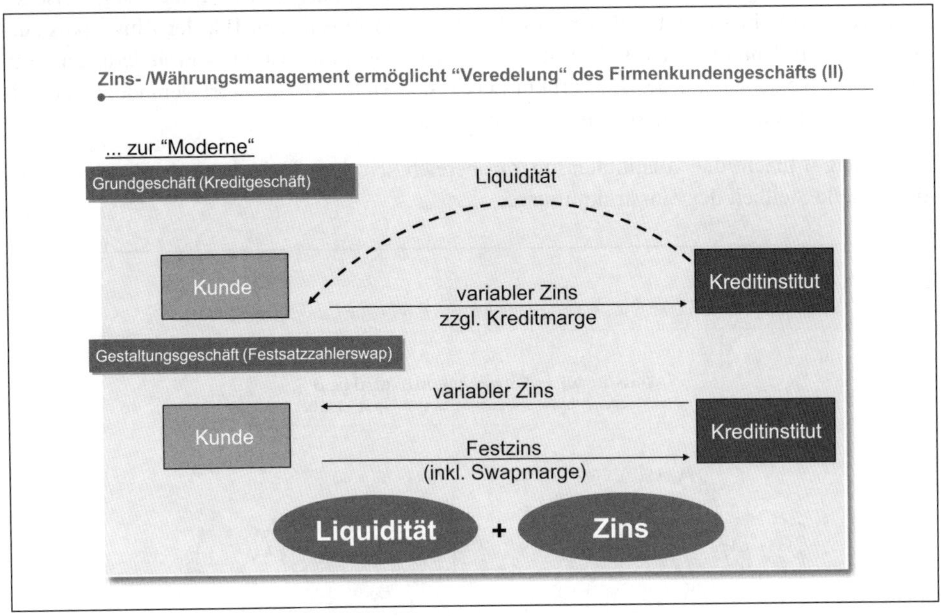

Abbildung 2: *„Moderne" Finanzierungsstruktur mit zwei Verträgen*

Diese Trennung von Grundgeschäft und Zinsgestaltungsgeschäft, z.B. über einen Swap, stellt den wichtigsten Vorteil von derivativen Instrumenten dar. Ein Zinsderivat wird ähnlich einem handelbaren Wertpapier täglich an Märkten bewertet. Der Kunde bekommt jederzeit einen Überblick über seine aktuelle Risikosituation und hat damit auch eine enorme Flexibilität des Handelns. Diese Preisstrukturen sind auch für den mittelständischen Kunden transparent und kontrollierbar.

4. Das Management von Zinsrisiken im Unternehmensbereich durch Derivate

Gerade das Ausmaß der Zinsschwankungen in jüngerer Zeit hat das Management von Zinsänderungsrisiken für Unternehmen wieder verstärkt in den Fokus gebracht. Insbesondere kann die Entwicklung des EURIBOR-Satzes einen Eindruck von den Zinsänderungen in den vergangenen Jahren geben. Jedoch ist für das Zinsrisikomanagement in einem Unternehmen nicht nur die Bewegung eines einzelnen Zinssatzes im Zeitablauf von Bedeutung, sondern die Veränderung der gesamten Zinsstrukturkurve. Diese beschreibt den Zusammenhang zwischen Laufzeiten bzw. Fristigkeiten und dem entsprechenden Zinsniveau. Bei der Zinsrisikosteuerung in einem Unternehmen ist letztlich zu bewerten, wie unerwartete Zinsänderungen, z.B. durch eine Verschiebung der Zinsstrukturkurve, den Unternehmenswert verändern bzw. die Liquiditätssituation des Unternehmens beeinflussen.

Abbildung 3 macht die Volatilitäten im Zinsbereich seit dem 31.12.1998 deutlich und zeigt die aktuelle Steilheit der Zinsstrukturkurve.

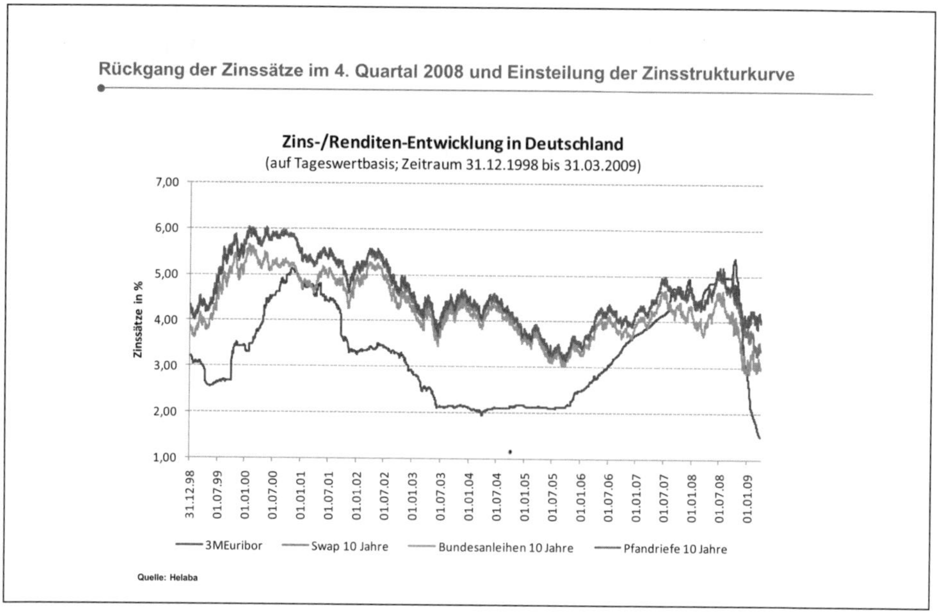

Abbildung 3: *Zinsstrukturkurve*

Im Mittelpunkt der derivativen Finanzierungsinstrumente, die sich für das Managen von Zins- und Währungsrisiken besonders eignen und auch für kleinere und mittlere Unternehmen steuerungs- und controllingmäßig beherrschbar sind, stehen Zinsswaps, Forward-Swaps, Swaptions, Caps, Floors und Collars. Die Nutzung dieser Instrumente soll an einigen Beispielen aufgezeigt werden.

4.1 Zinsswap

Zinsswaps verpflichten die Vertragspartner (in diesem Fall Unternehmer und Kreditinstitut) zum Austausch zukünftiger (Zins-)Zahlungen. Erfolgt der Tausch von Zahlungen in unterschiedlichen Währungen, handelt es sich um kombinierte Zins-Währungsswaps. Eine Variante ist der Forward-Swap. Forward-Swaps entsprechen in ihrer Funktionsweise den Zinsswaps mit der Ergänzung, dass die erste Zinsperiode mit dem Austausch der Zahlungsströme erst nach einer festgelegten Vorlaufzeit beginnt.

Grundsätzlich unterscheidet man bei Swaps – in Abhängigkeit von der Position des Kunden – Festsatzzahler-(Payer-) und Festsatzempfänger-(Receiver-)Swaps. Während die Zahlerposition im Swap dem Kunden langfristige Zinsbindungen (bis zu 30 Jahre sind mittlerweile möglich) und jederzeitige Sondertilgungen im parallelen variablen Darlehen ermöglicht, stellen die Empfängerswaps eine Möglichkeit dar, Zinsbelastungen zu reduzieren.

Beispiel Unternehmensfinanzierung:

Ausgangssituation: Das Unternehmen hatte sich z.B. langfristig über einen Festzinskredit zu 6,00 % finanziert. Dieses Darlehen steht in drei Jahren zur Zinsanpassung an.

Das Unternehmen möchte die Zinslast des in der Vergangenheit vereinbarten Darlehens senken und dazu das aktuell niedrige Zinsniveau und die Chancen des variablen Geldmarkts (3-Monats-EURIBOR z.B. 1,30 %) nutzen. Eine vorzeitige Ablösung des bestehenden Darlehens kommt für das Unternehmen aufgrund z.B. der Vorfälligkeitsentschädigung nicht infrage.

Lösungsansatz: Der Unternehmer hat die Möglichkeit, sein Zinsänderungsrisiko umzustrukturieren und dabei seine Zinslast zu senken. Dazu wird für die Restlaufzeit des Darlehens ein Festsatzempfängerswap mit identischer Valutastruktur zu z.B. 2,30 % (Receiver-Swap/gegen 3-Monats-EURIBOR) abgeschlossen. Dieses Geschäft ist ein zusätzliches, vom Grundgeschäft – der Kreditvereinbarung – unabhängiges Rechtsgeschäft, bei dem keine Liquidität fließt. Damit bestehen für den Unternehmer insgesamt drei Zinszahlungsströme:

- Er zahlt unverändert die Festzinsen in Höhe von 6,00 % für das Darlehen.
- Im Gegenzug empfängt er den für die Laufzeit des Swaps vereinbarten Festzinssatz (Swapsatz) in Höhe von 2,30 %.
- Zusätzlich zahlt er im Zinsswap die variablen Zinsen in Höhe von 1,30 %.

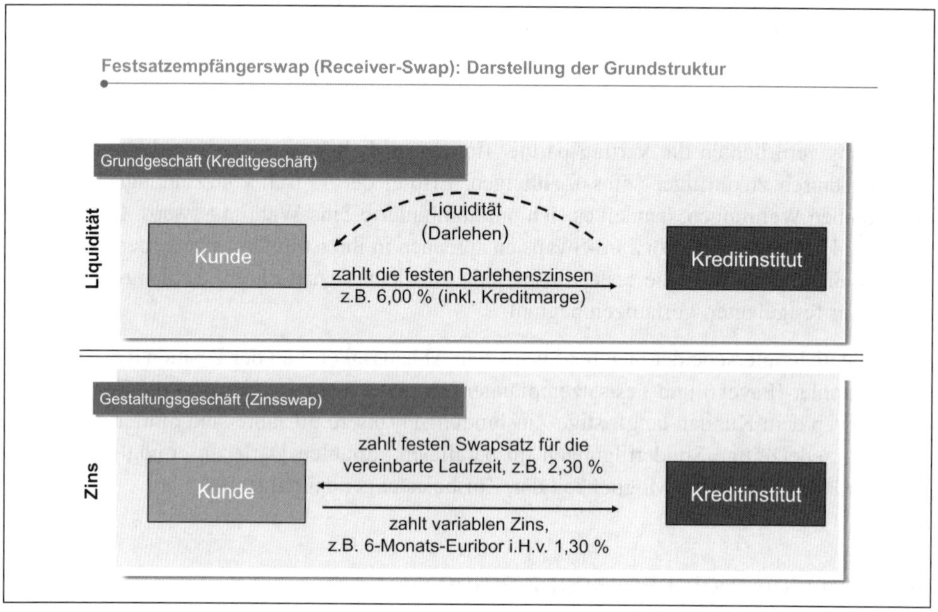

Abbildung 4: *Grundstruktur des Festsatzempfängerswaps*

Wirkungsmechanismus: Das Unternehmen reduziert in diesem Beispiel durch den Einsatz des Festsatzempfängerswaps die Zinslast um 1,00 %, indem es aus höheren festen Zinsen in niedrigere variable Zinsen wechselt. Im Ergebnis werden dabei Zinsbindungsfristen getauscht (engl. „to swap“ = tauschen): Der Unternehmer hat seine langfristige Zinssicherheit für die Restlaufzeit des Darlehens eingetauscht gegen eine deutlich kürzere Zinsbindung mit einem niedrigeren Zinssatz. Für diese variable Hälfte des Swaps stehen alle drei Monate erneute Zinsanpassungen an das jeweils aktuelle Niveau des 3-Monats-EURIBOR an.

Für den Unternehmer besteht bei dem oben genannten Beispiel die Gefahr, dass bei den folgenden Zinsanpassungsterminen das EURIBOR-Zinsniveau ansteigt und die von dem Unternehmen im Swap zu zahlenden variablen Zinsen sich dem Festzinssatz im Swap von 2,30 % annähern oder ihn ggf. übersteigen. Umgekehrt steigt die Ersparnis für den Unternehmer, falls der 3-Monats-EURIBOR bei den nächsten Zinsanpassungen weiter sinkt.

Entscheidend für den Einsatz von Festsatzempfängerswaps ist daher – neben dem Unterschied des jeweiligen Festzinsniveaus zum gewählten variablen Zins zum Zeitpunkt des Abschlusses – vor allem die Erwartungshaltung des Unternehmers zur weiteren Entwicklung des variablen Zinses. Im Ergebnis wäre der Einsatz eines solchen Swaps nicht sinnvoll, wenn die Erwartung besteht, dass zum Ende der Swaplaufzeit die anfänglichen Ersparnisse durch einen Anstieg des EURIBOR über das im Swap fixierte Festzinsniveau aufgefressen worden sind.

4.2 Cap, Floor, Collar

Außerbörslich gehandelte Zinsoptionen in der Form von Optionsgeschäften auf Zinssätze werden als Caps und Floors bezeichnet.

Beim Cap wird für einen vereinbarten Zeitraum eine Zinsobergrenze – bezogen auf einen bestimmten Referenzzinssatz und ein bestimmtes Nominalkapital – garantiert. Mit dem Cap erwirbt ein Käufer – gegen Zahlung einer Prämie – das Recht auf eine Ausgleichszahlung, wenn der Referenzzinssatz (z.B. EURIBOR) an bestimmten Stichtagen eine Zinsobergrenze überschreitet.

Bei einem Floor sichert sich der Käufer eine Zinsuntergrenze ab. Der Verkäufer verpflichtet sich zu einer Ausgleichszahlung, wenn der Referenzzinssatz in einer vereinbarten Zinsperiode unter die Zinsuntergrenze (Floor) gesunken ist.

Der Kauf einer Collar-Position entsteht aus dem Kauf einer Zinsobergrenze (Cap) bei gleichzeitigem Verkauf einer Zinsuntergrenze (Floor) bei einem identischen Vertragspartner, gleichem Nominalkapital und gleicher Laufzeit. Die vereinbarte Zinsuntergrenze liegt hierbei unter der Zinsobergrenze. Da bei einem Collar jeweils eine Zinsbegrenzung gekauft und eine verkauft wird, wird bei dieser Form der Zinsabsicherung die zu zahlende Prämie mit der zu empfangenden verrechnet. Im Ergebnis kann – bei entsprechendem Zinsniveau und einer ausgewogenen Wahl der jeweiligen Zinsgrenzen – dies sogar bis zu einer vollständigen Prämienkompensation führen (sogenannter „Zero-Cost-Collar“).

Beispiel Unternehmensfinanzierung:

> Ausgangssituation: Das Unternehmen ist zurzeit über einen variablen Kredit auf EURIBOR-Basis finanziert oder möchte eine variabel verzinsliche Finanzierung vornehmen. Es hat sich für einen variablen Kredit entschieden, um die Chancen des niedrigen variablen Zinsniveaus zu nutzen. Das Unternehmen möchte sich jedoch gleichzeitig vor steigenden Zinsen schützen, ohne die Vorteile der niedrigen variablen Verzinsung aufgeben zu wollen. Daher kommt für das Unternehmen ein Festzinskredit nicht infrage.

Lösungsansatz: Mit dem Zins-Cap wird dem Unternehmen eine variable Verzinsung angeboten und gleichzeitig garantiert, dass der variable Kreditzins ein bestimmtes Maximum nicht übersteigt.

Der Cap ist – ebenso wie der Swap – als derivative Zinsgestaltung ein vom Grundgeschäft (variabler Kredit) unabhängiges Rechtsgeschäft. Erst die Kombination beider Geschäfte ergibt als Resultat einen variablen Kredit mit Zinsobergrenze. Der Cap wirkt damit wie eine klassische Versicherung, bei der gegen Zahlung einer Prämie die Worst-Case-Entwicklung eines zu hohen Zinsniveaus abgefangen wird (sogenannte „Zins-Kasko“).

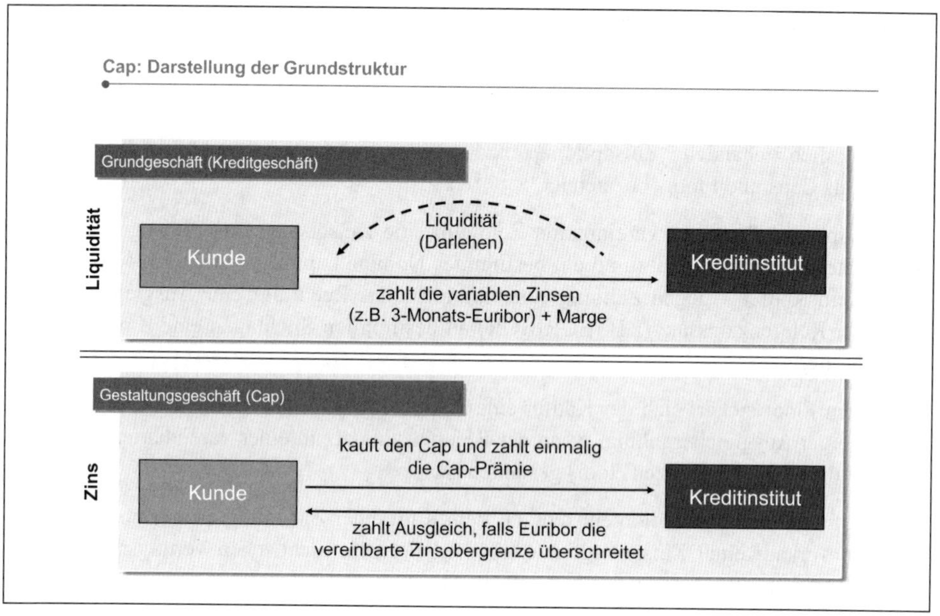

Abbildung 5: *Grundstruktur des Cap*

Vorteile/Risiken: Das Unternehmen kann somit die Vorteile variabler Zinsen bei Zinssenkungen voll nutzen, mit der Sicherheit, dass im Fall steigender Zinsen eine bestimmte Maximalbelastung nicht überschritten wird. Nach Zahlung der Cap-Prämie entstehen dem Unternehmen keine weiteren Kosten. Es bestehen über die Zinsobergrenze hinaus keinerlei Zinsänderungsrisiken. Begrenzt ist das Risiko auf die einmal aufgewendete Prämie.

Alternativ zum Cap besteht – wie oben dargestellt – zur Senkung der Prämienkosten auch die Möglichkeit des Abschlusses eines Collar. Durch die hierin enthaltene Zinsuntergrenze wird allerdings die Partizipation des Unternehmers an sinkenden Zinsen limitiert.

4.3 Forward-Swap

Ein Forward-Swap ist die Vereinbarung eines Tauschs von Zinszahlungsströmen (siehe Swap), deren Beginn in der Zukunft liegt. Die Vereinbarung dieses zukünftigen Zinstauschs beinhaltet keine Überlassung von Kapital (Darlehen). Die Tauschvereinbarung ist als derivatives Finanzinstrument ein von einem zukünftigen Kredit unabhängiges Rechtsgeschäft, bei dem für das Unternehmen keine zusätzlichen Kosten anfallen.

Beispiel Unternehmensfinanzierung:

Ausgangssituation: Ein Unternehmen ist zurzeit noch über einen Kredit mit Festzinsvereinbarung finanziert, der in einiger Zeit (z.B. in zwei Jahren) zur Neuverhandlung ansteht. Alternativ könnte das Unternehmen auch eine Darlehensneuaufnahme für ein Investitionsprojekt planen.

In diesem Zusammenhang möchte das Unternehmen eine feste Kalkulationsgrundlage für die Anschlussfinanzierung bzw. für den zukünftigen Kredit haben. Gleichzeitig soll ein Höchstmaß an Flexibilität für eine eventuelle vorzeitige Rückführung des Kredits realisiert werden. Das aktuell günstige Zinsniveau soll genutzt werden, um einem möglicherweise starken Zinsanstieg bis zum Zeitpunkt der Prolongation oder Neuaufnahme zuvorzukommen.

Lösungsansatz: Bereits heute wird eine Zinsfestschreibung für die zukünftige Finanzierungsstruktur festgelegt. Vereinbart wird bei dem Forward-Swap, dass das Unternehmen zukünftig einen Festzinssatz für eine bestimmte Laufzeit zahlt und auf der anderen Seite einen variablen Zinssatz, z.B. 6-Monats-EURIBOR, erhält. Für die zukünftige Kreditaufnahme bzw. Prolongation vereinbart das Unternehmen einen variablen Zinssatz auf der gleichen Basis (EURIBOR, identische Zins- und Tilgungstermine) wie im Swap.

Die Grundstruktur des Geschäfts stellt sich folgendermaßen dar:

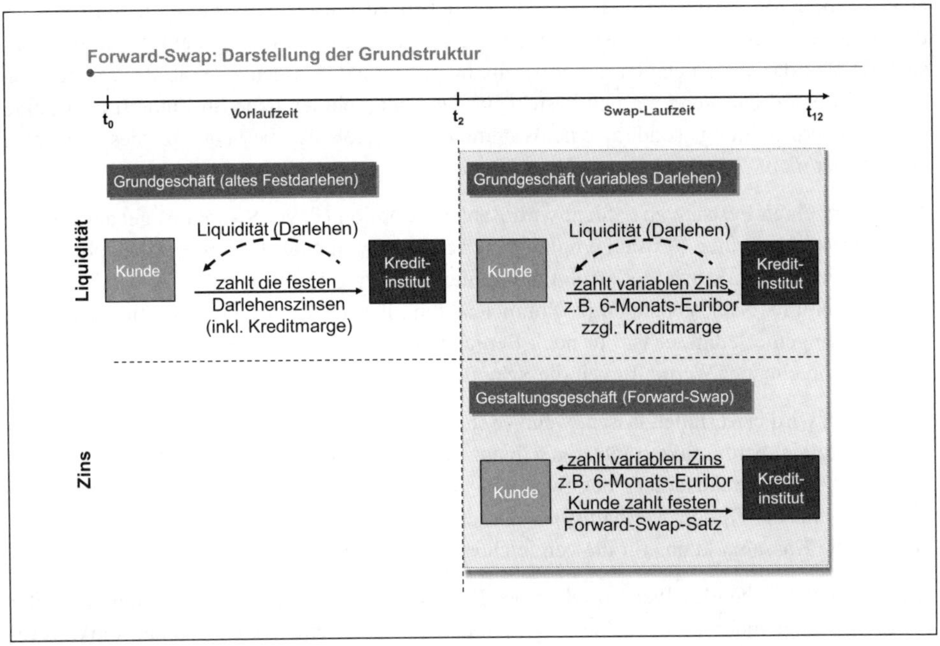

Abbildung 6: *Grundstruktur des Forward-Swap*

Vorteile/Risiken: Aus der Kombination der Zinszahlungen resultiert für den Unternehmer in der Swaplaufzeit wirtschaftlich eine Festzinszahlung. Damit hat das Unternehmen zum einen eine feste Kalkulationsgrundlage. Der bereits heute für die Zukunft vereinbarte Festzins beläuft sich auf das aktuelle z.B. günstige Forward-(Termin-)Zinsniveau. Eine Bereitstellungsprovision fällt nicht an. Zum anderen kann das Unternehmen wegen der variablen Zinsgestaltung im Darlehen dieses während der Laufzeit flexibel sondertilgen.

Das Risiko für den Unternehmer, der sich mit dem Forward-Swap heute schon einen bestimmten Zins sichert, besteht in seiner Abnahmeverpflichtung, auch wenn das zukünftige Zinsniveau am Kapitalmarkt unterhalb des vereinbarten Festzinssatzes aus dem Forward-Swap liegt. Dem Unternehmen entgeht damit die Chance, sich zukünftig zu einem z.B. noch günstigeren als dem vereinbarten Zinssatz zu finanzieren. Dafür hat es jedoch eine klare Kalkulationsgrundlage und läuft nicht Gefahr, dass in Zukunft der Kredit zu einem höheren Zins abgeschlossen werden muss.

4.4 Swaption

Eine Swaption ist vom Wortstamm her eine Option auf einen (Forward-)Swap, für die der Optionskäufer, z.B. der Unternehmer, eine Prämie zahlt. Damit erwirbt er das Recht, nach einer bestimmten Frist einen Zinsswap abschließen zu dürfen, aber nicht zu müssen. Für diesen Swap wird der Festzinssatz bereits heute vereinbart. Analog dem Forward-Swap schreibt sich das Unternehmen damit bereits heute den zukünftigen Zinssatz fest; anders als bei der Forward-Zinsvereinbarung besteht für das Unternehmen dabei in Zukunft aber keine Abnahmeverpflichtung, sondern eine Wahlmöglichkeit, ob es überhaupt in diesen Vertrag eintritt oder nicht.

Das Recht, einen Festsatz zu zahlen, wird Zahlerzinsoption (Payer Swaption) genannt. Wenn das Unternehmen einen Festsatz empfängt, spricht man von einer Empfängerzinsoption (Receiver Swaption). In der Regel erfolgt die Zahlung der Prämie „up front“, d.h. bei Abschluss in einer Summe. Nach vollständiger Prämienzahlung hat der Käufer der Swaption sämtliche Verpflichtungen erledigt, er ist nur noch Berechtigter. Dies bedeutet, er kann frei wählen, ob er bei entsprechender Werthaltigkeit die Swaption ausübt oder nicht.

Die Option wird er verfallen lassen, wenn er sich über den aktuell am Markt verfügbaren Zins für die vergleichbare Laufzeit günstiger finanzieren kann als über den in der Option fixierten Swaption-Zins. Die Ausübung der Swaption wird der Kunde konsequenterweise nur dann wählen, wenn die Option werthaltig ist, d.h. der ursprünglich vereinbarte Zins günstiger als der aktuelle Kassamarktzins für die vergleichbare Laufzeit ist.

Bei einer entsprechenden Werthaltigkeit des Rechts erfolgt die Ausübung der Option in aller Regel allerdings nicht in Form eines sogenannten „physical settlement“, also eines Inkrafttretens des Swaps mit dem ursprünglich vereinbarten Festzinssatz. In den allermeisten Fällen vereinbaren die Kreditinstitute mit ihren Kunden einen sogenannten Barausgleich („cash settlement“). Dies bedeutet z.B. bei einer Payer Swaption, dass der Wertunterschied zwischen dem in der Zinsoption vereinbarten niedrigeren Zinssatz und dem am Markt für die relevante Swaplaufzeit erhältlichen höheren Zins durch eine Einmalzahlung (sogenannter „positiver Barwert“) vollständig abgegolten wird.

Damit tritt nicht der ursprünglich vereinbarte Swap mit dem niedrigeren Zinsniveau in Kraft, sondern der Kunde kann, wenn er denn zu diesem Zeitpunkt eine Festsatzfinanzierung braucht, sein variables Darlehen mit einem neu abzuschließenden Kassaswap kombinieren. Durch die Verrechnung des positiven Barwerts mit dem am Kassamarkt erhältlichen Festzinszahlerswap für die gewünschte Laufzeit erhält der Unternehmer dann seinen gewünschten Festzinssatz. Dieser Wegfall des Automatismus („bei Ausübung der Option tritt automatisch ein Swap in Kraft“) bietet dem Unternehmer viele Vorteile: So kann er beispielsweise neu entscheiden, ob und für welche Zeit er bei welchem Kreditinstitut einen Festsatzzahlerswap abschließen möchte.

Beispiel Unternehmensfinanzierung:

Ausgangsituation: Wie stark derivative Instrumente auf die täglichen Anforderungen eines mittelständischen Unternehmens abgestellt werden können, wird gerade in der Swaption deutlich. Das Unternehmen benötigt z.B. zu einem bestimmten Zeitpunkt in der Zukunft für eine geplante Investition ein lang laufendes Darlehen. Ob das Darlehen wirklich in Anspruch genommen wird, steht heute jedoch noch nicht fest. So können sich beispielsweise Investitionspläne zerschlagen, z.B. wenn sich ein mittelständischer Bauunternehmer um einen Auftrag für ein Gebäude beworben hat, aber letztlich nicht den Zuschlag erhalten konnte. Ähnliches gilt z.B. für exportorientierte Unternehmer, die sich an Ausschreibungen für Projekte beteiligen. Dafür müssen sie, ohne die Sicherheit des Auftragszuschlags zu haben, bereits jetzt schon in ihren Angebotspreis verlässlich die Finanzierungskosten einkalkulieren.

Lösungsansatz: Über eine Swaption wird dem Unternehmer die Festschreibung eines zukünftigen Zinssatzes ermöglicht, ohne dass er an diese Zinssicherung gebunden ist. Er hat zukünftig die Entscheidungsfreiheit, ob er die getroffene Festzinsvereinbarung nutzen will oder ob er sie verfallen lässt.

Die Grundstruktur einer Payer Swaption stellt sich wie folgt dar:

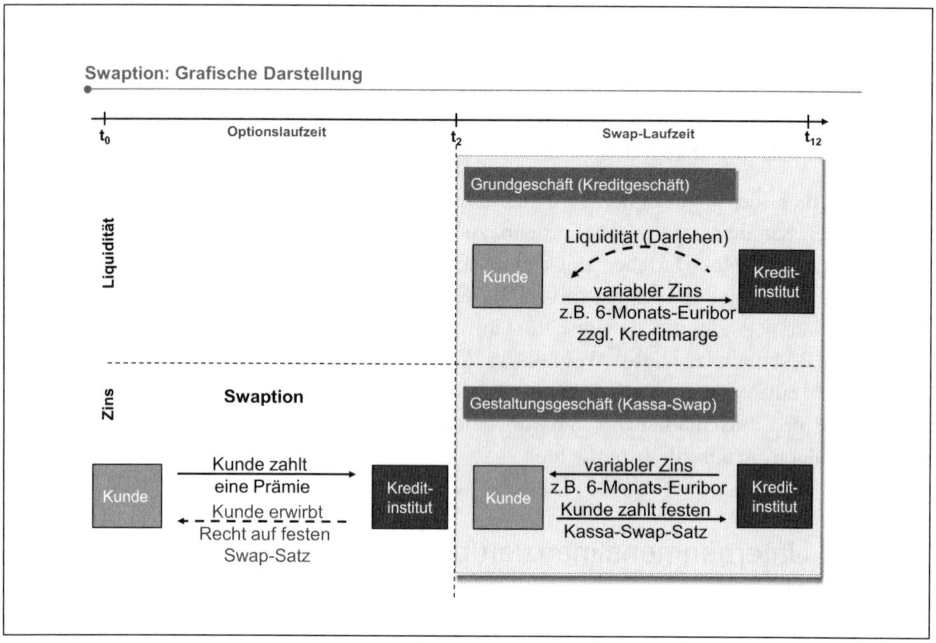

Abbildung 7: *Grundstruktur der Payer Swaption*

Das Unternehmen ist in diesem Fall der Käufer der Option (auch „payer", d.h. Zahler des Festzinses).

Vorteile/Risiken: Das Risiko des Unternehmens ist auf die gezahlte Optionsprämie beschränkt. Verfällt die Option, weil der Kassamarktzins unter dem fixierten Festzins aus der Option liegt, war zwar die Zahlung der Prämie – im Nachhinein betrachtet – nicht erforderlich, der Unternehmer kann sich jedoch günstiger finanzieren als über die Swaption. Die bei der Vereinbarung der Swaption gezahlte Prämie ist verloren. Das maximale Risiko begrenzt sich somit auf die Optionsprämie.

Der in der Swaption vereinbarte Festzins für eine zukünftige Finanzierung stellt somit lediglich eine Obergrenze für die Zinsbelastung dar. Kommt es bei dem Unternehmen z.B. nicht zu dem Vertragsabschluss zur Errichtung eines Gebäudes bzw. zum Erhalt des Zuschlags im Rahmen der Ausschreibung, kann der Unternehmer sich den „positiven Marktwert" der Swaption gegenüber dem Kassazinsniveau auszahlen lassen. Die Finanzierung, d.h. die Liquidität, muss damit gar nicht erst aufgenommen werden.

5. Derivatekooperation im Verbund Landesbank und Sparkasse

Für Sparkassen ist das Zins- und Währungsmanagement im Rahmen des Firmenkundengeschäfts ein Geschäftsfeld mit hohem Potenzial.

Analog dem Kreditgeschäft kann zwischen Marktaktivitäten (Akquisition, Beratung, Betreuung) und Marktfolgetätigkeiten (Buchungen, Vertragserstellung, Bewertung, Abwicklung) differenziert werden. Damit Sparkassen marktfolgemäßig entlastet werden, hat die Landesbank Hessen-Thüringen (Helaba) im Dialog mit Prüfungsstellen der Sparkassenverbände und der Bundesanstalt für Finanzdienstleistungsaufsicht Verfahren entwickelt, um die Stärken des Verbunds aber auch betriebswirtschaftliche Effizienzen sicherzustellen. Unter dem Produktnamen „Client*Plus*“ wurde von der Helaba eine Arbeitsteilung mit über 100 Sparkassen im Verbund aufgebaut. Die Sparkassen konzentrieren sich auf ihre Kernkompetenz, den Vertrieb, während die Backoffice-Funktionen beim Dienstleister Helaba umgesetzt werden. Ergänzt wird dieses Dienstleistungsangebot der Helaba durch umfassende Schulungsaktivitäten für Sparkassenmitarbeiter und -mitarbeiterinnen.

Bei dieser Form der Abwicklung über „Client*Plus*“ ist es den teilnehmenden Sparkassen möglich, auf das gesamte Leistungsspektrum der Helaba im Zins- und Währungsmanagement mit den dazugehörenden derivativen Instrumenten zurückzugreifen. Auch komplexe Konstruktionen können somit von der Sparkasse ihren Kunden angeboten werden.

Das Kontrahentenrisiko wird bei den abgeschlossenen Derivategeschäften über eine Garantie der Sparkasse abgedeckt. Da das Derivategeschäft direkt zwischen der Helaba und dem Firmenkunden der Sparkasse abgewickelt wird, erhält die Sparkasse nach Abschluss des Geschäfts den Barwert der von ihr in den Kundenverhandlungen vereinbarten Marge gutgeschrieben. Die Kundenhoheit liegt weiterhin bei der Sparkasse. Im Rahmen der Dienstleistungsaufgabe übernimmt die Landesbank die gesamte Vertragserstellung, die Verbuchung und die Bewertung der Derivate.

Als ergänzende Innovation im Geschäftsfeld Zins- und Währungsmanagement bietet die Helaba den Sparkassen die Möglichkeit, die täglich aktuellen Marktwerte der über „Client*Plus*“ abgeschlossenen Derivategeschäfte voll elektronisch und automatisch im jeweiligen Kundenobligo des Rechenzentrums zur Verfügung zu stellen. Die Fremdwährungsbuchhaltung der Bank wird hierbei für die Übermittlung der Marktwerte (in Euro) genutzt.

Um Sparkassen in die Lage zu versetzen, möglichst flexibel und schnell beim Kunden agieren zu können, hat die Helaba zudem elektronische Workflows erstellt, die sicherstellen, dass die komplett ausgefüllten Kundenverträge abschlussfertig innerhalb von in der Regel maximal 60 Minuten vor Ort verfügbar sind.

Zur Vertriebsunterstützung hat die Helaba darüber hinaus den Online-Derivate-Pricer „Helaba OTC“ für Sparkassenmitarbeiter entwickelt. Hiermit können derivative Produkte selbstständig, z.B. am Arbeitsplatz, berechnet werden. Dadurch werden Derivatespezialisten in die Lage versetzt, Kundenanfragen noch flexibler im Rahmen des Beratungsgesprächs individuell vorzubereiten. Verschiedene Szenarien, Produktvarianten und Tilgungsstrukturen können durchgespielt werden. Als Ergebnis erhält der Berater nach Abschluss der Berechnung eine vollständige Kundenpräsentation und ein Termsheet, die beide beraterhaftungsfest gestaltet sind.

6. Fazit

Als Unternehmer kann man sich Zinsen nicht beliebig wünschen, sondern nur auf Basis der aktuellen Situation der Geld- und Kapitalmärkte gestalten. Hierbei handelt es sich allerdings nicht um „Hexerei", sondern um das Ergebnis moderner Finanzmathematik auf der Grundlage aktueller Marktgegebenheiten. Derivative Finanzinstrumente stellen als Mittel dazu heute auch im mittelständischen Firmenkundengeschäft nichts mehr Exotisches dar. Sofern sichergestellt ist, dass der Kunde durch eine kompetente, strukturierte Beratung die individuellen Auswirkungen der Trennung von Zins und Liquidität auf seine Situation erfasst hat, empfiehlt sich der Abschluss. Maßgeschneiderte Finanzierungsstrukturen, Flexibilität in der Rückführung der Finanzierungsvolumina in Verbindung mit klarer Kalkulationssicherheit oder gezielter Zinsoptimierung, die Einsatzmöglichkeiten und deren positive Wirkung auf die Kundenbindung sind vielfältig.

Internationales Firmenkundengeschäft

Christoph Holzem

1. Einleitung – Wachstumsmarkt Auslandsgeschäft

Deutschland gehört neben den USA und Japan zu den größten Welthandelsnationen. Deutsche Waren sind ob ihrer Qualität und Technik auf höchstem Niveau in allen Ländern der Welt gefragt. Premium-Marken mit hoher Zuverlässigkeit und einer langen Lebensdauer treffen in den aufstrebenden Volkswirtschaften Asiens und Osteuropas auf eine rasant wachsende kaufkräftige Mittelschicht. „Made in Germany" ist gefragter denn je und hat eine große Zukunft.

Die Zahlen des deutschen Außenhandels beeindrucken seit Jahren: 2008 wurden Waren im Wert von 995 Mrd. Euro exportiert; Deutschland steht damit auf Platz eins aller Welthandelsnationen. Mit einem durchschnittlichen Wachstum von 9 % pro Jahr in den letzten zehn Jahren ist das Auslandsgeschäft deutlich stärker gestiegen als etwa das Bruttoinlandsprodukt. Die Importe stiegen im gleichen Zeitraum um durchschnittlich 9,4 % jährlich (vgl. Abbildung 1). Das Auslandsgeschäft ist ein boomender Wachstumsmarkt, an dem immer mehr deutsche Unternehmen partizipieren wollen.

Die Prognos AG kommt in ihrem aktuellen World Report zu dem Ergebnis, dass der weltweite Handel in den nächsten Jahren deutlich schneller wachsen wird, als das globale Bruttoinlandsprodukt (vgl. Abbildung 2). Wesentliche Wachstumstreiber sind dabei die sinkenden Transport- und Kommunikationskosten infolge des technischen Fortschritts sowie die ständige Neuentwicklung und Markteinführung von innovativen Produkten und Verfahren.

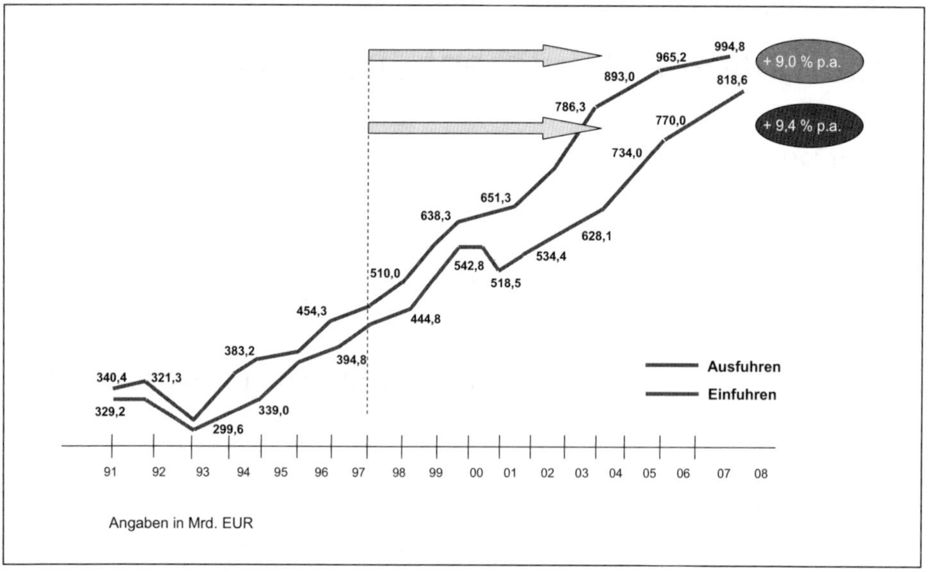

Quelle: Statistisches Bundesamt

Abbildung 1: *Deutsche Importe und Exporte mit hohen Wachstumsraten*

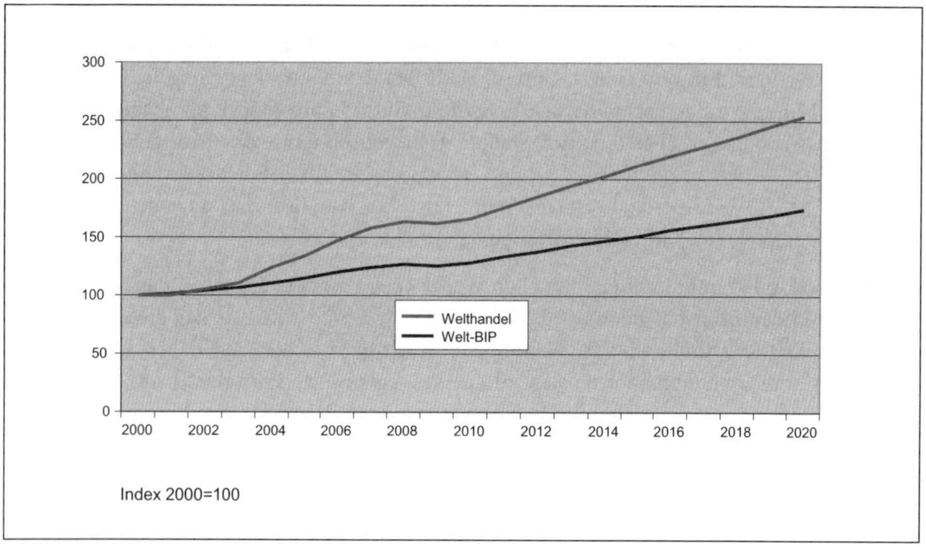

Quelle: prognos world report 2008

Abbildung 2: *Vergleich Welthandel und Welt-BIP – 2000 bis 2020*

Der internationale Handel ist längst keine Domäne der großen Konzerne mehr. Im Gegenteil: Während der deutsche Mittelstand als Zulieferer der Großindustrie vor vielen Jahren überwiegend indirekt von der außenwirtschaftlichen Entwicklung profitiert hat, engagiert er sich heute direkt im Auslandsgeschäft und ist international eng verflochten. Dieses belegt auch die aktuelle IHK-Unternehmensumfrage „Going International" aus dem Jahre 2008. Danach sind deutsche Unternehmen auf vielen Märkten gut positioniert. Ein auslandsaktiver deutscher Mittelständler ist im Schnitt auf 16 Märkten tätig. Dabei steigt der Verflechtungsgrad mit dem Ausland kontinuierlich an; die Aufteilung der Wertschöpfungskette auf verschiedene Länder und Regionen ist gegenüber den Vorjahren signifikant gestiegen.

Mit der aktuellen Wirtschaftskrise 2008/2009 hat sich allerdings die Situation im deutschen Außenhandel deutlich verändert. Spätestens seit dem vierten Quartal 2008 verzeichnen viele Unternehmen drastische Umsatzrückgänge, die – je nach Branche – bis zu 30 % und mehr ausmachen können. Und erstmals scheinen exportorientierte Unternehmen stärker betroffen als ausschließlich im Binnenmarkt agierende Firmen. Der Grund dafür liegt in einer weltweit abkühlenden Konjunktur, die erstmals seit vielen Jahrzehnten nicht nur bestimmte Länder oder Erdteile, sondern alle Kontinente weltweit erfasst hat. An den langfristigen Wachstumsperspektiven des Auslandsgeschäfts – da sind sich alle Experten einig – hat sich jedoch wenig geändert. Auch im Jahr 2009 dürfte Deutschland aller Voraussicht nach Exportweltmeister bleiben und eine sich verbessernde Wirtschaftslage in ausgesuchten Zielregionen dürfte die Exporteure schnell wieder auf die Überholspur bringen. Die außerordentlich positiven Mittelfristperspektiven für die Absatzmärkte außerhalb Deutschlands bleiben erhalten und sind getragen von den großen, sich entwickelnden Volkswirtschaften wie China und Russland, die an dem Wohlstand der Industrieländer teilhaben wollen. Davon dürften deutsche Hersteller der Konsumgüter- wie der Investitionsgüterbranchen gleichermaßen profitieren.

Gespräche mit Unternehmern und Wirtschaftsverbänden bestätigen diese Meinung. Deutsche Firmen investieren bereits wieder in nachhaltige Zukunftstechnologien, um zu gegebener Zeit am weltweiten Aufschwung überproportional zu profitieren. Das Auslandsgeschäft wird im Fokus der mittelständischen Unternehmer bleiben. Dieses lässt sich ebenfalls aus der bereits zitierten IHK-Studie „Going International 2008" ableiten. Die Tatsache, dass 24 % der deutschen Unternehmen bereits Auslandsinvestitionen getätigt haben, unterstreicht den hohen Internationalisierungsgrad der deutschen Wirtschaft. Dieses Potenzial scheint aber bei Weitem noch nicht ausgeschöpft zu sein, wenn man bedenkt, dass weitere 13 % der Unternehmen zusätzliche Investitionen im Ausland planen. Dabei sind kleinere Unternehmen überproportional vertreten (16 %).

2. Bedürfnisse von Firmenkunden beim „Going International“

Der Schritt in neue Märkte ist auch für erfahrene Unternehmen immer wieder eine Herausforderung. Länderspezifische Produktanpassungen müssen vorgenommen, Vertriebsstrukturen aufgebaut und das richtige Personal gefunden werden. Darüber hinaus bedarf es der Anpassung von Produktionsprozessen ebenso wie der Abstimmung von internen Abwicklungs- und Reporting-Strukturen. Doch die Fragen, die sich ein Unternehmer im Zuge seiner Internationalisierungsbestrebungen stellt, beginnen oftmals an einem viel früheren Punkt: Welches Land ist unter betriebswirtschaftlichen Gesichtspunkten das interessanteste? Wo lassen sich die besten Margen erzielen? Welche Produktanpassungen sind erforderlich? Welche Markteintrittsbarrieren existieren und welche genehmigungspflichtigen Hürden sind zu überwinden? Welche branchenspezifischen Usancen gelten? Welche Standortfaktoren sind für den Erfolg entscheidend? Fragen über Fragen, deren Beantwortung nicht immer einfach ist und deren Bewertung für das eigene Unternehmen häufig vielschichtig ausfällt.

Bei der Beantwortung dieser Fragen helfen oftmals konzerninterne wie unternehmensübergreifende Netzwerke. Industrie- und Handelskammern, Handwerkskammern und Außenhandelskammern unterstützen hier ebenso professionell wie Banken und Sparkassen, die über ihre eigenen Niederlassungen und Netzwerke zielführende und passgenaue Informationen verfügbar machen. Das Bundesministerium für Wirtschaft und Technologie, Germany Trade and Invest als Wirtschaftsförderungsgesellschaft der Bundesrepublik Deutschland sowie die jeweiligen Bundesländer stellen Informationspakete, Checklisten und andere Ratgeber zur Verfügung. Auf das internationale Geschäft ausgerichtete Beratungsunternehmen ergänzen das umfangreiche Angebot. Letztere sind besonders dann zu empfehlen, wenn der Unternehmer einen professionellen Sparringspartner bei der Projektierung und eine Begleitung bei der Umsetzung wünscht.

Die Praxis zeigt aber auch, dass trotz der Fülle von verfügbaren Informationen bei der Gestaltung von Liefer- und Zahlungsbedingungen ein erhöhter individueller Beratungsbedarf insbesondere bei kleinen und mittelständischen Unternehmen (KMU) besteht. Eine professionelle und auf den Einzelfall abgestimmte Vertragsgestaltung ist Voraussetzung dafür, um die zu einem späteren Zeitpunkt benötigte Liquiditätsbereitstellung durch Banken ebenfalls zu ermöglichen. Banken und Sparkassen übernehmen hier wichtige Funktionen in der Beratung. Allerdings hat die Begleitung der Unternehmen bei der Gestaltung von Lieferverträgen bestenfalls Empfehlungscharakter und ersetzt keineswegs eine juristische Prüfung durch einen im internationalen Vertragsrecht versierten Anwalt.

3. Angebot von Banken und Sparkassen im internationalen Firmenkundengeschäft

Universalbanken und Sparkassen bieten den Unternehmen eine Vielzahl von Lösungen im Auslandsgeschäft an. Die Produktpalette reicht von der Abwicklung von Auslandszahlungen, dem Inkasso von Auslandsschecks, dem Inkasso von Lieferdokumenten, der Bereitstellung, Abwicklung und Bestätigung von Akkreditiven und Garantien bis hin zu Instrumenten für die Kurssicherung von Fremdwährungspositionen. Darüber hinaus sind bei den meisten Universalbanken, darunter auch Sparkassen und Landesbanken, viele Spezialprodukte verfügbar. Dazu gehören Lieferanten- und Bestellerkredite, die Forfaitierung von Auslandsforderungen, internationale Cashmanagement-Lösungen in verschiedenen Währungen sowie die Absicherung von Rohstoffpreisrisiken. Spezialinstitute wie etwa die Deutsche Leasing oder die Deutsche Factoring Bank bieten besondere Finanzierungsinstrumente mit individuellen Lösungen an. Förderbanken ergänzen das Angebot der Hausbanken und offerieren länder- bzw. themenspezifisch zinssubventionierte Kredite. Hinzu kommen Produkte von den in Deutschland zahlreich vertretenen Auslandsbanken, die oftmals institutsindividuelle Trade-Finance- oder Cashmanagement-Lösungen für das eigene Heimatland empfehlen.

Dieses ohnehin schon reichhaltige Angebot wird ergänzt durch einen bunten Strauß von Versicherungsprodukten. Selbst wenn man die vielfältigen Möglichkeiten der Transportversicherung und der Betriebsunterbrechungsversicherung unberücksichtigt lässt, verbleibt ein umfangreiches Angebot von Forderungsversicherungen. Dabei ist die Zahl der Anbieter in Deutschland noch begrenzt; das Angebot der privaten Debitorenversicherer wird um die Komponente der staatlichen Exportkreditversicherung über die Euler Hermes Kreditversicherungs AG/PWC als Mandatar des Bundes ergänzt. Darüber hinaus bietet der internationale Versicherungsmarkt weitere Möglichkeiten.

Aus dieser kurzen und zugegebenermaßen noch sehr grob gerasterten Aufstellung wird deutlich, dass für deutsche Unternehmen der Angebotstisch üppig gedeckt ist. Eigentlich müsste der Kunde nur zugreifen – und der internationale Erfolg wäre quasi vorprogrammiert. In der Praxis stellt sich die Lage jedoch ungleich schwieriger dar:

In dem scheinbar unübersichtlichen Dschungel von Produkten, Bedingungen und Abhängigkeiten braucht das Unternehmen einen Navigator. Diese sowohl für die internationale Wettbewerbsfähigkeit wichtige als auch für die Risikosteuerung im Unternehmen bedeutsame, zentrale Aufgabe übernimmt bei großen Konzernen in der Regel die Finanzabteilung. Mittelständische Betriebe verfügen oftmals nicht über eine derartige Personalausstattung, weshalb hier der Hausbank eine wichtige Funktion zukommt. Sie fungiert dabei nicht nur als Liquiditätsbereitsteller, sondern ist oftmals auch Begleiter, Berater und Tippgeber in einem Marktumfeld, das ständigen Veränderungen hinsichtlich Bonität, Preisen, Verfügbarkeit von Produkten und länder- und branchenspezifischen Usancen ausgesetzt ist. Dieses gilt im aktuellen Umfeld der Finanz- und Wirtschaftskrise in besonderem Maße. Lösungen, die gestern oftmals noch besonders gut waren, sind heute nicht mehr oder nur eingeschränkt verfügbar und erst recht nicht immer sinnvoll und zielführend. Genau an dieser Stelle sollte ein regelmäßiger Abgleich zwischen Anforderungen und tatsächlicher Produktnutzung erfolgen, weshalb der Beratung durch die Hausbank eine wichtige Rolle zukommt.

Ein weiterer Aspekt ist die Bereitstellung von Liquidität. Die gegenüber dem Binnenhandel teilweise deutlich längere Transportdauer und die gestiegenen Anforderungen der ausländischen Besteller bei der Gewährung von Zahlungszielen erfordern in vielen Fällen die Erschließung zusätzlicher Refinanzierungsquellen. Mit den Sicherungsinstrumenten, die das Auslandsgeschäft bietet, ist dies grundsätzlich kein Problem. Die Bereitstellung von speziellen Lieferantenfinanzierungen durch Banken setzt jedoch eine enge und zeitnahe Einbindung der Hausbank voraus, um alle relevanten Details schon im Liefervertrag rechtssicher zu verankern. Dadurch ergibt sich oftmals eine Win-win-Situation für Bank und Kunde gleichermaßen: Die Bank erhält durch eine durchdachte Vertragsgestaltung ergänzende Sicherheiten; der Kunde verfügt über zusätzliche Liquidität zu oftmals verbesserten Konditionen.

4. Begleitung der Firmenkunden auf ausländische Zielmärkte

Die Begleitung von Firmenkunden auf die internationalen Märkte stellt für jedes Kreditinstitut eine besondere Herausforderung dar. Gleichwohl bieten fast alle Banken und Sparkassen ihren Kunden entsprechende Dienstleistungen an. Die deutschen Großbanken unterhalten im europäischen und außereuropäischen Ausland eine ganze Reihe von eigenen Niederlassungen und Repräsentanzen, die überwiegend aus der expansionspolitischen Idee entstanden sind, das eigene Bankgeschäft über die Grenzen hinaus betreiben zu wollen. Dass damit den eigenen Kunden ein Mehrwert im internationalen Geschäft geboten werden konnte, war sowohl ein image- als auch ein absatzfördernder Aspekt, der nicht unterschätzt werden darf. Die Kenntnisse einer Bank über die Gesetzmäßigkeiten und Usancen eines für den Unternehmer (noch) fremden, aber gleichwohl interessanten Marktes hat den deutschen Großbanken ein gutes Image im Auslandsgeschäft beschert, das oftmals ertragreiche Folgegeschäfte gebracht hat. Zu den typischen Dienstleistungen, die ein Unternehmer bei seiner Bank im Zuge der Markterschließung erhält, gehören in erster Linie die Informationsbeschaffung, die Kontoeröffnung und die Finanzierung des Auslandsinvestments. Ist das Geschäft erst einmal gestartet, werden oft weitere Dienstleistungen und Services abgefordert. Dazu gehören die Kontoführung, die Abwicklung des Geldverkehrs (Überweisungen, Schecks), das Forderungsinkasso, das Managen von Wechselkursrisiken, die Bargeldversorgung und die Finanzierung von Erweiterungsinvestitionen.

Die Bereitstellung von entsprechenden Bankprodukten ist in den meisten Fällen aber erst dann möglich, wenn die Bank im Zielland eine leistungsfähige Niederlassung oder Tochtergesellschaft mit Vollbanklizenz unterhält. Eine Repräsentanz kann allenfalls Informationen beschaffen und Kontakte herstellen, als Produktanbieter wird sie jedoch nicht auftreten. Die Frage, ob und mit welchem Produktangebot eine Bank seine Kunden auf die ausländischen Zielmärkte begleiten kann, hängt daher ganz wesentlich davon ab, wie sie selbst im Zielland aufgestellt ist. Die umfangreichsten Dienstleistungen lassen sich regelmäßig dort erbringen, wo ein Kreditinstitut eine heimische Bank hinzugekauft und in den eigenen Konzern integriert hat. In einem solchen Fall verfügt die Bank meist über ein mehr oder weniger dichtes, aber oftmals flächendeckendes Filialnetz. Sie nimmt, mit entsprechender Technik ausgestattet, an dem nationalen Zahlungsverkehrssystem zur kostengünstigen und schnellen Verrechnung von Überweisungen teil und verfügt über eine lokale, meist auch branchenspezifische Expertise.

Deutlich abgestuft gestaltet sich das Angebot von eigenen Bankniederlassungen im Ausland. Meist fehlt ein flächendeckendes Filialnetz; Kontoservices werden mangels teurer Investments im Massenzahlungsverkehr nur zum Teil und notfalls mit manueller Unterstützung erbracht. Daher werden bei Kontoumsätzen, Devisenhandelsgeschäften, länderübergreifendem Cashmanagement und Finanzierungen oftmals bestimmte Mindestvolumina vorausgesetzt, die ein mittelständisches Unternehmen vielfach auch Jahre nach dem Einstieg in einen Zielmarkt nicht erreicht und teilweise selbst im angestammten Heimatmarkt nicht erzielt. Daraus erklärt sich, dass das Angebot von Großbanken traditionell auf die Bedürfnisse von großen Konzernen zugeschnitten ist und nur selektiv die Anforderungen des Mittelstands erfüllen kann.

Die Deutschen Großsparkassen sind in den letzten zehn Jahren einen anderen Weg gegangen. Um ihre überwiegend mittelständischen Kunden in das Ausland begleiten zu können, haben sie verstärkt auf die Zusammenarbeit mit Kooperationspartnern gesetzt. Dabei arbeitet man im Ausland mit heimischen Banken zusammen, die ein besonders attraktives Angebot für mittelständische Unternehmen bereit halten. Beste Voraussetzungen liefern dabei eine starke Position im Firmenkundenmarkt, ein flächendeckendes Filialnetz und ein „German Desk“, der zentral die Bedürfnisse von deutschen Firmenkunden konzernintern steuert und die Servicequalität überwacht. Die Verwurzelung der Kooperationspartner im heimischen Bankenmarkt erweist sich dabei als anfangs unterschätzter Wettbewerbsvorteil: Die Informationsbeschaffung ist breit, berücksichtigt Regionalaspekte ebenso wie dezidierte Branchenbedürfnisse und wird ergänzt durch jahrzehntelange Bankerfahrung. Die Kontoführung schließt eine kostengünstige Bargeldversorgung auch abseits größerer Städte ein.

Auf diese Weise ist in den letzten Jahren das größte und leistungsfähigste Auslandsnetzwerk aller deutschen Kreditinstitute entstanden: Unter dem Namen „S-CountryDesk“ werden jährlich etwa 4.000 Aktivitäten deutscher Unternehmen im Ausland begleitet. Die Dienstleistungen reichen von der Informationsbeschaffung und Geschäftspartnersuche über die Kontoeröffnung bis zur Finanzierung von Investitionsvorhaben im Ausland.

Längst haben die Großsparkassen das Netzwerk für alle interessierten Sparkassen und weitere Mitglieder der Sparkassen-Finanzgruppe geöffnet. Die Leistungsfähigkeit des Netzwerks wurde nochmals deutlich verbessert, nachdem auch die großen Landesbanken, die Deutsche Leasing und die Deutsche Factoring Bank ihre Dienstleistungen im Ausland in dieses Netzwerk integriert haben. Dabei können die Niederlassungen und Repräsentanzen ihre Lokalexpertise ebenso einbringen wie die mehrheitlich von den Landesbanken betriebenen „German Centers", die in ausgesuchten Wachstumsmärkten der Welt allen interessierten Unternehmen Büroräume und weitreichende Infrastruktur verfügbar machen. Auf diese Weise wird dem Unternehmer der Einstieg in einen interessanten Wachstumsmarkt deutlich erleichtert.

Das Kooperationsnetzwerk S-CountryDesk deckt mittlerweile weit über 100 verschiedene Länder ab, darunter alle für den deutschen Mittelstand relevanten Beschaffungs- und Absatzmärkte. Von den etwa 4.000 im Jahr 2008 bearbeiteten Geschäftsanfragen entfielen 396 (10 %) auf die USA, gefolgt von Polen, Großbritannien, Rumänien und China (vgl. Abbildung 3). Die breite Diversifikation in den Zielmärkten zeigt sich auch darin, dass die Top-20-Länder insgesamt lediglich etwa zwei Drittel aller angefragten Länder ausmachen.

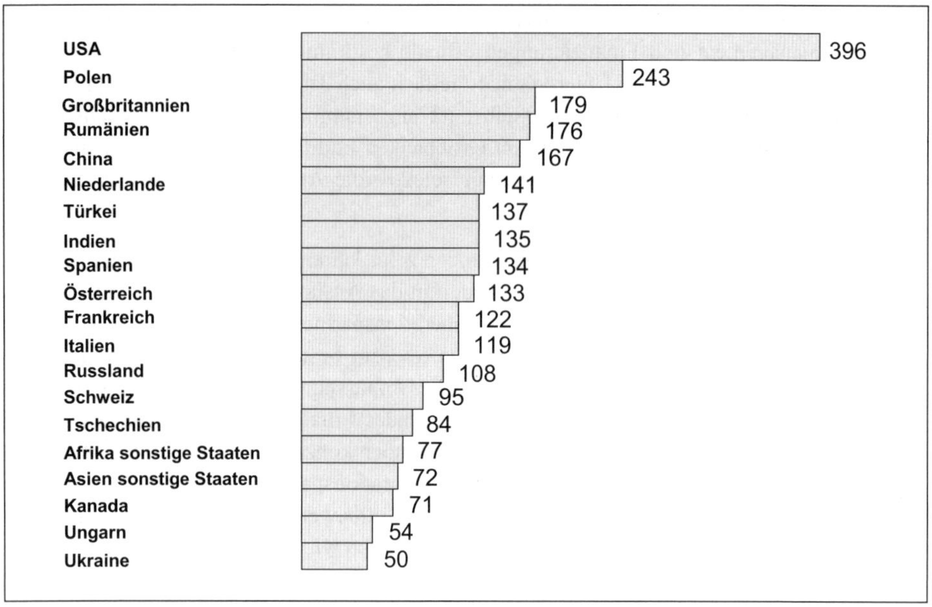

Quelle: S CountryDesk

Abbildung 3: S CountryDesk-Aktivitäten in 2008 TOP 20 der Länderanfragen (von insgesamt ca. 4.000)

An dieser Stelle sei die kritische Frage erlaubt, ob ein solches Kooperationsnetzwerk den Firmenkunden gegenüber einem konzerninternen Filialnetz überhaupt qualitativ gleichwertige Leistungen anbieten kann oder ob nicht hier Masse vor Klasse geht. Die Vorteile eines eigenen Niederlassungs- und Filialnetzes liegen zunächst auf der Hand: Die geschäftspolitische Steuerung erfolgt von Deutschland aus, lokale Entscheidungen können zentral begleitet werden und die Umsetzung vor Ort folgt deutschen Bankstandards. Dieses kann ein modernes Kooperationsnetzwerk nicht oder nur sehr eingeschränkt leisten. Dafür eröffnen sich aber andere Vorteile, die sich in der Praxis als besonders relevant erwiesen haben: lokales, über Jahrzehnte gewachsenes Know-how und die Fähigkeit, mittelständisches Firmenkundengeschäft mit überschaubaren Volumina effizient und kostengünstig abzubilden. Dieses allein aber führt noch nicht zu der gewünschten Zufriedenheit des Kunden. Die Qualität der gebotenen Leistung muss ständig überwacht und mit den lokal verfügbaren Best-Practice-Standards abgeglichen werden. Diese Rahmenbedingung wird im S-CountryDesk seit vielen Jahren durch persönliche, gewachsene Beziehungen zu allen relevanten Ansprechpartnern sichergestellt. Neben laufenden Kontakten und persönlichen Besuchen findet einmal im Jahr ein Erfahrungsaustausch der beteiligten Personen statt. Ein solches Jahrestreffen eliminiert zwar nicht den Umstand, dass die gebotenen Dienstleistungen weiterhin nationalen Standards und Usancen folgen, sichert aber die bestmögliche Servicequalität im jeweiligen Zielland auf der Basis persönlicher Beziehungen.

Dies zeigt sich ganz besonders bei den Investitionsfinanzierungen, die sich oftmals als sehr komplex darstellen und einen eigenen Kreditprozess bei den beteiligten Banken bedingen. Zunächst profitieren hier mittelständische Unternehmen erneut von einer ausgeprägten Lokalexpertise, Kenntnissen über die Verfügbarkeit von regionalen Förderinstrumenten sowie attraktiven Zinssätzen auch bei kleineren Volumina und – falls gewünscht – der Einbindung von lokalen wie internationalen Währungen. Außerdem haben die Partnerbanken viel Erfahrung in der Funktionsweise des heimischen Kreditmarkts und der Begründung und Verwertung lokaler Sicherheiten.

Gerade hier liegt bei Investitionsfinanzierungen wie Betriebsmittelkrediten ein unschätzbarer Vorteil des Kooperationsnetzwerks: Finanzierungsmittel müssen nicht zwangsläufig auf dem deutschen Markt aufgenommen bzw. mit Rückgarantie des deutschen Mutterunternehmens ausgestaltet werden. Sofern werthaltige Sicherheiten wie etwa Grundstücke, Gebäude oder fungible Maschinen bei entsprechenden rechtlichen Rahmenbedingungen im Investitionsland begründet werden können, sind die Kooperationspartner oftmals in der Lage, entsprechende Finanzierungsmittel bereitzustellen, die gar nicht oder nur teilweise die Bilanz des deutschen Mutterunternehmens belasten. Die konkrete Ausgestaltung in Form eines gemeinsam betriebenen „Financial Engineering“ ist dabei höchst individuell und folgt den Vorgaben des Kunden ebenso wie den Möglichkeiten des lokalen wie internationalen Finanzierungsmarkts. Oftmals wird dieser Prozess begleitet von Spezialfinanzierern wie der Deutschen Leasing oder der Deutschen Factoring Bank und ist mit den Steuerberatern und Wirtschaftsprüfern des Unternehmens eng abgestimmt. Am Ende des Prozesses steht häufig ein Mix aus zwei oder mehr Finanzierungsinstrumenten, der dem Kunden entsprechende Vorteile realisiert.

5. Geschäftspolitische Aspekte für ein Firmenkundengeschäft mit globaler Reichweite

Studien zeigen, dass international aufgestellte Unternehmen oftmals deutlich erfolgreicher sind als rein national agierende Firmen. Nach einer Umfrage des Sparkassenverbands Bayern aus dem Jahr 2007 schätzen 68 % der auslandsaktiven Unternehmen ihre wirtschaftliche Lage als gut oder sehr gut ein. Bei den Unternehmen ohne Außenhandel sind es lediglich 50 %. Auf der anderen Seite der Skala beurteilen lediglich 5 % der im Ausland aktiven Unternehmen ihre Lage als schlecht oder sehr schlecht. Bei den binnenmarktorientierten Firmen ist diese Quote mit 15 % immerhin dreimal so hoch. Die diversifizierte Positionierung deutscher Unternehmen hilft offenbar, wirtschaftlich erfolgreich zu sein. Zu einem ähnlichen Ergebnis kommt auch die eingangs bereits mehrfach zitierte IHK-Studie „Going International 2008". Demnach haben 65 % der Unternehmen im Ausland ihren Umsatz in den letzten fünf Jahren erhöht, während nur 14 % einen Umsatzrückgang verzeichnen mussten. Während sich die Gewinnentwicklung im Ausland ebenso verhält, fallen die Vergleichszahlen im Inlandsgeschäft durchweg niedriger aus. Einen zusätzlichen positiven Einfluss hat ein monetäres Engagement im Ausland in Form von Auslandsinvestitionen auf die Kenngrößen Umsatz, Gewinn und Personalentwicklung. Die Studie kommt zu dem Ergebnis, dass Unternehmen, die in der Vergangenheit Auslandsinvestitionen getätigt haben – gemessen an Umsatz, Gewinn und Beschäftigtenzahl – deutlich erfolgreicher sind als Firmen, die sich nicht im Ausland finanziell engagiert haben.

Für Banken und Sparkassen ist es auch unter betriebswirtschaftlichen Aspekten reizvoll, mit erfolgreichen Unternehmen zusammenzuarbeiten. Diese haben schon aufgrund ihres Wachstums oftmals einen erhöhten Bedarf an zusätzlichen Bankprodukten. Auch ist diese Kundengruppe, wie die Erfahrung zeigt, weniger anfällig gegen konjunkturelle Schwankungen. Rückläufigen Verkaufszahlen in bestimmten Märkten mit schwierigen Marktbedingungen stehen Umsatzzuwächse in boomenden Märkten gegenüber, weshalb die Anfälligkeit des Unternehmens in wirtschaftlich schwierigen Zeiten minimiert wird. Dieser Beobachtung vergangener Jahrzehnte steht mit der Wirtschaftskrise 2008/2009 erstmals ein gegenläufiger Trend gegenüber: Durch die weltweite Konjunkturkrise, die global verläuft und somit fast alle Märkte mehr oder weniger intensiv erfasst hat, scheinen erstmals die außenhandelsorientierten Unternehmen stärker betroffen zu sein als die ausschließlich im Inland agierenden Firmen. Ob in einer Art „zweiter Welle" die Binnenkonjunktur infolge gestiegener Arbeitslosigkeit und nachlassendem privaten Konsum die Inlandsfirmen ähnlich stark treffen wird, bleibt abzuwarten. Dennoch: An der langfristigen Perspektive, dass Auslandsmärkte attraktive Wachstumschancen bieten, hat sich nichts geändert. Unternehmen tun gut daran, sich nicht nur hinsichtlich der Produktpalette, sondern auch bezogen auf die Absatzmärkte weiter zu diversifizieren, um die Risikotragfähigkeit des Unternehmens zu erhöhen. Und somit bleibt diese Zielgruppe auch in Zukunft besonders attraktiv für Banken und Sparkassen.

Unter betriebswirtschaftlichen Gesichtspunkten bietet das Auslandsgeschäft den Kreditinstituten weitere Vorteile. So können durch die Abwicklung des Auslandszahlungsverkehrs, von Akkreditiven, Dokumenteninkassi und Garantien zusätzliche Provisionseinnahmen generiert werden, was die Abhängigkeit von Zinsmargenerträgen, die größtenteils mit einem bestimmten Kreditausfallrisiko behaftet sind, reduziert. Die Strukturierung von Trade-Finance-Geschäften sowie langfristigen Export- und Projektfinanzierungen bringt den Banken zusätzliche Provisionserlöse. Dies führt zu einem besseren Risiko- und Ertragsmix, als es das rein nationale Firmenkundengeschäft bietet.

Dennoch gibt es eine Reihe von Kreditinstituten, darunter auch Regionalbanken und einige, zumeist kleinere Sparkassen und Volksbanken, die das Auslandsgeschäft lediglich mit einer kleinen Produktpalette anbieten. Die Beratungskompetenz der Mitarbeiter beschränkt sich oft auf Standardprodukte; länderspezifisches Know-how, Kenntnisse über branchenspezifische Usancen und Erfahrungen im „Financial Engineering" – unter Einbindung von Spezialprodukten und spezifischen Förderinstrumenten – sind häufig unzureichend entwickelt. Dies führt auf der einen Seite dazu, dass sich professionell aufgestellte Unternehmen eine andere Bankverbindung für das Auslandsgeschäft suchen, was entsprechende Ertragsrückgänge und Imageverluste für das abgebende Kreditinstitut nach sich zieht. Auf der anderen Seite fehlt es diesem Kreditinstitut auch an fachlicher Kompetenz, das Engagement der verbleibenden Kundschaft im Ausland zu beurteilen. In einem solchen Fall bleiben oft viele Fragen unbeantwortet: Mit welchen Partnern arbeitet mein Kunde im Ausland zusammen? Wie professionell sind die Lieferverträge gestaltet? Welche Risiken entstehen aus den vereinbarten Liefer- und Zahlungsbedingungen? Entsprechen die gewährten Zahlungsziele und sonstigen vertraglichen Bedingungen den landesspezifischen Usancen? Welche zusätzlichen Absicherungsinstrumente sollten zur Vermeidung von Zahlungsausfällen vereinbart werden? Welche Abwicklungsrisiken entstehen aus dem abgeschlossenen Liefervertrag? Diese und weitere Fragen gilt es schon bankintern zu beantworten, um mögliche negative Auswirkungen auf das Kreditengagement zu minimieren.

In den letzten Jahren ist es gerade in den Auslandsabteilungen der Banken zu einem sich verstärkenden Konzentrationsprozess gekommen. Während anfänglich nur der Auslandszahlungsverkehr und der Devisenhandel an bestimmten Orten zentral gebündelt wurden, erstreckt sich die Prozessoptimierung bei vielen Kreditinstituten mittlerweile auch auf die Abwicklung von Dokumenteninkassi, Akkreditiven und Auslandsgarantien. Diese Maßnahmen versprechen eine deutlich kostengünstigere Abwicklung durch den verstärkten Einsatz zentraler Technik sowie die Realisierung von Mengendegressionseffekten in der Produktbearbeitung. Auch ist gerade im Auslandsgeschäft die Bündelung von Know-how ein nicht zu unterschätzender Faktor. Größere Einheiten ermöglichen einen effizienteren Einsatz von Spezialisten und einen damit zusammenhängenden verbesserten Erfahrungsaustausch von Expertenwissen.

Auf der anderen Seite wird dieser betriebswirtschaftliche Vorteil erkauft durch eine größere Entfernung zum Kunden. Durch einen dezentralen Einsatz von Fachberatern und, je nach Kundengruppe, eine aktivere Rolle von Fachberatern in der Telefonbetreuung versuchen einige Großbanken, die räumliche Distanz zum Kunden zu überbrücken. Dieses gelingt ihnen aber nur bedingt. Die Erfahrung zeigt eher, dass der Kunde oftmals affin wird für ein Angebot des Wettbewerbers, wenn dieser mit einer serviceorientierten Offerte in der Region aufwarten kann.

In vielen Banken wird auch die Frage diskutiert, wie die optimale Schnittstelle zwischen dem Firmenkundenbetreuer und dem Auslandsfachberater gestaltet sein sollte. Dem Firmenkundenbetreuer kommt dabei oftmals die Aufgabe eines Generalisten zu, der die Gesamtkundenverbindung steuert und die Geschäftspotenziale im Auslandsgeschäft eruiert. Der Auslandsfachberater agiert subsidiär und geschäftsfeldbezogen auf Anforderung des Firmenkundenbetreuers. Dennoch spielt der Auslandsfachberater bei den meisten Kreditinstituten eine aktive Rolle im Vertrieb. Zu seinen originären Aufgaben gehört es, eine Selektion der für das Auslandsgeschäft relevanten Kunden und Nichtkunden vorzunehmen und in enger Abstimmung mit dem Firmenkundenbetreuer diese Potenzialkunden aktiv anzusprechen. Im Idealfall entwickelt sich aus den beiden Mitarbeitern ein Tandem, das gemeinsam Fahrt aufnimmt und somit sehr effizient und erfolgreich agiert. Die Erfahrung zeigt, dass in dem notwendigen Zusammenspiel zwischen dem Generalisten und dem Spezialisten der Schlüssel für den unternehmerischen Erfolg liegt.

Für die Kreditinstitute wird das von Spezialisten betriebene Auslandsgeschäft oftmals zu einem Spagat zwischen Kundennähe einerseits und betriebswirtschaftlich sinnvollen Mindestgrößen von Beratungs- und Abwicklungskapazitäten andererseits. Der Deutsche Sparkassen- und Giroverband (DSGV) hat auf diese Frage für die Sparkassen-Finanzgruppe eine Antwort gefunden. Er empfiehlt den Sparkassen, im Auslandsgeschäft sparkassenübergreifende, aber gleichwohl regionale Kompetenzcenter zu bilden, die mit einer ausreichenden Anzahl von Spezialisten ein umfassendes Produkt- und Beratungsangebot im internationalen Firmenkundengeschäft realisieren. Im Jahr 2004 wurde die S-International Rhein-Ruhr GmbH als Pilotmodell von den Sparkassen Duisburg, Essen, Mülheim an der Ruhr und Oberhausen ins Leben gerufen. Diese Servicegesellschaft bietet den Sparkassenkunden ein umfassendes Produkt- und Beratungsangebot in allen Fragen des internationalen Bankgeschäfts sowie im Zins- und Währungsmanagement. Gleichzeitig realisiert sie für alle angeschlossenen Sparkassen – mittlerweile sind dies 13 Institute aus der Region Rhein-Ruhr – erhebliche Kostenvorteile in der Produktabwicklung durch die Nutzung von Skaleneffekten. Zwischenzeitlich sind in einigen Regionen Deutschlands weitere Kompetenzcenter entstanden, die den Sparkassen unabhängig von der Institutsgröße den Weg zum Vollsortimenter im internationalen Firmenkundengeschäft ermöglichen.

Das Auslandsgeschäft ist auch unter Kundenbindungsaspekten ein für Banken attraktives Geschäftsfeld. Ein wettbewerbsfähiges Produkt- und Beratungsangebot ermöglicht es den Kunden, der eigenen Hausbank auch in einer Internationalisierungsphase die Treue zu halten. Voraussetzung ist jedoch, dass der Kunde um dieses Angebot weiß. Eine entsprechende Kompetenzvermutung bezieht sich oftmals nicht auf Volksbanken und Sparkassen, denen als regional verankerten Kreditinstituten meist andere Attribute zugeordnet werden. In diesem Fall empfiehlt sich eine abgestimmte Marketing- und Kommunikationsstrategie. Dass diese erfolgreich sein kann, beweist das Beispiel der Sparkasse Essen. In mehreren Kundenbefragungen, die in regelmäßigen Abständen wiederkehrend durchgeführt wurden, attestierten die

Kunden der Sparkasse zunächst eine unterdurchschnittliche Leistungsfähigkeit im Auslandsgeschäft (vgl. Abbildung 4). Im Jahr 2007 stieg dieser Wert erstmals signifikant an und bewegt sich nun nur knapp unter dem Niveau der Großbanken. Als Erklärung mögen die zwischenzeitliche Gründung des Kompetenzcenters S-International Rhein-Ruhr im Jahre 2004 und die damit verbundenen Marketing- und Akquisitionsmaßnahmen sowie ein Zugewinn an Produkt- und Beratungs-Know-how dienen.

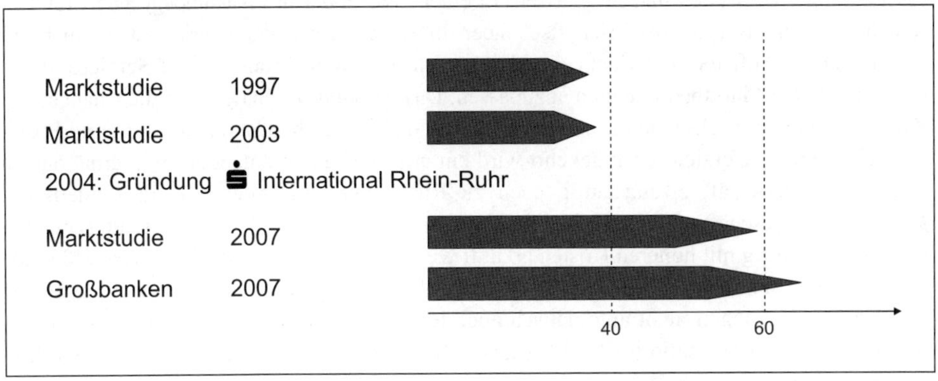

Quelle: ICON – Firmenkunden-Marktanalyse Sparkasse Essen 2007
Abbildung 4: *Wahrnehmung der Sparkasse Essen in Bezug auf „Leistungsfähigkeit im Auslandsgeschäft"*

Ein weiterer Kundenbindungsaspekt ergibt sich aus der Zusammenarbeit im operativen Geschäft: Ist das Auslandsgeschäft erst einmal erfolgreich implementiert, gibt es eine Vielzahl von Kontakten aus dem Tagesgeschäft zwischen Bank und Unternehmen. Hier kommt insbesondere dem Dokumentengeschäft und dem Devisenhandel eine exponierte Stellung zu. Der regelmäßige, anlassbezogene Informationsaustausch schafft Nähe und Vertrauen auf beiden Seiten und ermöglicht – intelligent genutzt – eine Reihe von Cross-Selling-Chancen. Auch an dieser Stelle erweist sich eine funktionierende Schnittstelle zwischen Auslandsfachberater und Firmenkundenbetreuer als gewinnbringend.

Das internationale Firmenkundengeschäft bietet wie kaum ein anderer Geschäftsbereich einer Bank die Chance zur Erschließung neuer Zielgruppen. Für viele Spezialkreditinstitute aus dem In- und Ausland ist dieses Geschäftsfeld die Möglichkeit für eine gezielte Neukundengewinnung. Im ersten Schritt hat man mit einem auf den Zielkunden zugeschnittenen Spezialprodukt Erfolg. Dieses können beispielsweise internationale Cashmanagement-Lösungen, Bestellerkredite, Rohstoffabsicherungen, Factoring oder die Forfaitierung von kreditversicherten Forderungen sein. Ist der Produktabschluss erst einmal erfolgreich verlaufen, wird in einem zweiten Schritt die Kundenbeziehung auf etablierte Geschäftsfelder wie Kontoführung, Finanzierung oder Stellung von Garantien und Bürgschaften ausgedehnt. Dieses unterstreicht die Notwendigkeit für klassische Universalbanken, ebenfalls ein entsprechendes Angebot vorzuhalten und dieses auch dem Kunden zu kommunizieren, um im angestammten Firmenkundengeschäft keine Marktanteile an Wettbewerber zu verlieren.

6. Fazit

Die Globalisierung, die sich ungeachtet der aktuellen Finanz- und Wirtschaftskrise in den nächsten Jahren weiter fortsetzen wird, hat auch Auswirkungen auf die geschäftspolitische Ausrichtung von Banken und Sparkassen. In einer Zeit, in der das Auslandsgeschäft für Unternehmen weitaus größere Geschäftschancen bietet als der Binnenmarkt, ist es auch für Kreditinstitute Aufgabe und Chance zugleich, sich mit ihrem Produkt- und Serviceangebot den veränderten Marktbedingungen anzupassen. Das Auslandsgeschäft bietet die Chance, den Kunden in einem wachsenden Markt zu begleiten und zugleich zusätzliche Zins- und Provisionseinnahmen zu erzielen. Umgekehrt wird ein unzureichendes Angebot im internationalen Firmenkundengeschäft zwangsläufig auch zu Rückgängen in anderen Ertragsfeldern des Firmenkundengeschäfts führen. Dabei muss ein umfassendes Produkt- und Beratungsangebot nicht zwangsläufig mit höheren Kosten erkauft werden. Die mittlerweile fünf Jahre währende Kooperationserfahrung der S-International Rhein-Ruhr hat gezeigt, dass Kompetenz, Image und Ertragsteigerungen nicht automatisch auch höhere Kosten nach sich ziehen. Im Gegenteil: Die Cost-Income-Ratio im Auslandsgeschäft hat sich für alle angeschlossenen Sparkassen signifikant verbessert.

Entscheidend für den Erfolg im Markt wird auch zukünftig eine ausgeprägte Kundenorientierung sein. Trotz einer großen Dichte von Informationen, die heute schon über die unterschiedlichsten Kanäle verfügbar sind, wird die individuelle Beratung – gepaart mit einer langjährigen Berufserfahrung – zu einem entscheidenden Wettbewerbskriterium. Dabei wird es auch zukünftig wichtig sein, die Kundenbedürfnisse in einem sich schnell verändernden Marktumfeld zu erfassen und individuelle Lösungen anzubieten.

Zahlungsverkehr als Basis der Firmenkundenbeziehung

Bernd M. Fieseler

1. Einleitung

Gerade die Effizienz und Perfektion mit der Zahlungen heute sowohl national als auch grenzüberschreitend abgewickelt werden, hat dazu beigetragen, dass der Zahlungsverkehr gemeinhin als ein recht unspektakuläres und eher technisches Geschäftsfeld im Bereich Bankbetrieb gilt, der meist dann erst „in aller Munde" ist, wenn er richtig missglückt. Doch diese Sichtweise wird dem Thema Zahlungsverkehr bei Weitem nicht gerecht, denn Zahlungsverkehr stellt gerade im Firmenkundengeschäft eine ganz wesentliche Dienstleistung dar, die zudem die Basis für eine Vielzahl weiterer Serviceangebote bildet.

Klar ist, dass das Kreditinstitut, das den Zahlungsverkehr für einen Firmenkunden abwickelt, auch eine hohe Transparenz hinsichtlich des Kundenbedarfs für andere Produkte hat. Doch auch die Ertragskomponente darf nicht unterschätzt werden, da der Zahlungsverkehr – nach wie vor und trotz aller bisherigen Regulierungen – eine wichtige Erlösquelle im Firmenkundenbereich darstellt.

2. Single Euro Payments Area (SEPA)

Lange Zeit haben sich die Rahmenbedingungen für den Zahlungsverkehr nicht wesentlich geändert. So stand bei den Kreditinstituten bis in das neue Jahrtausend hinein insbesondere die Prozess- und Kostenoptimierung des Zahlungsverkehrs im Vordergrund. Über neue Produkte oder große strukturelle Anpassungen bei der Abwicklung des Zahlungsverkehrs wurde nur sehr verhalten nachgedacht. Impulse für Anpassungen gab es hier eher aus dem technischen Umfeld, da die zunehmend höhere Verarbeitungskapazität im Transaktionsbereich, insbesondere aber auch die rasant ansteigenden Datenübermittlungskapazitäten, andere Lösungen in der Kunde-Bank-Beziehung, aber auch im Interbankenzahlungsverkehr zuließen.

Einen wesentlichen Impuls für die Zukunft des Zahlungsverkehrs – sowohl in struktureller als auch in produkttechnischer Hinsicht – gab und gibt die Gestaltung des einheitlichen Euro-Zahlungsverkehrsraums, der SEPA (Single Euro Payments Area). Insbesondere durch die sogenannte EU-Preisverordnung (2560/2001) Ende 2001 angestoßen, entschloss sich die europäische Kreditwirtschaft mit der Gestaltung der SEPA und der Initiierung des European Payments Council (EPC) aktiv neue Wege im Zahlungsverkehr zu gehen. Seit Frühjahr 2002 wurden im EPC neue Verfahren im Bereich Überweisung und Lastschrift sowie ein Rahmenwerk für Kartenzahlungen definiert.

Begleitet wurde die Realisierung der SEPA durch die Schaffung der gesetzlichen Rahmenbedingungen, der sogenannten Zahlungsdiensterichtlinie, die für eine europaweit gleiche rechtliche Basis bei der Abwicklung von Zahlungen sorgen soll und insbesondere bei der Abwicklung von SEPA-Lastschriften besondere Bedeutung haben wird. Doch davon später mehr.

Doch welche Auswirkungen hat die SEPA konkret?

2.1 Infrastrukturelle SEPA-Auswirkungen erhöhen Wettbewerb

Viele Zahlungsverkehrsexperten, aber auch führende Unternehmensberatungen, erwarten dass sich mittel- bis langfristig in Europa nur noch etwa je fünf bis zehn führende Anbieter in den Bereichen Zahlungs- und Kartenabwicklung am Markt halten können. Bereits heute bearbeiten die größten Zahlungsanbieter ein Volumen, das größer ist als das jeweilige Volumen von 24 Ländern innerhalb der EU-27-Staaten. Nur durch den Eintritt in neue Märkte können sie weiter expandieren.

Abbildung 1: *Rahmenbedingungen im europäischen Zahlungsverkehr*

Die bestehenden Clearingeinheiten werden demnach versuchen, auf Basis der neuen SEPA-Verfahren europaweit hohe Volumen an sich zu ziehen, um ihre Markposition im SEPA-Raum zu stärken. Wahrscheinlich ist allerdings, dass auch in fünf Jahren – zumindest in den großen europäischen Ländern – jeweils noch mehrere Clearingeinheiten oder zumindest noch eine Clearingeinheit existiert. Ausnahmen bilden hier Länder wie Frankreich und Italien, die ihren Zahlungsverkehr bereits heute weitestgehend über zentrale Plattformen abwickeln. Tendenziell werden gerade Clearer in kleineren Ländern ihre Abwicklungen zusammenlegen bzw. diese auf Einheiten mit hohem Abwicklungsvolumen verlagern.

Durch die Zahlungsdiensterichtlinie, die am 01.11.2009 in Kraft trat, wird zudem neuen Anbietern von Zahlungsdienstleistungen ermöglicht, am Markt auftreten. Dabei sind die Auswirkungen auf das ZV-Clearing allerdings eher als gering zu bewerten, da bereits heute schon ZV-Clearer bzw. -Abwickler ohne Banklizenz erfolgreich am Markt tätig sind.

Der zunehmende Wettbewerb im europäischen Zahlungsverkehr wird aller Voraussicht nach dazu führen, dass sich insbesondere auch der Wettbewerb um die Firmenkunden verschärft und neben einem günstigen Dienstleistungspreis – quasi als unabdingbare Voraussetzung für die Geschäftsbeziehung – immer mehr auch Zusatzserviceleistungen für den Firmenkunden an Bedeutung gewinnen. Hierfür sind die neuen SEPA-Verfahren eine gute Grundlage.

2.2 SEPA-Verfahren auf dem Vormarsch

In Deutschland werden weniger als 1 % aller Überweisungen als grenzüberschreitende Zahlungstransaktionen in andere EU-Staaten getätigt. D.h., dass der weitaus größte Anteil der Zahlungen zwischen Beteiligten abgewickelt wird, die ihren Wohnsitz bzw. Sitz in Deutschland haben. Daher wundert es kaum, dass der Bereich „Europäischer Zahlungsverkehr" bislang kaum thematisiert und von den meisten Kunden eher als Randthema bei der Abwicklung ihrer Bankgeschäfte gesehen wurde.

Fokussiert man die Betrachtung auf die Unternehmen, so ergibt sich ein etwas anderes Bild. Die deutsche Wirtschaft ist sehr exportorientiert und vertreibt einen Großteil ihrer Produkte und Dienstleistungen im europäischen Ausland. Mit der Einführung des Euro und dem damit einhergehenden Wegfall der Währungskonvertierung sowie des Fremdwährungsrisikos wurde bereits ein wesentlicher Schritt zur Erleichterung des innereuropäischen Handels vollzogen.

Ein weiterer wichtiger Schritt für die Unternehmen wird die Schaffung des einheitlichen europäischen Zahlungsraums sein, denn derzeit sind die Zahlungsverkehrsmärkte in Europa von einer Vielzahl unterschiedlicher Verfahren, Systeme und Rechtsvorschriften geprägt. So sind in jedem europäischen Land verschiedenste technische Standards und Datenformate im Einsatz, sodass es beispielsweise einem multinational ausgerichteten Unternehmen nicht oder nur schwer möglich ist, seinen Zahlungsverkehr europaweit von einem Ort aus über ein einziges Konto zu steuern.

Die Schaffung europaweit einheitlicher Verfahren und Datenformate heißt allerdings nicht auch zugleich, dass alle Kundengewohnheiten in Europa angeglichen werden müssen. Diese weichen in den einzelnen EU-Staaten erheblich voneinander ab (siehe Abbildung 2), sodass einheitliche Basisverfahren entwickelt werden müssen, auf deren Grundlage die individuellen Zahlungsverkehrsprodukte im jeweiligen EU-Staat gestaltet werden können.

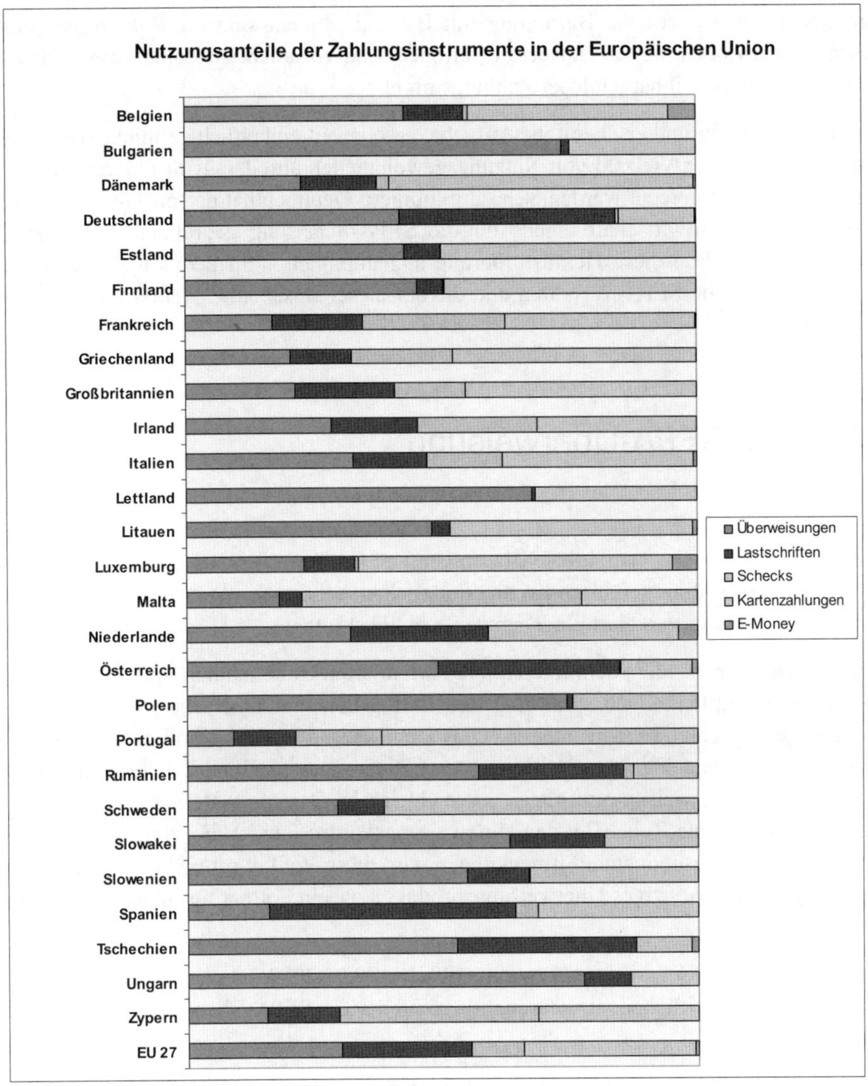

Abbildung 2: *Nutzungsanteile der Zahlungsinstrumente in der Europäischen Union*[1]

Auch der Nutzungsgrad bargeldloser Zahlungsmittel weicht in den einzelnen EU-Staaten sehr voneinander ab. So werden allein in den Ländern Deutschland, Frankreich und Großbritannien über 60 % der insgesamt über 60 Milliarden bargeldlosen Zahlungen in der EU getätigt,

1 Vgl. EZB Blue Book, Dezember 2006

während insbesondere in den neu beigetretenen EU-Ländern der Anteil sehr gering ist – hier dominiert nach wie vor die Bezahlung mit Bargeld. Zudem sind die Zahlungssysteme in diesen Ländern noch nicht so ausgereift, effizient und vor allem akzeptiert wie in den Ländern mit hohem Anteil bargeldloser Zahlungsmittel.

Vor diesem Hintergrund erscheint die Aufgabe, europaweit einheitliche Zahlungsverfahren zu entwickeln, die einer Vielzahl von Nutzungsgewohnheiten und daraus resultierender Ansprüche weitestgehend gerecht werden, sehr ambitioniert. Dennoch hat der im Jahr 2002 von der europäischen Kreditwirtschaft eigens für die SEPA-Schaffung gegründete European Payments Council (EPC) diese Herausforderung angenommen – mit dem Ergebnis, dass nunmehr sukzessive die SEPA-Verfahren und die auf dieser Basis entwickelten Produkte bereitgestellt werden.

2.3 Die SEPA-Überweisung

Überweisungen, die das bargeldlose Übertragen von Geldbeträgen von einem auf ein anderes bei einem Kreditinstitut geführten Konto ermöglichen, gehören heute zu den Standardprodukten aller am Zahlungsverkehr teilnehmenden Kreditinstitute.

Allerdings ist insbesondere dem international orientierten Unternehmen sehr schnell bewusst, dass je nach Empfängerland, Währung und Betragshöhe für eine Überweisung besondere Bedingungen beachtet werden müssen. Dies kann dazu führen, dass oft mehrere Überweisungsprodukte nebeneinander genutzt werden müssen. Darüber hinaus spielen insbesondere bei beleglosen Überweisungsaufträgen unterschiedliche Datenformate sowohl im Inland als auch im Ausland eine Rolle. Bei den Überweisungsvordrucken ist die Vielfalt entsprechend. Für eher regional ausgerichtete Firmenkunden wird diese Vielfalt oft nicht so deutlich, da sie in der Regel nur ein einziges Überweisungsprodukt bzw. ein Format für inländische Überweisungen nutzen.

Nach mehrjähriger Entwicklung können seit dem 28.01.2008 sämtliche Überweisungen in Euro in einem einheitlichen europäischen Verfahren – der SEPA-Überweisung – abgewickelt werden.

Wenn auch die Grundeigenschaften einer Überweisung bei der SEPA-Überweisung erhalten bleiben, so weist diese doch einige markante Unterschiede zu den heutigen Überweisungsarten auf:

- Überweisungen an alle Zahlungsempfänger in Deutschland, den anderen 29 EU-/EWR-Staaten sowie in die Schweiz und Monaco sind möglich.
- Die Nutzung ist für alle Beträge in Euro möglich.

- Zur Identifizierung der Konten werden ausschließlich die IBAN (Internationale Bankkontonummer) sowie der BIC (Swift-Bankidentifizierungscode = Internationale Bankleitzahl) genutzt.
- Für beleglos erteilte Aufträge findet das „SEPA-Datenformat“ Anwendung.
- Für beleghaft erteilte Aufträge findet in Deutschland der Überweisungsvordruck „Euro-Überweisung“ Anwendung.
- Rückgaben von SEPA-Überweisungen erfolgen nach einheitlichen Regeln.
- Anfallende Entgelte der Kreditinstitute werden von den Kunden direkt getragen, d.h. jeder Kunde trägt die Entgelte seines Kreditinstituts, ähnlich wie bei der Inlandsüberweisung. Die Übernahme der Abwicklungsentgelte des jeweils anderen Kreditinstituts ist nicht möglich.

Im Hinblick auf den Verwendungszweck ist anzumerken, dass es bei der SEPA-Überweisung im Vergleich zur Inlandsüberweisung zu einer Kürzung der Zeichenanzahl für den Verwendungszweck kommt. Diese beträgt bei der SEPA-Überweisung nur noch einheitlich 140 Zeichen, während bei der Inlandsüberweisung bis zu 378 Zeichen zur Verfügung stehen. Die Erfahrungen haben jedoch gezeigt, dass bei den meisten Überweisungen nicht mehr als 140 Zeichen genutzt werden. Firmenkunden, die bisher umfangreiche Vertragsdaten durch Ausnutzung der maximalen Verwendungszweckzeichen genutzt haben, müssen sich hier auf die wesentlichen Angaben beschränken, sodass z.B. eine eindeutige Referenzierung zu der Rechnung oder dem Vertrag erfolgt.

Die ausschließliche Nutzbarkeit der Kontoindentifizierungsmerkmale IBAN und BIC, insbesondere für den Zahlungsempfänger, stellt die Unternehmen vor die Herausforderung, die bisherigen Daten Kontonummer und Bankleitzahl für inländische Überweisungen bzw. ausländische Kontonummern mit entsprechenden Bankcodes gegen IBAN und BIC auszutauschen. Während bei grenzüberschreitenden Überweisungen in Euro IBAN und BIC seit 2003 bereits zum Alltag gehören, ist die Nutzung im Inland eher selten. So haben jedoch die meisten Firmen bereits heute in ihren Geschäftspapieren entsprechende Hinweise zu IBAN und BIC aufgenommen. Dennoch dürfte die Umstellung größerer Datenbestände arbeitsintensiv sein. Deshalb hat die deutsche Kreditwirtschaft Lösungen entwickelt, wie die Kontodaten mithilfe eines Konvertierungsservice umgestellt werden können. Diese Lösungen werden mittlerweile von allen deutschen Kreditinstituten angeboten.

Für Firmenkunden, die ihre SEPA-Überweisungen beleglos einreichen wollen, ist eine Anpassung der Buchhaltungssoftware bzw. ein Austausch oder Update der jeweiligen Zahlungsverkehrsprogramme zur Unterstützung des SEPA-Datenformats erforderlich. Dies dürfte, neben der Umstellung der Kontodaten auf IBAN und BIC, die zweite wesentliche Herausforderung darstellen.

2.4 Die SEPA-Basislastschrift („SEPA Core Direct Debit")

Ein wirkliches Novum, mit dem eine bislang bestehende Lücke im europäischen Zahlungsverkehr geschlossen wird, ist zweifelsohne eine auch grenzüberschreitend und europaweit funktionierende Lastschrift. Dies ist bisher daran gescheitert, dass bei Lastschriften, aufgrund des Schutzes des Zahlungspflichtigen, etwaige Widersprüche unterschiedlichen gesetzlichen und vertraglichen Regelungen unterliegen.

Anders als bei der SEPA-Überweisung, die bereits heute über ausreichend vorhandene Parallelprodukte und –verfahren verfügt, war man bei der SEPA-Lastschrift gezwungen, ein völlig neues Verfahren zu definieren. Dabei haben Experten die unterschiedlichen Lastschriftverfahren aus Europa verglichen und bewertet, um sich über die Kernmerkmale einer europäischen Lastschriftlösung zu verständigen.

Das Spektrum der „Zahlungsverkehrskulturen" in Europa ist sehr breit und reicht von äußerst effizienten und preisgünstigen Verfahren bis hin zu sehr stark sicherheitsorientierten und meist wenig akzeptierten Prozessen. Im letzten Fall werden meist andere Zahlverfahren wie Kartenzahlungen und Überweisungen bevorzugt, da sie oft auch preisgünstiger sind. Die deutsche Kreditwirtschaft hat deshalb bei der Entwicklung der SEPA-Lastschrift besonders auf einen hohen Wiedererkennungswert des deutschen Lastschriftverfahrens geachtet. Auch wenn es einige signifikante Unterschiede gibt, stellt die derzeitige Verfahrensbeschreibung jedoch sicher, dass das neue Verfahren effizient abgewickelt werden kann. Um bestehende nationale Besonderheiten auch weiterhin abdecken zu können, können Banken sogenannte „Mehrwertdienste" anbieten.

Die folgenden Merkmale geben einen Überblick über die Ausstattung der SEPA-Lastschrift:

- Das SEPA-Lastschriftmandat, kurz SEPA-Mandat, enthält, neben der Ermächtigung des Lastschrifteinreichers den Lastschrifteinzug vornehmen zu können, auch eine an die Bank des Zahlungspflichtigen gerichtete Ermächtigung, die Einlösung durchzuführen.
- Eines der wichtigsten Merkmale ist die Einführung eines Fälligkeitsdatums. Dieses Datum ist der Tag, an dem das Konto des Zahlungspflichtigen belastet werden soll und das entscheidende Datum für alle Fristenberechnungen, die beim SEPA-Lastschriftverfahren eine Rolle spielen.
- SEPA-Mandate sind grundsätzlich unbefristet gültig, wenn diese regelmäßig genutzt werden. Sofern 36 Monate seit dem letzten Lastschrifteinzug vergangen sind und somit kein erneuter Lastschrifteinzug erfolgt ist, ist der Lastschrifteinreicher nicht mehr berechtigt, das SEPA-Mandat weiter zu nutzen. Jeder erneute Lastschrifteinzug nach Ablauf dieser Frist macht deshalb die Ausstellung eines neuen SEPA-Mandats erforderlich.
- Für die Teilnahme als Lastschrifteinreicher am SEPA-Lastschriftverfahren ist eine Registrierung des Lastschrifteinreichers erforderlich, die zur Vergabe einer Einreichernummer

führt („Creditor Identifier"). In Deutschland wird diese von der Deutschen Bundesbank unter der Bezeichnung „Gläubigeridentifikationsnummer" herausgegeben. Diese ist im SEPA-Mandat und allen SEPA-Lastschriften anzugeben.

- Neben der Gläubigeridentifikationsnummer ist jedes Mandat durch eine eindeutige Mandatsreferenznummer zu kennzeichnen, die es dem Zahlungspflichtigen später ermöglichen soll, das SEPA-Mandat bei der Vorabankündigung bzw. bei der Belastungsbuchung zu überprüfen.
- Bevor die ersten bzw. weiteren Lastschrifteinzüge gestartet werden können, muss der Zahlungsempfänger den Zahlungspflichtigen über den geplanten Einzug schriftlich informieren. Diese Vorabankündigung („Prenotification") soll es dem Zahlungspflichtigen ermöglichen, das notwendige Guthaben auf seinem Konto zum Fälligkeitstermin sicherzustellen bzw. im Falle von Unstimmigkeiten erforderliche Schritte einzuleiten. Sie soll dem Zahlungspflichtigen vor der Belastung zugegangen sein. Soweit nichts anderes vereinbart wurde, muss die Vorabankündigung spätestens 14 Tage vor dem geplanten Belastungsdatum durch den Zahlungsempfänger abgesendet werden. Die Funktion der Vorabankündigung erfüllen wie heute üblich auch z.B. Verträge oder Rechnungen.
- Nach erfolgter Vorabankündigung, die auch mehrere Fälligkeitstermine beinhalten kann, kann dann die erste SEPA-Lastschrift durch den Zahlungsempfänger bei seiner Bank eingereicht werden.
- Bei der Einreichung von SEPA-Lastschriften sind bestimmte Mindesteinreichungsfristen vor dem Fälligkeitsdatum zwingend zu beachten. Diese sind bei der Einreicherbank zu hinterfragen. Damit soll sichergestellt werden, dass die Vorlage der Erstlastschrift spätestens fünf Tage vor Fälligkeit und jede Folgelastschrift spätestens zwei Tage vor Fälligkeit bei der Bank des Zahlungspflichtigen erfolgt.
- Im Rahmen der beschriebenen Vorlauffrist kann nun die Bank des Zahlungspflichtigen je nach Kundenvereinbarung Prüfungen und Informationsleistungen für den Zahlungspflichtigen erbringen. Auch der Zahlungspflichtige kann in dieser Zeit seiner Bank entsprechende Weisungen erteilen, wie die Einlösung der Lastschrift behandelt werden soll.
- Erfolgt die Belastung des Kontos des Zahlungspflichtigen am Fälligkeitstag, wird am gleichen Tag auch die Verrechnung des Betrags durchgeführt, indem die Gutschrift auf dem Konto der Bank des Zahlungspflichtigen erfolgt.

Beim sogenannten SEPA-Lastschriftmandat („SEPA Direct Debit Mandate") findet gegenüber der derzeitigen Einzugsermächtigung eine spürbare Verbesserung der Autorisierungen im Sinne der europaweiten Vereinheitlichung der Rückgabefristen statt. Neben der Einzugsermächtigung für den Lastschrifteinreicher wird im SEPA-Mandat auch die Bank des Zahlungspflichtigen ermächtigt, das Konto zu belasten. Dem Kunden wird jedoch ähnlich wie beim deutschen Einzugsermächtigungsverfahren ein großzügiges Widerspruchsrecht eingeräumt, die Lastschrift ohne Angabe von Gründen innerhalb von acht Wochen nach Belastung zurückgeben zu können.

Allerdings sieht das SEPA-Lastschriftverfahren auch eine Regelung für die Behandlung von Widersprüchen von Lastschriften vor, wenn gar kein Mandat vorliegt bzw. dieses ungültig ist, weil einer der beiden Vertragspartner dieses gekündigt bzw. widerrufen hat. Zukünftig gilt für diese „nicht autorisierten" Zahlungen ein einheitliches Rückerstattungsrecht, das maximal 13 Monate nach dem Tag der Belastung geltend gemacht werden muss. Eventuell später geltend gemachte Ansprüche müssen zwischen den beiden Kunden außerhalb des Verfahrens beglichen werden.

Die Abwicklung einer SEPA-Lastschrift durch den Zahlungsempfänger ist weitgehend mit dem Einzug im deutschen Lastschriftverfahren vergleichbar und erfolgt ausschließlich beleglos.

Die SEPA-Lastschrift ist so rechtzeitig der Bank des Lastschrifteinreichers vorzulegen, dass diese ausreichend Zeit hat, die Lastschrift an die Bank des Zahlungspflichtigen weiterzuleiten. Die konkreten Einreichungsfristen werden zwischen dem Zahlungsempfänger (Lastschrifteinreicher) und seiner Bank vereinbart.

Damit wird sichergestellt, dass die Vorlage bei der Bank des Zahlungspflichtigen bei einer

- Erstlastschrift spätestens fünf Tage vor Fälligkeit und bei einer
- Folgelastschrift spätestens zwei Tage vor Fälligkeit

erfolgen kann.

Am vereinbarten Fälligkeitstag findet dann die Belastung statt – Guthaben oder ausreichende Kreditlinie des Zahlungspflichtigen vorausgesetzt – und der Betrag wird zwischen den Banken so verrechnet, dass der fällige Lastschriftbetrag der Bank des Zahlungsempfängers zur Verfügung steht.

2.5 Die SEPA-Firmenlastschrift („SEPA B2B Direct Debit")

Gerade im Geschäft zwischen Unternehmen spielt eine frühe Finalität von Zahlungen eine große Rolle, um mögliche Zahlungs- und Bonitätsrisiken des Käufers deutlich zu reduzieren. In Deutschland ist das Lastschrift-Abbuchungsauftragsverfahren neben der Überweisung eine solche Lösung. Dabei erteilt der Zahlungspflichtige seiner Bank die Weisung, Lastschriften eines bestimmten Einreichers einzulösen. Mit Erteilung dieser Weisung verzichtet der Zahlungspflichtige gleichzeitig auf ein Widerspruchsrecht und regelt eventuelle Streitfälle direkt mit dem Zahlungsempfänger.

Auch bei der Entwicklung der SEPA-Verfahren entstand der Bedarf, das SEPA-Lastschriftverfahren um eine entsprechende Verfahrensvariante zu erweitern. Diese baut grundsätzlich auf dem Basisverfahren auf, sieht aber als wesentliches Merkmal keine Möglichkeit vor, eventuelle Widersprüche des Zahlungspflichtigen zwischen den Banken abzuwickeln.

Die SEPA-Firmenlastschrift baut auf dem Basisverfahren für die SEPA-Basislastschrift auf. Die nachfolgenden Merkmale beschreiben die vorgenommenen erforderlichen Anpassungen, um dieses Verfahren für die Nutzung durch Firmenkunden attraktiv zu gestalten:

- Zahlungspflichtige, die nicht Verbraucher sind, können nach Art. 51 in Verbindung mit Art. 62 der Zahlungsdiensterichtlinie ein Widerspruchsrecht für autorisierte Zahlungen ausschließen. Dieser Verzicht wird im Text des SEPA-Firmenlastschrift-Mandats erklärt.
- Die Einlösung der Lastschrift durch die Bank des Zahlungspflichtigen erfolgt nur, wenn der Zahlungspflichtige dieser die Mandatsdaten entweder vor der ersten Belastung zur Verfügung stellt oder bei Vorlage der Erstlastschrift und in einer Vereinbarung mit seiner Bank seinen Willen bestätigt, dass die Einlösung erfolgen soll (Einlösungsvereinbarung).
- Die Vorlagefrist für die Erst- und Folgelastschrift verkürzt sich gegenüber dem Basisverfahren auf einen Tag. Damit können Lastschrifteinreicher ihrer Bank näher am Fälligkeitstag die Lastschriftdateien zur Verfügung stellen.
- Widersprüche für autorisierte Zahlungen aufgrund einer bestehenden Einlösungsvereinbarung sind nicht zulässig.
- Zahlungspflichtige müssen Änderungen und Löschungen des SEPA-Firmenlastschrift-Mandats ihrer Bank anzeigen, damit diese immer die aktuellen Mandatsdaten bzw. Weisungen hat.
- Durch die Prüfung der Mandatsdaten bei jeder Lastschrifteinlösung auf Basis der Einlösungsvereinbarung sind Widersprüche aufgrund fehlender Autorisierung ebenfalls grundsätzlich auszuschließen.

2.6 SEPA-Formate: europaweit eine Sprache

Um eine Zahlungsinformation auszutauschen, ist ein Übertragungs- bzw. Datenformat notwendig, das zum einen vom Empfänger der Zahlung interpretiert werden kann, zum anderen aber auch die für die Verarbeitung, Verbuchung und Zuordnung der Zahlung notwendigen Informationsbestandteile enthält. Eine weitere Anforderung an das Übertragungsformat besteht im Hinblick auf die Ermöglichung einer effizienten, schnellen und vollautomatischen Verarbeitung der Zahlungsinformationen.

Die beschriebenen SEPA-Produkte basieren auf einem neuen, europaweit einheitlichen Datenformat. Bisher wickelt jedes Land seine Zahlungen in einem eigenen Datenformat ab. SEPA ändert dies. Sowohl für die SEPA-Überweisung als auch für die SEPA-Lastschriftverfahren wurde ein neues Datenformat entwickelt. Ganz gleich, ob ein Kunde die

SEPA-Produkte für grenzüberschreitende oder inländische Zahlungen nutzt, die Einreichung der beleglosen Transaktionen muss im SEPA-Datenformat erfolgen. Das in Deutschland verwendete DTAUS-Format kann also nicht für SEPA-Zahlungen genutzt werden.

Langfristig sollen nicht nur SEPA-Überweisungen und SEPA-Lastschriften, sondern auch andere Zahlungstransaktionen zu einem erheblichen Teil auf Basis der SEPA-Datenformate abgewickelt werden. Allerdings muss hinsichtlich des zeitlichen Fortschritts bei der Verwendung der SEPA-Standards sicherlich zwischen den beiden SEPA-Kernverfahren differenziert werden. Beim SEPA-Überweisungsverfahren ist eine schnellere Umsetzung bzw. Marktdurchdringung zu prognostizieren, da hier lediglich der Übertragungsformatstandard und die Konto-/Bankkennung (IBAN/BIC anstatt Kontonummer/BLZ) geändert werden. Beim SEPA-Lastschriftverfahren stellt sich die Umstellung wesentlich komplexer dar, da neben der Änderung auf das neue Format und die Kontokennung auch eine Neueinholung der SEPA-Lastschriftmandate verbunden ist, da die bisherigen Einzugsermächtigungen nicht genutzt werden können. Nach wie vor bemüht sich die deutsche Kreditwirtschaft darum, dass der deutsche Gesetzgeber eine rechtlich einwandfreie Mandatskonvertierung ermöglicht – ein entsprechender Vorschlag wurde durch den Zentralen Kreditausschuss erarbeitet und veröffentlicht.

3. EBICS – der internetbasierte Kommunikationsstandard für Firmenkunden

Mit EBICS (Electronic Banking Internet Communication Standard) wurde im Zentralen Kreditausschuss (ZKA) ein internetbasierter Firmenkundenkommunikationsstandard entwickelt, zu dessen Unterstützung sich die deutsche Kreditwirtschaft ab dem 01.01.2008 verpflichtet hat. Auf diese Weise entstand ein multibankfähiger internetbasierter Standard, der das bestehende FTAM-Verfahren gemäß ZKA-Standard „DFÜ mit Kunden“ mittelfristig ablöst. Ab 2011 sind Kreditinstitute nicht mehr verpflichtet, ihren Kunden das bisherige Verfahren anzubieten.

Trotz des zunehmenden Datenvolumens durch die Einführung des SEPA-Datenformats (XML-Nachrichten gemäß ISO-Standard 20022), ist die Datenübertragung mittels EBICS erheblich leistungsfähiger als im bisher verwendeten FTAM-Verfahren. Dies liegt insbesondere an den – im Vergleich zur heutigen Kommunikation über ISDN-Leitungen – sehr hohen Übertragungsbandbreiten, die das Internet bietet.

EBICS liefert neue interessante Funktionalitäten wie die verteilte elektronische Unterschrift. Mit ihr wird die Vision des mobilen Arbeitsplatzes, bei der Kunden unabhängig von Ort und Zeit ihre Aufträge per elektronischer Unterschrift autorisieren können, Realität. Jederzeit kann sich der Unterzeichner Informationen über die noch zu leistenden Signaturen seiner Aufträge abholen und diese auch leisten.

Durch ein Ende 2008 mit der französischen Kreditwirtschaft geschlossenes Rahmenabkommen, wird dieser einheitliche Standard zukünftig sowohl in Deutschland als auch in Frankreich genutzt werden. Geplant ist, dass sich zukünftig noch weitere europäische Kreditwirtschaften der Nutzung von EBICS anschließen. Da dieser Standard vollständig kompatibel, d.h. in allen Teilnehmerländern ohne Anpassung der Schnittstellen, zu verwenden ist, hat der Firmenkunde in diesen Ländern die Möglichkeit, seinen Zahlungsverkehrsdienstleister (auch grenzüberschreitend) flexibel zu wechseln und das für ihn beste Angebot zu wählen.

4. Die EU-Richtlinie über Zahlungsdienste

Im Oktober 2007 wurde die Richtlinie über Zahlungsdienste im Binnenmarkt (Payment Services Directive/PSD) veröffentlicht. Auf EU-Ebene haben sich die Staaten darauf verständigt, die Bestimmungen bis zum 01.11.2009 in das jeweilige Recht der 30 EU-/EWR-Staaten umzusetzen.

Die Richtlinie über Zahlungsdienste in Europa soll die rechtliche Grundlage für den einheitlichen Euro-Zahlungsraum bilden und bestehende rechtliche Lücken im EU-weiten Zahlungsverkehr schließen. Allerdings ist hervorzuheben, dass die Richtlinie nicht ausschließlich zur Realisierung des einheitlichen Euro-Zahlungsraums geschaffen wurde. Vielmehr regelt sie alle innereuropäischen und innerstaatlichen Zahlungen, unabhängig vom SEPA-Ansatz. Damit werden ab 01.11.2009 auch die bisherigen inländischen und sonstigen innereuropäischen Zahlungen den Bestimmungen der Richtlinie unterworfen.

Auch im Hinblick auf die neuen SEPA-Zahlungsverkehrsprodukte haben einige in der Richtlinie enthaltene Regelungen besondere Bedeutung, die nachfolgend kurz beschrieben werden sollen:

- Widerspruchsrechte bei Lastschriften: Der Zahlungspflichtige hat – wenn ein ordnungsgemäßes SEPA-Mandat vorhanden ist – ein Widerspruchsrecht innerhalb von acht Wochen nach der Belastung.

  Das beschriebene Widerspruchsrecht kann jedoch aufgrund einer Vereinbarung mit einem Firmenkunden, in Verbindung mit Artikel 51, ausgeschlossen werden. Diese Regelung ist insbesondere für die Nutzung der geplanten SEPA-Firmenlastschrift, mit der eine schnellere Finalität der Zahlung erzielt werden soll, von Bedeutung.

Darüber hinaus besteht ein Rückgaberecht für „nicht autorisierte" Zahlungen. Bei SEPA-Lastschriften bedeutet dies, dass Rückgaben – z.B. aufgrund eines fehlenden oder gelöschten SEPA-Lastschriftmandats – bis zu 13 Monate nach dem Belastungsdatum möglich sind.

- Ausführungsfristen: Bisher beträgt die im Überweisungsgesetz für grenzüberschreitende europäische Überweisungen festgelegte Ausführungsfrist, d.h. die Zeit von der Annahme der Überweisung bis zur Gutschrift auf dem Empfängerkonto, maximal fünf Bankarbeitstage. Gemäß Richtlinie wird diese Frist bis zum 01.01.2012 auf einen Bankarbeitstag verkürzt werden. Bei beleghaft eingereichten Überweisungen verlängert sich diese Frist aufgrund des höheren Bearbeitungsumfangs um einen Bankarbeitstag.

Darüber hinaus regelt die Richtlinie über Zahlungsdienste auch die Zulassung neuer Zahlungsdienstleister und die Informationspflichten von Zahlungsdiensteanbietern.

5. Internationaler Zahlungsverkehr – Entwicklungslinien

Viele Unternehmen, die multinational aufgestellt sind und weltweite Handels- und Geschäftsbeziehungen unterhalten, bemängeln die nach wie vor stark national ausgeprägten Zahlungsverkehrsusancen außerhalb Europas. Zwar hat SWIFT (Society for Worldwide Interbank Financial Telecommunication) erheblich zu einer Standardisierung des weltweiten Zahlungsverkehrs beigetragen. Von einer wirklichen Standardisierung bis hin zu einem „einheitlichen weltweiten Zahlungsraum" ist man jedoch noch weit entfernt. Die Entwicklungen zur Schaffung der SEPA haben allerdings durchaus Impulse zur stärkeren Vereinheitlichung des weltweiten Zahlungsverkehrs gegeben. Warum sollte man nicht die SEPA-Formate, die auf dem internationalen ISO-Standard 20022 basieren, weltweit einführen und damit die Vielfalt bestehender nationaler Formate einschränken bzw. ganz vermeiden?

Betrachtet man die Entwicklungen im europäischen Raum, so wird schnell klar, dass die weltweite Standardisierung der Zahlungsverfahren wohl nur auf freiwilliger Basis erfolgen kann. Denn eine weltweit einheitliche Rechtsgrundlage, ähnlich der europäischen Richtlinie über Zahlungsdienste, wird es wohl auf absehbare Zeit nicht geben.

Hinsichtlich der Standardisierung der Übertragungsformate wird es allerdings in den nächsten Jahren zu einer verstärkten Nutzung von XML-Formaten auf ISO-Basis kommen, die auch Grundlage für die SEPA-Verfahren bilden. So hat SWIFT – sicherlich auch von den SEPA-Entwicklungen inspiriert – bereits einen Migrationsplan von der aktuellen FIN-Message- hin zur XML-Welt vorgelegt. Im ersten Schritt sollen Reklamationen und Nachforschungen über die neuen XML-Formate abgewickelt werden, wobei der Endabschaltungstermin für die bisher in diesem Bereich verwendeten FIN-Formate auf Ende 2010 festgelegt wurde. Danach sollen sukzessiv andere Formate umgestellt werden. Gedämpft wurde der ambitionierte Zeitplan allerdings durch außereuropäische Kreditwirtschaften, die keinen direkten Vorteil in der Nutzung bzw. Umstellung auf XML-Formate, sondern eher den Nachteil hoher Investitionen sehen. Deshalb werden nunmehr Konvertierungsmöglichkeiten geschaffen, die mittel- bis langfristig zu einer parallelen Nutzung der beiden Formate führen dürften.

Die deutsche Kreditwirtschaft setzt sich im Rahmen ihrer SWIFT-Gremienarbeit dafür ein, dass mit der Einführung des neuen Übertragungsformats auch Verbesserungen im Leistungsumfang verbunden sind – nur so können wirkliche Anreize zur Nutzung der neuen Formatwelt durch Firmenkunden und Kreditinstitute geschaffen werden.

6. Cashmanagement als Kerndienstleistung für Firmenkunden

In den Zeiten von Globalisierung und Zusammenwachsen des europäischen Binnenmarkts, aber auch der zunehmenden Standardisierung im internationalen Zahlungsverkehr, wird eine ganzheitliche Betrachtung des Themas „Zahlungsverkehr" aus Sicht des Firmenkunden immer wichtiger und vor allem wirtschaftlich attraktiver.

Cashmanagement ist eine Dienstleistung für den Firmenkunden, die als Service zur Unterstützung bzw. Durchführung der kurzfristigen Liquiditätsplanung, der Disposition liquider Mittel, der Saldenkonzentration und des Saldenausgleichs und der Gestaltung von zinsoptimierenden Transaktionen und Zahlungsströmen verstanden wird.

Im Rahmen dieser Definition unterstützt Cashmanagement den Kunden bei seiner Finanzdisposition, indem ihm die von seinem Kreditinstitut angebotene Cashmanagement-Lösung die Vorteile einer virtuellen Ein-Konto-Beziehung bietet.

Ziel eines effektiven Cashmanagements für Firmenkunden ist die Nutzung der Flexibilität mehrerer Konten bei gleichzeitiger Ausnutzung der Kosten-, Ertrags- und Effizienzvorteile einer einzigen Bankverbindung. Daher profitieren besonders die Kunden vom Cashmanagement,

- die über mehrere Konten in verschiedenen Währungen verfügen (ggf. bei verschiedenen Banken und Bankengruppen),
- die eine große regionale Ausdehnung des Geschäftsbereichs haben,
- die die Nachteile einer Vielzahl verschiedener Kontoverbindungen nicht tragen wollen, insbesondere im Hinblick auf notwendige Dispositionen und Zinszahlungen,

- die die Vorteile der Unabhängigkeit und Flexibilität verschiedener Kontoverbindungen nutzen wollen,
- die eine effiziente Steuerung und ein effektives Controlling ihrer Geldmittel im Sinne einer Zins-, Kosten- und Effizienzoptimierung anstreben und
- die eine hohe Komplexität in ihrer Liquiditätsplanung aufgrund vielschichtiger Produktions- und Finanzierungsrahmenbedingungen haben.

Cashmanagement erfüllt für verschiedene Kunden verschiedene Anforderungen, wobei sich diese grundsätzlich in vier Dimensionen – Information, Transaktion, Pooling und Mehrwertleistung –, mit der jeweiligen Ausprägung Grundbedarf, gehobener Bedarf und hoher Bedarf, unterteilen lassen. Die Bedarfsausprägung ist dabei sehr stark von der jeweiligen Größe, aber auch dem Geschäftsfeld des Unternehmens, abhängig, sodass mit der Größe des Unternehmens generell auch der Anspruch an die Cashmanagement-Lösung steigt.

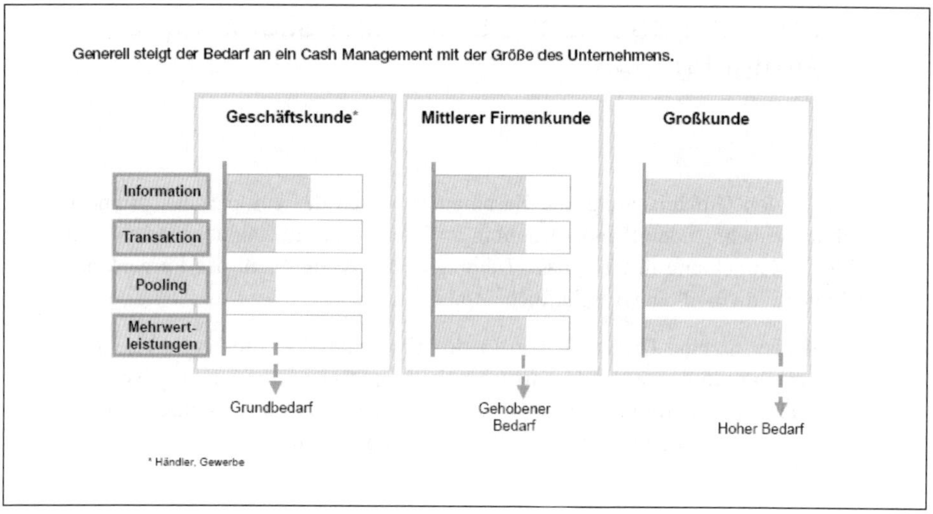

Abbildung 3: *Bedarf an Cashmanagement*[2]

Zur Nutzung der Vorteile einer Cashmanagement-Lösung braucht ein Firmenkunde ein elektronisches Informations- und Dispositionssystems zur Liquiditätsplanung, das z.B. durch Banken und Sparkassen zur Verfügung gestellt wird. Dem Firmenkunden stehen dabei grundsätzlich zwei unterschiedliche Verfahren zur Nutzung des Cashmanagements zur Verfügung. So kann er entweder selbst das Cashmanagement initiieren oder er kann dies durch ein bankseitiges System selbstständig initiieren lassen. Die Ausprägungen der Dimensionen können dabei stark variieren. Im Fall der „Information" reicht das Spektrum dabei von reinem Bezug von Kontoinformationen im SWIFT-Format MT940 bis hin zu selektierten Kontoumsatzin-

2 Vgl. Studie Deutscher Sparkassen- und Giroverband

formationen zur Weiterverarbeitung. In der Dimension „Transaktion“ reicht die Bandbreite von der Erteilung von Basiszahlungen im DTA-Format bis hin zu ferninitiierten Dispositionsaufträgen im SWIFT-Format MT101 (Request for Transfer). Im Bereich „Pooling“ kann der Anspruch vom selbstinitiierten manuellen Pooling bis hin zum automatisierten internationalen Pooling reichen. „Mehrwertleistungen“ können hier Zusatzprodukte wie statistische Auswertungen und Zinsbuchungen sein.

Damit die Kommunikation zwischen dem Firmenkunden und seiner Bank ohne Probleme funktioniert, muss das Kommunikationsverfahren multibankfähig sein, d.h. mindestens alle Banken in Deutschland müssen direkt oder indirekt erreichbar sein und höchste Anforderungen hinsichtlich Vertraulichkeit der Daten, Authentifizierung von Nutzern, Autorisierung von Aufträgen und Verfügbarkeit der Anwendung erfüllen. Darüber hinaus müssen die Standardformate für Informationen (MT940, MT942, zukünftig ISO 20022 camt) und Transaktionen im Einzel- und Massenzahlungsverkehr (DTA, DTE, DTAZV, ISO 20022 pain, MT101) bedient werden können.

Factoring

Hendrik Harms

1. Probleme der Finanzierung im Mittelstand

Die Unternehmensfinanzierung in Deutschland befindet sich in einem umfassenden Veränderungsprozess. Schon vor der aktuellen Banken- und Finanzkrise hatten die Banken und Sparkassen vor dem Hintergrund ihrer Ertrags- und Kostensituation begonnen, ihre Kreditportfolien zielgerichtet zu bereinigen. Sie definierten klare Kundenzielgruppen, führten genaue Bonitätsbeurteilungsverfahren bei der Kreditvergabe ein, auf deren Basis über Kreditzusage oder -ablehnung entschieden wird, und ersetzten bei den Kreditkonditionen den Einheitszins durch risikodifferenzierte Zinssätze.

Das Marktverhalten der Kreditinstitute hat sich infolge der Marktverwerfungen nach der Insolvenz von Lehman Brothers weiter verändert. Der starke Konjunktureinbruch hat viele Unternehmen in die Verlustzone gebracht. Die Kreditinstitute müssen von einer drastischen Verschlechterung der Qualität ihrer Kreditrisiken ausgehen. Die Anforderungen an die Unterlegung dieser Risiken mit Eigenkapital werden entsprechend steigen. Bei generell knapper Eigenkapitalausstattung der Kreditinstitute und erschwertem Zugang zu langfristigen Refinanzierungsmitteln herrscht die allgemeine Erwartung, dass es zu einer Kreditklemme kommen könnte.

Besonders stark sind von diesen Veränderungen mittelständische Unternehmen betroffen, deren Finanzierung jahrzehntelang überwiegend bankenorientiert war. Aufgrund der restriktiveren Kreditvergabepolitik zahlreicher Banken sehen sich viele mittelständische Unternehmen bereits jetzt einem erschwerten Zugang zu den Kreditmärkten ausgesetzt und müssen ihre Finanzierung den veränderten Bedingungen anpassen, da sie die neuen Kriterien bei der Kreditvergabe oft nicht erfüllen können.

Daher suchen immer mehr Unternehmen nach alternativen Finanzierungsmöglichkeiten, die dadurch zunehmend an Bedeutung gewinnen. Eine dieser alternativen Finanzierungsformen, die neben der Finanzierungsfunktion weitere Servicekomponenten bietet und sich in den letzten Jahren hoher Zuwachsraten erfreut, ist das Factoring.

2. Factoring als Lösungsweg

2.1 Definition von Factoring

Factoring ist der fortlaufende Kauf von kurzfristigen Forderungen aus Warenlieferungen oder Dienstleistungen gegen gewerbliche Abnehmer.

Diese Definition grenzt den Erwerb einzelner Forderungen wie auch von Forderungen mit langen Laufzeiten aus und erfasst nur auf Dauer angelegte Geschäftsverbindungen, in deren Rahmen neu entstehende Forderungen fortlaufend angekauft werden.

Die Rechtsprechung sieht in dem Factoringgeschäft einen Forderungskaufvertrag. Dies wurde durch die grundlegende Entscheidung des Bundesgerichtshofs vom 07.06.1978[1] bestätigt. Demzufolge ist das Factoring den Regelungen über den Kaufvertrag gemäß §§ 433ff. BGB zuzuordnen. Die Erfüllung des Kaufvertrags durch den Forderungsverkäufer erfolgt durch die Abtretung der Forderung an den Factor, der seine Verpflichtung aus dem Kaufvertrag durch Zahlung des Kaufpreises in Höhe des Gegenwerts der Forderung erfüllt.

Factoring dient der kurzfristigen Umsatzfinanzierung und dem 100%igen Schutz vor Forderungsausfällen. Weiterhin kann zum Factoring ein effizientes Debitorenmanagement gehören. Obwohl Factoring auch eine kreditähnliche Finanzierungsfunktion hat, ist es mit einem klassischen Bankkredit nicht zu vergleichen. Es handelt sich vielmehr um eine vielseitige Finanzdienstleistung.

2.2 Ablauf eines Factoringgeschäfts

Grundlage des Factorings bildet ein Factoringvertrag, der zwischen dem Forderungsverkäufer, dem Factoringkunden, und dem Forderungskäufer, dem Factor, geschlossen wird. Im Rahmen dieses Vertrags hat der Factoringkunde dem Factor sämtliche Forderungen gegen seine Abnehmer bzw. Debitoren zum Kauf anzubieten. Er liefert die vereinbarte Ware oder erbringt die geschuldete Leistung und informiert seine Abnehmer, dass die Forderung an den Factor abgetreten ist und der Rechnungsbetrag an diesen zu zahlen ist.

Dem Factor stellt der Factoringkunde laufend Rechnungskopien über die Forderungen zur Verfügung bzw. übermittelt diese Daten online. Die Rechnungen müssen einen Abtretungsvermerk zugunsten des Factors enthalten.

---

1 Vgl. BGHZ 72, S. 15–23

An die Formulierung des Abtretungshinweises werden gesonderte Anforderungen gestellt. Der Abnehmer muss daraus klar erkennen können, dass ein Gläubigerwechsel stattgefunden hat und die schuldbefreiende Zahlung der Rechnung nur noch an den Factor geleistet werden kann.

Seitens des Factors wird für jeden Debitor ein Kreditlimit festgelegt. Das bedeutet, dass der Factor vor dem Vertragsabschluss und danach fortlaufend jeden Abnehmer hinsichtlich seiner Bonität prüft. Übersteigen die angekauften Forderungen das Limit oder erhält ein Debitor aufgrund mangelnder Bonität kein Limit, nimmt der Factor die Forderungen zum Inkasso herein. Dieser Inkassobestand wird vom Factor treuhänderisch verwaltet, hier findet kein Gläubigerwechsel statt.

Der Gegenwert der angekauften Forderungen (einschließlich der gesetzlichen Mehrwertsteuer) wird – ohne den Inkassobestand – in der Regel unmittelbar nach dem Ankauf an den Factoringkunden ausbezahlt, wobei der Factor zwischen 10 und 20 % der Summe einbehält. Dieser Sicherheitseinbehalt, auch Sperrkonto genannt, dient dem Ausgleich späterer Abzüge, die seitens der Debitoren beispielsweise für Mängelrügen, Warenretouren oder Skonti geltend gemacht werden könnten. Er ist für den Factor unabdingbar. Erfolgt die Zahlung ohne Abzug durch den Debitor, wird der Sicherheitseinbehalt dem Factoringkunden gutgeschrieben.

Laut Factoringvertrag ist der Kunde verpflichtet, dem Factor unverzüglich Kopien aller Gutschriften zu übersenden. Soweit sich diese auf vom Factor angekaufte und finanzierte Forderungen beziehen, mindern solche Gutschriften den Forderungsbestand. Die Auszahlungsbeträge werden also entsprechend gekürzt.

Im Rahmen des Vertrags ist der Kunde auch verpflichtet, alle bei ihm eingegangenen Zahlungen auf vom Factor gekaufte Forderungen an diesen weiterzuleiten. Zahlungseingänge auf nicht gekaufte Forderungen (Inkassobestand) müssen lediglich gemeldet werden.

Wird eine Forderung nicht innerhalb der vereinbarten Zahlungsziele reguliert, übernimmt der Factor das Mahnwesen und das Inkasso. Dies gilt auch für die nicht finanzierten Forderungen. Bei einer Zahlungsunfähigkeit des Debitors tritt der sogenannte Delkrederefall ein: Der Factor trägt für die im Rahmen des Limits angekauften Forderungen das Risiko der Zahlungsunfähigkeit des Schuldners.

2.3 Factoringfunktionen

Aus dem Ablauf des Factoringgeschäfts wird deutlich, dass das Factoring eine Kombination aus Finanzierung, Versicherung und Dienstleistung ist. Diese Leistungen umfassen das übliche Factoringgeschäft, das als Full-Service- oder Komfortfactoring bezeichnet wird.

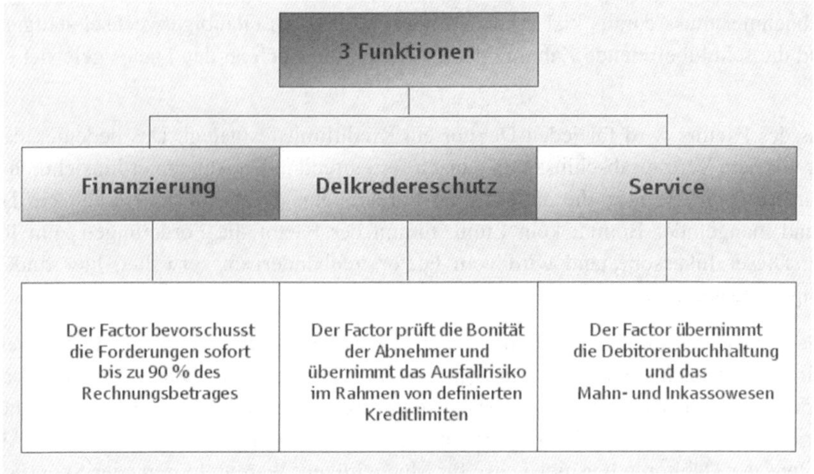

Abbildung 1: *Die drei Funktionen des Factorings*

Nicht immer ist der Factoringkunde daran interessiert, die volle Leistungspalette des Factors zu nutzen. Werden jedoch nicht mindestens zwei der drei Funktionen eingesetzt, kann das bestehende Vertragsverhältnis zwischen Forderungsverkäufer und Forderungserwerber nicht als Factoring bezeichnet werden. Die neben dem Full-Service-Verfahren weiteren wichtigen Factoringvarianten werden unter Punkt 4.2 und Punkt 4.3 beschrieben.

2.3.1 Finanzierungsfunktion

Die Außenstände eines Unternehmens (Bilanzposition: Forderungen aus Lieferungen und Leistungen) können je nach den Forderungslaufzeiten und der Umsatzentwicklung erhebliche liquide Mittel binden.

Die Finanzierungsfunktion des Factorings sorgt dafür, dass der Factoringkunde durch den Verkauf seiner Forderungen sofort Liquidität erhält, ohne Eigenkapital einsetzen oder Fremdkapital aufnehmen zu müssen.

Das Unternehmen erhöht damit seine Unabhängigkeit gegenüber externen Geldgebern und seine Flexibilität. Diese zeigt sich insbesondere in der Unabhängigkeit des Factoringkunden von den Zahlungszielen, die er mit seinen Kunden vereinbart hat, bzw. von dem Zahlungsverhalten seiner Debitoren.

Der Finanzierungseffekt steht einer sofortigen Bezahlung durch die Debitoren gleich. Dadurch erleichtert sich die Finanzdisposition des Factoringkunden; er weiß genau, welche Beträge er zu welchem Zeitpunkt vom Factoringinstitut erhalten wird. In Zeiten hoher Zinsen und bei schwacher konjunktureller Entwicklung gewinnt die Unabhängigkeit vom Zahlungsverhalten der Debitoren zusätzlich an Bedeutung, da viele Debitoren den Lieferantenkredit verstärkt in Anspruch nehmen.

Die erhöhte Liquidität versetzt den Factoringkunden in die Lage, seine kurzfristigen Verbindlichkeiten zu begleichen. Insbesondere kann er seine Lieferantenverbindlichkeiten unter Abzug von Skonto bezahlen.

Da der Factoringkunde als Bar- oder Skontozahler auftreten kann, sind auch ein besseres Image und eine stärkere Verhandlungsposition gegenüber seinen Lieferanten Folgen des Factorings. Mit Blick auf seine Konkurrenten erlangt der Factoringkunde einen Wettbewerbsvorteil, da er seinen Kunden bei Bedarf längere Zahlungsziele einräumen kann.

Der Factor berechnet für den Zeitraum zwischen Ankauf der Forderung durch den Factor und Bezahlung derselben durch den Debitor einen laufzeitabhängigen Zins. Die Höhe des Zinssatzes ist abhängig von der Bonität des Forderungsverkäufers und den Verhältnissen an den Geld- bzw. Kapitalmärkten.

2.3.2 Delkrederefunktion

Mit dem Ankauf der Forderungen hat der Factor das volle Ausfallrisiko regresslos übernommen. Sollte sich später herausstellen, dass ein Debitor nicht zahlen kann, ist ein Rückgriff auf den Factoringkunden ausgeschlossen. Nur beim sogenannten unechten Factoring wäre ein solcher Rückgriff möglich.

Ist die Forderung nach Ablauf einer im Factoringvertrag festgelegten Frist nach Fälligkeit noch nicht bezahlt, tritt der Delkrederefall ein. Der Factor gibt das Sperrkonto der nicht bezahlten Forderung zugunsten seines Klienten frei, die übrigen 80 bis 90 % des Forderungswerts hat der Factoringkunde bereits am Tag des Forderungsankaufs vom Factor erhalten. Die Zinsausfälle ab Eintritt des Delkrederefalls und die Kosten der möglichen Rechtsverfolgung für limitgeschützte Forderungen trägt der Factor.

Einen Nachweis der Zahlungsunfähigkeit des Debitors verlangt der Factor nicht. Werden allerdings seitens des Schuldners (Debitoren) schlüssige Einwendungen gegen seine Zahlungspflicht erhoben, wie beispielsweise Mängel an der gelieferten Ware, kann der Factor die bevorschusste oder bezahlte Forderung dem Kunden zurückbelasten.

Der Factor deckt also das Risiko der Zahlungsunfähigkeit des Debitors. Für die Verität – den rechtlichen Bestand der Forderung – hingegen haftet nach wie vor der Factoringkunde. Diese Haftung ergibt sich aus den §§ 437ff. BGB. Der Factor übernimmt in keinem Fall das Risiko der Schlecht- bzw. Falschlieferung.

Die Absicherungsfunktion des Factors ersetzt bzw. erweitert somit die Funktion einer Warenkreditversicherung, die ebenfalls das Ausfallrisiko von Forderungen deckt. Der Unterschied zum Factoring besteht u.a. darin, dass der Versicherungsnehmer bei der Warenkreditversicherung einen prozentualen Anteil des Risikos selbst tragen muss (Selbstbehalt). Dieser beträgt zwischen 10 und 25 %.

Ein weiterer Vorteil des Factorings gegenüber der Warenkreditversicherung besteht darin, dass der Factor keinen Nachweis der Zahlungsunfähigkeit des Debitors verlangt.

Im Unterschied zur Warenkreditversicherung legt ein Factoringvertrag keine Höchstentschädigung fest. Der Warenkreditversicherer begrenzt die Versicherungssumme auf ein im Versicherungsvertrag festgelegtes Vielfaches der Versicherungsprämie. Hat ein Factor eine Forderung angekauft, deckt er in jedem Fall einen Ausfall zu 100 %.

Falls der Versicherungsnehmer seine Forderungen gerichtlich geltend machen will oder er Vollstreckungsversuche unternehmen muss, um die Zahlungsunfähigkeit des Schuldners nachzuweisen, muss der Versicherungsnehmer die dafür anfallenden Kosten zudem selbst tragen. Beim Factoring obliegt die Rechtsverfolgung dem Factor, der auch die anfallenden Kosten trägt.

Für die Übernahme des Delkredererisikos berechnet der Factor seinem Kunden eine Gebühr. Diese bemisst sich nach einem einheitlichen Prozentsatz in Bezug auf den Bruttobetrag der angekauften Forderung.

2.3.3 Dienstleistungsfunktion

Die vom Factor angekauften Forderungen gehören nicht nur wirtschaftlich, sondern auch rechtlich zu dessen Vermögen und gehen aus der Bilanz des Kunden in die Bilanz des Factors über. Als Kaufmann ist der Factor zur Buchführung nach den handels- bzw. steuerrechtlichen Vorschriften verpflichtet.

Der Factor kann aus dieser Verpflichtung einen positiven Nebeneffekt erzielen, indem er seinen Kunden die Übernahme der Debitorenbuchhaltung und des Mahn- und Inkassowesens als besondere Dienstleistung anbietet – auch für die nicht finanzierten Forderungen aus dem Inkassobestand. Er kann diese Tätigkeiten häufig kostengünstiger ausführen als ein mittelständisches Unternehmen, da er über standardisierte EDV-Programme verfügt.

Der Factor führt die Debitorenbuchhaltung in Form der Offenen-Posten-Buchhaltung. Für jeden Debitoren wird ein Konto angelegt, das mit einem Kontokorrentkonto bei einer Geschäftsbank vergleichbar ist. Darüber werden sämtliche Vorgänge von der Entstehung der Forderung bis zur Zahlung bzw. bis zur endgültigen Erledigung verbucht. Der Factor erstellt täglich Kontoauszüge, die den Saldo und die Buchungen ausweisen und stellt diese seinen Kunden zur Verfügung. Monatlich werden weitere Informationen übermittelt.

Seit der Einführung preiswerter Software-Lösungen wird von umsatzstarken Factoringkunden gewünscht, die Debitorenbuchhaltung nicht an den Factor zu übertragen. Beim sogenannten Inhouse-Factoring muss der Kunde den Factor spiegelgleich über die Debitorenkonten unterrichten.

Ein positiver Effekt des professionellen Mahnwesens durch den Factor ist auch die Verbesserung der Forderungslaufzeit. Zumeist zahlen Debitoren schneller an den Factor, als sie vor Einsatz des Factorings an den Forderungsverkäufer gezahlt haben.

Die Bonitätsüberwachung der Debitoren durch den Factor kann als Instrument zur Optimierung des Debitorenportfolios genutzt werden. Lehnt der Factor ein Kauflimit aus Bonitätsgründen ab, ist für den Factoringkunden zu überlegen, ob er mit diesem Abnehmer weiterhin Geschäft machen möchte.

Für diese Dienstleistung berechnet der Factor ebenfalls eine Gebühr (siehe 2.3.2).

3. Factoring in der Praxis

3.1 Auswirkungen auf Eigenkapitalquote und Rentabilität

Beim echten Factoring scheiden die verkauften Forderungen aus der Bilanz des Factoringkunden aus. Der Factoringkunde hat durch den Verkauf den Gegenwert der Forderungen abzüglich des Sicherheitseinbehalts in Form von Geld erhalten. In seiner Bilanz erhöht sich dadurch die Position „Kassenbestand“ oder „Guthaben bei Kreditinstituten“.

Der Sicherheitseinbehalt, der erst mit der Debitorenzahlung oder dem Eintritt des Delkrederefalls fällig wird, stellt für den Factoringkunden eine Forderung gegen den Factor dar und ist als sonstiger Vermögensgegenstand oder Guthaben bei Kreditinstituten zu bilanzieren. Die Forderungen des Unternehmens werden in seiner Bilanz als Aktivposten Forderungen aus Lieferungen und Leistungen ausgewiesen. Durch den Forderungsverkauf findet zunächst also ein Aktivtausch statt, der nicht unmittelbar zu einer Bilanzverkürzung führt.

Erst die Verwendung der zugeflossenen Mittel zur Tilgung von Verbindlichkeiten führt zu einer Verkürzung der Bilanz. Die Relation zwischen dem Eigenkapital und der Bilanzsumme verändert sich, sodass die Eigenkapitalquote steigt.

Aktiva (TEUR)	Ohne Factoring	Mit Factoring
AV	2.500	2.500
UV		
-Vorräte	950	950
-Forderungen aus L+L	2.700	135
-Forderungen geg. Factor (Sperrkonto)	0	257
-Sonstiges UV	1.000	1.000
-Liquide Mittel	50	50
Bilanzsumme	7.200	4.892

Passiva (TEUR)	Ohne Factoring	Mit Factoring
EK	1.100	1.100
FK		
-Langfristige Verbindlichk.	1.500	1.500
-Bank-Verbindlichk.	2.250	1.350
-Verbindlichk. aus L+L	1.700	292
-Sonstige Verbindlichk.	650	650
Bilanzsumme	7.200	4.892

Eigenkapitalquote:
- Ohne Factoring 15,3 %
- Mit Factoring 22,5 %

Abbildung 2: *Auswirkungen auf die Bilanz bei Verwendung der zugeflossenen Mittel zur Tilgung von Verbindlichkeiten*

Die Höhe der Eigenkapitalquote ist ein wichtiger Indikator für die Kreditgeber, wenn es um die Risikobewertung eines Engagements geht. Sie beeinflusst das Rating eines Unternehmens. Die Ratingnote entscheidet nicht nur über den Zugang zu Fremdkapital, sie ist auch für die Fremdkapitalkosten des Unternehmens von elementarer Bedeutung.

3.2 Anwendungsbereiche

Die Finanzdienstleistung Factoring zeichnet sich nicht nur durch ihre Vielseitigkeit, sondern auch eine nahezu universelle Anwendbarkeit aus. Nachfolgend werden einige klassische Anwendungsbereiche für mittelständische Unternehmen genannt.

Fall 1: Das Unternehmen strebt ein deutliches Umsatzwachstum an. Factoring bietet eine umsatzkongruente Finanzierung, die automatisch mit dem Liquiditätsbedarf wächst. So entfallen Verhandlungen mit Bankpartnern über eine Erhöhung der Kreditlinien und die Stellung von Sicherheiten. Es entstehen keine Liquiditätslücken, die das Unternehmen in seinem Wachstum bremsen könnten. Die sofort zur Verfügung stehende Liquidität erhöht den finanziellen und unternehmerischen Handlungsspielraum.

Fall 2: Ein Unternehmen befindet sich in einer Turnaround-Phase. Es hat eine schwierige wirtschaftliche Situation weitgehend bewältigt und sich wieder in eine vielversprechende Ausgangslage gebracht. Nun wird zusätzliche Liquidität benötigt. Die bestehenden Bankpartner sind häufig hierzu nicht in ausreichendem Maße bereit, da alle Sicherheiten ausgereizt sind.

Fall 3: Um ihre Wettbewerbsfähigkeit zu untermauern, möchte eine Firma einen Unternehmenskauf finanzieren. Das bedarf ggf. zusätzlicher Kredite der Banken, wobei ein Interesse besteht, den Umfang dieser Neuverschuldung möglichst niedrig zu halten.

Fall 4: Ein Unternehmen möchte die Nachfolge sichern. Ist hierfür im Management des Unternehmens oder außerhalb der richtige Partner gefunden, bietet sich auch hier die Einbindung eines Factors an, um die Belastung aus der Akquisitionsfinanzierung möglichst gering zu halten.

Weitere häufig anzutreffende Anwendungsbereiche sind der Wunsch eines Unternehmens, bei seinen Lieferanten Skontoerträge erzielen zu können oder das Streben nach einer größeren Unabhängigkeit gegenüber der Hausbank.

3.3 Einbeziehung einer bestehenden Warenkreditversicherung

Hat der Factoringkunde eine eigene Warenkreditversicherung, kann mit dem Factor eine Übernahme der vom Kreditversicherer vergebenen Limite vereinbart werden. Man spricht in diesem Fall von einem sogenannten Zweivertragsmodell – im Gegensatz zum Einvertragsmodell, bei dem die Limite vom Factor vergeben werden.

In beiden Fällen kann der Factor Limite streichen, wenn beispielsweise negative Informationen vorliegen. Aber auch umgekehrt kann der Factor ein vom Kreditversicherer vergebenes Limit im Bedarfsfalle höher zeichnen.

Und in beiden Fällen übernimmt der Factor das 100%ige Ausfallrisiko für die angekauften Forderungen.

Da im Zweivertragsmodell die Abtretung der Kreditversicherung vereinbart wird, ist die Factoringgebühr hier naturgemäß geringer als im Einvertragsmodell. Gleichwohl muss der Factoringkunde im Zweivertragsmodell die Prämie für die Warenkreditversicherung weiterhin zahlen.

4. Factoringvarianten

4.1 Inhouse- oder Kooperationsfactoring

Einige Factoringkunden legen Wert darauf, Buchhaltung und Mahnwesen nicht aus dem Haus zu geben. Beim sogenannten Inhouse- oder Kooperationsfactoring verzichtet der Factoringkunde – im Gegensatz zum Full-Service- oder Komfortfactoring – auf die Servicefunktion. Die Debitorenbuchhaltung und das Mahnwesen werden dann weiterhin vom Factoringkunden betrieben.

Obwohl der Factor durch den Forderungskauf dazu verpflichtet ist, die Forderungen zu verwalten, überlässt er diese Tätigkeit dem Factoringkunden, der diese Funktion treuhänderisch für den Factor ausübt. Der Factoringkunde berichtet laufend über Höhe und Spezifikationen der Außenstände. Er ist verpflichtet, alle Unterlagen und Belege geordnet für den Factor aufzubewahren und diese bei Aufforderung auszuhändigen.

Der Factor bietet ein solches Verfahren nur an, wenn der Factoringkunde eine einwandfreie Organisation, eine funktionierende EDV und eine entsprechende Bonität aufweist.

4.2 Stilles Factoring

Beim offenen Factoring wird die Forderungsabtretung dem Debitor angezeigt, wohingegen beim stillen Factoring der Debitor nicht über die Abtretung informiert wird.

Hintergrund: Manche Factoringkunden wünschen das stille Verfahren, weil sie befürchten, dass sich die Einbindung des Factors negativ auf ihren Abnehmerkreis auswirken könnte.

Der Factor wird dem stillen Verfahren nur zustimmen, wenn sein Kunde eine gute Bonität aufweist. Er hat nicht die Möglichkeit, durch Kontaktaufnahme zum Abnehmer den rechtlichen Bestand der ihm abgetretenen Forderungen zu überprüfen, wodurch er ein höheres Risiko als beim offenen Verfahren eingeht.

4.3 Fälligkeitsfactoring

Der Factoringkunde verzichtet bei dieser Factoringart auf die sofortige Regulierung des Kaufpreises der Forderung. Der Kunde nutzt die Vorteile der Risikoabsicherung und Entlastung beim Debitorenmanagement. Der Kaufpreis wird gezahlt bei Fälligkeit der Forderung.

4.4 Exportfactoring

Der grenzüberschreitende Geschäftsverkehr ist für viele mittelständische Unternehmen überlebenswichtig. Auslandsforderungen sind jedoch mit einer Reihe von Problemen behaftet. Erfahrungsgemäß sind die Forderungslaufzeiten im Ausland länger und Beitreibungsversuche schlagen oft fehl.

Weiterhin erfordert die Auswertung von Informationen über ausländische Debitoren spezielle Auslandserfahrung und Kenntnis der betreffenden Fremdsprache. Für viele Exporteure kommen aufgrund der längeren Forderungslaufzeiten Schwierigkeiten bei der Umsatzfinanzierung hinzu.

Die Vorteile des Exportfactorings liegen für den Exporteur darin, dass er seinen ausländischen Abnehmern offene Zahlungsziele einräumen kann. Er kann auf andere Sicherungsinstrumente wie Akkreditive und besondere Zahlungsbedingungen wie Dokumente gegen Kasse verzichten, ohne dadurch sein Ausfallrisiko zu erhöhen. Zudem wird er von dem administrativen Ballast sowie von sprachlichen Barrieren befreit. Für den Factoringkunden ergeben sich keine Unterschiede zum Inlandsfactoring.

Die üblichen Risiken des Auslandsgeschäfts wie Wechselkursschwankungen oder politische Risiken werden durch das internationale Factoring jedoch nicht ausgeschlossen.

4.5 Reverse-Factoring

Bei diesem „umgekehrten" Factoringverfahren ist nicht der Lieferant, sondern der Abnehmer der Initiator des Factoringgeschäfts. Der Abnehmer schließt mit dem Factor einen Rahmenvertrag, in dem sich der Factor verpflichtet, die Forderungen der Lieferanten gegen den Abnehmer laufend anzukaufen.

Der Lieferant und der Factor unterzeichnen einen Factoringvertrag, der die Forderungen gegen den Abnehmer umfasst. Die Anzahl der involvierten Lieferanten kann variieren. Dem

Lieferanten werden nach Ankauf der Forderungen durch den Factor bis zu 100 % der Forderungen bezahlt. Der Abnehmer seinerseits bezahlt seine Lieferantenverbindlichkeit zum vereinbarten Zahlungstermin an den Factor.

Die Vorteile des Reverse-Factorings bestehen darin, dass der Abnehmer in Abstimmung mit dem Factor längere Zahlungsziele mit seinen Lieferanten vereinbaren kann. Hierdurch erhöht sich sein finanzieller Spielraum und er kann die freigesetzte Liquidität anderweitig verwenden. Auch kann der Abnehmer bessere Einkaufskonditionen mit dem Lieferanten vereinbaren, beispielsweise durch Vereinbarung eines Skontos, da die Forderungen des Lieferanten sofort reguliert werden.

Gerade in der aktuellen Wirtschaftkrise sind die besonderen Risiken dieser Factoringvariante in den Vordergrund getreten. In der Regel ist nur ein Debitor mit einem hohen Limit in das Factoring einbezogen (Klumpenrisiko). Weil beim Reverse-Factoring immer eine Risikobegrenzung durch die Einbindung der Warenkreditversicherung des Factors erfolgt, beeinflusst eine Insolvenz des Debitors die Schadensquote des Warenkreditversicherers nachhaltig. Dieser wird sich regelmäßig gezwungen sehen, die Versicherungsprämie anzupassen, was die Kostenrechnung des Factors unmittelbar belastet.

5. Gegenüberstellung von Kosten und Nutzen des Factorings

Die Kosten für das Factoring enthalten Zinsen für die Finanzierung der Forderungen sowie Factoringgebühren für das Debitorenmanagement und die Übernahme des Ausfallrisikos.

Der Factor belastet seine Kunden mit Sollzinsen für die Forderungslaufzeit, wobei er seinen Zinssatz der jeweiligen Marktlage am Geld- und Kapitalmarkt anpasst.

Die Factoringgebühren werden üblicherweise in Form eines einheitlichen Prozentsatzes angegeben und von der Bruttorechnungshöhe der angekauften Forderungen berechnet. Der Aufwand für das Mahnwesen und das Inkasso ist Bestandteil der Factoringgebühren. Die Höhe der Factoringgebühren schwankt zumeist zwischen 0,25 und 2,5 %.

Diesen Kosten steht eine Fülle von Vorteilen gegenüber, die den Aufwand für das Factoring per Saldo mehr als wettmachen:

- Planbarkeit der Zahlungseingänge;
- ein Liquiditätsgewinn, der vorteilhaft im Einkauf eingesetzt (Skontoerträge) bzw. für Marktchancen genutzt werden kann;
- ggf. eine Zinsentlastung durch Rückführung eines Kontokorrentkredits;

- 100%iger Schutz vor Forderungsausfällen;
- ggf. der Wegfall der Kosten für die Debitorenverwaltung und die Kreditüberwachung;
- ggf. der Wegfall der Kreditversicherung;
- Vorteile eines besseren Ratings aufgrund der Bilanzentlastung;
- Wettbewerbsvorteile, da längere Zahlungsziele eingeräumt werden können oder auf die Stellung von Akkreditiven im Exportgeschäft verzichtet werden kann.

Der größtmögliche Nutzen durch Factoring wird erzielt, wenn der Erlös des Forderungsverkaufs zur Tilgung der Lieferantenverbindlichkeiten eingesetzt wird. Somit kann auf Lieferantenkredite verzichtet werden, die zu den teuersten Instrumenten der Finanzierung des Umlaufvermögens zählen.

6. Grenzen der Einsetzbarkeit

6.1 Forderungen des Unternehmens

Die wichtigste Voraussetzung für Factoring ist die Einräumung eines offenen Zahlungsziels durch den Forderungsverkäufer. Der Factor kauft im Sinne des revolvierenden Forderungsankaufs in der Regel Forderungen mit Zahlungszielen von bis zu 90 Tagen im Inland und 180 Tagen im Ausland an.

Daher können Unternehmen, solange sie generell längere Zahlungsziele gewähren oder überwiegend gegen Stellung von Akkreditiven und zu Bedingungen wie „Dokumente gegen Kasse" liefern, Factoring nicht nutzen. Ebenfalls ist die Anwendung von Factoring für Unternehmen ausgeschlossen, deren Forderungen sofort nach Entstehung bar bezahlt werden.

Häufig wird der Forderungsbestand eines Unternehmens der oder den Banken sicherungshalber abgetreten (Globalzession). Diese klassische Kreditsicherheit ist durch die Entscheidung des BGH vom 29.11.2007[2] erneut bestätigt worden. Forderungen, die an Dritte abgetreten oder verpfändet sind oder anderweitig mit Rechten Dritter belastet sind, können nicht in die Zusammenarbeit mit einem Factor einbezogen werden. Daher ist es zwingend Voraussetzung, dass sämtliche Begünstigte einer Globalzession vor Beginn der Zusammenarbeit im Factoring auf ihre Rechte aus der Globalzessionsvereinbarung verzichten und die Forderungen freigeben.

---

2 Vgl. BGHZ 174, S. 297ff.

Eine weitere Voraussetzung für die Anwendung von Factoring ist, dass den Forderungen vollständig erbrachte Leistungen zugrunde liegen müssen. Daher sind Unternehmen der Baubranche und des Anlagenbaus grundsätzlich nicht für das Factoring geeignet. Insbesondere wird vom Factor die schwierige Nachprüfbarkeit der bis dahin erbrachten Teilleistungen bemängelt. Weiterhin eignen sich grundsätzlich Forderungen, deren Wert durch Einreden, Einwendungen und Gegenforderungen gefährdet ist, nicht für das Factoring.

Werden den Abnehmern Rückgaberechte eingeräumt, Waren auf Probe verkauft oder weitgehende Verrechnungsmöglichkeiten gewährt, sind die Forderungen, die aus diesen Geschäften entstehen, ebenfalls nicht factoringfähig. Ebenso sind Unternehmen, die längerfristige Rahmenverträge mit ihren Abnehmern vereinbaren, schlecht für Factoring geeignet, wenn die Verträge Schadenersatzklauseln beinhalten. In diesem Fall kann der Abnehmer in der Insolvenz des Factoringkunden Schadenersatzforderungen wegen Nichterfüllung des Rahmenvertrags geltend machen.

6.2 Abtretbarkeit der Forderungen

Die zentrale Voraussetzung für die Anwendbarkeit des Factorings ist die rechtlich wirksame Abtretbarkeit der Forderungen aus Lieferungen und Leistungen eines Factoringkunden.

Schwierigkeiten können sich bei Forderungen ergeben, die einem vertraglichen Abtretungsverbot unterliegen. In diesem Fall kann die Wirksamkeit der Abtretung rechtlich beeinträchtigt sein. Abtretungsverbote werden häufig durch marktstarke Abnehmer ausgesprochen. Damit möchten diese vermeiden, dass Forderungen, die sich gegen sie richten, an Dritte abgetreten werden, um somit die Gefahr einer doppelten Inanspruchnahme auszuschließen.

Die rechtliche Wirkung eines Abtretungsverbots ist seit 1994 im § 354a HGB geregelt. Seit dieser Änderung können auch Forderungen, die einem Abtretungsverbot unterliegen, unter bestimmten Voraussetzungen wirksam abgetreten werden. Die wichtigste Voraussetzung ist, dass das Rechtsgeschäft, aus dem die Forderung entsteht, für beide Vertragsparteien ein Handelsgeschäft ist. Jedoch ist der Schuldner unverändert berechtigt, schuldbefreiend an den ursprünglichen Gläubiger zu zahlen.

6.3 Kreditfähigkeit und Kreditwürdigkeit des Unternehmens

Ähnlich wie ein Kreditinstitut prüft auch der Factor die Kreditwürdigkeit und die Kreditfähigkeit eines Factoringinteressenten.

Der Factor legt großen Wert auf die Qualität des Managements und belastbare Strukturen im Unternehmen. Unternehmen, deren Buchhaltung nicht einwandfrei funktioniert oder die Reklamationen der Abnehmer nicht zeitnah bearbeiten, werden vom Factor abgelehnt.

Factoring eignet sich für wirtschaftlich gesunde Unternehmen mit positiven Zukunftsaussichten. Eine geringe Eigenkapitalausstattung verbunden mit hohen Außenständen ist kein Ausschlusskriterium. Wichtiger ist eine insgesamt zufriedenstellende wirtschaftliche Lage des Unternehmens.

6.4 Unternehmensgröße und -struktur

Die Factoringgesellschaften haben unterschiedliche Anforderungen an den Mindestjahresumsatz des potenziellen Factoringkunden. Dieser kann zwischen 0,5 Mio. Euro und 5 Mio. Euro liegen.

Zu diesem Mindestjahresumsatz sei gesagt, dass jeder Factoringkunde unabhängig von dem Umsatz, den er dem Factor zum Kauf anbietet, einen bestimmten Aufwand verursacht. Der Factoringkunde wird laufend betreut, besucht und informiert. Er erhält regelmäßig eine Fülle von Auswertungen und Übersichten. Bilanzen müssen ausgewertet, Vorlagen erstellt und Berichte erfasst werden. Da dieser Aufwand in den Factoringgebühren berücksichtigt werden muss, würde dies für Interessenten mit einem geringen Umsatz bedeuten, dass die Factoringgebühren unverhältnismäßig hoch wären. Angesichts des höheren Automatisierungsgrads durch EDV- und Interneteinsatz sind die Kosten und damit auch die Umsatzuntergrenzen jedoch deutlich gesunken.

Nach oben sind keine Umsatzgrenzen gesetzt. Auch große Unternehmen nutzen Factoring, wenn auch häufig nur für bestimmte Unternehmens- oder Umsatzteile. Dennoch ist der typische Factoringkunde, der das Factoring für seinen gesamten Umsatz einsetzt, dem Mittelstand zuzurechnen.

7. Fazit

Das Management von mittelständischen Unternehmen ist stets in der Verpflichtung, die Liquidität des Unternehmens zu sichern, insbesondere in wirtschaftlich schwierigen Zeiten. Factoring als ein Baustein einer ganzheitlichen Finanzierung darf daher bei den unternehmensinternen Überlegungen nicht außer Acht bleiben. Dies gilt ebenfalls für die Firmenkundenbetreuer der Unternehmen in den Banken und Sparkassen.

Aufgrund der einzigartigen Kombination seiner drei Grundfunktionen ist ein mittelständisches Unternehmen durch den Einsatz von Factoring in der Lage, sich verstärkt auf seine Kernkompetenzen zu konzentrieren. Durch die umsatzkongruente Finanzierung kann Wachstum ohne großen Zeitverlust finanziert werden. Nicht zuletzt deshalb erwächst den Kreditinstituten durch die Aufnahme von Factoring in ihre Angebotspalette für Firmenkunden ein Gewinn an Kompetenz und dadurch eine Stärkung der Kundenverbindung.

Die zweistelligen Wachstumsraten des deutschen Factoring-Markts in den letzten Jahren zeigen, dass bereits viele mittelständische Unternehmen das Factoring als ergänzende oder alternative Finanzierungsform erkannt haben. Es ist davon auszugehen, dass der Factoring-Markt sich auch weiterhin expansiv entwickeln wird.

Chancen im Leasingmarkt – Leasing als Verbundprodukt der Sparkassen

Hans-Michael Heitmüller

1. Einleitung

1.1 Charakteristika und Nutzen des Leasings

In einer Zeit wie heute, in der die Unternehmen vor enormen wirtschaftlichen und finanziellen Herausforderungen stehen, ist der Grundgedanke des Leasings aktueller denn je: Nicht das Eigentum an einem Investitionsobjekt, sondern seine Nutzung bringt Erträge.

Weil das Eigentum am genutzten Objekt beim Leasinggeber bleibt, kann der Leasingnehmer Investitionen ganz ohne Eigenkapital und – anders als bei einem Kredit – bilanzneutral finanzieren, im Bedarfsfall bis zu den Anschaffungskosten. Bei vergleichbaren Investitionsdarlehen ist eine 100%ige Fremdfinanzierung dagegen die Ausnahme und erfordert in der Regel zusätzliche Sicherheiten. Das Unternehmen, das ein Fahrzeug, eine Maschine oder ein anderes Investitionsgut least, profitiert insofern vom umfassenden Asset Know-how des Leasinggebers. Dieser bewertet nicht nur das Adressrisiko, sondern vor allem auch das Assetrisiko. Der Leasinggeber kennt die Wertverläufe der verschiedenen Objekte und verfügt auch über geeignete Verwertungskanäle, sodass er die Risiken besser eingrenzen kann.

Grundvoraussetzung für eine klassische Leasingfinanzierung ist, dass es sich bei dem Investitionsgut um ein rechtlich selbstständiges Wirtschaftsgut handelt, das drittverwendungsfähig ist. Letzteres heißt: Das Leasingobjekt muss so beschaffen sein, dass es nicht nur von einem Einzigen, dem Leasingnehmer, wirtschaftlich sinnvoll genutzt werden kann. In der Praxis ist die Drittverwendungsfähigkeit jedoch keine unüberwindliche Hürde, sondern fordert eher die Leistungs- und Innovationsfähigkeit der Leasinggesellschaft heraus. Je besser sie die Besonderheiten der Objekte und den Markt – insbesondere die Anwenderbedürfnisse – kennt, desto leichter wird ihr der Nachweis fallen, dass es selbst für individuell konfigurierte Produktionsanlagen oder ungewöhnlich erscheinende Leasinggüter potenzielle Käufer oder Nutzer gibt.

Hier hilft natürlich – wie bei allen speziellen Verwertungsfragen – eine enge Zusammenarbeit mit dem Hersteller, der in der Regel den Markt, seine Teilnehmer und deren aktuelle Bedarfe genau kennt.

Inzwischen gibt es fast nichts, was nicht geleast werden kann: Das Spektrum reicht von bekannten Leasingobjekten wie Firmenwagen, Computern oder Maschinen über Eisbrecher für den Nordatlantik, Biomasse-Heizkraftwerke und Krankenhäuser bis zu Kunstwerken, Polizeipferden oder Heißluftballons. Auch für immaterielle Wirtschaftsgüter wie Markenrechte, Patente oder Software haben die Leasinggesellschaften Lösungen entwickelt. So lassen sich mit Software-Leasingverträgen nicht nur die Lizenzgebühren, sondern weitgehend auch die Kosten der Einführung, insbesondere für die Anpassung an die speziellen Erfordernisse des Unternehmens (Customizing) und die Schulung, abdecken, die oft den Löwenanteil der Software-Investitionen ausmachen. Selbst Entwicklungskosten, etwa von Autozulieferern, können über Leasingkonstruktionen vorfinanziert werden, da es für das Ergebnis, also das fertige Produkt, feste Abnehmer gibt.

Entscheidende Vorteile des Leasings sind die finanziellen Entlastungseffekte: Leasing schont zum einen die Liquidität – insbesondere wenn die Leasingraten nach dem „Pay-as-you-earn"-Prinzip von der Nutzung abhängig sind und damit praktisch aus den erwirtschafteten Erträgen des Investitionsobjekts gezahlt werden. Weil das Finanzierungsvolumen außerhalb der Bilanz (off balance) des Leasingnehmers bleibt, verbessert sich zum anderen dessen Eigenkapitalquote. Insgesamt eröffnet sich damit auch zusätzlicher Spielraum für die Kreditfinanzierung, z.B. von Aufträgen, Innovationen oder anderen Aufwendungen für Wachstum und Zukunftssicherung.

Zwar kommen börsennotierte und andere kapitalmarktorientierte Unternehmen, die nach internationalem Standard (IAS/IFRS) bilanzieren müssen, nur noch eingeschränkt in den Genuss des Off-Balance-Effekts. Denn im Fall des Finance-Leasings, also bei offenen Restwerten von weniger als 10 % am Laufzeitende, müssen die Investitionsgüter nach den seit 2005 geltenden IAS/IFRS-Regeln beim Leasingnehmer aktiviert werden. Dies ist jedoch kein ernsthaftes Hindernis, da bei Operate-Leasingverträgen (offene Restwerte von mindestens 10 %) weiterhin die Bilanzierung beim Leasinggeber erfolgt, der damit das Restwertrisiko trägt. Folglich wird er höhere Anforderungen an die Drittverwendungsfähigkeit der Objekte stellen, auf funktionierende Zweitmärkte achten und auch seine Risikokosten erhöhen. Für die Masse der kleinen und mittleren Unternehmen, die nach HGB bilanzieren, hat sich nichts geändert.

Durch die Unternehmensteuerreform in Deutschland hat Leasing in steuerlicher Hinsicht ein wenig eingebüßt, da ein pauschalierter Finanzierungsanteil der Leasingraten jetzt – ebenso wie Zins- und Mietaufwendungen – dem gewerbesteuerlichen Ertrag hinzugerechnet wird. Besonders beim Immobilien-Leasing fällt dies ins Gewicht. Allerdings ist die steuerliche Attraktivität aus Kundensicht auch bisher nicht das Hauptmotiv, das für diese Finanzierungsalternative spricht. Vielmehr stehen andere Vorzüge im Vordergrund: Die Kosten werden gleichmäßig verteilt und sind während der Laufzeit genau kalkulierbar. Außerdem kann die Betriebsausstattung jeweils auf dem neuesten Stand gehalten werden.

Vor allem aber ist Leasing ein überaus flexibles Finanzierungsinstrument: Durch individuelle Vertragsgestaltung lässt es sich sowohl an die Bedürfnisse des Nutzers als auch an die erwartete Wertentwicklung des Investitionsobjekts anpassen. Die Möglichkeiten reichen von unterschiedlichen Grundlaufzeiten, Leasingraten und Restwerten bzw. Abschlusszahlungen über Kauf- und Mietverlängerungsoptionen bis zur Beteiligung des Leasingnehmers am Verwertungserfolg. Während sich der Mobilien-Leasingkunde in der Regel aus den angebotenen Modulen und Optionen ein passendes Vertragspaket zusammenstellt, finden sich im Immobilienleasing eher maßgeschneiderte Lösungen für den Einzelfall.

Durch zusätzliche Serviceleistungen bietet modernes Leasing überdies attraktive Lösungen für Unternehmen, die sich im immer härter werdenden Wettbewerb auf ihre Kernkompetenzen konzentrieren möchten und daher auf das Outsourcing von Funktionen setzen, die andere besser und/oder kostengünstiger erfüllen können. Die Palette der Mehrwert-Dienstleistungen reicht dabei im Mobilien-Leasing von der Wartung über Versicherungsleistungen bis zum Full-Service-Vertrag, wie z.B. dem Flotten-Leasing mit komplettem Fuhrparkmanagement. Bei Immobilien kann die Leasinggesellschaft auch Planung, Projektsteuerung und Facility-Management übernehmen.

Leasing hat sich damit vom reinen Investitionsinstrument zur umfassenden, objektbezogenen Dienstleistung entwickelt, die den Handlungsspielraum des Leasingnehmers deutlich erweitert und ihm zugleich eine verlässliche Kalkulations- und Planungsgrundlage bietet. Gleichmäßige und genau kalkulierbare Kosten sind deshalb auch das wichtigste Leasingmotiv, das bei einer Umfrage von 59 % der Unternehmen genannt wurde. Darüber hinaus kann der Leasingnehmer oft auch von den Kostenvorteilen profitieren, die Leasinggesellschaften durch Nachfragebündelung beim Einkauf der Investitionsgüter und ergänzenden Dienstleistungen, etwa Versicherungen, erzielen.

1.2 Volkswirtschaftliche Bedeutung und Potenzial

Angesichts der grundlegenden Vorteile und der kontinuierlichen Produktinnovation, mit der die Branche die Einsatzmöglichkeiten des Leasings ständig erweitert, verwundert es nicht, dass seine volkswirtschaftliche Bedeutung seit Anfang der 1960er-Jahre enorm gewachsen ist. Damals traten die ersten herstellerunabhängigen Leasinggesellschaften auf dem deutschen Markt an. Seitdem ist das Leasingneugeschäft weit stärker gestiegen als die gesamtwirtschaftlichen Investitionen. Obwohl sich das Wachstum seit 2001 abgeschwächt hat, blieb die gesamtwirtschaftliche Leasingquote nahezu stabil und erreichte 2008 rund 17 % aller Investitionen außerhalb des Wohnungsbaus, wie Abbildung 1 zeigt.

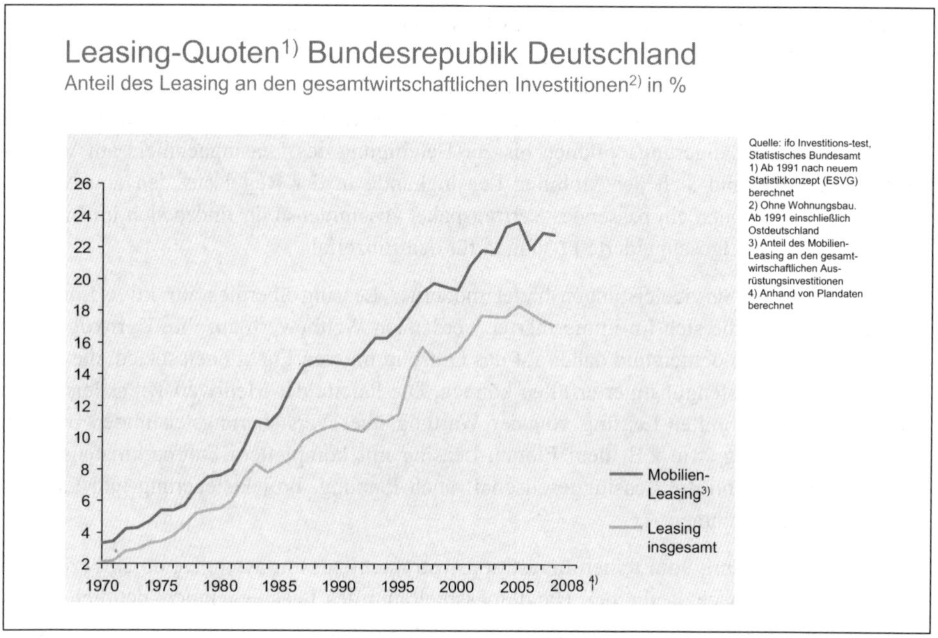

Abbildung 1: *Entwicklung der gesamtwirtschaftlichen und Mobilien-Leasingquote, BDL*

Robuster Motor dieser beeindruckenden Entwicklung ist nach wie vor das Mobiliensegment, also die Finanzierung von Ausrüstungsinvestitionen. Während das Neugeschäft im Immobilien-Leasing von Jahr zu Jahr erheblich schwanken kann und seit 2003 tendenziell rückläufig ist, blieb das Mobilien-Leasing weiter auf dem Vormarsch: Das auf diese Weise realisierte Investitionsvolumen stieg zwischen 1995 und 2008 von rund 35,4 auf mehr als 51,5 Mrd. Euro (vgl. Abbildung 2), der Anteil an den gesamten Ausrüstungsinvestitionen von 19,4 auf 22,7 %. Damit entfällt der Löwenanteil aller Leasinginvestitionen, nämlich rund 90 %, auf mobile Objekte.

Mit Abstand größtes Marktsegment ist hier das Fahrzeug-Leasing: Pkw (49 %) und Nutzfahrzeuge (16 %) machten 2008 zusammen fast zwei Drittel aller Mobilien-Leasinginvestitionen aus (vgl. Abbildung 3). Mehr als ein Drittel aller Neuzulassungen (16 % wertmäßig) werden durch Leasing finanziert; bei den gewerblichen Fahrzeugkäufen sogar mehr als die Hälfte der summierten Anschaffungswerte. Der Markt wird hier von den Finanzierungstöchtern der Autohersteller dominiert, die das Leasing gezielt als Absatzinstrument einsetzen und speziell bei schleppendem Pkw-Absatz mit günstigen Konditionen Rabattschlachten zu begrenzen versuchen.

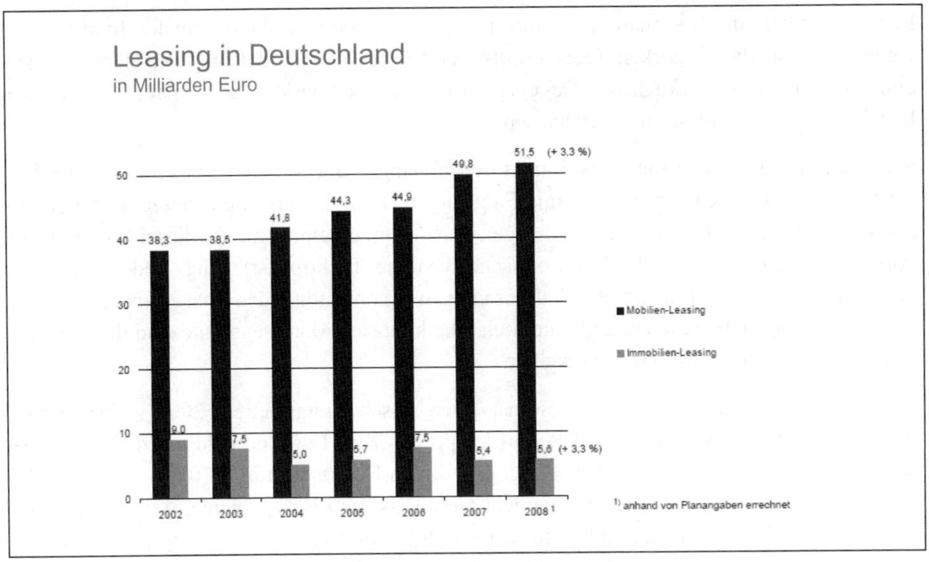

Quelle: Bundesverband Deutscher Leasing-Unternehmen, 2008
Abbildung 2: *Leasing in Deutschland*

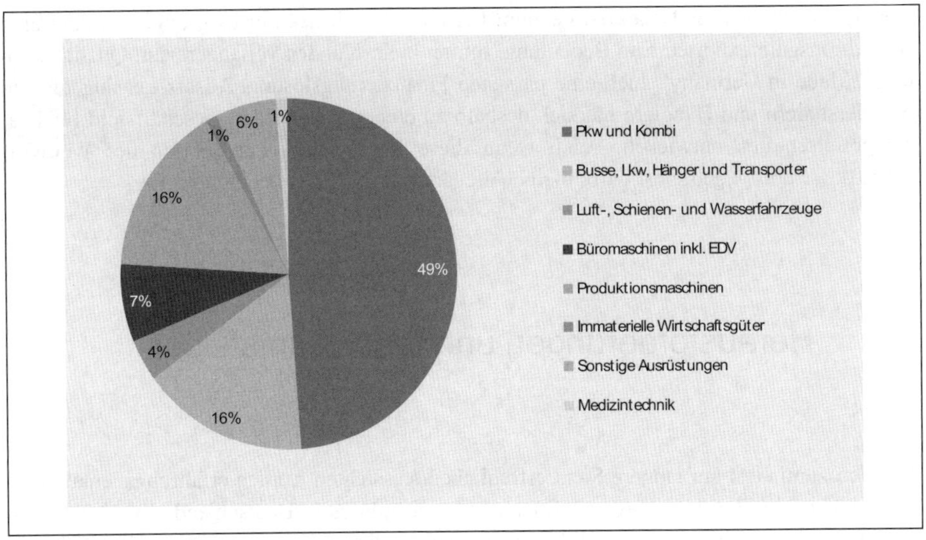

Quelle: Bundesverband Deutscher Leasing-Unternehmen, 2008
Abbildung 3: *Objektgruppen im Mobilien-Leasing, Anteil in % 2008, BDL*

Stark gewachsen ist in den vergangenen Jahren das Leasing von Maschinen für die Produktion (einschließlich Gabelstaplern, Flurförderfahrzeugen und Baugeräten). Mit einem Anteil von 16 % am Mobilien-Leasing war es auch 2008 das zweitgrößte Marktsegment. Den dritten

Platz behauptete die Informationstechnik mit rund 7 %, obwohl die nominalen Investitionen wegen des anhaltend starken Preisverfalls bei Bürogeräten und Computer-Hardware seit einigen Jahren zurückgehen. Dagegen ist der Teilmarkt für separate Software-Leasingverträge kontinuierlich gewachsen.

Sehr volatil – da von Branchenkonjunkturen abhängig und oft von einzelnen Großorders geprägt – ist das Leasinggeschäft mit Flugzeugen, Schiffen und Schienenfahrzeugen, das 2008 den fünften Platz hinter den sonstigen Ausrüstungen einnahm. Zu dieser Sammelkategorie zählen z.B. die Signaltechnik, optische Systeme, Elektroausrüstung, Ladeneinrichtungen und nicht zuletzt Telekommunikationsanlagen – von Endgeräten über Vermittlungstechnik bis zu Mobilfunkstationen und Satelliten. Die kleinsten Marktsegmente sind die Medizintechnik und immaterielle Wirtschaftsgüter.

Das Immobilien-Leasing ging, gemessen an den Anschaffungswerten, 2008 weiter zurück, nämlich um ein gutes Drittel (34,8 %) auf knapp 3,5 Mrd. Euro, obwohl nur 4,1 % weniger Neuverträge abgeschlossen wurden. Einen gewaltigen Einbruch (minus 70,6 %) erlebte dabei das noch im Vorjahr dominierende Segment Geschäfts- und Bürogebäude, dessen Wertanteil sich auf rund 27 % mehr als halbierte. Rückläufig waren auch die Leasinginvestitionen in Produktionsgebäude und Lagerhallen (Anteil jetzt rund 21 %), Handelsobjekte (19 %) sowie komplette Produktions- und Versorgungsanlagen (gut 1 %). Den größten Anteil (31 %) erreichten 2008 die sonstigen Bauten, deren Anschaffungswert sich mehr als verdoppelte.

Gerade auf den Auslandsmärkten gewinnt Leasing als Teil des Leistungsangebots deutscher Investitionsgüterexporteure an Bedeutung. Immer mehr Kunden verlangen zum Qualitätsprodukt „Made in Germany“ auch eine passende Finanzierungslösung. Absatz-Leasing für und mit Herstellern und Händlern hat sich deshalb zu einem wachsenden Geschäftsfeld für Leasinggesellschaften entwickelt. Auch wenn diese Entwicklung derzeit von der Weltwirtschaftskrise abrupt gebremst wird, bleiben die längerfristigen Aussichten positiv.

2. Herausforderungen und Wachstumsfelder

Von den zumindest auf längere Sicht erfreulichen Aussichten werden erfahrungsgemäß nicht alle Anbieter in gleichem Maße profitieren. Derzeit gibt es in Deutschland etwa 2.200 Leasingunternehmen, von denen rund 240 über ein Grundkapital von mindestens 500.000 Euro und damit über eine gewisse Marktbedeutung verfügen. 97 % aller Gesellschaften sind im Mobilien-Leasing aktiv. Schon jetzt ist in fast allen Segmenten der Verdrängungswettbewerb, der vor allem über die Konditionen ausgetragen wird, voll entbrannt. Die Unternehmensberatung Arthur D. Little schätzt, dass in den nächsten fünf Jahren etwa 30 % der Leasinganbieter vom deutschen Markt verschwinden werden.

Darüber hinaus konkurriert Leasing mit alternativen Produkten, die für den Kunden die gleiche Funktion erfüllen, nämlich eine Investition (bzw. deren Nutzungszweck) zu realisieren. Das lässt sich grundsätzlich auch mit anderen Mitteln erreichen, z.B. mit einem Bankkredit oder Beteiligungskapital, durch klassische Miete oder durch Innenfinanzierung aus dem Cashflow oder dem Verkauf von Vermögenswerten. Die Leasinganbieter müssen daher bestrebt sein, die speziellen Vorteile ihrer Finanzierungsform gegenüber den Substitutionsprodukten herauszustellen. Vor allem aber müssen sie versuchen, über das reine Leasing hinaus mit zusätzlichen Leistungen zu punkten, die echten Kundennutzen und zudem ein deutlich günstigeres Preis-Leistungs-Verhältnis anbieten, als dies die Produzenten von Leasingalternativen können. Mit ihrem Objekt-Know-how haben die Leasinggesellschaften vor allem im Mobilien-Segment die besseren Karten.

Im Mobilien-Leasinggeschäft muss die Branche über die direkten Ersatzprodukte hinaus noch eine andere Erosionsquelle im Auge behalten, das Outsourcing – obwohl sie davon durch Service- und Zusatzleistungen auch profitiert. Die Funktion(en), die ein Investitionsgut erfüllt, kann ein Unternehmen auch ganz ohne dieses realisieren, indem es die Funktion(en) einfach an einen externen Produzenten oder Dienstleister auslagert. Tendenziell ist damit eine Verringerung des gesamten Investitionsvolumens verbunden, da der Outsourcing-Partner in der Regel seine Anlagen produktiver nutzt, also pro Outputeinheit weniger investieren muss.

Dies gilt in besonderem Maße für die Informations- und Kommunikationstechnik. Dennoch gehen die IT-Verantwortlichen inzwischen selektiver an die Auslagerung von Informationstechnologie. Statt die gesamte IT durch einen externen Dienstleister betreiben zu lassen, geht der Trend hin zur Auslagerung von klar umrissenen Teilaufgaben (Outtasking). Darunter fällt z.B. der Betrieb eines Callcenters und der E-Mail-Infrastruktur oder die Wartung von Informationstechnologie. Dieses selektive Outsourcing ist die weniger radikale Alternative: Unternehmen können dadurch ihre Kosten senken, zugleich die Kontrolle über sämtliche Infrastrukturen und Entscheidungsprozesse behalten und ihre Unabhängigkeit weitgehend bewahren.

Ein weiterer Faktor, dem auch in Zukunft große Bedeutung zukommt, ist die fortschreitende Internationalisierung. Mittelständische Unternehmen sind zunehmend auf Auslandsmärkten aktiv. Deutschen Leasinggesellschaften bietet sich damit die Chance, sie als vertraute Finanzierungspartner dorthin zu begleiten, ob es um den Auf- und Ausbau ausländischer Produktionsstätten oder um Absatz-Leasing für Investitionsgüterhersteller und -händler geht. Insbesondere Leasinggesellschaften, die hochwertige Maschinen finanzieren, können ihre Wettbewerbsposition festigen, wenn sie den Handelsströmen folgen.

Allerdings sind dafür fundierte Kenntnisse der lokalen Rechts- und Steuersysteme, der Geschäftsusancen und der Mentalität des Ziellandes gefragt, die wiederum den Aufbau von Auslandsniederlassungen mit lokalem Personal sowie Auslandsspezialisten in der Zentrale erfordern. Wer diese Hürden meistert, erleichtert seinen Kunden den Weg ins Ausland.

Generell ist zu erwarten, dass die Anforderungen an die Leasinggesellschaft weiter steigen werden, insbesondere was die Fähigkeiten der Mitarbeiter, die IT-Ressourcen und das Risikomanagement angeht. Über all dem steht die Frage nach der Finanzkraft einer Leasinggesellschaft. Es reicht nicht, die kreativste und innovativste Company zu sein, sondern die Gesellschaft wird sich durchsetzen, die über ausreichende Liquidität verfügt, um jederzeit den Kundenanforderungen entsprechen zu können.

3. Leasing bleibt Wachstumsmarkt

Leasing bleibt auch in Zukunft ein Wachstumsmarkt. Vor allem Mobilien-Leasing wird als Instrument der Investitionsfinanzierung weiter an Bedeutung gewinnen. Noch unausgeschöpfte Wachstumschancen im Inland haben der Mittelstand und der staatliche Sektor. Ein attraktives Potenzial verspricht auch die Finanzierung von Investitionen in Technologien für den Umwelt- und Klimaschutz, speziell in erneuerbare Energien.

Zugleich wird jedoch der Wettbewerbsdruck weiter zunehmen: zum einen durch Captives, die zur Verkaufsförderung der selbst hergestellten Produkte mit Kampfkonditionen antreten, zum anderen durch die Erwartung der Kunden, eine auf ihre Bedürfnisse zugeschnittene Lösung mit einem als günstig empfundenen Preis-Leistungs-Verhältnis zu erhalten.

Umso mehr kommt es darauf an, die angebotenen Leistungen möglichst effizient zu erstellen (auch bei maßgeschneiderten Lösungen) und zugleich die Kundenbindung durch gezieltes Beziehungsmanagement zu stärken. Schlüssel dazu sind einerseits leistungsfähige Informations- und Kommunikationssysteme, andererseits qualifizierte und engagierte Mitarbeiter.

Entscheidend ist letztlich, dass strategische Positionierung und Organisationsstruktur zusammenpassen und Prozesse, IT-Infrastruktur und Personalpolitik darauf abgestimmt sind. Nur so lässt sich der Spagat zwischen Preis-Leistungs-Wettbewerb, Risikominimierung und starker Kundenbindung meistern. Dies ist wiederum Voraussetzung für nachhaltiges Wachstum bei finanzieller Stabilität und damit für ausreichende Refinanzierungsmöglichkeiten.

4. Strategische Entscheidung pro Leasing

4.1 Situation der Sparkassen und des Sparkassen-Leasings

2009 gibt es in der Sparkassen-Finanzgruppe ein kleines Jubiläum: Vor genau zehn Jahren besiegelte sie ihre strategische Entscheidung pro Leasing durch einen Gesellschaftervertrag mit der Deutschen Leasing (DL). Mit der 100%igen Übernahme des herstellerunabhängigen Marktführers in Deutschland bekannten sich die Sparkassen erneut zu der innovativen Finanzierungsalternative Leasing und positionierten sich neu dazu. Der „Einstieg beim Marktführer für herstellerunabhängiges Mobilien-Leasing geht aus Sicht der Sparkassen weit über ein lukratives Finanzinvestment hinaus", schrieb der damalige Aufsichtsratsvorsitzende und Vorstandsvorsitzende der Kölner Kreissparkasse Hans-Peter Krämer.[1] Es ist „eine strategische Weichenstellung für den Ausbau des Leasing-Geschäftes zu einem neuen Kerngeschäftsfeld der Sparkassen". 17 Jahre zuvor, 1982, trat die Zusammenarbeit mit der Deutschen Leasing in eine erste intensivere Phase. Mit der Gründung der LGS Leasinggesellschaft der Sparkasse GmbH, der heutigen Deutschen Leasing für Sparkassen und Mittelstand GmbH, hatte die Deutsche Leasing Gruppe eine neue Sparte eröffnet: ein Leasingmodell exklusiv für die Zusammenarbeit mit den Sparkassen und deren Kunden. Dies war der Beginn einer Erfolgsgeschichte, und das zu einer Zeit, als die deutsche Wirtschaft in der bis dahin schwersten Krise der Nachkriegszeit steckte. Mittlerweile sind 93 % aller Sparkassen (nach Bilanzsumme 98 %) am zentralen Verbundpartner Deutsche Leasing beteiligt. In Zahlen: 402 Institute der insgesamt 438 Sparkassen tragen dieses Engagement. Nun geht es um eine abermalige Intensivierung, eine neue Leasingkultur, die in den Sparkassen Einzug hält.

4.1.1 Leasing wächst dynamisch

Nicht erst aus heutiger Sicht haben die Sparkassen eine strategisch erfolgreiche Entscheidung getroffen, die Deutsche Leasing von den Landesbanken zu 100 % übernommen zu haben. Zum einen bietet sie den Sparkassen-Kunden die Möglichkeit, diese bei ihren Investitionen im Ausland zu begleiten. Zum anderen ist Leasing seit seinen Anfängen 1962 in Deutschland ein Wachstumsmarkt. Auf mittlere Sicht wird sich daran nichts ändern. Im Gegenteil: Dem Trendforscher Matthias Horx zufolge hat Leasing eine große Zukunft vor sich. „Leasing ersetzt Besitz", lautete 2005 eine seiner Trendprognosen. Nach wie vor wächst Leasing, und das dynamischer als der Kredit.

---

1 Krämer, Hans-Peter: Perspektiven des Sparkassenleasings, in: Sparkasse, 7/99, S. 294ff.

Vor allem aber ist Leasing für deutsche Unternehmen die mit Abstand bevorzugte Investitionsform bei der Außenfinanzierung und hat dem Kredit den Rang abgelaufen. Einer repräsentativen Marktumfrage im Auftrag des Bundesverbands Deutscher Leasing-Unternehmen (BDL) zufolge ist Leasing als Investitionsinstrument die erste Wahl. 71 % aller befragten mittelständischen Unternehmen ziehen Leasing bei einer Investition in Betracht, wobei diese Neigung mit zunehmender Unternehmensgröße erheblich steigt. Bei einer Investitionssumme von 25.000 Euro denken 41 % aller Unternehmen in Deutschland als Erstes an Leasing, der Kredit steht mit 28 % an zweiter Stelle (vgl. Abbildung 4).

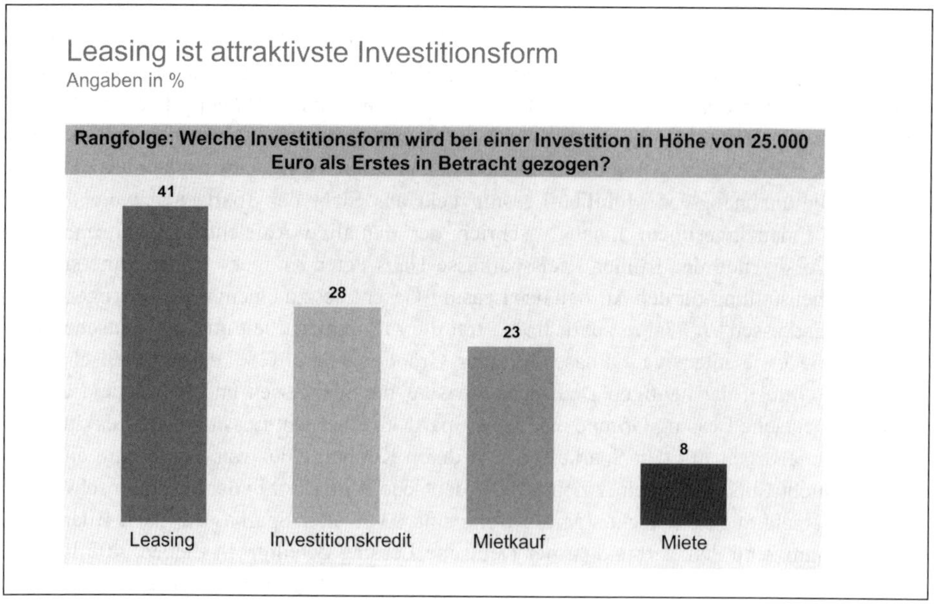

Basis: 1:098 Unternehmen in Deutschland
Quelle: TNS Infratest Studie „Leasing in Deutschland" 2007
Abbildung 4: *Leasing ist bevorzugte Investitionsform*

4.1.2 Gute Marktdurchdringung im Firmenkundengeschäft nutzen

Der Mittelstand, die Zielgruppe der Sparkassen, zeigt also steigende Leasingaffinität. Doch es gibt noch Steigerungsmöglichkeiten; in Amerika liegt die Leasingquote bei 30 %. Gemessen an der Marktdurchdringung der Sparkassen sowie der Kreditvergabe sind die Potenziale noch lange nicht ausgeschöpft. Im Firmenkundengeschäft erreichen die Sparkassen eine Marktdurchdringung von 70 %, für 42 % aller Unternehmen ist die Hausbank eine Sparkasse. Auch bei den Unternehmenskrediten haben die öffentlich-rechtlichen Geldinstitute die Nase vorn. 2008 haben sie Unternehmen und Selbstständigen Kredite in Höhe von 59,5 Mrd. Euro neu zugesagt – 10,4 % mehr als im Vorjahr und das beste Ergebnis seit Jahren. Seit 2003 konnten sie ihren Marktanteil um 1,5 % ausweiten, während die Großbanken 2,4 % verloren haben. Im Leasinggeschäft eröffnen sich den Sparkassen noch erhebliche Potenziale, vor allem bei den Sparkassen-Firmenkunden, die beim Wettbewerb leasen.

Die Sparkassen müssen deshalb noch deutlicher herausstellen: Wir können nicht nur Geldgeschäfte – wir können auch Leasing! Gemeinsam mit der Deutschen Leasing, dem Leasing-Kompetenzcenter national und international, werden die Sparkassen ihre Vertriebsanstrengungen weiter ausbauen, damit es auch heißen kann: „Wenn's um Leasing geht: Sparkasse." Die Chancen dafür sind gut. Sparkassen-Leasing ist ein echtes Verbundprodukt: Die Sparkasse begleitet ihre Kunden, sie steht für deren Bonität und für die Refinanzierung, während die Deutsche Leasing für die komplette Geschäftsabwicklung, aber auch für Produkt-Know-how und Vertriebsunterstützung verantwortlich zeichnet. Die jeweiligen Kundenpotenziale der Sparkassen und der Deutschen Leasing liefern die Basis für eine erfolgreiche Reziprozität, für das gemeinsame Heben neuer Potenziale und für die gemeinsame Gewinnung neuer Kunden.

4.2 Chancen in der Krise nutzen

4.2.1 Interesse für Leasing noch höher

Leasing ist in der Krise gefragter denn je. „In Zeiten restriktiver Kreditvergabe ist Leasing die wichtigste Finanzierungsalternative für Investitionen", titelte am 04.03.2009 das Handelsblatt. In den fast 50 Jahren seiner Erfolgsgeschichte waren schwierige wirtschaftliche Phasen immer auch chancenreich für die innovative Finanzierungsalternative. Noch im Dezember 2008, als der Geschäftsklimaindex auf einem historischen Tiefstand war, gab Arno Städtler vom ifo Institut Leasing gute Chancen, selbst im Krisenjahr 2009 die Quote zu erhöhen: „Trotz der Finanzkrise dürfte eine Steigerung der Leasing-Quote möglich sein."[2]

4.2.2 Keine Kapitalklemme

Die Sparkassen stehen gut da: „Sie dürften 2008 zu den wenigen Kreditinstituten weltweit gehören, die einen Gewinn im Milliardenbereich erwirtschaftet haben", sagte der Präsident des Deutschen Sparkassen- und Giroverbands (DSGV), Heinrich Haasis, anlässlich der Bilanzpressekonferenz am 19.03.2009. So war 2008 für die Sparkassen sowohl im Einlagen- als auch im Kreditgeschäft ein Rekordjahr. Aus eigener Kraft, ohne jede staatliche Hilfe, haben sie 10 % mehr gewerbliche Kredite an Unternehmen und Selbstständige zugesagt. Selbst im Dezember, als die Krise blühte und die gesamtwirtschaftlichen Prognosen besonders düster

---

2 Städtler, Arno, in: ifo Schnelldienst 24/2008

ausfielen, haben sie die Summe der ausgegebenen Kredite im Vergleich zum Vorjahr um mehr als 9 % erhöht. Und weder die Sparkassen noch die Deutsche Leasing haben eine Kreditklemme zu beklagen. „Trotz der tiefen Rezession gibt es keine Kreditklemme für die mittelständischen Unternehmen in Deutschland. Sie finden bei den Sparkassen verlässliche Finanzierungspartner“, sagte Haasis am 30.04.2009 anlässlich der Offenlegung der Quartalszahlen I/2009.

4.3 Vertrauen in Sparkassen so hoch wie nie

Die Finanzkrise hat die gute Ausgangssituation der Sparkassen noch verstärkt. „Innerhalb nur ganz weniger Wochen haben wir großartige Zugewinne in den Bereichen Image und Vertrauen verzeichnen können“, zitierte Dr. Rolf Gerlach, Vizepräsident des DSGV, am 11.02.2009 das Ergebnis einer Umfrage der Gesellschaft für Konsumforschung vom Oktober 2008. Laut Forsa genießen die Sparkassen mit Abstand das höchste Vertrauen aller Kreditinstitute: Für sieben von zehn Bürgern sind sie der Ort, wo Geld sicher angelegt ist; den Geschäftsbanken vertrauen nur 21 %. Und für mehr als 90 % der Befragten ist die öffentlich-rechtliche Stellung der Sparkassen weiterhin wichtig oder sogar noch wichtiger. Die Struktur der Sparkassen hat sich mithin bewährt, und ihr Geschäftsmodell wird selbst von Banken wieder gern zitiert.

4.3.1 Neue Geschäftsausrichtung der Sparkassen-Finanzgruppe

Dennoch gibt es Handlungsbedarf, um das Reservoir besser zu nutzen, die Auswirkungen der Krise zu mindern und wieder stärker Kunden zu gewinnen oder zurückzugewinnen. Freundlichkeit gehört sicher zu den einfachsten, aber grundlegenden Erfolgsfaktoren. Glaubt man dem „Kundenmonitor Deutschland 2008“, so sind die Mitarbeiter von Banken und Sparkassen – wie in anderen Branchen auch – insgesamt weniger freundlich als im Jahr zuvor. Der Wert sank von 1,96 auf 2,02 (vgl. Abbildung 5). Zudem seien sich, so Jörg Forthmann und Bernhard Keller in der Zeitschrift „die bank“, die Leistungen der verschiedenen Anbieter ähnlich; aus Sicht der Firmenkunden fehle eine Differenzierung (vgl. Abbildung 6). Die Antwort darauf ist eine neue Geschäftsstrategie. Schon vor Ausbruch der Krise haben die Sparkassen mit der Erarbeitung begonnen, die Krise hat sie lediglich dringlicher gemacht. Oberste Priorität haben demnach: Kundenzufriedenheit, Qualität und Service.

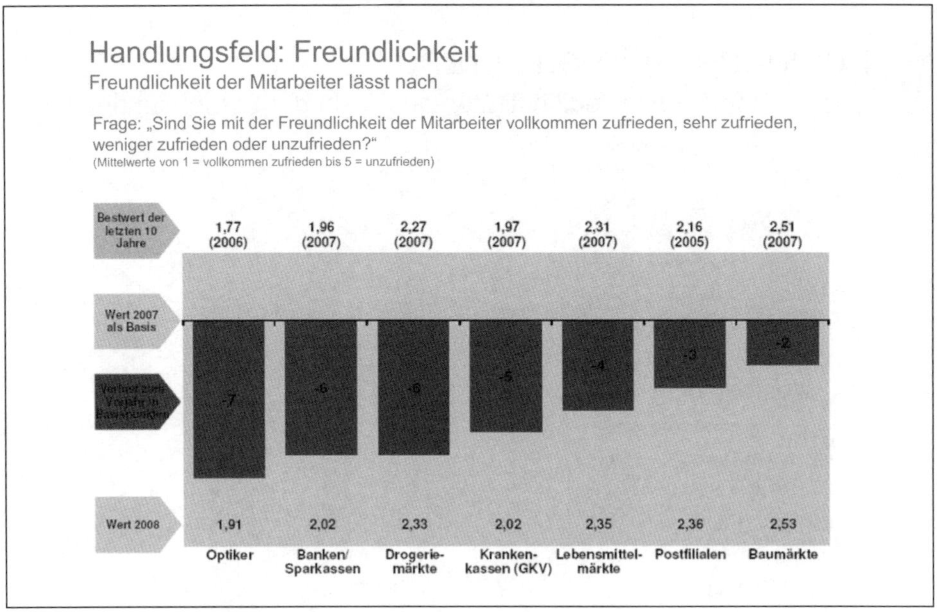

Quelle: Kundenmonitor Deutschland 2008, ServiceBarometer AG
Abbildung 5: *Handlungsfeld: Freundlichkeit lässt nach*

„Einer Sparkasse ist ein zufriedener Kunde ebenso wichtig wie die Erreichung einer betriebswirtschaftlichen Zielzahl. Dies ist eine notwendige Schlussfolgerung aus der Finanzkrise“, so Heinrich Haasis 2009 anlässlich der Bilanzpressekonferenz des DSGV. Zwar haben die Sparkassen zuletzt weitere 5 % auf 71 % an Vertrauen zugelegt. „Zu Recht haben die Kunden aber die Erwartung, dass sie im Mittelpunkt aller Entscheidungen von Kreditinstituten stehen. Die Kreditwirtschaft ist eine dienende Branche, diesen Aspekt werden Sparkassen wieder ganz stark betonen.“ Am Preiswettbewerb wollen sie sich nicht beteiligen; er ist langfristig nicht zu gewinnen und geht an die eigene Substanz.

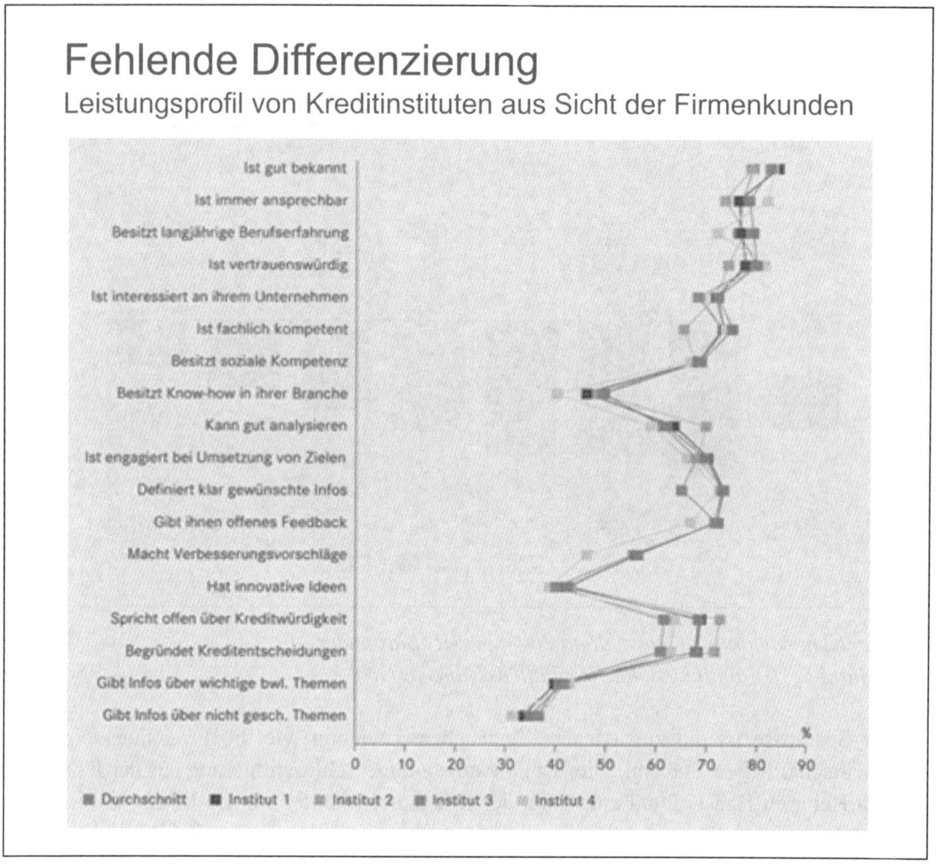

Quelle:Jörg Forthmann und Bernhard Keller von TNS Infratest München: „Marktforschung, Vertriebskommunikation: Das Profil schärfen." in: Die Bank Nr. 10 2008, S. 70-73

Abbildung 6: *Handlungsfeld für Sparkassen: Das Profil schärfen*[3]

4.3.2 Die Besten der Branche im Verbund

Zudem sind die Sparkassen Teil des größten Finanzverbunds in Deutschland und weltweit. Der Vorteil: Zur Sparkassen-Finanzgruppe zählen die Besten der Branche, so dass nicht jedes Institut alles können muss, um Allfinanzdienstleister zu sein. Vielmehr kann es sich auf das Know-how und die Expertise seiner Verbundpartner verlassen. Das macht die Sparkassen-Finanzgruppe von außen betrachtet etwas unübersichtlich. Zugleich liegt darin ihre Stärke. Sie ist kein schwerfälliger Tanker, sie ist vielmehr ein Flottenverband aus kleineren wendigen

3 Vgl. Forthmann, Jörg, Keller, Bernhard von TNS Infratest, München: Marktforschung. Vertriebskommunikation: Das Profil schärfen, in: die bank, Nr. 10, Oktober 2008, S. 70–73

Schiffen, die selbst den Kurs angeben und steuern. So kann jede Sparkasse auf die regionalen Gegebenheiten reagieren und die Kundenwünsche realisieren. Das gilt es zum Vorteil zu wandeln. Die Schlagworte dafür heißen: persönliche Beratung und Betreuung vor Ort sowie integrative Marktbearbeitung.

5. Sparkassen-Leasing kommt voran

Seit 1999 ist viel erreicht worden: Leasing ist vom Rand der Produktpalette der Sparkassen in die Mitte gerückt. Es ist selbstverständlicher Teil der Aus- und Weiterbildung, die Sparkassen-Akademien bieten laufend Seminare zu leasingspezifischen Themen an. Die Sparkassen sind im Internetzeitalter angekommen. Wie gut, das zeigt das „ibi Website Rating", mit dem an der Universität Regensburg Bankenwebsites im deutschsprachigen Raum für deren Beratungsqualität und Benutzerfreundlichkeit bewertet werden. Im März 2009 zählten fünf Sparkassen zu den Top Ten. Auch wurde für Sparkassen-Leasing eine eigene, zentrale Homepage geschaffen, mit entsprechender Verlinkung zu den Sparkassen vor Ort, aufgebaut von der Deutschen Leasing als Kompetenzcenter Leasing der Sparkassen-Finanzgruppe. Auf den Websites der einzelnen Geldinstitute findet sich ebenfalls eine Rubrik für Leasing. Und das erreichte Neugeschäftsvolumen der Deutschen Leasing von rund 9 Mrd. Euro (Stand Oktober 2008) erscheint beeindruckend – vor allem die Steigerung auf das fast Fünffache gegenüber 1999 (vgl. Abbildung 7).

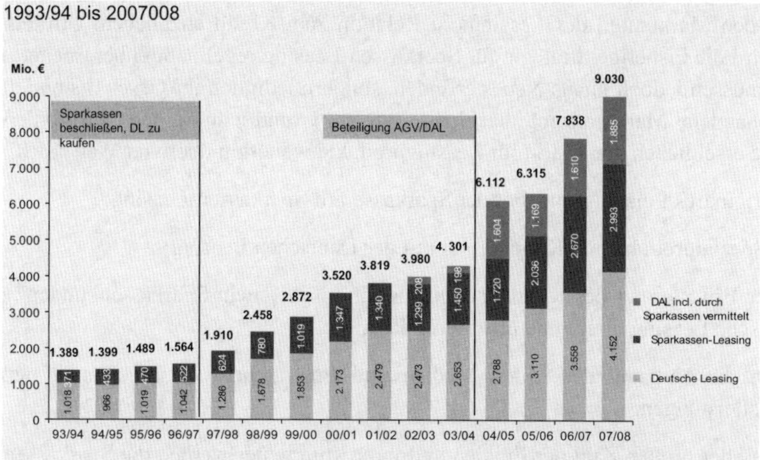

Abbildung 7: *Entwicklung des Neugeschäftsvolumens der Deutschen Leasing*

Gleichwohl gibt es im Leasing – verglichen mit den klassischen Finanzierungsinstrumenten – noch erhebliches Potenzial zu heben. Dabei soll Leasing nicht die klassischen Instrumente ersetzen, sondern ergänzen, so wie Wertpapiere oder Investmentfonds das Sparbuch nicht überflüssig machen. Leasing ist zusätzliches bilanzwirksames Geschäft. Es ist ein Kernprodukt, das nicht fehlen darf im Portfolio eines Allfinanzierers, und für die Zukunft jeder Sparkasse unerlässlich – ein hervorragendes Mittel zur Kundenbindung, allen voran der Firmenkunden, sowie zur Erschließung guter, auch größerer, Unternehmensadressen. Gerade sie betreiben meist aktive Bilanzpolitik und greifen zu den verschiedenen Leasingprodukten, um ihr Rating zu verbessern. Diese Möglichkeit kann sich kein Institut entgehen lassen. Gemeinsam mit dem Verbundpartner Deutsche Leasing haben die Sparkassen sich daher die koordinierte Marktbearbeitung ins Buch geschrieben und die strukturierte Erschließung des Gesamtkundenpotenzials im Geschäftsbereich der Sparkassen. Es geht um nicht mehr und nicht weniger als die ganzheitliche Beratung im Inland wie im Ausland.

6. Ausschöpfung der Marktpotenziale im Verbund

Ziele der neuen Geschäftsstrategie sind die Qualitätsführerschaft und die Nummer eins im Markt: „Wir wollen Qualitätsführer bleiben, und wir wollen die zufriedensten Kunden haben", sagte Dr. Rolf Gerlach, DSGV-Vizepräsident, auf der Handelsblatt-Jahrestagung „Zukunftsstrategien für Sparkassen und Landesbanken" am 11.02.2009. Die Finanzkrise hat gezeigt, wie wichtig umfassende und qualitativ hochwertige Beratung ist. Klares Ziel ist zudem, den Marktanteil des Leasings in Relation zum Kredit anzuheben. Um das zu erreichen, wird die bisherige Strategie für Sparkassen-Leasing regelmäßig überarbeitet. Die Sparkassen müssen jedoch nichts Neues erfinden, sondern lediglich ihr Geschäftsmodell schärfen und vorhandene Marktkonzepte nachhaltig nutzen: Grundrichtung und -positionierung stimmen. Sie erschließen den Markt für Leasingprodukte weiterhin über vier Wege:

- als originäres Leistungsangebot der Sparkasse mit Sparkassen-Leasing;
- mit Spezialprodukten in Kooperation mit der Deutschen Leasing;
- in der Erweiterung des Kundenpotenzials um „Noch-nicht-Sparkassenkunden" durch die Deutsche Leasing direkt und über deren Partner;
- durch die Nutzung der neuen Medien und Entwicklung entsprechender netzbasierter Dienstleistungen.

Aufgrund der großen Zahl der Filialen und ihrer Mitarbeiter werden die Sparkassen zwar nie zu den billigsten Anbietern gehören. Aber ihr flächendeckendes Netz und die persönliche Beratung vor Ort sind zwei Pfunde, mit denen sie – richtig eingesetzt – wuchern können:

„Unser Geschäftsmodell lebt davon, dass wir schneller und besser als die Mitbewerber die individuellen Bedürfnisse der Kunden herausfinden und erfüllen.“ Dieses Zitat aus der Ansprache von Dr. Rolf Gerlach bei der Handelsblatt-Tagung 2009 belegt, wie ähnlich sich Leasing und das Geschäftsmodell der Sparkassen sind. Bei Friedhelm Westebbe, dem Hauptgeschäftsführer des Bundesverbands Deutscher Leasing-Unternehmen e.V., liest sich das so: „Gerade die Bereitschaft, auf individuelle Wünsche der Kunden einzugehen, wird als eine Stärke der Leasing-Branche gesehen, womit wir uns auch gegenüber anderen Finanzdienstleistern klar abgrenzen können.“

Heute erledigen Sparkassenkunden ihre Standardbankgeschäfte meist selbst am SB-Automaten oder über das Internet, sodass sich die Zahl der Filialbesuche – abgesehen von den Gängen zum Automaten – deutlich reduziert hat (vgl. Abbildung 8). Gleichzeitig möchten sie auf die Beratung und die Kontakte nicht verzichten. Für acht von zehn Deutschen ist die persönliche Beratung in der Bank wichtig (39 %) oder sogar sehr wichtig (42 %). Die Filiale ist und wird somit nicht obsolet. Die Sparkassen werden sich noch stärker als Vertriebssparkassen positionieren und ihre Stärken für die Kunden erlebbar machen.

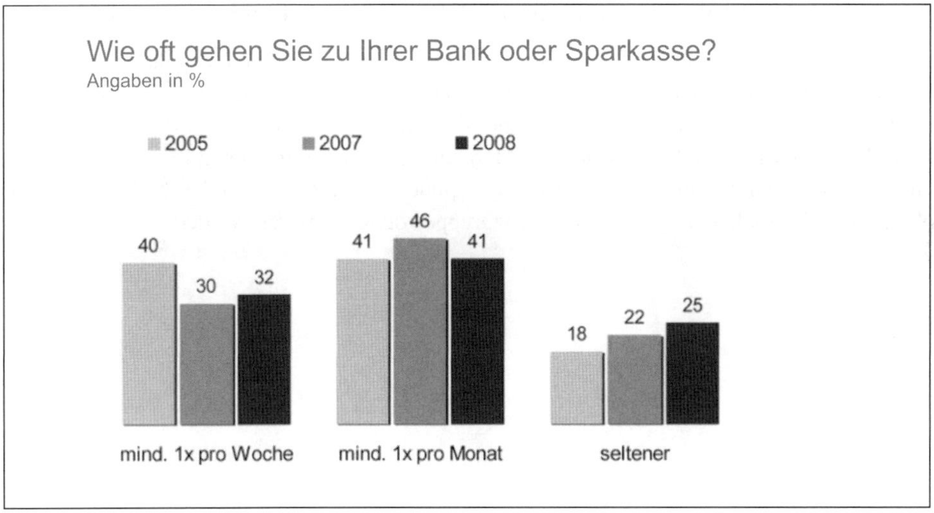

Quelle: Online-Banking, Bankenverband 2008

Abbildung 8: *Kundenbesuche (Alle Angaben in %; repräsentative Umfrage des Bankenverbands vom 03.–14.04.2008 durch ipos Mannheim. Befragt wurden 1.006 Wahlberechtigte ab 18 Jahren.)*[4]

---

4 Vgl. ipos Mannheim: Online-Banking. Ergebnisse einer repräsentativen Umfrage des Bankenverbands, April 2008

7. Fazit und Ziel

Die deutsche Sparkassen-Finanzgruppe ist Markt- und Markenführer. Sie hat die Spitzenposition unter den Finanzinstituten, steht an erster Stelle, was die Bekanntheit anbelangt, mit den besten Imagewerten hinsichtlich Vertrauen und Seriosität. Allerdings muss ihr Markenname noch stärker mit Vertriebskraft und Wettbewerbsfähigkeit verbunden werden. Masse und Klasse müssen stimmen. Oder wie die Börsen-Zeitung in einem Kommentar feststellte: „Der Sparkassen-Finanzverbund hat viele PS, aber er bringt sie nicht in geschlossener Formation auf die Straße." Dieses Zitat aus dem Jahre 2003 ist aktuell wie eh und je. Die Vertriebssparkasse im Leasing kann Wirklichkeit werden, wenn sich jede Sparkasse dazu neu positioniert. Wenn es gelingt, was Evelyn Drewes, Leiterin Sparkassen-Leasing der Hamburger Sparkasse AG (Haspa) sagte: „Besonders stolz sind wir darauf, dass es uns gelungen ist, Leasing in der Breite aufzustellen und das richtig erfolgreich! Ich würde sagen, unser Erfolgsgeheimnis sind die Leasing-Spezialisten im Markt, die unsere Firmenkundenbetreuer unterstützen. Und natürlich die Leidenschaft, die mein Team und ich für das Produkt Leasing entwickelt haben."[5]

Das bedeutet konkret: Für die Begleitung größerer oder komplexerer Geschäfte stehen den Fachleuten der Sparkasse die Vertriebsteams der Deutschen Leasing zur Seite. Gemeinsam bieten die Vertriebsmannschaften der Partner ihren Kunden mit weitem Abstand das breiteste Angebotsspektrum und die stärkste Marktdurchdringung in der gesamten Leasingbranche an. Im Verbund kann so eine optimale Begleitung und Beratung der Kunden gelingen und die Potenziale innerhalb der Sparkassen-Finanzgruppe können erweitert werden.

---

5 Drewes, Evelyn, in: SparkassenZeitung, Sonderausgabe vom 18.05.2007

Public Private Partnership

Bodo Ihlenburg / Sebastian Bergmann

Teil A: Eine Beschaffungsalternative der öffentlichen Hand

1. Einleitung

Die Verbindung der öffentlichen Hand und der privaten Wirtschaft im Rahmen eines gemeinsamen Projekts kann die Grundlage darstellen, auch zukünftig trotz weiterhin knapper finanzieller Ressourcen ein hohes Niveau der öffentlichen Infrastruktur sicherzustellen. Die grundlegende Bedeutung der öffentlichen Infrastruktur als Voraussetzung für private Investitionen, wirtschaftliches Wachstum und Wohlstand einer Volkswirtschaft ist insofern unbestritten. So hat die Bundesregierung im Rahmen des zweiten Konjunkturpakets im Jahr 2009 rund 14 Mrd. Euro für öffentliche Investitionsmaßnahmen (Schwerpunkt „Bildungsinfrastruktur") bereitgestellt. Denn eine moderne und leistungsfähige Infrastruktur ist im internationalen Standortwettbewerb ein wichtiger Faktor, der im Zeitalter der Informations- und Kommunikationstechnologie noch weiter an Bedeutung gewinnen wird.

Angesichts der sich durch verminderte Steuereinnahmen weiter verringernden finanziellen Spielräume der Kommunen sind alternative Wege gefragt, um mit den verfügbaren finanziellen Ressourcen den größtmöglichen Investitionserfolg zu erzielen. Denn öffentliches Planen und Bauen sind notwendige Daseinsvorsorge. PPP-Projekte verfolgen dabei das Ziel, öffentliche Infrastrukturprojekte effizienter zu realisieren als in herkömmlicher Weise. So wird unter Public Private Partnership (PPP) die Kooperation und partnerschaftliche Zusammenarbeit zwischen öffentlicher Hand und Privatwirtschaft bei der Bereitstellung öffentlicher Leistungen – mit dem Ziel Effizienzgewinne zu realisieren – verstanden. Wesentlich ist der ganzheitliche und über den ganzen Lebenszyklus zielende Ansatz. Mehrere Elemente des genannten Lebenszyklus, z.B. einer Immobilie (Planung, Bauen/Sanierung/Herstellung/Installation, Betrieb/Instandhaltung, Finanzierung und Verwertung) sollen durch Beauftragung eines Privaten optimiert werden. Konkrete Vorteile sind zum einen die vergleichsweise schnellere

Umsetzung von Projekten und die Entlastung der öffentlichen Hand von den Baumaßnahmen, dem Betrieb und der Erhaltung. In der Summe führt das zu Effizienzgewinnen gegenüber der konventionellen Bereitstellung durch die öffentliche Hand.

2. Zentraler Vorteil bei PPP – Effizienzgewinne durch Lebenszyklusbetrachtung

Die Kosten für die Unterhaltung und Bewirtschaftung eines Bauwerks übersteigen meist dessen Investitionskosten deutlich. Bei kommunalen PPP-Hochbauprojekten können auf Bauunterhaltung und Bewirtschaftung 50 bis 60 % des bezuschussten PPP-Auftragsvolumen-Vergabewerts entfallen. Lebenszyklusorientierte PPP-Vorhaben zeichnet ein optimiertes Gesamtkosten-Gesamtnutzen-Verhältnis aus. Vor diesem Hintergrund ist die Berücksichtigung von Folgekosten bereits in den frühen Projektphasen (Projektvorbereitung und Planung) von großer Bedeutung, da diese die Grundlage zur Steuerung der zukünftigen Lebenszykluskosten bilden. Der private Bieter muss für die erfolgreiche Umsetzung eines PPP-Projekts – angesichts der Vertragslaufzeiten von regelmäßig 20 bis 30 Jahren – das Lebenszykluskonzept zugrunde legen. Zugleich wird es vom Auftragnehmer als Anreizsystem zur Kostenoptimierung verstanden. Wenn der Bieter den Projektlebenszyklus frühzeitig und ganzheitlich betrachtet und auswertet und in seinen Konzeptionen berücksichtigt, dann kann er auch die Projektkosten für die Dauer der Vertragslaufzeit bestmöglich beeinflussen.

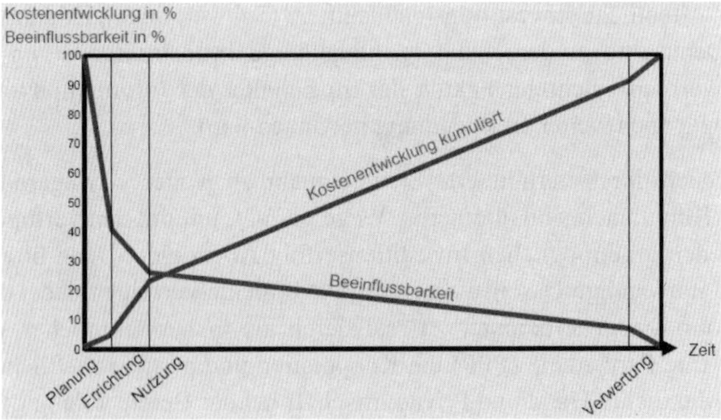

Abbildung 1: *Lebenszykluskonzept*[1]

1 Vgl. PPP-Handbuch (DSGV/BMVBS) 2008, Kapitel 9

Dass dies möglich ist, zeigen nationale und internationale Erfahrungen. So liegen der PPP-Task-Force des Bundes von 53 PPP-Projekten die Ergebnisse der Wirtschaftlichkeitsuntersuchungen vor. Die öffentliche Hand berichtet darin von Einsparungen zum Zeitpunkt des Vertragsschlusses im Vergleich zu den Planungsansätzen vor Ausschreibungsbeginn zwischen 5 und 25 %. Im Mittel beträgt nach Angaben der Bundes-PPP-Task-Force der Effizienzvorteil bei rund 16 %.

3. Aktueller Stand der PPP-Initiative in Deutschland

Nach Erhebungen der PPP-Task-Force des Bundes ist die Zahl der konkreten PPP-Anwendungen seit 2003 kontinuierlich gestiegen: Im Februar 2009 gab es im Hoch- und Tiefbau insgesamt 116 PPP-Projekte mit Vertragsabschluss, davon 108 im Hochbau und 8 im Straßenbau. Seit 2002 liegen im öffentlichen Hochbau Vertragsabschlüsse über PPP-Modelle mit einem Investitionsvolumen von mehr als 3,15 Mrd. Euro und im Straßenbau von mehr als 1,5 Mrd. Euro vor. Für die Jahre 2009 und 2010 lassen per März 2009 die Projektzahlen eine gleichbleibend positive Entwicklung erwarten. So sind Stand März 2009 87 PPP-Projekte mit einem Investitionsvolumen von hochgerechnet 2,3 Mrd. Euro ausgeschrieben. Etwa 80 weitere Vorhaben, deren Investitionsvolumina nach Angaben des Verbands der Deutschen Bauindustrie bei weiteren ca. 3 Mrd. Euro liegen, befinden sich in Vorbereitung. Damit ergibt sich eine PPP-Projektpipeline im öffentlichen Hochbau mit ca. 160 Projekten und einem Investitionsvolumen von etwa 5,3 Mrd. Euro.

80 der 108 vergebenen Projekte wurden mithilfe des mittelstandsfreundlichen – weil eigenkapitalschonenden – Finanzierungsmodells „Forfaitierung mit Einredeverzicht“ umgesetzt. Dies entspricht in etwa einem durchschnittlichen Investitionsvolumen von 20 Mio. Euro pro Projekt. Marktführer in der Finanzierung mit einem Marktanteil von ca. 45 % sind die öffentlich-rechtlichen Institute der Sparkassen-Finanzgruppe.

Bei den Projekten liegen die Schwerpunkte auf Schulen, Kindertagesstätten und Bildung, gefolgt von dem Sektor Freizeit, Kultur, Sport, Verwaltungsgebäude, Straßen und Justizgebäude. Im internationalen Vergleich dominieren in Deutschland eher kleinvolumige Projekte mit durchschnittlichen Investitionskosten von 15 Mio. Euro. Bezogen auf die Sachinvestitionen im öffentlichen Gesamthaushalt liegt der PPP-Anteil derzeit bei rund 4 % und hat sich damit im Vergleich zu 2006 (1,8 %) mehr als verdoppelt. Mit dem zweiten Konjunkturpaket hat die Bundesregierung im Jahr 2009 rund 14 Mrd. Euro für öffentliche Investitionsmaßnahmen (Schwerpunkt „Bildungsinfrastruktur“) bereitgestellt. Jedoch müssen die Ausgaben um förderfähig zu sein bis zum 31.12.2010 begonnen und bis zum 31.12.2011 zumindest in selbstständigen Teilabschnitten abgeschlossen werden. Dieser kurzfristige Ausgabendruck kann dazu führen, dass die klassische Realisierung auch bei manchen PPP-geeigneten Investitionsvorhaben den Vorzug erhält, obwohl die Fördermittel des Konjunkturpakets II (ZuInvG) laut dem Bundesministerium für Finanzen (BMF) für PPP-Projekte verwendet werden können. Das könnte zu einem Rückgang der PPP-Projekte in 2009 und 2010 führen.

4. Neue Impulse auf Bundesebene

Neue Impulse sind somit für den PPP-Markt in Deutschland angesichts der Auswirkungen der Finanz- und Wirtschaftskrise unverändert notwendig. In den vergangenen Jahren wurden bereits auf allen föderalen Ebenen erhebliche Anstrengungen unternommen, um die Parameter für PPP in Deutschland möglichst günstig zu gestalten und bestehende Hindernisse abzubauen. Grundvoraussetzung für den Erfolg von PPP ist ein geeignetes rechtliches Umfeld. Um dieses zu schaffen, hat der Bundesgesetzgeber im Jahr 2005 das sogenannte „ÖPP-Beschleunigungsgesetz“ erlassen. Es wurden durch diese Norm eine Reihe von gesetzlichen Regelungen mit PPP-Bezug eingeführt bzw. bestehende gesetzliche Regelungen geändert. Auch die amtierende Bundesregierung hat im Jahr 2008/2009 weitere Anstrengungen im Rahmen des ÖPP-Vereinfachungsgesetzes unternommen. Insbesondere aufgrund der knappen Eigenkapitalquoten des deutschen Mittelstands, wurde im Rahmen der Novellierung des Investmentgesetztes ein sogenannter Infrastrukturfonds eingeführt. Das geänderte Investmentgesetz sieht vor, dass sich Infrastruktur-Sondervermögen an PPP-Projektgesellschaften beteiligen können, die zu dem Zweck gegründet wurden, Anlagen oder Bauwerke zu errichten, zu sanieren, zu betreiben oder zu bewirtschaften und die der Erfüllung öffentlicher Aufgaben dienen. So können zukünftige auch nicht institutionelle Anleger an einer Assetklasse „Öffentliche Infrastruktur“ teilhaben, indem sie über ihre Investition in Infrastrukturfonds Zugang zum PPP-Markt erhalten.

Um PPP aber noch stärker als bislang zu fördern, haben Mitte 2007 das Bundesfinanzministerium und das Bundesministerium für Verkehr, Bau und Stadtentwicklung mit den Vorbereitungen begonnen, eine auf die PPP-Beratung spezialisierte Gesellschaft – die „Partnerschaften Deutschland“ (www.oeppdag.de) – zu gründen, die ausschließlich für die öffentliche Hand tätig werden soll. Das Konzept beruht auf den Vorschlägen einer PPP-Initiativgruppe der IFD (Initiative Finanzplatz Deutschland), die Ende 2006 befand, dass für die Weiterentwicklung des PPP-Markts das britische Modell der Partnerships UK Vorgabecharakter aufweist. In 2008 hat die Bundesregierung auf dieser Grundlage beschlossen, die ÖPP Deutschland AG zu gründen.

Die ÖPP Deutschland AG – „Partnerschaften Deutschland“ – steht nahezu jeweils zur Hälfte im öffentlichen und privaten Eigentum und berät seit Anfang 2009 ausschließlich die öffentlichen Entscheidungsträger bei der Vorbereitung und Durchführung von PPP-Projekten auf allen föderalen Ebenen. Der Schwerpunkt der Beratung liegt hierbei auf der wichtigen Frühphasenberatung. Die Gesellschaft wird ihre aus der Projektarbeit gewonnenen Erfahrungen in Grundlagenarbeit und Wissenstransfer einbringen. Sie wird sich daher für die Verbesserung der Rahmenbedingungen von PPP, insbesondere durch eine Standardisierung der Verfahrensabläufe (Leitfäden, Vertragsmuster etc.) einsetzen. Die „Partnerschaften Deutschland" wird einen Beitrag dazu leisten können, dass die PPP-Quote in Deutschland von derzeit 4 % auf 15 % – nach einer Abschwächung in 2009 – ansteigen wird.

5. Finanzierung ist ein zentraler Bestandteil von PPP-Projekten

Die Finanzierung von PPP-Projekten stellt an alle Beteiligten besondere Herausforderungen. Als Problembereich für die Finanzierung von Lebenszyklusmodellen im Rahmen der öffentlich-privaten Partnerschaften steht dabei an erster Stelle die Bonität der privaten Auftragnehmer und damit deren wirtschaftliche Leistungsfähigkeit. Sie müssen die Risiken auch tragen können. Immer dann, wenn Risiken auf den Auftragnehmer übertragen werden sollen, kann eine Finanzierung mit Fremdkapital nur erfolgen, wenn die Eigenkapitalausstattung sowie die Bonitätssituation des privaten Auftragnehmers diesen Risiken auch entsprechen.

Gerade bei der Diskussion um die Mittelstandsfähigkeit von PPP-Projekten ist zu konstatieren, dass insbesondere der PPP-typische Lebenszyklusgedanke im Vergleich zur konventionellen Realisierung höhere Anforderungen an die mittelständische Bieterschaft stellt. Die im Januar 2009 veröffentlichte „Diagnose Mittelstand 2009" des Deutschen Sparkassen- und Giroverbands (DSGV), die auf einem Datenpool von über 230.000 Bilanzen beruht, hat für die mittelständischen Bauunternehmen eine durchschnittliche Eigenkapitalquote von ca. 9 % ermittelt. Allerdings haben noch ca. 32 % der Bauunternehmen ein negatives Eigenkapital zu verzeichnen.

Die Bonität mittelständischer Unternehmen ist bei PPP-Projekten insbesondere bei der Umsetzung der sogenannten Zwischenfinanzierung während der Bauphase von besonderer Bedeutung. Die Höhe des Eigenkapitals hat unmittelbare Auswirkungen auf das Ratingergebnis der finanzierenden Institute, die Konditionengestaltung und die Anforderungen an die Stellung von Sicherheiten. Eine gute Bonität des privaten Auftragnehmers sowie eine im Hinblick auf das jeweilige Investitionsvolumen angemessene Unternehmensgröße ist damit Grundvoraussetzung für die Stellung einer Zwischenfinanzierung bei PPP-Projekten.

Aus den einredefreien Forfaitierungen (regresslosen Forderungsankäufen) sind die entsprechenden Entgeltströme (Cashflows) zwischen Auftraggeber und Auftragnehmer bereits als eine solche Basis bekannt und bewährt. Daneben spielen das eigentliche Asset (wie z.B. eine Immobilie selbst) sowie Garantien, Sicherheiten bzw. das generelle Abstellen auf die Projektbeteiligten – und damit ihre Einbeziehung – eine Rolle. Insofern bieten sich – vom Abstellen auf die öffentliche Hand als Auftraggeber bis zu einer reinen Projektfinanzierung – eine Reihe von Alternativen an.

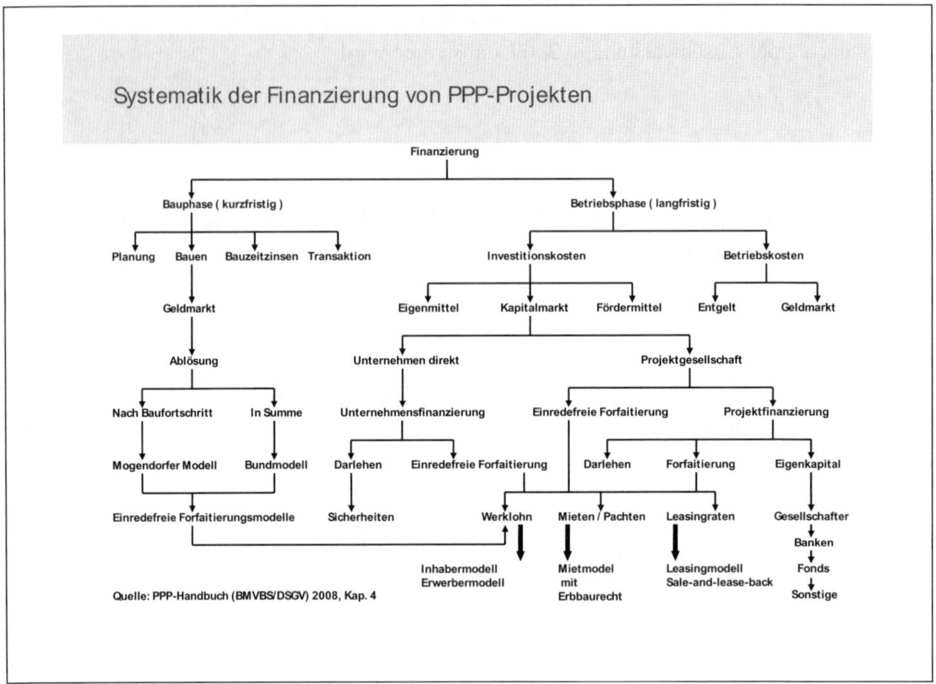

Abbildung 2: *Systematik der Finanzierung von PPP-Projekten*[2]

Bei der traditionellen Form der Realisierung öffentlicher Investitionsvorhaben werden die benötigten Finanzierungsmittel über den Haushalt als Kommunalkredit aufgenommen. Die im Rahmen von Kommunalkrediten erzielbaren Konditionen gelten nach wie vor in der Praxis als Vergleichsmaßstab für alternative Finanzierungsvarianten im Rahmen von PPP-Projekten. Bei PPP-Vorhaben wird neben Planung, Bau und Betrieb auch die Finanzierung auf den privaten Partner übertragen und erfolgt in Abhängigkeit von der gewählten Finanzierungsform (Forfaitierung gegen Einredeverzichtserklärung bzw. Projektfinanzierung – Forfaitierung ohne Einredeverzicht). Der Kapitaldienst für die aufgenommene Finanzierung wird aus dem zwischen dem privaten Partner und der Kommune vereinbarten Nutzungsentgelt erbracht.

2 Vgl. PPP-Handbuch (BMVBS/DSGV) 2008, Kapitel 4

6. Grundzüge der Projektfinanzierung

Werden PPP-Vorhaben nicht langfristig über den Ankauf risikofrei gestellter Forderungen (re-)finanziert, entscheiden sich die Beteiligten in den meisten Fällen für eine Projektfinanzierung. Im Ausland, vor allem in Großbritannien, sind Projektfinanzierungen von PPP-Vorhaben bereits verbreitet. Bei einer Projektfinanzierung konzentrieren sich Kreditrisiko und Kreditbeurteilung des Kreditgebers konkret und direkt auf das zu finanzierende Investitionsvorhaben und dessen Zahlungsströme (Cashflows). Die Forfaitierung wird nicht einredefrei gestellt. Somit verbleiben alle Einreden und Einwendungen des öffentlichen Auftraggebers erhalten. Das Vorhaben oder „Projekt" wird wirtschaftlich selbstständig und weitgehend unabhängig (non bzw. limited recourse) betrachtet und in eine Einzweckgesellschaft eingebracht.

Zusätzliches Merkmal der Projektfinanzierung ist die optimale Verteilung der Risiken (z.B. Baukostenrisiko, Baugenehmigungsrisiko etc.) auf denjenigen, der sie am besten managen kann. Den Vorteilen der Projektfinanzierung, wie umfassendem Projektcontrolling durch die Kapitalgeber und wirkungsvollen Anreizen, stehen Nachteile, wie erhöhte Finanzierungskosten aufgrund der Risikoprämie und hohe Transaktionskosten für die Due Diligence des Projekts, gegenüber.

Im Rahmen einer Projektfinanzierung werden die aufzubringenden Mittel zu 80 bis 90 % von Fremdkapitalgebern zur Verfügung gestellt. Bestandteile dieses Fremdkapitalanteils können langfristige Kapitalmarktmittel, Fördermittel und Mezzanine-Kapital sein, wobei letzteres sowohl Fremd- als auch Eigenkapitalcharakter hat. Die verbleibenden 10 bis 20 % muss in erster Linie das investierende Unternehmen selbst aufbringen, meist in Form von Eigenkapital oder sonstigem Nachrangkapital. Generell, aber insbesondere für den gewerblichen Mittelstand, können Projektfinanzierungen aufgrund der Anforderungen an das einzubringende Eigenkapital zunehmend problematisch werden. Die Möglichkeiten sind aufgrund der Kapitalausstattung der Unternehmen begrenzt.

Da die Projektfinanzierung – wie oben ausgeführt – allein auf das Projektvorhaben abstellt, ist der PPP-Projektvertrag zwischen Projektgesellschaft und öffentlichem Auftraggeber im Rahmen der Risikobeurteilung von zentraler Bedeutung. In diesem Vertrag konkretisieren sich

- sämtliche Rechte und Verpflichtungen der Vertragspartner in Bezug auf die grundlegenden Rechtsbeziehungen der Partner,
- Regelungen zu den Bau- und Betriebsleistungen,
- Regelungen zur Vergütung,
- Entschädigungsregelungen etc.

Der Preis für die Risikoübertragung, also gewissermaßen die Versicherungsprämie, wird durch die Kostendifferenz zur Forfaitierung mit Einredeverzicht bestimmt und besteht aus folgenden Elementen:

- höhere Risikomarge der Bank, da nicht auf die Bonität der öffentlichen Hand abgestellt wird;
- zusätzliche Eigenkapitalkosten des privaten Partners bei der typischen Eigenkapitalquote der Projektgesellschaft von ca. 10 bis 20 %;
- höhere Transaktionskosten, wie Strukturierungsgebühren der Bank, Anwaltskosten und Kosten für die technische Prüfung.

Die Höhe der Transaktions-(mehr-)kosten ist im Gegensatz zu den beiden anderen Kostenarten im Wesentlichen unabhängig von dem Finanzierungsvolumen, da der Prüfungs- und Strukturierungsaufwand für die Bank und deren Berater kaum von der Darlehenshöhe abhängt. Ist das Investitionsvolumen hinreichend groß, die Bauart komplex oder steht nur wenig Risikopuffer im Haushalt bereit, lohnt sich die „Versicherungsprämie" Projektfinanzierung für den öffentlichen Auftraggeber.

7. Grundzüge der Forfaitierung

Eine andere Form der Risikoverteilung und damit einhergehend eine reduzierte Höhe der Transaktionskosten findet sich in der Forfaitierung mit Einredeverzichtserklärung, die durch die Kommune erteilt wird. Forfaitierung bedeutet der regresslose Verkauf von Forderungen, die der private Auftragnehmer aufgrund des PPP-Vertrags gegen die öffentliche Hand hat, an das Kreditinstitut. Durch die Erklärung des Verzichts auf die Geltendmachung der oben beschriebenen Schuldnerrechte (Einredeverzicht) verringert sich für das finanzierende Kreditinstitut das Risiko eines Zahlungsausfalls bzw. Zahlungsverzugs. Das finanzierende Kreditinstitut kann daher allein auf die Bonität der öffentlichen Hand abstellen und für Kommunen eine „kommunalkreditähnliche" Kondition für die Finanzierung gewähren. Der öffentliche Auftraggeber verliert durch die Erklärung des Einredeverzichts keine Rechte (Mängelhaftungsrechte) gegenüber dem Privaten. Einen solchen Einredeverzicht erklärt der öffentliche Auftraggeber nur nach eingehender Prüfung der erbrachten Leistungen. Den Nachteilen dieser Finanzierungsform, wie einem höheren Risiko beim öffentlichen Auftraggeber und einem ggf. geringeren Projektcontrolling durch das Kreditinstitut, stehen die Vorteile kommunalkreditähnlicher Konditionen, geringerer Eigenkapitalanforderungen an den privaten Partner, geringerer Transaktionskosten und der Möglichkeit zur standardisierten Vertragsgestaltung gegenüber, die sich positiv auf die Beteiligung des Mittelstands auswirken können.

Die Forfaitierung kann also als Finanzierungsmodell für Losgrößen unterhalb der Projektfinanzierung verwendet werden und bietet insbesondere kommunalen Projekten die Chance, als PPP-Projekt umgesetzt zu werden. Für die Kreditwirtschaft ergeben sich rund um die PPP-Finanzierung natürlich Cross-Selling-Ansätze, z.B. für die Strukturierung der Finanzierung mittels moderner Finanzierungsinstrumente (Einbindung Mezzanine-Kapital, Fördermittel, Derivate) sowie z.B. für Versicherungsleistungen sowohl für den Auftraggeber als auch für den Auftragnehmer.

Abbildung 3: *Cross-Selling-Ansätze bei PPP-Projekten*[3]

3 Vgl. PPP-Handbuch (BMVBS/DSGV) 2008, ???

Teil B: Einbindung des regionalen Mittelstandes in kommunale PPP-Projekte an Praxisbeispielen des Landkreises Harburg – „Wir machen Schule"

1. Einleitung

Aufgrund der demographischen Entwicklung nimmt der interkommunale Wettbewerb um die wirtschaftliche Entwicklung einer Region ständig weiter zu. Eine moderne und bedarfsgerechte Infrastruktur, Bildung, Freizeit und attraktive Arbeitsplätze in Verbindung mit einer effizienten Verwaltung sind entscheidend für die Zukunftsfähigkeit eines Standortes. Zügige Anpassungen an sich ändernde wirtschaftliche und demographische Entwicklungen, Flexibilität und Kreativität sind Erfolgsfaktoren im Wettbewerb um Bevölkerung und Arbeitsplätze.

Für die Sparkassen als Partner der Kreise, Städte und Gemeinden besteht die Aufgabe darin, ihre kommunalen Kunden beim Ausbau und der Modernisierung der öffentlichen Infrastruktur aktiv zu unterstützen und zu begleiten. Im Rahmen einer Öffnung gegenüber PPP-Projekten können Sparkassen Wettbewerbsvorteile erzielen. Es eröffnen sich zudem Wachstumsperspektiven für das Firmenkundengeschäft.

Das Zusammenwirken zwischen öffentlicher Hand und der Privatwirtschaft als Public Private Partnership (PPP) oder Öffentlich Privater Partnerschaft (ÖPP) ist bislang in erster Linie durch den Bau von Sportstadien, Autobahnen und großer Verwaltungsgebäude bekannt geworden. Bei der Realisierung regionaler und lokaler Infrastrukturprojekte mit Projektvolumen unter 10 Mio. Euro ist die Realisierung im Rahmen von PPP-Projekten bislang noch kein Standard.

Die Beteiligung des Mittelstandes und der Institute der Sparkassenorganisation erfolgte regelmäßig nur indirekt, da große PPP-Projekte meist an national oder international tätige Großkonzerne vergeben werden. Vor diesem Hintergrund werden PPP-Projekte oftmals seitens des Mittelstandes eher als Bedrohung denn als Chance wahrgenommen. Das fehlende Know-how für die Ausschreibung, die Angebotserstellung unter Berücksichtigung der Vertragswerke und die notwendige Strukturierung der Finanzierung erschwert für den Mittelstand eine unmittelbare Beteiligung.

Dass es auch anders geht, belegen die praktischen Erfahrungen des Landkreises Harburg und der Sparkasse Harburg–Buxtehude. Es wurde der Beweis angetreten, dass kommunale Bau- und Investitionsvorhaben mit einem Volumen ab ca. 3 Mio. Euro bis zu 10 Mio. Euro hervorragende Chancen für die Kommunen und den regionalen Mittelstand im Rahmen von PPP-Projekten bieten. Entsprechend strukturierte PPP-Projekte sind geeignet, mittelständischen

Unternehmen eine faire Chance im Wettbewerb zu verschaffen und die Sparkassen adäquat zu positionieren. Die PPP-Modelle werden an Hand von konkreten Beispielen in der Folge vorgestellt.

Abbildung 4: *Neubau Luhe-Gymnasium Winsen/Luhe*

2. Herausforderungen und Chancen für Kommunen, Mittelstand und Sparkassen

Am Beginn jeder Entscheidung über den Bau und die Finanzierung kommunaler Infrastruktur steht eine vorurteilsfreie und sachgetriebene Gegenüberstellung der bestehenden Alternativen. Bislang ist es bei Investitionen in Gebäude mit einem Investitionsvolumen von weniger als 10 Mio. Euro nicht selbstverständlich, Alternativen in Form von PPP-Projekten ernsthaft in Erwägung zu ziehen. Argumentiert wird dies mit der nicht bewiesenen Vorteilhaftigkeit gegenüber der konventionellen Vorgehensweise. Die Begründung liegt in der angenommenen Komplexität von PPP-Projekten und den daraus abgeleiteten Kostennachteilen.

Diese These wurde in mehr als 10 Projekten im Landkreis Harburg widerlegt. Die üblicherweise bei PPP-Projekten gegenüber der herkömmlichen Vergabe zu erzielenden Vorteile lassen sich auch bei kleineren Projekten erzielen, nämlich:

- Kosteneinsparungen durch fixierte Baukosten mit hoher Kostensicherheit
- Zeiteinsparungen durch eine optimierte Planungs- und Bauphase
- Einsparungen bei den Betriebskosten
- Sicherstellung der Werterhaltung der Immobilie
- Nutzung von Innovationspotenzialen des Mittelstandes

Die Öffnung von PPP-Projekten für Investitionen unter 10 Mio. Euro bietet insbesondere regionalen mittelständischen Bietergemeinschaften die realistische Chance, im Vergabeverfahren den Zuschlag zu erhalten. Die Kommunen sichern darüber hinaus unter Nutzung sämtlicher Vorteile regionale Beschäftigung, ein stabiles Steueraufkommen und tragen zu einem positiven Öffentlichkeitsbild bei.

Mittelständische Unternehmen/Bietergemeinschaften stellen sich dabei dem Verfahren der europaweiten Ausschreibung. Erforderlich und als Erfolgsfaktor unverzichtbar ist die Bündelung von Kompetenzen in einer Gemeinschaft aus folgenden Partnern:

- Kreative und fachkundige Architekten/Planer
- Erfahrene Bauunternehmen
- Versierte Haustechnikspezialisten
- Kompetente Steuerberater/Wirtschaftsprüfer
- Sparkasse als Finanzierungsspezialist

Die Komplexität der Aufgabenstellung setzt klare Kommunikationsstrukturen mit eindeutig voneinander abgegrenzten Leistungsgebieten voraus. Die besondere Herausforderung besteht in der Zusammenstellung der Bietergemeinschaft (in der Regel bestehend aus dem/den beteiligten Bauunternehmen) und der sich um die Bietergemeinschaft gruppierenden Partner. Eine enge und professionell moderierte Kommunikation aller Beteiligten verbunden mit der Bereitschaft Vorleistungen zu erbringen sind weitere unverzichtbare Voraussetzungen im Bieterverfahren. Da eine Entlohnung erst bei Zuschlag gesichert ist, sind auf mehreren Schultern verteilte Vorleistungen zwingend. Das Ergebnis der Arbeit der Bietergemeinschaft ist ein gemeinsam getragenes, wettbewerbsfähiges Angebot.

Für die Sparkasse besteht die Aufgabe darin, den klassischen Kommunalkredit durch eine strukturierte Finanzierung zu ersetzen. Die Sparkasse sichert sich damit die Chancen auf

- Erweiterung ihrer Geschäftsfelder
- Stärkung ihrer Kundenbindungen zu Kommunen und Mittelstand
- Schaffung von Know-How im PPP-Geschäft

- Aktive Mitgestaltung bei der Modernisierung und Erweiterung der regionalen Infrastruktur

Das Resultat ist die Bestätigung der Sparkasse als herausragender Partner des Mittelstandes und der Kommunen.

Dies erfordert in den Sparkassen das klare Bekenntnis, sich intensiv mit den Möglichkeiten im Rahmen der Finanzierung von PPP-Projekten zu befassen, Mitarbeiter zu qualifizieren, die entsprechenden Kapazitäten bereit zu stellen und sich aktiv in das Vergabeverfahren einzubringen. Eine Reduzierung allein auf die Rolle des Finanzpartners wird - so die Erfahrungen aus der Praxis – nicht ausreichen.

3. Definitionen und Ausgangssituation

Ein PPP-Projekt umfasst folgende Phasen:

1. Planung
2. Errichtung
3. Finanzierung
4. Betrieb/Unterhaltung
5. Verwertung

Der private Investor (Bietergemeinschaft) übernimmt die Projektverantwortung für sämtliche Phasen. Hiervon abweichend können die Phasen „Betrieb/Unterhaltung“ und „Verwertung“ - je nach Projekt - auch bei der Kommune verbleiben.

Es existieren verschiedene modulare Vertragsmodelle, die projektbezogen individuell strukturiert, kombiniert und angepasst werden können. Die Alternativen sind der Übersicht „Systematik der Finanzierung von PPP-Projekten“ (Teil A: 5.) zu entnehmen.

Die vom Landkreis Harburg und der Sparkasse Harburg-Buxtehude im Rahmen des Werklohnstundungsmodells mit regionalen Bauunternehmen bereits realisierten Vorhaben basieren auf dem Inhabermodell und beinhalten die Phasen „Planung“, „„Errichtung“ und „Finanzierung“, ergänzt um Aufgabenpakete des Betriebes und bei zwei konkreten Projekten die Verwertung der Immobilie. Die in der Praxis umgesetzten Modelle werden nachfolgend näher erläutert.

4. Das Werklohnstundungsmodell

Der Auftragnehmer errichtet ein Gebäude auf dem Grundstück der Kommune und generiert dadurch einen Werklohnanspruch, den er der Kommune langfristig stundet. Die Rückzahlung erfolgt z.B. in Quartalsraten. Der Investor refinanziert sich nach Abnahme und Übergabe des Gebäudes durch den Verkauf dieser Forderungen (Forfaitierung) an die Sparkasse.

Der Verkäufer der Forderung haftet lediglich für den Bestand der Forderung. Der Käufer – in diesem Fall die Sparkasse – übernimmt die Forderung regresslos.

Die hier betrachtete Werklohnforfaitierung basiert auf der Grundkonstruktion eines Vertrages, bei dem die öffentliche Hand und ein privater Dienstleister (z.B. ein Bauunternehmen) vereinbaren, dass der aus der Realisierung einer Investitionsmaßnahme entstehende Entgeltanspruch (Werklohnforderung) durch den privaten Dienstleister nach Fertigstellung langfristig gestundet wird. Im Verhältnis zur öffentlichen Hand übernimmt der private Auftragnehmer sowohl das Planungs- als auch das Fertigstellungsrisiko.

Der Ankauf der Werklohnforderungen durch die Sparkasse kann entweder schrittweise während der Erstellungsphase („Mogendorfer Modell") oder nach vollständiger Abnahme des Investitionsvorhabens („Bundesmodell") erfolgen. Beim „Bundesmodell" wird die Zwischenfinanzierung vollständig auf das private Unternehmen abgestellt. In diesem Zusammenhang sind bei der Auswahl des Bieters die Prüfung der Bonität und die Erfahrung im Bau vergleichbarer Gebäude von entscheidender Bedeutung für die Darstellbarkeit der Zwischenfinanzierung.

Die Zwischenfinanzierung wird nach Erstellung und Übergabe des Gebäudes durch den Verkauf der gestundeten Forderungen (Forfaitierung) an die Sparkasse zurückgeführt. Da der öffentliche Auftraggeber die Forderungen einredefrei stellt, geht das Adressenausfallrisiko auf die Kommune über. Ein Regress auf den privaten Auftragnehmer ist nicht mehr möglich. Aufgrund der endgültigen Finanzbeziehung (Sparkasse/Kommune) definiert sich das Adressrisiko der Sparkasse als Kommunalrisiko.

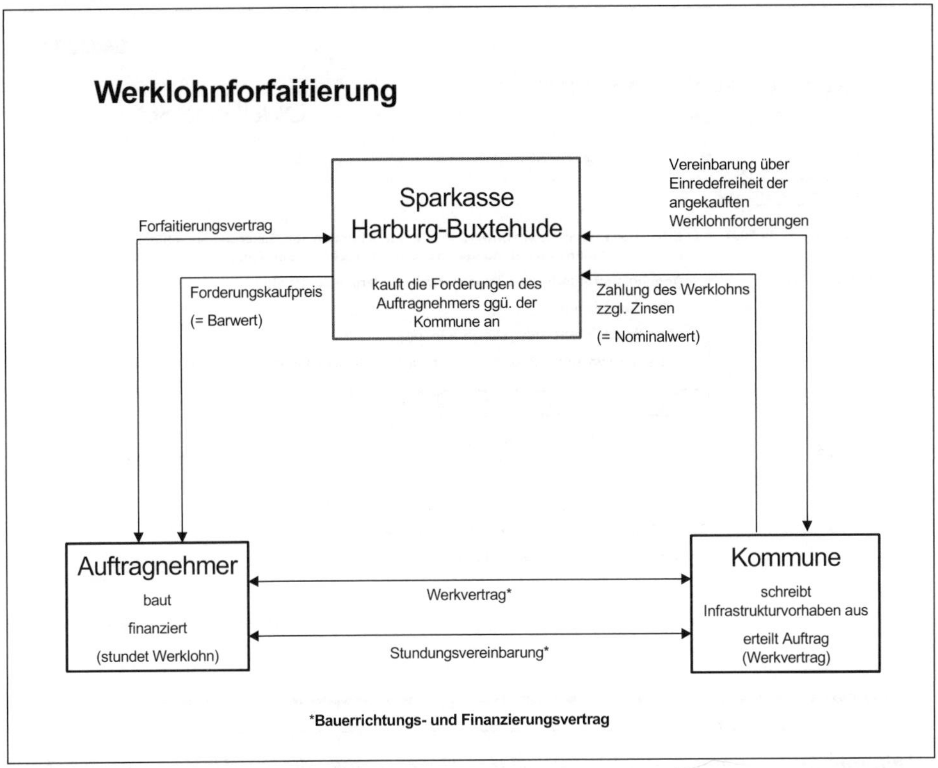

Abbildung 5: *Werklohnforfaitierung*

5. Ablauf eines PPP-Projektes am Beispiel des Neubaus der Haupt- und Realschule in Hanstedt / Nordheide

Der nachstehende Ablauf verdeutlicht an einem konkreten Vorhaben mit einem Projektvolumen in Höhe von 7,5 Mio. Euro anschaulich die Möglichkeiten einer effizienten Projektrealisierung.

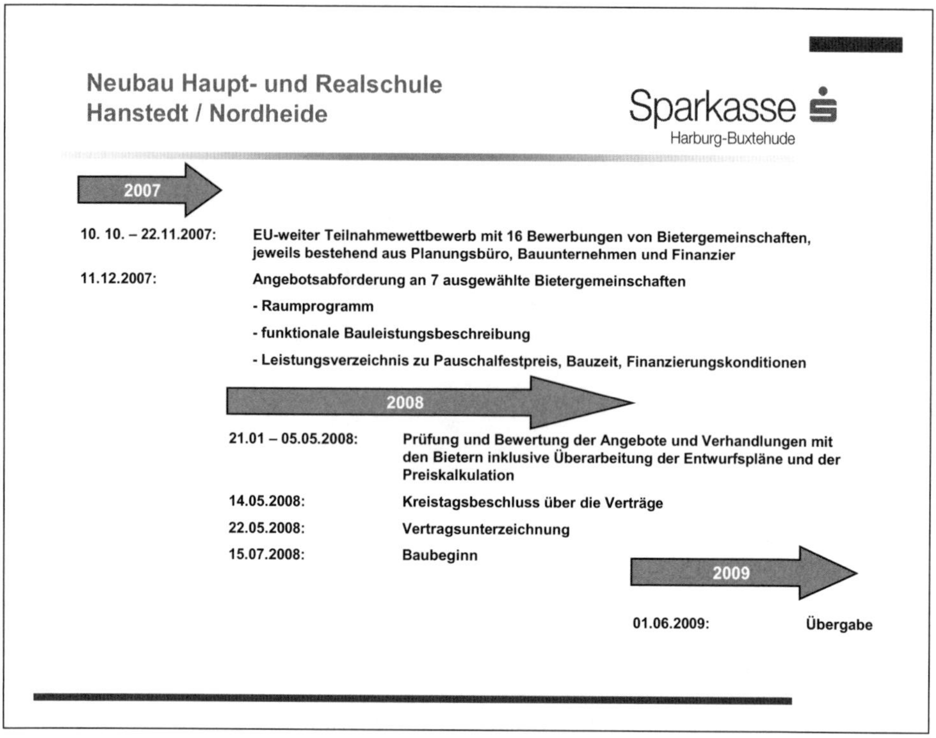

Abbildung 6: *Ablaufplan des PPP-Projektes „Haupt- und Realschule Hanstedt/Nordheide"*

Mit einer Projektlaufzeit - vom Beginn der Ausschreibung bis zur schlüsselfertigen Übergabe der Schule - von weniger als 17 Monaten wird die Leistungsfähigkeit einer effizienten Verwaltung in Zusammenarbeit mit einer regionalen Bietergemeinschaft eindrucksvoll dokumentiert.

6. Vorteilsargumentation gegenüber möglichen Einwänden

Trotz der in vielen Fällen bewiesenen Effizienzvorteile von PPP-Projekten gegenüber der herkömmlichen Finanzierung öffentlicher Infrastrukturprojekte gibt es weiterhin Vorbehalte, die im Vorfeld zu entkräften sind. Der Landkreis Harburg hat zu den wesentlichen Einwänden auf Basis eigener Erfahrungen folgende Vorteilsargumentation:

- Verschleierung der öffentlichen Verschuldung
  - Da die Refinanzierungsdarlehen bei der Kommune als Verbindlichkeit bilanziert und im Haushaltsplan als Schulden ausgewiesen werden ist dieser Vorbehalt zu entkräften.
- Künstliche Entlastung eines Teilhaushaltes
  - Da die Zinsen für PPP-Projekte im Verwaltungshaushalt und die Tilgung im Vermögenshaushalt veranschlagt werden ist Transparenz über den Aufwand gegeben.
- Benachteiligung kleiner und mittlerer Unternehmen
  - Die Erfahrungen im Landkreis Harburg belegen das Gegenteil.
  - 8 von 10 der bisherigen Projekte wurden mit mittelständischen Bauunternehmen aus der Region realisiert.
  - Der Anteil der örtlichen Handwerksunternehmen an den Bauleistungen ist nachweislich höher als bei Fachlosvergabe nach öffentlichen Ausschreibungen.

7. Praxisbeispiel Schulgebäude: Planen, Bauen, Finanzieren ... und Verwerten

Der Landkreis Harburg – im Süden unmittelbar angrenzend an die Hansestadt Hamburg - sieht sich bis heute mit wachsenden Schülerzahlen konfrontiert. So stieg die Bevölkerung im Zeitraum von 1990 bis 2007 um ca. 45.000 auf aktuell ca. 250.000 Einwohner. Dies entspricht einem Bevölkerungszuwachs in Höhe von 23 %. Im gleichen Zeitraum stieg die Anzahl der Schüler um 11.200 auf 34.000. Dies entspricht einem Anstieg von 48 %. Hieraus leitet sich ein laufender Bedarf an Schulneu- und Erweiterungsbauten ab. Die veranschlagten Investitionen im Schulbau belaufen sich zwischen 1998 bis 2010 auf ca. 155 Mio. Euro.

Der demographische Trend prognostiziert für den Landkreis Harburg nach einem kurzfristig weiteren Anstieg jedoch einen Rückgang der Schülerzahlen in 15 bis 20 Jahren, so dass dann gegebenenfalls mit Leerständen in Schulgebäuden zu rechnen ist. Vor diesem Hintergrund hat der Landkreis Harburg frühzeitig den Anstoß zur Entwicklung eines Schulbauprojektes gegeben, bei dem zusätzlich benötigte Schulgebäude nach deren Nutzung bereits in 15 bis 20 Jahren einer anderen Verwendung zugeführt werden können.

In den bundesweit ersten beiden PPP-Projekten dieser Art wurde durch den Landkreis Harburg und der VBD Beratungsgesellschaft, Berlin, in Kooperation mit mittelständischen Bauunternehmern und der Sparkasse Harburg-Buxtehude als Finanzierungspartner ein Modell für die Gestehung, den Betrieb und die Verwertung von Erweiterungsgebäuden der Berufsbildenden Schulen in Buchholz in der Nordheide und Winsen an der Luhe realisiert.

Das planerische Konzept der Erweiterungsbauten erlaubt durch geringfügige bauliche Änderungen die spätere Aufteilung in Wohnungen bzw. Reihenhäuser. Im Rahmen der Bauleitplanung wurde diesem Ansatz einer zweistufigen Nutzung - erst zu Schulzwecken, dann zu Wohnzwecken - bereits Rechnung getragen.

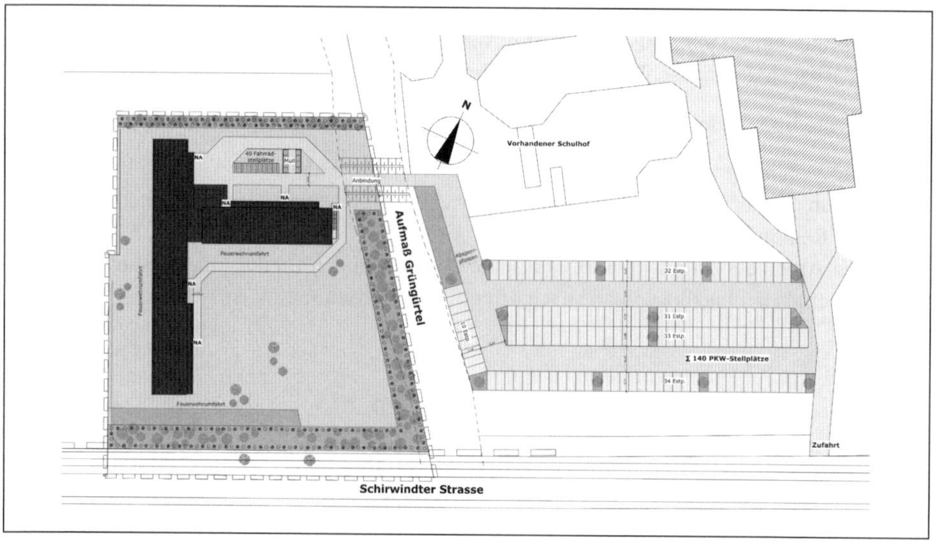

Abbildung 7: *BBS Winsen/Luhe – Nutzung als Schule*

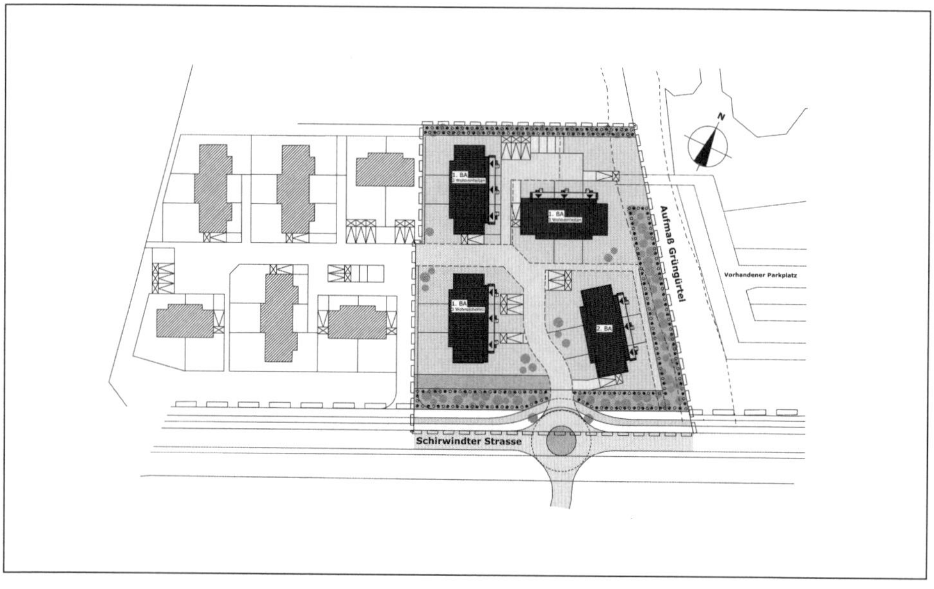

Abbildung 8: *BBS Winsen/Luhe Nutzung zu Wohnzwecken*

Die von den Beteiligten in einem intensiven Verhandlungsprozess erarbeitete Lösung kombiniert die steuerlichen Vorteile des Werklohnstundungsmodells (Forfaitierungsmodell) mit der Übertragung der Verwertungsrisiken analog des Leasingmodells.

Basis ist ein Werklohnvertrag mit Stundungsvereinbarung. Die Kommune schließt mit dem Auftragnehmer einen Bauerrichtungs- und Finanzierungsvertrag, in dem sich der Auftragnehmer verpflichtet, alle notwendigen Leistungen für die nutzungsfertige Erstellung des Schulgebäudes zu erbringen und die Schule zu dem vertraglich vereinbarten Termin an die Kommune zu übergeben. Der Auftragnehmer nimmt Bauherrenaufgaben wahr und trägt während der Bauphase alle wesentlichen Risiken, u.a. das Kosten- und Terminrisiko. Die Fälligkeit des Werklohns ist auf den Zeitpunkt der Übergabe des Gebäudes bestimmt. Bis dahin begleitet die Sparkasse die Bauzwischenfinanzierung als Adressrisiko des Auftragnehmers. Vor diesem Hintergrund ist der Bonität und Leistungsfähigkeit der Bietergemeinschaft besondere Bedeutung beizumessen.

Nach Abnahme und Übergabe des Gebäudes sind die Forderungen des Auftragnehmers gegenüber der Kommune aus der Werklohnstundung entstanden. Über einen Forfaitierungsvertrag, der zwischen Auftragnehmer und Sparkasse geschlossen wird, werden die Forderungen an die Sparkasse verkauft und abgetreten. Der Erlös dient zur Ablösung der Bauzwischenfinanzierung. Um die Abstraktheit der Forderungen zu gewährleisten, ist die Abgabe einer Einredeverzichtserklärung durch die Kommune unabdingbar. Dadurch ist die Endfinanzierung für die gesamte Laufzeit von 20 Jahren als kommunales Risiko zu betrachten. Für die Refinanzierung der Forfaitierung können Mittel der Kreditanstalt für Wiederaufbau (KfW) aus dem Programm Nr. 148 „Kommunal Investieren“ verwendet werden.

Das Verwertungsrisiko wird auf den Auftragnehmer übertragen. Die Vertragspartner vereinbaren einen Gebäuderestwert, der durch den Abschluss eines bedingten Grundstückskaufvertrags für beide Seiten verbindlich ist. Diese Vertragsstruktur ist obligatorisch, da das wirtschaftliche und zivilrechtliche Eigentum für die Dauer der Schulnutzung bei der Kommune liegt. Der Gebäuderestwert reduziert die Höhe der Endfinanzierung und damit die Liquiditätsbelastung der Kommune durch die verringerte Tilgung. Für die Stundung des Gebäuderestwertes zahlt die Kommune eine gesonderte Zinsrate. Der Auftragnehmer refinanziert den Gebäuderestwert durch Eigenkapital und/oder durch Mittel der Sparkasse.

In der Phase der Schulnutzung ist der Auftragnehmer für den Bauunterhalt, die Wartung und die Instandsetzung verantwortlich. Regelungen und Vergütungen erfolgen in einem Servicevertrag, der zwischen der Kommune und dem Auftragnehmer abgeschlossen wird.

Da die Stundung des Werklohns wie ein zeitlich befristetes Nutzungsentgelt gezahlt wird, erzielt die Kommune durch diese Strukturierung ein mietähnliches Verhältnis. Gleichzeitig ist der Auftragnehmer über den Servicevertrag verantwortlich in die Erhaltung seines zukünftigen Objektes eingebunden.

8. Praxisbeispiele erfolgreicher PPP-Projekte im Landkreis Harburg unter Beteiligung der Sparkasse Harburg-Buxtehude

Neubau Luhe-Gymnasium in Winsen/Luhe

Jahr der Errichtung:	2003/2004
Bietergemeinschaft:	Objektgesellschaft (Tochter der LHI)
Angewandtes Modell:	Leasingmodell unter Einbindung der LHI
Leistungspaket:	Planung, Errichtung, Finanzierung
Projektvolumen:	7,6 Mio. Euro

Abbildung 9: *Neubau Luhe-Gymnasium in Winsen/Luhe*

Neubau 5 Feld-Sporthalle in Winsen/Luhe

Jahr der Errichtung:	2004
Bietergemeinschaft:	Fa. Bergmann & Sommerei GmbH & Co. KG, Hamburg-Harburg Fa. Günter Effinger Bauausführungen GmbH & Co. KG, Maschen
Angewandtes Modell:	Werklohnstundungsmodell
Leistungspaket:	Planung, Errichtung, Finanzierung
Projektvolumen:	4,3 Mio. Euro

Abbildung 10: *Fünf-Felder Sporthalle in Winsen/Luhe*

Errichtung Erweiterungsbau Berufsbildende Schulen in Buchholz/Nordheide

Jahr der Errichtung:	2007
Bietergemeinschaft:	Fa. Johannes Lindemann GmbH & Co. KG, Stade
Angewandtes Modell:	Werklohnstundungsmodell
Leistungspaket:	Planung, Errichtung, Finanzierung, Verwertung
Projektvolumen:	3,8 Mio. Euro

Abbildung 11: *Erweiterungsbau BBS Buchholz*

Errichtung Erweiterungsbau Berufsbildende Schulen in Winsen/Luhe

Jahr der Errichtung:	2007/2008
Bietergemeinschaft:	Fa. Heinrich Beecken GmbH, Winsen Fa. Günther Effinger GmbH & Co. KG, Maschen
Angewandtes Modell	Werklohnstundungsmodell
Leistungspaket:	Planung, Errichtung, Finanzierung, Betrieb (ausgewählte Leistungselemente), Verwertung
Projektvolumen:	2,8 Mio. €

Abbildung 12: *Erweiterungsbau BBS Winsen/Luhe*

Errichtung Haupt- und Realschule in Hanstedt i.d. Nordheide

Jahr der Errichtung:	2008/2009
Bietergemeinschaft:	Fa. Heinrich Beecken GmbH, Winsen Fa. Günther Effinger GmbH & Co. KG, Maschen
Angewandtes Modell	Werklohnstundungsmodell
Leistungspaket:	Planung, Errichtung, Finanzierung
Projektvolumen:	7,5 Mio. €

Abbildung 13: *Neubau Haupt- und Realschule in Hanstedt*

9. Zusammenfassung

Ein enges Zusammenwirken zwischen Mittelstand und Sparkasse eröffnet vielschichtige Möglichkeiten bei der erfolgreichen Realisierung von PPP-Projekten.

Maßgeblich für den Erfolg sind:

- Hohe Motivation aller Beteiligten
- Ausgeprägte Moderations- und Kommunikationsfähigkeit
- Unbedingte Zielorientierung
- Enge Abstimmungsprozesse
- Schnelle Entscheidungen

- Hohe Kompromissbereitschaft

Die Sparkasse bringt sich als akzeptierter Partner in die Bietergemeinschaft ein und ist im Verfahren ein fairer und kompetenter Verhandlungspartner.

Unter Verwendung des hier vorgestellten Werklohnstundungsmodells ist es möglich, Projektvolumina unter € 10 Mio. für alle Beteiligten wirtschaftlich zu gestalten und gleichzeitig Effizienzvorteile gegenüber herkömmlichen Verfahren zur Umsetzung kommunaler Infrastrukturmaßnahmen zu erzielen. Durch eine positive Öffentlichkeitsarbeit wird ein weiterer nichtmonetärer Mehrwert für die Kommune, die mittelständischen Unternehmen und die Sparkasse geschaffen.

Die Sparkasse stärkt ihre Position als unternehmerischer Partner des Mittelstands und der Kommunen durch innovative Strukturierung von Finanzierungen und beweist damit einmal mehr die Kompetenz in der Region für die Region.

Bodo Ihlenburg

Direktor Marktbereich Investoren und Immobilienprojekte

Sparkasse Harburg-Buxtehude

Sebastian Bergmann

Abteilungsdirektor Öffentliche Hand / PPP/

Deutscher Sparkassen- und Giroverband

Betriebliche Altersversorgung und Bilanzrechtsmodernisierungsgesetz – Neue Anforderungen und Chancen für das Firmenkundengeschäft

Markus Gigl

1. Einleitung

Pensionsrückstellungen in der Handels- und Steuerbilanz begleiten viele Unternehmen über Jahrzehnte; häufig über den gesamten „Unternehmens-Lebenszyklus". Ursprünglich als Steuerstundungsmodell gedacht, werden Pensionsrückstellungen inzwischen zu Lasten, die ein Unternehmen durchaus in die Krise führen können. Hier spielen die Firmenkundenberater von Banken durch ihre enge Bindung zu den Firmenkunden eine wichtige Rolle, indem sie ihre Kunden auf die möglichen Risiken und Auswirkungen der bestehenden Versorgungsverpflichtungen hinweisen und bei deren Bewältigung, z.B. durch Modelle der Ausfinanzierung oder Auslagerung, unterstützen. Durch die neuen bilanziellen Bewertungs- und Ansatzvorschriften des Bilanzrechtsmodernisierungsgesetzes (BilMoG) – die größte Bilanzrechtsreform seit 25 Jahren – werden für den Bereich der Pensionsrückstellungen diese Effekte noch deutlich verstärkt. Daraus ergeben sich interessante Vertriebsansätze für das Firmenkundengeschäft, speziell im Bereich Pensionsmanagement. Im Folgenden werden die damit verbundenen Chancen für den Vertriebsprozess, aber auch Anforderungen an ihn näher beschrieben.

2. Ausgangslage

2.1 Bedeutung der Direktzusage in der betrieblichen Altersversorgung

Mit einer Direktzusage nach dem Gesetz zur Verbesserung der betrieblichen Altersversorgung (BetrAVG) geht der Arbeitgeber eine aufschiebend bedingte Verbindlichkeit unmittelbar gegenüber Mitarbeitern ein. Diese muss das Unternehmen in Form einer Pensionsrückstellung in der Bilanz ausweisen. Die Bildung von Pensionsrückstellungen führt zu einem planmäßigen Kapitalaufbau ohne Liquiditätsabfluss. Durch die ergebniswirksame Verbuchung der Rückstellungszuführung erhält das Unternehmen während der Anwartschaftsphase zusätzliche Liquidität in Form von gestundeter bzw. ersparter Steuer (Steuerstundungseffekt).[1]

Die späteren Rentenzahlungen sind naturgemäß vom Unternehmen aufzubringen. Wie bei der Bedienung von anderem Fremdkapital gehört zu Pensionsverpflichtungen daher eine mittelfristige Liquiditätsplanung und –vorsorge. Eine insoweit gewünschte versorgungsspezifische Kapitaldeckung der Verpflichtung kann flexibel und unternehmensindividuell erreicht werden.

Bei der Direktzusage besteht die größte Flexibilität, um die leistungssystematische Ausgestaltung einer betrieblichen Altersversorgung nach den speziellen Bedürfnissen des Unternehmens bzw. des Versorgungsberechtigten auszurichten. Der Arbeitgeber kann bereits bei Zusagerteilung anfangen, kontinuierlich und planmäßig Versorgungskapital aufzubauen, und er kann zu jedem Zeitpunkt bei entsprechender Liquidität die Pensionsverpflichtungen ganz oder teilweise ausfinanzieren. Demgegenüber kann der Arbeitgeber auch erst bei Rentenbeginn des Arbeitnehmers das erforderliche einmalige oder laufende Versorgungskapital aus dem Cashflow des Unternehmens zur Verfügung stellen.[2]

In Deutschland hat die Direktzusage die größte Bedeutung in der betrieblichen Altersversorgung. Dies zeigt der Anteil des Volumens der Direktzusage (Pensionsrückstellungen) am Gesamtvolumen der betrieblichen Altersversorgung (vgl. Abbildung 1).

1 Vgl. Langohr-Plato, Uwe: Rechtshandbuch Betriebliche Altersversorgung, Köln 2007, S. 23

2 Vgl. Langohr-Plato, Uwe: Rechtshandbuch Betriebliche Altersversorgung, Köln 2007, S. 24

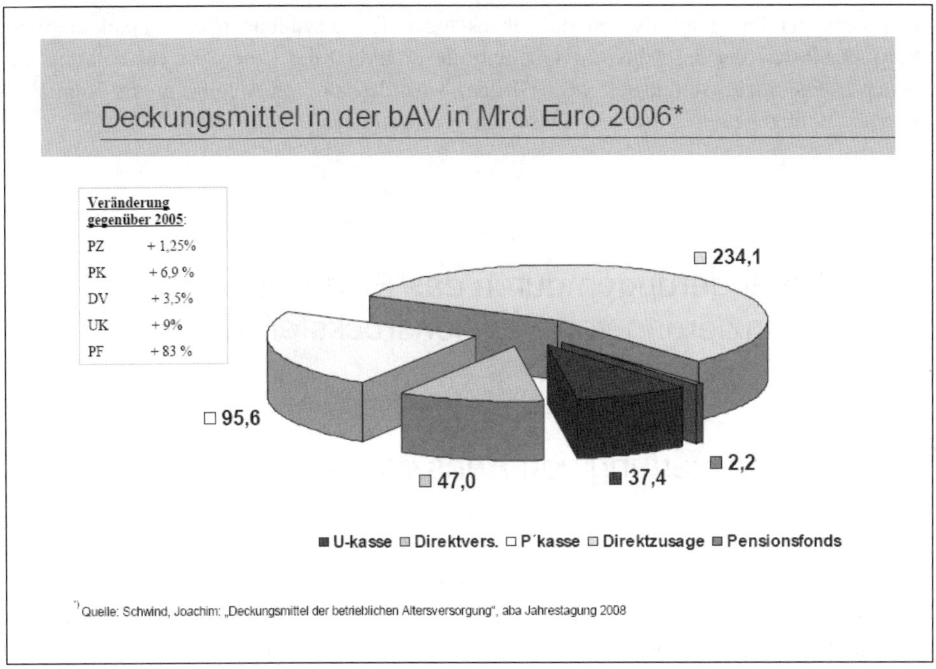

Abbildung 1: *Verteilung des Gesamtvolumens der betrieblichen Altersversorgung (bAV)*

2.2 Probleme durch die Bildung von Pensionsrückstellungen

Im Ergebnis bietet die Direktzusage betriebswirtschaftlich betrachtet die größten Gestaltungsspielräume innerhalb der betrieblichen Altersversorgung. Mit diesen Freiräumen sind jedoch im Vergleich zu den übrigen (externen) Durchführungswegen, u.a. der Direktversicherung und der Pensionskasse, die größten Risiken für das Unternehmen verbunden.

Insbesondere die bisher unrealistischen Bewertungen von Versorgungsverpflichtungen führen dazu, dass Unternehmen – mangels Kenntnis des wahren Umfangs ihrer Pflichten – den Bedarf an Liquidität zu deren „Tilgung" u.a. falsch einschätzen. Auswirkungen und Risiken können sich beispielsweise ergeben aufgrund von Bilanzsprüngen bei Eintritt vorzeitiger Leistungsfälle (Invalidität, Tod), der Kreditvergabe auf der Basis von Unternehmensratings, bei internationaler Rechnungslegung sowie aufgrund einer unzureichenden Bewertung der Verpflichtungen.[3]

3 Vgl. Langohr-Plato, Uwe: Rechtshandbuch Betriebliche Altersversorgung, Köln 2007, S. 23

Spätestens bei Fälligkeit werden die lebenslangen Rentenzahlungen ein unkalkulierbarer Aufwandsposten, der das Jahresergebnis und die Liquidität des Unternehmens belastet. Der Posten „Pensionsrückstellungen" in der Bilanz wird deshalb von Anteilseignern, Kapitalgebern und Ratingagenturen mittlerweile sehr kritisch betrachtet.

3. Veränderungen durch das BilMoG bei der Bilanzierung von Pensionsrückstellungen

3.1 Neubewertung von Pensionsrückstellungen

Das Anfang April verabschiedete BilMoG stellt die bisherige Rückstellungsbewertung auf eine neue Grundlage. Die Anwendung der neuen Vorschriften gilt erstmals für die Geschäftsjahre ab 2010. Ihre freiwillige Anwendung ist bereits ab dem 1. Januar 2009 möglich.[4] Das Institut der deutschen Wirtschaftsprüfer hat bereits seit Jahren versucht, den Gesetzgeber von einer sachgerechten und realistischeren Bewertung solcher Verpflichtungen auch im deutschen Handelsrecht zu überzeugen. Dieser Forderung kommt der Gesetzgeber mit dem BilMoG nach. Pensionsrückstellungen sind nun mit dem nach vernünftiger kaufmännischer Bewertung erforderlichen Erfüllungsbetrag zu bewerten.[5]

Nach dem Gesetz muss die Rückstellungsbewertung zukünftig unter Berücksichtigung eines marktgerechteren Rechnungszinses und unter Beachtung von Gehalts- und Rententrends erfolgen. Dies bedeutet, dass bei Rentenverpflichtungen aufgrund der gesetzlich festgelegten Rentenanpassung (§ 16 Betriebsrentengesetz) immer eine Rentendynamik berücksichtigt werden muss, bei gehaltsabhängigen Pensionszusagen immer ein Gehaltstrend.

Rückstellungen mit einer Laufzeit von mehr als einem Jahr müssen mit einem durch den Gesetzgeber definierten Rechnungszins abgezinst werden. Dieser Zins wird von der Deutschen Bundesbank monatlich bekannt gegeben. Die Zinssätze sind nicht stichtagsbezogen, sondern bilden den Durchschnitt der letzten sieben Jahre. Somit können zufallsbedingte Schwankungen des Zinssatzes abgemildert werden. Für Pensionsrückstellungen kann pauschal eine Laufzeit von 15 Jahren angenommen werden.[6] Die Erleichterung führt dazu, dass

---

4 Vgl. BilMoG vom 25.05.2009, Artikel 2 Änderung des Einführungsgesetzes zum Handelsgesetzbuch, Artikel 66 Abs. 3 EGHGB, BGBl. I (2009), S. 1118

5 Vgl. BilMoG vom 25.05.2009, Artikel 1 Änderung des Handelsgesetzbuches, § 253 Abs. 1 HGB, BGBl. I (2009), S. 1103

6 Vgl. BilMoG vom 25.05.2009, Artikel 1 Änderung des Handelsgesetzbuches, § 253 Abs. 2 HGB, BGBl. I (2009), S. 1103

die in den Unternehmen schon bestehenden Pensionsrückstellungen grundsätzlich mit einem einheitlichen Rechnungszins abgezinst werden können. Nach den aktuellen Gegebenheiten beträgt der nach BilMoG anzuwendende Rechnungszins ca. 5,3 %.

Das BilMoG schreibt keine verbindlich anzuwendende Bewertungsmethode vor. So kann auch weiterhin das Teilwertverfahren als Bewertungsverfahren für die Pensionsrückstellungen angewendet werden.[7] Allerdings muss dann für die HGB-Bilanz der Teilwert unter Berücksichtung von Trendannahmen gebildet und mit dem anzuwendenden Rechnungszins abgezinst werden. Darüber hinaus kommt aber auch die aus der internationalen Rechnungslegung bekannte Projected-Unit-Credit-(PUC-)Methode in Betracht.

Für die außerordentlichen Zuführungen zu den Pensionsrückstellungen aufgrund der Bewertungsänderungen hat das BilMoG eine großzügige Übergangsregelung von maximal 15 Geschäftsjahren vorgesehen. Dabei muss jährlich mindestens ein 15-tel des Zuführungsbetrags zugeführt werden. Höhere Zuführungen sind möglich und bedingen eine kürzere Verteilungsdauer.[8]

Eine Ausnahme bilden wertpapiergebundene Pensionszusagen: Soweit sich die Höhe der Verpflichtung ausschließlich nach dem beizulegenden Zeitwert bestimmter Wertpapiere richtet, ist die Pensionsrückstellung auch mit dem Zeitwert der Wertpapiere zu bewerten. Voraussetzung ist jedoch, dass der Zeitwert der Wertpapiere die arbeitsrechtlich mindestens zu erbringende Leistung übersteigt. Ist dies nicht der Fall, ist der mindestens zu erbringende Erfüllungsbetrag als Pensionsrückstellung auszuweisen.[9]

3.2 Auswirkungen der Neubewertung von Pensionsrückstellungen

Bisher wird die handelsrechtliche Bewertung von Pensionsrückstellungen weitgehend von den steuerlichen Bewertungsvorschriften des § 6a EStG bestimmt. Die steuerlichen Vorgaben des Einkommensteuergesetzes weisen die realen Verpflichtungen des Arbeitgebers aus einer Versorgungsverpflichtung jedoch nicht vollständig aus. Dies liegt an dem statischen Abzinsungssatz von 6 % und dem strengen Stichtagsprinzip, das die Berücksichtigung zukünftiger Entwicklungen untersagt, soweit sie am Bilanzstichtag noch nicht unwiderruflich feststehen.[10]

---

7 Vgl. BilMoG vom 25.05.2009, Artikel 1 Änderung des Handelsgesetzbuches, § 285 Nr. 24 HGB, BGBl. I (2009), S. 1107

8 Vgl. BilMoG vom 25.05.2009, Artikel 2 Änderung des Einführungsgesetzes zum Handelsgesetzbuch, Artikel 67 Abs. 1 EGHGB, BGBl. I (2009), S. 1119

9 Vgl. BilMoG vom 25.05.2009, Artikel 1 Änderung des Handelsgesetzbuches, § 253 Abs. 1 HGB, BGBl. I (2009) S. 1103.

10 Vgl. Löcher, Nadine: Pensionsverpflichtungen realistischer bewerten, in: Börsen-Zeitung vom 05.07.2008, S. 81

Dazu ein Beispiel:

> Für die Pensionsverpflichtung gegenüber einem 40-jährigen Arbeitnehmer von 1.000 Euro monatlicher Alters- und Invalidenrente sowie 60 % Witwenrente bildet ein Unternehmen in der Steuerbilanz zum 31. Dezember 2009 den steuerlichen Teilwert von 20.732 Euro. In der Handelsbilanz setzt das Unternehmen auf Anraten des Wirtschaftsprüfers die Pensionsverpflichtung mit einem Rechnungszins von 5,3 % – statt 6 % – an. Die Pensionsrückstellung für die gleiche Verpflichtung beträgt dann 24.530 Euro. Unterstellt man zusätzlich eine Rentendynamik von jährlich 2 %, so beträgt die Pensionsrückstellung 30.654 Euro. Dies entspricht einer Erhöhung gegenüber dem steuerlich anzusetzenden Wert von 48 %.

Das Beispiel zeigt, dass die neuen Vorgaben des BilMoG in vielen Fällen zu einem erheblichen Anstieg der Pensionsrückstellungen führen können. Im Ergebnis können sich durch das Gesetz bei Unternehmen mit Pensionszusagen die Pensionsrückstellungen voraussichtlich um das 1,5- bis 2-fache erhöhen. Dies hat unmittelbare Auswirkungen auf Bilanzkennzahlen, wie z.B. die Eigenkapitalquote, und mittelbare Konsequenzen auf die Finanzierungs- und Kreditpolitik der Unternehmen. Allerdings bietet das BilMoG auch umfangreiche bilanzielle Gestaltungsmöglichkeiten durch den Aufbau zweckgebundenen Vermögens, das zukünftig mit den Rückstellungen saldiert werden kann.

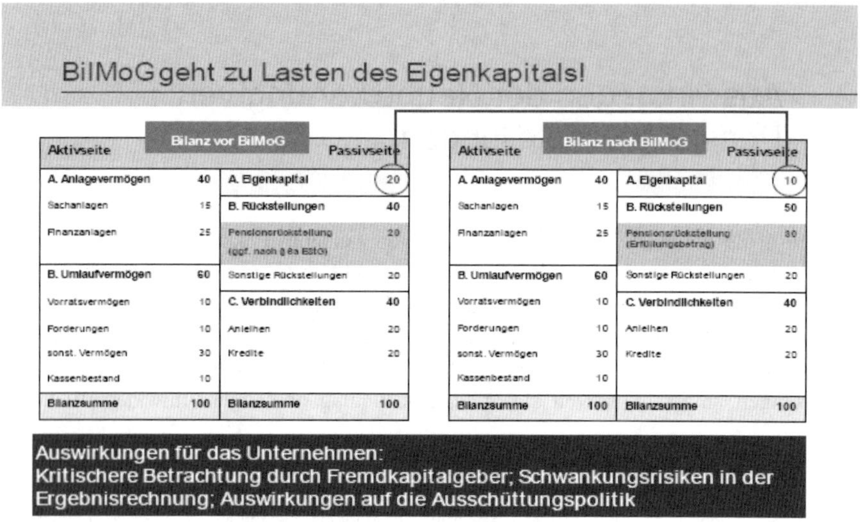

Abbildung 2: *Beispiel für die Auswirkungen der Erhöhung der Pensionsrückstellungen auf die HGB-Bilanz durch das BilMoG*

Ein Nachteil allerdings ist, dass das Gesetz steuerlich nicht begleitet wird, sodass Unternehmen ab 2010 in jedem Fall zwei bis drei Wertansätze für die Pensionsverpflichtungen ermitteln lassen müssen (HGB, Steuer und ggf. IFRS). Dies führt zu zusätzlichen Kosten bei der Erstellung versicherungsmathematischer Gutachten für die Pensionsverpflichtungen.

Die Änderungen des BilMoG haben damit erhebliche Auswirkungen auf die Unternehmensbilanzen. Pensionsrückstellungen werden zukünftig realistischer ausgewiesen werden. Finanzierungslücken bei Pensionsverpflichtungen werden durch die Offenlegung im Jahresabschluss zukünftig in der Bilanz publiziert werden. Für die Hausbank ist dies schon für die Einschätzung der mit dem BilMoG einhergehenden Auswirkungen auf die Besicherung von Kreditengagements von besonderer Bedeutung. Sie muss die Unternehmenskunden über die Veränderungen informieren und über die Einschaltung spezialisierter Berater das weitere Vorgehen besprechen.

Durch den höheren Ausweis ist noch nicht gesichert, dass der Cashflow des Unternehmens in Zukunft ausreichen wird, um diese Verpflichtungen auch in ferner Zukunft zu erfüllen. Deshalb rückt für die Bank und das Unternehmen neben der bilanziellen Bewertung der Verpflichtung und möglichen Gestaltungsalternativen eine Cashflow-Betrachtung in den Mittelpunkt der Überlegungen. Ohne eine solche Analyse werden die langfristigen Kosteneffekte falsch eingeschätzt, Versorgungssysteme nicht auf geänderte biometrische Risiken und/oder neue wirtschaftliche Situationen ausgerichtet und dringend notwendige Finanzierungslösungen zu spät oder gar nicht umgesetzt.

Die zentrale Frage für Unternehmer ist: Wie kann das Versorgungssystem zukunftssicher für das Unternehmen und für die Arbeitnehmer gestalten werden und dennoch den personalpolitischen und betriebswirtschaftlichen Zielen des Unternehmens gerecht werden? Durch die rechtzeitige Beantwortung dieser Frage und die Umsetzung der daraus resultierenden Handlungsanforderungen können die Auswirkungen des BilMoG auf die Bilanzpolitik des Unternehmens begrenzt werden.

4. Gestaltungsmöglichkeiten für Unternehmen durch das BilMoG in der bAV

Der Clou des Gesetzes ist die Möglichkeit, Finanzinstrumente unter gewissen Voraussetzungen mit der Pensionsrückstellung zu saldieren. Dafür muss das Vermögen dem Zugriff aller Gläubiger entzogen sein und ausschließlich der Erfüllung von Schulden aus Altersversorgungsverpflichtungen (oder vergleichbar langfristig fälligen Verpflichtungen) dienen.[11] Die Saldierung von „Planvermögen“ und Pensionsverpflichtungen ist aus der internationalen Rechnungslegung bekannt und führt dazu, dass nur noch der Saldo aus dem Planvermögen und der Pensionsrückstellung in der Bilanz auszuweisen ist. Übersteigt das Vermögen die Pensionsrückstellung, so ist der übersteigende Betrag auf der Aktivseite als Sonderposten anzusetzen.[12]

Das „Planvermögen“ ist zum Zeitwert zu bewerten.[13] Damit ist sichergestellt, dass sowohl das Vermögen als auch die Pensionsrückstellung mit ähnlichen Bewertungsmaßstäben bemessen werden und ein realistischer Ausweis der durch das Unternehmen unmittelbar zu tragenden Pensionsverpflichtung erfolgt.

Es könnten aber auch andere Vermögensgegenstände des Unternehmens, die dem Zugriff aller Gläubiger entzogen wurden, als Planvermögen anerkannt werden, da die Voraussetzung der Übertragung des Vermögens auf einen unabhängigen Rechtsträger – anders als in den IFRS – nicht definiert wird. Ein Beispiel für zweckgebundenes Vermögen wäre ein an die Versorgungsberechtigten verpfändetes Fondsdepot. Bei Anwendung des Saldierungsgebots müssen nicht nur die Vermögensgegenstände und Schulden miteinander verrechnet werden, sondern auch die Aufwendungen und Erträge.

Im Folgenden werden die vielfältigen Produktlösungsansätze, die zur Ausfinanzierung und bilanziellen Auslagerung von Pensionsverpflichtungen nach BilMoG sinnvoll sein könnten, näher beschrieben.

- **Rückdeckungsversicherungen**
  Insbesondere bei Einzelzusagen, z.B. an einen Gesellschafter-Geschäftsführer, kann durch den Abschluss von (zusätzlichen) Rückdeckungsversicherungen und gleichzeitiger Verpfändung der Versicherung an den Begünstigten eine Saldierung erreicht werden. Der Aktivwert der Versicherung wird nicht auf der Aktivseite angesetzt, sondern von der Pensionsrückstellung abgezogen. Die gleichzeitige Auslagerung biometrischer Risiken aus dem Unternehmen ist ein zusätzliches Argument für die Ausfinanzierung über Rückdeckungsversicherungen. Da es sich lediglich um ein Finanzierungsprodukt handelt, muss die arbeits-/dienstrechtliche Pensionszusage nicht angepasst werden. Für die Verpfändung der Rückdeckungsversicherung ist die Zustimmung des Gesellschafter-Geschäftsführers notwendig. Ein Nachteil dieser Variante ist die fehlende Flexibilität bei der Dotierung.
- **Contractual-Trust-Arrangement (CTA)**
  Bei einem größeren Versorgungswerk kann die Einrichtung eines CTA oder der Beitritt zu einem Gruppen-CTA in Betracht kommen. Ein CTA ist eine vertragliche Treuhandkonstruktion, die die Zweckbindung des Vermögens und den Insolvenzschutz gewährleistet.

---

11 Vgl. BilMoG vom 25.05.2009, Artikel 1 Änderung des Handelsgesetzbuches, § 246 Abs. 2 HGB, BGBl. I (2009), S. 1103

12 Vgl. BilMoG vom 25.05.2009, Artikel 1 Änderung des Handelsgesetzbuches, § 246 Abs. 2 HGB, BGBl. I (2009), S. 1103

13 Vgl. BilMoG vom 25.05.2009, Artikel 1 Änderung des Handelsgesetzbuches, § 253 Abs. 1 HGB, BGBl. I (2009), S. 1103

Die Zweckbindung und Insolvenzsicherung durch den Treuhänder führt dazu, dass das CTA-Vermögen von der Pensionsrückstellung in Abzug gebracht werden kann. Die Einrichtung eines eigenen CTA ist mit einem höheren Einrichtungsaufwand verbunden. Es unterscheidet sich von einem Gruppen-CTA in der Weise, dass die Vermögensanlage völlig flexibel gestaltet werden kann. Neben klassischen Finanzanlagen können auch andere Vermögensgegenstände eingebracht werden.

Das CTA kann – für die Begünstigten lohnsteuerfrei – in unbegrenzter Höhe dotiert werden. Durch ein Asset Liability Management lässt sich ein dauerhafter Nullsaldo aus Pensionsrückstellung und Vermögen in der Handelsbilanz darstellen. Durch die Zeitwertbewertung des Vermögens im CTA lassen sich zusätzlich steuerfrei stille Reserven heben.[14] Da das CTA aus der internationalen Rechnungslegung (IFRS) bekannt ist und auch dort zu einer Saldierung führt, ist es besonders für Unternehmen interessant, die einen Konzernabschluss nach IFRS erstellen.[15] Die Auslagerung biometrischer Risiken lässt sich mit einem CTA jedoch nicht erreichen.

- **Verpfändete Vermögenswerte**
  Für Unternehmen, die nicht nach IFRS bilanzieren, aber dennoch flexibel in eine Ausfinanzierung von Pensionsverpflichtungen investieren wollen, kommt eine Verpfändung von Vermögenswerten infrage. Wird z.B. ein Fondsdepot an die Begünstigten verpfändet, erfüllt es formal die Voraussetzungen zur Saldierung nach dem BilMoG. Der Nachteil der Finanzierung mit Fonds ist, wie auch beim CTA, dass die biometrischen Risiken weiterhin von den Unternehmen getragen werden.

- **Auslagerung von Pensionsverpflichtungen**
  Für die Unternehmen, die aufgrund der neuen komplexen Rückstellungsbewertung und der Tatsache, dass zukünftig zwei Pensionsgutachten notwendig sind, ihre Pensionsrückstellungen auflösen möchten, kommt die bilanzielle Auslagerung von Pensionsverpflichtungen in Betracht. Unter bestimmten Voraussetzungen können Pensionsverpflichtungen in einem bestimmten Umfang lohnsteuerfrei auf einen Pensionsfonds übertragen werden.

  Pensionsfonds gibt es sowohl in der versicherungsförmigen Variante als auch in der kapitalmarktorientierten Variante. Der Hauptunterschied ist, dass im Rahmen der versicherungsförmigen Variante die Pensionsverpflichtungen auf garantierter Basis übernommen werden, soweit sie dem Pensionsplan des Pensionsfonds entsprechen. Der kapitalmarktorientierte Pensionsfonds kalkuliert weniger vorsichtig und übernimmt die Verpflichtung nicht auf garantierter Basis, sodass eine Nachschussverpflichtung des Unternehmens fällig werden kann. Derartige kapitalmarktorientierte Lösungen erfordern – je nach Pensionsplan – keine oder nur geringfügige Änderungen des Inhalts der Versorgungszusagen und damit

---

14 Vgl. Löcher, Nadine, Sartoris, Joachim: Die Auswirkungen des Bilanzrechtsmodernisierungsgesetzes (BilMoG) auf die Bilanzierung von Pensionsverpflichtungen, in: Betriebliche Altersversorgung 7/2008, S. 654

15 Vgl. Sprick, Anja, Sartoris, Joachim: Contractual Trust Agreement, in: Kolvenbach, Paulgerd, Sartoris, Joachim (Hrsg.): Bilanzielle Auslagerung von Pensionsverpflichtungen, Stuttgart 2004, S. 200

erheblich weniger Aufwand im Hinblick auf die arbeitsrechtliche Umgestaltung der betrieblichen Altersversorgung.

Der Teil der Pensionsverpflichtungen, der aus steuerlichen Gründen nicht auf einen Pensionsfonds ausgelagert werden kann („future service"), kann entweder als unmittelbare Pensionsverpflichtung im Unternehmen verbleiben oder gegen eine laufende Prämie auf eine rückgedeckte Unterstützungskasse ausgelagert werden. Die Pensionsrückstellungen in der Handels- und der Steuerbilanz sind aufgrund der Auslagerung aufzulösen.

Im Gegensatz zur reinen Ausfinanzierung über Rückdeckungsversicherungen oder ein CTA stellt die bilanzielle Auslagerung einen Wechsel des Durchführungswegs dar, der eine Änderung der arbeitsrechtlichen Pensionszusage erfordert. Die Zustimmung der Versorgungsberechtigten ist daher erforderlich. Der Wechsel des Durchführungswegs kann so gestaltet werden, dass alle biometrischen Risiken aus dem Unternehmen ausgelagert sind. Dies erfordert im Gegenzug eine hohe Prämienzahlung und damit einen hohen Liquiditätsabfluss.

5. Empfehlungen zur Vorgehensweise im Vertrieb

5.1 Geschäftsansätze für Banken durch das BilMoG in der bAV

Durch die geschilderten Auswirkungen und Risiken von Pensionsrückstellungen ergeben sich für die Kreditinstitute im Firmenkundengeschäft neue Beratungsansätze. So kann den Kunden durch die Einbindung von Spezialisten eine Beratung zur Beseitigung bestehender Risiken angeboten werden (inklusive Entwicklung von Lösungsansätzen und Begleitung bei der Umsetzung). Für die betriebswirtschaftliche, steuerliche und arbeitsrechtliche Beratung sollten Banken auf entsprechende Netzwerkpartnerschaften mit Versicherungsmathematikern, Rechtsanwälten, Steuerberatern und spezialisierten bAV-Beratungshäusern zurückgreifen. Sinnvoll ist es bei den betriebswirtschaftlichen und aktuariellen Themen, die den Kern der Beratung in diesem Bereich ausmachen, nur mit einem Partner zusammenzuarbeiten. Dadurch können Fragmente in der Marktbearbeitung vermieden werden. Die Beratung wird hierbei gegen Honorar durchgeführt. Honorarberatung ist für die Bank kein Selbstzweck, sondern Einstieg in einen am Bedarf des Kunden ausgerichteten Produktlösungsansatz, wie unter Punkt 4 beschrieben.

Im Ergebnis bringt die Befassung mit dem Thema betriebliche Altersversorgung allen Beteiligten Nutzen. Kreditinstitute schaffen sich ein weiteres Einnahmefeld, verringern Kreditrisiken und schützen ihre Kundenbeziehungen. Aufseiten der Kunden werden finanzielle, betriebswirtschaftliche, arbeitsrechtliche und/oder biometrische Risiken vermieden. Die Ausfinanzierung der Pensionsverpflichtungen über attraktive Finanzanlagen kann optimal mit dem Ziel der Verbesserung der Bilanzstruktur und der modernen Leistungsplangestaltung verbunden werden. Die Anlageberatung und die bAV-Beratung arbeiten Hand in Hand, wobei die individuellen Ziele des Kunden oberste Priorität besitzt.

5.2 Vorgehensweise bei der Kundenansprache und Überleitung zum Spezialisten

Viele Banken haben bereits ganzheitliche und strukturierte Beratungskonzepte für alle Kundenbedürfnisfelder eingeführt. In der Sparkassen-Finanzgruppe ist dies das S-Finanzkonzept. Dieser ganzheitliche Betreuungsansatz für Firmenkunden bietet zielgerichtete Fragen für die Kundenansprache und sichert über einen Finanzcheck den Einstieg in eine systematische und strukturierte Kundenanalyse und -beratung.[16] Die Ausgangslage des Kunden im Bereich der betrieblichen Altersversorgung respektive der Pensionsrückstellungen wird u.a. im Finanzcheck-Bedarfsfeld „Mitarbeiter binden und eigene Versorgung sichern" erfasst. Optional kann über eine Detailanalyse der Status mit dem Kunden noch tiefer besprochen werden.

Die Umsetzung des Kundenbetreuungskonzepts im Firmenkundenbereich hat in den Sparkassen gezeigt, dass Firmenkundenbetreuer auf der einen Seite sehr aufgeschlossen sind (Kompetenzwahrnehmung und Innovation für den Kunden), auf der anderen Seite jedoch erkennen, dass das Thema Pensionsrückstellungen sehr komplex ist. Deswegen ist es wichtig, dass sie sich hier als „Anchormen" gegenüber dem Kunden verstehen, die in dessen Sinn bAV-Spezialisten hinzuziehen. Hierfür stehen den Instituten bei der Sparkassen-PensionsBeratung in Köln für das gehobene Firmenkundensegment und komplexen Kundenfälle bundesweit sowie bei den Öffentlichen Versicherern für kleinere und mittlere Unternehmen regional entsprechende Spezialisten zur Verfügung.

Wichtiger Baustein dieser systematischen Konzepte ist es, einen zielgerichteten Überleitungsprozess vom Firmenkundenbetreuer als dem Generalisten zum bAV-Spezialisten sicherzustellen. Nach der Überleitung des Firmenkunden zu ihm wird der bAV-Spezialist durch ein spezielles Vertriebs- und Beratungskonzept unterstützt. Die Kundenansprache auf das Thema BilMoG in der betrieblichen Altersversorgung kann in einem Jahresgespräch im Rahmen des S-Finanzkonzepts erfolgen oder direkt anlassbezogen aufgrund eines identifizierten Kundenbedarfs.

---

16 Vgl. Wemhöner, Mark, Grunwald, Thomas, in: Schmoll, Anton (Hrsg.): Neue Wege für einen aktiven und ganzheitlichen Firmenkundenvertrieb in der Deutschen Sparkassen-Finanzgruppe: Erfolgreiche Vertriebsstrategien im Firmenkundengeschäft, 2008, S. 35

Entscheidend für den Erfolg des Vertriebs von qualifizierten bAV-Leistungen sind die folgenden Punkte:

1. Identifizierung des Kundenbedarfs durch den Einsatz von Musterkundenportfolios.[17]
2. Zielgerichtete Ansprache des Kunden durch Firmenkundenbetreuer u.a. durch Jahresgespräche im Rahmen des S-Finanzkonzepts.
3. Zügige und reibungslose Einbindung eines bAV-Spezialisten.

Die systematische Kundenansprache und die Integration von Spezialisten gewährleisten den Vertriebserfolg. Durch die Nutzung der im Verbund vorhandenen Kompetenzen/Kapazitäten minimiert sich die erforderliche Investition in den Instituten (Know-how-Aufbau, Kapazitäten).

Nach einer Ansprache des Kunden werden zur Beurteilung der Kundensituation allgemeine Informationen (Informationen über die Firma, Ziele, Rahmenbedingungen, Daten aus dem S-Finanzkonzept) und Zusatzinformationen (Versorgungszusage, Versorgungsordnung, versicherungsmathematisches Gutachten, Bilanz, GuV u.a.) benötigt.

Auf Basis dieser Unterlagen wird eine Erstanalyse für das Erstgespräch des Kunden mit dem Spezialisten durchgeführt. Anhand des Erstgespräches werden die Ziele des Unternehmens erfasst und das weitere Vorgehen – oft unter Beteiligung des Steuerberaters oder Wirtschaftsprüfers – festgelegt sowie erste Lösungsansätze skizziert. Nach Abgabe eines Angebots für eine Honorarberatung und Annahme durch den Kunden wird das Lösungskonzept für den Kunden durch den Spezialisten erarbeitet.

Je nach Ausgangslage des Kunden kann der Firmenkundenberater bereits für die Kundenansprache einen Spezialisten hinzuziehen. Somit kann die Sachverhaltsermittlung noch zielgenauer erfolgen. Sinnvoll ist diese Vorgehensweise z.B. bei der Ansprache von größeren Unternehmen.

Zu betonen ist an dieser Stelle, dass eine frühzeitige Einbindung der Steuerberater und Wirtschaftsprüfer unerlässlich ist. Steuerberater dienen im Geschäftsfeld als wichtige Multiplikatoren, die über aktuelle steuerliche und betriebswirtschaftliche Themen im Rahmen von Steuerberaterveranstaltungen informiert werden sollten.

Priorität in der Ansprache sollten die Unternehmen erhalten, deren Geschäftsjahre nach dem 31.12.2009 beginnen. Diese Kunden sind die Ersten, die den Jahresabschluss zum 31.12.2010 nach den Vorschriften des BilMoG aufstellen müssen. Da eine freiwillige Anwendung der Vorschriften bereits für das Geschäftsjahr 2009 möglich ist, sollten Unternehmen, für die dies interessant ist, ebenfalls priorisiert angesprochen werden (z.B. Unternehmen, die bereits einen Rechnungszins unter 6 % zur Abzinsung der Rückstellungen ansetzen).

---

[17] Wemhöner, Mark, Grunwald, Thomas, in: Schmoll, Anton (Hrsg.): Neue Wege für einen aktiven und ganzheitlichen Firmenkundenvertrieb in der Deutschen Sparkassen-Finanzgruppe: Erfolgreiche Vertriebsstrategien im Firmenkundengeschäft, 2008, S. 39

5.3 Notwendigkeit einer betriebswirtschaftlichen Beratung in der bAV

Nach der Überleitung des Firmenkunden vom Kundenbetreuer zum bAV-Spezialisten beginnt die eigentliche betriebswirtschaftliche Beratung des Kunden. Sie umfasst eine finanz- und personalwirtschaftliche Komponente. Diese Beratung bildet in der Regel den Kern für die unternehmerische Entscheidung für bestimmte Lösungswege. Ohne eine fundierte betriebswirtschaftliche Beratung ist die Implementierung oder grundsätzliche Neuordnung von Versorgungswerken oder Versorgungssystemen im Unternehmen unmöglich. Vor dem Hintergrund des BilMoG hat diese Beratung seit Beginn 2009 deutlich an Bedeutung zugenommen.

Im Rahmen der Beratung sollte zunächst die Pensionszusage bzw. die Versorgungsordnung untersucht werden. Durch Analyse der Leistungsplangestaltung kann abgeschätzt werden, ob mit einem starken Anstieg der Pensionsrückstellungen durch die neuen Bewertungsvorschriften zu rechnen ist. Außerdem spielt die bisher angewandte Bewertungsmethode der Pensionsrückstellungen in der Handelsbilanz eine Rolle. Werden die Pensionsrückstellungen aktuell bereits mit einem niedrigeren Zins als 6 % pro Jahr diskontiert, sind die Auswirkungen der Anwendung des marktgerechten Rechnungszinses oftmals gering. In Einzelfällen kann es bei solchen Konstellationen sogar zur Auflösung von Pensionsrückstellungen kommen. Auch das aktuelle Bewertungsverfahren (Teilwert oder Anwartschaftsbarwertverfahren) kann in Abhängigkeit von der Bestandszusammensetzung den Anstieg der Rückstellung beeinflussen. Besteht Handlungsbedarf, kann sowohl eine wertgleiche Anpassung der arbeitsrechtlichen Versorgungszusage als auch die Schaffung von zweckgebundenem Vermögen den Anstieg der Pensionsrückstellungen kompensieren.

Kommen unterschiedliche Szenarien in Betracht, hilft eine betriebswirtschaftliche Analyse, die Auswirkungen der verschiedenen Szenarien zu vergleichen und eine „optimale" Entscheidung zu treffen. Neben betriebswirtschaftlichen Aspekten spielen oftmals auch nicht messbare Kriterien, wie z.B. personalpolitische Aspekte eine Rolle, die im Rahmen der Beratung ebenfalls berücksichtigt werden sollten.

6. Fazit: BilMoG als Geschäftschance für das Firmenkundengeschäft nutzen

Die Direktzusage bleibt auch nach dem BilMoG ein sehr flexibles Instrument zur Durchführung der betrieblichen Altersversorgung. Allerdings sollte die Leistungsplangestaltung möglichst unabhängig von zukünftigen Entwicklungen formuliert und auf eine kongruente Ausfinanzierung geachtet werden. Eine vorhandene zweckgebundene Ausfinanzierung führt zu einer Saldierung und hat so einer bessere Bilanzoptik zur Folge. Für Unternehmen, die – aufgrund der unterschiedlichen Bewertungen von Rückstellungen in der Handels- und der Steuerbilanz – von Pensionsrückstellungen Abstand nehmen möchten, empfiehlt es sich, die betriebliche Altersversorgung über externe Versorgungsträger (Direktversicherung, Pensionskasse, Pensionsfonds, Unterstützungskasse) abzuwickeln. Für diese Zusagen besteht auch nach dem BilMoG weiterhin ein Passivierungswahlrecht.

Die Anlässe/Gründe für Banken und Sparkassen, das Thema Pensionsrückstellungen bei ihren Kunden anzusprechen, sind vielfältig. Zum einen geht es um die Diversifizierung von Einnahmequellen aufseiten der Institute durch die Provisionen aus den Lösungsmodellen für die Auslagerung/Ausfinanzierung. Zum anderen kann sich aus der Beratung zum Umgang mit Pensionsrückstellungen die Frage nach der Finanzierung einer Auslagerung ergeben. Schließlich kann die Beratung in Sachen betrieblicher Altersversorgung dazu beitragen, dass die Firmenkunden auch langfristig die Pensionsverpflichtungen wirtschaftlich tragen können. Kreditrisiken werden dadurch verringert.

Zeitwertkonten – Grundlagen und Neuerungen

Roger Hellmich

1. Einführung

Über die Folgen der Alterung der Bevölkerung wird viel debattiert. Fakt ist: Bis zum Jahr 2050 wird die Bevölkerung in Deutschland nach Angaben des Statistischen Bundesamtes auf rund 70 Millionen sinken. Zudem wird schon 2030 voraussichtlich jeder dritte Bundesbürger 60 Jahre und älter sein, so das Bundesministerium für Bildung und Forschung.

Für die Personalpolitik von Unternehmen bedeutet das: Sie werden zukünftig deutlich mehr Mitarbeiter beschäftigen, die 50 Jahre und älter sind. Andererseits bestätigte die Bundesregierung auf Anfrage der Linkspartei, dass heute nur jeder 14. Arbeitnehmer bis zur Rente in Vollzeit arbeitet. Für Unternehmen, die bei einer zunehmend alternden Belegschaft viel Geld in die Hand nehmen müssten, um Altersteilzeit- oder Vorruhestandsregelungen zu finanzieren, können Zeitwertkonten ein geeignetes Mittel sein, um Personalkosten zu senken und auch in Zukunft wettbewerbsfähig zu bleiben.

Wenn im Sommer 2009 die Rente mit 69 gefordert wird, weil nur durch eine längere Lebensarbeitszeit die Folgen der demografischen Entwicklung für die Haushaltskasse gedämpft werden können, hat ein Unternehmen einen konträren Ansatz zu verfolgen. Hier belastet genau diese längere Lebensarbeitszeit die Wettbewerbsfähigkeit des einzelnen Unternehmens und ggf. auch der deutschen Wirtschaft. Aus diesem Grund muss sich jedes Unternehmen dieser Herausforderung stellen und gegensteuern. Mit Zeitwert- und/oder Arbeitszeitkonten bietet das Unternehmen seinen Mitarbeitern die Möglichkeit eines attraktiven Übergangs in den Ruhestand an.

Nachfolgend werden Ihnen das Modell des Zeitwertkontos beschrieben und speziell die Gesetzesänderungen und Verlautbarungen der Spitzenverbände der Sozialversicherungsträger und des Bundesministeriums für Finanzen (BMF) vorgestellt.

2. Grundlagen

Bei Lang- und Lebensarbeitszeitkonten werden zuerst zwischen Arbeitgeber und Arbeitnehmer die grundsätzlichen Rahmenbedingungen arbeitsrechtlich vereinbart bzw. vom Arbeitgeber vorgegeben. Flexible Langzeitkonten können hierbei für eine „Auszeit“ während der aktiven Beschäftigung (z.B. für eine Weiterbildung) angeboten werden und Lebensarbeitszeitkonten ausschließlich zur Verkürzung der Lebensarbeitszeit mit dem direkten Übergang in den Ruhestand.

Die arbeitsrechtlichen Rahmenbedingungen hierzu können entweder über einen Tarifvertrag, eine Betriebsvereinbarung oder über Einzelvereinbarungen festgelegt werden. Wesentliche Regelungen sind dabei die Möglichkeiten des Aufbaus von Guthaben, deren Anlage und die Möglichkeiten für den Abbau.

Grundsätzlich ist der Aufbau dieser Guthaben auf Lang- und/oder Lebensarbeitszeitkonten (Wertguthaben) aus allen Vergütungsbestandteilen – wie z.B. dem laufenden Gehalt, Sonderzahlungen, Gleitzeitstunden oder Urlaubstagen – möglich. Ein Verzicht auf Entgeltbestandteile zugunsten des Arbeitszeitkontos ist dem Arbeitgeber zu erklären, der Geld oder Zeit dem Konto gutschreibt und hierfür eine entsprechende Kapitalanlage in Investmentfonds vornimmt.

Der Arbeitgeber sagt zu, dass zum Zeitpunkt der planmäßigen Verwendung mindestens die eingebrachten Gehaltsbestandteile zur Verfügung stehen (sogenannte Zeitwertkontengarantie, erforderlich seit 01.01.2009). Darüber hinaus kann sich die „Zusage“ je nach Modell an der Kursentwicklung der Kapitalanlage orientieren oder eine bestimmte jährliche Verzinsung beinhalten.

Nachdem die Wertguthaben aufgebaut sind, kann einvernehmlich eine Freistellung vereinbart werden. Dabei ist neben Beginn und Dauer der Freistellung auch – innerhalb bestimmter Grenzen – das Freistellungsgehalt zu regeln.

Die Anlässe für eine Freistellung bestimmen sich nach der Wertguthabenvereinbarung. Aufgrund der stetigen Flexibilisierung der Arbeitsbedingungen treten Gründe wie Weiterbildungsmaßnahmen, längere Auszeiten zu individuellen Zwecken (sogenanntes Sabbatical) und die Verkürzung der Lebensarbeitszeit immer stärker in den Vordergrund. Seit dem 01.01.2009 kann das Wertguthaben auch für die gesetzlichen Freistellungsmöglichkeiten (Pflege– und Elternzeiten oder Verringerung der Arbeitszeit) verwendet werden, soweit dies nicht ausgeschlossen wird.

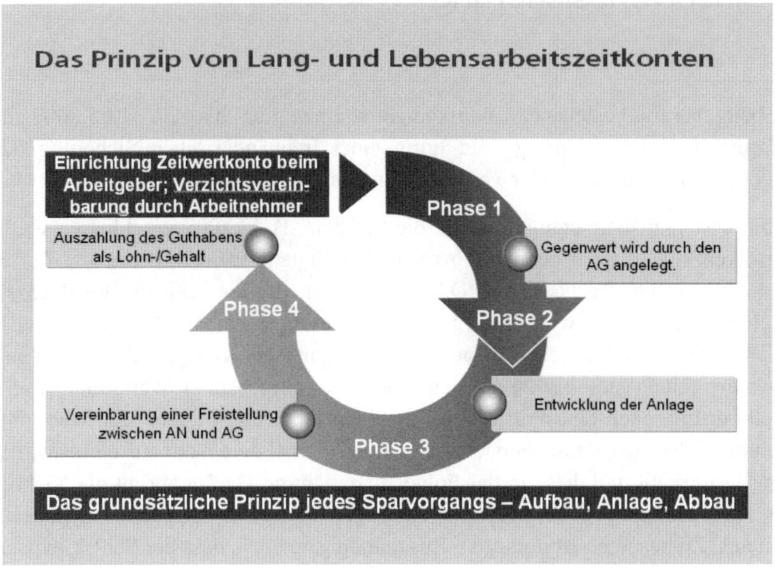

Abbildung 1: *Das Prinzip von Lang- und Lebensarbeitszeitkonten*

3. Änderungen durch das Gesetz zur Verbesserung von Rahmenbedingungen für die Absicherung flexibler Arbeitszeitregelungen (Flexi II)

Nach dem Inkrafttreten des Gesetzes zur Verbesserung der Rahmenbedingungen für die Absicherung flexibler Arbeitszeitregelungen (Flexi II) zum 01.01.2009 und dem Schreiben der Sozialversicherungsträger vom 31.03.2009, wurde am 17.06.2009 auch das BMF-Schreiben zur „Lohn-/einkommensteuerlichen Behandlung sowie Voraussetzungen für die steuerliche Anerkennung von Zeitwertkonten-Modellen“ veröffentlicht. Somit sind die flexiblen Arbeitszeitregelungen und damit die Zeitwertkontenmodelle in 2009 einer Reihe von Neuregelungen unterworfen worden. Zudem ergeben sich auch aus dem Bilanzrechtsmodernisierungsgesetz wichtige Änderungen für das Thema Zeitwertkonten.

Das Flexi II-Gesetz hat vorrangig das Ziel, die Flexibilität von Zeitwertkonten zu erhöhen und eine Verbesserung der Insolvenzsicherung zu gewährleisten. Nachfolgend werden die Merkmale des neuen Gesetzes beschrieben.

3.1 Insolvenzsicherung

Jeder Arbeitgeber mit bestehenden Wertkontensystemen muss bis zum 31.05.2009 eine gesetzeskonforme Insolvenzsicherung – in Form einer treuhänderischen Sicherung oder eines Versicherungs-, Bürgschafts- oder Verpfändungsmodells – umgesetzt haben.

Erfolgt für Wertguthabenvereinbarungen, die vor dem 31.12.2008 geschlossen worden sind, keine Insolvenzsicherung, drohen dem Arbeitgeber ab dem 01.06.2009 die in § 7e Abs. 5 und 6 SGB IV geregelten Rechtsfolgen. D.h. Mitarbeiter, die die fehlende Insolvenzsicherung schriftlich rügen, haben – wenn die Insolvenzsicherung nicht innerhalb von zwei Monaten hergestellt wird – das Recht zur sofortigen Kündigung der Wertguthabenvereinbarung und zur Rückabwicklung des bis zu diesem Zeitpunkt aufgebauten Wertguthabens. Ab dem 01.06.2009 erfolgt auch eine Prüfung der Insolvenzsicherung bestehender Wertkontensysteme durch die Träger der Rentenversicherung. Wird hierbei eine nicht ausreichende Insolvenzsicherung festgestellt und diese in der Folge auch nicht geschaffen, droht die Nichtigkeit der Wertkontenvereinbarung. Überdies setzt sich der Arbeitgeber möglichen Schadenersatzansprüchen aus. Zu beachten ist in diesem Zusammenhang auch, dass der Schwellenwert für die Insolvenzsicherungspflicht seit dem 01.01.2009 auf das einfache der monatlichen Bezugsgröße nach § 18 des vierten Sozialgesetzbuchs (SGB IV) gefallen ist. Das aufgebaute Wertguthaben einschließlich des darauf entfallenden Arbeitgeberbeitrags zur Sozialversicherung ist damit in 2009 ab Erreichen eines Betrags von 2.520 Euro insolvenzsicherungspflichtig. Ein zeitlicher Aspekt (in der Vergangenheit in Form eines bestimmten Ausgleichszeitraums von mehr als 27 Monaten) entfällt.

Der Priorität des Themas Insolvenzsicherung soll nachfolgend weiter Rechnung getragen werden, indem hierzu einige grundsätzliche Fakten aufbereitet werden:

Wertguthaben aus Lang- oder Lebensarbeitszeitkonten werden aus erbrachter Arbeitsleistung aufgebaut und können über die Laufzeit zu erheblichen Vermögenswerten anwachsen. Diese Vermögen sind vor einer möglichen Insolvenz des Arbeitgebers zu schützen. Die gesetzliche Grundlage für diesen Insolvenzschutz ist § 7e SGB IV, der die Voraussetzungen definiert. Demnach hat der Arbeitgeber die Vorkehrungen zu treffen, das Wertguthaben einschließlich der enthaltenen Gesamtsozialversicherungsbeiträge gegen eine mögliche Zahlungsunfähigkeit zu schützen.

Daneben ist der Arbeitgeber verpflichtet, „die Beschäftigten alsbald über die Vorkehrungen zum Insolvenzschutz in geeigneter Weise schriftlich zu unterrichten“.

Ein Treuhand- oder ein Verpfändungsmodell ist z.B. eine geeignete Form der Insolvenzsicherung.

Aus diesem Grund wird beispielhaft das Abtretungs-/Verpfändungsmodell als ein geeignetes Insolvenzsicherungsmodell vorgestellt. Hier werden in einem Vertrag zur Sicherung der Wertguthaben zwischen dem Arbeitgeber und dem Sicherungsgeber die Rechte und Pflichten für die Insolvenzsicherung vereinbart. Der Sicherungsgeber ist in unserem Beispiel eine Bank. Diesem Vertrag tritt jeder Arbeitnehmer, der an einem Lang- und/oder Lebensarbeitszeitkonto teilnimmt, durch eine Beitritts- und Abtretungserklärung bei.

Anschließend wird der Sicherungsgeber die Einhaltung der Insolvenzsicherung für jeden Arbeitnehmer überwachen. Zum Zeitpunkt des Aufbaus der Wertguthaben werden die Gegenwerte z.B. in Investmentfonds angelegt, die an den Sicherungsgeber verpfändet werden. Somit ist sichergestellt, dass im Fall der Insolvenz des Arbeitgebers die Investmentfonds zur Befriedigung der Wertguthaben verwendet werden können.

Bei der regulären Verwendung der Wertguthaben benötigt der Sicherungsgeber in dieser beispielhaften Darstellung die unterschriebene Freistellungsvereinbarung zwischen Arbeitgeber und Arbeitnehmer. Erst mit dieser Vereinbarung wird dem Verkauf von Fondsanteilen zugunsten des Arbeitgebers seitens des Sicherungsgebers zugestimmt. Ohne diese Vereinbarung kann der Arbeitgeber keine Verkäufe von Investmentfonds vornehmen. Der Sicherungsgeber beachtet während der gesamten Laufzeit des Lang- und/oder Lebensarbeitszeitkontos die Einhaltung der Insolvenzsicherung. Im Fall der Insolvenz sorgt er darüber hinaus dafür, dass die Wertguthaben an die Arbeitnehmer ausgezahlt und Steuern und Sozialversicherungsbeiträge abgeführt werden.

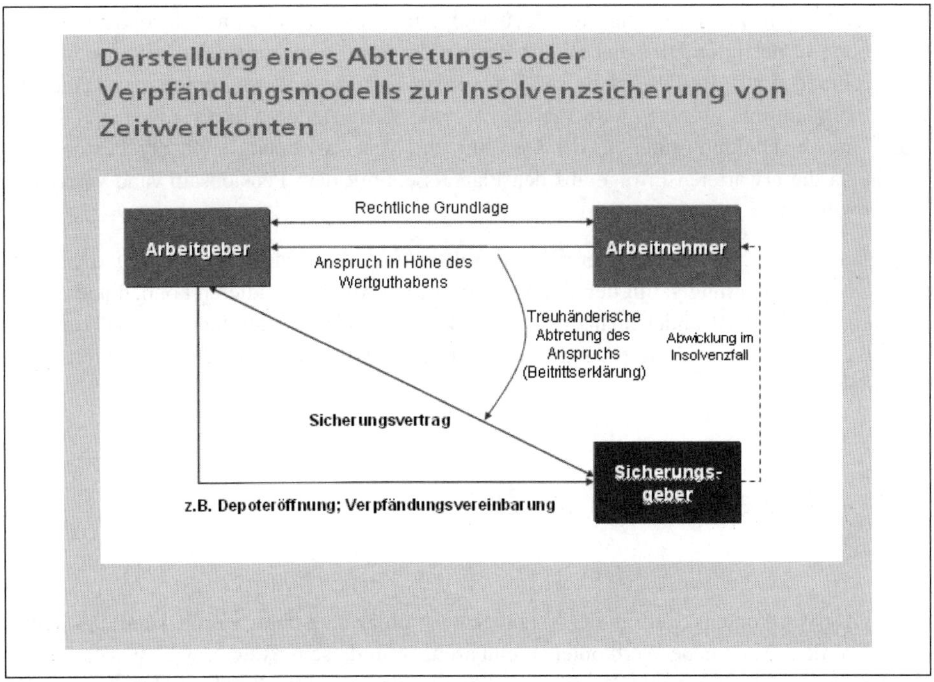

Abbildung 2: *Abtretungs- oder Verpfändungsmodell*

Neben dem Verpfändungsmodell (oder Abtretungsmodell) wird im Sozialgesetzbuch auch das Treuhandmodell zur Insolvenzsicherung als geeignet hervorgehoben. Wenn ein Unternehmen international nach IFRS oder US-GAAP bilanziert und die Bilanz verkürzen und seine Kennzahlen verbessern möchte, ist das Treuhandmodell zu bevorzugen.

Gerade für mittelständische Unternehmen bietet sich eine Gruppentreuhand an, da der Aufwand für die Einrichtung geringer ist als bei einer firmenindividuellen Treuhand. Zwischen dem Unternehmen und dem Treuhänder wird ein Treuhandvertrag geschlossen. In der Regel handelt es sich rechtlich um eine doppelseitige Treuhand: Das Unternehmen überträgt Vermögen, z.B. in Form von Investmentfonds, auf die Treuhand (Verwaltungstreuhand). Gleichzeitig regelt der Vertrag die Sicherung der Versorgungsansprüche der Arbeitnehmer im Insolvenzfall (Sicherungstreuhand). Das Treuhandvermögen ist zweckgebunden, d.h. es wird ausschließlich für die Erfüllung der Versorgungsverpflichtungen verwendet (sogenannte Plan Assets). Mittelrückflüsse an den Arbeitgeber sind nur möglich sofern zum einen Erstattungen von Leistungen des Arbeitgebers an die Versorgungsberechtigten erfolgen und zum anderen der Wirtschaftsprüfer eine Freigabe der Mittel im Rahmen einer Übersicherung bestätigt (d.h. die Plan Assets übersteigen die abzusichernden Verpflichtungen).

Wirtschaftlicher Eigentümer des Vermögens bleibt der Arbeitgeber; rechtlicher Eigentümer wird die Treuhand. Die Treuhand verwaltet das Vermögen nach den vereinbarten Anlagerichtlinien und regelt die Auszahlung des Treuhandvermögens im Falle einer Insolvenz des Arbeitgebers. In der internationalen Bilanz können die Plan Assets auf der Aktivseite mit den Verpflichtungen auf der Passivseite saldiert werden. Auf diese Weise kommt es zu einer Bilanzverkürzung und zu einer Verbesserung zentraler Kennzahlen wie der Eigenkapitalquote oder dem Verschuldungsgrad. In der Gewinn- und Verlustrechnung sinkt der Personalaufwands, da die erwarteten Erträge aus den Plan Assets mit dem Pensionsaufwand verrechnet werden können.

Wie auch die nach HGB bilanzierenden Gesellschaften ihre Verpflichtungen aus den Zeitwertkontenvereinbarungen mit den dafür vorgesehenen Anlagen saldieren können und daraus ein Nullsaldo in der Handelsbilanz resultieren kann – wodurch auch hier eine Stärkung der Bilanzkennzahlen u.a. für Ratings zu erreichen ist –, wird später in diesem Beitrag noch beschrieben.

3.2 Kontenführung „in Zeit“

Sofern das Wertkontensystem in der Vergangenheit „in Zeit“ geführt wurde, kann dies beibehalten werden. Auch neue Wertkontenvereinbarungen in diesem System, wie etwa für neu in das Unternehmen eintretende Mitarbeiter, können weiterhin „in Zeit“ geführt werden. Zu beachten bleibt unter diesem Aspekt, dass die nun nach § 7d Abs. 2 SGB IV geforderte jährliche Mitteilung das Arbeitsentgeltguthaben des Mitarbeiters ausweisen muss. Der Arbeitgeber muss daher auch eine Umrechnung in Geldwerte vornehmen können. Ab dem 01.01.2009 neu eingerichtete Wertkontensysteme können nach § 7b SGB IV nicht mehr „in Zeit", sondern müssen „in Geld" geführt werden.

3.3 Kapitalanlagevorschriften

Neue, aber auch bestehende Wertguthabensysteme unterliegen seit dem 01.01.2009 restriktiven Kapitalanlagevorschriften. Diese fordern neben dem Werterhalt zum Zeitpunkt der planmäßigen Inanspruchnahme und einer Beschränkung der möglichen Aktien- bzw. Aktienfondsanlage auf 20 % – für Langzeitkonten – auch die Einhaltung der §§ 80 ff. SGB IV. Für reine Lebensarbeitszeitkonten, die ausschließlich für den „Vorruhestand" verwendet werden dürfen, ist hiervon abweichend auch eine höhere Aktienquote erlaubt.

Nach dem hierzu ergangenen Rundschreiben der Sozialversicherungsträger vom 31.03.2009 finden die §§ 80 ff. SGB IV allerdings lediglich entsprechende Anwendung. Die Anlagebeschränkungen nach § 83 SGB IV gelten nach dem Rundschreiben im Wesentlichen für sogenannte Partizipationsmodelle, bei denen Anlageverluste nicht ausgeschlossen sind. So sind z.B. bei Garantiefonds, die eine Garantie auf den Zeitpunkt der planmäßigen Inanspruchnahme anbieten, nur die Voraussetzungen des § 80 Abs. 1 SGB IV einzuhalten. Nach dieser Vorschrift ist das Wertguthaben so anzulegen und zu verwalten, dass ein Verlust ausgeschlossen erscheint, ein angemessener Ertrag erzielt wird und eine ausreichende Liquidität gewährleistet ist.

Mit einem Garantiekonzept, z.B. auf Fondsbasis, kann auch ein etwaiges Finanzierungsrisiko des Arbeitgebers, das sich aus der gegenüber dem Arbeitnehmer erforderlichen Garantie der angelegten Beträge zum Zeitpunkt der planmäßigen Verwendung ergeben könnte, weitgehend ausgeschlossen werden.

3.4 bAV-Option

Die Möglichkeit, Wertkontenguthaben im Störfall sozialversicherungsfrei in betriebliche Altersversorgung (bAV) zu überführen, entfällt für Wertguthabenvereinbarungen, die nach dem 13.11.2008 geschlossen wurden bzw. werden. Dies gilt streng nach dem Wortlaut der Regelung in § 23b Abs. 3a SGB IV nicht nur für neu einzurichtende Wertkontensysteme, sondern auch für neue Wertkontenvereinbarungen in bestehenden Systemen. Die steuerfreie Übertragung bleibt auch über das Jahr 2009 hinaus hiervon unberührt.

4. Das Schreiben des Bundesministeriums für Finanzen vom 17.06.2009 zur „Lohn-/einkommensteuerlichen Behandlung sowie Voraussetzungen für die steuerliche Anerkennung von Zeitwerkonten-Modellen“

4.1 Steuerlicher Begriff des Zeitwertkontos

Der steuerliche Begriff des Zeitwertkontos entspricht dem sozialversicherungsrechtlichen Begriff der Wertguthabenvereinbarung im Sinne von § 7b SGB IV. Auch steuerrechtlich handelt es sich bei Vereinbarungen mit dem Ziel der flexiblen Gestaltung der werktäglichen oder wöchentlichen Arbeitszeit oder des Ausgleichs betrieblicher Produktions- und Arbeitszeitzyklen nicht um Zeitwertkonten. Außerdem sind gemäß Flexi II im Wertguthaben neben den Einbringungen die Arbeitgeberanteile am Gesamtsozialversicherungsbeitrag aufzunehmen bzw. enthalten.

4.2 Zeitwertkontengarantie

Die Zeitwertkontenvereinbarung zwischen Arbeitgeber und Arbeitnehmer muss einen Rückfluss der dem Zeitwertkonto zugeführten Arbeitslohnbeträge (ohne den Arbeitgeberanteil am Gesamtsozialversicherungsbeitrag) zum Zeitpunkt der planmäßigen Inanspruchnahme gewährleisten. Grundsätzlich ist eine Übernahme der Garantie durch ein externes Anlageinstitut möglich.

4.3 Übergangsregelung

Sollte bis heute für Altzusagen vor dem 01.01.2009 keine Zeitwertkontengarantie bestehen, kann der Arbeitgeber bis Ende 2009 eine Zusage/Garantie für den Bestand per Ende 2008 und die Einbringungen in 2009 nachholen. Andernfalls sind bereits die Zuführungen ab 2010 zu versteuern.

4.4 Besteuerungszeitpunkt

Erst in der Freistellungsphase des Arbeitnehmers, also bei Auszahlung, wird ein Zufluss von Arbeitslohn ausgelöst und damit erfolgt die Besteuerung. Während der Einbringung von Entgeltbestandteilen zum Aufbau des Wertguthabens ist kein lohnsteuerlicher Zufluss gegeben, wenn die genannte Zeitwertkontengarantie ausgesprochen ist. Die Einbringung von Entgeltbestandteilen zugunsten eines Zeitwertkontos wird auch dann steuerlich anerkannt, wenn die Verzichtsvereinbarung bereits erdiente, aber noch nicht fällig gewordene Entgeltbestandteile umfasst. Dies gilt auch, wenn eine Einmal- oder Sonderzahlung einen Zeitraum von mehr als einem Jahr betrifft.

4.5 Übertragung in die betriebliche Altersversorgung (bAV)

Besteht eine Vereinbarung zwischen Arbeitgeber und Arbeitnehmer, die eine Übertragung von Guthaben aus Zeitwertkonten in die bAV zulässt, ist die tatsächliche Übertragung – wie bisher – **steuerlich** als Entgeltumwandlung zugunsten der bAV anzuerkennen. Hierbei richtet sich die Höhe der steuerlich anzuerkennenden Beträge nach dem ausgewählten Durchführungsweg der bAV. Eine sozialversicherungsfreie Übertragung in die betriebliche Altersversorgung ist – wie bereits beschrieben – dagegen nur für (individuelle) Wertguthabenvereinbarungen, die vor dem 13.11.2008 abgeschlossen wurden, möglich.

4.6 Angemessenheit der Zuführungen zum Zeitwertkonto

Einbringungen in Zeitwertkonten können nur bis zu dem Betrag steuerfrei eingebracht werden, der grundsätzlich bis zum möglichen Freistellungsende durch eine Freistellungsphase aufgebraucht werden kann.

4.7 Begünstigter Personenkreis

Zeitwertkonten können für alle Arbeitnehmer im Rahmen eines gegenwärtigen Dienstverhältnisses eingerichtet werden. Dazu gehören grundsätzlich auch Arbeitnehmer mit einer geringfügig entlohnten Beschäftigung und befristete Dienstverhältnisse. Hier ist vor allem für die Dauer der Beschäftigung die Angemessenheit der Zuwendungen zu beachten. Einbringungen für Organe einer Körperschaft (z.B. Vorstandsmitglieder einer Aktiengesellschaft oder Geschäftsführer einer GmbH) werden steuerlich nicht anerkannt und sind als Arbeitslohn zu versteuern. Dies gilt ebenso für Arbeitnehmer, die von der Körperschaft beschäftigt werden, die sie beherrschen. Dies wurde auch schon durch das BMF-Schreiben vom 27.01.2009 bestätigt. Damit wurde die Frage der steuerlichen Anerkennung von Einbringungen auf Zeitwertkonten z.B. eines Gesellschafter-Geschäftsführers mit einer „Absage" beantwortet.

4.8 Übertragung von Zeitwertkontenguthaben bei Beendigung der Beschäftigung

Bei Übertragung von Guthaben – aufgrund eines Arbeitgeberwechsels – tritt entweder der neue Arbeitgeber an die Stelle des alten Arbeitgebers und übernimmt die Verpflichtungen aus der Zeitwertkontenvereinbarung oder es erfolgt eine Übertragung auf die Deutsche Rentenversicherung Bund. Bei der Übertragung auf die Deutsche Rentenversicherung Bund wird diese steuerfrei gestellt. In beiden Fällen ist erst die Auszahlung während der Freistellung als Arbeitslohn zu versteuern.

4.9 Planwidrige Verwendung

Eine planwidrige Verwendung liegt vor, wenn das Dienstverhältnis vor Beginn oder während der Freistellungsphase beendet wird (z.B. Kündigung). Lohnsteuerlich gelten hier die allgemeinen Grundsätze, d.h. der Einmalbetrag ist in der Regel als sonstiger Bezug zu versteuern.

5. Bilanzielle Behandlung von Zeitwertkonten nach dem Bilanzrechtsmodernisierungsgesetz (BilMoG)

Mit der Verabschiedung des Bilanzrechtsmodernisierungsgesetzes, kurz BilMoG, im Bundestag am 26.03.2009 und der Zustimmung des Bundesrats am 29.05.2009 herrscht inzwischen Klarheit über die größte HGB-Reform seit 20 Jahren.

Rückstellungen aus Zeitwertkontenverpflichtungen sind nach dem BilMoG mit ihrem Erfüllungsbetrag anzusetzen und mit einem marktgerechten Zinssatz zu diskontieren, der von der Deutschen Bundesbank bekannt gegeben wird. Auf der Aktivseite sind im Falle der Ausfinanzierung der Ansprüche die entsprechenden Vermögensanlagen in die Bilanz einzustellen und gemäß BilMoG nunmehr mit dem Zeitwert zu bilanzieren.

Für Vermögen, das ausschließlich zur Erfüllung von Verpflichtungen aus Arbeitszeitkonten gehalten wird und etwa durch eine Abtretungs-/Verpfändungs-, eine Bürgschafts- oder eine Treuhandkonstruktion vor dem Zugriff der Gläubiger geschützt ist, sieht das BilMoG zudem ein Saldierungsgebot vor. Das Planvermögen ist demnach nicht auf der Aktivseite anzusetzen, sondern mit der Rückstellung zu saldieren. Dies trägt zu einer Bilanzverkürzung und zu einer Verbesserung zentraler Kennzahlen wie der Eigenkapitalquote oder dem Verschuldungsgrad – gegenüber den bisherigen Bilanzierungsrichtlinien – bei.

Das BilMoG greift ab dem Jahr 2010, betrifft aber nur die Handelsbilanz, nicht die Steuerbilanz. Zur steuerbilanziellen Berücksichtigung von Zeitwertkonten wird noch ein gesondertes BMF-Schreiben in Aussicht gestellt.

6. Fazit

Die beschriebenen Neuerungen im Bereich der Zeitwertkonten stärken die herausragende Stellung dieses Instruments und seine zukünftige Bedeutung. Die Pflicht zur Insolvenzsicherung von Wertguthaben zum Schutz des Arbeitnehmers ist vielfältig abzubilden und sollte kein Unternehmen vor eine zu große Herausforderung stellen. Praktikable Lösungswege zur Insolvenzsicherung wurden in dem Beitrag hinreichend erläutert. Die bilanziellen Änderungen sind für nach HGB bilanzierende Unternehmen ebenfalls als durchweg positiv zu bezeichnen und geben ein richtiges Signal.

Vor dem Hintergrund der stufenweisen Anhebung des gesetzlichen Renteneintrittsalters auf 67 Jahre und des Auslaufens der staatlichen Förderung von Altersteilzeitregelungen Ende 2009 sind Wertkonten eine attraktive Option zur Verkürzung der Lebensarbeitszeit. Lebensarbeitszeitkonten können zusätzlich zu privaten und betrieblichen Altersvorsorgemaßnahmen, deren Leistungen in der Rentenphase fließen, als Steinchen im Vorsorgemosaik dienen.

Als personalpolitisches Mittel und als Möglichkeit, dem demografischen Wandel im Unternehmen zu begegnen, sind Wertkontensysteme zukünftig ein wichtiges Instrument. Es geht um die Wettbewerbsfähigkeit eines jeden Unternehmens, denn dieses Modell eines Lebensarbeitszeitkontos ermöglicht die seltene Übereinstimmung zwischen den Interessen des Arbeitgebers und des Arbeitnehmers, einen attraktiven Übergang in den Ruhestand zu erreichen. Außerdem gilt es als Alternative für teure Vorruhestandsregelungen und erhöht die Attraktivität eines jeden Unternehmens, auch für die notwendige Akquisition von Fach- und Führungskräften und deren Bindung an das Unternehmen.

Es ist auch nicht angemessen, den demografischen Wandel als Problem zu sehen, sondern viel eher als – allerdings große – Herausforderung. Probleme tauchen meist unvermittelt auf und sind vielfach äußeren Einflüssen geschuldet. Die demografische Entwicklung hingegen ist seit langer Zeit absehbar, und auch die Zukunft lässt sich im Hinblick auf die Bevölkerungsentwicklung vergleichsweise gut vorhersehen. So können wir uns bei der Prognose, wie viele Menschen in 30 Jahren in Deutschland leben und wie viele davon im Rentenalter sein werden, sicherer sein als bei der Wettervorhersage für das kommende Wochenende.

Zeitwertkonten und etablierte Konzepte der betrieblichen Altersversorgung – „verbesserter Nachfolger“ der gesetzlichen Altersteilzeit

Rainer Steinhaus

1. Einleitung

Zeitwertkonten spielen in der Praxis für die flexible Gestaltung der Lebensarbeitszeit eine immer wichtigere Rolle. Das zum 01.01.2009 in Kraft getretene „Flexi-II-Gesetz“ und das Rundschreiben der Spitzenverbände der Sozialversicherungsträger vom 31.03.2009 sorgen für weiteren Handlungsbedarf. Da zudem die gesetzliche Förderung von Altersteilzeitmodellen durch die Bundesagentur für Arbeit zum 31.12.2009 auslaufen wird, sind Zeitwertkonten die einzige Auffanglösung. Daher ist es wichtig, bereits etablierte Konzepte der betrieblichen Altersversorgung und Zeitwertkonten optimal aufeinander abzustimmen. Welche Vorteile solche „Kombi-Modelle“haben und wie man sie erfolgreich umsetzt, erläutert der nachfolgende Beitrag.

2. Zeitwertkonten und betriebliche Altersversorgung

2.1 Abgrenzung von Zeitwertkonten und betrieblicher Altersversorgung

Versorgungsansprüche aus betrieblicher Altersversorgung liegen aus arbeits- und steuerrechtlicher Sicht vor, wenn Arbeitnehmern aus Anlass eines Arbeitsverhältnisses vom jeweiligen Arbeitgeber Leistungen zur Absicherung mindestens eines biometrischen Risikos – Alter, Tod oder Invalidität – zugesagt werden und Rechtsansprüche auf diese Leistungen erst mit dem Eintritt des biologischen Ereignisses entstehen.

Der Grundgedanke von Zeitwertkonten ist demgegenüber aus Arbeitnehmersicht ein steuer- und sozialabgabenfreies Ansparen von Entgeltbestandteilen; Ziel ist hier eine Freistellung von der Arbeitsleistung während des Arbeitslebens oder vor dem Eintritt in den Ruhestand („Vorruhestandslösung“).

Somit besteht der grundlegende rechtliche Unterschied zwischen Maßnahmen der betrieblichen Altersversorgung und Zeitwertkontenmodellen im rechtlichen Verpflichtungstatbestand.

Während betriebliche Versorgungsleistungen gemäß § 1 Abs. 1 BetrAVG auf einer Versorgungszusage des Arbeitgebers im arbeitsrechtlichen Grundverhältnis beruhen – wodurch Entgeltbestandteile des Arbeitnehmers in eine andere Abgeltungsform (nämlich in eine Versorgungszusage mit dem anschließenden Bezug von Betriebsrentenleistungen) transformiert werden – stellt sich die diesbezügliche Rechtsgrundlage bei Zeitwertkonten anders dar:

Im Rahmen der Bildung von Wertguthaben (Zeitwertkonten) verzichtet der Arbeitnehmer auf die Auszahlung bestimmter Entgeltbestandteile, die ihm dann in einem späteren Entgeltabrechnungszeitraum – möglichst verzinst – wieder zur Bestreitung einer Freistellungsphase ausgezahlt werden. Obwohl dieser Vorgang im Rahmen der „normalen“ Gehaltsabrechnung stattfindet, entfällt für den Arbeitnehmer während der Freistellungsphase die Verpflichtung zur Erbringung seiner Arbeitsleistung, da er für diesen Entgeltbezug bereits vorgearbeitet hat. Wertguthaben bleiben daher, im Gegensatz zur betrieblichen Altersversorgung, klassische Entgeltbestandteile des Arbeitnehmers während seines aktiven Berufslebens.

Wertguthaben fallen folglich unter die Arbeitsentgeltdefinition: Hiernach ist Arbeitsentgelt die Leistung, die ein Arbeitgeber einem Arbeitnehmer aufgrund eines zwischen den beiden geschlossenen Arbeitsvertrags schuldet.

2.2 Harmonisierung eines betrieblichen Versorgungswerks mit einem Zeitwertkontensystem

Arbeitgeberfinanzierte betriebliche Versorgungssysteme belasten zum Teil enorm die Ertrags- und Liquiditätssituation zahlreicher Unternehmen, da betriebliche Versorgungsleistungen zumeist über einen sehr langen – und nicht immer genau berechenbaren – Zeitraum gezahlt werden müssen. Zusätzlich steht es Arbeitnehmern gemäß § 6 BetrAVG frei, betriebliche Versorgungsleistungen bereits vorzeitig in Anspruch zu nehmen, falls zugleich eine volle Altersrentenleistung aus der gesetzlichen Rentenversicherung bezogen wird, sodass auch hierdurch die Gesamtbelastung von Unternehmen weiter steigt.

Folglich sind aus Arbeitgebersicht Lösungen wünschenswert, die Versorgungswerke der betrieblichen Altersversorgung mit Zeitwertkontenmodellen kombinieren, mit dem Ziel, dass gewünschte Vorruhestandsphasen von Arbeitnehmern über Zeitwertkontenmodelle statt über gesetzliche Altersrentenleistungen mit den damit verbundenen Abschlägen finanziert werden. Über diesen Gestaltungsweg werden auch vorzeitige Betriebsrentenzahlungen vermieden, sodass der diesbezügliche Leistungsumfang des Arbeitgebers erheblich reduziert werden kann.

Nachfolgendes Beispiel soll diesen Zusammenhang plastisch darstellen:

- Unternehmen:
  Mittelständischer Betrieb mit 200 Mitarbeitern, geringe Fluktuation. Das Gros der Belegschaft ist zwischen 30 und 45 Jahre alt und erzielt ein Einkommen unterhalb der Beitragsbemessungsgrenze zur gesetzlichen Rentenversicherung (West). Das Unternehmen (GmbH) bilanziert nach HGB. Es besteht keine Tarifbindung.

- Grundsätzliches Ziel:
  Einrichtung eines reinen Lebensarbeitszeitkontos mit dem Ziel, den Mitarbeitern eine bis zu 3-jährige Vorruhestandsregelung anzubieten. Das Konto wird in Geld geführt und soll extern finanziert werden.

- Berechnungsvorgaben:
  Entwicklung eines Zeitwertkontos eines 35-jährigen Mitarbeiters mit einem monatlichen Bruttogehalt von 3.500 Euro. Der Mitarbeiter bringt jährlich 1.200 Euro in sein Zeitwertkonto ein und möchte in der Vorruhestandsphase 70 % seines letzten Aktivgehalts beziehen. Es ist eine 2%ige Lohnsteigerung pro Jahr sowie eine 6%ige Verzinsung der Wertguthabenanlagen zu beachten.

■ Berechnung:

Bilanzjahr Bilanzstichtag 31.12.	Alter	Aktuelles AN-Gehalt Gehaltsentwicklung mit 2 %iger Steigerung	Freistellungs-Gehalt 70 %iges-Freistellungs-gehalt	Entwicklung Wertguthaben Rückdeckung WGH Zinssatz: 6 %	Freistellungs-Gehalt Freistellungsgehalt bis Renteneintritt
2009	**35**	45.500,00	31.010,00	1.272,00	992.320,00
2010	**36**	46.410,00	31.647,00	2.620,32	981.057,00
2011	**37**	47.338,20	32.296,74	4.049,54	968.902,20
2012	**38**	48.284,96	32.959,47	5.564,51	955.824,69
2013	**39**	49.250,66	33.635,46	7.170,38	941.792,94
2014	**40**	50.235,68	34.324,98	8.872,61	926.774,35
2015	**41**	51.240,39	35.028,27	10.676,96	910.735,10
2016	**42**	52.265,20	35.745,64	12.589,58	893.641,00
2017	**43**	53.310,50	36.477,35	14.616,95	875.456,40
2018	**44**	54.376,71	37.223,70	16.765,97	856.145,03
2019	**45**	55.464,25	37.984,98	19.043,93	835.669,45
2020	**46**	56.573,53	38.761,47	21.458,57	813.990,89
2021	**47**	57.705,00	39.553,50	24.018,08	791.070,00
2022	**48**	58.859,10	40.361,37	26.731,16	766.866,03
2023	**49**	60.036,28	41.185,40	29.607,03	741.337,13
2024	**50**	61.237,01	42.025,91	32.655,46	714.440,42
2025	**51**	62.461,75	42.883,23	35.886,78	686.131,60
2026	**52**	63.710,98	43.757,69	39.311,99	656.365,29
2027	**53**	64.985,20	44.649,64	42.942,71	625.094,96
2028	**54**	66.284,91	45.559,44	46.791,27	592.272,68
2029	**55**	67.610,61	46.487,43	50.870,75	557.849,12
2030	**56**	68.962,82	47.433,97	55.194,99	521.773,71
2031	**57**	70.342,08	48.399,46	59.778,69	483.994,56
2033	**58**	71.748,92	49.384,24	64.637,41	444.458,20
2033	**59**	73.183,89	50.388,72	69.787,66	403.109,78
2034	**60**	74.647,57	51.413,30	75.246,92	359.893,09
2035	**61**	76.140,52	52.458,36	81.033,73	314.750,18
2036	**62**	77.663,33	53.524,33	87.167,76	267.621,66
2037	**63**	79.216,60	54.611,62	93.669,82	218.446,48
2038	64	80.800,93	55.720,65	[illegible]	167.161,95
2039	65	82.416,95	56.851,87	[illegible]	113.703,73
2040	**66**	**84.065,29**	**58.005,70**	115.611,80	**58.005,70**

Abbildung 1: *Modellberechnung: Aufbau von Wertguthaben für eine Freistellungsphase – „Reines Lebensarbeitszeitkonto"*

■ Erläuterungen zur Berechnungstabelle:

- Bei der Berechnung wird von 13 Monatsgehältern ausgegangen.
- Ein Lebensarbeitszeitkonto beschreibt in diesem Zusammenhang ein Zeitwertkontenmodell, das ausschließlich zur Finanzierung des Vorruhestands verwendet wird.

- **Spalte 3 – Aktuelles AN-Gehalt:** Entwicklung des Gehalts des Beispiel-Arbeitnehmers bei einer 2%igen Gehaltsentwicklung.
- **Spalte 4 – 70%iges Freistellungsgehalt gemäß Aufgabe:** Die Basis zur Berechnung der 70 %-Grenze stellt das Rundschreiben der Sozialversicherungsträger vom 31.03.2009 dar. Hiernach ist das Gehalt nach Umwandlung in ein Wertguthaben maßgeblich für die sozialversicherungsrechtliche Anerkennung in der Freistellungsphase.
- **Spalte 5 – Entwicklung Wertguthaben:** Hier wird eine 6%ige Entwicklung der Rückdeckungsanlage zur Wertguthabenanlage angenommen.
- **Spalte 6 – Freistellungsgehalt bis Renteneintritt:** Hier wird der Verlauf der noch zu zahlenden Gehaltsbestandteile skizziert, um den Vergleich ziehen zu können, ab wann eine Freistellungsphase in Betracht kommt.
- In der Entnahmephase wird ebenfalls ein Zinssatz von 6 % vorausgesetzt.
- Im Rahmen der Wertguthabenanlage wird davon ausgegangen, dass der jährliche Betrag jeweils zum 01.01. eines jeden Jahres zur Anlage am Kapitalmarkt zur Verfügung gestellt wird.
- In der Darstellung wird sichtbar, dass die Musterperson ca. zwei bis drei Monate nach ihrem 65. Geburtstag in die Freistellungsphase treten kann und gleichzeitig noch sozialversicherungsrechtlich abgesichert bleibt („Fiktion einer sozialversicherungsrechtlichen Beschäftigung ohne Verpflichtung zur Arbeitsleistung gemäß § 7 SGB IV). Durch die Neuregelungen des Gesetzgebers ist der Regelrenteneintritt zudem ab Vollendung des 67. Lebensjahres zu berechnen.
- Das Freistellungsgehalt würde hierbei bei **56.851,87 Euro** liegen (Durchschnitt während des 65. Lebensjahres auf Basis von 70 % des letzten Gehalts gemäß der Aufgabe).
- Die auf die jeweilige Arbeitnehmereinbringung entfallenden Arbeitgebersozialversicherungsanteile sind aus Vereinfachungsgründen in die Betrachtung nicht einbezogen worden.

2.3 Vorteile von Zeitwertkonten

Bei der Analyse des Beispiels wird der Vorteil eines Zeitwertkontos, sowohl aus Arbeitgeber- als auch aus Arbeitnehmersicht erkennbar. Infolge der Nutzung einer knapp zweijährigen Vorruhestandsphase durch den Arbeitnehmer erwirkt das Unternehmen **Personalkosteneinsparungen** (ohne Sozialversicherungsanteile) von 113.703,73 Euro. Denn das „Freistellungsgehalt“ wird nun nicht mehr aus dem originären „Cashflow“ des Unternehmens gezahlt, sondern aus dem separierten Zweckvermögen in Form des angesparten Zeitwertkontos. Beachtlich ist hierbei zudem, dass der Kapitalaufbau des Zeitwertkontos ausschließlich durch die Bereitstellung von Arbeitnehmerentgeltbestandteilen erfolgt ist, sodass der Arbeitgeber, außer den ohnehin – aufgrund der arbeitsvertraglichen Verpflichtung – zu erbringenden Gehaltszahlungen während der Anwartschafts- bzw. Aufbauphase des Zeitwertkontos, keine eigenen Aufwendungen tätigen muss.

Zudem treffen den Arbeitgeber für den Freistellungszeitraum keine Zahlungsaufwendungen für Betriebsrentenleistungen an den Arbeitnehmer, da dieser in der Freistellungsphase, aufgrund seines Status als sozialversicherungsrechtlich weiterhin Beschäftigter bis zum Regelrenteneintritt, keinen Anspruch auf Leistungen der betrieblichen Altersversorgung geltend machen kann. Folglich spart der Arbeitgeber auch diesen Belastungsaufwand ein, sodass ihm ca. drei weitere Anwartschaftsjahre zur Ausfinanzierung der betrieblichen Versorgungsverpflichtungen – unter Nutzung eines effizienten Asset Liability Management – zur Verfügung stehen.

Auch für den Arbeitnehmer ergeben sich Vorteile, denn er müsste bei einem Vorruhestand ohne Zeitwertkonto das Arbeitsverhältnis mit seinem Arbeitgeber beenden und enorme Rentenabschläge bei einem vorzeitigen gesetzlichen (0,3 % für jeden Monat einer vorzeitigen Inanspruchnahme) und betrieblichen Rentenbezug in Kauf nehmen; hingegen bewirkt die Zeitwertkontenkonstellation, dass auch während der Vorruhestandsphase zu seinen Gunsten Sozialversicherungsabgaben erbracht werden müssen, sodass er weiterhin Entgeltpunkte sammelt, die den Erhalt der prognostizierten gesetzlichen Altersrentenleistung sicherstellen.

Die GIA Gesellschaft für Industrieberatung AG in Wipperfürth und ihre Netzwerktochter GNP AG (GIA-Network-Partners), Düsseldorf, gehören mit zu den Pionieren auf dem Gebiet der Lebensarbeitszeitkonten und haben gemeinsam mit ihren Netzwerkpartnern mehr als 500 Unternehmen bei der Einrichtung von Zeitwertkonten begleitet. Immer mehr Sparkassen greifen bei der Beratung und Installierung von Lebensarbeitszeitkonten erfolgreich auf diese Kompetenz und diesen Erfahrungsschatz zurück.

3. Zeitwertkonten und Altersteilzeit

Mit den gesetzlichen Regelungen zur Altersteilzeit hat der Gesetzgeber angestrebt, älteren Mitarbeitern einen gleitenden und frühzeitigen Übergang in den Ruhestand zu ermöglichen und zugleich Anreize zu schaffen, die frei werdenden Arbeitsplätze neu zu besetzen. In der Praxis existieren zwei Möglichkeiten zur arbeitnehmerseitigen Nutzung von Altersteilzeitmodellen:

- **„Klassisches Altersteilzeitmodell“**: Bei dieser Gestaltungsform reduziert der Mitarbeiter über den ganzen Zeitraum der Altersteilzeit seine Arbeitszeit auf die Hälfte seiner ursprünglichen Arbeitszeit.
- **Blockmodell:** Im Rahmen dieser Gestaltung wird die Altersteilzeit in zwei gleich lange Beschäftigungsphasen unterteilt. In der ersten Phase (sogenannte Arbeitsphase) bleibt die wöchentliche Arbeitszeit ungekürzt. In der zweiten Phase (sogenannte Freistellungsphase) wird der Arbeitnehmer von seiner Arbeitsleistung freigestellt. Über die Gesamtdauer ergibt

sich also auch hier eine Reduzierung der Arbeitszeit. Grundsätzlich hat das beschriebene Blockmodell eine Laufzeit von sechs Jahren – aufgeteilt in eine dreijährige Arbeitsphase und eine dreijährige Ruhephase. Ebenso lang währt die Förderung der Bundesagentur für Arbeit.

Nach § 2 Abs. 1 AltTZG setzt die Förderung der Altersteilzeit zum einen die Aufstockung des Regelarbeitsentgelts für die Altersteilzeit und der Rentenversicherungsbeiträge voraus. Zum anderen muss anlässlich des Übergangs in die Altersteilzeit ein arbeitslos gemeldeter Arbeitnehmer oder ein Ausgebildeter versicherungspflichtig beschäftigt werden. Kleinunternehmen mit bis zu 50 Beschäftigten haben die Möglichkeit, anstelle des arbeitslos gemeldeten Arbeitnehmers oder des Ausgebildeten einen Auszubildenden einzustellen. Erfüllt der Arbeitgeber diese Bedingungen, so erhält er von der Bundesagentur für Arbeit den Aufstockungsbetrag und die darauf zu entrichtenden Sozialversicherungsbeiträge erstattet.

Im Rahmen des Altersteilzeitvertrags sind insbesondere das Regelarbeitsentgelt und die Rentenversicherungsbeiträge durch den Arbeitgeber aufzustocken – nach § 3 Abs. 1 Nr. 1 Buchst. a AltTZG das Regelarbeitsentgelt für die Altersteilzeit um mindestens 20 % des Regelarbeitsentgelts.

Berechnungsbeispiele:

- Vollzeitentgelt: 3.000 Euro
- Teilzeitentgelt 50 % von 3.000 Euro: 1.500 Euro
- Arbeitgeberaufstockungsbetrag: 20 % von 1.500 Euro = 300 Euro
- Bruttoaltersteilzeitentgelt: 1.800 Euro

Der Arbeitgeberaufstockungsbetrag ist für den Beschäftigten nach § 3 Nr. 28 EStG steuerfrei, er unterliegt jedoch dem Progressionsvorbehalt. Folglich trifft den Arbeitnehmer bei Nutzung der zuvor beschriebenen Altersteilzeitlösung nur eine Lohnsteuerverpflichtung für 50 % seines bisherigen Bruttovollzeiteinkommens. Darüber hinaus fallen für das Entgelt, das der Arbeitnehmer für seine Altersteilzeitnutzung erhält, die üblichen Sozialversicherungsbeiträge an.

Demgegenüber trifft den Arbeitgeber die alleinige Verpflichtung zur Zahlung des Gesamtsozialversicherungsbeitrags für den Aufstockungsbeitrag in Höhe von 300 Euro. Als Berechnungsbasis zur höchstmöglichen Beitragsbemessung gelten 80 % des Regelarbeitsentgelts für die Altersteilzeitarbeit, insgesamt jedoch höchstens 90 % der Beitragsbemessungsgrenze.

Nachfolgendes Berechnungsbeispiel soll den zuvor beschriebenen Sachverhalt verdeutlichen:

- Vollzeitentgelt: 3.000 Euro
- Teilzeitentgelt 50 % von 3.000 Euro: 1.500 Euro
- „Normaler“ Rentenversicherungsbeitrag hierauf 19,9 % von 1.500 Euro = 298,50 Euro (jeweils zur Hälfte vom Arbeitgeber und Arbeitnehmer zu tragen)

- Zusätzlicher, allein vom Arbeitgeber zu tragender Rentenversicherungsbeitrag von 19,9 % berechnet auf 80 % von 1.500 Euro = 238,80 Euro
- Gesamter Rentenversicherungsbeitrag: 537,30 Euro

Das entspricht somit in Bezug auf das ursprüngliche Vollzeitentgelt 19,9 % von 90 % von 3.000 Euro, also 537,30 Euro.

4. Vergleich von Zeitwertkonten und Altersteilzeit

Vergleicht man anhand der geschilderten Berechnungsbeispiele die grundlegenden Wirkungsweisen von Zeitwertkonten- und Altersteilzeitlösungen, wird klar, dass das vielfach beschworene „Kostensenkungsargument" (wonach durch Altersteilzeitkonzeptionen aus Unternehmenssicht ein kostengünstiger Mitarbeitertransfer in den Ruhestand zur Senkung von Lohnkosten erreicht werden kann) nicht stichhaltig ist. So entsteht dem Arbeitgeber ein Aufwand durch den Einsatz eines Altersteilzeitmodells für einen Arbeitnehmer in Höhe von 118.746 Euro (1.500 Euro × 12 × 6 + Rentenversicherungsbeiträge), wenn die längstmögliche Förderung durch die Bundesagentur für Arbeit in Anspruch genommen wird (die durch die Bundesagentur erstatteten Aufstockungskosten sind in der Berechnung nicht berücksichtigt). Zusätzlich ist zu beachten, dass in der Regel der „weggefallene" Arbeitsplatz des Teilzeitmitarbeiters, aufgrund des nach wie vor vorhandenen Arbeitsanfalls, neu besetzt werden muss; somit kommt auch diese Kostenbelastung auf den Arbeitgeber bzw. das Unternehmen zu.

Aus Sicht des Arbeitnehmers kann es darüber hinaus erstrebenswerter sein, flexible Arbeitszeitgestaltungsmodelle zu nutzen, bei denen nicht unbedingt Abschläge analog den Regelungen der Altersteilzeit hingenommen werden müssen, jedoch trotzdem der gleiche bzw. ein verbesserter Freistellungseffekt erzielt wird.

5. Fazit und Ausblick

Insgesamt gesehen sind also Zeitwertkonten der verbesserte Nachfolger der auslaufenden Altersteilzeitregelungen, da hierbei sowohl für die Arbeitgeber als auch für die Arbeitnehmer ein hohes Maß an Kosten- und Gestaltungseffizienz zur Planung der individuellen Lebensarbeitszeit möglich ist.

Hauptargumente für Zeitwertkonten sind in diesem Zusammenhang für den Arbeitgeber, dass sich der Arbeitnehmer seinen Freistellungszeitraum aus eigenen Arbeitsentgelten „erspart", ohne dass der Arbeitgeber zu gesetzlichen Aufstockungsmaßnahmen verpflichtet wird. Selbstverständlich kann er sich jedoch über eine zweckgebundene Entgelterhöhung am Aufbau des Zeitwertkontos seines Arbeitnehmers beteiligen, sodass die gewünschten Effekte noch erheblich gesteigert werden können.

Für Arbeitnehmer ist noch der Vorteil zu nennen, dass durch den effizienten Aufbau eines Zeitwertkontos Freistellungsphasen in Anspruch genommen werden können, ohne dass diese mit einer Arbeitsphase – analog dem sogenannten Blockmodell im Rahmen der Altersteilzeit – verbunden werden müssen. Zudem kann der Arbeitnehmer durch einen selbst bestimmten Sparaufwand eigenständig entscheiden, ob er in einer Freistellungsphase Abschläge seines letzten Gehalts während seines tatsächlichen Arbeitslebens in Kauf nehmen möchte oder ob sein Zeitwertkonto ihm sein zuletzt im Dienstverhältnis bezogenes Entgelt zur Verfügung stellen soll.

Trotz der aktuellen Neuerungen zur rechtlichen Behandlung von Zeitwertkonten sind derartige Konzeptionen zukünftig konkurrenzlos. Mit dem Wegfall der gesetzlichen Altersteilzeitförderung durch die Bundesagentur für Arbeit und der ohnehin fragwürdigen finanziellen Vorteilhaftigkeit solcher Lösungen werden Zeitwertkonten einen wesentlichen Einfluss in Unternehmen aus allen Bereichen gewinnen.

Wie sagte doch der ehemalige Bundesarbeitsminister Olaf Scholz in einer Debatte zu den Neuerungen durch das Flexi-II-Gesetz am 25.09.2008 im Deutschen Bundestag: „ … wir sprechen hier von einem der modernsten Gesetze unserer Zeit, welches in zehn Jahren zur Selbstverständlichkeit eines jeden einzelnen gehören wird …" Dem ist nichts hinzuzufügen.

Anlage von Firmen- und Privatvermögen

Britt Niggemann

1. Einleitung

Trotz des derzeit schwierigen wirtschaftlichen Umfeldes verfügen viele deutsche Unternehmen über Liquiditätsüberschüsse. Sie verzeichneten in den vergangenen Jahren ein starkes Wachstum und eine hohe Auslandsnachfrage. Die Produktivität ist deutlich gestiegen. Dies hat zu hohen Jahresüberschüssen, erheblichen liquiden Mitteln und stetigem Zahlungsmittelzustrom geführt.

Dabei ist festzustellen, dass vor allem mittelständische Unternehmen vorsichtiger agieren als börsennotierte Aktiengesellschaften: statt üppige Gewinnausschüttungen an die Gesellschafter vorzunehmen, belassen sie die Jahresüberschüsse lieber im Unternehmen, um zukünftige Investitionen oder Firmenzukäufe zu finanzieren oder auch für mögliche Liquiditätsengpässe gerüstet zu sein.

Viele Unternehmer haben neben dem Firmenvermögen auch beachtliches Privatvermögen bilden können. Oft erfolgt eine strikte Trennung zwischen Firmen- und Privatvermögen, die sich auch bei der Kapitalanlage widerspiegelt. Das Firmenvermögen wird bei der Bank angelegt, mit der das Tages- und Kreditgeschäft des Unternehmens betrieben wird. Das Privatvermögen wird von einer anderen Bank oder einem spezialisierten Vermögensverwalter betreut. Damit fehlt aber die Betrachtung des Gesamtvermögens des Unternehmers.

2. Anlageverhalten

Zu den beliebtesten Anlageformen in Deutschland zählen die kurzfristig verfügbaren Geldanlagen. Dies zeigt die Statistik der Deutschen Bundesbank[1], nach der zum Jahresende 2007 die inländischen, nicht finanziellen Sektoren knapp 30 % als Bargeld und Einlagen angelegt hatten. Gut 20 % des Geldvermögens waren in Aktien investiert; hierbei ist jedoch zu berücksichtigen, dass dazu auch Aktien zählen, die Unternehmen als strategische Beteiligung halten. Weitere rund 15 % des Geldvermögens bestehen in Ansprüchen gegenüber Versicherungen; hier sind insbesondere Ansprüche aus Lebens- und Rentenversicherungen der privaten Haushalte erfasst.

2.1 Anlageverhalten von mittelständischen Unternehmen

Untersuchungen zeigen, dass mittelständische Unternehmen Anlagebedarf besitzen. So wurde in einer Studie der Fachhochschule des Mittelstandes, Bielefeld, festgestellt, dass 54 % der mittelständischen Unternehmen im Jahr 2007 Anlagebedarf hatten.[2] Dieser betrug im Durchschnitt 1,8 Mio. Euro. Dabei hatten gut ein Drittel der Unternehmen einen Anlagehorizont von bis zu drei Monaten und ein Viertel zwischen sechs und zwölf Monaten. Immerhin noch 10 % der befragten Unternehmen hatten einen Anlagehorizont von über fünf Jahren. Beliebteste Anlageinstrumente waren mit 75 % Festgeld, mit 56 % Sichteinlagen und mit 27 % Geldmarktfonds. Erst mit großem Abstand wurden Währungen (10 %), Aktien (8 %) und gemischte Fonds (7 %) als Anlageinstrumente von mittelständischen Unternehmen genannt.

Die Sicherheit und kurzfristige Verfügbarkeit von Kapitalanlagen steht für mittelständische Unternehmen klar im Vordergrund. Damit stellt sich für die mittelständischen Unternehmen die Frage, wie die Liquidität möglichst rentabel angelegt werden kann, ohne erhebliche Anlagerisiken einzugehen und dennoch eine kurzfristige Verfügbarkeit gegeben ist.

Die genannte Studie zeigt auch, dass mittelständische Unternehmen nicht nur die geldmarktnahen Kapitalanlagen nachfragen, sondern bereit sind, auch andere Anlageprodukte in ihr Anlagespektrum einzubeziehen, dafür aber Beratung benötigen.

---

1 Vgl. Deutsche Bundesbank: Geldvermögen und Verbindlichkeiten der Sektoren im Jahr 2007

2 Vgl. Fachhochschule des Mittelstandes: Studie zum Finanzanlageverhalten/Finanzanlagebedürfnis mittelständischer Unternehmen: „Mittelstand: der unterschätzte Anleger", Bielefeld, Januar 2008

2.2 Anlageverhalten der privaten Kapitalanleger

Auch bei den privaten Kapitalanlegern sind die geldmarktnahen Anlageformen beliebt. Aus der Statistik der Deutschen Bundesbank[3] über die Verteilung des Geldvermögens im Jahr 2007 ergibt sich, dass die privaten Haushalte 35,5 % ihres Vermögens als Bargeld und kurzfristige Einlagen angelegt hatten. Aktien und Investmentzertifikate machten dagegen nur einen Anteil von 8,6 % bzw. 11,9 % aus. Sehr bedeutend sind bei den Privatanlegern auch die Ansprüche gegenüber Versicherungen, die 2007 einen Anteil von 25,5 % des Geldvermögens besaßen.

Hieraus lässt sich ableiten, dass auch die Privatanleger Wert auf hohe Liquidität legen. Daneben spielt die Absicherung über Lebens- und Rentenversicherungen eine wichtige Rolle. Aktien und derivative Anlagen sollen die Rendite des Gesamtvermögens steigern.

Allerdings belegen Untersuchungen auch, dass Anleger häufig aus Unwissenheit oder Bequemlichkeit auf rentablere Anlagen verzichten.[4] Hier kommt dem Anlageberater die verantwortungsvolle Aufgabe zu, eine sinnvolle Strukturierung des Gesamtvermögens zu planen und bei der Umsetzung mitzuwirken.

3. Finanzplanung als Voraussetzung für das Anlagemanagement von Unternehmen

Voraussetzung für die Anlage von mittel- und langfristig verfügbarem Kapital ist eine aussagefähige Finanzplanung. Nur so kann ermittelt werden, in welcher Höhe freie liquide Mittel für welchen Zeitraum für die Kapitalanlage zur Verfügung stehen. Grundlage ist ein gut strukturiertes Rechnungswesen und eine Unternehmensplanung. Im Rahmen dieser Unternehmensplanung werden die formulierten Unternehmensziele und getroffenen Annahmen quantifiziert und ggf. auch verschiedene Szenarien kalkuliert. Die Unternehmensplanung gibt generell Informationen über die zukünftige Unternehmensentwicklung und damit Handlungs- und Entscheidungshilfen (z.B. Beurteilung einer Investition, Notwendigkeit von Reorganisationen). Auf Basis der Planung kann nicht nur die für die Anlage verfügbare Liquidität ermittelt werden, sondern sie dient der Unternehmensleitung auch als Grundlage für Soll-/Ist-

3 Vgl. Deutsche Bundesbank: Geldvermögen und Verbindlichkeiten der Sektoren im Jahr 2007

4 Vgl. z.B. Sinus Sociovision im Auftrag der Commerzbank AG: qualitative Studie: „Die Psychologie des Geldes", März 2004

Vergleiche und Abweichungsanalysen. Sie ist damit in erster Linie ein Mittel der strategischen Unternehmenssteuerung.

Die Höhe der für die Kapitalanlage verfügbaren liquiden Mittel lässt sich aus der Unternehmensplanung und der darauf aufbauenden kurzfristigen Finanzplanung ableiten. Die Finanzplanung umfasst:

- die Liquiditätsrechnung, die im Allgemeinen auf Monatsbasis für den Zeitraum eines Jahres erstellt wird. Aus dieser lässt sich der monatliche Liquiditätsüberschuss bzw. –bedarf ableiten. Zeigt diese Rechnung, dass die flüssigen Mittel in einer Periode nicht ausreichen, ist rechtzeitig Geld zu beschaffen. Wird ein Überschuss der liquiden Mittel festgestellt, können nach Abzug einer Sicherheitsreserve Finanzanlagen getätigt werden. Durch eine Soll-/Ist-Analyse kann die Liquidität überwacht und bei Bedarf angepasst werden.
- die Detailplanung, die die Art und Weise der Realisierung der finanziellen Ziele darstellt. Hierzu zählt die Projektierung von Investitionen ebenso wie die Festlegung von Finanzierungsstrategien (z.B. Eigenkapital vs. Fremdkapital).

Auch für die Anlage des Privatvermögens ist eine Liquiditätsplanung erforderlich, die die erwarteten (regelmäßigen) Einnahmen den privaten Ausgaben (insbesondere Lebenshaltungskosten) gegenüberstellt. Gerade in dem Bereich der privaten Finanzplanung verfügen Banken über gute Instrumente bzw. Software. Mit diesen können sie ihren Unternehmenskunden, die auch privates Vermögen anlegen möchten, einen wichtigen Zusatznutzen anbieten.

4. Anlageziele und Asset Allocation

Als Asset Allocation wird der strukturierte Prozess der Aufteilung von Anlagekapital auf Assetklassen bzw. Anlageinstrumente bezeichnet. Dabei versteht man unter Assetklassen Gruppen aus Instrumenten und Wertpapieren mit ähnlicher Ausprägung der Merkmale Rendite, Sicherheit und Liquidität.[5] Beliebt ist die Einteilung in die Assetklassen:

- Geldmarktinstrumente
- Anleihen
- Aktien
- Alternative Investments

---

5 Vgl. Spremann, Klaus: Portfoliomanagement, München 2006, S. 11

Alternativ kann in die Assetklassen liquide und illiquide Anlagen unterschieden werden. Zu den liquiden Anlagen zählen die Instrumente, die täglich gehandelt werden. Illiquide sind Anlagen, für die nicht täglich eine Preisfeststellung erfolgt und die u.U. nicht täglich veräußert werden können.

Im Folgenden wird die Vorgehensweise bei der Asset Allocation dargestellt, wobei stärker auf das Unternehmen als Kapitalanleger abgestellt wird. Die Aussagen gelten grundsätzlich auch für Privatanleger.

4.1 Anlageprofil

Aus der Finanz- bzw. Liquiditätsplanung lässt sich die Höhe der freien finanziellen Mittel ableiten, die am Geld- und Kapitalmarkt angelegt werden können. Anschließend wird unter Berücksichtigung der Besonderheiten des Unternehmens (z.B. regelmäßiger Kapitalbedarf in bestimmten Monaten) ein Anlageprofil erarbeitet und die Anlagestrategie definiert. Somit ergibt sich folgender Ablauf des Anlageprozesses:

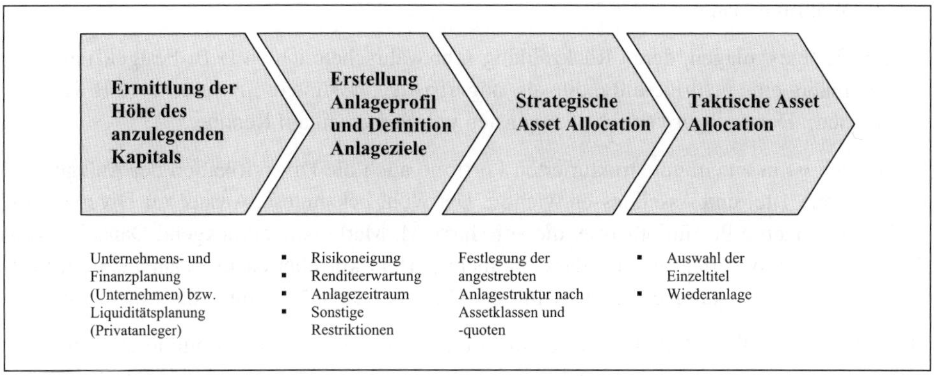

Abbildung 1: *Ablauf des Anlageprozesses*

Die Risikoneigung des Anlegers, seine Renditeerwartung, der Anlagezeitraum sowie die mit der Kapitalanlage verbundene Zielsetzung (z.B. Sparen für eine in vier Jahren geplante Investition) bestimmen das Anlageprofil. In der Erstellung des Anlageprofils besteht eine wichtige Aufgabe des Anlageberaters, da sich manche Anleger nicht der Abhängigkeit der genannten Faktoren voneinander bewusst sind. Aufgabe des Anlageberaters ist es, den Zielkonflikt zwischen den Zielen Liquidität, Rendite und Sicherheit („magisches Dreieck der Geldanlage“) zu verdeutlichen:

- **Liquidität**: Die Liquidität einer Geldanlage hängt davon ab, wie schnell ein investierter Betrag wieder in Bankguthaben oder Bargeld umgewandelt werden kann.

Oft ist für Anleger eine hohe Liquidität, d.h. eine jederzeitige Verkaufs- oder Rückgabemöglichkeit der Kapitalanlage, wichtig. Wenn es erforderlich wird, eine ursprünglich für einen längeren Zeitraum geplante Kapitalanlage kurzfristig zu veräußern, sind damit zwar u.U. Einbußen verbunden (da z.B. der Kurs eines Wertpapiers unter den Einstandskurs gefallen ist), aber die frei gewordenen Mittel können zur Deckung des Liquiditätsbedarfs eingesetzt werden.

- **Rendite**: Die Rendite bezeichnet das Verhältnis des jährlichen Ertrages bezogen auf den Kapitaleinsatz. Bei liquiden Anlagen besteht der jährliche Ertrag meistens in Zinszahlungen oder Dividendenausschüttungen sowie der Wertsteigerung. Insbesondere bei geschlossenen Fonds wird der jährliche Ertrag häufig als Durchschnittsertrag bezogen auf die gesamte Anlagedauer betrachtet, da bei diesen Anlagen der Wertzuwachs häufig erst am Laufzeitende bzw. bei Verkauf stattfindet.

  Eine (erwartete) hohe Rendite kann im Allgemeinen nur durch das Eingehen von höheren Risiken erzielt werden. Mit hohen Marktrisiken ist die Möglichkeit des (teilweisen) Kapitalverlustes verbunden, der die Liquidität und schlimmstenfalls sogar die Existenz des Unternehmens gefährden kann.

- **Sicherheit**: Sicherheit existiert dann, wenn das Vermögen erhalten wird. Risiken, die den Vermögenserhalt gefährden, bestehen beispielsweise in der Schuldnerbonität, einem Kurs- oder Währungsrisiko.

  Kurzfristige Anlagen, deren Rückzahlung sehr wahrscheinlich ist (z.B. Festgeld) erzielen regelmäßig eine niedrigere Rendite als längerfristige, riskantere Investments (z.B. Hybridanleihen). Der Anleger verzichtet zugunsten von Sicherheit auf Rendite.

Schließlich ist in einem gut strukturierten Portfolio auch die Diversifikation der Anlagen auf verschiedene Titel und Assetklassen wichtig. Der wohl bekannteste Ansatz zur Diversifikation ist die moderne Portfoliotheorie, die auf Harry M. Markowitz zurückgeht. Danach beruht der Diversifikationseffekt darauf, dass aus nicht perfekt korrelierten Einzelanlagen ein Portfolio erstellt werden kann, dessen Gesamtrisiko kleiner ist als die Summe der Einzelrisiken.

Die oben dargestellten Ziele lassen sich nicht unabhängig voneinander optimieren. Der Anleger wird immer Kompromisse eingehen müssen, um das für ihn passende Maß zwischen den konkurrierenden Zielen zu finden. Hier kann der Anlageberater wichtige Entscheidungshilfen geben, in dem er z.B. verschiedene Szenarien berechnet.

Als Ergebnis dieser Profildefinition wird der Kapitalanleger einem „Anlegertyp“ zugeordnet. Darauf aufbauend wird eine Anlagestrategie festgelegt. In der Regel werden drei Anlegertypen und –strategien unterschieden: konservativ, ausgewogen und wachstumsorientiert.

Diese Klassifizierung ist sowohl für Privatanleger als auch für Unternehmen als Kapitalanleger geeignet. Ein verantwortungsbewusster Unternehmer wird jedoch nur solche Anlagestrategien auswählen, die die Existenz des Unternehmens nicht in Gefahr bringen. Risikoreiche Kapitalanlagen werden nur dann eingegangen, wenn das Unternehmen diese Mittel schlimmstenfalls sogar verlieren kann, ohne die operative Tätigkeit zu gefährden.

4.2 Strategische Asset Allocation

Als strategische Asset Allocation wird die grundsätzliche und langfristige Aufteilung des Kapitals auf verschiedene Anlageklassen bezeichnet. Diese Aufteilung ist abhängig vom Anlagehorizont und der Risikobereitschaft des Anlegers. Ziel der taktischen Vermögensallokation ist es hingegen, kurzfristige Marktchancen zu nutzen.

In der strategischen Asset Allocation wird das Vermögen auf die zentralen Assetklassen und Märkte verteilt. Untersuchungen belegen, dass die strategische Vermögensaufteilung den größten Einfluss auf den Erfolg der Kapitalanlagen besitzt. Bereits 1986 wurde von Brinson, Hood und Beebower in einer empirischen Studie[6] nachgewiesen, dass 90 % der Wertentwicklung eines Portfolios aus der strategischen Vermögensallokation resultieren. Dadurch wird letztlich auch bestimmt, welche Marktrenditen und –risiken Vermögensinhaber zu erwarten haben. Taktische Entscheidungen haben dagegen eher kurzfristigen Charakter und werden untergeordnet unter die strategische Asset Allocation innerhalb der zentralen Assetklassen getroffen.[7]

In der strategischen Asset Allocation ordnet der Unternehmer das Anlagekapital prozentual den Zeiträumen (kurz-, mittel-, langfristig) zu, in denen das Kapital zur Verfügung steht. Dabei wird er beispielsweise Investitionen berücksichtigen, die in den nächsten Jahren geplant sind. Auch Ausgaben, die zwar zeitlich nicht zu terminieren sind, für die der Unternehmer aber jederzeit Mittel verfügbar haben möchte (z.B. die Gelegenheit, ein Unternehmen zu erwerben), werden definiert.

In Abhängigkeit von der Risikoneigung des Anlegers und der geplanten Anlagedauer lassen sich folgende Anlageziele und damit verbundene Kapitalanlagemöglichkeiten unterscheiden:

---

6 Vgl. Brinson, Gary P., Hood, L. Randolph, Beebower, Gilbert L.: Determinants of Portfolio Performance, in: The Financial Analysts Journal, July/August 1986

7 Vgl. Oyen, Daniel, in: Werkmüller (Hrsg.): Family Office Management, Heidelberg 2008, S.139

Tabelle 1: Anlageziele und -instrumente

Anlagezeitraum	Anlageziele Unternehmen	Anlageziele Privatanleger	„Liquide" Instrumente
Kurzfristiger Bereich (bis 12 Monate)	■ Sicherstellung der betrieblichen Ausgaben ■ Flexibilität	■ Sicherstellung der Liquidität für kurzfristige Ausgaben ■ „Sicherheitsreserve" für unvorhergesehene Ausgaben	■ Festgeld/„Madeira"-Festgeld ■ Geldmarktfonds ■ Tagesgeld
Mittelfristiger Bereich (1 bis 5 Jahre)	■ Kapitalbildung zur Reinvestition im Unternehmen (z.B. Investitionen) ■ Mittelfristige Liquiditätssicherung ■ Erwerb anderer Unternehmen/ Beteiligungen	■ Sparen für geplante größere Investitionen (z.B. Autokauf, Immobilie)	■ Aktien großer inländischer/europäischer Gesellschaften ■ Festverzinsliche Wertpapiere ■ Fremdwährungsanleihen ■ Geldmarktfonds ■ Rentenfonds ■ Zertifikate
Langfristiger Bereich (über 5 Jahre)	■ Erzielung vergleichsweise hoher Renditen ■ Aufbau von Kapitalvermögen	■ Kapitalbildung für die Altersvorsorge ■ Finanzierung der Ausbildung der Kinder	■ Aktien/Aktienfonds/ ETFs ■ Alternative Investments (Hedgefonds, Private Equity, Rohstoffe) ■ Offene Immobilienfonds

Tabelle 1 zeigt die mit der Kapitalanlage generell verbundenen Ziele und listet die für den geplanten Anlagezeitraum geeigneten liquiden Anlageinstrumente auf. Zur Vermögensdiversifikation können darüber hinaus auch „illiquide" Instrumente wie geschlossene Fonds, Immobilien oder unternehmerische Beteiligungen beitragen, die attraktive Renditen erzielen und daher für die langfristige Kapitalanlage ebenfalls geeignet sind.

Kurzfristige Liquiditätsüberschüsse, die voraussichtlich innerhalb eines Jahres wieder benötigt werden oder als Liquiditätsreserve dienen, können als Tagesgeld, Festgeld oder in einen Geldmarktfonds angelegt werden. Beim sogenannten „Madeira"-Festgeld wird regelmäßig eine höhere Nach-Steuer-Rendite erzielt, da auf die Steuerschuld eine fiktive Quellensteuer angerechnet wird. Fondsgesellschaften bieten verschiedene steueroptimierte Fonds an, die ebenfalls eine höhere Nach-Steuer-Rendite anstreben als kurzfristiges Tages- oder Festgeld.

Im mittelfristigen Bereich kann der Anleger, je nach Risikoneigung, verschiedene Anlageinstrumente wählen. Ein konservativer Investor wird sich für festverzinsliche Wertpapiere von Emittenten mit sehr guter Bonität entscheiden, die börsentäglich gehandelt werden. Ein risikofreudigerer Unternehmer wird auch höherverzinsliche Hybridanleihen, Emerging Market Bonds oder den Kauf von Schuldscheinen in Erwägung ziehen. Festverzinsliche Wertpapiere verschaffen eine kalkulierbare Einnahmenbasis. Allerdings muss bei einem steigenden Zinsniveau oder einer Verschlechterung des Emittentenratings mit Kursrückgängen gerechnet werden.

Anlagen in fremden Währungen, die möglicherweise höhere Zinserträge bringen als Anlagen in einheimischer Währung, sind mit einem Währungsrisiko behaftet. Für ein Unternehmen, das im operativen Geschäft teilweise in fremder Währung abrechnet, kann eine Fremdwährungsanlage durchaus sinnvoll sein.

Aktien großer (inländischer) Aktiengesellschaften besitzen langfristig ein hohes Renditepotenzial durch Kurssteigerungen und Dividendenausschüttungen. Für ein Unternehmen in der Rechtsform der Kapitalgesellschaft sind Aktienanlagen auch unter steuerlichen Aspekten interessant, da nur 5 % der Dividenden und Kursgewinne steuerpflichtig sind. Investiert das Unternehmen in Standardwerte, die mit hohen Umsätzen täglich an den Börsen gehandelt werden, ist auch ein jederzeitiger Verkauf möglich, wenn das Unternehmen unvorhergesehene Liquidität benötigt. Aufgrund der hohen Volatilität von Aktienkursen muss dabei jedoch u.U. ein Kursverlust hingenommen werden. Auch Derivate auf Aktien oder Zertifikate können interessante Renditebeiträge erzielen. Allerdings ist die Komplexität dieser Produkte hoch, sodass der Anleger die Bonität, die Konditionen und die Kosten sehr genau prüfen und sich beraten lassen sollte.

Im langfristigen Bereich kann ein Unternehmen in kleinere Aktienwerte oder Aktienfonds investieren, da bei einem Zeithorizont von über fünf Jahren die höhere Volatilität bzw. der Ausgabeaufschlag und die Managementkosten von Fonds weniger stark ins Gewicht fallen. Neben der Investition in „exotische“ bzw. Small-Cap-Aktien, die eine höhere Volatilität besitzen als Standardwerte, können auch Anlagen in Immobilienfonds in Betracht kommen. Gute Immobilienfonds erzielen langfristig eine über dem Geldmarktsatz liegende Rendite, weisen aber nur eine geringe Volatilität auf, d.h. das Risiko von Kursrückgängen ist vergleichsweise gering. Allerdings zeigen die jüngsten Fondsschließungen, dass bei offenen Immobilienfonds eine jederzeitige Rückgabe der Anteile an die Fondsgesellschaft nicht möglich ist. Da diese Anteile aber an den Börsen gehandelt werden, ist ein Verkauf – anders als bei Anteilen an geschlossenen Fonds – jederzeit über die Börse, u.U. mit Kursverlusten, möglich.

Unter dem Begriff „Alternative Investments“ werden seit einigen Jahren Anlagen in Hedgefonds, Private Equity(-Fonds) und Rohstoffen angeboten. Diese alternativen Investments sollen eine von der allgemeinen Marktentwicklung unabhängige Rendite erzielen und zur Risikodiversifizierung der Kapitalanlagen beitragen. Allerdings verlangt die Auswahl der geeigneten Fonds eine intensive Beschäftigung mit dem Thema. Manche Hedgefonds konnten nicht die Renditen erzielen, die dem Investor versprochen wurden. Der weltweite wirtschaftliche Einbruch hat auch bei vielen Rohstoffen zu einem Preisrückgang geführt, sodass die Anlage in Rohstoffen bzw. Rohstoffindizes in 2008 zu merklichen Verlusten führte.

4.3 Taktische Asset Allocation

Der letzte Schritt im Anlageprozess ist die taktische Asset Allocation: Es werden die einzelnen Instrumente bzw. Wertpapiere ausgewählt, die erworben werden sollen. Je volatiler die ausgewählten Werte sind, umso intensiver müssen sie beobachtet werden. Wenn kein Vermögensverwaltungsmandat an eine Bank bzw. einen Vermögensverwalter vergeben wurde, bedeutet dies, dass der Anleger selbst die Entwicklung der Wertpapiere regelmäßig verfolgen und ggf. Maßnahmen ergreifen muss. Die Entscheidung, ob ein Vermögensverwaltungsmandat vergeben wird, ist insbesondere von der Höhe der anzulegenden Mittel, dem Zeithorizont und der Komplexität der Kapitalanlagen abhängig.

Neben der regelmäßigen Überprüfung der Einzelwerte ist die Finanzplanung turnusmäßig anzupassen und u.U. eine Umschichtung in der Anlagefristigkeit vorzunehmen. Ferner ist über die Wiederanlage von Ausschüttungen und frei gewordenem Kapital zu entscheiden.

5. Unternehmerische Beteiligungen als Alternative zur Anlage am Kapitalmarkt

Die Anlagen an den Geld- und Kapitalmärkten führten für manchen Unternehmer zu ernüchternden Ergebnissen. Deshalb liegt es nahe, dass sich mittelständische Unternehmer mit der Frage befassen, ob Renditepotenzial mit strategischem Nutzen kombiniert werden kann. Eine Beteiligung an einem anderen Unternehmen kann hohe jährliche Beteiligungsergebnisse erbringen und darüber hinaus Beiträge zur strategischen Unternehmensentwicklung leisten.

Eine Analyse der Jahresabschlüsse deutscher Unternehmen bis zum Jahr 2006 der Deutschen Bundesbank[8] lässt erkennen, dass Unternehmen eine attraktive Eigenkapitalrendite erwirtschaften:

---

8 Vgl. Deutschen Bundesbank: Statistische Sonderveröffentlichung 5 (Internet): Hochgerechnete Jahresangaben aus Jahresabschlüssen deutscher Unternehmen 1994 bis 2003, März 2006; Excel-Datei der Deutschen Bundesbank: „Weitere Wirtschaftsdaten-Tabellen“

Tabelle 2: Eigenkapitalrenditen deutscher Unternehmen

Jahr	EK-Rendite nach Steuern
2007	30,1 %
2006	26,8 %
2005	25,2 %
2004	22,9 %
2003	21,4 %
2002	22,8 %

Vergleichbare Renditen sind am organisierten Kapitalmarkt langfristig nicht erzielbar.

Trotz hoher Eigenkapitalrentabilität sind deutsche mittelständische Unternehmen traditionell mit wenig Eigenkapital ausgestattet, da sie von ihren Hausbanken günstige Kredite erhielten. Fremdkapital wurde insoweit als willkommener Renditehebel für beschränkt verfügbare Eigenmittel eingesetzt. In den letzten Jahren hat sich die Situation jedoch verändert, da Kreditinstitute aufgrund neuer regulatorischer Vorschriften (z.B. Basel II) gezwungen sind, bei der Kreditvergabe stärker auf Risiken zu achten. Die Entwicklungen an den Finanzmärkten seit 2008 haben zu einer restriktiveren Kreditvergabe durch Banken geführt. Viele Unternehmen haben deshalb zur Aufrechterhaltung der Unternehmensfinanzierung ihre Eigenmittel aufgestockt. Dabei ergeben sich bei der Eigenkapitalausstattung der Unternehmen nach der Statistik der Deutschen Bundesbank[9] größenabhängig merkliche Unterschiede:

Tabelle 3: Deutsche Bundesbank: Verhältniszahlen aus Jahresabschlüssen deutscher Unternehmen von 2005 bis 2006

	Unternehmen mit Umsätzen von ... Mio. Euro			
Jahr: 2006	weniger als 2	2 bis unter 10	10 bis unter 50	50 und mehr
Eigenkapitalquote	16,1 %	23,5 %	28,8 %	29,2 %

Tabelle 3 zeigt, dass vor allem Unternehmen mit einem Umsatz von unter 2 Mio. Euro eine geringe Eigenkapitalausstattung besitzen. Junge Unternehmen, die neue Geschäftsideen umsetzen möchten, benötigen Kapital, um diese Ideen zur Marktreife zu entwickeln. Etablierte Unternehmen können durch eine Beteiligung an solchen Unternehmen nicht nur überschüssige Liquidität ertragreich anlegen, sondern erhalten ggf. auch noch ein Instrument zur wirkungsvollen Unterstützung der Unternehmensstrategie, da sie sich durch die Beteiligung Zugang zu neuen Produkten oder Ideen sichern. Dass Nachfrage nach dieser Art der Finanzierung besteht, zeigt die Gründung eines Wagniskapitalfonds durch den Pharmakonzern Merck Serono, der bereits nach drei Wochen eine dreistellige Zahl an Geschäftsplänen von kapitalsuchenden Unternehmen erhielt.[10]

---

9 Vgl. Deutschen Bundesbank: Statistische Sonderveröffentlichung 6 (Internet): Verhältniszahlen aus Jahresabschlüssen deutscher Unternehmen von 2005 bis 2006, Februar 2009, S. 20ff.

10 Vgl. Frankfurter Allgemeine Zeitung vom 11.04.2009, S. 17

Grundsätzlich sind Beteiligungen in verschiedener Höhe denkbar. Das Spektrum reicht dabei von einer Interessenbeteiligung (bis 25 %), über eine Sperrminorität (25,1 % bis 49,9 %) bis hin zu einer qualifizierten Mehrheit (über 75 %). Unternehmerische Investoren differenzieren nach den sich aus den Beteiligungen ergebenden Möglichkeiten:[11]

- *Finanzanlageorientierte Beteiligung*
  Hier steht die Finanzanlage im Vordergrund. Angestrebt wird eine höchstmögliche Rendite, die nicht als Ausschüttungsrendite regelmäßig liquiditätswirksam werden muss, sondern die auch über den Verkauf erreicht werden kann. Die Unternehmen, an denen Beteiligungen erworben werden, können nach dem Eintritt des Investors weitgehend autonom handeln.
- *Marketingorientierte Beteiligung*
  Hier ergänzt der Markt des Unternehmens, an dem eine Beteiligung übernommen wird, den der investierenden Gesellschaft. Das Hauptbindeglied zwischen dem operativen Unternehmen als Beteiligungsnehmer und dem investierenden Unternehmen ist das Marketing.
- *Produktionsorientierte Beteiligung*
  Hier passen die Produkte des Beteiligungsnehmers zu denen des Beteiligungsgebers. Der Markt, der bearbeitet wird, kann – muss aber nicht – mit dem der Muttergesellschaft übereinstimmen. Durch die Beteiligung werden Unternehmen mit ähnlichen oder sich ergänzenden Produkten und verwandten Fertigungstechniken zusammengeschlossen.
- *Synergieorientierte Beteiligung*
  Über diese Beteiligung lassen sich in den Wertschöpfungsphasen Einkauf, Produktion und Absatz Kostenvorteile erreichen, z.B. durch gemeinsamen Einkauf oder eine Erweiterung des Kundenstammes.
- *Kompetenzorientierte Beteiligung*
  Dabei geht es entweder um die Nutzung der Kompetenz des Beteiligungsnehmers in bestimmten Bereichen oder es werden eigene Kompetenzen in das Beteiligungsunternehmen eingebracht. Hierzu können beispielsweise Mitarbeiter zählen, die marktrelevante Kompetenzen besitzen, die aber über die Arbeitsmärkte nicht beschaffbar sind.

Eine unternehmerische Beteiligung kann bei sorgfältiger Auswahl nicht nur eine attraktive Kapitalanlage darstellen, sondern auch für die strategische Unternehmensentwicklung des Kapitalgebers nützlich sein. Allerdings ist die Auswahl und Kontrolle der Beteiligung mit einem höheren Aufwand verbunden als bei Anlagen am Kapitalmarkt.

---

11 Vgl. Jung, Willi: Praxis des Unternehmenskaufs – eine systematische Darstellung der Planung und Durchführung einer Akquisition, Stuttgart 1993, S. 34ff.

6. Vermögenscontrolling

Die zu Beginn zitierte Studie der Fachhochschule des Mittelstandes belegt, dass nur 31 % der Unternehmensinhaber die Anlagestruktur des Firmen- und des Privatvermögens abgleichen. Sie laufen dadurch Gefahr, ungewollte Vermögenskonzentrationen zu bilden. Um dieser Gefahr vorzubeugen, kann ein Vermögenscontrolling sinnvoll sein, das eine konsolidierte Betrachtung des Gesamtvermögens umfasst.

6.1 Aufgaben des Vermögenscontrollings

Gewöhnlich erhalten sowohl Unternehmen als Kapitalanleger als auch Privatanleger quartalsweise oder jährlich ausführlichere Depotberichte von ihren Banken bzw. Vermögensverwaltern. Diese zeigen den aktuellen Depotbestand, die durchgeführten Transaktionen und teilweise auch Performancekennzahlen.

Mancher Anleger erfasst sein Vermögen nur insoweit, als es unter buchhalterischen und steuerlichen Aspekten erforderlich ist. Dabei erfolgt selten eine Überprüfung der Performance oder der Anlagekriterien. Eine Konsolidierung der Bestände, die bei verschiedenen Banken angelegt sind, findet häufig nicht statt. Auch die Betrachtung des Gesamtvermögens eines Unternehmers, nämlich die konsolidierte Betrachtung der über das Unternehmen als Kapitalanlage investierten Mittel und der privaten Anlagen des Unternehmers, wird vernachlässigt. Damit kann es zu „Klumpenrisiken" kommen, wenn ein zu hoher Vermögensanteil in risikobehafteten Anlagen investiert ist oder einzelne Branchen/Länder/Währungen zu stark gewichtet sind. Oftmals bleibt in der Betrachtung auch das illiquide Vermögen (z.B. Immobilien, Kunstgegenstände) außen vor. Die Konsolidierung des liquiden und illiquiden Vermögens und dessen Kontrolle ist Aufgabe eines umfassenden Vermögenscontrollings. Im Einzelnen hat das Vermögenscontrolling folgende Aufgaben:

6.1.1 Dokumentations- und Informationsfunktion

Die Belege der Banken bzw. Vermögensverwalter werden gesammelt, aufbereitet und dokumentiert und dem Investor in einer Vermögensübersicht präsentiert. Diese Übersicht stellt das vorhandene Vermögen des Kapitalanlegers, einschließlich der mit dem Vermögen verbundenen Verbindlichkeiten, dar. Eine weitere Funktion der Vermögensübersicht besteht in der Ermittlung des Vermögenszuwachses. Der Vergleich des Eigenkapitals zu Beginn des Betrachtungszeitraumes (in der Regel das Kalenderjahr) mit dem Eigenkapital am Ende des Betrachtungszeitraumes ergibt unter Berücksichtigung der Einlagen und Entnahmen den Vermögenszuwachs oder Vermögensverlust einer Periode. Art und Umfang, Verdichtungsgrad und Darstellungsform sowie Häufigkeit der Informationsdarstellung sind von den Bedürfnissen des einzelnen Investors abhängig. Üblicherweise umfasst das Vermögens-Reporting die in Abbildung 2 dargestellten Informationen.

- Vermögensstatus
- Performanceauswertungen (Gesamtperformance, Performance der einzelnen Assets und Assetklassen, Performancevergleiche der einzelnen Vermögensverwalter)
- Vermögensstrukturanalysen (Assetklassen, Branchen, Länder, Währungen)
- Vermögensaufstellungen (Wertpapiere nach Assetklassen, illiquides Vermögen wie Immobilien, Beteiligungen, Versicherungen u. a.)
- Transaktionslisten mit Kapitalzu- und -abflüssen sowie die getätigten Käufe und Verkäufe
- Gebühren- und Steuerinformationen

Abbildung 2: *Inhalt eines Vermögensberichts*

6.1.2 Kontrollfunktion

Die Berichte der Banken bzw. Vermögensverwalter sind vielfach wenig aussagekräftig und werden nicht zeitnah geliefert. Auf Basis der eher knappen Informationen der Banken ist eine unterjährige Beurteilung des Anlageerfolges für den Anleger kaum möglich. Daher sollte die Vermögensübersicht zeitnah erstellt werden, um den Anlageerfolg tagesaktuell beurteilen und ggf. Fehlentwicklungen rechtzeitig erkennen und gegensteuern zu können.

Dafür werden die von den Banken bzw. Vermögensverwaltern zur Verfügung gestellten Informationen zeitnah verbucht und auf Plausibilität und Zuverlässigkeit geprüft. Durch die Nachbuchung aller von den Vermögensverwaltern getätigten Transaktionen werden die Buchungen kontrolliert. Mögliche Buchungsfehler werden dadurch entdeckt und können mit dem Vermögensverwalter besprochen und korrigiert werden. Die ausgewiesenen Transaktionskosten und Verwaltungsgebühren werden geprüft und separat dargestellt. Auch die nunmehr gesetzlich vorgesehene Offenlegung von Zuwendungen an den Vermögensverwalter, wie z.B. Bestandsprovisionen, Bonifikationen oder Vertriebsprovisionen, werden betrachtet und überprüft, ob diese vereinbarungsgemäß verbucht wurden (z.B. Verrechnung mit dem Verwaltungshonorar).

Es wird verglichen, zu welchen Tageskursen Wertpapiertransaktionen abgerechnet wurden und ob die Zinskonditionen den Marktgegebenheiten entsprechen.

Im Rahmen des Vermögenscontrollings wird auch überprüft, ob die Anlagegrundsätze und -richtlinien eingehalten wurden. Dazu wird abgeglichen, ob die Anteile einzelner Anlageklassen den festgeschriebenen Richtlinien entsprechen (z.B. maximaler Aktienanteil 40 %).

6.1.3 Analysefunktion

Die Vermögensanalyse soll dem Kapitalanleger ein Instrument zur Steuerung des Vermögens an die Hand geben. Deshalb wird das Vermögen – abgestimmt auf die Bedürfnisse des Kapitalanlegers – analysiert. Die Auswertung umfasst insbesondere folgende Kriterien:

- Struktur des Gesamtportfolios

  Die Kapitalanlagen werden anhand von Kriterien gruppiert; hierdurch erhält der Investor einen Überblick über die Aufteilung seines Vermögens:

  - nach Assetklassen (insbesondere Aktien, Renten, strukturierte Produkte, Immobilien, geschlossene Fonds)
  - nach Branchen und/oder Ländern
  - nach Währungen

  Professionelle Berichte, die von Family Offices oder qualifizierten Vermögenscontrollern erstellt werden, beinhalten sowohl

  - die Darstellung jedes einzelnen Depots
  - als auch die konsolidierte Betrachtung des Gesamtvermögens, in der auch die Kapitalanlagen des Unternehmens mit dem privaten Vermögen des Unternehmers konsolidiert werden können.

- Performance

  Zu den häufigsten Performancekennzahlen zählen die Rendite vor Steuern und nach Steuern sowie die Sharpe Ratio. Diese Kennzahlen erlauben eine Beurteilung der Rentabilität der Kapitalanlage im Betrachtungszeitraum. Die Sharpe Ratio berücksichtigt dabei auch das Verhältnis von Rentabilität und Risiko einer Anlage.

- Risikokennzahlen

  Risikokennzahlen wie z.B. Volatilität oder Value-at-Risk geben Auskunft über das mit der Kapitalanlage verbundene Risiko. Je höher die Volatilität oder das Value-at-Risk, umso größer ist das mit der Kapitalanlage verbundene Risiko, aber auch die Renditeerwartung. Bei Überschreitung von festgelegten Risikokennzahlen, kann eine entsprechende Korrektur im Portfolio vorgenommen werden.

- Benchmarkvergleich

  Die Entwicklung der Kapitalanlagen ist auch immer vor dem gesamtwirtschaftlichen Hintergrund zu sehen. Selten wird es einem Vermögensverwalter gelingen, sich von den Marktbedingungen abzukoppeln. Durch den Vergleich mit Benchmarks (z.B. den gängigsten Indizes wie DAX, EuroStoxx 50 oder RexP) kann die Leistung des Vermögensverwalters mit den Entwicklungen am Kapitalmarkt verglichen werden.

- Kostenanalysen

  Die bei Transaktionen anfallenden Gebühren und Spesen werden ebenso analysiert wie die Vermögensverwaltungsgebühr. Da die Vermögensverwaltungshonorare oft eine erfolgsabhängige Komponente enthalten, ist eine genaue Berechnung der Performance erforderlich, um die Höhe des anfallenden Verwaltungshonorars zu ermitteln.

6.1.4 Steuer-Reporting

Im Steuer-Reporting werden die Daten für den Steuerberater aufbereitet. Hierzu gehören Erträgniszusammenstellungen, realisierte Gewinne und Verluste sowie der Nachweis von Quellensteuern.

Das Steuer-Reporting dient ferner der steuerlichen Optimierung des Vermögens. So werden beispielsweise die steuerpflichtigen Erträge dargestellt. Es kann dann versucht werden, diese steuerpflichtigen Erträge durch die Realisierung von steuerpflichtigen Verlusten vor Ende des Kalenderjahres zu kompensieren. Ein weiteres wichtiges Thema ist die Nutzung der sogenannten „Altverluste“ nach § 23 EStG, die vor 2009 entstanden sind und die nur noch bis 31.12.2013 genutzt werden können.

6.2 Ziele des Vermögenscontrollings

Primäres Ziel des Vermögenscontrollings ist es, das Gesamtvermögen in seiner (konsolidierten) Struktur darzustellen, die Renditebeiträge abzubilden und die Zielvorgaben zu überwachen. Es ist ein Steuerinstrumentarium, mit dem Fehlentwicklungen rechtzeitig erkannt und entsprechende Maßnahmen eingeleitet werden können. Darüber hinaus werden mit dem Vermögenscontrolling weitere Zielsetzungen verfolgt:

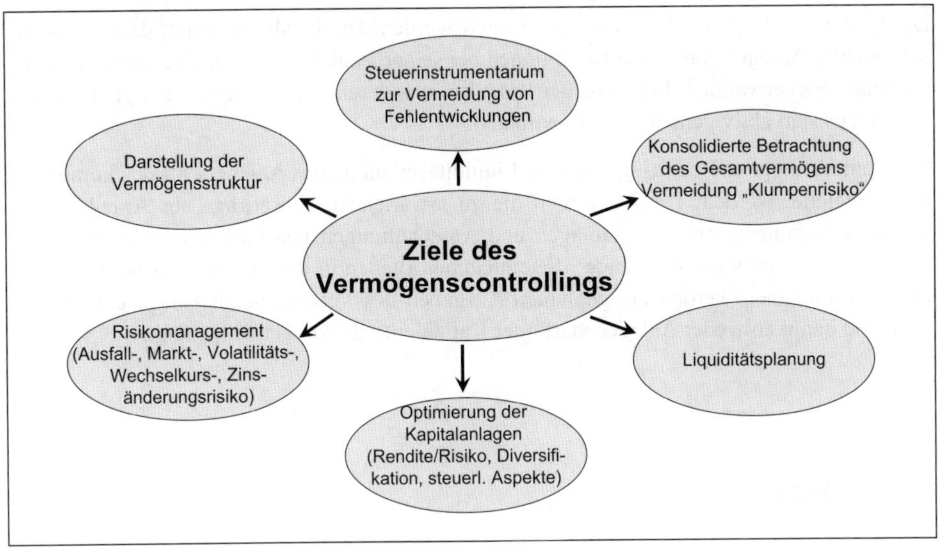

Abbildung 3: *Ziele des Vermögenscontrollings*

Durch die regelmäßige Überprüfung der Kapitalanlagen sollen die damit verbundenen Risiken möglichst minimiert werden. Risiken bestehen insbesondere in

- dem Ausfall eines Emittenten,
- einer negativen Marktentwicklung, die in Kursverlusten resultiert,
- dem Volatilitätsrisiko, bei dem die Wertentwicklung einzelner Anlagen stark schwankt und u.U. hohe Schwankungen des Depotvermögens verursacht,
- der Veränderung von Wechselkursen, die die Performance einzelner Anlagen stark beeinflussen,
- dem Zinsänderungsrisiko, das vor allem bei Anleihen zu Kursverlusten führen kann.

Mit dem Vermögenscontrolling wird eine Leistungsverbesserung angestrebt. Zum einen soll durch die größere Transparenz der Anlageerfolg erhöht werden. Das Portfolio kann aufgrund der detaillierten Datenbasis besser optimiert werden. Zielsetzung ist ein „effizientes Portfolio“. Dieser Begriff geht auf die Portfoliotheorie von Markowitz[12] zurück, nach der ein Portfolio dann effizient ist, wenn kein anderes Portfolio existiert, das bei gleicher Renditeerwartung ein geringeres Risiko bzw. bei gleichem Risiko eine höhere Rendite besitzt. Zum anderen können aufgrund der höheren Transparenz auch steuerliche Aspekte besser berücksichtigt werden.

12 Vgl. Markowitz, Harry M.: Portfolio Selection – Die Grundlagen der optimalen Portfolio-Auswahl, München 2007

Die Kosten der Kapitalanlage sollen verringert werden. Die Erfahrung zeigt, dass ein besser informierter Anleger günstigere Konditionen bei seiner Bank bzw. seinem Vermögensverwalter erhält. Ferner wählen diese Anleger Produkte aus, deren Verwaltungskosten geringer sind (z.B. ETFs statt aktiv gemanagte Aktienfonds).

Aus dem Vermögens-Reporting kann die Liquiditätsplanung des Anlegers für das kommende Jahr abgeleitet werden. Hierzu werden die zu erwartenden Zinserträge aus Anleihen, Gewinnausschüttungen aus Aktienanlagen und Ausschüttungen von Geschlossenen Fonds berücksichtigt. Auch wiederkehrende Mieteinnahmen fließen in die Liquiditätsbetrachtung ein. Diesen Einnahmen werden die geplanten Ausgaben des Vermögensinhabers gegenüber gestellt und damit entweder Anlagebedarf oder Kapitalunterdeckungen aufgezeigt.

7. Fazit

Banken besitzen aufgrund der oftmals langjährigen Zusammenarbeit gute Kenntnisse über die Gegebenheiten mittelständischer Unternehmenskunden und ihrer Eigentümer. Häufig beschränkt sich diese Geschäftsbeziehung jedoch auf das Kredit- und Tagesgeschäft mit dem Unternehmen. Eine Beobachtung der Liquiditätssituation von Unternehmen findet nur in Krisensituationen statt. Stellt die Bank umgekehrt fest, dass ein Unternehmen regelmäßig hohe Barbestände aufweist, kann sie durch das aktive Anbieten von attraktiven Anlageprodukten Zusatzgeschäft generieren. Untersuchungen belegen, dass Mittelständler innovativen Kapitalanlagen offen gegenüberstehen, aber Beratung benötigen. Auch durch die Vermittlung unternehmerischer Beteiligungen an mittelständische Unternehmen, die Liquidität anlegen und mit einer Beteiligung auch noch unternehmensstrategischen Zusatznutzen generieren möchten, können Banken attraktive Geschäftspartner für ihre Unternehmenskunden werden. Wenn ansprechende Vorschläge zur Vermögensanlage von Unternehmensgeldern unterbreitet werden, dürfte auch der Zugang zum Privatvermögen der Unternehmerfamilie leichter fallen.

Die Anforderungen an die laufende Überprüfung und Kontrolle der Kapitalanlagen steigen mit der Höhe des investierten Kapitals, der Komplexität und der Risikoklasse der Anlagen. Daher kann die Bank dem Anleger wertvolle Unterstützung anbieten, wenn sie ihn mit entsprechenden Steuerungsinstrumenten ausstattet. Wichtig erscheint auch die Analyse des Gesamtvermögens des Unternehmers, d.h. des Privatvermögens und des über das Unternehmen investierten Kapitals, um ungewollte Anlageschwerpunkte zu verhindern. Unterstützt die Bank mittelständische Unternehmen im Bereich der Kapitalanlage wirkungsvoll, kann sie nicht nur interessante Erträge erwirtschaften, sondern auch langfristig die Kundenbindung stärken.

Unternehmer als Stifter: Im Interesse des Unternehmers, des Unternehmens, der Sparkassen und des Gemeinwohls

Klaus Küsgen / Thomas Grunwald

1. Einleitung

Wir erleben den höchst seltenen Fall, dass alle Beteiligten im Bereich der Unternehmensstiftungen von dieser Lösung ausschließlich profitieren. Wir erleben die allseitige Win-win-Situation.

Immer mehr Bürger und Unternehmen, die Gutes tun und dabei auch noch Steuern sparen wollen, gründen Stiftungen. Maßgebliche Träger des Gründungsbooms waren und sind Unternehmer; sei es in der Form, dass sie mit ihrem Privatvermögen Stiftungen gründen oder dass sie ihr Unternehmen in eine Stiftung einbringen. Seit dem 01.01.2007 erhalten Stifter enorme steuerliche Vergünstigungen. Der bestehende Boom bei den Stiftungsgründungen wird dadurch weiter untermauert.

Gestärkt wird der Stiftungsgedanke vor allem auch von den Sparkassen. Sie gehören mit ihren eigenen Stiftungen nicht nur zu den größten „Förderern des Gemeinwohls", sondern sie unterstützen ihre Kunden auch maßgeblich bei der Stiftungsgründung und beim Stiftungsmanagement.

Die Sparkassen-Finanzgruppe hat mit ihren über 50 Millionen Kunden beste Voraussetzungen für ein effizientes Stiftungsmanagement:

- Sparkassenkunden erhalten eine professionelle Begleitung ihrer Stiftung.
- Die Sparkassen sichern sich dauerhaft Erträge und Anlagegelder.
- Dies alles geschieht im Interesse des Gemeinwohls.

2. Auf welchen Ideen fußt das Stiftungswesen?

Die Grundidee einer privaten Stiftung lautet:

> „Der Stifter stellt auf Dauer Vermögen für einen vom ihm gewählten Förderzweck zur Verfügung. Mit den Erträgen, die das Stiftungsvermögen abwirft, wird der Stifterwille erfüllt. Demnach lebt die Stiftung >ewig< und fördert auf Dauer die vom Stifter vorgegebene Zielsetzung. Wer eigenen Errungenschaften und Vorstellungen eine Dauerhaftigkeit verleihen will, der stiftet. Denn wer stiftet, der will, dass ihn sein Wille überdauert."

Aus Unternehmersicht (= Stiftersicht) gibt es demnach zwei elementare, jedoch – zunächst einmal – sehr unterschiedliche Gründe, sich für das Thema „Stiftungsgründung" zu interessieren:

2.1 Die (gemeinnützige) Stiftung als Erbe des Privatvermögens des Stifters

Stifter wollen durch die Gründung einer Stiftung das Gemeinwohl stärken, ihr Lebenswerk krönen oder weitreichende Erbregelungen treffen. Diesem privaten Engagement fällt eine zunehmend größere Rolle bei der Bewältigung gesellschaftlich relevanter Aufgaben zu. Stifter können mit ihrem Vermögen oder Teilen davon beispielhaft

- bessere Bildungschancen oder Lebensbedingungen für junge Menschen schaffen,
- die wissenschaftliche und medizinische Arbeit unterstützen,
- die Alten- oder Behindertenhilfe stärken,
- das regionale Umfeld gestalten,
- Projekte des Umweltschutzes, der Kultur, der Kunst und des Sports fördern.

Die Einzelheiten derartiger Stiftungsgründungen sind im 4. Kapitel beschrieben.

2.2 Die Stiftung als Träger des Unternehmens

Den Weg, eine Stiftung als Träger eines Unternehmens fungieren zu lassen, sind beispielsweise Firmen wie **Bosch, Bertelsmann** und **Krupp** gegangen. Auf diese Weise kann die Unternehmensnachfolge ebenso geregelt werden wie die finanzielle Versorgung der Familie.

Die Einzelheiten derartig motivierter Stiftungsgründungen sind im 5. Kapitel beschrieben.

Die weiteren Ausführungen werden zeigen, dass die beiden sehr unterschiedlichen Ansätze einer möglichen Stiftungsgründung auch miteinander verzahnt und um die **Familienstiftung** (= langfristiger Zusammenhalt des Vermögens) ergänzt werden können.

Bundespräsident Horst Köhler fasste die Philosophie und den Maßstab des Stiftungswesens einmal wie folgt zusammen:

> *„Zu stiften ist gelebter Ausdruck der Werteorientierung unserer freien Gesellschaft: Verantwortung, Eigeninitiative, Gemeinsinn, Neugierde und der Drang etwas zu verbessern; Stifter sind Vorbilder, weil sie handeln!"*

3. Welche steuerlichen Vorteile genießen der Stifter und die Stiftung?

Rund 97 % der deutschen Stiftungen haben gemeinnützigen Charakter. Der Staat fördert diese Gemeinwohlorientierung durch steuerliches Entgegenkommen. Das **„Gesetz zur weiteren Stärkung des bürgerschaftlichen Engagements"** ist zum 01.01.2007 in Kraft getreten:

- Zuwendungen in das Grundstockvermögen von gemeinnützigen Stiftungen können vom Stifter bis zu einem Betrag von 1.000.000 Euro als Sonderausgaben steuerlich geltend gemacht werden. Der Betrag kann über zehn Jahre verteilt werden; er gilt für den Vermögensübertrag bei Stiftungsgründungen ebenso wie für die Aufstockung des Stiftungsvermögens (Zustiftungen).
- Spenden (also auch Spenden an Stiftungen) sind bis zu 20 % des „Gesamtbetrags der Einkünfte" jährlich als Sonderausgaben abzugsfähig und zeitlich unbegrenzt vortragsfähig.

Die verschiedenen Regelungen liefern dem Stifter erhebliche Steuervorteile und zudem noch enorme steuerliche Gestaltungsfreiräume. Diese Spielräume entstehen durch die Möglichkeiten der zeitlichen Streckung über zehn Jahre bzw. durch die Varianten der Rück- und Vortragsmodalitäten. Die Steuerersparnis kann so gezielt in die Zeit gelegt werden, die für den Steuerpflichtigen am effizientesten ist.

Neben diesen steuerlichen Vergünstigungen für den **Stifter**, hat der Gesetzgeber auch weitreichende Steuerprivilegien für die **gemeinnützigen Stiftungen** geschaffen:

Die gemeinnützige Stiftung als juristische Person zahlt generell

- keine Schenkungsteuer, wenn vom Stifter Vermögen übertragen wird,
- keine Erbschaftsteuer, wenn die Stiftung Erbe ist,
- keine Ertragsteuern auf die erwirtschafteten Erträge.

4. Welche Gründe sprechen für die Stiftung (als Erbe des Privatvermögens des Unternehmers) und wie wird die Idee einer Stiftungsgründung in die Tat umgesetzt?

4.1 Welche Hintergründe erkennen wir?

Die Bundesbürger stellen nach wie vor hohe Ansprüche an den Staat und seine Leistungen. Angesichts des riesigen Schuldenbergs sind die finanziellen Möglichkeiten des Staates jedoch begrenzt. Bei einer solchen Konstellation ist ehrenamtliches Engagement umso wichtiger; ohne diesen Einsatz für das Gemeinwesen würden die klassischen Felder der Gesellschaft und des Sozialwesens zu kurz kommen. Immer mehr Bürger erkennen diese Zusammenhänge und sind bereit, sich durch ehrenamtliche Arbeit und/oder Geld für das Gemeinwohl einzusetzen. Hinzu kommt die Tatsache, dass die in Deutschland zwischenzeitlich angesammelten Vermögen ein „Zurückgeben an die Gesellschaft“ auch möglich machen. Die Stärkung des Spenden- und Stiftungswesens durch die Politik ist demnach eine folgerichtige Konsequenz. Der Staat ist auf stiftende Bürger als Partner angewiesen.

Jahr für Jahr werden mehr und mehr Stiftungen aus der Taufe gehoben. In den letzten Jahren waren es jeweils rund 1.000 pro Jahr, die neu hinzukamen. Zum Jahresende 2008 gab es in Deutschland rund 16.400 **selbstständige Stiftungen bürgerlichen Rechts**. Hinzu kommen geschätzte 40.000 **Treuhandstiftungen**. Treuhandstiftungen sind unselbstständige Stiftungen, die von selbstständigen Stiftungen mitverwaltet werden. Etwa die Hälfte aller Stiftungen wurde seit der Jahrtausendwende gegründet. Ungeachtet der aktuellen Entwicklung, hat das Stiftungswesen jedoch eine jahrhundertelange Tradition; die ältesten deutschen Stiftungen sind über 1.000 Jahre alt.

4.2 Von welchen Motiven und Vorteilen lassen sich Stifter leiten?

- Die persönlichen Wertvorstellungen dauerhaft fördern!

  Wie bereits beschrieben gibt es für Stifter vielfältige Möglichkeiten, sich für das Gemeinwohl zu engagieren. Die große Bandbreite ermöglicht es jedem Stifter, sowohl seine persönlichen Ideen umzusetzen als auch seine Wertvorstellungen zu fördern und seine Ziele zu realisieren.

- Den Nachlass regeln!

  Falls keine oder keine geeigneten Erben vorhanden sind, bietet es sich an, sich mit einer eigenen Stiftung den „Wunscherben“ selbst zu schaffen. Dabei ist es sinnvoll, die Stiftung zu Lebzeiten zu gründen und „auf den Weg zu bringen“, um sie dann testamentarisch als Erbin einzusetzen.

- Das Vermögen und das Lebenswerk dauerhaft sichern!

  Ein Lebenswerk entsteht (wie der Begriff schon sagt) nicht kurzfristig. Bei vielen potenziellen Stiftern steht deshalb der Wunsch im Vordergrund, das Lebenswerk dauerhaft zu erhalten. Einem über Jahrzehnte aufgebauten Vermögen, einer liebevoll zusammengestellten Sammlung oder einem mit viel Einsatz geschaffenen persönlichen Imperium kann mittels einer Stiftung ein „auf die Ewigkeit ausgerichtetes Wirken“ beschert werden.

- Den eigenen Namen erhalten!

  Das Vermögen und das Lebenswerk überdauern ewig; ebenso ist es mit dem Namen des Stifters. Es ist üblich, eine Stiftung mit dem Namen des Stifters zu verbinden. Damit verdeutlicht der Stifter, dass das positive Wirken der Stiftung auf seine Initiative und auf sein Engagement zurückgeht.

- Den „Ruhe- oder Unruhestand“ sinnvoll gestalten!

  Eine zu Lebzeiten gegründete Stiftung ermöglicht es dem Stifter, „seine Stiftung“ nicht nur zu gestalten, sondern auch zu erleben. Er selbst bestimmt, wen und was er fördern will; er entscheidet über die Höhe der Zuwendung; er sammelt Erfahrungen und kann ggfs. neue Weichenstellungen vornehmen. So entsteht ein ganz persönlicher Bezug zu seinem gemeinnützigen Engagement.

- Den Lebensunterhalt sichern!

  Bis zu ein Drittel der Erträge darf dafür verwendet werden, den Lebensunterhalt des Stifters oder seiner engsten Angehörigen (Ehegatten, Eltern, Großeltern, Kinder, Enkel und Geschwister) zu sichern oder ihre Gräber zu pflegen.

- Die steuerlichen Vorteile nutzen!

  Die eingangs beschriebenen steuerlichen Vorteile für den Stifter ermöglichen es, die persönliche Steuerlast aktiv zu gestalten. Für die Stiftung bleibt übertragenes Vermögen ungeschmälert erhalten, da weder Erbschaft- noch Schenkungsteuer anfällt. Ebenso verzichtet der Staat auf Ertragsteuern.

- Sich ein Denkmal setzen!

  Mit einer Stiftung setzt sich der Stifter sein persönliches Denkmal weit über den Tod hinaus. Zu Lebzeiten kann der Stifter noch selbst gestaltend mitwirken: „Stiften ist nicht nur eine große Tat, sie macht auch Spaß!"

4.3 Wie wird die Idee in die Tat umgesetzt?

Die Stiftung wird durch privatrechtliche, verbindliche Erklärungen des Stifters errichtet. Damit erhält sie eine eigene Rechtsfähigkeit nach BGB und wird durch einen Stiftungsvorstand nach außen vertreten. Dieser Stiftungstyp benötigt ein Grundkapital von mindestens 50.000 Euro.

Exkurs: Auffällig ist, dass zunehmend mehr Unternehmen bereit sind, eine Stiftung zu errichten. Firmenjubiläen oder herausragende wirtschaftliche Erfolge bilden oftmals die Anlässe zu dieser Form des Engagements für das Gemeinwohl. Zudem ist die positive Imagebildung einer Stiftungsgründung eine sehr gern gesehene Begleiterscheinung. Sparkassen haben eine besondere Bedeutung unter den „juristischen Personen als Stifter". Diese herausragende Rolle der **Sparkassenstiftungen** bezieht sich sowohl auf die Anzahl der Stiftungen als auch auf das unterhaltene Stiftungsvermögen und auf die für den Stiftungszweck bereitgestellten Mittel. Auch Vereine nutzen vermehrt das Instrument der Stiftung, um angesammelte Vermögenswerte für einen bestimmten Zweck nachhaltig zu binden. In diese Gruppe fallen ebenso kirchliche Stiftungen.

4.4 Welche Besonderheiten sind bei der Gründung einer Stiftung zu beachten?

Per Definition „stellt der Stifter auf Dauer ein bestimmtes Vermögen bereit, damit ein konkreter, eigenverantwortlich gewählter Zweck erfüllt werden kann". Dieser Grundsatz gilt in Deutschland seit Jahrhunderten. Ein Wegbereiter des Stiftungsgedankens war der Bankier

Jakob Fugger, der im 16. Jahrhundert beschloss, zum Wohle der Allgemeinheit tätig zu werden: Er gründete eine Wohnsiedlung für bedürftige Bürger, die **Fuggerei.**

Derzeit gründen rund 90 % der Stifter ihre Stiftung zu Lebzeiten. Sie wollen noch erleben, wie sich die Früchte aus ihrem Engagement, aus ihrer Verantwortung für die Gesellschaft und aus ihren persönlichen Nachlassvorstellungen entwickeln. Ein potenzieller Stifter kann jedoch auch in einem Testament seinen Stifterwillen dokumentieren. Der Stifter bringt damit die Stiftung auf den gewünschten Weg und behält trotzdem Einflussmöglichkeiten auf das Stiftungsvermögen. In aller Regel wird im Todesfall die Stiftung Erbin eines Teils des Vermögens oder des Gesamtvermögens des Stifters.

Von der Idee bis hin zur Arbeitsfähigkeit einer Stiftung vollzieht sich die Gründung in mehreren Schritten. Die gesetzliche Basis für rechtsfähige Stiftungen sind

1. das Bürgerliche Gesetzbuch (BGB) seit dem 01.01.1900,
2. das Bundesgesetz zur Modernisierung des Stiftungsrechts vom 15.07.2002,
3. das Gesetz zur weiteren Stärkung des bürgerschaftlichen Engagements mit Wirkung vom 01.01.2007 und
4. die Stiftungsgesetze der Bundesländer.

Diese Aufzählung macht deutlich, dass das Stiftungsrecht und die Besteuerung von Stiftungen bundeseinheitlich ist (1.–3.), der eigentliche Gründungsvorgang jedoch dem jeweiligen Landesrecht unterliegt (4.).

Auf der Gesetzesgrundlage sind für die Erlangung der Rechtsfähigkeit einer Stiftung erforderlich

- die **verbindliche Erklärung des Stifters**, ein bestimmtes Vermögen zur Erfüllung eines von ihm vorgegebenen Zwecks bereitzustellen,
- die **Festlegung einer Stiftungssatzung,**
- die Angabe von **Name, Sitz, Zweck und Vermögen der Stiftung,**
- die Benennung des **Stiftungsvorstands** und ggfs. weiterer beratender Organe, z.B. eines Beirats.

Unter den skizzierten Voraussetzungen muss die zuständige Landesbehörde die Stiftung anerkennen. Der Stifter hat demnach das Recht auf Anerkennung seiner Stiftung, wenn die im BGB geregelten Kriterien erfüllt sind.

Parallel zu dieser Prüfung auf Anerkennung übernimmt z.B. in Nordrhein-Westfalen und Bayern die Stiftungsaufsichtsbehörde auch das Abstimmungsverfahren mit den Finanzbehörden zur Bestätigung der Gemeinnützigkeit.

Die Gründung einer Stiftung bedarf einer sorgfältigen Vorbereitung. Zur Klärung juristischer und steuerrechtlicher Details ist es notwendig und sinnvoll, die Zusammenarbeit mit dem Anwalt/Notar und dem Steuerberater des Stifters zu suchen.

Eine Stiftung gründen zu wollen ist keine schwierige, jedoch eine schwerwiegende Entscheidung. Ihre Wirkung reicht weit über den Tod des Stifters hinaus. Zum Zeitpunkt der Gründungsüberlegungen gibt es große individuelle Freiheiten hinsichtlich der Ausgestaltung der Stiftung. Wenn aber die durch das Stiftungsgeschäft und die Satzung festgelegten Einzelheiten durch die Anerkennung in Kraft getreten sind, dann sind sie verbindlich – auch für den Stifter selbst.

Spätere Änderungen der Satzung, z.B. die Änderung des Stiftungszwecks bedürfen dann der Genehmigung der Stiftungsaufsicht, die sich eng an den ursprünglich dokumentierten Stifterwillen zu halten hat.

Für Fragen im Zusammenhang mit der Stiftungsgründung (aber auch für alle weiteren Fragen „rund um die Stiftung“) stehen die Spezialisten in den einzelnen Sparkassen zur Verfügung. Auskünfte erteilen auch die Behörden der Stiftungsaufsicht in den einzelnen Landesbehörden und vor allem der

Bundesverband Deutscher Stiftungen

Mauerstraße 93

10117 Berlin.

5. Welche Gründe sprechen für die Stiftung als Träger des Unternehmens und wie wird die unternehmensverbundene Stiftung realisiert?

5.1 Auf welcher Grundidee fußt die unternehmensverbundene Stiftung?

Bei **Unternehmensstiftungen** werden Familienunternehmen ganz oder teilweise in Stiftungen eingebracht; beispielhaft sei **Reinhard Mohn** mit der **Bertelsmann-Stiftung** genannt. Eine unternehmensverbundene Stiftung kann ein Weg sein, ein Familienvermögen über Generationen hinweg zusammenzuhalten. So wird die Stiftung zu einem Instrument, mit dem die Unternehmenskontinuität langfristig gesichert werden kann.

- Der Unternehmer sichert seine Nachfolge!

  Dieses Motiv ist von ausschlaggebender Bedeutung, wenn in der Familie ein geeigneter Nachfolger fehlt. An die Stelle des „Nachfolgers aus der Familie“ treten die Stiftungsorgane, auf die der Stifter wiederum durch die Stiftungssatzung entscheidenden Einfluss nimmt. Ausschlaggebend ist bei dieser Konstellation die Unabhängigkeit der Stiftungsorgane. Durch diese Unabhängigkeit wird die Stiftung und damit das Unternehmen vor möglichen persönlichen Konflikten innerhalb der Unternehmerfamilie bewahrt.

- Der Unternehmer erhält das Unternehmen über seine eigene Schaffenszeit hinaus!

  Durch entsprechende Vorgaben in der Stiftungssatzung kann der Inhaber verhindern, dass nach seinem Tod sein Lebenswerk verkauft oder zerschlagen wird. Für den Stifter steht somit die Funktions- und Überlebensfähigkeit des Familienunternehmens im Vordergrund. So kann er über den Tod hinaus langfristig Einfluss auf die Geschicke des Unternehmens nehmen.

- Der Unternehmer vermeidet Erbstreitigkeiten!

  Der Unternehmer verhindert, dass durch Erbschaftsteuerzahlungen oder Erbstreitigkeiten das Unternehmen in Schwierigkeiten kommt. Im Vorfeld sollten Gespräche im Kreis der potenziellen Erben den Boden bereiten für eine derartige Lösung.

- Der Unternehmer vermeidet, dass Erbschaft- oder Schenkungsteuer anfallen!

  Dieses Ziel ist nur dann zu erreichen, wenn das Unternehmen in eine **gemeinnützige Stiftung** übertragen wird.

5.2 Wie können diese Ziele realisiert werden?

Die einfachste und simpelste Lösung ist die, dass der Unternehmer die Stiftung gründet und seine Unternehmensanteile und ggf. weiteres Vermögen im Wege der Schenkung und/oder des Erbgangs auf die Stiftung überträgt. Potenzielle Erben sind dann jedoch bis auf die Pflichtteilsansprüche „außen vor“. Es stellt sich die Frage, ob das gewollt ist?

Falls die Interessen der Familie gewahrt werden sollen, gilt es, die „Eigentümerverantwortung“ in der Familie zu bündeln und dennoch die steuerlichen Vergünstigungen in Anspruch zu nehmen. Dieses Ziel lässt sich mit der **Doppelstiftung** realisieren.

Erste Voraussetzung für die Verwirklichung einer Doppelstiftung ist, dass eine gemeinnützige Stiftung Gesellschafterin einer Kapitalgesellschaft ist und keinen direkten Einfluss auf die unternehmerische Tätigkeit nimmt **(= Beteiligungsträgerstiftung).** Die Unternehmensbeteiligung und die so erwirtschafteten Gewinne sind das Mittel zur Erfüllung des Stiftungszwecks und damit gemeinnützig und steuerbefreit. Die zweite Voraussetzung ist, dass die Familieninteressen in einer **Familienstiftung** gebündelt werden.

Exkurs zur Familienstiftung: Die Besonderheit der Familienstiftung liegt darin, dass sie nach ihrem Stiftungszweck in erster Linie den Interessen einer Familie dient. Dadurch soll erreicht werden, dass das Familienvermögen in einer Hand bleibt und nicht beim Tod des Stifters aufgrund des Erbrechts unter den Erben aufgeteilt wird. Die Familienstiftung kann wegen der Begünstigung „für eine Familie" nicht gemeinnützig und damit auch nicht steuerbefreit sein. Für Familienstiftungen gilt eine „Erbersatzsteuer", die fingiert, dass alle 30 Jahre ein Erbfall mit der Konsequenz der Erbschaftsteuerzahlung eintritt. Ein Vorteil dieser Gestaltungsmöglichkeit liegt darin, dass im Gegensatz zur Erbschaftsteuer (der Tod ist naturgemäß nicht planbar) die Erbersatzsteuer exakt planbar ist, da sie alle 30 Jahre anfällt.

5.3 Wie funktioniert die Doppelstiftung?

Notwendig ist die Errichtung zweier Stiftungen, nämlich der gemeinnützigen Stiftung und der Familienstiftung. Die steuerbefreite gemeinnützige Stiftung darf jedoch nicht unternehmerisch tätig sein (siehe oben). Aus diesem Grund werden bei der Doppelstiftung das Vermögen einerseits und die Entscheidungsbefugnis andererseits in die beiden unterschiedlichen Stiftungen eingebracht. Beispielhaft könnte dies heißen: In der gemeinnützigen Stiftung liegen 95 % des Besitzes und nur 5 % der Stimmrechte; in der Familienstiftung sind die Besitz- und Stimmrechtsverhältnisse umgekehrt. Die Komplexität der Konstruktion macht es bereits deutlich: Die stiftungs- und steuerrechtliche Unbedenklichkeit ist nicht völlig unumstritten. Deshalb sind bereits im Vorfeld eines solchen Gründungsvorhabens verbindliche Auskünfte der Stiftungsaufsicht und der Finanzbehörden erforderlich.

5.4 Welche Bedeutung kommt dem Ausschüttungsverhalten des Unternehmens zu?

Neben den Eigentumsverhältnissen und der Stimmrechtsverteilung ist die Regelung der Gewinnverteilung entscheidend für den Erfolg einer Doppelstiftung. Da die gemeinnützige Stiftung mehrheitlich am Unternehmen beteiligt ist, fließt ihr – sofern keine abweichende Regelung getroffen wurde – auch der überwiegende Teil des Unternehmensgewinns zu. Unabhängig davon, ob der Gewinn thesauriert oder ausgeschüttet wird, die Familienstiftung ist immer nur sehr eingeschränkt am Gewinn beteiligt. Deshalb ist es u.U. überlegenswert, neben den Stimmrechten auch die Gewinnbezugsrechte disquotal zur Beteiligungshöhe auszugestalten. Dabei sind jedoch wiederum steuerliche Besonderheiten zu beachten.

6. Wie werden die Erträge, die das gemeinnützige Stiftungsvermögen abwirft, konkret eingesetzt?

Wie bereits vorher formuliert, zeichnet sich eine gemeinnützige Stiftung dadurch aus, dass das Vermögen der Stiftung einem bestimmten Zweck auf Dauer und unwiderruflich gewidmet wird. Ausschließlich die Erträge werden für den Stiftungszweck ausgeschüttet, sodass das Vermögen in seiner Leistungskraft erhalten bleibt.

Des Weiteren gilt die generelle Regelung, dass die Stiftung alle Erträge, die das Stiftungsvermögen abwirft – nach Abzug der Kosten, die die Stiftungsverwaltung erfordert – unmittelbar und zeitnah dem satzungsgemäßen Zweck zuführen muss. Von dieser Regel gibt es Ausnahmen aufgrund des „Gesetzes zur weiteren steuerlichen Förderung von Stiftungen" (StiftFöG) und der Abgabenordnung (AO) – die sogenannte **„Drittel-Regelung":**

1. Maximal ein Drittel der Erträge dürfen an den Stifter und an die nächsten Angehörigen (zwei Generationen) fließen, um „angemessen" leben zu können.
2. Maximal das zweite Drittel darf in eine freie Rücklage eingestellt werden, beispielsweise um Vermögensverluste abzupuffern, die ggfs. durch Kursverluste entstanden sind.
3. Das dritte Drittel würde bei voller Nutzung der Möglichkeiten 1. und 2. dem Stiftungszweck zufließen.

Wenn keine Veranlassung zur Familienversorgung oder zur Rücklagenbildung besteht, fließt der volle Betrag dem Stiftungszweck zu.

7. Welche Bedeutung haben Sicherheit, Rendite und Liquidität bei der Anlage des Stiftungsvermögens?

Der entscheidende Satz in diesem Zusammenhang lautet: **„Das BGB und die übrigen relevanten Gesetze enthalten keine Vorschriften für die Anlage von Stiftungsvermögen."** Daraus folgt, dass die Aspekte Sicherheit, Rendite und Liquidität wie bei jeder privaten Geldanlage auch bei der Anlage von Stiftungsvermögen eine herausragende Bedeutung haben. Anders als bei der privaten Geldanlage, bei der der eine oder andere der drei genannten Aspekte im Extremfall (Gold und Kunstwerke bringen z.B. keinen laufenden Ertrag) auch einmal vollständig wegfallen kann, müssen bei der Anlage des Stiftungsvermögens immer alle drei Kriterien eine gleichrangige Beachtung finden:

- Die **laufende Rendite** ist erforderlich um den Stiftungszweck erfüllen zu können und die Existenz der Stiftung langfristig zu sichern.
- Die **Sicherheit der Anlage** ist unumgänglich, da nur so die Nachhaltigkeit der Stiftung garantiert werden kann.
- Die **Liquidität** ist notwendig zur Erfüllung der satzungsmäßigen Stiftungsaufgaben.

Dass bei Geld- und Wertpapieranlagen eine gleichzeitige Zielerreichung bei allen drei Kriterien nicht möglich ist, ist jedem Vermögensberater hinlänglich bekannt. Ungleich schwieriger wird diese „Quadratur des Kreises" in den Fällen, in denen das Stiftungsvermögen nicht nur aus Guthaben und Wertpapieren besteht, sondern wenn zusätzlich Immobilien und Firmenbeteiligungen hinzukommen.

Eine zentrale Aufgabe des Stiftungsvorstands ist demnach das zielgerichtete Vermögensmanagement. Wichtig ist dabei, dass in der Vermögensanlage keine „Klumpenrisiken" entstehen.

Ist das Stiftungsvermögen in seinem Bestand nachhaltig reduziert, können die Erträge dem Stiftungsvermögen (und nicht dem Stiftungszweck) so lange zugeführt werden, bis der ursprüngliche Vermögensbestand wieder hergestellt ist. Im Extremfall kann eine absolute Ausschüttungssperre auch durch die Stiftungsaufsicht verfügt werden.

Bei positiven Kursverläufen, z.B. bei Wertpapieren, können realisierte Kursgewinne durch Rücklagenbildung dem Stiftungsvermögen zugeführt bzw. bei noch nicht realisierten Kursgewinnen stille Reserven aufgebaut werden – eine elegante Methode, um Kursschwankungen an den Börsen abzupuffern.

Bei den Abwägungen innerhalb des magischen Dreiecks aus Rendite, Sicherheit und Liquidität darf man – obwohl gesetzlich nicht geregelt, jedoch aufgrund jahrzehntelanger Praxis und Rechtsprechung – davon ausgehen, dass die dauerhafte Sicherung des Stiftungsvermögens als Hauptziel und die Erhaltung einer kontinuierlichen Stiftungsarbeit als Unterziel zu betrachten sind. Im Zweifelsfall ist demnach der „Staatsanleihe" der Vorzug zu geben vor dem mit hohen oder höchsten Zinsen ausgestatteten „Junkbond".

8. Welche Form der Unterstützung bietet die Sparkassenorganisation beim Vermögensmanagement der Stiftungen an?

Alle Bankengruppen, speziell die Privatbanken, bieten zum Teil seit Jahrzehnten ihre Dienstleistungen im Bereich des Stiftungsmanagements an. Über Know-how im Umgang mit Stiftungen verfügen jedoch vor allem die Sparkassen – und zwar aufgrund der Erfahrungen in der Gestaltung der eigenen Stiftungen und der Begleitung ihrer Kunden in deren Stiftungen.

Hinsichtlich des Vermögensmanagements (gemeint ist damit die Anlage in Geld- und Wertpapiervermögen) unterstützen die Sparkassen die Stiftungen ihrer Kunden auf dreierlei Art und Weise:

- individuelles Vermögensmanagement
- Vermögensverwaltung
- fondsgestützte Vermögensanlage über „Deka-Stiftungen Balance"

Bei dieser Art der Stiftungsbetreuung handelt es sich nicht um ein „Entweder-oder", vielmehr können die einzelnen Arten durchaus nebeneinander eingesetzt werden.

Das **individuelle Vermögensmanagement** arbeitet in der Weise, dass der Sparkassenberater jede einzelne Anlagenentscheidung oder Wertpapierumschichtung vorbereitet, begründet und mit dem Stiftungsvorstand abstimmt. Dies setzt neben dem unterstellten hochkarätigen Fachwissen voraus, dass der Berater sowohl in die „Stiftungsphilosophie" als auch in das spezielle Gedankengeflecht bezüglich „Rendite, Sicherheit und Liquidität" eingeweiht ist.

Die **Vermögensverwaltung** macht es – wie im normalen Kundengeschäft auch – erforderlich, dass hierbei das oben angegebene „magische Dreieck" in seinen Zielen und seinen Prioritäten festgezurrt wird, dass langfristig stabilisierend wirkende „Pflöcke eingeschlagen" werden. Diese Pflöcke könnten beispielsweise heißen: „Renten zu Aktien im Verhältnis 70:30" oder „Rentenwerte mit einem Rating von mindestens BBB- nach S&P" oder „nur Aktien, die im DAX enthalten sind" oder „4 % Ertrag werden angestrebt".

Eine Besonderheit im Rahmen des Vermögensmanagements bietet die **fondsgestützte Vermögensanlage** durch einen speziell auf die Belange von Stiftungen ausgerichteten Fonds an – den **„Deka-Stiftungen Balance".** Der Fonds wurde von der Deka zusammen mit dem Bundesverband Deutscher Stiftungen entwickelt und auf die Anlagebedürfnisse von Stiftungen abgestimmt. Er erfüllt die wesentlichen Anlagebedürfnisse von Stiftungen und basiert auf dem Grundsatz, dass neben dem langfristigen Substanzerhalt ein möglichst hoher Ertrag erwirtschaftet werden soll.

Ein zweiter Grundsatz besagt, dass die fortlaufende Erzielung von Erträgen angestrebt wird, um die Stiftungszwecke zu erfüllen. Eine Thesaurierung der Erträge kommt folglich nicht infrage. Eine einmalige jährliche Ausschüttung genügt den Bedürfnissen ebenso wenig – eine quartalsmäßige Ausschüttung ist die Konsequenz.

Der dritte Grundsatz bezieht sich auf die Nachhaltigkeit der Geldanlage. Bei der Auswahl geeigneter Kapitalanlagen spielen für Stiftungen, die gemeinnützige, mildtätige und kirchliche Zwecke verfolgen, neben der Sicherheit und der Rendite auch ethische und soziale Aspekte eine ebenso wichtige Rolle wie die Nachhaltigkeit des wirtschaftlichen Erfolgs. Besondere Aufmerksamkeit gilt dabei dem Umweltschutz, der Unternehmensführung und dem Umgang mit Kunden und Mitarbeitern.

9. Stiftungen: Wirklich zum Vorteil von allen Beteiligten?

Die Frage ist eindeutig mit „ja" zu beantworten. Die mit der Stiftungsgründung verbundenen Vorteile sind für alle Beteiligten eindeutig und zahlreich: Neben dem guten Gefühl, ein sinnvolles Lebenswerk zu hinterlassen, stehen der Erhalt des Namens, des Vermögens, eines Unternehmens und die Versorgung der Familie. Hinzu kommt die uneingeschränkte gesellschaftliche Anerkennung für das Bemühen, nicht nur für einen guten Zweck zu stiften, sondern auch andere zum Stiften „anzustiften".

Es ist deutlich geworden, dass viele gesellschaftliche Aufgaben nur durch die Initiativen privater Stifter zu lösen sind. Der Staat unterstützt die Stifter und die Stiftungen folgerichtig durch weitreichende Steuerprivilegien. Neben allen Vorteilen gibt es also die steuerlichen Vorteile noch als Sahnehäubchen oben drauf.

„Stiftungsmanagement als Problemlösung für Kunden" ist für die Sparkassen ein ganz spezielles Leistungsangebot. Es setzt eine sehr individuelle, qualifizierte und feinfühlige Kundenbetreuung voraus.

Als Lohn für ein erfolgreich eingesetztes Stiftungsmanagement winken den Sparkassen dann jedoch eine sehr starke Kundenbindung, ein nachhaltiger Ertrag und ein beträchtlicher Imagegewinn.

10. Welche konzeptionelle Unterstützung leistet der DSGV?

Sparkassen und Landesbanken haben auf das anhaltende Wachstum der Neugründungen und der damit einhergehenden zunehmenden Nachfrage nach spezifischen Beratungsleistungen reagiert und ihr Angebot für Stifter und Stiftungen im Rahmen eines DSGV-Projekts weiterentwickelt.

10.1 Leistungsangebot für Stifter und Stiftungen

Das ganzheitliche Leistungs- und Produktangebot der Sparkassen-Finanzgruppe für Stifter und Stiftungen besteht aus der Begleitung bei der Stiftungserrichtung, der Stiftungsverwaltung, dem Vermögensmanagement sowie der laufenden Stiftungsbetreuung. Ziel dieses ganzheitlichen Angebots ist es, Stiftungen über den gesamten Lebenszyklus mit Dienstleistungen und Bankprodukten zu versorgen.

Die Begleitung eines potenziellen Stifters in der Phase der Errichtung einer Stiftung umfasst alle Schritte auf dem Weg bis zur physischen Entstehung der Stiftung. In dieser Phase sind häufig rechtliche und steuerliche Sachverhalte zu prüfen und zu beurteilen. Aufgrund möglicher Konflikte mit dem Rechts- und Steuerberatungsgesetz empfiehlt es sich, den jeweiligen Rechts- bzw. Steuerberater des Stifters frühzeitig in den Prozess einzubinden.

Kern des Leistungsangebots eines Finanzdienstleisters sind die professionelle Anlage bzw. das Management des Vermögens der entstehenden Stiftung. Die Tätigkeit des Finanzdienstleisters wird dabei je nach Umfang und Komplexität des zu verwaltenden Vermögens unterschiedlich ausfallen: von der einfachen Anlageberatung über die individuelle Verwaltung der Vermögensgegenstände bis zur Auflage von Spezialfonds durch eine Kapitalanlagegesellschaft. Bei der Anlage bzw. der Verwaltung von Vermögen für gemeinnützige Stiftungen sind einige Besonderheiten zu beachten.

Ist eine selbstständige Stiftung erfolgreich gegründet, erfordert ihr erfolgreiches Wirken eine professionelle Verwaltung, also einen geordneten Geschäftsbetrieb. Aus Sicht einer Stiftung gehören zu den Hauptaufgaben der Verwaltung die bereits behandelte Vermögensverwaltung, Aufgaben wie eine Budget- und Haushaltsplanung, Buchhaltung und Rechnungslegung, Spenden- und Fördermittelverwaltung, einschließlich Zahlungsverkehr, aber auch das Management vorhandener Immobilien.

Nachdem ein Stifter seine Stiftung erfolgreich errichtet bzw. der Kundenbetreuer erfolgreich eine bestehende Stiftung akquiriert hat, ist die Stiftung in die laufende Betreuung zu überführen. Hierzu zählen u.a. die laufende ganzheitliche Beratung mit dem Ziel eines umfassenden Cross-Sellings, unterstützende kommunikative Angebote für die Stiftung, beispielsweise bei der Einwerbung neuer finanzieller Mittel für die Stiftungsarbeit oder die Durchführung von Kundenveranstaltungen.

10.2 Vermögensmanagement

Die professionelle Anlage bzw. Verwaltung des Stiftungsvermögens entspricht im Wesentlichen den Erfordernissen und Usancen bei der Vermögensanlage für vermögende Privatkunden. Aufgrund gesetzlicher Vorgaben für gemeinnützige Stiftungen sind einige Besonderheiten zu beachten, auf die im Folgenden eingegangen wird.

Bei der Wahl einer Anlagestrategie ist zu berücksichtigen, dass zwischen dem Stiftungszweck und der Art der Vermögensanlage ein direkter Zusammenhang besteht: Gemäß den Vorgaben des Stifters und dem Zweck der Stiftung ist das laufende Budget zur Erfüllung des Stiftungszwecks zu planen. Diese Planung wiederum bestimmt, wie das Vermögen zur Erzielung von Erträgen für die Stiftung anzulegen ist (z.B. unterjährige Zinszahlungen etc.).

Im Vordergrund der Anlage des Vermögens einer Stiftung stehen der dauerhafte Erhalt des Vermögens sowie die Erzielung kontinuierlich hoher Erträge zur bestmöglichen Erfüllung des Stiftungszwecks.

10.3 Fundraising

Für Stiftungen ist es wichtig, dass sich andere finanziell an der Stiftung beteiligen. In den meisten Fällen geschieht dies durch Spenden zum laufenden Geschäftsbetrieb, durch Zustiftungen zum Grundstock der Stiftung oder durch Förderpatenschaften. Vorrangiges Ziel der Fundraisingaktivitäten von Zustiftungen ist es, den Kapitalstock der Stiftung dauerhaft zu erhöhen. Da Stiftungen erwarten, dass Kreditinstitute sie bei der Mittelbeschaffung unterstützen, sollte in der Außenkommunikation ein solches generelles Angebot enthalten sein, dessen Umfang unter wirtschaftlichen Aspekten jedoch genau zu bestimmen ist.

10.4 Stiftungsverwaltung

In einem ganzheitlichen Leistungsangebot, das die Bedarfe einer Stiftung in allen Lebensphasen umfasst, sollte die Stiftungsverwaltung enthalten sein. Die Erstellung dieser Dienstleistung verursacht Kosten. Da gemeinnützige Stiftungen jedoch häufig über begrenzte Mittel für die Zweckverwirklichung verfügen, sind sie bestrebt, alle administrativen Kosten weitgehend zu vermeiden bzw. dahingehend zu reduzieren, dass diese ehrenamtlich erbracht werden. Diese Erwartungshaltung besteht häufig auch gegenüber Finanzdienstleistern, wenn diese die Stiftungsverwaltung übernehmen.

Da die Stiftungsverwaltung für die klassischen Finanzdienstleister nicht zu den Kernkompetenzen zählt, kann diese Dienstleistung in der Regel selbst nicht kostendeckend angeboten werden. Daher wird ein Zukauf über einen Kooperationspartner die wirtschaftlich sinnvollste Lösung sein.

10.5 Stiftungen als Nachfolgelösung

Die Überführung des Unternehmens in eine Stiftung ist eine geeignete Lösung zur Regelung der Unternehmensnachfolge. Motive aus Sicht des Unternehmers hierfür können sein:

- Der Unternehmer möchte seine Nachfolge bei Fehlen von geeigneten Nachfolgern in der Familie sichern. Die Stiftung ist dabei nur eine von mehreren Optionen für die Regelung der Nachfolge.
- Er möchte das in der Regel selbst aufgebaute Unternehmen über seine Schaffenszeit hinaus erhalten.
- Der Unternehmer möchte den Verkauf oder die Teilung bzw. Zerschlagung des Unternehmens verhindern.
- Der Unternehmer möchte Erbstreitigkeiten vermeiden.
- Erbschaft- und Schenkungsteuer sollen vermieden werden (bei Realisierung als gemeinnützige Stiftung).

So verschieden die Wünsche von Stiftern sind, so unterschiedlich sind die Wege, diese Wünsche zu realisieren. Die wichtigsten Einflussfaktoren bei der Wahl der geeigneten Lösung sind das Vermögen, das der Stifter für den Zweck aufwenden will und seine Motivation bzw. seine Ziele, sich stifterisch zu betätigen.

In Abhängigkeit der genannten Variablen gibt es folgende Lösungsoptionen:

1. Spende
2. Zustiftung
3. Stiftungsfonds
4. treuhänderische oder
5. selbstständige Stiftung

Um die am besten zum Kundenbedarf passende Lösung zu ermitteln, bietet sich ein zweistufiges Vorgehen an. Im ersten Schritt wird das potenzielle Stiftungsvermögen, das einmalig oder mehrmalig bzw. zu Lebzeiten oder im Todesfall in die Stiftung fließen soll, ermittelt. Dieses nachhaltig für die Stiftung verfügbare Vermögen ist im Hinblick auf Ertrags-/Kosten-

Relation die betriebswirtschaftliche Determinante sowohl aus Sicht der Bank bzw. Sparkasse als auch aus Kundensicht.

Anschließend wird ermittelt, in welchem Umfang der Stifter in der Stiftung/im Projekt mitarbeiten (Umfang seines persönlichen Engagements) oder ob der Stifter in den Organen der Stiftung (Gremien) aktiven Einfluss nehmen möchte.

Zuletzt sind sonstige Rahmenbedingungen für die Arbeit der Stiftung zu klären, z.B. ob der Name des Stifters erhalten bleiben oder die Zuwendung einen bestimmten Zweck erfüllen (z.B. ein bestimmtes Projekt fördern) soll bzw. ob der Stifter Flexibilität bei Zweck und Verwendung der Erträge der Stiftung wünscht.

11. Welche Kunden sind prädestiniert für das Stiftungsmanagement?

Zielkunden des Stiftungsmanagements einer Sparkasse bzw. Landesbank sind potenzielle Stifter, bestehende Stiftungen und Multiplikatoren im Stiftungswesen.

Zu den potenziellen Stiftern zählen Privat- und Individualkunden (am häufigsten Vermögende ohne Kinder), Unternehmer und Unternehmenskunden (Geschäfts-, Gewerbe- und Firmenkunden), Kommunen und kommunale Einrichtungen, gemeinnützige Vereine (z.B. Tierschutzverein) sowie sonstige steuerbegünstigte Körperschaften (z.B. Kirchen, Einrichtungen der Pflegebranche).

Bestehende Stiftungen im Sinne der Zielkundendefinition sind Kundenstiftungen (z.B. Bürgerstiftungen), unternehmensnahe oder –verbundene Stiftungen sowie kirchliche Stiftungen.

Als Multiplikatoren sind Empfänger von Zuwendungen aus Stiftungen (sogenannte Destinatäre tragen das Thema Stiftungen positiv nach außen), Rechtsanwälte, Steuerberater, kommunale Spitzenverbände (z.B. Städtetag), Notare, Wirtschaftsprüfer (klären potenzielle Stifter auf, werden mit Stiftungswünschen konfrontiert und können Kunden zuführen) sowie Kuratoriums-/Stiftungsratsmitglieder interessant.

12. Welche aufbauorganisatorischen Alternativen gibt es bei der Unterstützung von Stiftungen?

Durch die regional unterschiedlichen Bevölkerungsstrukturen, deren Unterschiede sich voraussichtlich mit dem demografischen Wandel verstärken werden, sind die Potenziale sowohl für Stiftungsgründungen aus dem eigenen Kundenbestand als auch für die Gewinnung neuer Kunden im Stiftungsmanagement regional sehr unterschiedlich. Aus der Marktpotenzialanalyse heraus ist zu vermuten, dass z.B. in den Ballungsräumen ein hohes Stiftungspotenzial vorhanden ist, während das Stiftungspotenzial im ländlichen Raum eher gering ist.

Das Stiftungspotenzial ist jedoch entscheidend für den Umfang eines Leistungsangebots der Institute im Stiftungsmanagement, das sich an vorhandenen Mengengerüsten orientieren sollte. Neben der Bevölkerungsstruktur spielt hierfür auch der regionale Stiftungsmarkt eine Rolle, da auch die bereits vorhandene stifterische Aktivität in der Region die Potenziale beeinflusst. Eine aktive Bürgerstiftung in der Region sorgt z.B. einerseits dafür, dass das Thema „Stiften“ bereits in der Bevölkerung verankert ist. Andererseits bindet sie selbst einen Teil des stifterischen Potenzials. Tendenziell kommt ein Angebot im Stiftungsmanagement aus eigener Kraft eher für Großsparkassen und Landesbanken infrage, während sich für kleinere und mittlere Sparkassen häufig Kooperationslösungen anbieten.

12.1 Entscheidungsprozess für den Aufbau des Geschäftsfelds Stiftungen

Grundsätzlich sollte jedes Institut seine spezifische Marktsituation genau analysieren, bevor es über die Aufstellung im Stiftungsmanagement entscheidet. Für die Entscheidung über den Aufbau des Geschäftsfelds Stiftungen bietet sich ein dreistufiger Entscheidungsprozess an.

Schritt 1: Analyse des Marktumfeldes

Erster Schritt des Managemententscheidungsprozesses ist die Analyse des Marktumfeldes. Hier geht es darum, zunächst das Potenzial des Geschäftsfeldes im Marktgebiet des Instituts zu ermitteln, um eine erste Schätzung der Mengengerüste für das Stiftungsmanagement vornehmen zu können.

Dabei sollte auf der einen Seite analysiert werden, wie viele Kunden im eigenen Kundenbestand als potenzielle Stifter infrage kommen. Auf der anderen Seite sollte untersucht werden, welches Potenzial im Marktgebiet zur Gewinnung von Neukunden besteht. Es sollte neben potenziellen Stiftern auch das Potenzial an bestehenden Stiftungen betrachtet werden. Hierzu können beispielsweise Informationen über den Bundesverband Deutscher Stiftungen bezogen werden.

Die Auswertung der konkreten Marktsituation liefert den Instituten einen ersten Ansatzpunkt, mit welchen Kapazitäten das Stiftungsmanagement im eigenen Haus versehen werden sollte, um wirtschaftlich tragfähig zu sein.

Schritt 2: Analyse der Wettbewerber

Im zweiten Schritt des Managemententscheidungsprozesses sollte die aktuelle Wettbewerbssituation im Geschäftsgebiet betrachtet werden. Starke Wettbewerber können die Marktpotenziale der Sparkassen im Stiftungsmanagement beeinträchtigen und die zu erwartenden Mengengerüste verändern: Es ist zu berücksichtigen, dass ein Teil der potenziellen Stifter Kunden eines Wettbewerbers werden werden. Zudem setzt ein starker Wettbewerber im Geschäftsgebiet bereits Maßstäbe für das eigene Angebot, an dem es sich zu orientieren gilt.

Es sollte analysiert werden, welche Wettbewerber im Marktgebiet tätig sind und welche Leistungen sie ihren Kunden zu welchen Konditionen anbieten. Nicht zu vernachlässigen sind das Angebot anderer Stiftungen im Geschäftsgebiet – insbesondere von Bürgerstiftungen – sowie die Aktivitäten der Kommunen. Es besteht die Möglichkeit diese ggf. über Kooperationen in das eigene Angebot einzubinden.

Schritt 3: Definition des eigenen Angebots

Im Anschluss an die Analyse der Marktpotenziale und des Wettbewerbsumfeldes kann im dritten Schritt das Angebot des Instituts im Stiftungsmanagement definiert werden. Hier gilt es, zwei unterschiedliche Entscheidungen zu treffen: zum einen die Entscheidung über den Umfang der angebotenen Leistungen und zum anderen die Entscheidung über die Art der Erstellung der Leistungen. („make or buy“).

Bevor detailliert festgelegt werden kann, welche einzelnen Leistungen die Sparkasse im Stiftungsmanagement anbietet, ist zunächst zu klären, für welche Stiftungsformen Lösungen angeboten werden sollen.

Bei einer Festlegung auf die Begleitung der Errichtung sowie die laufende Betreuung und das Vermögensmanagement von selbstständigen Stiftungen sind aufseiten der Sparkasse außer dem erforderlichen Know-how keine gesonderten Voraussetzungen für das Stiftungsmanagement notwendig, da diese rechtlich selbstständige Organisationen sind. Sollen jedoch außer selbstständigen Stiftungen auch Möglichkeiten zur Errichtung von Treuhandstiftungen sowie zur Annahme von Spenden und Zustiftungen geboten werden, so stellen sich weitere Fragen.

Für Treuhandstiftungen ist die Frage der Trägerschaft zu beantworten, da sie als rechtlich unselbstständige Stiftungen eines Trägers bedürfen. Dabei ist zu berücksichtigen, dass bei der Errichtung das Vermögen der Treuhandstiftung in den Besitz des Treuhänders übergeht. Bei der Kooperation mit externen Anbietern ist daher auf deren Vertrauenswürdigkeit und Regelungen zur Konto- und Depotführung zu achten. Außerdem sollte vertraglich geregelt sein, dass die Sparkasse die Konten und Depots führt.

Als Lösungen sind die Übernahme der Trägerschaft durch die Bank/Sparkasse, die Übernahme der Trägerschaft durch bereits bestehende Stiftungen – auch sparkasseneigene (Dach-) Stiftungen – sowie die Übernahme der Trägerschaft durch (externe) Dienstleister möglich.

Spenden, Zustiftungen und Stiftungsfonds können nur angenommen werden, wenn der Bank/Sparkasse eine entsprechende Stiftung zur Verfügung steht. Möglich sind die Annahme von Spenden und Zustiftungen sowie die Errichtung von Stiftungsfonds durch eine eigene Stiftung der Bank/Sparkasse, ferner Kundenstiftungen, deren Vermögen bei der Sparkasse verwaltet wird oder andere Stiftungen aus dem Geschäftsgebiet, mit denen die Sparkasse eine Kooperation eingegangen ist (z.B. Bürgerstiftung).

Im Anschluss an die Entscheidung über die angebotenen Stiftungslösungen kann festgelegt werden, welche Produkte und Dienstleistungen zu den gewählten Stiftungslösungen in das Leistungsspektrum der Sparkasse aufgenommen und welche Produkte/Dienstleistungen ergänzend über Kooperationen abgedeckt werden sollen. Als Richtschnur dient das im Projekt erarbeitete Leistungsspektrum, anhand dessen die Institute ihr eigenes Angebot im Stiftungsmanagement strukturieren können. Wichtigster Grundsatz dabei ist die wirtschaftliche Tragfähigkeit des Stiftungsmanagements. Im Ausnahmefall kann von diesem Grundsatz abgewichen werden, wenn die Sparkasse das Stiftungsmanagement als Investition in gesellschaftliches Engagement, z.B. zur Förderung des Stiftergedankens in der Region, begreift.

Für die konkrete organisatorische Ausgestaltung des Stiftungsmanagements im einzelnen Institut stehen unterschiedliche Optionen zur Verfügung. Grundsätzlich bewegen sich alle vorhandenen Optionen zwischen den Polen „make“ (alle Leistungen werden selbst erbracht) und „buy“ (alle Leistungen werden eingekauft). Welche konkrete Ausgestaltung für das einzelne Institut infrage kommt, leitet sich aus der Definition des Leistungsspektrums ab.

In der Regel stellen die in der Praxis angewandten Modelle zur Organisation des Stiftungsmanagements Mischformen dar. Reine „buy“- oder „make“-Modelle sind wenig sinnvoll, da einerseits Vermögensmanagement und Kundenbetreuung (d.h. die Akquisition sowie die laufende Betreuung von Stiftungen) als Kernkompetenzen prinzipiell bei allen Modellen in den Sparkassen selbst angesiedelt sind, während andererseits Rechts- und Steuerberatung aufgrund standesrechtlicher Beschränkungen von Banken und Sparkassen im Allgemeinen nicht selbst angeboten werden dürfen.

Den Instituten stehen damit vielfältige Gestaltungsoptionen offen: Selbstständig erbrachte Leistungen und über Kooperationen angebotene Leistungen können beliebig miteinander kombiniert werden; Leistungen können innerhalb des Verbunds der Sparkassen-Finanzgruppe oder extern eingekauft werden; sie können regional oder überregional bezogen werden; für unterschiedliche „buy"-Leistungen können außerdem unterschiedliche Kooperationspartner eingesetzt werden.

12.2 Personalmanagement

Der Komplexität des Themas „Stiftungsmanagement" entspricht auf der Produktseite das spezielle im Projekt definierte Leistungsangebot für Stiftungen und Stifter. Um dieser Komplexität auch auf der Personalseite gerecht zu werden und die gesonderten Akquisitions- und Beratungsprozesse umzusetzen, sollten qualifizierte Mitarbeiter als feste Ansprechpartner für das Stiftungsmanagement im Hause etabliert werden: die Stiftungsspezialisten.

Der Stiftungsspezialist übernimmt die Koordination aller Stiftungsfragen im Institut. Er ist für die Kundenbetreuung für potenzielle Stifter und bestehende Stiftungen zuständig, die ggf. von den originären Kundenbetreuern an ihn übergeleitet werden. Die Etablierung eines Stiftungsspezialisten im Haus ist für alle Organisationsformen sinnvoll.

13. Wie werden Stiftungen und Sparkassen in der Kommunikation unterstützt?

Im Rahmen des DSGV-Projekts wurden zahlreiche vertriebsunterstützende Medien für die Kommunikation innerhalb der Sparkasse sowie für die externe Kundenkommunikation entwickelt. Neben einer Kundenbroschüre, die für die Akquisition von interessierten Stiftern verwendet werden kann, wurden ein Newsletter sowie ein Konzept für ein eigenes Internetportal für Kundenstiftungen erarbeitet.

Das Internetportal für Stiftungen und Stifter ist im April 2008 online gegangen. Das Portal www.ihre-stiftung.de bietet den vielen tausend Stiftungen in Deutschland die Möglichkeit einer eigenen Homepage an für eine sehr geringe Jahresgebühr. Das neue Serviceportal macht bestehenden wie potenziellen Kundenstiftungen und Stiftern ein attraktives Angebot zur Verbesserung der Kommunikation und Informationsgewinnung. Kleine und mittelgroße, selbstständige und unselbstständige Stiftungen können nun ihre Öffentlichkeitsarbeit optimieren und sich austauschen.

Das Stiftungsportal enthält auf der Startseite ausführliche Informationen für Stiftungen und Stifter. Basiswissen über die Errichtung einer Stiftung ist dort ebenso vorhanden wie Spezialwissen über einzelne Stiftungsformen, über die Rechnungslegung, die Öffentlichkeitsarbeit und viele weitere Themen. Besonders vorbildliche und innovative Projekte der einzelnen Stiftungen werden auf die Startseite des Portals übernommen. In Deutschland einzigartig: An sechs Tagen in der Woche stehen neue Meldungen zum Stiftungswesen zur Verfügung.

Das Besondere an diesem neuen Angebot: Die teilnehmenden Stiftungen können ihre Homepage und deren Inhalte selbst gestalten und aktualisieren. Einrichtung und Pflege der Website sind einfach über ein Content-Management-System zu handhaben. Die Stiftungen können die entsprechenden Informationen ohne großen Aufwand pflegen, Texte oder Abbildungen selbst bequem und aktuell einfügen. Bei Fragen steht ein Support jederzeit zur Verfügung.

Über das Portal werden die Stiftungen von den Suchmaschinen schneller gefunden und höher bewertet. Außerdem steht den Stiftungen ein Online-Fundraising-Tool zur Verfügung: Jede teilnehmende Stiftung erhält Möglichkeiten zur Werbung von Onlinespenden. Im Herbst 2008 wurde die eigens entwickelte Zustiftungsdatenbank www.ihre-zustiftung.de in das Internetportal www.ihre-stiftung.de integriert und eröffnet. Unter www.ihre-zustiftung.de können Stiftungen, die an der Erhöhung ihres Stiftungskapitals interessiert sind, ausführliche Unterlagen zu ihrer Tätigkeit hinterlegen, die von den Beratern der Sparkassen-Finanzgruppe im Rahmen der Recherche abgefragt werden können. Wer sich registriert, kann Zustiftungen von interessierten Spendern, Stiftern und Zustiftern erhalten. Als besonders wertvoll erachtete Projekte oder Stiftungen werden auf der Startseite exklusiv vorgestellt.

Anfang 2009 wurde der Expertenbereich für Stiftungsspezialisten der Sparkassen-Finanzgruppe freigeschaltet. Dieser Expertenbereich ist als geschlossener Informationspool konzipiert und enthält zahlreiche Hintergrundinformationen zum Thema Stiften und Stiftungen. Der Expertenbereich dient Mitarbeitern der Sparkassen-Finanzgruppe als umfassender Pool für die schnelle und kompetente Erlangung von Fachinformationen, wie etwa zum Thema Stiften und Stiftungen oder zur aktuellen Rechtslage, zum Download von Präsentationen oder Mustersatzungen und von Broschüren. Außerdem sind verschiedene weitere Such- und Servicefunktionen integriert, die eine bundesweite Suche nach Zustiftungsmöglichkeiten, nach Stiftungen aus der Region oder nach Projekten oder nach Ansprechpartnern und Angeboten aus der Sparkassen-Finanzgruppe ermöglichen.

14. Fazit: Die geschäftspolitische Bedeutung des Stiftungsmanagements für Sparkassen und Landesbanken

Stiftungen sind ein attraktiver Wachstumsmarkt mit hoher gesellschaftspolitischer Bedeutung. Die Nachfrage von Stiftungen und Stiftern als Kunden der Sparkassen und Landesbanken nach passenden Produkten und Beratungsangeboten hält unvermindert an. Für die Institute der Sparkassen-Finanzgruppe bieten sich mit einer Investition in das Geschäftsfeld Stiftungsmanagement zahlreiche Chancen an: von der langfristigen Bindung von Vermögenswerten an die Institute über verstärkte Cross-Selling-Möglichkeiten bis hin zur Verbesserung des eigenen Images.

Zukünftige Ertragschancen liegen insbesondere im Nachlass- und Generationenmanagement sowie in der maßgeschneiderten Gestaltung von Lösungen zur Unternehmensnachfolge. Mit ihrem gesellschaftlichen Engagement bei ihren eigenen Stiftungen verfügen Landesbanken und Sparkassen über einen breiten Erfahrungsschatz und über wertvolles Know-how, das sie zum Nutzen ihrer Kunden einsetzen können. Sparkassen und Landesbanken sind damit die geborenen Partner für die Begleitung von Stiftern und Stiftungen.

Die Risikolandschaft von Firmenkunden im Wandel – was bedeutet dies für Versicherungsunternehmen?

Rainer Fürhaupter

1. Einleitung

Unternehmen, die als Großunternehmen weltweit agieren oder als kleine, mittelständische Unternehmen im regionalen Umfeld tätig sind, müssen bewusst und kontrolliert Risiken eingehen. Damit steigt für die Unternehmen der Bedarf an aktivem Risikomanagement und an einer gezielten Risikodeckung. Dieser Bedarf ist stark vom technischen, politischen und gesellschaftlichen Wandel getrieben. Damit Versicherer heute wie morgen bestehen können, müssen sie auch ihre Modelle zur Risikoabdeckung ihrer Firmenkunden in diesem Kontext messen lassen.

2. Treiber für Zukunftsmodelle der Versicherungsunternehmen bei Firmenkunden

2.1 Gesetzliche und politische Grundlagen

In Deutschland haben Umfang und Komplexität gesetzlicher Eingriffe in den vergangenen Jahren im Unternehmensumfeld stark zugenommen. In den Medien gibt es dafür immer wieder Beispiele, wie die Verpflichtung der Unternehmen, für Umweltschäden unbegrenzt zu haften, sich zunehmend mit Haftungsansprüchen wegen religiöser oder sexueller Ungleichbehandlung konfrontiert zu sehen oder mit einer stärkeren Haftung von Managern nach außen und innen umgehen zu müssen. Im fiskalischen Bereich müssen sich Unternehmen mit einem neuen Ordnungsrahmen wie dem Bilanzmodernisierungsgesetz auseinandersetzen, mit strengeren Regelungen für Pensionsrückstellungen von Gesellschaftergeschäftsführern. Sozialreformen machen ständig Anpassungen in der privaten Vorsorge notwendig, um Ersatz oder sinnvolle Ergänzungen für die Erwerbsunfähigkeits- bzw. Berufsunfähigkeitsabsicherung oder die Altersrente zu finden. Einen verstärkenden Effekt hinsichtlich Volumen und Reichweite der gesetzlichen Regelungen durch den Staat hat sicherlich die Finanzmarkt- und Bankenkrise. Der Staat setzt nunmehr vermehrt auf Gegensteuerungsmaßnahmen und baut nach Überprüfung von Institutionen und Regelwerken stärker auf bindende Vorschriften und weniger auf eine Selbstverpflichtung des Marktes.

Auch neue Rechtsvorschriften auf EU-Ebene haben zunehmend Einfluss auf die Risikolandschaft von nationalen Unternehmen. Rechtsnormen wie die neue EU-Vermittlerrichtlinie, das reformierte Versicherungsvertragsgesetz und insbesondere Solvency II beeinflussen zum einen direkt die Geschäftsprozesse der Unternehmen und machen zum anderen auf Versichererebene umgehende ressourcenintensive Anpassungen von Produkten, Prozessen und Systemen notwendig. Durch das Erfordernis, immer mehr nationales und EU-Recht in Einklang zu bringen, wird diese Entwicklung auch nach der Finanzmarkt- und Bankenkrise noch zunehmen. Für Versicherungen könnte dies aber auch bedeuten, dass sie sich noch mehr auf ihre eigentlichen Kernkompetenzen als Risikoträger und Kapitalsammelbecken einer Volkswirtschaft konzentrieren werden.

2.2 Gesellschaftliche/demografische Entwicklung

Die Bevölkerung der Bundesrepublik Deutschland wird immer älter. Nach neuesten Berechnungen der zuständigen statistischen Ämter wird sich die Altersstruktur der Bevölkerung bis 2030 dramatisch verändern. Durch diese Entwicklung wird sich vor allem das Krankheits- und Pflegerisiko bei vielen älteren Altersgruppen drastisch erhöhen.

Tabelle 1: Entwicklung der Bevölkerung Deutschlands in den Altersgruppen bis 2030[1]

Tabelle 1: Bevölkerung Deutschlands in den Altersgruppen mit erhöhtem Krankheits- und Pflegerisiko 2005 bis 2030

Bevölkerung im Alter von ... bis unter ... Jahren	2005	2010	2020	2030
	Anzahl in 1 000			
Insgesamt	82 391	81 887	80 057	77 203
darunter:				
60 – 70	10 044	9 083	10 957	12 618
70 – 80	6 815	8 131	7 601	9 446
80 – 90	3 076	3 724	5 014	4 854
90 und mehr	557	563	910	1 432
	Veränderung gegenüber 2005 in %			
Insgesamt	–	– 0,6	– 2,8	– 6,3
darunter:				
60 – 70	–	– 9,6	9,1	25,6
70 – 80	–	19,3	11,5	38,6
80 – 90	–	21,1	63,0	57,8
90 und mehr	–	1,1	63,4	157,1

Die prozentualen Veränderungen zeigen eine deutliche Verschiebung in der Alterspyramide der Bevölkerung hin zu den höheren Altersgruppen. So werden die jüngeren Senioren von 60 bis unter 70 Jahren bis zum Ende des Berechnungszeitraums in 2030 um knapp 26 % zunehmen. Noch deutlicher wird der Anstieg mit plus 58 % bei den 80- bis unter 90-Jährigen ausfallen. Die mit Abstand stärkste Zunahme wird bei den 90-Jährigen und Älteren zu verzeichnen sein, deren Anzahl sich bis 2030 mehr als verdoppeln wird. Mit dieser Entwicklung verschiebt sich die Struktur innerhalb der älteren Bevölkerung zu den Altersgruppen, die ein stark erhöhtes Risiko haben, pflegebedürftig zu werden, als Folge einer Krankheit ambulante oder stationäre Behandlung in Anspruch nehmen sowie für eine deutlich längere Zeit auf eine Altersversorgung zurückgreifen müssen.

Durch die beschriebene demografische Alterung ist damit in den kommenden Jahrzehnten – trotz insgesamt rückläufiger Bevölkerungszahlen – die Notwendigkeit für jeden Einzelnen, aber auch für Firmen gegeben, gegen die aufgezeigten Altersrisiken mithilfe eines geeigneten Risikopartners vorzubauen.

1 Vgl. Statistische Ämter des Bundes und der Länder

2.3 Fortschritte im Gesundheitswesen

Neben dem wahrscheinlich weiter steigenden Wohlstand, einer besseren Ernährung in den entwickelten Ländern und – durch die weitere Hinwendung zur Dienstleistungsgesellschaft – weniger körperlich belastender Arbeit werden auch Forschritte im Gesundheitswesen dazu führen, dass die Menschen in der Bundesrepublik Deutschland nicht nur wie oben beschrieben länger, sondern auch gesünder leben.

Hier sind vor allem die Zukunftstechnologien Nano- und Biotechnologie als wirkungsvolle Beiträge zur Gesundheitsversorgung zu nennen. Diesen wissenschaftlichen Ansätzen wird zugetraut, große Fortschritte in Diagnostik und Therapie realisieren zu können, insbesondere bei Volkskrankheiten wie Krebs und Herz-Kreislauf-Erkrankungen, aber auch bei den altersbedingt zunehmenden neurodegenerativen Erkrankungen. Auch in der Implantat- und der regenerativen Medizin eröffnet der Einsatz von Nanomaterialien weitreichende Perspektiven für eine bessere Verträglichkeit von künstlichen Materialien/Medizinprodukten in der biologischen Umgebung.

Die damit verbundene, steigende Lebenserwartung wirft die Frage auf, ob die Altersversorgung – eigenverantwortlich oder durch das beschäftigende Unternehmen – so gestaltet ist, dass das Plus an Lebensjahren auch in der gewünschten Weise genossen werden kann. Gleichzeitig wird hier das Potenzial für Versicherungsunternehmen erkennbar, in diesem Bereich adäquate Zukunftslösungen für Privat- und Firmenkunden anzubieten.

2.4 Klimawandel

Klimawandel ist nicht mehr nur eine Sache der fernen Zukunft, wie beispielsweise der zerstörerische Wintersturm Kyrill im Jahr 2007 allen in Deutschland schmerzhaft vor Augen geführt hat: *Die Erderwärmung wird vor allem im Winter durch mehr Niederschläge zu spüren sein, die Niederschläge im Sommer werden nach meteorologischen Zukunftsmodellen voraussichtlich zurückgehen.* Vor allem in zentralen Teilen Ostdeutschlands, im nordostdeutschen Tiefland und im süddeutschen Becken wird es entschieden trockener als bisher. In den Alpen gehen die Gletscher zurück, an den Küsten steigt der Meeresspiegel. Doch sind die zunehmenden Extremniederschläge und Trockenperioden nicht nur für Meteorologen ein zentrales Thema, sondern auch für die die Schäden regulierenden Versicherungen: In den letzten 30 Jahren haben die wetterbezogenen Schadensfälle in Deutschland um das 15-Fache zugelegt und es kommt zu immer mehr kumulierenden Schadenaufwendungen für Naturkatastrophen. Stark zugenommen haben Schäden, die aus zerstörerischem Schneedruck entstehen, wie beispielsweise der Fall der eingestürzten Eislaufhalle in Bad Reichenhall zeigt. Ein weiteres alarmierendes Signal für Versicherungen ist der Umstand, dass schon heute die Hälfte aller

Schadensfälle bei Überschwemmungen im Haushalt durch Starkregen verursacht wird. Der Klimawandel wird diesen Trend in Zukunft noch verstärken. Auch die Erdbebengefahr ist in Deutschland nicht gänzlich auszuschließen, z.B. in der Niederrheinischen Bucht um Köln-Düren oder in Thüringen und Baden-Württemberg. Experten sind sich einig: Die Betroffenen und die Versicherungen müssen sich auf Schäden bisher nicht erlebten Ausmaßes einstellen und die entsprechende Risikovorsorge wird in den Mittelpunkt rücken.

2.5 Finanzrisiken für Betriebe/Kapitalmarktsituation

2.5.1 Eigene Solvenz

Die Anlagepolitik der Versicherer wird zukünftig entscheidend von den Regelungen des neuen Versicherungsaufsichtsrechts Solvency II beeinflusst werden. Kern der Reform ist die Einführung einer ganzheitlichen Risikobetrachtung für Versicherungsunternehmen, bei der diese ihren Eigenmittelbedarf mit einem vorgegeben Standardmodell berechnen werden müssen. Ziel ist die Koppelung des Eigenkapitals des Versicherers an sein Risikoprofil, das sich aus dem Portfolio seiner angebotenen Sparten ergibt: Je höher das Risiko, das der Versicherer aus den angebotenen Sparten trägt, desto mehr Kapital muss vorgehalten werden. Dieses Erfordernis wird viele Versicherungsunternehmen dazu bewegen, ihr Produktportfolio und ihre Kapitalanlagestrategie zu überprüfen. Dies auch vor dem Hintergrund, dass die Eigenkapitalquote eines Versicherers vom Kapitalanlagerisiko, bei stärker schwankenden Märkten insbesondere von Zins- und Aktienerträgen dominiert wird. Experten gehen aus diesem Grund von der folgenden möglichen Entwicklung aus: Versicherungsunternehmen halten durch Konzentration auf risikoärmere Spartenprodukte in Zukunft weniger Eigenkapital vor. Unerwartet hohes Schadenaufkommen – beispielsweise durch Naturkatastrophen – oder eine deutlich geringere Rendite am Kapitalmarkt könnten dazu führen, dass eine geminderte Eigenkapitaldecke der Versicherer bei der Erfüllung von Garantieversprechen gegenüber ihren Firmenkunden nicht mehr ausreichen kann.

2.5.2 Bedienbarkeit von Altersvorsorgeversprechen

Bei kapitalgedeckten betrieblichen Altersvorsorgemodellen befürchtet der Verband der Firmenpensionskassen (VFPK), dass die risikobasierte Solvenzbewertung zu einer deutlichen Verteuerung der Altersvorsorge führen wird. Als vorrangiger Grund wird angesehen, dass die Pensionskassen nach den Solvency-II-Regeln gezwungen werden, ihre Kapitalanlagen in Aktien zukünftig zu halbieren mit Auswirkung auf den Aktienmarkt, aber insbesondere auch auf die Ertragserwartungen der Leistungsempfänger. Davon betroffen wird die betriebliche Altersversorgung generell, aber im besonderen Falle auch die Ausfinanzierung von Altersvorsorgeversprechen von GmbHs gegenüber ihren geschäftsführenden Gesellschaftern sein. Im letzteren Fall sind bei vielen Modellen der Pensionszusagen bereits existenzgefährdende Deckungslücken in der Ausfinanzierung entstanden: Zum einen haben die Lebensversicherer nach der Kapitalmarktentwicklung in den letzten Jahren Anpassungen bei den Überschusssätzen vornehmen müssen, zum anderen mussten die Unternehmen den Vermögenszuwachs aus dem Versicherungsmodell voll versteuern und haben damit den steuerlich positiven Effekt aus der Bildung von Rückstellungen zumeist vollständig getilgt. Versicherungsexperten sehen hier großes Potenzial bei den Versicherern in der Entwicklung von Kompensationsmodellen mit ausreichender Kapitalmarktdeckung.

2.6 Digitalisierung

Durch das sich verändernde Wettbewerbsumfeld rückt für die Versicherungsunternehmen das Erfordernis einer umfassenden, kundenorientierten Ausrichtung immer stärker in den Vordergrund. Treiber für diesen Wettbewerbsfaktor sind die schnelle Verfügbarkeit aktueller (Kunden-)Informationen und die Fähigkeit, mit diesen im Geschäftsprozess umzugehen, immer kürzer werdende Produktzyklen, steigende individuelle Kundenwünsche und der enorm gewachsene Kostendruck für die Versicherungsunternehmen. Diese vielschichtigen Herausforderungen werden Versicherer nur dann bewältigen können, wenn sie es schaffen, ihr gesamtes Unternehmen an den Anforderungen und Bedürfnissen der Kunden zu orientieren. Mit der vollständigen Digitalisierung mittels rechnergestützter Systeme und dem Transfer von bislang papierbezogenen Vorgängen auf elektronische Prozesse sollten die Versicherungsunternehmen in der Lage sein, die entsprechenden Daten auch im Rahmen ihres Firmenkundengeschäfts zu sammeln, aus der Analyse der gewonnenen Daten, wie beispielsweise Markt- und Kundensegmentierung sowie Datamining, Informationen zu gewinnen und in eine auch für den Firmenkunden außen spürbare Wertschöpfung umzusetzen. Die genannten ressourcenintensiven Aktivitäten sollten vor allem Auswirkungen auf das Marketingverständnis und auf konkrete Vertriebsaktionen mit elektronischer Unterstützung haben, z.B. ein Onlinezugriff auf elektronische Datenbanken des Vermittlers beim Kunden vor Ort. Dabei darf sicherlich das Marketing nicht nur als bloße Verkaufsförderung verstanden werden, sondern vielmehr als ein integrativer, umfassender Ansatz, der durchaus organisatorische und technologische Konsequenzen im Versicherungsunternehmen nach sich ziehen kann.

2.7 Wettbewerbsdruck in allen Sparten

Die Liberalisierung des Marktes mit einer hohen Nachfrage, aber auch einer hohen Anzahl an Anbietern hat das Marktvolumen erhöht. Gleichzeitig hat sich dadurch aber der Wettbewerbs- und Margendruck auf die Versicherungsunternehmen signifikant erhöht. Die Gründe hierfür sind vielfältig: Das Firmenkundengeschäft ist seit längerem durch einen intensiven Preiswettbewerb im gewerblichen und industriellen Bereich gekennzeichnet. Nach Solvency II erhalten die Versicherer zudem die Möglichkeit, ihre risikoärmeren Produkte mit weniger Risikokapital zu hinterlegen. Nach Einschätzung von Fachleuten könnten damit Beiträge für Lebensversicherungen, Kfz-Versicherungen, Haftpflichtversicherungen und Rechtsschutzversicherungen in Zukunft, u.a. für den Firmenkunden, um rund 20 % günstiger werden. Schadenverläufe, insbesondere bei Großschäden, können sich hier ebenfalls negativ auf das Beitragsniveau und somit auf das versicherungstechnische Ergebnis (Combined Ratio) auswirken. Zudem hat ein gestiegenes Marktvolumen durchaus Einfluss auf den Sättigungsgrad des Marktes, der nach Meinung zahlreicher Experten in einigen Sparten bereits sehr hoch sein dürfte. In der Folge ist ein sich verschärfender Verdrängungswettbewerb mit ebenfalls rückläufiger Beitragsentwicklung zu erwarten. Seit 2004 etwa ist dieser Verdrängungseffekt beispielsweise im Kfz-Geschäft zu beobachten. Er findet – durch die terminliche bedingte Kündigungskonzentration – im Spätherbst oftmals seinen besonderen Höhepunkt.

Abzuwarten wird sein, wie der Versicherungsmarkt aus der Finanzmarkt- und Bankenkrise steuert. Experten sind schon heute der Meinung, dass die Wachstumszahlen der Versicherungsbranche weiter abflachen und den Konsolidierungseffekt auf dem Markt verstärken werden.

2.8 Entwicklung der unterschiedlichen Vertriebswege in der gewerblichen Kompositversicherung

Für viele Unternehmen der Versicherungswirtschaft stellt die Ausschließlichkeit im Firmenkundengeschäft weiter das Maß aller Dinge für einen erfolgreichen Vertrieb dar. Bei der Ausschließlichkeit ist der Versicherer verstärkt darum bemüht, der durch zahlreiche Studien dokumentierten Notwendigkeit der hinreichenden Schulung des Vertriebs nachzukommen. Fast alle großen und drei Viertel der kleineren Versicherer wollen hier ansetzen, damit ihre Berater im Kundengespräch überzeugen können. Für Friedrich Schubring-Giese, Vorsitzender des Vorstands der Versicherungskammer Bayern, steht fest: „Die Chance für die Ausschließlichkeit und den Sparkassen-/Bankenvertrieb ergibt sich im Firmenkundengeschäft aus einem weiter vereinfachten Verkaufsprozess, der einen systematischen Weg zur umfassenden Absicherung je nach Bedarfssituation des Unternehmens unterstützt. Basis sind Bündelprodukte für mittlere Betriebe und Paketlösungen für Kleinunternehmen.“ (Siehe dazu auch Abschnitt 5.3.2, Bündelprodukte.)

Daneben setzen aber auch viele Versicherer zunehmend auf die Maklerschiene: Sie haben erkannt, dass die Individualisierung der Kunden voranschreitet, was eine klare Kundensegmentierung für das Firmenkundengeschäft nach sich ziehen muss. Diesen Ansatz, der weg vom reinen Produktverkauf hin zur kundenspezifischen und bedarfsgerechten Beratung führt, sehen Versicherer zunehmend bei den freien Maklern. Im Jahr 2007 haben bereits vier von fünf Versicherungsunternehmen mit diesen Vermittlern zusammengearbeitet. Insbesondere Firmenkundenneugeschäft wird mehr und mehr von Maklern angebahnt[2]: In einer Studie des Beratungsunternehmens YouGovPsychonomics aus dem Jahr 2008 untersuchte man u.a. Neuabschlüsse bei 1.800 Entscheidern in deutschen Unternehmen. 43 % der Abschlüsse im Firmenkundensegment stammten von Maklern. In einzelnen Kundengruppen zeigte sich zudem eine „erhöhte" Affinität: Baugewerbe, Einzelhandel, Kraftfahrzeughandel, Landverkehr und Gastgewerbe nahmen einen Anteil von bis zu 60 % ein. Eines der Untersuchungsergebnisse des Kölner Marktforschers machte auch deutlich, dass die Anbahnungen bei wachsender Beratungsintensität in jedem zweiten Fall von außen angestoßen worden waren. In der Wahrnehmung von Firmenkunden sind Makler durch ihren größeren Marktüberblick breiter aufgestellt und können in der ganzheitlichen Betrachtung Versicherungsschutz auch bei mehreren verschiedenen Unternehmen für ein leistungs- und preisadäquates Versicherungsportfolio suchen, was sich auf den Abschluss zuträglich auswirkt. Der Unternehmer oder die Entscheider bringen darüber hinaus immer weniger Zeit auf, um sich um ihren Versicherungsschutz zu kümmern und schätzen es, alles aus einer Hand zu bekommen. Insgesamt scheint das Maklergeschäft eine vernünftige und ausgewogene Ergänzung zum Geschäft der eigenen Organisation darzustellen, durch das insbesondere spezifische Kundengruppen im Firmenkundengeschäft sinnvoll bearbeitet werden können.

3. Aufgabe und Chance für Versicherungsunternehmen im Firmenkundengeschäft

3.1 Erkennen und Analysieren zukünftiger Risiken/Risikoveränderungen für Firmenkunden

Die Versicherungswirtschaft muss in der Lage sein, die beschriebenen vielschichtigen Veränderungen ganzheitlich zu erkennen und den Firmenkunden mit der Skizzierung von maßgeschneiderten Lösungsszenarien als zuverlässiger Begleiter zur Seite zu stehen. Dazu müssen geeignete (elektronische) Analysemöglichkeiten und unterstützende Serviceleistungen nachhaltig zum Einsatz gebracht werden.

---

2 Vgl. YouGovPsychonomics: Gewerbekundenmonitor Assekuranz 2008, FM-Versicherungsprofi 2009

3.2 Weiterentwicklung vorbeugender Produkte und Dienstleistungen für Firmenkunden

Nicht zuletzt die Finanzkrise hat insbesondere die Anforderungen an die Beratungsdienstleistungen des Vertriebs sowie an die Assistance-Leistungen des Betriebs von Versicherungsunternehmen erhöht und bei Lebens- und Krankenversicherungen eine schwierige Kapitalmarktsituation verursacht. Zudem wird die Komplexität im Produktmanagement steigen, da gerade größere Unternehmen durch Fusionen und Akquisitionen in den letzten Jahren ihre Markenvielfalt gesteigert haben. Nur wenn ein Wachstum gewährleistet werden kann, dürfte es dann auch nicht zu Kannibalisierungseffekten durch die Marken- und Vertriebsvielfalt kommen.

Das Zuschneiden des Produkts auf die besondere Risikosituation des Firmenkunden, mit vorbeugendem Charakter, ist für erfolgreich agierende Versicherer weiterhin unabdinglich. Insbesondere Riskmanagement als Dienstleistung zur Schadenprävention ist zunehmend bei Firmenkunden nachgefragt und in der Folge als wirksames Mittel zur Kundenpflege anzusehen. Der Riskmanagement-Ansatz der Versicherungskammer Bayern baut beispielsweise auf einen 3-Stufen-Ansatz:

- Identifizierung von Gefahrenquellen innerhalb des Unternehmens
- Kategorisierung und Einordnung der Risiken – Wie können Risiken umgehend behoben werden?
- Konzeptvorschläge zur Minimierung der Risiken und für die Sicherheit des Unternehmens

4. Ziele der Versicherungsunternehmen für das Firmenkundengeschäft

4.1 Klares Profil bei der Risikomodellierung

Das Firmenkundengeschäft ist auch zukünftig ein Beziehungsgeschäft. Der Pflege und dem gezielten Ausbau der Kundenbeziehungen durch einen adäquaten Vertriebsweg kommt daher höchste Bedeutung zu. Kunden beschäftigen sich verstärkt mit Themen des Risikomanagements. Sie kennen die eigenen Risiken besser und werden Versicherungslösungen gezielter und selektiver nachfragen bzw. einsetzen. Risikomanagement muss als aktives Instrument der

Steuerung der Geschäftsprozesse verstanden werden und mit einer klaren Risikomodellierung durch die Versicherungsunternehmen in der Praxis einhergehen. Versicherungsexperten konstatieren hier bei vielen Unternehmen der Versicherungswirtschaft ein Defizit, das gerade in Zeiten der Finanzkrise schnellstmöglich ausgeglichen werden muss, beispielsweise durch Erhöhung des Spezialisierungsgrads. Die bloße Weitergabe von Risiken an einen Rückversicherer ist hingegen keine langfristige Lösung, da dieser Risikotransfer über Preise und Ausschlüsse schon bald wieder zum Zedenten zurückkommen würde[3]. Eine weitere Rationale der Erstversicherer für eine erfolgreiche Risikomodellierung dürfte darin begründet sein, dass nur noch reduziertes Eigenkapital zur Verfügung steht.

4.2 Risikoorientierte Preisfindung

Versicherungsexperten gehen davon aus, dass sich der Trend der vergangenen Jahre zur Zweiteilung des Marktes in Großkunden sowie in kleine und mittelständische Kunden akzentuieren wird. Damit wird sich das Kunden- und Anbieterverhalten in Zukunft weiter differenzieren, sodass sich der Firmenkundenmarkt für Versicherer immer weniger als homogener Markt präsentieren wird. Die Firmenkunden werden zukünftig in zunehmendem Maße selektiven Risikoschutz nachfragen. Dementsprechend müssen sich Versicherer mit selektiver Zeichnung beim Kunden positionieren, was zu einer stärkeren Preisdifferenzierung bzw. – flexibilisierung führen wird und eine Abkehr von ungehemmter Rabattpolitik bedeuten könnte. Zunehmend werden Versicherer auf Tarifmodelle setzen, bei denen risikoreduziertes Verhalten mit niedrigeren Beiträgen belohnt wird – nach dem Motto: Pay as you drive. Dies wird zudem vom Wettbewerb widergespiegelt, der sich auch zukünftig mehr auf der Preis- und Kostenebene – insbesondere bei kleinen und mittelständischen Unternehmen – und weniger auf der Ebene der Leistungsdifferenzierung abspielen wird.

4.3 Me-too-Ansätze vs. Alleinstellungsmerkmale

Der enorme Wettbewerbsdruck und die schlechte Konjunktur respektive die schlechten Konjunkturaussichten werden in den nächsten Jahren neben der beschriebenen Preisorientierung noch eine weitere Erfolgslinie vorgeben: Gerade größere Versicherungsunternehmen sollten auf eine klare Positionierung mit einem Profil aus wettbewerbsstarken Produkten für ihren immer mehr zur Individualisierung neigenden Kundenkreis setzen. Der bereits vor der Finanzkrise spürbare Trend weg vom „Me-too"-Produkt bei Versicherungsunternehmen wird

---

3 Vgl. VersicherungsJournal Deutschland vom 24.03.2009: Dr. Ludger Arnoldussen, Vorstand Münchener Rück

sich somit in den meisten Versicherungssparten weiter fortsetzen. Nur wenn der Versicherer mit seinen Produkten und Dienstleistungen den Weg der Differenzierung am Markt sucht, kann er erfolgreich und nachhaltig Alleinstellungsmerkmale begründen. Neue Tarifoptionen und besondere oder zusätzliche Serviceleistungen sind sicherlich geeignet, die eigenen Produkte aus der Vielzahl gleichartiger Angebote herauszuheben. Andere Branchen wie das technologieorientierte Segment sind diesen Weg teilweise – auch schmerzhaft – bereits gegangen. So haben Anfang der 90er-Jahre viele Chiphersteller im Silicon Valley in den USA über Jahre hinweg mit Me-too-Produkten arrivierte Hersteller im Markt angegriffen. Dies hat zu einer Produkt- und Markthomogenität geführt. In der Folge war eine Marktsättigung für die Originalhersteller und die Nachahmer spürbar, mit den damit verbundenen, zunehmenden Absatzproblemen. Erst der dadurch bedingte Zwang hin zu Innovation und Differenzierung im Markt – auch durch bislang reine Nachahmerfirmen – konnte Ende der 90er-Jahre zu einer Marktentspannung und zu einer allen Unternehmen zuträglichen Vergrößerung des Marktpotenzials führen.

5. Bedeutende Einzelaspekte, in denen sich die Risikoveränderungen beim Risikomanagement und bei Produktentwicklungen von Versicherungsunternehmen widerspiegeln

5.1 Risiken durch gesellschaftliche und demografische Entwicklungen

Die Veränderungen im Gesundheitswesen werden zu erheblichen Veränderungen in den Geschäftsmodellen der privaten Krankenversicherungen (PKV), aber auch der gesetzlichen Krankenversicherung (GKV) führen. Die Versicherungen werden hier sicherlich einen Paradigmenwechsel vollziehen müssen, der sie wegführen wird von der reinen Erstattung von Gesundheitsleistungen. Vielmehr wird sich der Versicherer in der Rolle eines für die rechtzeitige Gesundheitsprävention bzw. für das Gesundheitscoaching und im Krankheitsfall des für die Planung der kompletten Rehabilitation Verantwortlichen wiederfinden und die dafür notwendigen Zukunftsmodelle entwickeln müssen. Auch Modelle im Bereich des Betrieblichen Gesundheitsmanagements – hier insbesondere zur Abdeckung von Aspekten der Sozialberatung zur präventiven Abfederung der ständig wachsenden Zahl von Mobbing u.Ä. in den Unternehmen – werden für die Versicherungswirtschaft immer notwendiger und interessanter. Die damit einhergehende weitere Individualisierung wird sicherlich der privaten Krankenversicherung zugutekommen, da sie ein großes Potenzial in der Krankenzusatz-Versicherung mit sich bringen wird.

Neueste Studien belegen einen hohen Beratungsbedarf insbesondere bei kleinen und mittelständischen Unternehmen im Hinblick auf die betriebliche Altersversorgung. Hier bestehen im Vergleich zu Großunternehmen oftmals noch Wissenslücken, beispielsweise ist das Recht des Arbeitnehmers auf Entgeltumwandlung weitgehend unbekannt. Dennoch ist die Zahl der Arbeitgeber, die ihren Mitarbeitern eine betriebliche Altersversorgung anbieten oder anbieten wollen, nach den Rentenreformen in den vergangenen Jahren stark angestiegen. Eine von der Allianz Lebensversicherungs-AG in Auftrag gegebene repräsentative Studie des Kölner Marktforschungsinstituts Psychonomics im Jahr 2007 sieht bei kleinen Unternehmen mit bis zu 20 Mitarbeitern den höchsten Nachholbedarf: In nur 46 % der Firmen existiert entweder eine arbeitgeberfinanzierte betriebliche Altersversorgung oder die Möglichkeit durch eigene Beiträge auf dem Weg der Entgeltumwandlung eine betriebliche Altersversorgung aufzubauen. Gleichzeitig wächst das Interesse der Mitarbeiter an einer betrieblichen Altersversorgung. Im Gegensatz dazu bieten Großunternehmen mit mehr als 500 Mitarbeitern zu nahezu 100 % ihren Mitarbeitern eine Form der betrieblichen Altersversorgung an. Die Ergebnisse gerade bei kleinen oder mittelständischen Firmen zeigen ein signifikantes Wachstumspotenzial für Versicherer, die hier als der wichtigste Partner bei der Realisierung von betrieblichen Altersversorgungsmodellen gelten, mit großer Kompetenz hinsichtlich des bestehenden Beratungsbedarfs zu arbeits- und steuerrechtlichen Rahmenbedingungen. Vorbehalte wegen eines erwarteten hohen Verwaltungsbedarfs, gerade bei kleineren Unternehmen, können Versicherer nach Expertenmeinung durch ein Angebot an ausgewogenen, verwaltungsarmen Direktversicherungsmodellen entkräften.

Für die Altersabsicherung geschäftsführender Gesellschafter von GmbHs könnten beispielsweise Modelle für ein Portfolio mit geschlossenen Beteiligungen oder Hybridmodelle, die den Firmenkunden jährliche Liquiditätsausschüttungen zusichern und nur zu einem geringen Teil der Steuerpflicht unterliegen, geeignet sein, um die in vielen Fällen entstandenen bedenklichen Deckungslücken bei der Ausfinanzierung zu eliminieren.

5.2 Risiken durch den Klimawandel

Der Klimawandel konfrontiert die Versicherungen mit der Frage, ob die verwendeten Risikomodelle noch ausreichen, um auch die eigene finanzielle Stabilität zu gewährleisten, und wann über eine flexiblere Prämienkalkulation nachgedacht werden muss. Gegengesteuert wird von vielen Versicherern derzeit erfolgreich dadurch, dass sie, wie beispielsweise öffentliche Versicherer, Modelle zur Schadenverhütung quasi als Frühwarnsystem vor Wettergefahren anbieten. Mit dem Modell „Wind und Wetter“, das zusammen mit der Meteormedia AG des TV-Wetterfroschs Jörg Kachelmann angeboten wird, bieten die öffentlichen Versicherer seit einiger Zeit einen Unwetterwarndienst an. Hier können sich registrierte Kunden per SMS, Fax oder E-Mail rechtzeitig und gezielt vor Gefahren wie Sturm, Starkregen, Schnee,

Hagel und Glatteis an jedem gewünschten Ort vorwarnen lassen. Der Zuspruch von Firmenkunden für dieses Modell lässt in Zeiten zunehmender Wetterunbilden weiteres Potenzial vermuten.

5.3 Aktuelle betriebliche Risiken und die Antwort der Firmenversicherer

5.3.1 Verknüpfung mit Bankenrating (Basel II) und die Absicherung betrieblicher Risiken

Bedingt durch das seit 1998 gültige Gesetz zur Kontrolle und Transparenz im Unternehmensbereich (KonTraG), sind Großunternehmen und Aktiengesellschaften verpflichtet, aktives Risikomanagement zu betreiben, um beispielsweise durch eine Betriebsunterbrechungsversicherung gegen entsprechende Risiken abgesichert zu sein. Diese erstattet die sogenannten fixen Kosten, die bei einem Unterbrechungsschaden weiterlaufen wie Lohn- und Gehaltszahlungen oder Sozialabgaben u.Ä. Hingegen sind bei kleineren und mittleren Unternehmen die Defizite bei der Risikoabsicherung immer noch ausgeprägt – und dies vor dem Hintergrund, dass mangelndes Risikomanagement zunehmend sanktioniert wird: Nach Basel II machen Kreditgeber ihr Rating eines Firmenkunden und somit ihre Kreditzusagen von der Absicherung der betrieblichen Risiken abhängig. Im Hinblick auf neue Aufsichtsregeln der europäischen Assekuranz „Solvency II" sind mittlerweile auch Versicherer verpflichtet, die Risikoqualität ihrer Firmenkunden stärker in Augenschein zu nehmen und entsprechend der getroffenen Risikovorsorge im Unternehmen ihre Versicherungsprämien zu differenzieren oder gar keinen Versicherungsschutz für Risiken mit hoher Schadeneintrittswahrscheinlichkeit zu gewähren.

Somit wird effizientes Risikomanagement auch für kleinere und mittlere Unternehmen unausweichlich. Die Antwort auf die Frage nach den abzudeckenden Risiken fällt für die Unternehmen je nach Branche, Größe, Rechtsform, Organisation, Absatzgebiet oder auch Finanzkraft unterschiedlich aus.

5.3.2 Das Bündelprodukt für kleinere und mittlere Betriebe – die Gewerbepolice

Um die Antwort auf die Frage nach der notwendigen und umfassenden Grundabdeckung gegen die wichtigsten Gefahrenpotenziale für Mittelständler zu erleichtern, haben viele Versicherer Pakete nach dem Baukastenprinzip mit unterschiedlichem Branding geschnürt, wie beispielsweise die Gewerbepolice bei der Versicherungskammer Bayern.

Für betriebliche Einzel- oder Restrisiken müssen Firmenkunden allerdings weiterhin den Weg über sinnvolle Zusatzdeckungen gehen. Diese sind mit Unterstützung des Firmenversicherers durch eine Risikoanalyse schnell und effizient herauszuarbeiten und können durch ein spezifisches Produkt abgesichert werden. In den vergangenen Jahren bewegten sich in diesem Bereich nicht nur Nischenanbieter, sondern bewusst und zunehmend auch größere Versicherungsunternehmen, da die Nachfrage am Markt wächst. Beispielhaft wären hier die Rückrufkostendeckung oder die erweiterte Produkthaftpflicht auch für immer mehr kleinere Unternehmen sowie Zulieferer zu nennen.

5.3.3 Vertrauensschadenversicherung

Wirtschaftskriminalität ist nicht nur in Zeiten von Finanzkrisen oder Konjunktureinbrüchen ein Thema für Firmenkunden. Aktuelle Zahlen beweisen, dass Gefahren in diesem Bereich nicht nur von außen, sondern zunehmend auch von innen durch Fälle von Veruntreuung drohen. Absicherung kann hier die Vertrauensschadenversicherung anbieten, die Schäden am Betriebsvermögen des Firmenkunden versichert, die durch Verfehlungen einer von ihm bestimmten Vertrauensperson entstanden sind.

5.3.4 Forderungsausfallversicherung

Besteht eine große Abhängigkeit von wenigen Auftraggebern so ist eine Forderungsausfallversicherung gerade für kleine und mittelständische Unternehmen von zunehmender Bedeutung. Praxisfälle zeigen deutlich, dass zahlungsunfähige Kunden oftmals die Insolvenz des Auftragnehmers nach sich ziehen können. Der Vorteil einer derartigen Versicherung liegt auf der Hand: Eine kalkulierbare Prämie ersetzt ein unkalkulierbares Risiko. Die vorgesehene Möglichkeit einer schnellen Schadensregulierung durch die Versicherung kann zudem kurzfristige Liquiditätsengpässe verhindern. Auch sehen die Produkte oftmals die Erstattung von Kosten im Falle eines Rechtsstreits mit dem säumigen Kunden vor.

5.3.5 Umweltschadenversicherung

Die Rationale für den Abschluss einer Umweltschadenversicherung liegt in dem 2007 in Kraft gesetzten Umweltschadengesetz (USchadG), in dem die Haftung für Unternehmer erheblich verschärft wurde. Die hieraus ableitbaren möglichen Haftungsrisiken können für den Betrieb existenzbedrohend sein. Die Anzahl der von diesen Rechtsnormen bedrohten landwirtschaftlich oder gewerblich Tätigen und Selbständigen, die durch ihre berufliche Tätigkeit die Artenvielfalt, natürliche Lebensräume, Gewässer oder den Boden schädigen könnten, ist erheblich. Anders als Schadenersatzansprüche geschädigter Personen sind diese neuen Risiken überwiegend nicht durch bisherige Umweltschadenversicherungsmodelle der Versicherungsunternehmen gedeckt. Diese Begleitumstände begründen ein hohes Wachstumspotenzial für Versicherer mit entsprechenden Produkten.

5.3.6 D&O-Versicherung/Top-Manager-Rechtsschutz

Steigende Haftungsrisiken lassen mittlerweile neben den Großunternehmen auch den Mittelstand bei den Versicherungsunternehmen verstärkt nach Directors' and Officers' Liability-Versicherungen, d.h. nach Managerhaftpflichtversicherungen, nachfragen. Im Grundsatz versichern hier Versicherungsunternehmen nicht das operative Tagesgeschäft der Vorstände und Geschäftsführer, sondern nur die Aufgaben, die in direktem Zusammenhang mit der Leitung eines Unternehmens stehen. Nach bislang geltender Rechtsprechung haften nach § 43 Abs. 2 GmbHG Geschäftsführer der Höhe nach unbegrenzt persönlich, während leitende Angestellte wie sonstige Angestellte nach arbeitsrechtlicher Rechtsprechung haften. Letztere erfahren damit bislang eine Haftungsbeschränkung bei fahrlässigem Verhalten auf die Höhe von drei bis sechs Monatsgehältern. Eine Besonderheit besteht darin, dass die Manager nicht nur gegenüber Dritten haften, sondern auch vom eigenen Unternehmen in Haftung genommen werden können. Mit im Durchschnitt 442.000 Euro pro Jahr, die nach einer Studie des Beratungsunternehmens Towers Perrin von deutschen Unternehmen für die Managerhaftung ausgegeben werden, stellt die zu erzielende Beitragshöhe keinen unbedeutenden Anreiz für ein Engagement der Versicherungsunternehmen in diesem Haftungsthema dar.

Aktuelle Rechtsentwicklungen sehen eine verschärfte Haftung von Top-Managern je nach Verschuldungsgrad in Höhe von bis zu einem Jahresgehalt vor und lassen damit einen Top-Manager-Rechtsschutz als zumeist prämiengünstigere Ergänzung zur D&O-Police für Firmenkunden sinnvoll erscheinen. Hier kann das Unternehmen sicherstellen, dass der Top-Manager persönlich im beruflichen Bereich abgesichert ist und unbegründete Ansprüche abgewehrt werden können, während durch die D&O-Police primär das Unternehmen vor den Folgen eines Vermögensschadens (Haftpflicht und Rechtsschutz) geschützt wird.

5.3.7 Zusammenwirken von Finanz- und Versicherungsberatung am Beispiel der Sparkassen-Finanzgruppe

Da wie oben skizziert der Versicherungsaspekt bei der Kreditvergabe für Unternehmen von zunehmender Bedeutung ist – und dabei eine ganzheitliche Analyse des Unternehmens in den Mittelpunkt rückt –, können diese von dem integrierten Beratungsansatz von Bank und Versicherungsunternehmen meistens profitieren. Dies zeigt beispielsweise erfolgreich das enge Zusammenwirken von Sparkassen und öffentlichen Versicherern unter dem Dach der Sparkassen-Finanzgruppe: Dem Firmenkunden kann ein „Risiko-Check-up“, mit dem das Risikopotenzial und der erforderliche Versicherungsschutz ermittelt werden, sowie eine nachfolgende Risikoanalyse mit Vorsorgevorschlägen angeboten werden. Er kann also mit der Skizzierung einer individuell abgestimmten Lösung die Kreditvergabe sowie die geforderte Risikovorsorge effizient in die Wege leiten und seine Geschäftsprozesse zeitnah positiv beeinflussen.

6. Fazit

Versicherungsunternehmen sind zunehmend vom politischen, technischen und gesellschaftlichen Wandel betroffen. Durch nachhaltige Hinwendung zu dem immer stärker individualisierten Firmenkunden in Form von maßgeschneiderten Produkten und Dienstleistungen auf der Basis eines eindeutigen Risikomanagements wird der Versicherer in Zukunft befähigt, die zahlreichen Herausforderungen erfolgreich anzunehmen.

Beratungsqualität und Kundenbeziehungsmanagement im Fokus – Kreissparkasse Köln – Partner des Mittelstands

Josef Hastrich / Georg Lixenfeld

1. Die Kreissparkasse Köln in volatilen Märkten

Im Zuge der globalen Finanzmarkt- und Wirtschaftskrise wird deutlich, dass eine Konzentration auf internationales Kapitalmarktgeschäft, abgekoppelt von der Realwirtschaft, erhebliche Risiken beinhaltet und besondere Volatilitäten mit sich bringt. In diesem turbulenten Marktumfeld leisten die Sparkassen – wie auch die Kreissparkasse Köln als drittgrößte Sparkasse (Bilanzsumme 23,9 Mrd. Euro, 3.812 Mitarbeiter) – einen hohen stabilisierenden Beitrag. Die Werte der Sparkassen – Sicherheit, Kompetenz und Nähe – zeigen in dieser herausfordernden Marktsituation eine starke Anziehungskraft und sind Grundlage des ihnen vom Kunden entgegengebrachten Vertrauens. Mit einem gewerblichen Kreditneugeschäft in Höhe von 1,9 Mrd. Euro und der Auszeichnung als erfolgreichste Sparkasse im Leasinggeschäft unterstreicht die Kreissparkasse Köln auch in 2008 ihren Anspruch als Partner des Mittelstands.

Die Kreissparkasse Köln bietet dem Mittelstand als regional führendes Kreditinstitut mit einer Kundenreichweite je nach Region von bis zu 63 % hochwertige Beratungsleistungen, Produkte und Services. Auf den Punkt gebracht bedeutet dies, als Allfinanzdienstleister die Marktführerschaft zu verteidigen und sich im Wettbewerb um den Kunden über Qualität und Kompetenz zu profilieren. Die Kreissparkasse Köln hat sich bewusst gegen einen Wettbewerb über den Preis entschieden, sondern verspricht den Kunden eine umfassende Betrachtung der finanziellen Bedürfnisse und eine Lösung über hochwertige Leistungen und Produkte.

Aufgrund des weit gefassten Verständnisses des Begriffs Mittelstand steht die Kreissparkasse sowohl mit den regionalen Genossenschaften als auch den Großbanken im Wettbewerb. Die nachfolgende Beschreibung des gewählten Vertriebs- und Managementansatzes erfolgt am Beispiel der Firmenkunden mit einem Jahresumsatz von mindestens 1 Mio. Euro.

2. „Firmenkunde im Fokus" – Die Weiterentwicklung einer Erfolgsstory

2.1 Maßnahmenpakete für Erfolg und Mehrwert

Bereits 2005 hat die Kreissparkasse Köln das Projekt „Firmenkunde im Fokus" - kurz „FiF" – gestartet. Ziel ist es, den Erfolg im originären Firmenkundengeschäft nachhaltig zu stabilisieren bzw. zu steigern. Als wesentliche Herausforderung hat es sich erwiesen, neben den konzeptionellen Veränderungen, die Menschen mitzunehmen, d.h. die Vertriebskultur ertrags- und potenzialorientiert weiterzuentwickeln. Dazu wurden die in der Projektlandkarte aufgezeigten Handlungsfelder inklusive der bestehenden Vernetzungen intensiv betrachtet und entsprechend der Zielsetzung weiterentwickelt. Abbildung 1 gibt bereits einen ersten Hinweis auf die Bedeutung der eingesetzten Customer-Relationship-Management-(CRM-)Software „Kundenportfoliomanager" (KPM) der Kreissparkasse Köln.

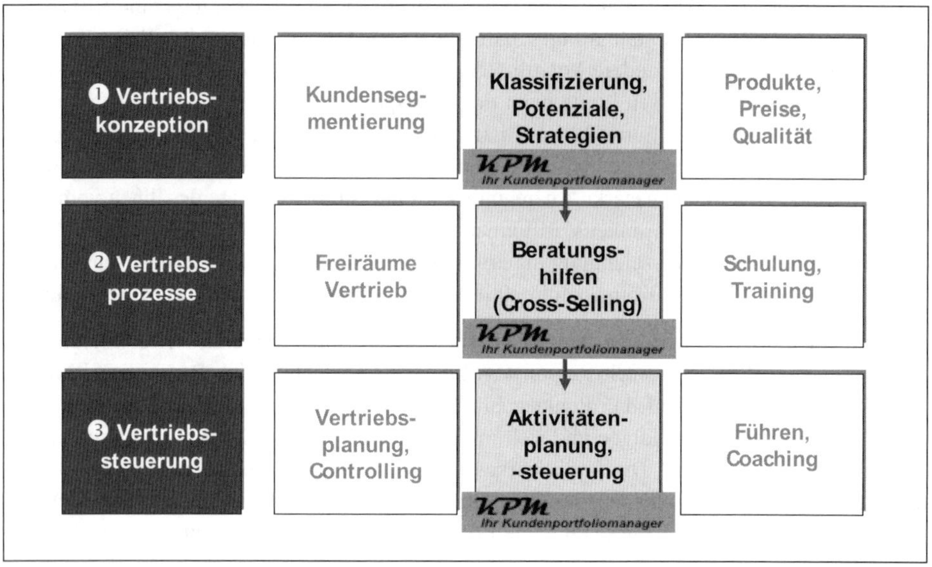

Abbildung 1: Konzeption „Firmenkunde im Fokus" (2005)

Die Vertriebskonzeption definiert die Rahmenbedingungen. Das hier verfolgte Hauptziel ist die Konzentration der Ressourcen auf Kunden mit dem höchsten Potenzial. Konkret wurden die klassischen Segmentierungskriterien um eine potenzial- und ertragsorientierte ABCD-Klassifizierung ergänzt. Das Produkt- und Preismanagement sowie qualitative Standards und

Leitlinien für die Firmenkundenbetreuung runden die Thematik ab. Die Maßnahmen rund um die Vertriebsprozesse setzen beim Betreuer an. Neben prozessualen Entlastungen von administrativen Tätigkeiten, z.B. durch ein zentrales Backoffice oder eine automatisierte Kontodisposition, werden die fachlichen und vertrieblichen Fähigkeiten regelmäßig geschult und trainiert. Die Seminare und Coachings zeichnen sich durch einen hohen Praxisbezug aus und überführen die strategische Ausrichtung in den Vertriebsalltag. Abschließend stellt „Firmenkunde im Fokus" die Vertriebssteuerung, die Führung und Steuerung in den Mittelpunkt. Von Führungskräften im Vertrieb wird heute nicht mehr nur die bisher geforderte inhaltliche Professionalität, sondern vielmehr die Fähigkeit, Veränderungsprozesse professionell zu führen, abverlangt. Aufgabenprofile und Ausbildung der Führungskräfte im Vertrieb wurden um detaillierte Kenntnisse im Vertriebscoaching erweitert. Der sehr auf dem persönlichen Wertesystem basierende Coachingprozess ist einerseits darauf ausgerichtet, die Führungskräfte in ihrer Kompetenz des Veränderungsmanagements zu stärken, andererseits Führung und Coaching konkret auf die nachhaltige Umsetzung der ganzheitlichen Beratungsphilosophie auszurichten. Der Ansatz der Vertriebssteuerung integriert somit Aktivitäten- und Zielcontrolling mit werteorientierter Führung und Coaching. Die zentralen Maßnahmenpakete, in deren Umsetzung KPM eine besondere Bedeutung einnimmt, werden im Folgenden erläutert.

2.1.1 Erfolgsfaktor Kundenbeziehungsmanagement

Das Herzstück erfolgreicher Kundenbeziehungen im Firmenkundenvertrieb bildet das Customer-Relationship-Management. Das CRM-Konzept mittels des „Kundenportfoliomanagers" bildet nachhaltig die aus der Strategie abgeleiteten Impulse ab: Beschäftigung mit den richtigen Kunden, umfassende Betreuung, Ausschöpfung der Cross-Selling-Potenziale und aktives Selbstmanagement. Es dient so als wichtiges Instrument zur eigenen Ressourcensteuerung und zur Förderung des unternehmerischen Denkens. Kern des CRM ist es, die aus unterschiedlichen Quellen resultierenden Kundeninformationen zusammenzutragen, um eine individuelle, an Ertrag und Potenzial ausgerichtete Betreuungsstrategie für den jeweiligen Kunden abzuleiten. Hieraus werden dem Firmenkundenbetreuer Vertriebsansätze vorgeschlagen, die ihm Kontaktanlässe anbieten, um seinen persönlichen Vertriebserfolg zu steigern. Der KPM hat sich auch als Kommunikationsmedium zur gemeinsamen Nutzung und Weitergabe von vertriebsrelevanten Informationen zwischen Firmenkundenbetreuer und Produktspezialisten etabliert. Die Detailinformationen über einen Kunden können sowohl bei einem Wechsel des Betreuers als auch bei einer gezielten Überleitung ohne Transferverluste übermittelt werden. Des Weiteren hat KPM eine besondere Aufgabe im Wissensmanagement der Kreissparkasse Köln erlangt, da Produktinformationen, Überleitungsanlässe und Verkaufsargumente im KPM abgebildet bzw. mit dem Intranet verknüpft sind.

2.1.2 Erfolgsfaktor Mitarbeiterbeteiligung

Die alleinige Formulierung der strategischen Ziele ist nicht ausschlaggebend für eine erfolgreiche Umsetzung durch die handelnden Personen. Zur Erhöhung der Akzeptanz und der anschließenden erfolgreichen Umsetzung von strategischen Maßnahmen ist vor allem die Einbindung der Mitarbeiter von enormer Bedeutung. Der Firmenkundenbetreuer erkennt dabei, wie er die entwickelte Unternehmensstrategie in seinen operativen Vertriebsprozess möglichst optimal einbindet, um seinen persönlichen Erfolg zu steigern. Aus diesem Grund initiiert das Vertriebsmanagement die hier beschriebenen Projekte mit intensiver Beteiligung von Kollegen aus dem Vertrieb.

2.2 Mit Struktur zum Erfolg

Auch die besten Maßnahmen sind regelmäßig daraufhin zu überprüfen, ob die angestrebten Erfolge sich einstellen und ob die Markt- und Wettbewerbsbedingungen den Erfolg auch in Zukunft erwarten lassen. Ende des Jahres 2008 hat die Kreissparkasse Köln beschlossen, „Firmenkunde im Fokus" unter der weiterhin bestehenden Zielsetzung Ertragsstärke durch Kundenzufriedenheit weiterzuentwickeln. Dazu wurden Workshops mit dem Vertrieb durchgeführt, um Optimierungsansätze für noch mehr Effizienz und Effektivität im Vertrieb zu erarbeiten. Die bisherigen Maßnahmen wirkten stark auf die internen Vertriebsprozesse und -strukturen, insbesondere die Strukturierung des Kundenportfolios sowie die Gesprächsvor- und -nachbereitung. Für 2009 wurden Ansätze erarbeitet, die einerseits die eingeleiteten Aktivitäten konsequent fortführen, andererseits die Wirkung auf den Firmenkunden noch stärker in den Vordergrund rücken. In Zukunft werden alle wesentlichen Elemente des CRM-Ansatzes in das für den Kunden wahrnehmbare Gespräch integriert, um ihm dadurch einen wichtigen Mehrwert gegenüber der bisherigen Leistung anzubieten, z.B. durch die Definition von Gesprächstypologien. Im Mittelpunkt der konzeptionellen Umsetzung steht wiederum KPM, der in seinen „über die Jahre" gewachsenen Funktionalitäten auf das Wesentliche fokussiert wird. Auch hier werden die Rückkopplungen aus dem Vertrieb besonders ernst genommen.

Der definierte Betreuungsworkflow (Abb. 2) wird als Wertschöpfungskette im Vertriebsprozess angesehen. Der Betreuungsprozess beginnt mit der Kunden- und Potenzialanalyse, bei der vor allem die Kundenklassifizierung nach ABCD und die Potenzialermittlung im Fokus stehen. In der Gesprächsvorbereitung wird ein besonders hoher Wert auf die Individualität eines jeden Kunden gelegt. So gehört neben den identifizierten Fokusprodukten u.a. auch das Firmenlogo als Identifikationsmerkmal auf die Gesprächsagenda. Die Praxis hat gezeigt, dass der Kunde auch im Vergleich zu standardisierten Beratungsbögen sehr positiv auf die individualisierte Gesprächsagenda reagiert. Im Anschluss an das Kundengespräch werden die Ergebnisse vom Firmenkundenbetreuer in Form von Abschlüssen, Wiedervorlagen, Notizen oder Spezialistenüberleitungen im KPM erfasst. Das Wissen über den Kunden wird somit greifbar und steuerbar.

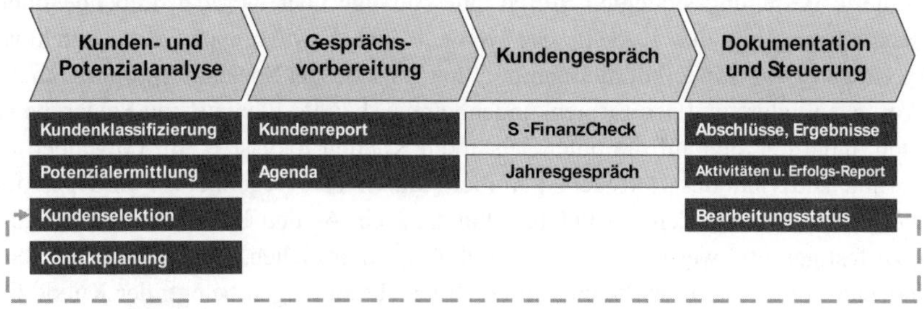

Abbildung 2: *Betreuungsworkflow „Firmenkunde im Fokus"*

2.2.1 Kunden differenziert betreuen

„Wann ist ein Firmenkunde für uns attraktiv?" Die Klassifizierung liefert das entsprechende Instrumentarium, um aus quantitativen Werten – ergänzt um eine qualitative Einschätzung durch den Firmenkundenbetreuer – das Wachstumspotenzial zu ermitteln. Neben erwartetem Wachstum, dem Finanzierungsbedarf sowie der Einkommens- und Vermögenssituation spielen vor allem Kriterien wie Preissensibilität und die vom Kunden geforderte Betreuungsintensität eine entscheidende Rolle in der Potenzialbeurteilung des Kunden. Dieses Potenzial wird in Relation zum erwirtschafteten Deckungsbeitrag gesetzt. Das Ergebnis ist die Einordnung in die ABCD-Matrix (Abb. 3).

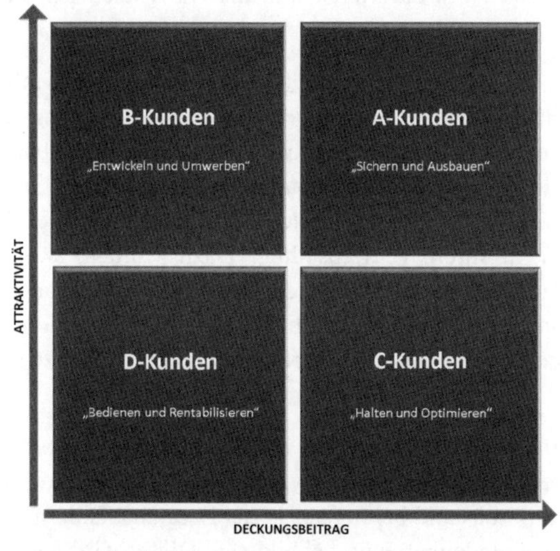

Abbildung 3: *Struktur Kundenportfolio*

Klar definierte Betreuungsstrategien treffen eine Aussage über die anzustrebende Intensität der Geschäftsbeziehung zum Kunden. Sie werden durch Empfehlungen zur Kontakthäufigkeit, den Umgang mit Sonderkonditionen und den Einsatz von Spezialisten operationalisiert. Dieses Vorgehen unterstützt den Firmenkundenbetreuer bei der Planung und Steuerung seiner Aktivitäten, indem er sich auf die potenzialstarken Kunden fokussiert. Im Folgenden ist die Initiative und Aktivität des Betreuers gefordert, durch eine regelmäßige und persönliche Kontaktaufnahme insbesondere zu Potenzialkunden, d.h. A- und B-Kunden, die Kundenbeziehung zu festigen und weitere Geschäftsabschlüsse zu erreichen. Das Erfordernis der aktiven Kundenansprache wird regelmäßig durch Kundenbefragungen belegt; der Kunde fordert diese regelrecht ein.

Klassifizierung und Segmentierung bedingen sich gegenseitig. Während die in der Regel an wenigen Kriterien orientierte Segmentierung als Grundveranlagung homogene Kundengruppen definiert, ergänzt der Klassifizierungsansatz die Potenzialkomponente der Segmentierung. Im Umkehrschluss ergeben sich aus der Klassifizierung Rückschlüsse auf die richtige Segmentierung. Erfüllt ein Kunde weder die Ertragsansprüche noch die Potenzialerwartungen, ist konkret über eine Betreuung in einem angeschlossenen Segment nachzudenken.

2.2.2 Gesprächsqualität steigern durch S-FinanzCheck und Jahresgespräch

Die Frage „Wie können wir erfolgreich unsere Kundenzufriedenheit und die hieraus resultierende Kundenbindung erhöhen?" führt die Kreissparkasse Köln zum Kern der Grundsätze des CRM-Systems. Der CRM-Ansatz hatte bisher in erster Linie das Ziel verfolgt, die interne Ausrichtung systematisch zu strukturieren und die Aktivitäten des Firmenkundenbetreuers effizient zu gestalten.

Mit dem Leitmotiv „Mehrwert und Qualität binden Kunden" verfolgt die Kreissparkasse Köln nun das Ziel, ihren Kunden qualitativ hochwertige Betreuung als erlebbare Leistung anzubieten. Das Erkennen des Gesprächsanlasses, der nachvollziehbare Prozess vom Bedarf bis zum Angebot sowie das „gute Gefühl, an alles gedacht zu haben", gilt es zu erreichen. Die bereitgestellten Instrumente bedürfen vor allem einer professionellen Einbindung durch die Firmenkundenbetreuer in ihren Vertriebsalltag. Dazu wurden zwei Gesprächstypologien entwickelt, die auf Kunden- und Beraterseite einen Wiedererkennungswert assoziieren. Die eingeleiteten Maßnahmen richten einen deutlich höheren Fokus auf die spezifischen Kundenbedürfnisse. Zu den definierten Gesprächstypen zählen der S-FinanzCheck und das Jahresgespräch.

Damit setzt die Kreissparkasse Köln auf die bewährte Symbolik des S-Finanzkonzepts, ausgedrückt durch die mehrstufige Betreuungspyramide. Der eigens entwickelte Beratungsansatz „Firmenkunde im Fokus" bestand bereits aus sechs Beratungsfeldern, die den ganzheitlichen Anspruch an die Firmenkundenbetreuung abbildeten. Dieser wird neuerdings durch den Einsatz der Visualisierungsmedien in Form der Pyramide (Abb. 4) und in Teilen auch durch die

Beratungsbögen des S-Finanzkonzepts ergänzt, um die Identifikation mit der Marke Sparkasse zu stärken und ein Wiedererkennungsmerkmal beim Kunden zu schaffen.

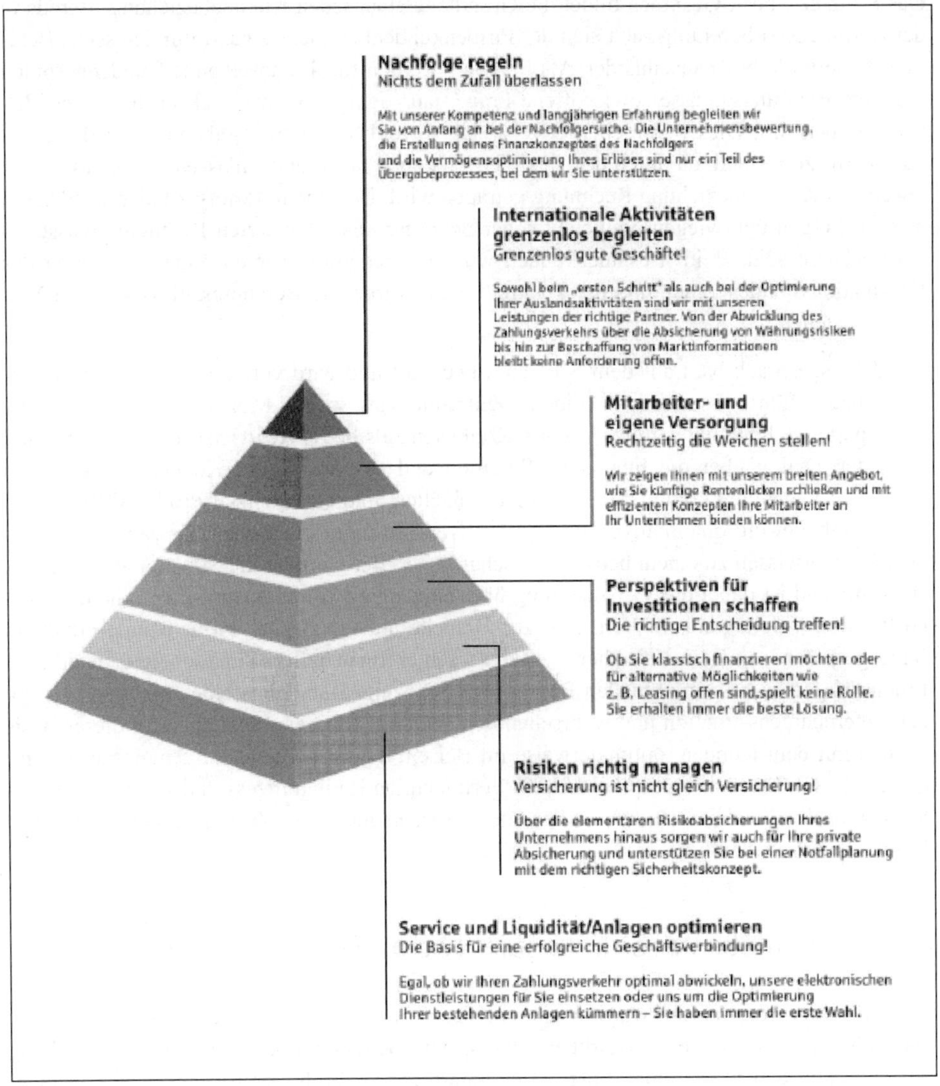

Abbildung 4: *Ganzheitliche Beratung mit dem S-FinanzCheck*

Der Mehrwert für den Kunden ist in der vom Firmenkundenbetreuer vorbereiteten, strukturierten und reproduzierbaren Gesprächsführung verankert. Gesprächsanlass und das angestrebte Ziel eines Gesprächs sind von vornherein sowohl für den Kunden als auch den Betreuer bekannt. Dabei stehen die Bedürfnisse des Kunden, verknüpft mit den Leistungen der Kreissparkasse, im Vordergrund.

Das S-FinanzCheck-Gespräch bildet die Grundlage einer jeden Kundenbeziehung. Bereits in der Gesprächsvorbereitung setzt sich der Firmenkundenbetreuer bewusst mit den sechs Beratungsfeldern (Abb. 4) auseinander. Als Ergebnis werden für das anstehende Kundengespräch konkrete Beratungsanlässe sowie offene Fragen aus dem S-FinanzCheck in die Gesprächsagenda überführt. Dieses Vorgehen erweist sich sowohl bei Akquise- als auch bei Bestandskunden als zutreffend, da durch den flexiblen Mix aus Fragen und Anlässen der Intensität der jeweiligen Kundenbeziehung Rechnung getragen wird. Bei einem Akquisekunden werden die offenen Fragen überwiegen, vielleicht sogar noch gar keine konkreten Beratungsanlässe er- oder bekannt sein. Beim Bestandskunden wird es wiederum eher um eine Abrundung des Informationsstandes gehen und der konkret herausgearbeitete Beratungsanlass wird im Mittelpunkt stehen.

Das Jahresgespräch baut auf dem S-FinanzCheck auf und wird vorrangig mit Potenzialkunden durchgeführt. Es wird in einem Zeitraum von zwölf Monaten wiederholt. Die Kreissparkasse Köln unterstreicht so ihre Kompetenz als betriebswirtschaftlicher Berater und nutzt den Dialog über die finanzielle Situation und das Rating zur Kundenbindung. Eine besondere Bedeutung kommt dabei dem individuellen Stärken-Potenzial-Profil (SPP) zu. Das SPP verarbeitet die quantitativen und qualitativen Ratinginformationen aus Jahresabschluss und Betreuerwissen zu einem betriebswirtschaftlichen Bericht über die Situation des Kunden. Herausragend ist dabei die Visualisierung über eingängige „Ratingtachometer“, die die eigene Position absolut und im Vergleich zur Branche aufzeigen. Der Firmenkunde erhält im Jahresgespräch somit eine fundierte Analyse seiner finanziellen Situation und detaillierte Erläuterungen zu seinem aktuellen Rating. Das SPP zeigt Handlungsfelder zur Verbesserung der Unternehmenssituation und wahrscheinlich auch des Ratings selbst auf. Auf dieser Basis werden mit dem Kunden, optimalerweise im Beisein des Steuerberaters, gemeinsam Lösungen erarbeitet. Das Jahresgespräch schafft Vertrauen, da Ratingprozess und -ergebnis für den Kunden nachvollziehbar werden. Dem Kunden werden zudem die Zusammenhänge zwischen Bonität und Preis deutlich.

2.2.3 Vertriebssteuerung beginnt beim Firmenkundenbetreuer

Auch der Steuerungsansatz wurde weiterentwickelt und trägt nun sowohl den strategischen als auch operativen Zielen verstärkt Rechnung. Die Betrachtung der Vertriebszielerreichung wird nun konsequent um einen Forecast erweitert, der als Frühwarninstrument dem Firmenkundenbetreuer und den Führungskräften einen zusätzlichen Impuls zum Steuern der Vertriebsaktivitäten ermöglicht. Der Forecast gilt hier als Erwartungswert, indem er die Verkaufsansätze bei Potenzialkunden um eine Volumens- oder Ertragsgröße ergänzt. Die dabei verwendete Ausrichtung an den Vertriebszielfeldern erleichtert es, die Geschäftsentwicklung zu bewerten und Fehlentwicklungen in einzelnen Geschäftsfeldern frühzeitig zu erkennen, um rechtzeitig geeignete Gegenmaßnahmen einzuleiten.

Die Strategie „Firmenkunde im Fokus" ist operativ überführbar in die Portfolioanalyse, das Kontaktmanagement und die Gesprächstypologien. Der Umsetzungsstatus der beschriebenen Maßnahmen kann jederzeit mittels des KPM-Cockpits (Abb. 5) auf der Ebene der Firmenkundenbetreuer und aggregiert auf das Center überprüft werden. Beispielsweise zeigt das KPM-Cockpit dem Firmenkundenbetreuer bzw. der Führungskraft den Bearbeitungsstand des Portfolios anhand der Aktualität der Klassifizierung und der Potenzialermittlung auf. Des Weiteren können der Kontaktstatus bei Potenzialkunden sowie die Durchdringung des Portfolios, gemessen an den Gesprächstypologien, nachvollzogen werden. Das KPM-Cockpit ist nach der Logik der Strategieschwerpunkte aufgebaut, um auch hier konform zu bisherigen Kommunikationsleitlinien zu sein. Die Steuerung ist darauf ausgerichtet, dem Firmenkundenbetreuer jederzeit den eigenen Status quo aufzuzeigen und im Sinne der Selbststeuerung zielgerichtet und initiativ Aktivitäten zu ergreifen.

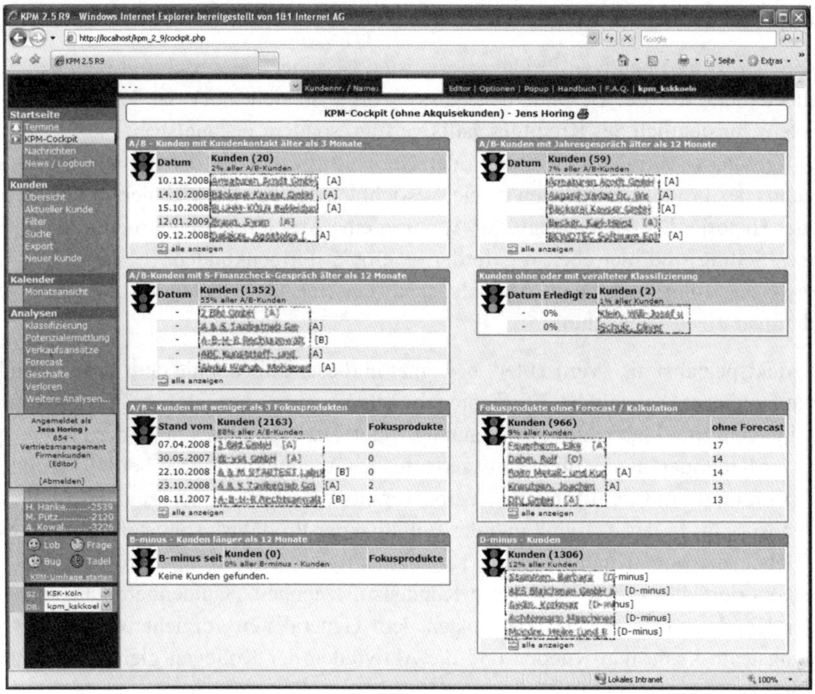

Abbildung 5: *KPM-Cockpit*

2.3 Produktspezialisten unterstützen aktiv

Der Firmenkundenbetreuer ist Beziehungsmanager und Finanzierungsspezialist zugleich. Darüber hinaus stehen dem Kunden und letztlich dem Kundenbetreuer eine Vielzahl von Produktspezialisten zur Seite. Der Kredit gilt als Ankerprodukt; im Sinne der ganzheitlichen Beratungsphilosophie besteht jedoch der Anspruch, dem Kunden in allen finanziellen Belangen Lösungen anzubieten. Der Firmenkunde erwartet anspruchsvolle und individuell auf seinen Bedarf zugeschnittene Lösungen. Diese Qualität der Betreuung und das Know-how über die gesamte Produkt- und Leistungspalette braucht der Firmenkundenbetreuer nicht allein zu erbringen. Vielmehr kommt es darauf an, den Bedarf zu erkennen und eine Einbindung des entsprechenden Produktspezialisten zu erreichen. Auch aus Sicht der Kreissparkasse Köln liegen zukünftige Wachstumschancen vor allem im Cross-Selling von Provisions- und Verbundprodukten.

Das Rollenprofil des heutigen Produktspezialisten ist nahezu identisch mit dem des Firmenkundenbetreuers, mit der Besonderheit, dass er originär nicht über das Know-how und die Kompetenz hinsichtlich des Kreditgeschäfts verfügt, sondern beispielsweise auf Leasing, das Auslandsgeschäft, Vermögensberatung oder Derivate spezialisiert ist. Im modernen Selbstverständnis des Produktspezialisten ist die Ausrichtung auf den Vertrieb deutlich ausgeprägter als in der Historie. Die Bereitschaft zur Akquise, eine Abschlussorientierung und ein Gespür für Cross-Selling sind hier ebenso gefordert wie beim Firmenkundenbetreuer selbst. Konsequenterweise erfolgt auch beim Produktspezialisten eine klare Trennung zwischen Vertrieb und administrativer Abwicklung.

Der Produktspezialist als „Vertriebler" begegnet in dieser Philosophie dem Firmenkundenbetreuer auf gleicher Augenhöhe. Dies spiegelt sich in einer gemeinsamen Ertragsverantwortung bei gleichzeitig klarer Aufgabentrennung wider. Darüber hinaus nutzt der Produktspezialist bei der Kreissparkasse Köln sein exzellentes Know-how als Entrée bei Nichtkunden, die er in Abstimmung mit dem für eine Region verantwortlichen Firmenkundenbetreuer eigenständig anspricht. In der Aktivität und der Initiative der Produktspezialisten liegt ein wesentlicher Hebel, die vom Kunden erlebte Kontakthäufigkeit und Kompetenz zu erhöhen. Der Kunde honoriert dies durch gesteigerte Kundenzufriedenheit. Kundenbefragungen belegen, dass der Kunde ein Team aus Spezialisten dem Generalisten vorzieht, vorausgesetzt, das Betreuungsteam kennt den Kunden und die Aktivitäten der Kollegen gleichermaßen. Diese Erwartung kann mit einem intelligenten CRM-System erfüllt werden.

Daher ist in dieser Konstellation erneut das CRM-System ein wesentlicher Erfolgsfaktor. Es macht als gemeinsame Informationsplattform die Erkenntnisse und Ergebnisse aus dem Kundenkontakt zugänglich. Kundenüberleitung und Feedback als Kommunikationsprozesse werden somit instrumentalisiert sowie effizient und steuerbar gestaltet. Der Produktspezialist hat also einen uneingeschränkten Zugang zum KPM. Neben den aktiv übergeleiteten Vertriebsansätzen verfügt er über die gleichen Möglichkeiten der Portfolioanalyse wie der Firmenkundenbetreuer und kann so interessante Akquisitionskunden eigeninitiativ selektieren und dem Firmenkundenbetreuer zur (gemeinsamen) Ansprache vorschlagen.

3. Aktives Vertriebsmanagement für Firmenkunden

3.1 Die Rolle des Vertriebsmanagements Firmenkunden

Das Vertriebsmanagement Firmenkunden übersetzt zum einen die strategischen Anforderungen in operative Aktivitäten, zum anderen nimmt es auch in der Kommunikation und Koordination zwischen Vertrieb und internen Dienstleistern wie Marketing, Organisation und Controlling eine Schlüsselposition ein. Der Vertrieb darf hieraus abgeleitete, aufeinander abgestimmte Maßnahmen und Kampagnen erwarten. Der unkoordinierte Mehrfachzugriff auf die Vertriebskapazitäten kann so vermieden werden. Diese Rolle lebt das Vertriebsmanagement in enger Abstimmung mit der Geschäftsleitung, u.a. als Impulsgeber für Projekte und Initiator für vertriebsunterstützende Maßnahmen, aber auch als Interessenvertreter des Vertriebs, z.B. durch Kanalisierung von Optimierungsvorschlägen für Prozesse. Das Vertriebsmanagement lässt sich in die Tätigkeitsschwerpunkte Vertriebsbetreuung, Planung und Steuerung sowie das Produktportfoliomanagement gliedern.

Die Vertriebsbetreuer sind die unmittelbare Schnittstelle zum Vertrieb, die ersten Ansprechpartner. Jeder Vertriebsbetreuer kümmert sich um fest zugeordnete Vertriebseinheiten, bei denen er als Anlaufstelle im Vertriebsmanagement etabliert ist. Sie sind die direkten Ansprechpartner, die Impulse aus dem Vertrieb aufnehmen, bewerten, selbst aufgreifen oder an die Kompetenzcenter im Vertriebsmanagement bzw. an interne Dienstleister wie das Produkt-Prozess-Management, das Marketing oder die Personalentwicklung weiterleiten. Für den Vertrieb bedeutet dies eine deutliche Vereinfachung der internen Kommunikation, da nicht für jedes Anliegen der zuständige Mitarbeiter gesucht zu werden braucht; diese Funktion übernimmt der Vertriebsbetreuer, der bis zum abschließenden Feedback des Impulses eingebunden bleibt. Beispiele sind hier: Anregungen zur Weiterentwicklung des CRM-Systems, Hindernisse im operativen Vertriebsprozess oder die direkte Kundenresonanz auf eine Kampagne.

Des Weiteren setzen sich die Vertriebsbetreuer intensiv mit den Vertriebsergebnissen ihrer Vertriebseinheiten auseinander und gehen aktiv als Sparringspartner auf die Führungskräfte zu, um gemeinsam Lösungen oder unterstützende Angebote zu besprechen. Der Austausch über Best-Practice-Ansätze ist hier besonders interessant, sodass der Vertriebsbetreuer auch eine informationsvermittelnde Funktion inne hat. Für den regelmäßigen Austausch finden institutionalisierte Vertriebsgespräche zwischen Vertrieb und Vertriebsmanagement statt. Hier bietet sich für beide Seiten die Gelegenheit, vertriebsrelevante Themen zur Sprache zu bringen, verbunden mit der Erwartung, Gesprächsergebnisse entsprechend umzusetzen. Diese werden schriftlich festgehalten; das fördert das gegenseitige Verständnis und die Verbindlichkeit.

3.2 Kompetenzcenter – Planung und Steuerung, alles aus einer Hand

Das Vertriebsmanagement versteht sich andererseits aber auch als „Forschungs- und Entwicklungsbereich“ der Kreissparkasse Köln im Firmenkundengeschäft. Dabei konzentriert sich das Vertriebsmanagement auf seine Methodenkompetenz mit dem Anspruch, die richtigen Impulse zur richtigen Zeit zu senden und den Vertrieb mit Konzepten, Kampagnen und Kommunikationsmaßnahmen zu unterstützen.

Im Tätigkeitsfeld Planung und Steuerung laufen die Fäden aus der Planung von Vertriebsprojekten, -kampagnen und -zielen zusammen. So ist eine Planung und Steuerung „aus einem Guss“ sichergestellt. Gilt es beispielsweise die Leasingmarktanteile weiter auszubauen, ist es erfolgsfördernd, wenn Produktentwicklung, Werbung und Vertriebskampagne nicht nur inhaltlich, sondern auch zeitlich optimal aufeinander abgestimmt sind. Entscheidend ist hier, neben dem Vertrieb kanalisiert über die Vertriebsbetreuer, die Bereiche Marketing und Controlling als Partner mitzunehmen.

Eine besondere Herausforderung ist es, Gesamthausplanung und Vertriebsplanung eng miteinander zu vernetzen und ineinander überführbar zu gestalten. So gilt es, neben der operativen Planung der Ziele, Kampagnen und Projekte auch die Prognose-, Planungs- und Steuerungsinstrumente weiterzuentwickeln bzw. zu optimieren – sowohl für den Einsatz im Vertriebsmanagement als auch für die Kollegen im Vertrieb.

3.3 Professionelles Produktportfoliomanagement

Die Produktpalette eines Allfinanzdienstleisters ist nahezu unbegrenzt. Für den Erfolg im Vertrieb ist es daher zwingend notwendig, die Produktpalette, ähnlich wie das Kundenportfolio, aktiv zu strukturieren und zu steuern. Das Leistungsangebot des Firmenkundenbetreuers wird damit optimal entsprechend der Marktnachfrage und -potenziale zusammengestellt. Ein wesentliches Ziel des Produktportfoliomanagements ist es, für den Vertrieb eine Vorauswahl von Produkten, sogenannte Fokusprodukte, zu definieren, die sowohl aus Kundensicht vorteilhaft als auch aus Ertragssicht bzw. dem qualitativen Marktanspruch der Kreissparkasse Köln attraktiv sind. Produkte, die diese Kriterien nicht bzw. nicht gänzlich erfüllen, werden für den Bedarfsfall zwar ebenfalls vorgehalten, in der Regel aber nur auf direkte Kundennachfrage oder auf offenkundigen Kundenbedarf hin angeboten. Aus kostenökonomischen und aus Transparenzgründen wird das aktive Produktangebot so eng wie möglich und so breit wie nötig gehalten. Dies bedeutet, dass die Absatzchancen sehr genau geprüft werden, bevor für eine bestimmte Zielgruppe oder einen bestimmten Bedarf ein eigenes Produkt entwickelt oder eine neue Partnerschaft eingegangen wird. Mit dieser Strategie wird das Ziel verfolgt, das aktiv angebotene Produktportfolio aktuell, d.h. marktgerecht, und überschaubar zu halten, damit sich der Vertrieb nicht mit solchen Produktlösungen über Gebühr zu beschäftigen braucht, die aus Kundensicht keinen Mehrwert bringen.

Im Rahmen des Produktportfoliomanagements werden die Preise und Merkmale von Produkten und Dienstleistungen für Firmenkunden regelmäßig auf ihre Marktkonformität hin überprüft und im Bedarfsfall angepasst. Insbesondere im Kontokorrent- und im Einlagengeschäft verfolgt das Produktportfoliomanagement ein aktives Preismanagement mit dem Ziel, Preiselastizitäten der Kunden auszuloten und optimal auszunutzen. Dabei ist zu beachten, dass sich in der Preiswahrnehmung des Kunden geforderter Preis und gebotenes Leistungsangebot adäquat gegenüberstehen. Wichtige Determinanten für die Preisfindung sind neben den aktuellen Kapitalmarktkonditionen die Aktivitäten signifikanter Mitbewerber, die Kaufkriterien der Kunden sowie die Steuerungsimpulse, resultierend aus der Ertrags- und Kostenplanung.

3.4 Mitbewerber beobachten

Die Mitbewerberbeobachtung ist für das Produktportfoliomanagement unerlässlich. Im Rahmen der Mitbewerberbeobachtung werden u.a. Konditionen zuvor definierter Fokusprodukte von regional bedeutenden Mitbewerbern regelmäßig recherchiert und mit der eigenen Konditionengestaltung abgeglichen. Diese Informationen fließen in die interne Bewertung der weiteren Konditionengestaltung ein und sorgen dafür, dass neben den rein finanzwirtschaftlichen Aspekten auch vertriebliche Erfordernisse mit in Betracht gezogen werden. Als Markt- und Qualitätsführer ist das Preisniveau der Mitbewerber jedoch nur ein Aspekt der gesamten Preisbildung.

Neben der Konditionenrecherche werden auch die Marketing- und Vertriebsaktivitäten sowie die herausgestellten „Schaufensterprodukte" der Mitbewerber beobachtet und bewertet. So ergibt sich ein rundes Bild, mit welchen Vertriebsschwerpunkten, Botschaften und Konditionen Mitbewerber am Markt agieren. Die Erkenntnisse der Marktsondierung werden den Vertriebseinheiten über eine Übersichtsseite im hauseigenen Intranet zur Verfügung gestellt. Hier findet der Vertrieb neben den wichtigsten Fokusprodukten und Konditionen relevante Hintergrundinformationen sowie weitere Erläuterungen und Bewertungen, die durch das Vertriebsmanagement Firmenkunden aufbereitet werden. Ziel ist es, den Vertriebseinheiten einen konzentrierten Überblick über den Markt und Wettbewerb zu geben. Dieses Instrument kann bei der Konfrontation mit Mitbewerberangeboten als Rechercheinstrument genutzt werden. Dazu werden den Vertriebseinheiten Argumentationshilfen in Form von Produkt- und Konditionenanalysen an die Hand gegeben und die Vorteilhaftigkeit der Produktalternative der Kreissparkasse Köln aufgezeigt. Dies leistet zudem einen Beitrag für ein einheitlicheres Marktauftreten.

3.5 Potenziale im Onlinevertrieb noch nicht ausgeschöpft

Neben den klassischen (stationären) Vertriebswegen nutzt die Kreissparkasse Köln im Firmenkundengeschäft die Möglichkeit, Produkte auch online anzubieten; so können z.B. das Geschäftsgirokonto, gewerbliches Tagesgeld oder ec-Händlerterminals online gekauft werden. Mit dieser Strategie verdeutlicht die Kreissparkasse Köln, dass sie im Rahmen des Onlinebanking bzw. der Nutzung von Onlinedienstleistungen die Vorteile bietet, mit denen insbesondere die Direktbanken um Kunden werben. Zugleich werden aber auch hochwertige Beratungsleistungen und Service in einem dichten Filialnetz vor Ort direkt beim Kunden angeboten. Damit ist die Kreissparkasse Köln die „wahre Direktbank". Bezogen auf den Firmenkundenbereich bietet die Kreissparkasse Köln beim Onlineproduktvertrieb allerdings ein deutlich besseres Leistungsangebot als viele regionale Mitbewerber oder auch als viele Direktbanken, die sich bei ihrem Onlineauftritt und insbesondere bei Onlineprodukten vorrangig auf das Privatkundengeschäft konzentrieren. Durch den Produktvertrieb im Internet bleibt die Kreissparkasse Köln auch für online-affine Bestands- bzw. Neukunden attraktiv.

Reflektiert auf die Preisstrategie bietet die Kreissparkasse Köln die Leistungen im Internet in der Regel zum gleichen Preis wie „vor Ort" an. Unter der Berücksichtigung der Produkt- oder Marktstrategie werden im Einzelfall zur Intensivierung, ggf. zeitlich begrenzt, Preiszugeständnisse gemacht, die im Wesentlichen über reduzierte Prozesskosten im Onlinevertrieb argumentiert werden.

3.6 Kundenkommunikation – der Schlüssel zum Erfolg

Das Vertriebsmanagement Firmenkunden ist an Kommunikationsmaßnahmen gegenüber den Firmenkunden der Kreissparkasse Köln initiativ und aktiv beteiligt. Eine Auswahl wichtiger Maßnahmen ist unter den folgenden Punkten zusammengefasst.

3.6.1 Im Internet präsent

Die Internetpräsenz als Medium des Firmenkunden bei der Recherche von Lösungen, Preisen oder sogar der Auswahl des Finanzpartners ist im 21. Jahrhundert ein Muss. Der Onlineauftritt im Firmenkundenbereich unterstützt gezielt aktuelle Vertriebsschwerpunkte. Beispielsweise werden hier Produkte, die schwerpunktmäßig über den stationären Vertrieb oder über Mailingkampagnen forciert werden, hervorgehoben. Durch die Abstimmung der relevanten Informationskanäle (Filiale, Kampagne, Onlineauftritt) aufeinander wird gegenüber dem Kunden eine bedürfnisorientierte Penetrationsstrategie umgesetzt. Die Interaktivität des Kunden wird erreicht, indem der Kunde online einen Beratungstermin vereinbaren, eine auf seine Situation ausgerichtete Berechnung durchführen und sogar Produkte online kaufen kann (siehe 3.5).

3.6.2 Informiert und kompetent per Firmenkundennewsletter

Aufbauend auf der aktiv gemanagten Internetpräsenz setzt die Kreissparkasse Köln seit 2006 gezielt den Firmenkundennewsletter ein. Interessierte Firmenkunden wie auch Nichtkunden haben die Möglichkeit, diesen zu beziehen. Inhaltlich werden in erster Linie interessante Produktlösungen, aber auch gesetzliche Neuerungen oder besondere Aktionen der Kreissparkasse Köln publiziert. Die Herausforderung liegt darin, für den Unternehmer interessante und ansprechende Informationen mit den Leistungen der Kreissparkasse Köln zu verknüpfen. „Ansprechend" ist auch auf den Gesamteindruck des Newsletters zu übertragen. Allein die Umstellung vom standardisierten Text- in das vielseitigere html-Format mit Bildern und allen anderen üblichen Formatierungsmöglichkeiten führte bei den Aufrufen der aus dem Newsletter verlinkten Inhalte zu einer Verdoppelung der Zugriffe.

Jeder Newsletter widmet sich dabei gezielt einem übergeordneten Schwerpunktthema, z.B. der Internationalen Woche (Internationales Geschäft) oder dem Konjunkturpaket der Bundesregierung (Finanzierungsalternativen). Wiederkehrende Rubriken sorgen für einen hohen Wiedererkennungswert. Hier hat sich der monatliche Konjunkturkommentar oder die Erläuterung eines Fachbegriffs aus der Finanzwelt – gemessen an den Klicks – etabliert. Der Newsletter ist konsequent auf die Themen des Onlinevertriebskanals und auf aktuelle Kampagnen im Firmenkundengeschäft abgestimmt. Dadurch werden die gewünschten Botschaften im Sinne der Penetrationsstrategie über unterschiedliche Kanäle beim Kunden platziert. Der Newsletter dient somit der regelmäßigen Kundenansprache mit dem Ziel der Kundenbindung.

3.6.3 Image in der Finanzkrise

Die Ausgangslage der Kreissparkasse Köln zu Beginn des Jahres 2009 ist von zwei wesentlichen Attributen geprägt: zum einen vom konjunkturellen Abschwung, der dem Wachstumstrend aus den Vorjahren ein abruptes Ende setzte, und zum anderen von der Finanzmarktkrise, die als Chance für regional verankerte Kreditinstitute zu sehen ist, da sie ihnen zu neuen Marktanteilen verhelfen kann. Unter dem Leitsatz „Exzellenz am Markt“ soll die aktuelle Marktpositionierung verbessert und die unsichere Ausgangslage dazu genutzt werden, sowohl Bestandskunden gegen den Wettbewerb abzuschotten als auch neue Kunden zu akquirieren und langfristig an die Kreissparkasse Köln zu binden.

Aufbauend auf ihrer soliden Geschäftspolitik, sieht die Kreissparkasse Köln in der Finanzmarktkrise ihre Chance, sich als starker Partner der mittelständischen, regionalen Wirtschaft weiter zu verankern und so zukünftiges Wachstum abzusichern. Vor diesem Hintergrund startete die Kreissparkasse Köln 2009 eine Imagekampagne unter dem Motto „Wir schaffen ein gutes Klima für den Mittelstand“. Die Kampagne verfolgt das Ziel, die akuten Ängste vor einer Kreditklemme im Mittelstand aufzugreifen und bezogen auf die Kreissparkasse Köln zu entkräften. In diesem Zusammenhang weist die Kreissparkasse Köln auf das Volumen neuer Mittelstandskredite hin, das regelmäßig über 1,5 Mrd. Euro liegt. Kombiniert mit einem Versprechen für 2009 auf gleichem Niveau zu agieren, soll eine vergleichbare Wirkung erzielt werden wie die, die dem Konjunkturpaket der Bundesregierung oder anderen beworbenen Sonderkreditprogrammen zugeschrieben wird. Diese mit Fakten untermauerten Botschaften unterstreichen die Positionierung der Kreissparkasse Köln als einem soliden Partner des Mittelstands, der für Vertrauen, Sicherheit und Stabilität steht.

Konkret werden Motive und Werbebotschaften über Zeitungsanzeigen, Großplakatierungen in Gewerbegebieten, Aufkleber auf der Ausgangspost und den Beratungsmedien (Tischvorlagen, Notizblöcken etc.) gestreut.

Abbildung 6: *Leitmotiv Imagekampagne 2009*

3.6.4 Kundenveranstaltungen zur Kundenbindung

Eine weitere Möglichkeit, Präsenz in der Öffentlichkeit zu zeigen und Kunden zu binden, sind Kundenveranstaltungen. Das Vertriebsmanagement unterstützt aktiv Planung, Durchführung und Nachbereitung dieser Veranstaltungen und übernimmt die Verantwortung für Koordination und thematische Begleitung. Neben der Kundenbindung werden zur Steigerung des Cross-Sellings je nach Möglichkeit Dienstleistungen und Produkte aktiv platziert, entweder in Form eines Vortrags oder als Messestand. Die Produktspezialisten haben in diesem Rahmen wiederum die Gelegenheit, auf die Veranstaltungsteilnehmer aktiv zuzugehen und so einen zusätzlichen Kontakt aufzubauen, den es im Veranstaltungsnachgang gemeinsam mit dem Firmenkundenbetreuer zu vertiefen gilt. Kundenveranstaltungen als vertriebliches Instrument bieten eine Plattform an, sich einerseits kompetent und kundenorientiert zu zeigen, andererseits werden Kontakt- und Vertriebsanlässe für die Intensivierung der Geschäftsbeziehung geschaffen. Eine besondere Bedeutung kommt hier der Nachakquise und dem generellen Zusammenspiel von Vertrieb, Vertriebsmanagement und Produktspezialisten zu.

4. Fazit: Mit „FiF" durch die Finanzkrise

Die traditionellen Werte einer Sparkasse bringen vor allem in Zeiten turbulenter Marktbedingungen Stabilität in den Finanzkreislauf und helfen, das verlorene Vertrauen der Kunden wiederzugewinnen. Gerade jetzt ist es umso wichtiger, die eigene strategische Ausrichtung nachhaltig zu formieren, d.h. deutlich näher an den Kundenbedürfnissen zu sein und sich stärker auf die eigenen Kernkompetenzen zu konzentrieren.

Die Kreissparkasse Köln setzt dabei auf Qualität und Kundenbindung. Auf dieser Basis sind die Vertriebsstrategie, vielmehr jedoch die Vertriebsaktivitäten, den sich verändernden Rahmenbedingungen anzupassen. Die Geschäftsstrategie findet sich immer auch in den Instrumenten wieder, hier im Besonderen im Customer-Relationship-Management-System, das nicht nur das Portfoliomanagement effizienter gestaltet, sondern vielmehr den ganzheitlichen Beratungsansatz als Profilierungsmerkmal für den Kunden erlebbar und nachvollziehbar gestaltet. Die Möglichkeiten zur Kundenansprache sind vielfältig. Für eine nachhaltige und effektive Wirkung ist die aktive Gestaltung und optimale Synchronisierung im Sinne der Qualitäts- und Bindungsstrategie erfolgsentscheidend.

Die Fokussierung auf interessante Kunden(-gruppen) sowie die Intensivierung der Aktivitäten, die Produktspezialisten eingeschlossen, bieten der Kreissparkasse Köln die Chance an, ihre Fachkompetenz herauszustellen, die wachsenden Kundenerwartungen zu übertreffen und gleichzeitig Nähe und Verbundenheit zum Kunden zu demonstrieren.

Das Zusammenspiel zwischen Vertrieb, Produktspezialisten und Vertriebsmanagement Firmenkunden ermöglicht die Konzentration auf Kernkompetenzen. Im Ergebnis hat der Vertrieb hier verlässliche Partner, die durch ihre aktive Unterstützung zum Gesamterfolg beitragen.

Mit „Firmenkunde im Fokus" (FiF) ist die Kreissparkasse Köln gut gerüstet.

Zukunftsorientierte Vertriebs- und Marketingkonzepte im Firmenkundengeschäft – aus Sicht der Genossenschaftsbanken

Uwe Fröhlich

1. Einleitung

Die Investitionstätigkeit der Unternehmen ist bislang durch die Finanzmarktkrise nicht beeinträchtigt worden. Fühlbare Einschränkungen betreffen überwiegend großvolumige und kapitalmarktbasierte Finanzierungen und damit nicht die Masse der Mittelstandskredite. Es ist jedoch zu befürchten, dass im weiteren Jahresverlauf die Konjunkturkrise auch die kleineren, familiengeführten Unternehmen erreicht und damit auch die Kunden der Volksbanken und Raiffeisenbanken. Etwa 95 % aller Gewerbekunden der Volksbanken und Raiffeisenbanken weisen einen Jahresumsatz bis zu 5 Mio. Euro aus.

Gerade das Geschäft mit der mittelständischen Kundschaft zählt seit den Gründungszeiten von Friedrich Wilhelm Raiffeisen und Hermann Schulze-Delitzsch zum Kerngeschäft des genossenschaftlichen Bankensektors. Seitdem sind die Kreditgenossenschaften verlässliche Partner und Kreditgeber des Mittelstands. Auch in schwierigen Zeiten haben sich die Volksbanken und Raiffeisenbanken nicht aus dem Mittelstandsgeschäft zurückgezogen. Wesentliche Grundlage der Zusammenarbeit ist damals wie heute das genossenschaftliche Prinzip der Selbsthilfe, Selbstverwaltung und Selbstverantwortung. Dieser Geschäftsbereich zählt daher auch zukünftig zu den strategischen Geschäftsfeldern der Volksbanken und Raiffeisenbanken.

Eine vertriebliche und organisatorische Neuausrichtung – unterstützt durch effiziente Steuerungssysteme – ist Voraussetzung, um im Wettbewerbsumfeld des deutschen Bankenmarkts zu bestehen und den Anforderungen der Firmenkunden gerecht zu werden. Schon kleine und mittelständische Unternehmen verlangen heute mehr als nur klassische Bankleistungen. Neben dem typischen Bankgeschäft erwartet der Unternehmer eine vertrauensvolle Zusammenarbeit mit seinem Kundenbetreuer, der sein Geschäftsmodell und die Branche versteht. Gefragt sind Lösungen für das Unternehmen, nicht der Produktverkauf durch die Bank.

2. VR-FinanzPlan Mittelstand

Ein wesentlicher Schlüssel zum Erfolg im Firmenkundengeschäft liegt in der Ausrichtung der Vertriebsstrukturen am spezifischen Bedarf des Firmenkunden. Zielgerichtete Maßnahmen zur Kundenbindung werden immer bedeutender, ebenso die effiziente Kundenbetreuung über mehrere Vertriebskanäle.

Mit der Entwicklung des „VR-FinanzPlan Mittelstand" – einer ganzheitlichen Vertriebskonzeption – ist der genossenschaftliche FinanzVerbund diesen Herausforderungen begegnet. Der VR-FinanzPlan Mittelstand soll einen strukturierten Vertriebs- und Betreuungsprozess zur langfristigen Kundenzufriedenheit und Kundenbindung sowie zur Profitabilität des Firmenkundengeschäfts initiieren. Diese Strategie ist auf Kontinuität ausgerichtet und wird bei Bedarf optimiert und weiterentwickelt.

Ganzheitlichkeit in der Beratung ist nicht neu. Ihre Umsetzung im Rahmen des VR-FinanzPlan Mittelstand aber unterscheidet sich deutlich von Beratungsmustern der Vergangenheit. Innovativ ist beispielsweise die Konsequenz, mit der diese Qualität in die Beratung und Betreuung eingebracht wird: Während in der Vergangenheit lediglich umfassend über die Themen Finanzierung und Zahlungsverkehr gesprochen wurde, stellt der VR-FinanzPlan Mittelstand alle wichtigen Beratungsfelder in den Mittelpunkt. Eine besondere Betrachtung erfährt dabei auch der Unternehmer als Privatperson mit seinen persönlichen Wünschen und Zielen. Der eher verhaltene Vertriebserfolg in der Vergangenheit ist ein Beleg dafür, dass eine sehr kreditlastige Betreuung bei weitem nicht ausreicht, um im Firmenkundengeschäft dauerhaft erfolgreich zu sein.

2.1 Das Konzept VR-FinanzPlan Mittelstand

Das Vertriebskonzept VR-FinanzPlan Mittelstand basiert auf drei Säulen: der Philosophie, der Systematik und den Inhalten.

Das Konzept „VR-FinanzPlan Mittelstand" basiert auf...

... **der Philosophie**, d.h. Betreuung in allen unternehmerischen/privaten Lebensphasen

... **der Systematik**, d.h. Aufbau eines Regelkreises der Kundenbetreuung in allen Lebensphasen

... **den Inhalten**, d.h. die Beratungsthemen orientieren sich am Kundenbedarf

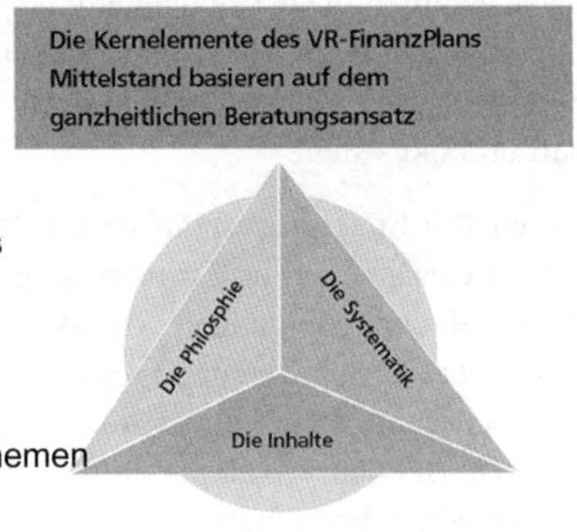

Zusammen bilden diese Elemente den ganzheitlichen Beratungsansatz.

Abbildung 1: *Basis des Konzepts VR-FinanzPlan Mittelstand*

2.1.1 Die Philosophie

Die Philosophie des „VR-FinanzPlan Mittelstand" ist es, den Kunden in allen wesentlichen betrieblichen und privaten Phasen, Ereignissen und Gegebenheiten zu begleiten. Das Charakteristikum mittelständischer Unternehmen ist die Schicksalsgemeinschaft zwischen Unternehmen und Unternehmer. Anders formuliert: Das Unternehmen ist in der Regel das größte Asset des Unternehmers. Aus diesem Grund kann es im Geschäft mit Familienunternehmen kein reines Firmenkundengeschäft geben. Es ist immer auch Privatkundengeschäft. Und aufgrund der hohen Bedeutung des Unternehmens für die Familie bezieht dieses Privatkundengeschäft auch immer die gesamte, engere Familie ein. Hier wird eine aktive und integrative Betreuungsleistung benötigt, um den unterschiedlichen Ansprüchen der Kunden gerecht zu werden. Für den Firmenkundenbetreuer als vertrieblich versiertem Koordinator der Kundenbeziehung steht im Vordergrund, den Bedarf des Unternehmens bzw. des Unternehmers zu erkennen und gezielt die passenden Spezialisten aus der Bank bzw. aus den Verbundunternehmen einzubinden. Die vielfältigen Ausgestaltungsvarianten der Integration von privater und betrieblicher Sphäre stellen die Banken dabei vor komplexe Herausforderungen.

2.1.2 Die Systematik

Mit der Ganzheitlichkeit soll es gelingen, durch regelmäßige Gesprächstermine mit dem Kunden im Dialog zu bleiben (Regelkreislauf der Kundenbetreuung). Der Betreuungskreislauf macht deutlich: Die Kundenbetreuung ist – zumindest aus Sicht der Bank – niemals endgültig abgeschlossen. Es ist vielmehr immer etwas in Bewegung, vor allem, wenn nicht nur ein Anlass geregelt wird, sondern die gesamte finanzielle Situation des Firmenkunden dauerhaft im Fokus steht.

Im Rahmen von Strategiegesprächen werden auf Initiative des Beraters alle relevanten Themen bzw. Bedarfsfelder in Erinnerung gerufen. Durch den regelmäßigen Dialog können veränderte Rahmenbedingungen vom Berater rechtzeitig erkannt, thematisiert und die finanziellen Angelegenheiten daran angepasst werden. Genau wie jeder Privatkunde für die Zukunft Wünsche und Ziele hat, trifft dies auch auf den Unternehmer als Privat- und als Firmenkunde zu. Bei den Privatkunden sprechen wir von Lebensphasen, die die jeweils aktuelle Beratungssituation beeinflussen. Ein Unternehmen durchläuft ebenso ähnliche Zyklen mit unterschiedlichem Bedarf. Oft sind beide Ziele auch eng miteinander verzahnt und müssen bei der Beratung parallel betrachtet werden. Betriebliche Anliegen können Auswirkungen auf private Ziele haben und umgekehrt. Beispielsweise führt ein Zuwachs des betrieblichen Vermögens schnell zu der Frage der Mittelverwendung. Einerseits können die Mittel im Unternehmen verbleiben, andererseits kann damit auch eine private Investition finanziert oder die private Altersvorsorge aufgebaut werden. Auch das Management der betrieblichen Risiken spielt für die kreditgebende Bank eine entscheidende Rolle. Besteht beispielsweise im Falle einer Betriebsunterbrechung im Unternehmen kein ausreichender Versicherungsschutz, so ist schnell auch die Zins- und Tilgungsvereinbarung mit der Bank betroffen. Die Bank hat daher ein unmittelbares Interesse an der Absicherung der Risiken im Unternehmen – möglicherweise stärker als ein Versicherungsmakler. Nur das Wissen der Bank um diese Zusammenhänge ermöglicht eine für den Kunden optimale Beratungsleistung und eine für die Bank notwendige Ertrags- und Risikokalkulation.

2.1.3 Die Inhalte

Die Inhalte des VR-FinanzPlan Mittelstand werden in den relevanten finanzwirtschaftlichen Themen konkretisiert. Sie orientieren sich am Kundenbedarf und werden zu Bedarfsfeldern zusammengefasst. Neben den betrieblichen Bedürfnissen müssen auch hier die privaten Anforderungen des Kunden im Blick behalten und durch individuelle Lösungen erfüllt werden.

Abbildung 2: *Inhalte des VR-FinanzPlan Mittelstand*

Entscheidend für den Erfolg des ganzheitlichen Beratungs- und Betreuungsprozesses ist: Der Firmenkundenbetreuer zeigt den Handlungsbedarf für den Kunden nachvollziehbar auf. Erst danach werden Lösungskonzepte erstellt. An dieser Stelle entscheidet sich, ob der Betreuer „nur" kompetenter Experte oder auch kundenorientierter Firmenkundenbetreuer und Finanzpartner ist, der die Anliegen des Kunden im Blick hat.

Um den Firmenkunden mit ihren Erwartungen und Ansprüchen nach differenzierter Betreuung und Beratung gerecht zu werden und damit den, mit dem VR-FinanzPlan Mittelstand verfolgten strukturierten Vertriebs- und Betreuungsprozess erfolgreich zu implementieren und zu leben, benötigt die Bank eine ganzheitliche Ausrichtung aller Aktivitäten auf den Kunden und den Wandel hin zu einer gelebten und erlebbaren Vertriebskultur. Dieser Paradigmenwechsel kann nur im Zusammenspiel aller Unternehmensbereiche der Bank gelingen. Initiator und Treiber sind in erster Linie das Management und die Führungskräfte, die auch gleichzeitig für eine konsequente und nachhaltige Umsetzung sorgen müssen. Der VR-FinanzPlan Mittelstand ist mehr als nur ein neues Vertriebskonzept. Er ist Konzept und Strategie in einem. Der Blick muss auf alle Aufgabenfelder gerichtet werden. Es braucht eine vernetzte Ausrichtung und Umsetzung.

Abbildung 3: *Ganzheitliches Firmenkundengeschäft*

Um dieses Ziel zu erreichen, muss die Ausgangslage systematisch analysiert werden. Dazu ist eine strategische Standortbestimmung auf Gesamtbankebene notwendig.

2.2 ProFi – Professionalisierung im Firmenkundengeschäft

Um die Volksbanken und Raiffeisenbanken bei dieser strategischen Bestandsanalyse zu unterstützen, wurde die Verbundinitiative ProFi – Professionalisierung im Firmenkundengeschäft gestartet. Ziel dieser Maßnahme ist es, die Banken für den Weg einer strategischen Neuausrichtung zu motivieren und Hilfestellung für eine konkrete, bankindividuelle Umsetzung zu geben. Das Angebot an die Banken besteht in einem Tagesworkshop. Mithilfe einer bankindividuellen Analyse wird die Ausgangssituation im Firmenkundengeschäft dargestellt. Die Analyse umfasst eine betriebswirtschaftliche Betrachtung, ergänzt um eine qualitative Selbsteinschätzung der Bank zur Umsetzung der wichtigsten Erfolgsfaktoren in der Betreuung von Firmenkunden. In einem konstruktiven Dialog zwischen Bankleitern und Expertenteam werden anschließend Handlungsfelder für eine Optimierung identifiziert und priorisiert. Erste Ansätze für Umsetzungsmaßnahmen werden erarbeitet und von der Bank in Eigenregie weiter verfolgt. In den Analysebericht fließen auch Vergleichswerte ein, die zusätzlich als

Orientierung für die eigene Standortbestimmung dienen. Die Standortbestimmung und die kritische Auseinandersetzung mit den eigenen Stärken und Schwächen helfen, die Ausrichtung des Firmenkundengeschäfts auch zukünftig auf stabile Pfeiler zu stellen.

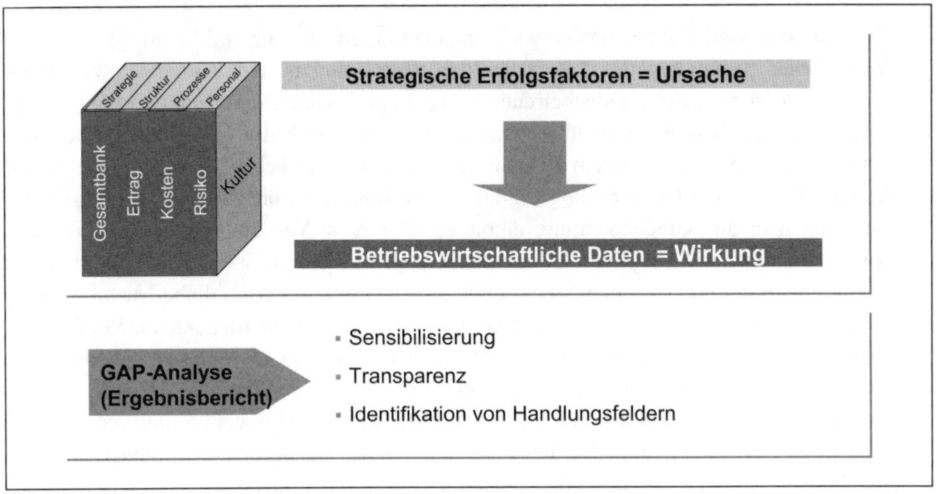

Abbildung 4: *Tagesziel des Workshops*

Nach der Definition der Handlungsfelder stehen zumeist umfangreiche Veränderungen in den Bereichen Personal- und Organisationsentwicklung an.

Im Wesentlichen sind folgende Felder zu betrachten:

- Aufbauorganisation (Struktur)
  Eine klare Trennung zwischen den Bereichen Vertrieb, Produktion und Steuerung erleichtert es der Vertriebsbank, sich auf das Kundengeschäft zu konzentrieren und alle nachgelagerten Aufgaben in den Bereich der Produktionsbank zu verlegen. Um den Mitarbeitern ein zielgerichtetes Arbeiten zu ermöglichen, kann ein zentraler Bereich Vertriebssteuerung alle zur Marktbearbeitung notwendigen Maßnahmen (z.B. Kampagnen, Vertriebsimpulse) einsteuern. Dies erlaubt eine im Sinne der Gesamtbankziele gleichgerichtete Vorgehensweise. Neben den Aufgaben der Gesamtbanksteuerung nimmt die Steuerungsbank auch die Aufgabe wahr, die für das Kundengeschäft notwendigen Produkte und Konditionen zu liefern.

- Ablauforganisation (Prozesse)
  Um den Firmenkundenbetreuern die Möglichkeit zu geben, sich intensiver um die Kunden im Sinne des ganzheitlichen Betreuungsprozesses zu kümmern, sind die Abläufe im Firmenkundengeschäft zu analysieren. Dazu muss insbesondere im Kreditgeschäft eine effizientere Zusammenarbeit zwischen Markt und Marktfolge organisiert werden, die z.B. die Vereinbarung von Service Levels beinhaltet. Aber auch die Einbindung von Spezialisten und Verbundpartnern für über das Kreditgeschäft hinausgehende Beratungsfelder bedarf

einer stringenten Organisation. Insgesamt ist davon auszugehen, dass das ganzheitliche Vertriebskonzept des VR-FinanzPlans Mittelstand mit einem Mehraufwand beim direkten Kundenkontakt verbunden ist. Dies erfordert eine Entlastung der Kundenbetreuer von bisherigen Sachbearbeitungstätigkeiten, um eine höhere Nettomarktzeit zu erreichen.

- Mitarbeiterauswahl und Personalentwicklung (Training/Coaching und Führung)
  Wesentlicher Bestandteil des VR-FinanzPlan Mittelstand ist ein Personalentwicklungskonzept, das den Firmenkundenbetreuer in die Lage versetzt, die Verantwortung für die gesamte Kundenbeziehung zu übernehmen. Damit soll sich der häufig kreditorientierte Firmenkundenbetreuer zu einem Beziehungsmanager entwickeln, der Vertriebspotenziale des Kunden erkennt, Cross-Selling-Signale in die Bank oder den Verbund weitergibt und Spezialisten in die Kundenberatung einbindet. Das neue Verständnis der Rolle des Firmenkundenbetreuers setzt veränderte Anforderungsprofile, eine stärkere innerbetriebliche Kommunikation und Zusammenarbeit sowie eine erweiterte vertriebliche Ausbildung der Mitarbeiter voraus. Die Anforderungen an die Führungskräfte werden auch zukünftig Voraussetzung für den Erfolg im Firmenkundengeschäft sein. Dabei sollte sich das Führungsverständnis an der Strategie im Geschäftsfeld Firmenkunden orientieren. Wichtig sind die unternehmerische Einstellung der Führungskräfte und das aktive Führungsverhalten im Sinne einer Vorbildfunktion. Um dies zu gewährleisten, muss auch das Management entsprechende Voraussetzungen schaffen, indem es z.B. die Führungskräfte in die Erarbeitung der Gesamtbankstrategie und der vertrieblichen Überlegungen im Geschäftsfeld Firmenkunden einbezieht. Darüber hinaus sind Mitarbeiter mit hoher Leistungsbereitschaft und Qualifikation gezielt zu fördern sowie attraktive Rahmenbedingungen bezüglich Bezahlung, Kompetenzen und Arbeitszeitgestaltung zu schaffen. Die Herausforderung für die Führungskraft besteht darin, die Mitarbeiter auf dem Weg vom Kreditberater zum aktiven Firmenkundenbetreuer zu begleiten.

Erst wenn diese Veränderungen in der Bank erfolgreich abgeschlossen sind, ist die Firmenkundenbank optimal aufgestellt und die Voraussetzungen für den Geschäftserfolg sind geschaffen. Viele kleine und größere Schritte sind auf dem Weg von der Strategie über die bankindividuelle Ausgestaltung bis zur Umsetzung zu gehen. Am Ende steht die langfristige Existenzsicherung der Bank.

2.3 Der VR-FinanzPlan Agrar

Erfolgversprechende Vertriebschancen bieten sich auch im Agrarsektor und dem Bereich der erneuerbaren Energien an. Gerade bei den Agrarunternehmen bringt der genossenschaftliche Sektor die besten Voraussetzungen und engsten Beziehungen mit. Die Beratung, Betreuung und Unterstützung der Landwirtschaft ist eine der ursprünglichen Genossenschaftsideen. Die Besonderheiten des Agrarsektors erfordern von der Hausbank umfangreiches agrarspezifisches Know-how und langjährige Erfahrungen. In zahlreichen Volksbanken und Raiffeisenbanken betreuen Mitarbeiter mit einer Agrarausbildung ihre Kunden. Vor diesem Hintergrund steht in Kürze zusätzlich der VR-FinanzPlan Agrar zur Verfügung. Um eine gezielte Ansprache der landwirtschaftlichen Zielgruppe zu ermöglichen, wird ein separater Beratungsbogen entwickelt, der beispielsweise die rechtlichen Rahmenbedingungen des VR-Ratings, aber auch die speziellen finanzwirtschaftlichen Bedürfnisse der Landwirte berücksichtigt. Auch hier verfolgt der genossenschaftliche FinanzVerbund einen ganzheitlichen Beratungsansatz, der sich sowohl an das Agrarunternehmen als auch an den Landwirt als Privatperson wendet. Finanzierungen bilden – wie im Firmenkundengeschäft – das Ankerprodukt. Daneben kümmern sich die Volksbanken und Raiffeisenbanken um die optimale Abwicklung des Zahlungsverkehrs. Die maßgeschneiderte Angebotspalette des FinanzVerbunds wird komplettiert durch Geldanlagen und Vermögensoptimierung, private und betriebliche Altersvorsorge sowie Risikoabsicherung für die agrarwirtschaftliche Zielkundschaft.

3. Fazit

Mit der konsequenten Umsetzung des VR-FinanzPlan Mittelstand und des Ergänzungsmoduls VR-FinanzPlan Agrar können sich die Volksbanken und Raiffeisenbanken noch besser im Firmenkundengeschäft positionieren und im Wettbewerb behaupten. Die Strategie hilft durch Fokussierung auf diesen Geschäftsbereich bei der Beratung und Betreuung einer den Genossenschaftsbanken langjährig verbundenen Kundengruppe: den Firmenkunden.

Liquiditätssicherung als Kernaufgabe der Banken im Firmenkundengeschäft

Andreas Voglis

1. Einleitung

In den vergangenen Jahren haben sich viele Unternehmen im gehobenen Mittelstand auf Finanzierungsstrukturen verlassen, die im Kern auf bilateralen Kurzfristkreditlinien basierten, die dann fallweise um langfristige Investitionsdarlehen, Leasing und/oder Factoring bzw. ABS-Strukturen ergänzt wurden. Solche Finanzierungsstrukturen zeichneten sich aus Sicht der Unternehmen durch günstige Konditionen und schlanke Dokumentationen aus. Die Finanzierungspartner wurden dabei häufig nach dem Kriterium des günstigsten Preises zusammengestellt.

Die Finanzmarktkrise legte die Schwachstellen dieser Finanzierungsstrukturen offen. Unternehmen versuchen seitdem mehr Finanzierungssicherheit in der Finanzierungsstruktur z.B. durch verstärkte Nutzung von längerfristigen Finanzierungsformen zu erzielen.

Banken, die sich langfristig als Kernbank ihrer Kunden positionieren wollen, sollten dabei anstelle einer Einzelproduktvermarktung von Finanzierungsinstrumenten die Kunden mit einem integrierten Beratungs- und Produktansatz überzeugen. Nur damit lassen sich Finanzierungsstrukturen aufsetzen, die die Unternehmensliquidität auch mittelfristig sichern und den oft unterschiedlichen Anforderungen der Unternehmen und Geschäftsmodelle angepasst sind. Mit einem solchen Konzept gewinnen Kunde und Bank dann gemeinsam ein hohes Maß an (Liquiditäts-)Sicherheit.

2. Risiken gewachsener Finanzierungsstrukturen

Klassische Finanzierungsstrukturen im gehobenen Mittelstand zeichnen sich durch eine Zusammenstellung verschiedenster, meist bilateral vereinbarter Finanzierungsinstrumente aus, die im Zeitablauf vom Unternehmen abgeschlossen wurden, um jeweils den aktuellen Finanzierungsbedarf im Rahmen eines mehrjährigen Unternehmenswachstums abzudecken. Solche Strukturen können durchaus risikobehaftet sein, was die Verfügbarkeit von Liquidität in schwierigen Marktphasen angeht.

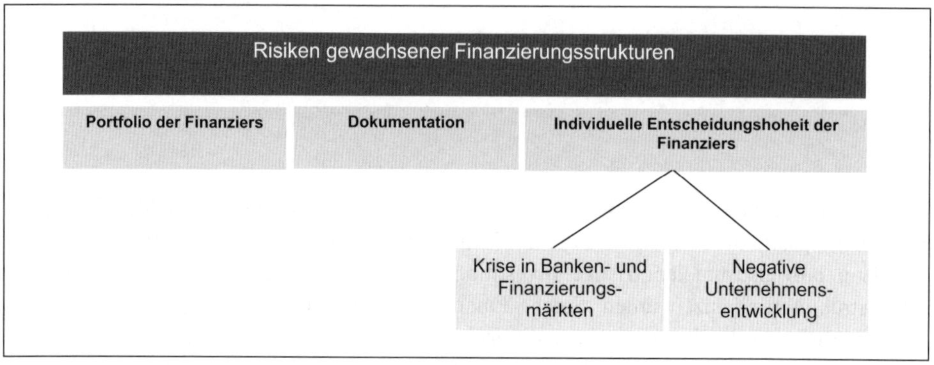

Abbildung 1: Risiken gewachsener Finanzierungsstrukturen[1]

2.1 Portfolio der Finanziers

In den unterschiedlichen Extremen ist das Unternehmen entweder nur von sehr wenigen Banken, manchmal sogar nur von einer oder zwei Banken abhängig oder es gibt eine vollständig atomisierte Bankenstruktur, in der kaum eine Bank Verantwortung gegenüber dem Unternehmen entwickelt. Die einschlägigen Risiken entweder bei Schwierigkeiten der Bank oder bei Problemen des Kreditnehmers sind offensichtlich.

Ferner ist zu beobachten, dass sich von den in den vergangenen Jahren in Deutschland sehr aggressiven Auslandsbanken zahlreiche Häuser sehr kurzfristig vom Markt zurückgezogen und somit nur schwer zu schließende Finanzierungslöcher bei den Unternehmen hinterlassen haben.

1 Vgl. HSBC Trinkaus

2.2 Dokumentation

Bilaterale Finanzierungen zeichnen sich durch eine individuelle vertragliche Gestaltung aus. Häufig beinhalten diese konfliktträchtige Vereinbarungen, die von den Kreditnehmern gelegentlich nicht als solche erkannt werden. Dadurch kann es für die Unternehmen unbemerkt zu einer Vertragsverletzung kommen, die unmittelbar eine Kündigung des Kreditverhältnisses nach sich ziehen könnte.

Ferner werden oft bestimmte Verpflichtungen (z.B. die Einhaltung von Financial Covenants) unterschiedlich oder häufig auch nicht hinreichend definiert. Dies führt zu Fehlinterpretationen und hohem Aufwand im Controlling und Reporting, um die unterschiedlichen Kennzahlen zu ermitteln.

2.3 Individuelle Entscheidungshoheit der Finanziers

Die Kreditgeber bzw. Finanziers in bilateralen Finanzierungsverhältnissen haben die alleinige Entscheidungshoheit über die Fortsetzung eines Finanzierungsverhältnisses bei Fristablauf und Beendigung bei einer „Bis-auf-Weiteres"-(B.a.W.-)Zusage sowie Kündigung bei Vorliegen eines Kündigungsgrunds.

Diese individuelle Entscheidungshoheit kann bei einer verschlechterten, aber auch bei einer unverändert zufriedenstellenden Unternehmensentwicklung zu einem hohen Liquiditätsrisiko für die Unternehmen werden.

Dazu folgende Beispiele:

> Krise im Banken- und Finanzierungsmarkt
>
> In einem krisenhaften Banken- und Finanzierungsmarkt lassen einige der bisherigen Banken eines Unternehmens ihre kurzfristigen Kreditzusagen mit Fristablauf auslaufen bzw. kündigen mit einer Frist von drei Monaten „bis auf Weiteres" zugesagte Kreditlinien, da die Banken strategisch entscheiden können, ob sie sich aus bestimmten Geschäftsfeldern, Regionen oder Branchen zurückziehen bzw. ob sie dringend die eigenen risikogewichteten Aktiva bei einem Eigenkapitalengpass reduzieren müssen. Ferner kann es durch Refinanzierungsprobleme der Banken auch zusätzlich zu einem Liquiditätsengpass kommen. In einer solchen Situation dürfte es selbst für bonitätsmäßig einwandfreie Unternehmen schwierig werden, die wegfallenden Kreditlinien zu ersetzen.

Negative Unternehmensentwicklung

Entwickelt sich das Unternehmen beispielsweise in einer rezessiven konjunkturellen Phase deutlich negativ, sodass Financial Covenants bzw. andere Verpflichtungen nicht eingehalten werden können bzw. eine Gefährdung der Kapitaldienstfähigkeit vorliegt, kann das Finanzierungsverhältnis von einzelnen Finanziers gekündigt werden. Dies führt in der Regel zu einem Dominoeffekt: kündigt ein Finanzier, ziehen in der Regel zügig andere nach. Daraus entsteht ein erhebliches Liquiditätsrisiko, das existenzgefährdend für das Unternehmen sein kann, aber auch für die möglicherweise verbleibenden Banken die Entscheidung zwischen einem deutlich erhöhten Finanzierungsbeitrag oder gleichfalls der Kreditkündigung bedeutet.

3. Integrierter Beratungs- und Produktansatz der Banken

Die oben diskutierten Schwachstellen in klassischen Finanzierungsstrukturen sind für viele Unternehmen und Banken in der Finanzmarktkrise der Jahre 2008/2009 besonders deutlich hervorgetreten und haben zu einem Paradigmenwechsel bei den Präferenzen für Finanzierungsstrukturen geführt: Liquiditätssicherung geht vor Kostenminimierung.

Die Unternehmen wollen sich keinem Liquiditätsrisiko aussetzen, dass durch strukturelle Maßnahmen vermieden werden könnte. Die Banken haben ein großes Interesse an einem mittelfristig durchfinanzierten Unternehmen, bei dem der erste konjunkturelle Sturm nicht die Unternehmensfinanzierung umwirft.

Die Bank kann und sollte als „Trusted Advisor" die verschiedenen Finanzierungsinstrumente mit den jeweiligen betrieblichen Notwendigkeiten im Unternehmen abgleichen, damit die Finanzierungsstruktur auch unvorhergesehenen Entwicklungen standhalten kann.

In einem integrierten Beratungs- und Produktansatz sollten Banken individuell den Finanzierungsbedarf ermitteln und durch eine geeignete Komposition aus Finanzierungsinstrumenten abdecken.

Ein solcher integrierter Beratungs- und Produktansatz kann aus drei Phasen bestehen:

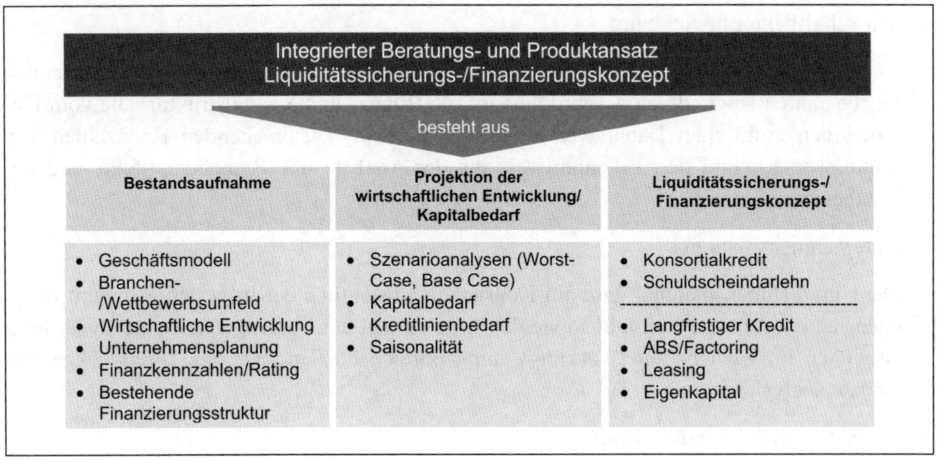

Abbildung 2: *Phasen eines integrierten Beratungs- und Produktansatzes*[2]

3.1 Bestandsaufnahme

Im Rahmen der Bestandsaufnahme sollten insbesondere folgende Bereiche validiert werden:

- Verständnis des Geschäftsmodells:

  Das Geschäftsmodell des Unternehmens muss zwingend verstanden werden. Die Wertschöpfung des Kreditnehmers wird analysiert, genauso der Working-Capital- und Cash-Zyklus. Die Erfahrung zeigt leider, dass selbst langjährige Bankpartner das Geschäftsmodell ihrer Kreditkunden häufig nur eingeschränkt durchdrungen haben. Dies wird meist erst in der Krise evident.

- Analyse des Branchenumfelds sowie der Industrietrends:

  Hier ist zu klären, wie sich die Märkte des Unternehmens in Zukunft entwickeln werden, welchen Zyklen sie ausgesetzt sind und welche Markteintrittsbarrieren bestehen.

- Markt- und Wettbewerbsposition des Unternehmens:

  Die Marktposition des Unternehmens ist zu analysieren und Differenzierungsmerkmale zu Wettbewerbern sind herauszuarbeiten.

2 Vgl. HSBC Trinkaus

- Wirtschaftliche Entwicklung:

  Es erfolgt eine detaillierte Analyse der Umsatz-, Ergebnis- und Margenentwicklung in den letzten Jahren sowie deren Auswirkung auf die Bilanz- und Kapitalstruktur. Die vom Unternehmen ermittelten Daten werden abgeglichen mit entsprechenden Kennzahlen von Wettbewerbern und den Erkenntnissen aus der Analyse des Branchenumfelds und der Wettbewerbsposition.

- Unternehmensplanung:

  Die Unternehmensplanung wird auf Konsistenz hinsichtlich der Informationen zum Branchen- und Wettbewerbsumfeld sowie den Ergebnissen der Vergangenheit untersucht. Sensitivitäten im Kosten- und Working-Capital-Bereich bei Umsatz- bzw. Preisrückgängen sind zu analysieren.

- Finanzkennzahlenanalyse/Rating:

  Aus den Finanzkennzahlen der Vergangenheit sowie der Unternehmensplanung werden die kreditrelevanten Finanzkennzahlen wie beispielsweise Eigenkapitalquote, Verschuldungsgrad oder Zinsdeckung ermittelt, damit eine solide Einschätzung zum aktuellen Rating und zur Ratingentwicklung möglich ist.

- Bestehende Finanzierungsstruktur:

  Zu analysierende Bereiche der bestehenden Finanzierungsstruktur sind die Zusammensetzung des Banken- bzw. Investorenkreises, die Laufzeiten- bzw. Fälligkeitenstruktur, die Sicherheitenstellung und die Vereinbarung von General oder Financial Covenants oder sonstiger materieller Parameter.

3.2 Projektion der wirtschaftlichen Entwicklung/Szenarioanalysen

Basierend auf der vom Unternehmen zur Verfügung gestellten Planung und den in der Bestandsaufnahme ermittelten Informationen sollte die Bank mithilfe eines integrierten Finanzmodells Szenarioanalysen durchführen, die die Stressresistenz des Unternehmens gegen wirtschaftliche Schwankungen und dadurch ggf. auftretenden zusätzlichen Finanzierungsbedarf aufzeigen.

Ferner sollte im gleichen Schritt der Finanzierungsbedarf – auch bei Worst-Case-Szenarien – abgeleitet werden. Dabei muss auch auf geschäftsmodellspezifische Liquiditätsspitzen bzw. Saisonalität geachtet werden. Auch die nicht in der Bilanz bzw. in der Cashflowrechnung erkennbaren Kreditlinienbedarfe, wie z.B. Aval- oder Akkreditivkreditlinien, müssen dabei Berücksichtigung finden.

3.3 Entwicklung *des* Liquiditätssicherungskonzepts *bzw. der* Finanzierungsstruktur

Basierend auf den Daten der Bestandsaufnahme und der Projektion der wirtschaftlichen Entwicklung sollte die Bank dem Unternehmen ein maßgeschneidertes Liquiditätssicherungskonzept vorschlagen, das sich an vier wesentlichen Aspekten orientiert:

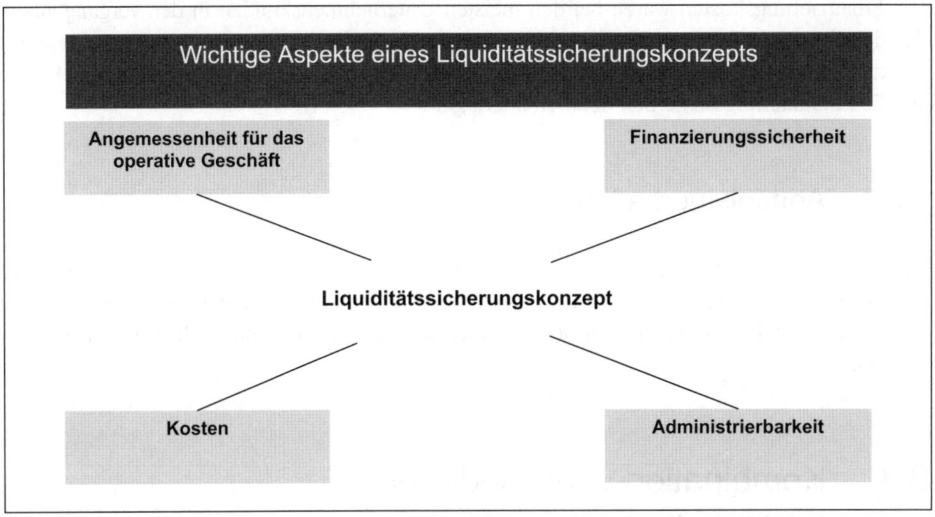

Abbildung 3: *Liquiditätssicherungskonzept*[3]

3.3.1 Angemessenheit für das operative Geschäft

Die Anforderungen des operativen Geschäfts eines Unternehmens an die Finanzierung sind sehr unterschiedlich – in Abhängigkeit vom Geschäftsmodell und der Branche. So gibt es Unternehmen mit stärker investitionslastigem Finanzierungsbedarf; Handelsunternehmen beispielsweise benötigen eher Working-Capital-Finanzierungen, die teilweise auch starken saisonalen Schwankungen unterliegen können. Unternehmen z.B. aus dem Maschinenbaubereich haben tendenziell einen in der Regel erhöhten Bedarf an Avalkreditlinien, benötigen aber weniger Barmittel.

3 Vgl. HSBC Trinkaus

3.3.2 Finanzierungssicherheit

Die Finanzierungssicherheit ist eine Funktion einer stringenten und nicht konfliktträchtigen Dokumentation der verschiedenen eingesetzten Finanzierungsinstrumente, die es einzelnen Kreditgebern erschwert, sich unkontrolliert und ausschließlich „selbstentscheidend" aus der Finanzierung zurückzuziehen.

3.3.3 Finanzierungskosten

Die Finanzierungskosten waren bei den meisten Unternehmenskunden in der Vergangenheit das dominierende Entscheidungskriterium für die Auswahl der bevorzugten Finanzierungsstruktur. Dieses hat zwar nach wie vor Bedeutung, wird jedoch von einem stärkeren Fokus auf die Finanzierungssicherheit deutlich überlagert.

3.3.4 Administrierbarkeit

Alle eingesetzten Finanzierungsinstrumente müssen durch das Unternehmen und die dort vorhandenen Ressourcen entsprechend administrierbar sein. Das bedeutet, die Anforderungen sind so zu gestalten, dass sie von den Unternehmen verstanden und auch beachtet werden können.

3.4 Kombination verschiedener Finanzierungsinstrumente

Ein nachhaltiges Liquiditäts- und Finanzierungskonzept zu entwickeln, bedeutet, nicht alles auf eine Karte zu setzen. Vielmehr kann eine individuell an die Anforderung des Unternehmens angepasste Kombination von Finanzierungsinstrumenten geeignet sein, die vom Kunden gewünschten Präferenzen im Hinblick auf Finanzierungssicherheit und Finanzierungskosten am besten zu erfüllen.

Für ein solides Liquiditätssicherungskonzept kristallisieren sich zwei wichtige Finanzierungsinstrumente heraus, die diesen Anforderungen in besonderem Maße gerecht werden: der Konsortialkredit und das Schuldscheindarlehen. Diese können ergänzt werden um weitere Finanzierungsinstrumente wie Langfristkredite, ABS- oder Factoringfinanzierungen, Leasing und – sofern durch die Projektion der wirtschaftlichen Entwicklung angezeigt – Eigenkapitalfinanzierungsinstrumente.

3.4.1 Konsortialkredit

Der Konsortialkredit kann ein geeignetes Fundament für ein Liquiditätssicherungskonzept sein. Bei einem Konsortialkredit schließen sich die Kernbanken des Unternehmens zusammen und stellen einen Finanzierungsrahmen auf Basis eines einheitlichen Kreditvertrags zur Verfügung. Eine solche Struktur wird häufig als sogenannter „Club Deal" bezeichnet. Dieser kann individuell, an den Bedürfnissen des Unternehmens orientiert, aufgesetzt werden. Das Mindestfinanzierungsvolumen einer Konsortialfinanzierung beträgt etwa 30 bis 50 Mio. Euro.

Die Finanzierungssicherheit wird insbesondere über die Mehrheitsbankenklausel in der Konsortialkreditvertragsdokumentation gewährleistet, die einen Ausstieg einzelner Kreditgeber aus der Konsortialkreditvereinbarung verhindert. Die Mehrheitsbankenklausel bestimmt, dass bei Änderungen bzw. bei einer Kündigung des Kreditvertrags in der Regel zwei Drittel der Banken gemäß den Konsortialquoten zustimmen müssen.

Diese Struktur bedeutet gleichzeitig für die Banken in schwierigen wirtschaftlichen Phasen die Sicherheit, dass alle Kreditgeber zum Unternehmen stehen und nicht durch unvorhergesehene Kreditkündigungen Liquiditätsengpässe auftreten können.

Durch die einheitliche Dokumentation gibt es anders als in der Welt bilateraler Kreditlinien keine Gefahr konfliktträchtiger Vertragsinhalte. Auch die Financial Covenants sind einheitlich definiert und erleichtern dem Unternehmen das Reporting.

Die Dokumentation wird in der Regel nach deutschem Recht, wahlweise in deutscher oder englischer Sprache erstellt. Eine englischsprachige Dokumentation ist notwendig, wenn ausländische Banken Bestandteil des Kreditgeberkonsortiums sind.

Die an dem Konsortialkredit teilnehmenden Banken geben ein klares Committment zum Unternehmen mindestens für den Zeitraum der Kreditlaufzeit ab.

3.4.2 Schuldscheindarlehen

Schuldscheindarlehen sind ein ideales Finanzierungsinstrument zur Bereitstellung mittel- und langfristiger Liquidität, das in einer Urkunde, dem Schuldschein oder Schuldscheindarlehensvertrag, dokumentiert wird. Der Schuldscheindarlehensvertrag ist Beweissicherungsdokument und kein Wertpapier, das die Rechte durch die Urkunde verbriefen würde. Die Dokumentation ist weitestgehend standardisiert, die Transaktionsabwicklung einfach. Schuldscheindarlehen sind unbesichert, häufig werden Financial Covenants vereinbart. Durch Zession können sie auf andere Darlehensgeber übertragen werden. Das Mindestvolumen eines Schuldscheindarlehens beträgt etwa 15 bis 20 Mio. Euro.

Das Unternehmen beauftragt eine Bank als Arrangeur eines Schuldscheindarlehens. Diese entwickelt eine marktkonforme Ausgestaltung und platziert das Schuldscheindarlehen im Wege einer Privatplatzierung bei Investoren. Zu den Investoren zählen neben Banken, Sparkassen und Genossenschaftsbanken auch zahlreiche Versicherungen und Pensionskassen. Zunehmend finden auch ausländische Investoren Gefallen an dieser Anlageform. Da die Schuldscheindarlehen nicht an der Börse notiert sind und nur durch Zession auf andere Kreditgeber übertragen werden können, bergen sie nicht wie Anleihen das Risiko von Abwertungen für die Investoren bei möglichen Kursverlusten. Investoren suchen diese Anlageklasse zur Diversifikation ihres Portfolios von Unternehmenskreditforderungen.

Für die Unternehmen ergibt sich insbesondere der Vorteil einer Diversifikation der Kreditgeber, da die Schuldscheindarlehensinvestoren in der Regel nicht bzw. nur zu einem geringen Anteil die bestehenden Hausbanken sind. Das Schuldscheindarlehen gilt auch als eine Vorstufe zum Kapitalmarkt, da zum einen eine standardisierte Dokumentation vorliegt, zum anderen aber dem Unternehmen neue Investoren als Kreditgeber zugeführt werden. Im Unterschied zur Anleihe wird allerdings nur der begrenzte Kreis der Schuldscheindarlehensinvestoren mit den Detailinformationen über das Unternehmen vertraut gemacht. Dies wird insbesondere von häufig in der Öffentlichkeit zurückhaltend agierenden Familienunternehmen als wichtiger Aspekt wahrgenommen.

In Ergänzung eines Konsortialkredits eignen sich Schuldscheindarlehen zur Sicherung einer mittel- oder langfristigen Bodensatzliquidität bei gleichzeitiger Diversifikation des Finanzierkreises.

3.4.3 Langfristkredite

Für Unternehmen, die in hohem Maße Investitionen in das Sachanlagevermögen bzw. in Immobilien tätigen, können Langfristkredite ein geeignetes Finanzierungsinstrument sein.

In einem Liquiditätssicherungskonzept, das auf einem Konsortialkredit basiert, muss bei der Integration von Langfristkrediten auf eine Begrenzung sowohl des Volumens als auch der Besicherung geachtet werden.

Durch Langfristkredite können auch Spezialbanken für Immobilien- und Langfristfinanzierungen in das Finanzierungskonzept integriert werden, die gelegentlich durch satzungsmäßige oder geschäftspolitische Restriktionen nicht Teilnehmer in einem Konsortialkredit für allgemeine betriebliche Zwecke sein können. Ferner lassen sich in dieses Finanzierungsinstrument Mittel von öffentlichen Förderbanken wie der KfW und der Landesförderbanken integrieren, die Refinanzierungsvorteile und Haftungsfreistellungen für die Hausbanken gewähren.

3.4.4 Factoring/Asset Backed Securities (ABS)

Die Nutzung von forderungsbasierten Finanzierungsinstrumenten wie Factoring oder Asset-Backed-Securities-Finanzierungen (ABS) können eine sinnvolle Ergänzung in einem Liquiditätssicherungskonzept sein, insbesondere unter den Aspekten Diversifizierung der Finanzierungsquellen und unter Kostengesichtspunkten. Beim Factoring wird über die Finanzierungsfunktion hinaus auch das Delkredere abgedeckt.

Gleichwohl müssen folgende Punkte bei einem Einsatz berücksichtigt werden:

- Eignet sich die Struktur des Forderungsbestands im Hinblick auf Granularität und Qualität der Risiken?
- Bestehen Abtretungsverbote seitens der Kunden des Unternehmens?
- Im Rahmen des Gesamtfinanzierungskonzepts muss ein hinreichend weiterer Liquiditätsrahmen (z.B. aus Konsortialkrediten) bestehen, da bei sinkenden Umsätzen die im Factoring liquidierbaren Forderungsbestände sinken, der Liquiditätsbedarf auf der Lieferanten- bzw. Kostenseite jedoch über der dadurch generierten Liquidität liegen kann.
- Die Finanzierungssicherheit bei ABS-Finanzierungslösungen ist in der Regel abhängig von der Laufzeit und der Qualität der bereitgestellten Liquiditätslinie.

3.4.5 Leasing

Auch Leasingfinanzierungen im Mobilien- wie auch Immobilienbereich können ein geeigneter Baustein im gesamten Finanzierungsstrukturkonzept sein. Eine Reihe von Anbietern kann – oft auf spezifische Leasinggüter spezialisiert – passende Lösungen anbieten.

Gleichwohl ist Leasing kein Finanzierungsinstrument, um bei bereits angespannten Finanzkennzahlen, die ein Non-Investment-Grade-Kreditprofil signalisieren, künstlich für „Kreditprofilkosmetik“ zu sorgen.

Eine professionelle Kredit- und Finanzkennzahlenanalyse durch eine Bank wird Off-Balance-Transaktionen analytisch wieder on balance betrachten und muss ceteris paribus die gleichen Kennzahlen ermitteln wie ohne Einsatz der Leasingfinanzierung. Daher ist eine Leasingfinanzierung weniger „Bilanz schonend“, sondern dann sinnvoll in einem Liquiditätssicherungskonzept einzusetzen, wenn Struktur- oder Kostenvorteile vorliegen.

3.4.6 Eigenkapital

Ist im Rahmen der Bestandsaufnahme und der Projektion der wirtschaftlichen Entwicklung ein deutliches Non-Investment-Grade-Profil des Unternehmens festgestellt worden bzw. besteht die Gefahr, dass dieses nachhaltig besteht, wird der Einsatz von zusätzlichem Eigenkapital in das Finanzierungsstrukturkonzept unumgänglich sein. Die möglichen Instrumente sollen an dieser Stelle nur kurz aufgeführt werden.

Bei börsennotierten Unternehmen bieten sich Kapitalerhöhungen mit oder ohne Bezugsrecht der Altaktionäre an.

Für nicht börsennotierte Unternehmen und Publikumsgesellschaften können börsennotierte Hybridanleihen oder individuell auf das Unternehmen zugeschnittene Mezzanine-Finanzierungen von privaten Mezzanine-Fonds oder Kapitalbeteiligungsgesellschaften den Eigenkapitalbedarf decken. Bei den Mezzanine-Finanzierungen ist die teilweise unterschiedliche Anrechnung bei einzelnen Finanziers auf das Eigenkapital zu beachten, die wiederum von der individuellen vertraglichen Ausgestaltung des Instruments und der Zinszahlungen abhängig ist. Hier fehlen nach wie vor einheitliche Standards.

Auch nachrangige und langfristig im Unternehmen verbleibende Gesellschafterdarlehen können in vergleichbarer Weise eine identifizierte Eigenkapitallücke decken.

Insbesondere für nicht börsennotierte Unternehmen kann hartes Eigenkapital durch die Hereinnahme eines Finanzinvestors oder auch strategischen Investors im Rahmen einer Kapitalerhöhung durch eine Minderheits- oder Mehrheitsbeteiligung eine Option sein, Wachstumschancen trotz eines angespannten Kreditprofils realisieren zu können.

4. Fazit

Während in der Vergangenheit Liquidität für die Unternehmen angesichts einer üppigen Versorgung durch den Bankenmarkt keine übermäßige Relevanz hatte, ist dieses Thema in der Finanzmarktkrise ganz nach oben auf die Agenda der Finanzverantwortlichen der Unternehmen gerückt. Schafft es eine Bank, dem Unternehmen hier ein professionell erarbeitetes Liquiditätssicherungskonzept zu entwickeln, so wird sie dauerhaft in der Geschäftsverbindung reüssieren und sich als „Trusted Advisor“ positionieren können. Es liegt schließlich auch im Interesse der Bank, das Unternehmen liquiditätsseitig so zu versorgen, dass keine unkalkulierbaren Risiken zu tragen sind.

Um den Kunden ein solches Liquiditäts- und Finanzierungskonzept anzubieten, ist ein integrierter Beratungs- und Produktansatz erforderlich, für den die Bank Mitarbeiter mit hinreichend analytischem Wissen bei gleichzeitig umfassender Expertise über die verschiedenen Finanzierungsinstrumente und deren Wechselwirkungen benötigt.

Die Eckpfeiler eines Liquiditätssicherungskonzepts sind insbesondere der Konsortialkredit und/oder das Schuldscheindarlehen.

Teil IV

Risikomanagement

Risikomanagement – Strategiegespräch mit dem Unternehmensmanagement

Rudolf Schüller / Ralf Goebel

1. Strategiegespräch und Kommunikation

Um Risiken aus dem Einzelengagement beurteilen zu können, müssen dem Kreditinstitut Informationen vorliegen. Dabei genügt es nicht, sich allein auf schriftliche Unterlagen zu verlassen, da diese naturgemäß nicht alle Nuancen der Verhältnisse des Kunden abbilden.

Gleichzeitig läuft die Kommunikation zwischen Kreditinstitut und Kunde nicht immer friktionsfrei. Kunden sehen häufig keine Notwendigkeit, Informationen zeitnah an ihre Finanzierungspartner weiterzugeben. Wenn ihnen der Vorteil einer umfassenden Information der Bank nicht transparent ist, wird dieses Verhalten verstärkt. Dies gilt insbesondere für Unternehmen, die ohnehin in der Nutzung betriebswirtschaftlicher Instrumente nicht weit fortgeschritten sind. Hier wird die Informationsweitergabe an die Bank als zusätzliche Belastung empfunden und häufig nicht bedacht, dass die erfragten Informationen dem Unternehmer ohnehin zur Verfügung stehen sollten.

Kommunikation ist dabei keine Einbahnstraße. Nicht nur der weniger betriebswirtschaftlich geschulte Kunde hat oft Schwierigkeiten, sich in die Position seines Betreuers zu versetzen. Auch sind ihm die zahlreichen Vorschriften, die das Kreditgeschäft regeln, häufig nicht bekannt. Dazu kommt es zu kommunikativen Sackgassen, weil die verwendeten Termini unterschiedlich besetzt sind bzw. verstanden werden.

Klassisch ist der Fall des gut 50-jährigen Unternehmers, der im Rahmen eines Gesprächs mit seinem Betreuer mit der Frage konfrontiert wird, inwieweit er bereits Schritte zur Regelung der Unternehmensnachfolge eingeleitet habe. Vonseiten des Betreuers ist klar, dass hinter dieser Frage eine Vielzahl von Themen, die mit der Nachfolgeregelung verbunden sind, steht. Er denkt dabei an steuerliche, juristische und betriebswirtschaftliche Punkte, die im Rahmen einer erfolgreichen Nachfolgeregelung zu klären sind.

Was aber kommt beim Kunden an? Erstmals mit dieser Frage konfrontiert, versteht er die komplexen Zusammenhänge eventuell nicht. Stattdessen regt sich bei ihm das Gefühl, dass ihn sein Betreuer für zu alt hält, die Anforderungen des Unternehmensalltags erfolgreich zu bewältigen.

Kommunikation ist wie ein Eisberg, dessen Spitze wir sehen, dessen größerer Teil sich allerdings unter der Wasserlinie befindet und deshalb für das Auge unsichtbar ist.

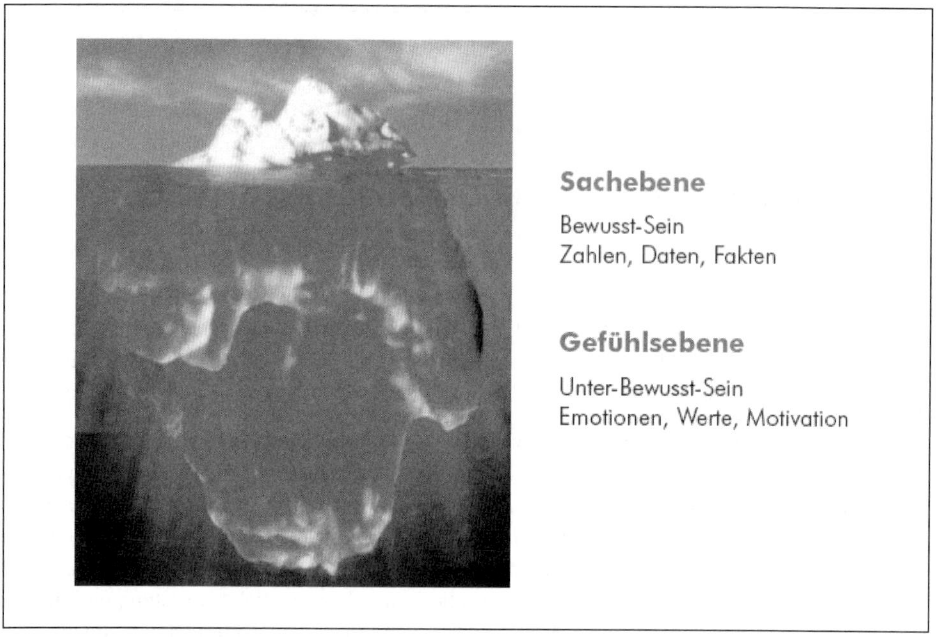

Abbildung 1: *Sachebene – Gefühlsebene*

Ähnlich wie beim Eisberg verhält es sich beim Menschen: Nur der kleinere Teil ist für unser menschliches Auge „offensichtlich". Der weitaus größere Teil liegt „unter der Oberfläche". Die Steuerung des Menschen erfolgt allerdings weitgehend über die Gefühlsebene. Je besser also dieser untere Teil des Eisberges berücksichtigt wird, desto weniger Kommunikationspannen werden auftreten. Missverständnisse zu vermeiden, erfolgreich und zielgerichtet zu kommunizieren, ist hier – sowohl für den Kunden als auch für den Betreuer – der Schlüssel zum Erfolg. In der Praxis bedeutet das, „zwischen den Zeilen" zu lesen und bei Zweifeln nachzufragen.

Zusätzlich zur Kommunikation auf der Sach- und Gefühlsebene ist die **Grundhaltung**, mit der ich auf mein Gegenüber zugehe, von hoher Bedeutung. So ist ein konstruktives Gespräch durch eine „Ich-bin-o.k.-du-bist-o.k."–Grundhaltung gekennzeichnet. Beide Gesprächspartner nehmen sich ernst, begegnen sich „auf Augenhöhe" und sprechen auf einer „erwachsenen Ebene" miteinander. Geht einer der Gesprächspartner jedoch mit einer „Ich-bin-o.k.-du-bistnicht-o.k."–Haltung in ein Bankgespräch („Der Banker will mich sowieso über den Tisch ziehen; der Kunde will mich sowieso übers Ohr hauen ..."), führt das schnell zu Störungen und schwierigen Gesprächen. Es besteht die Gefahr, dass sich die ablehnende/misstrauische Grundhaltung auf den Gesprächspartner überträgt, der sich eher zurückhaltend verhält und die eigene grundlegende Skepsis letztlich dadurch bestätigt wird (Phänomen der „sich selbst erfüllenden Prophezeiung"). Ebenso problematisch ist eine „Ich-bin-nicht-o.k.-du-bist-o.k."-Haltung („Meine Zahlen sind aber auch wirklich nicht berauschend ..."). Wenn sich jemand einem anderen als Bittsteller präsentiert, muss er sich nicht wundern, entsprechend behandelt zu werden.

Kommunikation spielt sich nicht nur auf der Sachebene ab, wie Friedemann Schulz von Thun in seinen Veröffentlichungen dargelegt hat. Abbildung 2 verdeutlicht, auf welchen Ebenen kommuniziert wird:

Das Modell der „Vier Seiten einer Nachricht" geht davon aus, dass auf mehreren Ebenen „gesendet" und „empfangen" werden kann.

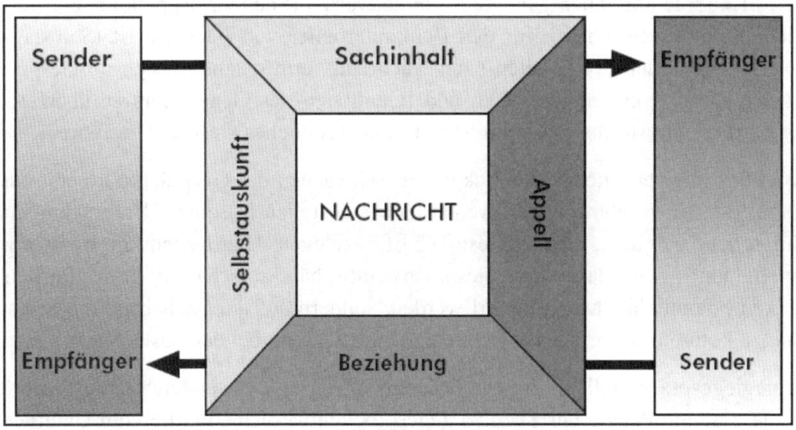

Abbildung 2: *Kommunikationsebenen*

Dieses Modell zur Erkenntnis sachlicher und persönlicher Aspekte der Kommunikation bietet die Möglichkeit an, die Nachricht auf vier unterschiedlichen Ebenen zu prüfen: Was wird gesendet und empfangen?

- **Sachinhalt** (worüber ich informiere)

  Wie kann ich Sachinhalte klar und verständlich mitteilen?

- **Appell** (wozu ich dich veranlassen möchte)

  Wer etwas von sich gibt, will in der Regel auch etwas bewirken.

- **Beziehung** (was ich von dir halte und wie wir zueinander stehen)

  Wie behandle ich meinen Gesprächspartner durch die Art meiner Kommunikation?

- **Selbstauskunft** (was ich von mir selbst kundgebe)

  Wer etwas von sich gibt, gibt auch etwas von SICH.

Auf das oben genannte Beispiel bezogen bedeutet die Frage „Welche Gedanken haben Sie sich denn schon hinsichtlich eines geeigneten Nachfolgers gemacht?" die Herausforderung für beide Gesprächspartner, eine kommunikative Ebene zu finden, auf der sie mit der Frage erfolgreich umgehen können.

Hier geht es um eine sachliche Auskunft (Sachinhalt), um die Aufforderung, diese Frage zu beantworten (Appell), um die Berechtigung des Bankmitarbeiters, seinem Kunden eine solche Frage überhaupt zu stellen (Beziehungsebene) und um die Erkenntnis, dass der Banker offensichtlich an dieser unternehmerisch bedeutsamen Frage interessiert ist (Selbstauskunft). Der Kunde könnte z.B. verärgert reagieren – „Was soll das denn nun, ich gehöre doch noch nicht zum alten Eisen? Was geht Sie das überhaupt an?". Hier wäre das „Beziehungsohr" weit geöffnet. Er könnte aber auch ganz gelassen antworten (Sachohr, Appellohr) und feststellen, dass diese Frage offensichtlich für den Bankmitarbeiter von Interesse ist (Selbstauskunftsohr). Die Kenntnis der „Vier Seiten einer Nachricht" ermöglicht es, sich im Gespräch, z.B. durch Nachfragen, von den Absichten und Intentionen des Gegenübers zu überzeugen und durch konstruktiven Austausch ein im besten Sinne sachliches Gespräch zu führen.

Ebenso gilt es, die vermuteten oder bekannten Schwächen des Gesprächspartners sensibel zu behandeln. Der Unternehmer weiß, welche Schwachstellen in seinem Unternehmen vorhanden sind, scheut sich aber, dies im Gespräch offenzulegen. Hier besteht die Herausforderung für den Kundenbetreuer darin, eine Gesprächsatmosphäre zu schaffen, in der für den Unternehmer keine Peinlichkeiten diskutiert werden, sondern auf der Sachebene die Erwartungen der Bank zu kommunizieren und gleichzeitig Unterstützung bei der Lösung anzubieten.

Das Strategiegespräch stellt in diesem Zusammenhang eine besondere Herausforderung dar, da hier die gesamte Palette der Themen angesprochen werden soll, die vom Unternehmer zu berücksichtigen sind, wenn er erfolgreich sein will.

Daher empfiehlt es sich, das Strategiegespräch als wiederkehrendes Thema auf der Agenda zu haben. Anfänglich vielleicht quartalsweise oder halbjährlich geführt, um die Themen nicht alle zeitgleich angehen zu müssen, kann und soll es auf Dauer mindestens einmal jährlich terminiert werden.

Der Prozess von der „Gewährung" von Krediten hin zu einer finanzwirtschaftlichen Partnerschaft zwischen Unternehmen und Kreditinstitut ist inzwischen in allen Institutsgruppen eingeleitet. Wie weit dabei tatsächlich Fortschritte erzielt wurden, ist noch höchst unterschiedlich. Die Spanne reicht von Instituten, die ihren Kunden kein Ratingergebnis mitteilen bis hin zu Banken, die sehr offen mit ihren Analyseergebnissen umgehen und dem Kunden beratend zur Seite stehen.

Dabei können – zumindest aus der finanzwirtschaftlichen Perspektive – dem Kunden wertvolle Hinweise zur Optimierung seiner Finanzierungs- und ggf. Unternehmensstruktur gegeben werden. Damit diese nicht allein vom Kenntnisstand des jeweiligen Kundenbetreuers abhängig sind, empfiehlt es sich, standardisierte Instrumente zur Kommunikationsunterstützung zu nutzen.

Um eine Regelmäßigkeit zu erreichen, empfiehlt es sich, diese Gespräche zu institutionalisieren. Die Institutionalisierung von Gesprächsterminen ist für einen regelmäßigen Informationsaustausch sinnvoll. Ein solcher Anlass kann das Jahresgespräch mit der Diskussion des Ratingergebnisses sein.

2. Jahresgespräch und Ratingkommunikation am Beispiel der Sparkassen

2.1 Für Mittelständler zählt die ganzheitliche Betrachtung

Mittelständische Unternehmen unterscheiden sich in Bezug auf ihr Produktnutzungsverhalten sowie ihrem Anforderungsprofil an ihren Finanzdienstleister von Großunternehmen. Mit durchschnittlich drei Bankverbindungen unterhalten mittelständische Firmenkunden weniger Geschäftsbeziehungen zu Finanzdienstleistern als Großunternehmen, die im Schnitt mit fünf und mehr Banken zusammenarbeiten. Für Mittelständler ist es entscheidend, einen zuverlässigen Finanzpartner an seiner Seite zu haben, der das Unternehmen kennt und es kontinuierlich in allen Entwicklungsphasen begleitet. Mittelständische Unternehmen erwarten von ihrer Sparkasse, dass diese sie sowohl qualitativ hochwertig als auch umfassend berät. Zudem wünschen sich Firmenkunden, dass ihr Finanzdienstleister sie aktiv anspricht und mit innovativen Lösungen auf sie zukommt. In diesem Zusammenhang gewinnt die ganzheitliche Betrachtung der Bedürfnissituation der Unternehmen an Bedeutung. Dabei geht es nicht nur darum, Kredite oder Anlagen des Unternehmens gemeinsam zu betrachten, sondern das Unternehmen in scinem Wachstum und bei der Erreichung seiner betrieblichen Ziele in allen Phasen der Unternehmensentwicklung zu unterstützen.

Gerade aktuell in Zeiten der Wirtschaftskrise brauchen die Unternehmenskunden einen zuverlässigen Partner, der zu ihnen steht und der auch in schwierigen Situationen Lösungen anbietet.

2.1.1 Ganzheitliche Beratungsansätze sind gefragt

Ganzheitlich ausgerichtete Betreuungskonzepte, wie sie z.B. die Sparkassen-Finanzgruppe mit dem Sparkassen-Finanzkonzept Firmenkunden einsetzt, haben sich als sehr erfolgreich in der Beratungspraxis erwiesen. Kernpunkt dieser ganzheitlichen Beratungsansätze ist die systematische Analyse der Kundensituation sowie die Betrachtung der Bedürfnisse des Unternehmens als Ganzen, nicht der isolierten Einzelbedürfnisse, wie beispielsweise der Bereitstellung einer Finanzierung für die Verwirklichung eines Investitionsvorhabens. Mithilfe strukturierter Beratungsinstrumente nimmt der Kundenberater der Sparkasse gemeinsam mit dem Firmenkunden die für eine bedarfsgerechte Beratung erforderlichen Informationen lückenlos auf. Hieraus werden anschließend gemeinsam mit dem Unternehmer bzw. dem Manager passgenaue Lösungen für das Unternehmen entwickelt. Die in diesen Gesprächen verwendeten strukturierten Beratungshilfen sorgen für die notwendige Transparenz, die gerade Unternehmen mit komplexen Ansprüchen erwarten, um die Lösungsvorschläge Schritt für Schritt nachvollziehen zu können.

2.1.2 Sparkassen-Finanzkonzept Firmenkunden: Systematische Erfassung der Kundenbedürfnisse im Grundsatzgespräch

Die umfassende Beratung innerhalb des Sparkassen-Finanzkonzepts startet üblicherweise mit einem Grundsatzgespräch. Kernbestandteil dieses Gesprächs ist der Finanzcheck. Er dient der systematischen Bestandsaufnahme der finanziellen Situation des Unternehmers. Als Grundlage können das in der Sparkassen-Finanzgruppe weit verbreitete Bilanzanalysetool EBIL und speziell die auf die Bedarfe der Berater abgestimmte Auswertungsliste 10, die sogenannten „Beraterinformationen“ genutzt werden. Der aktuelle Finanzstatus des Kunden wird anhand von sechs Bedarfsfeldern erhoben. Angefangen mit dem Bedarfsfeld „Service und Liquidität“, in das z.B. alle Dienstleistungen rund um das Geschäftsgirokonto und den Zahlungsverkehr fallen, über Fragen der Absicherung betrieblicher Risiken, der Begleitung betrieblicher Investitionen bis hin zur Begleitung des Unternehmens ins Ausland oder der Übergabe an die nächste Generation, werden so alle relevanten betrieblichen Bedürfnisse thematisiert. Ergänzend zum Status werden wichtige betriebliche Ziele und Wünsche erhoben. Ergebnis des Grundsatzgesprächs ist ein umfassender Fahrplan für die weitere Beratung und Begleitung des Unternehmens durch die Sparkasse.

Sparkassen-Finanzkonzept Firmenkunden –
sechs Bedarfsfelder für eine strukturierte Bedarfsaufnahme

- Service und Liquidität/Anlagen optimieren
- Risiken richtig managen
- Perspektiven für Investitionen schaffen
- Mitarbeiter- und eigene Versorgung
- Internationale Aktivitäten grenzenlos begleiten
- Nachfolge regeln

Im Anschluss an dieses Grundsatzgespräch werden die ermittelten Bedürfnisse in detaillierten Analysen vertieft. Diese Detailanalysen dienen bei konkreten Anfragen und Vorhaben der Unternehmen, z.B. der Finanzierung einer anstehenden Investition, als systematische Gesprächsunterstützung, um letztlich die für das Unternehmen am besten passende Produktlösung zu erarbeiten.

2.1.3 Musterkundenportfolios unterstützen bei der Auswahl passender Produktlösungen

Für die Adressierung wichtiger Kundenbedürfnisse sowie die Auswahl der dazu passenden Produktlösungen setzen die Institute der Sparkassen-Finanzgruppe seit Neuestem ein modernes Analyseinstrument zur Ermittlung von Bedarfslücken ein, das sogenannte Musterkundenportfolio. Mithilfe dieser IT-gestützten Anwendung kann sich der Kundenberater der Sparkasse in kurzer Zeit einen Überblick über die relevanten Bedarfsfelder seines Kunden sowie die hierzu passenden Bankprodukte verschaffen. Die Bedarfsfelder sowie die Produktvorschläge werden individuell für jedes Unternehmen aufgrund seiner spezifischen Situation, z.B. Unternehmensgröße, Branchenschwerpunkt oder Anzahl der Mitarbeiter, ermittelt. So gelingt es dem Kundenberater der Sparkasse, alle wichtigen Themen aus Kundensicht anzusprechen sowie frühzeitig und mit konkreten Angeboten auf die Unternehmen zuzugehen. Auf wichtige Produktfragen kann sich der Kundenberater der Sparkasse optimal vorbereiten und dazu bereits im Vorfeld des Kundengesprächs Produktexperten kontaktieren. Bei Bedarf kann der Spezialist unmittelbar in das Kundengespräch eingebunden werden. Zudem können für den Unternehmer nützliche Informationen wie z.B. Produktbroschüren, Modellrechnungen oder Performancevergleiche passgenau zusammengestellt werden.

2.2 Das Jahresgespräch: Ratingkommunikation und betriebswirtschaftliche Beratung sind feste Bestandteile

Neben der bedürfnisorientierten Beratung des Kunden ist regelmäßige betriebswirtschaftliche Begleitung fester Bestandteil des Sparkassen-Finanzkonzepts Firmenkunden. Im Rahmen eines Unternehmerjahresgesprächs, das den Charakter eines Strategiegesprächs haben soll und in der Regel einmal im Jahr stattfindet, wird die wirtschaftliche Situation des Unternehmens umfassend analysiert.

Innerhalb des Jahresgesprächs haben das Rating und die Ratingkommunikation ihren festen Platz. Aufbauend auf einer umfassenden betriebswirtschaftlichen Analyse des Unternehmens besprechen Kundenberater und Unternehmer die ermittelte Ratingnote. Auch für das Jahresgespräch gibt es eine einheitliche, strukturierte Vorgehensweise in Form von Erfassungsbögen. Diese Bögen haben neben einem geordneten Gesprächsverlauf auch den Vorteil, dass die darauf gemeinsam erfassten Daten und Maßnahmen im Nachgang dem Kunden zur Verfügung gestellt werden können.

Das Jahresgespräch ist in vier Gesprächsfelder strukturiert

- Das Unternehmen analysieren.
- Seine Stärken und Potenziale erkennen.
- Seine Unternehmensstrategie schärfen.
- Gemeinsam Maßnahmen und deren Umsetzung festlegen.

2.2.1 Das Stärken-Potenzial-Profil macht das Ratingergebnis im Jahresgespräch transparent und verständlich

Mittelständische Unternehmer fordern in Bezug auf das Rating zunehmend Transparenz und weiterführende Informationen ein. Sie wollen einerseits die Bewertung ihres Unternehmens verstehen, andererseits wollen sie wissen, wie sie diese Einschätzung, die sich unmittelbar auf die Konditionen auswirkt, verbessern können.

Um diese Transparenz zu erreichen setzen die Institute der Sparkassen-Finanzgruppe im Rahmen der ganzheitlichen Beratung und des Jahresgespräches das Stärken-Potenzial-Profil (SPP) ein. Das SPP erklärt sehr anschaulich das individuelle Ratingergebnis des Unternehmens. Die vielen verschiedenen Faktoren, Gewichtungen und Berechnungen, aus denen sich letztendlich die Ratingnote zusammensetzt, werden für den Unternehmer nachvollziehbar erklärt. Tachometer zeigen für unterschiedliche betriebswirtschaftliche Kennziffern, die in das Rating einfließen, wie z.B. die Cashflowkennzahl, ob sich das Unternehmen im grünen Bereich (Stärke), im neutralen Bereich oder im grauen Bereich (Handlungsbedarf) befindet. Darüber hinaus werden die Situation und die Entwicklung des Unternehmens mit denen seiner Branche verglichen und Unterschiede erläutert. Die ausführliche Situationsbeschreibung und die konkreten Hinweise auf Verbesserungsmöglichkeiten im SPP sind für die Unternehmen wesentlich aussagekräftiger und hilfreicher als eine einzelne abstrakte Ratingnote.

Ziele des Stärken-Potenzial-Profils

- Dem Kunden soll seine Ratingnote verständlich erklärt werden.
- Eine Vertrauensbasis soll durch eine offene, transparente Kommunikation über das Rating geschaffen werden.
- Gemeinsam sollen Maßnahmen zur Verbesserung der ganzheitlichen Unternehmenssituation des Kunden abgeleitet werden.

Aus den gesammelten Ratingfaktoren generiert das SPP automatisch und IT-gestützt eine auf den Kunden zugeschnittene Auswertung seines Ratingergebnisses. Die Beurteilung geht detailliert auf die Stärken und Potenziale des Kunden ein und enthält darüber hinaus alle relevanten Informationen wie Checklisten, Cross-Selling-Potenziale, Interpretationshinweise sowie Zeitreihen- und Branchenvergleiche und – bei Bedarf – auch ein Glossar. Das Ergebnis ist ein Dokument, das mit dem Kunden besprochen und anschließend an ihn ausgehändigt wird.

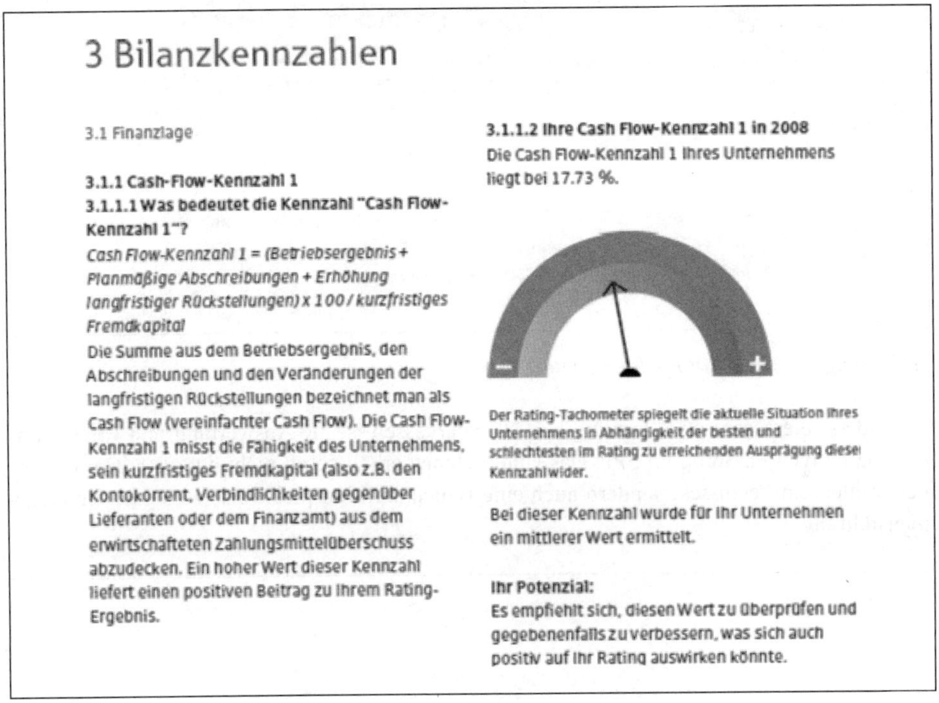

3 Bilanzkennzahlen

3.1 Finanzlage

3.1.1 Cash-Flow-Kennzahl 1

3.1.1.1 Was bedeutet die Kennzahl "Cash Flow-Kennzahl 1"?

Cash Flow-Kennzahl 1 = (Betriebsergebnis + Planmäßige Abschreibungen + Erhöhung langfristiger Rückstellungen) x 100 / kurzfristiges Fremdkapital

Die Summe aus dem Betriebsergebnis, den Abschreibungen und den Veränderungen der langfristigen Rückstellungen bezeichnet man als Cash Flow (vereinfachter Cash Flow). Die Cash Flow-Kennzahl 1 misst die Fähigkeit des Unternehmens, sein kurzfristiges Fremdkapital (also z.B. den Kontokorrent, Verbindlichkeiten gegenüber Lieferanten oder dem Finanzamt) aus dem erwirtschafteten Zahlungsmittelüberschuss abzudecken. Ein hoher Wert dieser Kennzahl liefert einen positiven Beitrag zu Ihrem Rating-Ergebnis.

3.1.1.2 Ihre Cash Flow-Kennzahl 1 in 2008

Die Cash Flow-Kennzahl 1 Ihres Unternehmens liegt bei 17.73 %.

Der Rating-Tachometer spiegelt die aktuelle Situation Ihres Unternehmens in Abhängigkeit der besten und schlechtesten im Rating zu erreichenden Ausprägung dieser Kennzahl wider.

Bei dieser Kennzahl wurde für Ihr Unternehmen ein mittlerer Wert ermittelt.

Ihr Potenzial:

Es empfiehlt sich, diesen Wert zu überprüfen und gegebenenfalls zu verbessern, was sich auch positiv auf Ihr Rating auswirken könnte.

Abbildung 3: *Auszug aus dem SPP (Bilanzkennzahlen)*

Die Kennzahlen werden durch den sogenannten Rating-Tachometer visualisiert. Mit dem Tachometer als einem Messgerät zur Bestimmung der Geschwindigkeit und der Farbgebung von grau nach grün sind bewusst Motive der Dynamik gewählt worden. Er stellt auch die relative Bewertung des Unternehmens im Sinne des Ratings übersichtlich dar. Grundsätzlich werden auf dem Rating-Tachometer die schlechtesten Ausprägungen immer links (0 Grad) und die besten Ausprägungen immer rechts (180 Grad) dargestellt. Die Tachonadel zeigt die Kundenbewertung entsprechend der erreichten Scorezahl im Rating an. Dort, wo die Ratingfaktoren auf Handlungsbedarf hinweisen, bewegt sich die Tachonadel zwischen 0 und 60 Grad. Zwischen 61 und 120 Grad befinden sich Werte mit einer neutralen Ausprägung und gute Ausprägungen – die Stärken des Unternehmens – werden im Bereich 121 bis 180 Grad dargestellt.

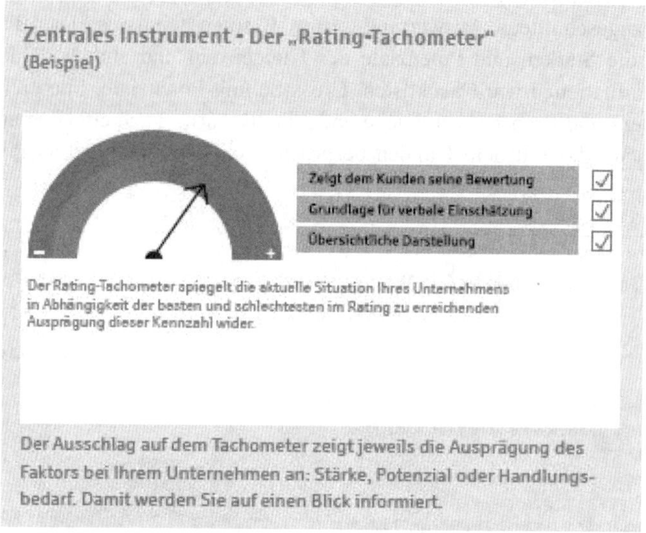

Abbildung 4: *Der Rating-Tachometer*

Besonders interessant und einmalig bei den Sparkassen ist die Auswertung und Erläuterung der qualitativen Faktoren im SPP. Das Unternehmen erhält somit nicht nur zu seinen Finanzkennzahlen ein Feedback, sondern auch eine Benchmark beispielsweise zu seiner Unternehmensführung.

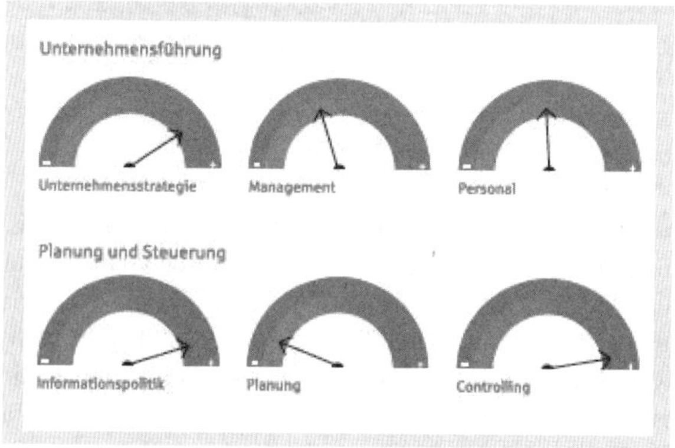

Abbildung 5: *Beispiele für Tachometer zu den qualitativen Ratingfaktoren*

Zusätzlich zu den Rating-Tachometern bieten die Sparkassen dem Unternehmer im SPP einen ganz besonderen Service an: Sie zeigen die Entwicklung des Unternehmens anhand von Zeitreihen und einen Vergleich mit Unternehmen der gleichen Branche.

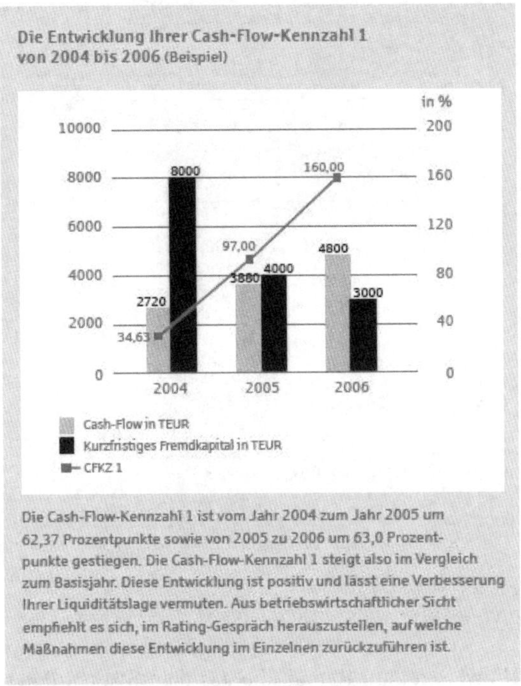

Abbildung 6: *Beispiel für Zeitreihen im SPP*

Wissen, wo das Unternehmen steht und die Branche im Auge behalten. Mithilfe des Brachenvergleichs im SPP ist das möglich. Der Branchenvergleich zeigt dem Unternehmen seine Ergebnisse im Vergleich zur Branche und über einen bestimmten Zeitraum.

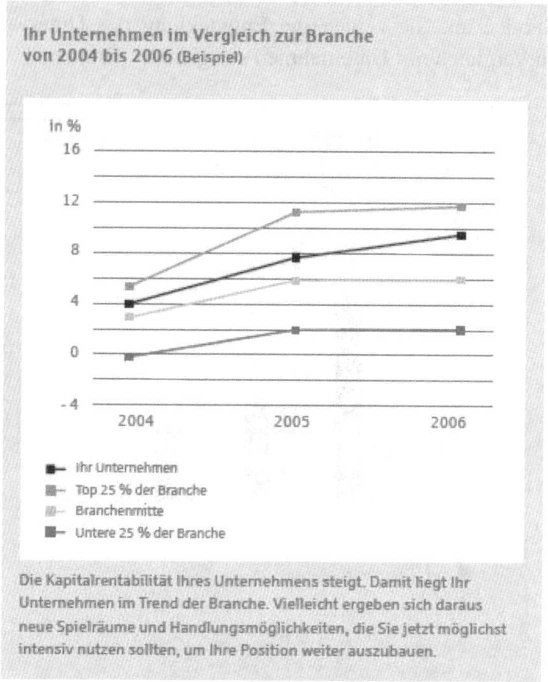

Abbildung 7: *Beispiel für Branchenvergleich im SPP*

Zusammen mit den Hinweisen zum Rating, die aus dem Stärken-Potenzial-Profil detailliert hervorgehen, lässt sich anschließend eine Vielzahl von Erkenntnissen für die betriebswirtschaftliche Beratung und Begleitung des Unternehmens ableiten. Sie werden mit dem Unternehmer im Jahresgespräch besprochen und bilden die Grundlage für Verbesserungen. Gemeinsam werden Maßnahmen zur Optimierung der Unternehmenssituation sowie ein Umsetzungsplan für die identifizierten betriebswirtschaftlichen Handlungsfelder erarbeitet. Diese Maßnahmen könnten sich beispielsweise auf Schritte zur Kostensenkung oder zur Ausweitung des Kundenkreises beziehen. Rating in diesem Sinne verstanden und gelebt, ist nicht nur ein Instrument zur Bonitätsbewertung, sondern bietet für mittelständische Firmenkunden Hilfe zur Unternehmensführung. Diese Hilfe nehmen zahlreiche mittelständische Unternehmen dankbar an.

2.2.2 Besondere Betreuung in der Konjunkturkrise

Für die sich in der aktuellen konjunkturellen Situation ergebenden zusätzlichen Gesprächs- und Beratungsbedarfe des Kunden steht dem Berater mit einem eigens dafür entwickelten Beratungsbogen „Unterstützung der Firmen- und Gewerbekundenbetreuer bei der Gesprächsvorbereitung von Kundenbesuchen im abrupten Konjunkturabschwung“ eine besondere Gesprächsvorbereitung zur Verfügung. Er soll in Ergänzung zum Sparkassen-Finanzkonzept und zu SPP spezielle Fragen im Zusammenhang mit der Konjunkturkrise beleuchten. Ziel ist es, dass Berater und Kunde gemeinsam die aktuell drängenden betriebswirtschaftlichen Fragen in den Blick zu nehmen, um das Unternehmen krisenfest zu machen.

Zur Bestimmung der Kunden, die im aktuellen Konjunkturabschwung vorrangig angesprochen oder besonders eng begleitet werden sollen, setzen die Sparkassen ein eigens entwickeltes Auswahlverfahren ein. Dieses Auswahlverfahren basiert auf betriebswirtschaftlichen Informationen des Unternehmens, Branchenwerten und Eckpunkten des jeweiligen Kreditengagements. Es verschafft dem Kundenberater einen ersten Überblick über die Unternehmen und die vermutete Intensität ihrer Konjunkturbetroffenheit. Nicht zuletzt hilft es bei der Priorisierung von Kundengesprächen und Beratungsanlässen.

3. Fazit: Umfassende und transparente Beratung zahlt sich aus – für das Unternehmen und für die Sparkasse

Das Unternehmerjahresgespräch, einschließlich der enthaltenen Ratingkommunikation in Form des SPP, trägt wesentlich zur Vertrauensbildung bei. Sowohl für den Unternehmer als auch für den Finanzdienstleister wird an dieser Stelle Transparenz über wichtige Informationen hergestellt. So gelingt es, ein gemeinsames Verständnis für ein beschlossenes Vorgehen und die erforderlichen Maßnahmen zu erzielen. Dadurch kann die angestrebte partnerschaftliche Zusammenarbeit erreicht werden.

Von diesem Vorgehen profitieren beide Seiten. Die Sparkassen-Finanzgruppe hat erkannt, dass der wirtschaftliche Erfolg des Kunden zugleich der Erfolg der Sparkasse ist. Als wichtiger Finanzierungspartner des Mittelstandes gelingt es der Sparkasse, Risiken frühzeitig zu erkennen, sie zuverlässiger einzuschätzen und gemeinsam mit dem Kunden rechtzeitig Maßnahmen einzuleiten, bevor es zu Krisen kommt.

Der Mittelstand profitiert von der ganzheitlichen Betrachtung seiner Bedürfnissituation. Durch die umfassende Betreuung aus einer Hand werden eine bessere Kapitalausstattung erreicht und stärker auf seine eigenen Bedürfnisse ausgerichtete Finanzierungen angeboten. Nicht zuletzt schlagen sich passgenaue Finanzierungen in günstigen Finanzierungskonditionen nieder.

Bei allen Konzepten muss jedoch immer das oberste Credo sein: Alle Beratungsbausteine dienen als Grundlage für ein professionelles Gespräch unter Partnern. Es geht nicht um ein mechanisches Abarbeiten von Stichpunkten. Die Hilfsmittel dienen vielmehr einem wertschätzenden Dialog, der zu richtigen Lösungen für den Firmenkunden führen soll. Dies ist gerade in der aktuellen Wirtschaftslage bedeutender denn je – für die Firmenkunden, für die begleitende Sparkasse, aber auch für das gesamte Geschäftsgebiet und den Mittelstand in Deutschland.

Risikoadjustiertes Pricing – von der Konzeption bis zur Umsetzung

Thomas Grützemacher / Manfred Theis

1. Einleitung

Nicht erst seit der aktuellen Finanzmarktkrise beschäftigt das Thema des risikoadjustierten Pricing die Kreditinstitute. Im Grunde ist das Thema so alt wie die Historie der Kreditausleihung selbst. Galt es doch seit jeher den Kreditzins zu schätzen, der dem Ausfallrisiko des Kunden entspricht. Wurden die Zinsaufschläge früher noch recht pauschal und großteils basierend auf subjektiven Erfahrungswerten und der jeweiligen Wettbewerbssituation vorgenommen, so wurden die Methoden zur Ermittlung der Risikokosten im letzten Jahrzehnt enorm weiterentwickelt, objektiviert und verfeinert – nicht zuletzt getrieben durch betriebswirtschaftliche Notwendigkeiten und aufsichtsrechtliche Anforderungen. Fraglich ist, ob mit der Bereitstellung der modernen Methoden für ein risikoadjustiertes Pricing die Unsicherheiten der Vergangenheit ausgeräumt werden können oder ob nicht anderweitige Faktoren wie z.B. die Kreditpolitik eines Hauses oder die Wettbewerbssituation im Bankenmarkt zu Verwerfungen in der Festsetzung der Risikoprämien beitragen. Die Autoren zeigen in ihrem Beitrag das komplexe Bild der Thematik auf und geben dabei Hinweise aus ihrer langjährigen Erfahrung im Umgang mit den endogenen und exogenen Komponenten des risikoadjustierten Pricing.

2. Grundlagen

Das Kreditrisiko setzt sich generell aus zwei Komponenten zusammen:

- dem erwarteten Verlust (EL) und
- dem unerwarteten Verlust (UEL).

Der **erwartete Verlust** entspricht in seiner Höhe dem Betrag, den ein Kreditinstitut aufgrund seines aktuellen Kreditportfolios und sonstiger Berechnungsparameter im Mittel im langfristigen Durchschnitt erwartet zu verlieren. Mithilfe dieses Konstrukts werden die inhärenten Verlustrisiken quantifiziert, für die jeder Kunde gemäß seinem spezifischen Risiko eine entsprechende Risikoprämie (Versicherungsprämie; Standardrisikokosten) zahlt.

Mathematisch vereinfachend ergibt sich der EL aus der Ausfallwahrscheinlichkeit (Probability of Default, PD), der Verlustquote bei Ausfall (LGD) und dem ausstehenden Forderungsvolumen zum Ausfallzeitpunkt (Exposure at Default, EAD):

$$EL = PD \times LGD \times EAD$$

Die Ausfallwahrscheinlichkeit (PD) wird durch die Beurteilung der Kundenbonität mittels Rating- bzw. Scoringverfahren festgelegt.

Der LGD gibt an, welcher Anteil des Forderungsbetrags bei Ausfall voraussichtlich verloren geht. Zentrale Faktoren, die den LGD beeinflussen, sind die Art und der Grad der Besicherung sowie der Rang der Forderungen. Ein hoher Besicherungsgrad und eine große Werthaltigkeit der Sicherheit beeinflussen den LGD positiv. Nachrangige Forderungen führen zu tendenziell höheren LGD-Werten.

Das EAD umfasst die aktuelle sowie die erwartete zukünftige Inanspruchnahme durch den Kreditnehmer. Hierbei ist u.a. zu beachten, dass die Inanspruchnahme von Kontokorrentkrediten bei Ausfall meist über den genehmigten Kreditlinien liegt.

Da es sich bei dem erwarteten Verlust um einen Mittelwert handelt, können die tatsächlichen Verluste größer als der prognostizierte Wert ausfallen. Diese Abweichungen vom Mittelwert werden als **unerwarteter Verlust** bzw. Value-at-Risk (VaR) bezeichnet. Der VaR gibt dabei die maximal ungünstigste Abweichung vom erwarteten Verlust an, die mit einer vorgegebenen Wahrscheinlichkeit (Konfidenzniveau) nicht überschritten wird. Für diese unerwarteten Verluste muss das Kreditinstitut ökonomisches Eigenkapital vorhalten. Demzufolge wird das Kreditinstitut dem Kunden zusätzlich zu den Standardrisikokosten für erwartete Verluste eine Risikoprämie in Höhe des Verzinsungsanspruchs für die partielle Eigenkapitalunterlegung des Kundenkredits in Rechnung stellen. Abbildung 1 illustriert schematisch die zuvor genannten Zusammenhänge.

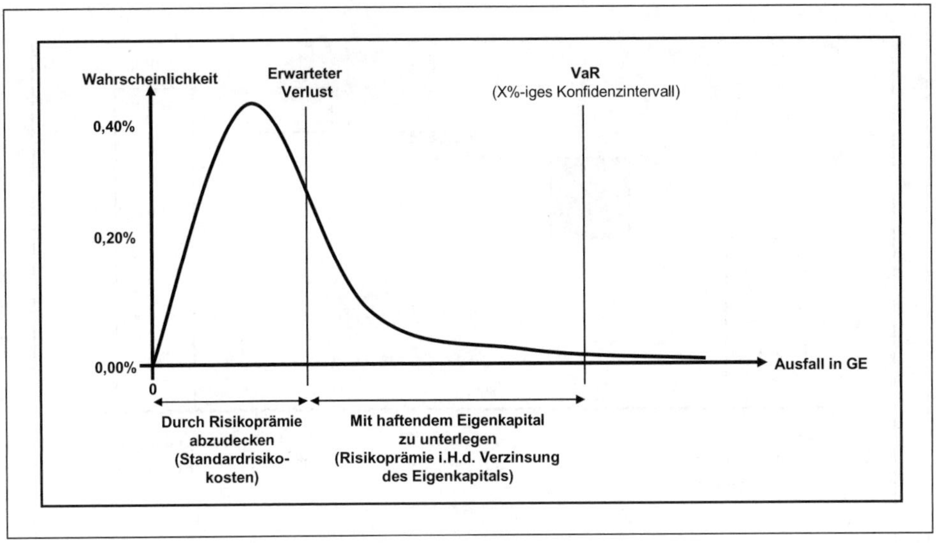

Abbildung 1: *VaR und erwartete Verluste*

Die Berechnungen der dargestellten Verlustgrößen und somit der Risikoprämien basieren dabei im Wesentlichen auf den Faktoren[1]:

- Kundenbonitäten (Rating-/Scoringnoten),
- Laufzeiten der Kredite,
- Migrationsmatrizen[2],
- Zahlungsströme der Kredite,
- Sicherheitenwerte und deren Verwertungserlöse (Verwertungsquote)[3]
- sowie weiterer Parameter, wie z.B. risikolose Zinsstrukturkurve, Korrelation der Branchenausfälle, Eigenkapitalverzinsung und Einbringungsquoten[4].

Über die Deckungsbeitragsrechnung erfolgt die Integration der ermittelten Risikoprämien in den Kundenzins (vgl. Abbildung 2).

1 Vgl. Manz, Felix: Prozessorientiertes Kreditmanagement – Ein integriertes Konzept zur Risiko-/Rendite-Optimierung von Einzelkrediten und Portfolio, Bern et al. 1998, S. 156–158

2 Wahrscheinlichkeit, mit der ein Kunde innerhalb eines Jahres in derselben Ratingstufe bleibt, in eine andere Ratingstufe migriert oder ausfällt.

3 Die Verwertungsquote ergibt sich als durchschnittlich erwarteter Barwert der Erlöse aus der Sicherheitenverwertung (nach Berücksichtigung von Verwertungskosten) in Relation zum Marktwert der Sicherheiten.

4 Die Einbringungsquote weist den durchschnittlich erwarteten Barwert der Erlöse aus der Mahnverfolgung aus, also die Höhe der Rückzahlungen auf den Blankoanteil einer Forderung.

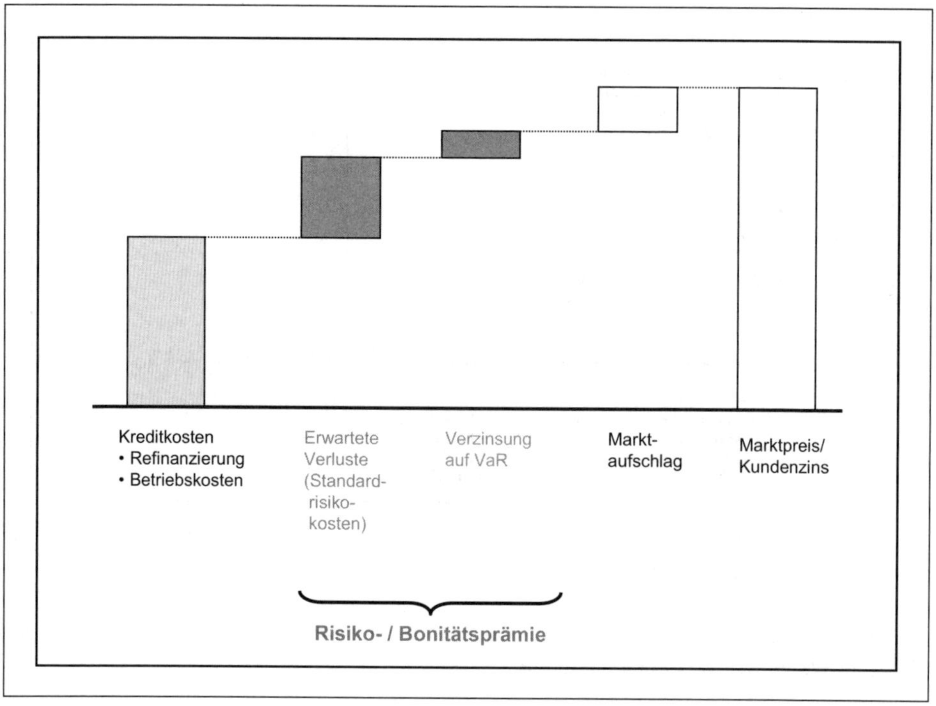

Abbildung 2: *Bonitätsprämien als Bestandteil der Deckungsbeitragsrechnung*[5]

Bevor jedoch die modelltheoretisch ermittelten Risikoprämien in die Kalkulationsprogramme des Kreditinstituts übernommen werden, sind zuvor mögliche Fehlerquellen und deren Auswirkungen auf die Berechnung der Risikoprämien sowie die mannigfaltigen Abhängigkeiten, die mit der Verwendung von Risikoprämien einhergehen, zu berücksichtigen. Erst wenn alle durch die Entscheidung über die grundsätzliche Verwendung von Risikoprämien hervorgerufenen Folgewirkungen transparent vorliegen, sollte über den Einsatz von Risikoprämien und die Ausgestaltung der jeweiligen Prämienraster (z.B. je Produkt) entschieden werden.

5 In Anlehnung an Theis, Manfred: Die Rating-Erstellung der Sparkassen: eine problemorientierte Analyse der Rating-Erstellung im Kontext individueller Entscheidungspräferenzen, Berlin et al. 2009, S. 158

3. Altsysteme – gängige Probleme vormaliger Risikoaufschläge

Alle Kreditinstitute praktizierten seit jeher Preisdifferenzierungen im Kreditgeschäft, die sich zumindest an der geschätzten Kundenbonität, der Darlehenssumme, der Sicherheitenhöhe und der Laufzeit des Kredits orientierten. So spielten – neben anderen Faktoren – insbesondere subjektive Einschätzungen der Kreditentscheider hinsichtlich der zuvor genannten Parameter eine gewichtige Rolle bei der Festsetzung der Kundenkonditionen. Auch wurde oftmals über die angebotenen Produkte Geschäftspolitik betrieben, sodass es nachträglich zu Verzerrungen bei den Kundenkonditionen und somit bei den Risikoprämien kam. Abbildung 3 zeigt schematisch einige der häufigsten Problemfelder der Altsysteme auf.

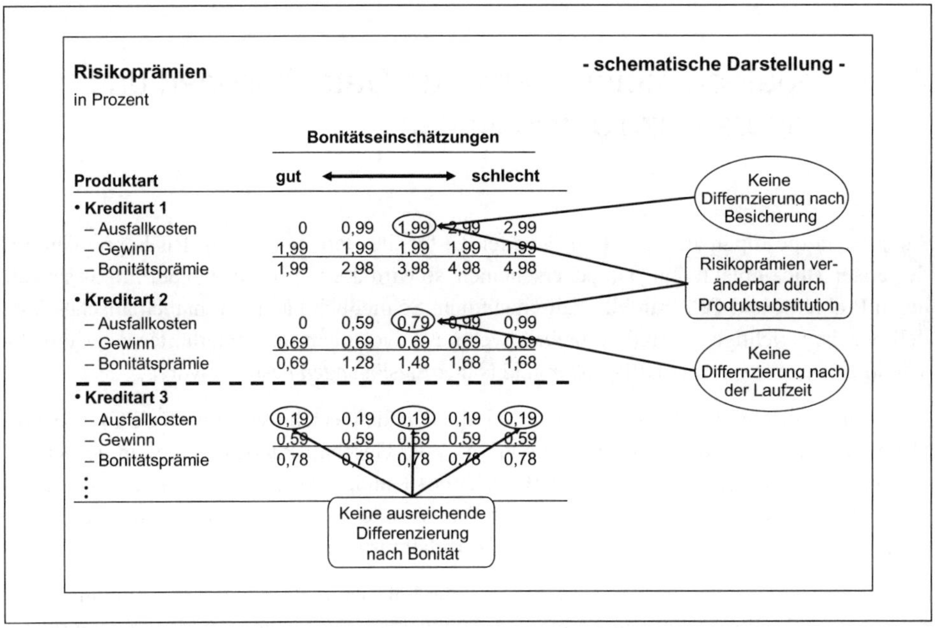

Abbildung 3: *Problemfelder alter Risikoaufschläge*

Ausgehend von den erkannten Problemfeldern galt es für die Kreditinstitute, neben der (möglichst) individuellen Berechnung der Risikoprämie, die Probleme der Altsysteme zu beseitigen oder zumindest zu reduzieren. Gleichzeitig musste die Ausgestaltung der Risikoprämien in bestehende EDV-Programme und Geschäftspolitiken der jeweiligen Häuser integriert werden. Im nachfolgenden werden die verschiedenen Aspekte, die es bei der Einführung von Risikoprämien zu berücksichtigen gilt, skizziert und damit die Komplexität des Themas sichtbar gemacht.

4. Modernes risikoadjustiertes Pricing – Konzeption und Umsetzung erfordern eine ganzheitliche Betrachtungsweise

Neben den modelltheoretischen Vorgaben an die Inputparameter spielt aus Sicht der beiden Autoren insbesondere die Ausgestaltung der innerbetrieblichen Rahmenbedingungen und der externen Umweltfaktoren bei der (modelltheoretischen) Ermittlung und bei der (geschäftspolitischen) Festlegung der Risikoprämien eine entscheidende Rolle. Die Herausforderung besteht darin, alle sich gegenseitig bedingenden Komponenten miteinander in Einklang zu bringen, mögliche Problemfelder aufzuzeigen und bewusste (geschäftspolitische) Entscheidungen zugunsten einer präferierten Lösung herbeizuführen.

4.1 Inputparameter – fehlende Datenhistorien und andere Unzulänglichkeiten

Auch wenn die Inputparameter (vgl. Kapitel 2.) für die Berechnung von Risikoprämien auf den ersten Blick objektiv und simpel erscheinen, so wird doch spätestens in der Praxis schnell deren Problem- und Fehleranfälligkeit ersichtlich. Schließlich kann ein mathematisches Modell nur dann richtige Ergebnisse liefern, wenn es zuvor nicht mit fehlerhaften oder unvollständigen Daten bzw. über Hilfsgrößen und Näherungslösungen bestückt wurde.

Als erstes Beispiel für dieses Problem sei die Kundenverschlüsselung (KUSY) genannt. Neben der Identifikation des Kunden als Privat- oder Geschäftskunden werden in der KUSY u.a. auch Informationen bezüglich der Branche des Kunden verschlüsselt. Die KUSY beeinflusst somit beispielsweise die Auswahl des Rating- oder Scoringverfahrens und die Zuordnung zu der Branche gemäß Branchenausfallkorrelationsmatrix.

Die Diskussion um die korrekte Kundenverschlüsslung ist so alt wie deren Erfindung. Rein betriebswirtschaftlich könnte eine fehlerhafte Kundenverschlüsselung u.a. dadurch begründet werden, dass der Aufwand für eine korrekte Verschlüsselung nicht positiv mit dem Ziel eines schnellen Vertragsabschlusses (z.B. Girokontoeröffnung oder Kreditantrag) korreliert und somit dem Ziel der individuellen Nutzenmaximierung (Freizeit und/oder pekuniäre Präferenzen) der Handelnden zum Opfer fällt. Auch die Pflege von Kundendaten erfordert eine kontinuierliche Beschäftigung mit der aktuellen (Lebens-)Situation des Kunden, ohne dass hieraus für den verantwortlichen Kundenbetreuer ein direkter, messbarer Vorteil entstünde. Es fehlt somit ein dauerhafter Anreiz zur Datenaktualisierung.[6] Interne Kundensegmentierungs- und Überleitungsdirektiven können wiederum einen Anreiz bilden, dass Kundendaten nicht korrekt erfasst werden. Denn welcher Betreuer (bzw. Geschäftseinheit) gibt schon gerne die Kunden – zumeist ohne Gegenleistung – an eine andere Einheit ab, die für seinen Geschäftserfolg einen positiven Beitrag leisten und eventuell sogar noch von ihm selber akquiriert und langjährig betreut wurden.

Neben tagesaktuellen Informationen benötigen die Modelle empirische Messwerte, die über einen längeren Zeitraum erfasst wurden und somit über eine bestimmte Qualität und Stabilität verfügen.

Stellvertretend für andere Parameter kann hierfür die Rating-Migrationsmatrix angeführt werden. Während führende Ratingagenturen wie Standard & Poor's Ratings Services oder Moody's Investors Service über jahrzehntelange Datenreihen verfügen, ist das Thema „(internes) Rating" in seiner heutigen Ausgestaltung bei den Kreditinstituten erst relativ neu. Den Instituten fehlt daher die notwendige Stabilität der Migrationsmatrizen und es kommt folglich zunächst zu Verwerfungen, wenn neue Datenreihen in die Empirie aufgenommen werden. Die unreflektierte Übernahme dieser Ergebnisse führt zwangsläufig zu merklichen Schwankungen in den Risikoprämien.

Ähnliche Wirkungsweisen lassen sich bei der Ermittlung von Verwertungs- und Einbringungsquoten feststellen. Auch dies ist für viele Institute in der Detailliertheit der notwendigen Datenerfassungen Neuland. Jedes Kreditinstitut erinnert sich gewiss an die ersten praktischen Fragen, wie z.B. „Auf welchen Referenzzeitpunkt bezieht sich der messtechnisch geforderte Marktwert der Sicherheit/Immobilie? Aktuell oder ab Kaufdatum?", und die Problematik der EDV-technischen Verfügbarkeit der gewünschten Daten. Fehlende, aber auch unzureichende Datenhistorien sowie die Vermeidung eines hohen Erfassungsaufwands führten damals und führen heute noch dazu, dass oftmals Hilfskonstrukte (z.B. gepoolte Daten) anstelle von einzelinstitutsspezifischen Datensätzen in die Ermittlung der Risikoprämien einfließen und diese somit beeinflussen. Fremdgenutzte, aber auch die Verwendung institutseigener Datenreihen führen zu weiteren innerbetrieblichen Problemen und Fragen wie z.B.: „Die gepoolten Verwertungsquoten werden unseren Erfahrungswerten nicht gerecht." oder „Sind unsere Verwertungsquoten höher als der Durchschnitt, weil der regionale Markt mehr hergibt oder weil unser Haus die Sicherheitenwerte vergleichsweise konservativer angesetzt hatte oder weil wir bessere Verwerter beschäftigen als andere?". Diese müssen geklärt werden, will man die Akzeptanz der Risikoprämien bei den Mitarbeitern gewährleisten.

Das Thema „(internes) Rating" eröffnet zugleich eine Reihe weiterer praxisrelevanter Fragen.

Neben den Inputparametern, die für die Ermittlung der Ratingnote benötigt werden, ist die Ausgestaltung des Ratingverfahrens im Hinblick auf die Festlegung des Zeithorizonts des Ratings von grundlegender Bedeutung. Während die Modelle der Ratingagenturen langfristige Zeithorizonte (through-the-cycle; 5 bis 10 Jahre) für die Ergebnisermittlung implizieren,

---

6 Vgl. Grützemacher, Thomas: Die Bank unserer Stadt, in: Akademie Zeitschrift für Führungskräfte in Verwaltung und Wirtschaft, 1/2006, S. 9–10

legt die Methodik der internen Ratingmodelle der Kreditinstitute oftmals einen deutlich kürzeren Zeitraum zugrunde.[7] Im Ergebnis werden die Ratingnoten der Ratingagenturen demnach weniger sensibel auf geänderte Umweltfaktoren reagieren als die der Kreditinstitute. Für die Steuerung und das Controlling der Kreditinstitute ist dies eine wichtige Basisinformation; führt die Methodik doch ceteris paribus zu einer höheren Volatilität der X als bei Zugrundelegung eines langfristigen Zeithorizonts.

Wie bereits zuvor erwähnt, ist die Auswahl des geeigneten Rating-/Scoringverfahrens oftmals an Informationen geknüpft, die in der KUSY verschlüsselt werden. Die fehlerhafte Kundenverschlüsselung hat somit zur Folge, dass Parameter, die (automatisch) ins Rating einfließen, falsch befüllt werden, und/oder dass falsche Verfahren zur Bonitätsbestimmung des Kunden herangezogen werden. Beides führt zu Fehlsteuerungen und zur Ermittlung fehlerhafter Risikoprämien.

Aber auch die internen Vorgaben zur Nutzung von Ratingsystemen können Anreize zu unerwünschten Handlungen liefern. Oftmals ist bei kleineren Darlehensabschnitten die umfangreiche und somit kostenintensive Erstellung von Ratings aus Kosten-Nutzen-Aspekten heraus nicht wünschenswert. So finden sich daher oftmals Vorgaben in den Kreditinstituten, die eine Verwendung von Ratingsystemen erst ab einem bestimmten Blankovolumen vorsehen. Sollte nun ein (Bestands-)Kunde durch seine Sicherheitenbereitstellung knapp unterhalb einer solchen Grenze liegen und der Mitarbeiter die Bonität des Kunden für besser erachten als die sonst bei ungerateten Kunden gezogenen Risikoaufschläge vermuten lassen, dann besteht ein (theoretischer) Anreiz, Sicherheiten freizugeben, damit der Kunde geratet werden kann und somit niedrigere Risikoprämien in der Deckungsbeitragsrechnung verrechnet werden.

Das Thema der Inputparameter ließe sich sicherlich noch weiter ausführen. Es sollte aber an dieser Stelle nur skizziert werden, dass die Modelle zur Ermittlung der Risikoprämien Inputparameter benötigen, die in ihrer Empirie, Detailliertheit, Fehlerfreiheit und EDV-technischen Verfügbarkeit oftmals nicht den Anforderungen der Modelle entsprechen und daher Verzerrungen im Ergebnis der Risikoprämien zu erwarten sind. Unreflektiert angewandte, fehlerhafte Risikoprämien können dazu führen, dass das Kreditinstitut entweder a) im Fall von zu niedrigen Risikoprämien insbesondere Kunden mit (relativ) schlechter Bonität anzieht und seine Risikokosten nicht verdient, oder b) im Fall von zu hohen Risikoprämien dauerhaft Marktanteile an seine Mitbewerber verliert.

Neben der Problematik unvollständiger oder fehlerhafter Inputdaten nehmen zudem innerbetriebliche Rahmenbedingungen und außerbetriebliche Umweltfaktoren Einfluss auf die Risikoprämien. Diese müssen bei der Einführung von Risikoprämien ebenso analysiert und berücksichtigt werden wie auch bei der (mindestens) jährlichen Überprüfung der Prämien. Ansonsten droht dem Kreditinstitut ggf. eine massive geschäfts- und/oder risikopolitische Fehlsteuerung.

---

7 Vgl. Theis, Manfred: Die Rating-Erstellung der Sparkassen: eine problemorientierte Analyse der Rating-Erstellung im Kontext individueller Entscheidungspräferenzen, Berlin at al. 2009, S. 37–39

4.2 Herausforderung Geschäfts- und Risikopolitik – Rahmenbedingungen für die Ausgestaltung der Risikoprämien

Steht dem Kreditinstitut die Möglichkeit zur Verfügung, risikoadjustierte Bonitätsprämien zu berechnen, so müssen diese nun anhand der bestehenden oder (zukünftig) gewünschten Geschäfts- und Risikopolitik der Häuser ausgerichtet werden.[8] Gleichzeitig sind bestehende Rechtsgrundlagen sowie bestehende Kundenverträge zu beachten, die einer unreflektierten Anwendung der Risikoprämien im Wege stehen könnten.

Schon vor Einführung der Mindestanforderung an das Kreditgeschäft (MaK) bzw. Mindestanforderung an das Risikomanagement (MaRisk) verfügten die Kreditinstitute über – wenn auch teilweise undokumentierte – am Marktgeschehen orientierte Geschäfts- und Risikopolitiken, die wiederum die Ausgestaltung der Kreditkonditionen beeinflussten. Mit der Einführung von Risikoprämien oder im Rahmen ihrer turnusgemäßen Überprüfung müssen die Strategievorgaben bei der Ausgestaltung der Risikoprämien sowie deren Anreizwirkungen berücksichtigt werden.

Beispielsweise hatte die Sparkassenorganisation ihren Mitgliedern seit 2002 mit den Strategievorgaben „Eigenkapitalrendite vor Steuern von 15 Prozent" und „Kosten-Ertrags-Relation von 60 Prozent" eine vermehrt ökonomische Ausrichtung empfohlen.[9] Andererseits befinden sich die Sparkassen generell im Eigentum der Gebietskörperschaften und verfolgen mit ihren fünf Grundprinzipien[10] u.a. das Ziel der Unterstützung der regionalen Wirtschaftsförderung. In diesem Zusammenhang kann also das ökonomische Ziel der (durchgängigen) risikoadjustierten Kreditbepreisung hinter dem der Wirtschaftsförderung durch die Vergabe zinsgünstiger Kredite zurückstehen. Die Häuser haben daher die Steuerungssysteme entsprechend den jeweiligen Grundaufgaben auszurichten.

Im Rahmen der Umsetzung von Kreditrisikostrategien[11] finden sich in der Praxis oftmals Vorgaben, Kreditneuausreichungen ab einer bestimmten Ratingnote nicht bzw. nur in begründeten Ausnahmefällen zuzulassen. Diese einfache Strategie zur Vermeidung der Hereinnahme von höherwertigen Risiken birgt aber auch zugleich Gefahren. Vereinfacht ausgedrückt können Vertriebsziele und die damit verbundenen Leistungsanreize sowie an Ratingnoten geknüpfte Kreditkompetenzen dazu führen, dass die Marktakteure einen Anreiz haben, auf das

---

8 Vgl. Grützemacher, Thomas, Eller, Roland, Tomani, Hans: Kreditrisikostrategie im Lichte der neuen MaRisk, in: Betriebswirtschaftliche Blätter, 10/2006, S. 574–576

9 Vgl. Handelsblatt vom 29.01.2009: Renditeziel einkassiert, S. 22; die Vorgaben werden zur Zeit überarbeitet

10 Vgl. Theis, Manfred: Die Rating-Erstellung der Sparkassen: eine problemorientierte Analyse der Rating-Erstellung im Kontext individueller Entscheidungspräferenzen, Berlin at al. 2009, S. 73–77

11 Vgl. Grützemacher, Thomas, Eller, Roland, Tomani, Hans: Anforderungen der MaRisk an die Steuerung der Adressrisiken, in: Betriebswirtschaftliche Blätter, 10/2006, S. 577–579

Ratingergebnis Einfluss zu nehmen. Insbesondere bei niedrig gewählten Risikoschwellen und bei gleichzeitig hohem Wettbewerb erhöht sich somit der Druck auf den Vertrieb, geeignete Kunden zu finden oder aber ggf. Einfluss auf die Ratingergebnisse zu nehmen, um die internen Vorgaben zu erfüllen. Als Ausfluss dieser Taktik werden die Risikoprämien in ihrer Höhe unsachgemäß verändert.

Mit Basel II wurde immer wieder das Thema der „Prozyklizität“ diskutiert. Dabei geht es im Kern darum, dass sich in Rezessions-/Boomphasen die negativen/positiven Wirkungsketten der Systemkomponenten gegenseitig verstärken und es somit verstärkt zu „Blasenbildungen“ kommen kann. Im Rahmen der Geschäfts- und Risikopolitik steht die Geschäftsführung ebenfalls vor der Entscheidung, die Risikokosten entsprechend der zu erwarteten Wirtschaftslage und Konkurrenzsituation anzupassen oder nicht. Dadurch, dass die Modelle die Verwendung langfristig ermittelter Datenhistorien vorsehen – und somit sowohl Daten aus Boom- als auch aus Rezessionsphasen berücksichtigen – und die Systeme zur Bonitätsmessung ebenfalls keine Vorwegnahme eines speziellen Umweltzustands vorsehen, weisen die Risikoprämien in ihren Ausprägungen zunächst eine Art „Durchschnittsbetrachtung“ auf. Erst durch die bewusste Einflussnahme auf die Inputparameter wie z.B. die risikolose Zinsstrukturkurve oder die Migrationsmatrix können über Szenarioanalysen[12] entsprechende Risikoprämien simuliert werden. Das Ergebnis hängt dabei von der subjektiven Einschätzung der zukünftigen Entwicklungen ab. Viele Institute umgehen diesen Weg, indem sie ihr Kreditportfolio allgemein über die Risikostrategie und/oder im Rahmen der Einzelfallentscheidungen steuern. Zwar bewirkt der Umweg über die Risikostrategie, dass sich die Risikoprämien ceteris paribus nicht verändern, beide Alternativen führen aber bei konsequenter Anwendung im Ergebnis zu einer Prozyklizität in der Risikosteuerung.

Die Modelle zur Ermittlung der Risikoprämien berechnen abgestimmt auf die Kundenbonität und die jeweilige Ausprägung des Darlehens die individuelle Risikoprämie. Dies führt zu einer unendlichen Vielzahl von unterschiedlichen Risikoaufschlägen, die eine robuste Konditionskalkulation nicht mehr zulässt. Viele Institute sind daher aus Gründen der Praktikabilität und der Mitarbeiterakzeptanz dazu übergegangen, robuste Schemata für die Risikoprämien zu entwickeln, um den Kundenberatern eine einfache Kalkulationsgrundlage zur Verfügung zu stellen (vgl. Abbildung 4).

---

12 Vgl. Krahl, Oliver, Wagner, Jörg: Szenarioanalysen im Kreditrisikomanagement, in: Die Zeitschrift für das Kreditwesen, 3/2009, S. 128–131

		Besicherungsgrad		
		<= 50%	<= 75%	> 75%
Rating	1	x,xx	...	...
Rating	2	y,yy	...	...
Rating	3	...	...	...
Rating	4	...	...	...
Rating	5	...	...	...
Rating	6	...	...	...
Rating	7	...	...	...
Rating	8	...	...	...
Rating	9	...	...	...
Rating	10	...	...	...
Rating	11	...	...	...
Rating	12	...	...	...
Rating	13	...	...	...
Rating	14	...	...	...
Rating	15	...	...	...
Rating	16	...	...	...
HWZ	1	...	...	...
HWZ	2	...	...	...
HWZ	3	...	...	...
HWZ	4	...	...	...
HWZ	5	...	...	...
HWZ	6	...	...	...
HWZ	7	...	...	...
HWZ	8	...	...	...
Produktart A	1	...	...	...
Produktart B	2	...	...	...
Produktart C	3	...	...	...

Abbildung 4: *Beispiel für standardisierte Risikokosten je Risikokategorie*

Komplexere Varianten deckeln die zuvor technisch ermittelten, individuellen Risikoprämien in ihren Ausprägungen gemäß den internen Vorgaben ab (vgl. Abbildung 5).

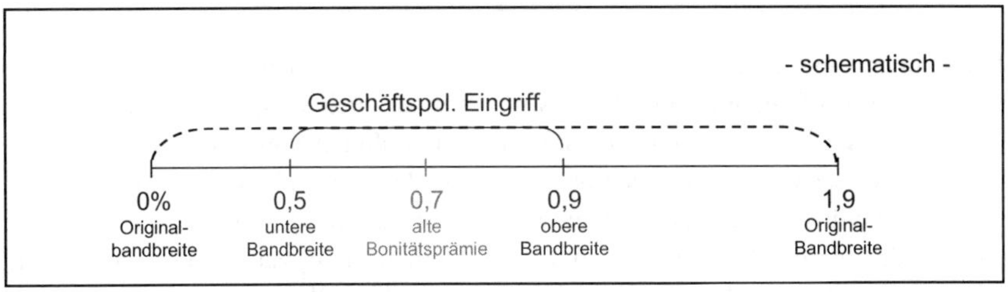

Abbildung 5: *Geschäftspolitische Deckelung der Risikoprämien*

Weitere Vorteile dieser robusten Vorgehensweise sind die Option der unkomplizierten geschäftpolitischen Steuerung der Risikoprämien, die leichte Zugänglichkeit der Ergebnisse und somit die Verbesserung der Marktakzeptanz sowie die Möglichkeit der Kundenbetreuer, sich an die (neuen) Systeme zu gewöhnen und ihre Kunden an die (neuen) Systematiken heranzuführen. Der Nachteil besteht im Wesentlichen in der weiterhin bestehenden Quersubventionierung zwischen den Kundenbonitäten.

Bei der Ausgestaltung der Risikoprämien und deren Integration in die Deckungsbeitragssysteme der Kreditinstitute ist zudem zu beachten, dass nicht unbeabsichtigt Anreize zur Produktsubstitution geschaffen werden (vgl. Kapitel 3.). Dies gilt vor allem, wenn geschäftspolitisch über die Risikokosten in die Konditionengestaltung von Produkten eingegriffen wird, um beispielsweise den Absatz bestimmter Produkte zu forcieren.

Letztlich sind es auch rechtliche Aspekte, die bei der Ausgestaltung der Risikoprämien beachtet werden müssen. So widerspricht es z.B. aktueller Rechtsauffassung, wenn im Privatkundengeschäft EDV-technisch ermittelte Scoringergebnisse zu einer automatischen Veränderung der Kreditkonditionen des Kunden führen würden. Auch würden extrem hohe Risikoprämien den ansonst üblichen Marktzinssätzen widersprechen und daher Gefahr laufen – abgesehen vom Imageschaden für die Bank – als „Wucherei" ausgelegt zu werden. Schließlich sind die von dem Kreditinstitut verwendeten Kreditverträge generell daraufhin zu prüfen, ob diese die Einführung von Risikoprämien überhaupt zulassen.

Es wird bereits anhand dieser kleinen Auswahl von Beispielen deutlich, dass die Geschäfts- und Risikopolitik des jeweiligen Kreditinstituts sowie die rechtlichen Rahmenbedingungen merklichen Einfluss auf die Ausgestaltung der Risikoprämien ausüben. Durch das Aufzeigen der jeweiligen Konsequenzen geschieht dies jedoch sehr bewusst. Dieses Bewusstsein über die möglichen Anreizwirkungen eröffnet zugleich die Chance, unerwünschte Handlungsweisen ggf. zu eliminieren oder Kontrollen einzurichten, um die Anreizwirkungen abzumildern.

4.3 Wettbewerb und Verhandlungsmacht – kundenindividuelle Komponenten bei der Festsetzung von Risikoprämien

Der Bankenmarkt in Deutschland ist bereits seit langem von einem Verdrängungswettbewerb unter den Kreditinstituten geprägt. Oftmals wird immer noch versucht, über niedrige Kreditkonditionen Neukunden zu gewinnen, um dann im Rahmen von Cross-Selling-Aktivitäten über Anschlussgeschäfte positive Nettobeiträge aus der Gesamtkundenverbindung zu erzielen. Es ist verständlich, dass sich in einem solchen Umfeld die Einführung und die Durchsetzung risikoadjustierter Bonitätsprämien als problematisch erweisen. Die Festsetzung der Risikoprämien sollte somit generell nicht pauschal über alle Segmente hinweg erfolgen, sondern unter Berücksichtigung der eigenen Marktstellung, der Wettbewerbssituation, der Preissensitivitäten der Kunden sowie der jeweiligen Geschäftsfeldstrategien je Produkt- bzw. Kundensegment vorgenommen werden. Verkürzt ist geschäftspolitisch zwischen den Risiko-Ertrags-Zielen und dem Ziel der Erweiterung der Marktanteile je Geschäftsfeld abzuwägen.[13]

---

[13] Handelsblatt vom 29.01.2009: Renditeziel einkassiert, S. 22: „Eigenkapitalrendite vor Steuern von 15 Prozent ... Kosten-Ertrags-Relation von 60 Prozent ... Ein Sparkassenfunktionär sagte, einige Häuser hätten sich sklavisch an die alten Vorgaben gehalten und dabei die Verteidigung von Marktanteilen vergessen."

Seit der Finanzmarktkrise und mit Einsatz der neuen Risikosteuerungsinstrumente (Credit Linked Notes, Credit Default Swaps, Credit Dept Obligations, Non-Performing-Loans-Transaktionen etc.) steht ein neuer Faktor im Hinblick auf den Wettbewerb im Vordergrund: der Aspekt der Sicherheit. Spielte dieser Faktor noch vor nicht allzu langer Zeit bei der Wahl der Kunden nach einem Kreditfinanzierer keine bzw. eine untergeordnete Rolle, so änderte sich dies spätestens mit den Presseberichten über die Weiterverkäufe von Krediten an Investoren und den sich anschließenden Verwertungen von Immobilien aus diesen Transaktionen durch die neuen Eigentümer der Kreditschuld. Der Grundsatz vieler Hausbanken, die Kunden auch durch schlechte Zeiten hindurch zu begleiten, wurde nunmehr für die Kunden ein entscheidungsrelevanter Faktor bei ihrer Auswahl der Bankverbindung. Zusätzlich sorgte die Finanzmarktkrise mit ihren Auswirkungen auf die Eigenmittel der Kreditinstitute für einen (zeitweiligen) Rückzug vieler Kreditinstitute und Investoren aus dem Kreditgeschäft. Dies führte im Endeffekt zu einer Reduktion der Preissensitivität der kreditsuchenden Kundschaft und bietet die Chance für die Einführung bzw. Durchsetzung von risikoadjustierten Bonitätsprämien.

In der Interaktion zwischen Kreditinstitut und Kreditnehmer spielt neben der zuvor geschilderten Wettbewerbssituation die Verteilung der Verhandlungsmacht eine entscheidende Rolle hinsichtlich der Durchsetzbarkeit (und somit der Marktakzeptanz) von Kreditkonditionen und somit der Risikoprämien.[14] Die Verhandlungsmacht des Kunden basiert dabei – neben dem Persönlichkeitsprofil der Akteure – mitunter auf den Faktoren:

- Unternehmensgröße,
- Dauer der Kundenverbindung,
- Höhe der ausstehenden Kredite und Einlagen,
- Anteil der Nettoerlöse an dem Erfolg des Kreditinstituts bzw. des Kundenberaters und
- persönliche Kontakte.

Je größer die Verhandlungsmacht des Kunden ausfällt, umso eher wird das Kreditinstitut bereit sein, Zugeständnisse hinsichtlich der Kreditkonditionen bzw. der darin enthaltenen Risikoprämien zu machen. Somit erhält der Themenkomplex der Risikoprämien zusätzlich zu den eher technischen und allgemeinen Einflussgrößen eine kundenindividuelle Komponente. Das Kreditinstitut sollte diesen Aspekt bei der Gestaltung der Risikoprämien nicht unberücksichtigt lassen, setzt es doch andernfalls die Mitarbeiterakzeptanz der Risikoprämien aufs Spiel und riskiert somit ungewollt, Anreize zur Umgehung der Risikoprämien geschaffen zu haben.

---

14 Vgl. Theis, Manfred: Die Rating-Erstellung der Sparkassen: eine problemorientierte Analyse der Rating-Erstellung im Kontext individueller Entscheidungspräferenzen, Berlin at al. 2009, S. 153–202

4.4 Leistungsbezogene Entgelte – unerwünschte Anreizwirkungen bedürfen der Kontrolle bzw. der Korrektur

Hat es das Kreditinstitut bei der Umsetzung der Risikoprämien geschafft, zumindest einen Großteil der zuvor genannten Einflussgrößen bei der Gestaltung der Risikoprämien zu berücksichtigen und in Einklang miteinander zu bringen, können dennoch leistungsbezogene Entgelte Anreize bieten, dass die handelnden Personen direkten oder indirekten Einfluss auf die Risikoprämien nehmen. Dies ist eine typische Principal-Agent-Problematik.[15]

Welche negativen Wirkungen persönliche Leistungsanreizsysteme entwickeln können zeigt die aktuelle Finanzmarktkrise: Durch die Möglichkeit der (weitgehend) unkontrollierten Weiterreichung der Kreditrisiken an Dritte konnten die handelnden Personen ihre auf Verkaufserfolge abgestellten Entgelte quasi risikolos und ungehemmt maximieren und damit das weltweite Finanzsystem in ernste Gefahr bringen.[16]

Was die Risikoprämien betrifft, regen Leistungsanreizsysteme somit immer auch dazu an, dass sich die auf Entgeltmaximierung ausgerichteten Mitarbeiter (Agent) nicht entsprechend den Vorgaben der Geschäftsleitung (Principal) verhalten. Stellgrößen hierfür sind z.B. die Bestimmung der Kundenbonität oder die Bewertung von Sicherheiten. Dabei sind insbesondere diejenigen Einflussfaktoren der Risikoprämien gefährdet, die einer vermehrt subjektiven – und somit wenig nachprüfbaren – Einschätzung des Agenten unterliegen. Ein Paradebeispiel hierfür ist die Beurteilung qualitativer Faktoren im Rahmen der Ratingerstellung durch den Vertrieb. Andere Varianten der Einflussnahme wie z.B. die Substitution von Produkten mit unterschiedlichen (Risiko-)Kostenbestandteilen wurden bereits erwähnt.

Leistungsabhängige Vergütungen haben durchaus ihre Daseinsberechtigung. Ihre Wirkungsweisen sollten jedoch auch immer im Hinblick auf ihre negativen Anreize untersucht werden, um ihnen ggf. entgegensteuern zu können. Gezielte Kontrollen, die Gewährung von Margenzuschüssen oder die Reduktion der Schwellen zur Erlangung von Leistungsanreizen bei Krediten mit hoher Verhandlungsmacht auf Seiten der Kunden können geeignete Instrumente sein, um den negativen Effekten aus den Leistungsanreizsystemen zu begegnen. Es gibt aber auch andere Ideen und Wege, die einige Kreditinstitute vor dem Hintergrund der Finanzmarktkrise gewählt haben, um die negativen Wirkungen der mit den leistungsabhängigen Vergütungen verbundenen Probleme zu eliminieren bzw. zu reduzieren:[17]

- Orientierung der Bonifizierungen an risikogewichteten Gewinnen,

---

15 Vgl. Theis, Manfred: Die Rating-Erstellung der Sparkassen: eine problemorientierte Analyse der Rating-Erstellung im Kontext individueller Entscheidungspräferenzen, Berlin at al. 2009 S. 21–22, 116–117

16 Vgl. Grützemacher, Thomas: Vertriebssparkasse 2010 aus Sicht der Kybernetik, in: Bank und Markt, 10/2006, S. 18–22

17 Vgl. Handelsblatt vom 19.12.2008: Reform lässt auf sich warten, Ausgabe Nr. 247, S. 34

- dauerhafter Beitrag des Managers zum Erfolg der Bank,
- mehrjährige Bonus-Malus-Systeme oder
- Auszahlung der Bonifizierungen nach Ablauf einer Sperrfrist.

Das Thema der Vergütungssysteme wurde auch von der BaFin bei der Überarbeitung der MaRisk, AT 7.1, in 03/2009 mit aufgenommen. Im Begleitschreiben der Aufsicht zum Konsultationspapier steht auf Seite 3:

„Bei den Anforderungen an die Vergütungssysteme (als Teil der Anreizsysteme) war zu berücksichtigen, dass das Thema Vergütung zunächst eine institutsinterne Angelegenheit ist. Andererseits besteht kein Zweifel, dass die Ausgestaltung von Vergütungssystemen in vielen Fällen zur Ausdehnung exzessiver Risikopositionen beigetragen hat. … So sollen die Vergütungssysteme bspw. sicherstellen, dass sich der variable Teil der Vergütung an dem langfristigen Erfolg des Instituts orientiert. Mitarbeiter aus „nachgelagerten“ Bereichen (bspw. Abwicklung, Marktfolge) sollen entsprechend ihrer Verantwortung angemessen vergütet werden. Bei der Diskussion der neuen Anforderungen werden die noch nicht abgeschlossenen Arbeiten auf internationaler Ebene zu berücksichtigen sein. Insbesondere das FSF und CEBS befassen sich gegenwärtig noch intensiv mit dem Thema Vergütung.“[18]

Man darf gespannt sein, wie die einzelnen Entlohnungssysteme der Häuser ausgestaltet sein werden und ob mit diesen die skizzierten Probleme tatsächlich behoben werden können, ohne gleichzeitig neue hervorzurufen. Das größte Problem – neben bestehenden arbeits- und vertragsrechtlichen Fragen – wird dabei die Messbarkeit und somit die objektive Nachvollziehbarkeit eines Fehlverhaltens der Mitarbeiter sein. Zumindest scheint es unbillig, dem Mitarbeiter Entscheidungen vorzuhalten, die sich zwar „rückblickend als negativ herausstellen“[19] sollten, denen aber keine unsachgemäße Handlungsweise des Mitarbeiters voranging. Denn jede Kreditgenehmigung ist immer auch eine situative Entscheidung, die auf der Grundlage bereitstehender Informationen, subjektiver Erfahrungswerte und Risikoneigungen sowie in Abhängigkeit von aktuellen Umweltfaktoren und innerbetrieblichen Vorgaben getroffen wird.

5. Fazit

Das Eingehen von Risiken ist originärer Bestandteil des Kreditgeschäfts. Die Einführung und Vereinnahmung von Risikoprämien ist somit eine betriebswirtschaftlich sinnvolle, wenn nicht sogar existenziell notwendige Maßnahme der Kreditinstitute.

---

18 BaFin, AT 7.1, 03/2009, S. 3

19 Handelsblatt vom 19.12.2008: Reform lässt auf sich warten, S. 34

Dabei kann und darf der Themenkomplex des risikoadjustierten Pricing aber nicht allein als „technische Übung“ verstanden werden. Unterschiedlichste Abhängigkeiten von anderen Strategie-, Steuerungs- und Vergütungssystemen sowie den damit einhergehenden Anreiz- und Fehlerquellen sind bei der Ausgestaltung der Risikoprämien zu berücksichtigen. Vor dem Hintergrund der spezifischen Produkt- und Systemausgestaltungen und der jeweiligen Wettbewerbssituation der Kreditinstitute ist die Eliminierung von Fehlern und ungewollten negativen Anreizen – oder deren Reduktion durch gezielte Kontrollen – von den jeweiligen Häusern individuell zu lösen. Eine einseitige Fokussierung auf einen Abhängigkeitsfaktor, z.B. das Leistungsanreizsystem, wird dem Themenkomplex nicht gerecht und birgt zugleich die Gefahr der (fortgeführten oder erweiterten) Fehlsteuerung.

Berücksichtigt man diese Faktoren, so wird deutlich, dass die Einführung des risikoadjustierten Pricing eine ganzheitliche Unternehmensbetrachtung erfordert, in der die Abhängigkeiten und möglichen Fehlerquellen aufgezeigt werden. Dies ermöglicht es dann der Geschäftsleitung, eine bewusste Entscheidung zugunsten einer Umsetzungslösung zu treffen und notwendige Anpassungen und Kontrollvorkehrungen zu installieren. Einem Aktionismus, wie er sich aktuell im Rahmen der Finanzkrise abzeichnet, stehen die Autoren somit eher skeptisch gegenüber.

Value-basiertes Pricing: Wege aus der Ertragskrise im Firmenkundengeschäft

Georg Wübker / Frank Niemeyer / Jan Engelke

1. Einleitung

Die Ertragslage der Banken und Sparkassen wird wesentlich von der hauseigenen Marketing- und Vertriebskompetenz bestimmt. Viele Häuser besitzen zwar große Schlagkraft im Vertrieb, beim Preismanagement existiert jedoch noch Verbesserungspotenzial. Preisstrategien und Preisprozesse sind selten ausdrücklich dokumentiert. Auch die Daten- und Informationsbasis für optimale Preisentscheidungen ist oft noch verbesserungswürdig. Genau hier setzen Preisinformationssysteme an. Sie erlauben die Erstellung von Reports für das Management und bilden so die Basis für eine professionelle Preisoptimierung. Sie machen das heutige Pricing transparent, unterstützen zukünftige Preisentscheidungen faktenbasiert und zielgenau und bestimmen exakt deren Wirkung.

Zur Stärkung der Ertragskraft und für langfristigen Erfolg im Firmengeschäft ist entscheidend, dass solche Prozesse nicht nur installiert, sondern dass mit ihnen auch intelligente Produkte und Preisstrukturen entwickelt werden, die den Kundenbedürfnissen gerecht werden und somit am Markt erfolgreich sind.

Die nachfolgenden Beispiele zeigen, wie eine Verbesserung in der Preispolitik und Produktgestaltung zu signifikanten Ertragssteigerungen führt und eine wertorientierte Ausrichtung des Firmenkundengeschäfts schafft. Die angeführten Institute haben, zusammen mit den Marketing- und Vertriebsspezialisten von Simon-Kucher & Partners, neue Preisprozesse und -strukturen entwickelt und Produkte gestaltet, die die Ertragslage im jeweiligen Firmenkundenbereich erheblich verbessert haben.

2. Professionelles Preismanagement: Case-Study Landesbank

„Profitables Wachstum", „Rentabilität vor Volumen", „Senkung der Cost-Income-Ratio" – bei den Strategien und Zielen vieler Sparkassen und Landesbanken steht die Steigerung der Ertragskraft ganz oben auf der Agenda. Seit einigen Jahren macht der Margen mindernde Preiskrieg insbesondere den Instituten des Sparkassenverbunds zu schaffen. Preisschlachten sind an der Tagesordnung. Die Preise sind auf einem niedrigen Niveau und stehen weiter unter Druck. Es bleibt die Frage offen, inwieweit Erträge aus Privat- oder Firmenkundenbeziehungen in der Zukunft gesteigert werden können.

Nachdem viele Häuser ihre Kostenseite optimiert haben, steht die Ertragsseite mehr und mehr im Fokus. Mit der Orientierung auf die Ertragsseite im Firmenkundengeschäft rückt die Preispolitik stärker in den Mittelpunkt: Ein nächster konsequenter Schritt der systematischen und wertorientierten Ausrichtung der Strukturen und Prozesse im Firmenkundengeschäft. Der Preis ist der Gewinntreiber Nummer eins! Sind z.B. Preiselastizitäten und Preis-Absatz-Funktionen exakt bekannt, können Preisentscheidungen gewinnoptimal gefällt werden. Vielen Häusern fehlt in diesem Bereich das nötige Know-how.

Grundlage für die Optimierung des Pricing ist ein sogenannter Pricing-Prozess. Dieser besteht aus den fünf Phasen Strategie, Bestandsaufnahme, Preisentscheidung, Implementierung und Controlling. Jede dieser Phasen bietet Ansatzpunkte für Ertragsteigerungen, allerdings ist der jeweilige Schwerpunkt stark vom betrachteten Geschäftsfeld abhängig. Die hier vorgestellte Landesbank hat die beschriebene Neustrukturierung des Pricing-Prozesses für das Geschäftsfeld Firmenkunden erfolgreich umgesetzt.

2.1 Erarbeitung der Preisstrategie

Strategie bedeutet, den Weg vom Ausgangspunkt zu einem Ziel zu definieren. Gleichzeitig muss die Strategie aber auch darstellen, wohin die Reise nicht gehen soll. Dies gilt auch im Falle des Preismanagements. Die Preisstrategie bezieht sich auf alle Preisentscheidungen und ist der elementare Input für die Preisgestaltung. In dem Beispiel der Landesbank existiert zunächst noch keine explizite Preisstrategie. Das Projektteam, bestehend aus Mitarbeitern der Bank und Beratern von Simon-Kucher & Partners, erarbeitet daher eine neue Preisstrategie von Grund auf.

Für die Entwicklung der Preisstrategie ist der erste Schritt, vorhandene Informationen und interne Daten, wie etwa die Unternehmensstrategie und Wettbewerbsinformationen, zu sichten. Das Management liefert anschließend in strukturierten Interviews mit dem Team von

Simon-Kucher & Partners Antworten auf strategisch wichtige Fragen. Aus den so gewonnenen Informationen lassen sich das Alleinstellungsmerkmal der Bank und ihr Leistungsversprechen dem Kunden gegenüber definieren.

Im Rahmen des Projekts setzt das Team nun verschiedene strategische Instrumente ein, die die Positionierung der Bank abbilden. Eine Wettbewerbsvorteilsmatrix zeigt die Werttreiber aus Kundensicht, auf die sich die Bank zukünftig konzentrieren sollte. Eine Matrix mit den Dimensionen Preis und Leistung beschreibt die Preis-Leistungs-Positionierung der Bank im Vergleich zu den relevanten Wettbewerbern. Für die wichtigsten Produkte erfolgt eine Darstellung der verschiedenen Vertriebswege. Die Ertrag-Risiko-Matrix zeigt, in welchem Produktbereich Preisanpassungsspielraum nach oben und nach unten besteht (siehe exemplarisch Abbildung 1).

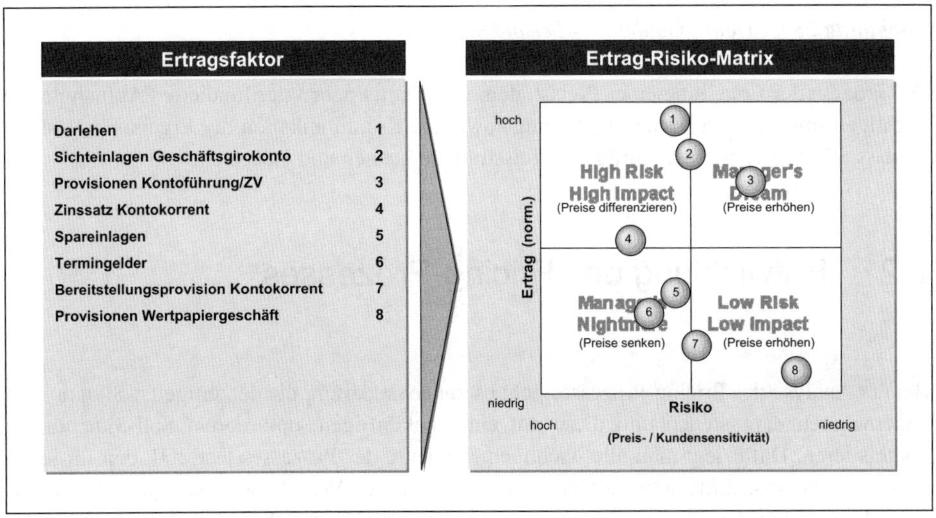

Abbildung 1: *Ertrag-Risiko-Matrix (Konzept)*

Da große Unterschiede zwischen den einzelnen Zielgruppen im Firmenkundengeschäft der Bank bestehen, formuliert das Projektteam für jeden Vertriebsweg differenzierte Ziele. Für die wichtigsten Produkte legt die neue Strategie in den Dimensionen Ertrag, Volumen und Kunden nun die gewünschte Zielrichtung fest. Explizit erarbeitete Pricing-Guidelines (beispielhaft siehe Abbildung 2) unterstützen die Zielerreichung und stellen die Basis für zukünftige Maßnamen der Preisgestaltung dar.

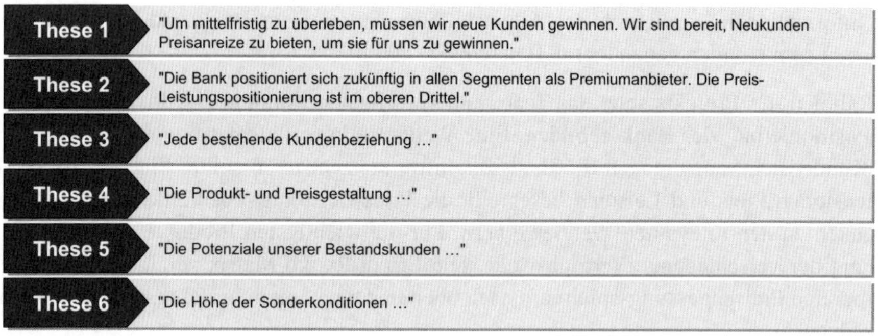

Abbildung 2: *Pricing-Guidelines (beispielhaft)*

Der Prozess der Erstellung einer Preisstrategie beinhaltet neben der fundierten Aufnahme der wichtigen Informationen eine Validierung sowie die Kommunikation der Ergebnisse. Ziel ist es, dass alle Mitarbeiter zukünftig die Preisstrategie kennen und umsetzen.

2.2 Entwicklung des Pricing-Prozesses

Bei der Analyse des Pricing-Prozesses geht es zunächst darum, die derzeitige Ist-Situation im Unternehmen darzustellen und diese mit einer zukünftigen, optimierten Soll-Situation zu kontrastieren. Dafür legt man alle wichtigen Elemente des Prozesses fest, z.B. den für jeden einzelnen Prozessschritt notwendigen Input, die jeweilige Verantwortlichkeit und die betroffenen Schnittstellen im Unternehmen. Die Ist-Aufnahme deckt Schwachstellen des Prozesses auf, die es im Rahmen der Festlegung eines Soll-Prozesses zu optimieren gilt.

Im hier beschriebenen Projekt liegt besonderes Augenmerk auf der Optimierung der Preisfindung. Bei der Ist-Aufnahme stellt sich heraus, dass für Aktiv- und Passivprodukte jeweils unterschiedliche Prozessketten existieren. Die Preisfindung erfolgt einerseits durch die Produktverantwortlichen selbst, andererseits wird das Marketing in den Prozess eingebunden. Altprodukte, die sich seit Jahren im Bestand der Bank befinden, sind organisatorisch anders verankert als Neuprodukte, die erst kürzlich in den Markt eingeführt wurden. Darüber hinaus erfolgt die Preisfindung nicht konsequent auf der Basis konkreter Marktforschungsergebnisse. Das Projektteam stuft auch den Prozess der Vergabe von Sonderkonditionen als zu aufwendig und undifferenziert ein.

Bei der Entwicklung des Soll-Prozesses gilt es, die einzelnen Schwachstellen zu untersuchen und gezielt zu optimieren. So definiert das Team beispielsweise eine einheitliche und eindeutige Prozesskette über alle Produkte hinweg und grenzt die Kompetenzen für die einzelnen

Schritte der Preisfindung klarer voneinander ab. Die konkrete Integration strukturierter Methoden und Maßnahmen zur systematischen Erfassung der Markteinschätzung und des Vertriebspotenzials ergänzt diese Prozessdefinition. Weiterhin führt das Team schließlich Mindestmargen für die einzelnen Produkte und segmentspezifische Ertragsbestandteile ein, um die Preisdurchsetzung insgesamt zu erhöhen. Abbildung 3 zeigt einen möglichen Soll-Pricing-Prozess einer Bank.

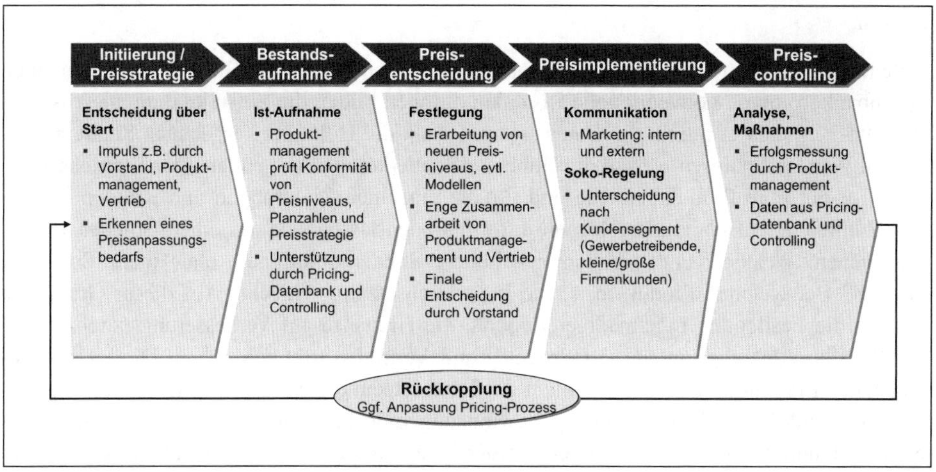

Abbildung 3: *Soll-Pricing-Prozess (exemplarisch)*

2.3 Aufbau eines Preisinformationssystems

Preisinformationssysteme sind eine ideale Basis zur nachhaltigen Verbesserung der Leistung in den jeweiligen Phasen des Pricing-Prozesses. Sie liefern die notwendigen Fakten, auf deren Grundlage das Management klar und sicher entscheiden kann. Das Anwendungsspektrum solcher Systeme ist im Banking sehr groß: Preistransparenz kann u.a. dafür genutzt werden, bessere Entscheidungen bei der Ausgestaltung von Preislevels und -strukturen zu treffen, Ertragseffekte von Preisänderungen zu simulieren und den Vertriebsmitarbeitern die Auswirkungen vergebener Sonderkonditionen auf den Ertrag der Bank transparent zu machen.

Die ertragsrelevante Komponente im Firmenkundengeschäft ist nicht der Listenpreis, sondern der tatsächlich realisierte Preis. Bei vielen Produkten, z.B. bei Finanzierungen oder dem Einlagengeschäft, ist der Listenpreis nur der „Ankerpreis"; die Marge entscheidet letztlich über die Höhe des Rabatts bzw. die individuelle Kondition.

Die Landesbank besitzt über die Vergabe von Sonderkonditionen noch nicht ausreichend Transparenz und die Beschaffung solcher Informationen ist nur unter hohem manuellen Aufwand möglich. Ziel ist es daher, Daten über realisierte Preise mittels einer umfassenden Datenbank automatisiert zu generieren. Des Weiteren sollen Simulationen neu konzipierter Preismodelle möglich sein. Zusätzlich entscheidet das Projektteam, dass genauere Informationen über die Wirkung von Preisänderungen auf Absatz, Ertrag und Profit notwendig sind, um zukünftige preispolitische Entscheidungen zielgenau treffen zu können. Vor diesem Hintergrund entwickelt das Team ein neues Preisinformationssystem. Den Grundstein dieses Systems liefern die kundenindividuellen Konten-, Darlehens- und Zahlungsverkehrsdatenbanken.

Datenexperten integrieren die Ist-Situation in Form der tatsächlich realisierten Preise in einen Datenbankprototyp. Konventionelle Listenkonditionen bilden die Soll-Situation ab. Aus dem Soll-/Ist-Vergleich ermitteln die Datenexperten dann die Höhe der vergebenen Sonderkonditionen. Weitere Analysen weisen die Höhe der Sonderkonditionen entlang der Vertriebsstrukturen für einzelne Produktbereiche und für die einzelnen Zielgruppen und Kunden separat aus. Zahlreiche entscheidungsrelevante Informationen lassen sich aus einem solchen Datensatz ziehen: Welche Kunden bekommen höhere Sonderkonditionen, ohne mehr Ertrag zu bringen? Bei welchen Produkten ist die Preisdurchsetzung schlecht? Auf dieser Grundlage beginnt die Festlegung regelmäßiger Reports, die Hinweise auf Verbesserungspotenziale in der Preisdurchsetzung entlang der Produkt- und Vertriebsstrukturen geben. Die hieraus gewonnenen Erkenntnisse sollen vor allem das Bewusstsein der Mitarbeiter für den Ertragstreiber Preis schärfen und für zukünftige gewinnsteigernde Preisentscheidungen in Produktmanagement und Vertrieb herangezogen werden. Den Mitarbeitern ist es zukünftig möglich, über eine grafische Benutzerschnittstelle direkt auf der Pricing-Datenbank zu arbeiten, um – wann immer nötigt – wichtige Daten abzufragen. Die Daten lassen sich z.B. ideal dazu verwenden, Sonderkonditionsniveaus und Regeln für deren Vergabe zu entwickeln. Eine Aktualisierung der Datenbanken ist aufgrund klar definierter Schnittstellen unproblematisch. Der Aufbau dieses Preisinformationssystems schafft somit eine nachhaltige Verbesserung der Informationsgrundlage.

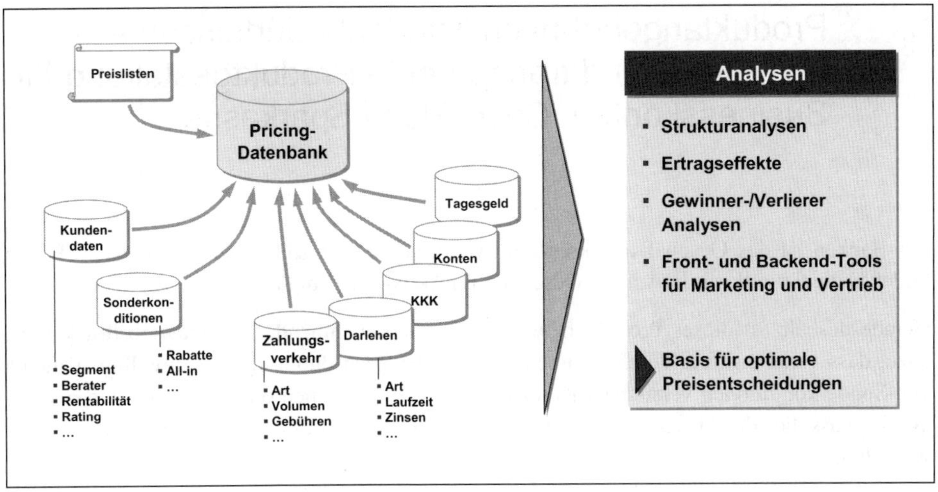

Abbildung 4: *Preisinformationssystem (Konzept)*

2.4 Zwischenfazit

- Aufgrund der steigenden Aggressivität der Wettbewerbsangebote und immer komplexer werdender Produkte nimmt die Notwendigkeit für ein professionelles Pricing kontinuierlich zu.
- Startpunkt für ein solches Pricing ist die Entwicklung einer Preisstrategie. Sie bezieht sich auf alle Preisentscheidungen und ist der elementare Input für die Preisgestaltung.
- Ein strukturierter Pricing-Prozess grenzt Kompetenzen für die einzelnen Schritte der Preisfindung klar voneinander ab. Er stellt eine eindeutige Struktur dar und umfasst Methoden und Maßnahmen zur systematischen Erfassung der Markteinschätzung und des Vertriebspotenzials.
- Der Aufbau eines Preisinformationssystems ist notwendig, um die aktuelle Ertragssituation exakt und transparent darzustellen. Daraus abgeleitete Kennzahlen geben dem Management und dem Vertrieb eine exzellente Unterstützung bei regelmäßigen Preisentscheidungen.

Die bisher erarbeiteten Ergebnisse in den Bereichen Preisstrategie, Pricing-Prozess und Preisinformationssystem lassen sich unmittelbar bei der Entwicklung neuer Angebotsmodelle nutzen.

Exemplarisch für die Entwicklung eines neuen Angebots werden nachfolgend Vorgehen und Resultat der Umgestaltung des Geschäftsgirokontos einer Sparkasse beschrieben.

3. Produktangebot nach Kundenbedürfnissen – Intelligente und transparente Produktgestaltung für Businesskonten: Case-Study Sparkasse

Für Banken ist das Geschäftsgirokonto ein wichtiges Ankerprodukt. In den meisten Fällen bildet es die Grundlage für weitere Geschäfte im Aktiv- oder im Passivgeschäft.

Gerade deshalb ist dieses Produkt heiß umkämpft – zunehmender Wettbewerbsdruck führt dazu, dass viele Institute durch Preissenkungen oder auch durch eine bereitwillige Vergabe von Sonderkonditionen versuchen, Kunden für sich zu gewinnen oder zu halten. Offensichtlich ist, dass dies die Abschöpfung von Ertragspotenzialen im Bereich der Girokonten massiv behindert.

Um trotzdem nicht auf eine attraktive Kundenbeziehung oder auf Erträge aus dem Zahlungsverkehr verzichten zu müssen, gilt es, dem Kunden ein werthaltiges Paket- bzw. bedürfnisorientiertes Lösungsangebot zu machen. Dieses muss sich vom Wettbewerb abheben, sodass deutlich weniger Preiskommunikation als vielmehr Wertkommunikation stattfinden kann. Was sind jedoch die Faktoren, die ein Girokonto „werthaltiger" erscheinen lassen als ein anderes? Für Geschäftskunden ist vor allem eines entscheidend: die schnelle und unkomplizierte Abwicklung des Zahlungsverkehrs bei gleichzeitiger Kostentransparenz. Als Bank gilt es allerdings, die Heterogenität im Nutzungsverhalten verschiedener Geschäftskunden zu beachten: So nutzt ein weltweit operierendes Unternehmen das Girokonto wesentlich intensiver als ein Einzelhändler vor Ort.

Der Schlüssel für eine optimale Abschöpfung des Ertragspotenzials ist deshalb ein differenziertes Produktangebot, das den unterschiedlichen Bedürfnissen von Geschäftskunden und ihren Zahlungsbereitschaften gerecht wird.

Das Beispiel einer Sparkasse zeigt, wie eine erfolgreiche Differenzierung im Girokontenbereich für Geschäfts- und Firmenkunden die Potenziale intelligenter Preis- und Angebotsstrategien realisiert.

3.1 Grundlagen zur Differenzierung

In jedem Markt gibt es Kunden, die für eine bestimmte Leistung mehr zu zahlen bereit sind als andere. Diese verschiedenen Kundengruppen gilt es zu identifizieren, um ihnen dann unterschiedliche Preise in Rechnung zu stellen. Im idealen Fall wird genau der Preis beim Kunden berechnet, den er maximal zu zahlen bereit ist. Da dies jedoch in der Praxis nicht umsetzbar ist, erfolgt üblicherweise eine zentrale Preissetzung. Dennoch lassen sich individuelle Zahlungsbereitschaften und Nutzungsverhalten der einzelnen Kunden/Kundensegmente im Produktdesign über eine segmentspezifische Leistungsdifferenzierung integrieren.

In vielen anderen Branchen wird bereits seit Jahren sehr erfolgreich eine segmentspezifische Leistungsdifferenzierung angewendet. Im Automobilbereich spricht Mercedes-Benz beispielsweise mit seinen Modellen Classic, Elegance und Avantgarde unterschiedliche Zielgruppen an und schöpft damit unterschiedliche Zahlungsbereitschaften ab. Die Deutsche Bahn bietet ihren Kunden drei verschieden ausgestaltete BahnCards an, mit denen Bahntickets um 25, 50 oder 100 % günstiger erworben werden können. Dadurch gelingt es der Bahn, die differenzierten Mobilitätsbedürfnisse und die unterschiedlichen Zahlungsbereitschaften abzubilden. McDonald's als Pionier der Fast-Food-Industrie bietet seinen Kunden mit maßgeschneiderten Menüs („Für jeden Geschmack das Richtige") bereits seit langem eine segmentspezifische Leistungsdifferenzierung an.

Für die Sparkasse bedeuten diese erfolgreichen Praxisbeispiele konkret: Gibt es nur ein Produkt mit einem Preis im Angebot, gibt es viele Kunden, die nicht bereit sind, diesen Preis zu zahlen. Diesem Umstand begegnen Sparkassen dann oft mit der Vergabe von Sonderkonditionen. Einige Kunden hätten für das Produkt oder die Dienstleistung jedoch sogar mehr gezahlt. Zudem berücksichtigt das Einproduktangebot nicht die verschiedenen Anforderungen, die Geschäftskunden haben. Um dies auch im Girokontenangebot abzubilden, sind Logiken zu implementieren, die die intensivere Nutzung eines Kontos mit einem niedrigeren Transaktionspreis „belohnen". Entscheidend hierbei ist, wie die Verteilungen der Transaktionen über die einzelnen Kunden aussehen (Transparenz bei der Transaktionsnutzung).

Weshalb ist es also unerlässlich, eine Preis- und Leistungsdifferenzierung vorzunehmen?

Intelligente Preis- und Leistungsdifferenzierung führt zu

- **höheren Erträgen:** Weltweite Studien im Banking belegen eine Ertragsteigerung durch konsequentes Pricing von 10 bis 15 %.
- **zielgenauerer Ansprache und Segmentierung:** Diese führt zu einer höheren Kundenzufriedenheit, da die Angebote bzw. Pakete die Bedürfnisse der Kunden besser treffen.
- **stärkerer Kundenbindung**: Durch die Verzahnung von Produkten und Leistungen miteinander zu Paketen erzeugt der Anbieter eine höhere Bindung des Kunden.

3.2 Differenzierung im Girokontobereich FK

3.2.1 Ausgangslage

Das derzeitige Geschäftsgirokontoangebot der Sparkasse besteht aus lediglich einem Kontomodell. Dabei handelt es sich um ein Einzelbepreisungsmodell, bei dem der Kunde einen monatlichen Grundpreis sowie Einzelpreise für Transaktionen bezahlt. Diese Preise variieren je nach Geschäftsvorfall, d.h. für beleghafte Überweisungen verlangt die Sparkasse andere Preise als z.B. für Scheckeinreichungen oder Onlinelastschriften. Darüber hinaus stellt sie andere Preise in Rechnung, wenn eine Onlinevereinbarung für ein Konto vorliegt. Dieses Regelwerk mündet in eine sehr unübersichtliche und äußerst umfangreiche Preisliste, die weder Kunden noch Betreuer wirklich überblicken.

Ferner macht es das Einproduktangebot den Kundenberatern unmöglich, auf die unterschiedlichen Bedürfnisse und Zahlungsbereitschaften ihrer sehr heterogenen Kundschaft einzugehen. Das Konto muss sowohl für kleinere Geschäftskunden als auch für größere Firmenkunden „passen" oder vielmehr „passend gemacht werden". Dies resultiert in vielen Fällen in der Vergabe von Sonderkonditionen, die die Sparkasse nicht systematisch in regelmäßigen Abständen überprüft. Vor diesem Hintergrund ist eine komplette Neuorganisation der Kontolandschaft notwendig, um die bis dahin vernachlässigten Ertragspotenziale zu heben.

3.2.2 Ziel

Die neue Produktlandschaft soll für Geschäftskunden attraktiver, transparent und zudem leicht verständlich sein. Gleichzeitig soll die Preisstruktur Anreize für Kunden geben, mehr Geschäft mit der Sparkasse zu tätigen. Dies geschieht auf der Basis des individuellen Deckungsbeitrags: je höher der Deckungsbeitrag, desto niedriger der berechnete Transaktionspreis. Zusätzlich will die Sparkasse mit der Einführung einer neuen Kontenlandschaft bestehende Sonderkonditionen überprüfen und – falls nicht mehr gerechtfertigt – ggf. aufheben.

Konkret geht es um die Beantwortung folgender Fragen:

- Wie wollen wir uns mit den zukünftigen Modellen strategisch positionieren?
- Lassen sich unterschiedliche Kundencluster identifizieren? Wenn ja, wie sehen diese aus?
- Lassen die Datenanalysen bestimmte Verhaltensmuster erkennen?
- Weisen die Kunden unterschiedliche Bedürfnisse und Zahlungsbereitschaften auf?
- Wie sollten die zukünftigen Kontopakete gestaltet werden? Soll es Flatratekonten geben?
- Wie soll der Prozess zur Vergabe von Sonderkonditionen zukünftig ausgestaltet sein?

3.2.3 Ergebnis

Verschiedene Analysemethoden zeigen: Das einzig sinnvolle Kriterium zur Strukturierung der stark heterogen ausgeprägten Nutzungsintensität ist die Anzahl der Transaktionen. Korrelationen zwischen einzelnen Transaktionsarten sind nicht signifikant, sodass sich eine Bündelung verschiedener Transaktionsarten nicht anbietet. Die Clusteranalyse zeigt, dass die sich ergebenden Cluster aufgrund sehr großer Streuungen innerhalb der Cluster und der Abwesenheit von abgrenzenden Mustern zwischen den Clustern zur Segmentierung nicht geeignet sind (hierzu wurde das von Simon-Kucher & Partners entwickelte Programm Cluster Plus eingesetzt). Es ist kein klares Verhaltensmuster zwischen den Clustern erkennbar. Der einzige Unterschied liegt in den Transaktionen – viel vs. wenig. Die ABC-Analyse der häufigsten Transaktionsarten bestätigt diesen Trend. In den Nutzungsdaten findet sich eine große Heterogenität. Ein Großteil der Konten weist eine sehr geringe Nutzung auf. Hingegen gibt es nur wenige Konten, die mit sehr hohen Vorfallsvolumina zum Gesamtergebnis beitragen. Auch Häufungen möglicher Spitzenwerte sind nicht erkennbar. Abbildung 5 stellt eine Auswahl der Datenanalysen im Überblick dar.

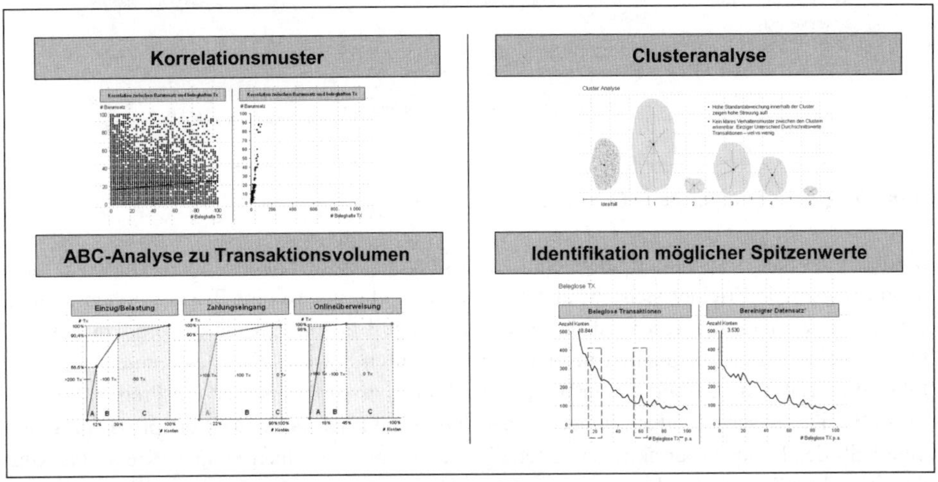

Abbildung 5: *Ergebnisse Datenanalysen (Auswahl)*

Vor diesem Hintergrund ist die Anzahl der Transaktionen das sinnvollste Differenzierungskriterium für die neue Angebotslandschaft. Die neue Angebotslandschaft setzt sich insgesamt aus sechs unterschiedlichen Produktpaketen zusammen (Abbildung 6).

Die Sparkasse trägt der Forderung nach einer höheren Transparenz durch die Einführung eines Einheitspreises für sämtliche Transaktionen Rechnung. Sie unterscheidet bei der Bepreisung nicht mehr – wie bisher – nach Leistungsart (Barumsatz, beleghafte Überweisung, Dauerauftrag). Substitutionseffekte, die insbesondere bei Privatgirokonten auftreten können (beleghafte vs. beleglose Transaktionen), sind bei Geschäftskunden nicht zu erwarten. Mit dieser vereinfachten Bepreisung kann der Kunde die anfallenden Kontogebühren wesentlich besser einschätzen als zuvor. Gleichzeitig ist eine Vergleichbarkeit mit Wettbewerbern mit unterschiedlich hohen Transaktionspreisen erschwert.

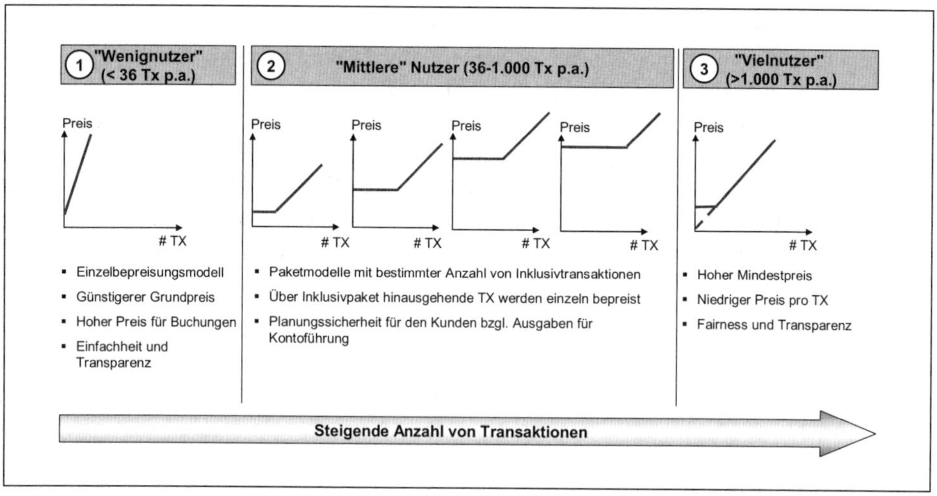

Abbildung 6: *Struktur neue Girokontenlandschaft*

Modell 1 ist das Basismodell, angelehnt an das bereits existierende Modell. Dieses Einzelbepreisungsmodell richtet sich vor allem an Kunden, die nur wenige Transaktionen tätigen. Ein monatlicher Grundpreis wird dabei kombiniert mit einem Einzelpreis pro Transaktion. Die Modelle 2 bis 5 beinhalten in einem Pauschalpreis jeweils eine bestimmte Anzahl an Inklusivtransaktionen. Nach Überschreiten der Inklusivtransaktionen ist ein Preis pro Transaktion fällig. Dieser ist jedoch höher als der durchschnittlich gezahlte Preis pro Transaktion innerhalb der Inklusivtransaktionen. Modell 6 richtet sich an einen kleinen Kreis von Kunden, die ihr Girokonto sehr intensiv nutzen. Hier berechnet die Sparkasse die getätigten Transaktionen zu einem sehr günstigen Preis, jedoch keine Grundgebühr. Durch die Einführung eines Mindestpreises ist dieses Modell ausschließlich für Kunden mit einem hohen Transaktionsvolumen interessant.

3.3 Vorgehen: Produktoptimierung

Nachdem die Angebotslandschaft konzipiert ist, gilt es die Ausgestaltung der einzelnen Produkte zu optimieren. Hier stehen vor allem die Anzahl der Inklusivtransaktionen und die Preishierarchie zwischen den Kontomodellen im Vordergrund.

Voraussetzung für eine vernünftige Struktur ist zunächst die Festlegung einer Zielertragsgröße, auf deren Basis man dann die optimalen Preislevels und Inklusivmengen bestimmen kann. Hier ist bei der Berechnung eine mögliche Überkompensation zu berücksichtigen, da die Sparkasse auch in der neuen Kontologik Kunden mit Sonderkonditionen ausstatten wird.

Im Zuge einer Optimierung gilt es, die Preiserhöhung so zu „verteilen“, dass die individuelle Belastung je Kunde möglichst gering ist. Unterschiede kann es jedoch zwischen einzelnen Kundensegmenten geben, beispielsweise sollen Kunden mit hoher Transaktionszahl im Durchschnitt geringer belastet werden. Darüber hinaus erhebt das Projektteam Preiselastizitäten mittels der von Simon-Kucher & Partners entwickelten PRICESTRAT-Systematik. So sind etwaige Abwanderungen, die sich durch die Veränderung der Grund- oder Transaktionspreise ergeben, berücksichtigt. Das Team gestaltet die Anzahl der Inklusivtransaktionen so, dass eine einfache und logische Struktur innerhalb der Modelle erkennbar ist. Dies hilft insbesondere dem Vertrieb, dem Kunden die Modellstruktur leicht und verständlich zu kommunizieren.

Zur genauen Quantifizierung der Ertragseffekte dient ein Simulationsmodell, das das Projektteam mit kontenindividuellen Nutzungsdaten eines kompletten Kalenderjahres speist. Durch Verknüpfung der Transaktionsdaten mit den einzelnen Preisparametern lassen sich die Auswirkungen auf den Ertrag exakt und schnell prognostizieren.

Abbildung 7 zeigt die Oberfläche des für die Sparkasse konzipierten Simulationstools.

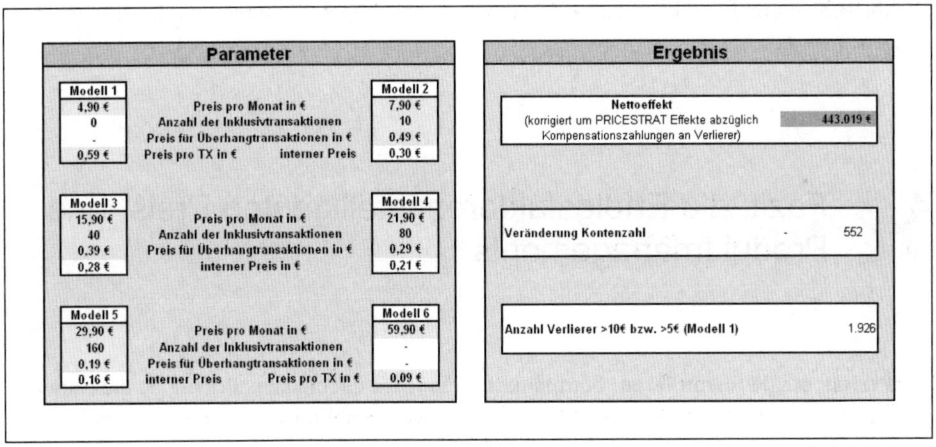

***Abbildung** 7:* *Simulationstool*

3.4 Überblick über die optimierte Produktlandschaft

Mit der finalen Produktlandschaft kann die Sparkasse nun verschiedenen Kundengruppen jeweils ein optimales Produkt anbieten. Abbildung 8 stellt die Girokontolandschaft im Überblick dar.

	Modell 1	Modell 2	Modell 3	Modell 4	Modell 5	Modell 6
Grundpreis	4,90	7,90	15,90	21,90	29,90	59,90
Inklusiv-Tx	-	10	40	80	160	-
Jede weitere Tx	0,59	0,49	0,39	0,29	0,19	0,09
Interner Preis/Tx*	-	0,30	0,28	0,21	0,16	-

*Grundpreis Modell X ./. Grundpreis Modell 1 geteilt durch Anzahl TX

Abbildung 8: *Die neue Girokontolandschaft im Überblick*

Sowohl kleine Geschäftskunden als auch große Firmenkunden bekommen das für sie optimale Paket. Gleichzeitig haben alle Nutzer den Anreiz, durch Mehrgeschäft (beispielsweise durch die Verlagerung von Transaktionen auf die Sparkasse) und die Wahl eines größeren Pakets den Transaktionspreis signifikant zu senken. Die neuen Girokonten sind somit attraktiv und transparent, jedoch nicht direkt mit Wettbewerbern vergleichbar. Damit positioniert sich die Sparkasse wiederum als attraktiver Anbieter mit unterschiedlich hohen Preisen im Wettbewerbsumfeld und kann ihre Erträge signifikant steigern, ohne in den Preiskrieg einzusteigen.

4. Fazit: die Erfolgsfaktoren intelligenten Preis- und Produktmanagements

1. **Preisstrategie formulieren:** Startpunkt für ein jedes intelligentes Pricing ist die Entwicklung einer Preisstrategie. Sie bestimmt alle weiteren Preisentscheidungen und ist die grundlegende Vorlage für jede Preisgestaltung.
2. **Pricing-Prozess strukturieren:** Ein klarer Pricing-Prozess grenzt die Kompetenzen innerhalb der einzelnen Schritte zur Preisfindung klar voneinander ab. In ihm liegen die Methoden und Maßnahmen zur systematischen Erfassung der Markteinschätzung und des Vertriebspotenzials.
3. **Aktuelle Ertragslage kennen:** Das Wissen um die aktuelle Ertragsituation ist exakt und transparent darzustellen, am besten mittels eines Preisinformationssystems. Daraus entwickelte Kennzahlen liefern dem Management und dem Vertrieb die notwendige Unterstützung für sinnvolle Preisentscheidungen und die Entwicklung neuer Produkte.

4. **Vertrieb proaktiv und frühzeitig einbinden:** Die besten Produkte sind wertlos, wenn der Vertrieb nicht hinter ihnen steht. Mit der proaktiven und frühzeitigen Vertriebseinbindung kann dem vorgebeugt werden. „Flurfunk“ und „negatives Grundrauschen“ kann so von vornherein ausgeschaltet werden. Zudem ist die Meinung des Vertriebs, der häufig „der Anwalt seiner Kunden“ ist, äußerst wichtig für die Produktkonzeption. Dass das aktive Einfordern der Vertriebsmeinung auch motivierend wirkt, ist ein positiver Nebeneffekt.

5. **Marktpreise kennen:** Bei der Gestaltung der neuen Produkte sind die Angebote von relevanten Wettbewerbern zu analysieren. Wie ist die Preissetzung beim Wettbewerb? Welche Preisstrukturen werden eingesetzt? Wie sind die Wettbewerber positioniert? Dies ist notwendig, um einerseits „nicht über das Ziel hinauszuschießen“, andererseits aber auch um markante „Ausrufezeichen im Markt“ zu setzen.

6. **Elastizitäten kennen:** Zur Bestimmung der Preisniveaus ist die Kenntnis der Preiselastizitäten unabdingbar. Nur so ist es möglich, gewinnoptimale Preise zu setzen. Welche Kunden/Kundengruppen sind bereit welchen Preis zu bezahlen? Gibt es Unterschiede zwischen den Kundengruppen?

7. **Sonderkonditionenvergabe steuern:** Um ein Ausufern der Sonderkonditionen zu vermeiden, sind Sonderkonditionen nur im begründeten Einzelfall zu vergeben. In regelmäßigen Abständen ist die Berechtigung der Sonderkonditionen zu überprüfen. Eventuell muss dann mit dem Kunden neu verhandelt werden.

Zahlungs-verkehr Giro	▪ Großbank: Zahlungsverkehr ▪ Bisher hatte die Bank kein differenziertes Angebot im Zahlungsverkehr ▪ Design von sechs differenzierten Bundels mit Elementen nichtlinearer Preisbildung für alle Kundensegmente im Firmenkundenbereich	**+0,5 Mio. €** Basis 12 Mio. € Ertrag
Wertpapier-bereich	▪ Sparkasse Westdeutschland: Wertpapierpreismodell ▪ Angebot im Firmenkundengeschäft nur mit Sonderregeln darstellbar ▪ Integration eines bedürfnisgerechten Modells für Firmenkunden in die allgemeine Wertpapierlandschaft	**+10%** Kunden
Einlagen	▪ Landesbank: Kombination von Einlagen im Produktportfolio ▪ Günstige Konditionen sind an Höhe der Einlagen gekoppelt ▪ Integration in Kontolandschaft: Girokonto für 12€ p.a. ab Einlagen i.H.v. 10.000€	**+10%** Kunden
Baufinanzierung Kreditgeschäft	▪ Weltweiter Finanzdienstleister: Kredit- und Leasinggeschäft ▪ Individuelles Geschäft erfordert Flexibilität, dadurch Profitabilität vernachlässigt ▪ Konzeption und Implementierung eines Tools zur vertragsindividuellen Berechnung des ROE	**+50 BP** Basis: Marge 1,8%

Abbildung 9: *Verbesserungen durch Pricing-Prozesse*

Teil V

Finanzkommunikation

Der Firmenkundenbetreuer als Unternehmenspartner – Anforderung an Qualifikation und Führung

Frank Haupt

Mittelständische Unternehmen sind für die deutsche Volkswirtschaft von exponierter Bedeutung. Natürlich existieren diverse Definitionen, welche Unternehmen zum Mittelstand gezählt werden. Fast durchgängig wird die Zugehörigkeit zu dieser Gruppierung jedoch an die Kriterien generierter Jahresumsatz und Mitarbeiterzahl gekoppelt. Der Begriff „Kleine und Mittlere Unternehmen" (KMU) umfasst Kleinstunternehmen, kleine Unternehmen und mittlere Unternehmen. Häufig werden auch die Angehörigen der freien Berufe mit unter die Begrifflichkeit Mittelstand subsumiert. Zieht man nun in Analogie zum Statistischen Bundesamt – das sich hier wiederum an die Empfehlung der Europäischen Kommission anlehnt – die Trennlinie bei Firmen mit unter 50 Mio. Euro Jahresumsatz und weniger als 250 Beschäftigen, so hat man hier den Kernfokus des Firmenkundengeschäfts erarbeitet, dem sich insbesondere die Volks- und Raiffeisenbanken originär und traditionell verpflichtet fühlen. Die Gruppe der KMU umfasst in der Bundesrepublik weit über 90 % aller umsatzsteuerpflichtigen Unternehmen, beschäftigt 60 % aller Arbeitnehmer und bildet über 80 % aller Lehrlinge aus. Schon Hermann Schulze-Delitzsch sah Mitte des 19. Jahrhunderts im Mittelstand einen unentbehrlichen Träger jeder politischen, sozialen, geistigen und materiellen Entwicklung einer Gesellschaft. Kapitalmangel und fehlende Kreditmöglichkeiten limitierten die Möglichkeiten der damaligen Handwerker und Kleinstgewerbetreibenden. Zur Behebung dieser historischen Kreditklemme entstanden die Vorläufer der heutigen Volks- und Raiffeisenbanken, die Vorschuss-Vereine.

Welchen Herausforderungen muss sich eine Bank in Zeiten der Finanzmarktkrise stellen und was erwarten Kunden gerade heute von ihrem Kreditinstitut und ihrem Firmenkundenberater?

Die Unternehmensberatungsgruppe KPMG hat sich in ihrer Studie „Mythos Beratung – was ‚kleine' mittelständische Unternehmen von ihrer Bank erwarten!" intensiv mit dieser Thematik auseinandergesetzt: im Fokus hierbei Unternehmen mit einem Jahresumsatz von bis zu 5 Mio. Euro.

44 % der befragten Unternehmen legten ihre größte Präferenz auf Rückhalt in schwierigen finanziellen Situationen. 28 % legten ihren Fokus auf eine kompetente Beratung und 22 % sahen die Servicefähigkeit im Fordergrund.

Gute Beratung und ein funktionierender Service wird in diesem Kontext wohl vielfach als Synonym für eine funktionierende Bankbeziehung gesehen. Ein passendes Angebot von maßgeschneiderten Produktlösungen betrachtet lediglich eine Minorität von 6 % der befragten Firmenkunden als relevantes Qualitätsmerkmal.

Das Vertrauen in die Hausbank und auf einen entsprechenden Rückhalt in Krisenzeiten wird von den Kunden im Wesentlichen auf die Persönlichkeit des Betreuers projiziert. Von zentraler Bedeutung aus Kundensicht ist ein partnerschaftlicher Dialog. Der Firmenkunde erwartet, dass sich sein Kundenberater in die aktuelle unternehmerische Situation einfühlen und Lösungsansätze entwickeln kann. Gewünscht ist daher eine von Kontinuität geprägte und sich an der Bedarfslage des Kunden ausrichtende Beratung und Betreuung. Grundvoraussetzung ist daher eine entsprechende strategische Konzeption.

Mit der Entwicklung des VR-Finanzplans hat sich die genossenschaftliche Bankengruppe unter Federführung und Koordination des Bundesverbands der Volks- und Raffeisenbanken (BVR) auf die Anforderungen ihrer mittelständischen Kernkundschaft konsequent ausgerichtet.

Wirtschaftlicher Motor sind hierbei die Bedarfsfelder der Kunden. Die inhaltliche Auseinandersetzung umfasst schwerpunktmäßig fünf Aufgaben:

- Liquidität und Zahlungsverkehr
- Investition und Finanzierung
- Risiko und Absicherung
- Vermögensanlage
- Betriebliche Altersversorgung

Jede Sequenz ist ein in sich abgeschlossener Baustein und wird mit der jeweiligen aktuellen unternehmerischen Situation verzahnt.

Arrondiert wird der modulare Aufbau durch die zusätzlichen Themenschwerpunkte Existenzgründung und Unternehmensnachfolge. Der Betreuungsansatz über die Lebenszyklen entspricht in idealtypischer Weise dem genossenschaftlichen Geschäftsmodell, das auf eine nachhaltige Begleitung der Kunden in die Zukunft abzielt.

Die Anforderungen der Kunden und eine sich hierauf ausrichtende, komplexe Vertriebskonzeption bringen hohe Ansprüche an die Firmenkundenbetreuer mit sich. Gefordert ist hier weit mehr als nur ein kompetenter Finanzexperte. Gesucht ist eine Betreuerpersönlichkeit, die die Anliegen des Kunden, dessen persönliche Herausforderungen, Sehnsüchte und Sorgen im Blick hat. Auf dieser Plattform gilt es sich beim Kunden als ideengebender und gestaltender Partner des Kunden zu positionieren. Die Verinnerlichung dieses Ansatzes ist der Schlüssel zum Erfolg.

Die Abläufe im Tagesgeschäft einer Bank sorgen allerdings häufig dafür, dass der Firmenbetreuer den Blick für das eigentlich Wesentliche verliert. Häufig abstrakte Organisationsinhalte und Ziele vereinnahmen die Betreuer; so werden sie vom Kunden nicht als partnerschaftliche Begleiter, sondern vielmehr als Erfüllungsgehilfen von Kreditvergaberichtlinien erlebt.

Natürlich sind es nicht in erster Linie die Berater, die hier etwas aus dem Auge verlieren. Dieser Prozess beginnt in der Regel bei der Geschäftsleitung und setzt sich dann im mittleren Management fort.

Es ist daher von großer Bedeutung, sich permanent und kritisch zu hinterfragen. Ein aktuelles Beispiel aus der Praxis des Firmenkundengeschäfts ist in diesem Zusammenhang die im Jahr 2008 unter Federführung des BVR begonnene Initiative ProFi – Professionalisierung im Firmenkundengeschäft. Im Rahmen dieser Initiative haben sich rund 100 Genossenschaftsbanken sowohl mit der strategischen Bedeutung als auch der Bestimmung des eigenen Standorts im Geschäftsfeld Firmenkundengeschäft auseinandergesetzt.

Wichtige Grundlage ist ein intensiver Impulsworkshop. Hierbei gehen die für das Firmengeschäft der Bank verantwortlichen Personen aus der Vorstands- und Bereichsleiterebene zusammen mit einem Expertenteam aus dem genossenschaftlichen Finanzverbund in Klausur.

Basis und systematische Plattform für diese Strategieworkshops ist eine für die jeweilige Bank erarbeitete Leistungsbilanz, die sogenannte Erfolgsbilanz-Firmenkunden.

Diese besteht im Kern aus einer betriebswirtschaftlichen Auswertung und einer Selbsteinschätzung der jeweiligen Bank zu ausgewählten strategischen Erfolgsfaktoren.

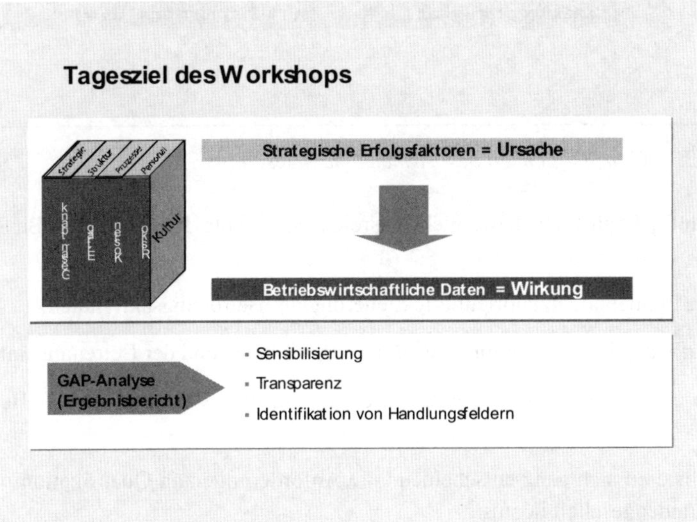

Abbildung 1: *Strategieworkshops*

Eine implementierte Betreuungsphilosophie kann im Grunde nur dann erfolgreich wirken, wenn sie durch eine entsprechende Kultur, tragfähige Strukturen und effiziente Prozesse unterlegt ist.

Nach Auswertung der Informationen aus den durchgeführten Workshops lassen sich aber auch durchaus Schwerpunkte bei den priorisierten Handlungsfeldern erkennen, insbesondere im Bereich der Vertriebssystematik.

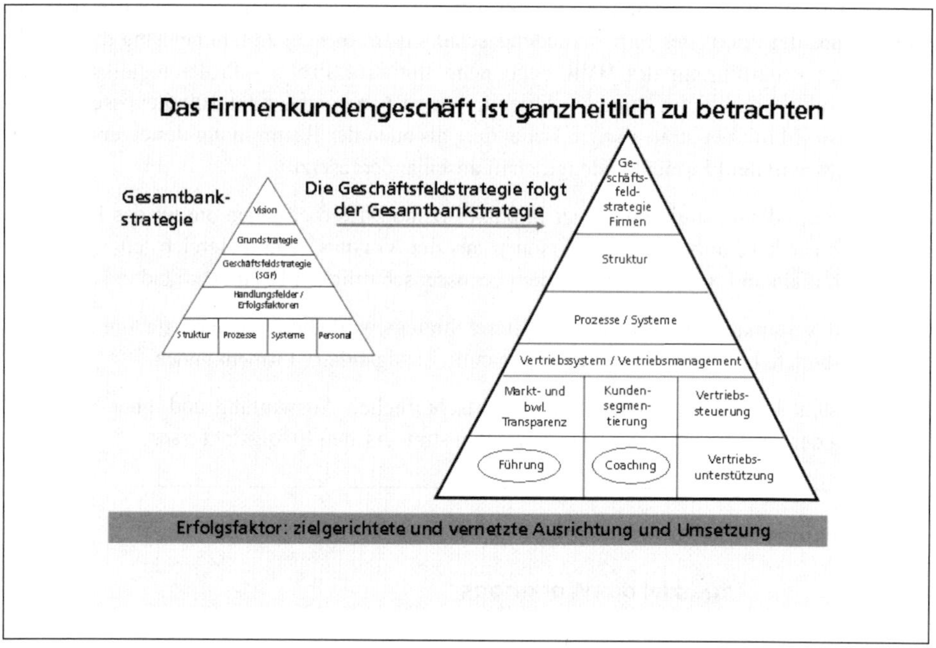

Abbildung 2: *Ganzheitlichkeit des Firmenkundengeschäfts*

Als sehr häufig noch nicht bzw. nicht ausreichend gelebte Praxis in den Banken wurden genannt:

- eine klare kundenpotenzialorientierte Steuerung der Betreuungsaktivitäten,
- darauf aufbauend eine Definition des Beratungsumfangs und der Betreuungsintervalle
- und eine entsprechend konsequente Durchführung und Steuerung aktiver Betreuungsgespräche.

Hier kristallisieren sich ganz entscheidend die Anforderungen an Qualifikation und Führung im Firmenkundengeschäft heraus.

Allgemein lassen sich für einen Firmenkundenbetreuer die Qualifikationsmerkmale in drei Kompetenzfelder unterteilen. Es sind dies:

- die Fachkompetenz,
- die Methodenkompetenz und
- die Sozial- bzw. Beziehungskompetenz.

Die stete Weiterentwicklung von Produkten und Dienstleistungen, aber auch die spürbar gestiegenen Ansprüche selbst kleinerer Mittelstandskunden haben die Anforderungen an das Fachwissen der Kundenbetreuer signifikant erhöht. Auch ein solides betriebswirtschaftliches Basiswissen ist für die Erfüllung der Aufgaben im Tagesgeschäft eines Firmenkundenbetreuers unabdingbar. Der Genossenschaftsbereich kann hier auf ein breites Qualifizierungsangebot der regionalen und überregionalen Akademien zurückgreifen. Entsprechend problemlos kann hier die Qualifizierung der Betreuer geplant und realisiert werden.

Die wesentliche Methodenkompetenz eines Betreuers besteht darin, ein bewusst geplantes Agieren bei der Bearbeitung seines Kundenstamms zu entwickeln und so die bestehenden Ertragspotenziale zu realisieren.

Ziel ist es dann, auf Basis dieser steten Kontakte eine Vertrauensbasis zum Kunden aufzubauen. Erfolgreicher Vertrieb im Firmengeschäft ist nicht der schnelle Produktverkauf. Das gewonnene Vertrauen muss vielmehr dazu dienen, das Wissen über den Kunden und seine Bedürfnisse zu vertiefen. Der Erfolgreiche schafft es von diesem Blickfeld aus über eine Nutzenargumentation Lösungen in Form von Produkten zu platzieren. Das ist eine Kunst und dementsprechend liegen auch hier schwerpunktmäßig die Defizite in der Praxis.

Der Firmenkundenbetreuer ist Erfolgsfaktor, aber auch Sollbruchstelle in der Beziehung zum Kunden. Er personifiziert die Bank und verkörpert gegenüber dem Kunden den Finanz- und Risikoexperten. Häufig verfügt er über zielgruppenspezifische Lebens- und Erfahrungshintergründe. Wer den Anspruch erhebt, Unternehmerberater zu sein, muss wissen, welche unternehmerischen Herausforderungen sein Kunde zu lösen hat. Sein fachliches und produkttechnisches Know-how ist der Garant für passgenaue Lösungen für die jeweilige Bedarfssituation des Kunden.

Der Anspruch an die Führung ist, Routinen so zu ändern, dass die definierten und aus der Betreuungsphilosophie abgeleiteten Anforderungen auch gelebt werden können. Tägliche Herausforderung ist es hierbei für die Führungskraft, ihren Beratern aktive „Hilfe“ dabei zu leisten, in Kundenpotenzialen und -bedürfnissen zu denken.

Wer den Anspruch an einen ganzheitlichen Betreuungsansatz implementiert, ist gefordert. Er ist gefordert, mit seinen Beratern die Kunden nach Bedarfs- und Beratungsansatzpunkten zu analysieren, die Fragen bzw. Themen für das Kundengespräch zu erarbeiten und nach dem Termin zu reflektieren. Und vor allem für eins Sorge zu tragen: dass die Termine in der definierten Qualität stattfinden. Und dies nicht einmalig, sondern konsequent und in einem potenzialorientierten Turnus.

Während traditionelle Vertriebsprozesse sich stark auf den Vertrieb von Produkten reduzierten, geht es heute darum, Kunden in die Zukunft zu begleiten. In der Umsetzung muss es also gelingen, Denkgewohnheiten und Verhalten von Beratern zu ändern bzw. zu sozialisieren. Hierbei gilt es, ein klares Zielsystem zu finden, das die dahinterstehende Mehrdimensionalität in der vertrieblichen Ausrichtung abbildet und für den Mitarbeiter greifbar und verständlich macht.

Vor diesem Hintergrund hat sich die Einführung einer Kompetenz-Card als Zielsystem in der Bankpraxis bewährt.

Hallertauer Volksbank						
Kompetenz-Card						
Berater(in):						
Erfolgsfaktor:	Kriterium	Messinstrument	Zielwert		Zeitpunkt	Zeitpunkt
			Ideal	Min.	Coaching 1	Coaching 2
Vertriebskompetenz	Mitarbeiterwert (MW) = Anzahl der Kundengespräche pro Woche (verkaufsrelevante Termine mit Abschlusscharakter und mind. 30 Min. Dauer)	Lotus Notes Kalender bzw. sonst. Controlling	8	5		
	Ganzheitliche Beratungen mit Einsatz der Beratungshilfen VR-Finanzplan Mittelstand		8	5		
	Prozentuale Zielerreichung		120 %	100 %		
Beratungskompetenz	Gesprächsvorbereitung	Einschätzung Führungskraft	4	3		
	Gesprächsstruktur		12	8		
	Nachbereitung		5	3		
Persönliche Kompetenz	Zeitmanagement	Einschätzung Führungskraft	4	3		
	Beraterselbstverständnis		5	4		
	Abschlussorientierung		3	2		
	Fachlicher Background und Lösungskreativität von Bedarfsfeldern		4	3		

Abbildung 3: *Kompetenz-Card als Zielsystem*

Ein sukzessiver und fortwährender Kompetenzzuwachs bei den Mitarbeitern stellt daher Anforderungen an die Leitung einer Firmenkundenbank, die weit über das klassische Bild des Vorturners im Sinne des besten Fachmannes hinausgehen. Vielmehr verlangt die Aufgabe die Fähigkeit, als motivierendes Vorbild zu fungieren, das glaubwürdig die Rolle eines Mentors und Coach bekleiden kann. Der Begriff „Mentor" stammt ursprünglich aus der griechischen Mythologie. Der Mentor fungierte als Erzieher des Sohnes von Odysseus, dem er ein Leben lang als Ratgeber und Vertrauter zur Seite stand. Mentor ist heute ein stehender Begriff geworden, ein Synonym für eine Figur, die Führung und umsichtige Unterweisung verkörpert.

Transferiert in die Bankpraxis gilt es, Verbesserungschancen im Vertrieb, aber auch für die persönliche Weiterentwicklung des Betreuers, klar aufzuzeigen. Dabei gilt es, Menschen Mut zu machen, Neues und durchaus auch Komplexeres zu erlernen. Glaubwürdigkeit erfährt dieser Prozess – und damit auch die Person des Vorgesetzten – nur dann, wenn er sich als Wegbegleiter des lernenden Mitarbeiters positionieren kann. Durch seine Reflexion hilft er die Selbstreflexion des Firmenkundenbetreuers zu verbessern. Von zentraler Wichtigkeit ist hier ein jährliches Beurteilungsgespräch und zwar im Sinne eines Entwicklungsgesprächs. Denn viel wichtiger als eine rückwärtsgerichtete Kontrolle, ist hier die Chance zur Weiterentwicklung der Mitarbeiter. Am Ende des Gesprächs sollte daher immer ein Entwicklungsplan stehen, der Fördermaßnahmen in Form von Seminaren oder Hospitationen beinhaltet.

Konsequenterweise sollte ein wie vorab skizziertes Zielssystem auch in ein entsprechendes Belohnungs- bzw. Vergütungssystem münden. Die Wirkung von Zielvereinbarungen wird naturgemäß erhöht, wenn die Zielerreichung auch an entsprechende materielle Anreize für die Mitarbeiter gekoppelt ist. Die Führungsaufgabe besteht hier auch darin, Spaß am Vertrieb zu vermitteln, indem das Standing der Mitarbeiter – aber auch der Vergütung – aufgewertet wird.

Bei der Einführung eines leistungs- und erfolgsorientierten Vergütungssystems verfolgt man grundsätzlich immer das übergeordnete Ziel, eine Äquivalenz von Vergütung und Leistung herzustellen. Wichtig ist hierbei, auch die scheinbar weichen Faktoren hinreichend in der Systematik zu gewichten. Natürlich sind Abschlusserfolge im Tagesgeschäft eine betriebswirtschaftliche Notwendigkeit. Dennoch darf die Forderung nach einer langfristigen und bedarfsorientierten Ausrichtung der Kundenbetreuung nicht gerade an dieser Stelle wieder konterkariert werden.

Wir erleben in der Finanzwelt aktuell eine Zeit des Umbruchs, der Instabilität und der sich geradezu überschlagenden Ereignisse – Ereignisse, die sich global zu einer Vertrauenskrise ausgeweitet haben. Hierin zeigt sich bei vielen Menschen eine Sehnsucht nach Werten wie Glaubwürdigkeit und Berechenbarkeit. Das genossenschaftliche Bankenmodell – lange Zeit als antiquiert belächelt – hat vor diesem Hintergrund eine Jahrhundertchance.

§1 des Genossenschaftsgesetzes hat die Förderung seiner Mitglieder in den Fokus der Banken gelegt. Volks- und Raiffeisenbanken sind dezentral organisiert, sodass Entscheidungen vor Ort und mit besonderer Würdigung der jeweiligen Region und der darin lebenden Menschen gewichtet werden. Dabei ist dies keineswegs Selbstzweck, sondern dient der Festigung der Kundenloyalität. Gelebte Werte dienen hier dazu, eine Organisation zu differenzieren und sie in eine Position der erschwerten Austauschbarkeit zu bringen.

Stärker als die Fachqualität trägt hierzu die menschliche Qualität bei. Wie zu Beginn beschrieben, wünschen sich 44 % der Kunden von ihrer Bank Rückhalt in schwierigen Zeiten und einen partnerschaftlichen Dialog.

Die genossenschaftliche Bankengruppe hat durch die Implementierung des ganzheitlichen Beratungsansatzes VR-Finanzplan dieser Anforderung in besonderer Weise Rechnung getragen und sich als einzige regionale Unternehmerbank positioniert. Dabei ist die Umsetzung dieses Konzepts ein ständiger Prozess und eine stete Herausforderung für das Management der Volks- und Raiffeisenbanken, Chancen und Stärken stets selbstbewusst vor Augen zu haben, aber auch selbstkritisch seine Schwächen und Risiken zu reflektieren. Nur so können Handlungsfelder bzw. Optimierungspotenziale identifiziert und sukzessive abgearbeitet werden.

Entscheidend wird sein, dass es gelingt, neue Denkmuster in das Handeln der Berater zu implementieren. Dies kann nur bedingt über Systeme und abstrakte Ziele gelingen. In erster Linie ist es die Mission und die Vision, der Unternehmensauftrag, der hier trägt. Berater zu gestaltenden, ideengebenden und mitverantwortlichen Unternehmerpartnern zu entwickeln ist die Aufgabe des Managements.

Zentraler Anspruch an die Führung ist es eben, Routinen so zu ändern, dass diese aus der Vision abgeleiteten Anforderungen gelebt werden können und den Beratern dabei zu helfen, in Kundenpotenzialen zu denken. Nachhaltiger Erfolg im Sinne von Vertriebsleistung basiert eben nicht in erster Linie auf Zielvereinbarungen, sondern mehr auf gelebter Ziel- und Kundenorientierung.

Eine ausgewogene Berücksichtigung dieser Aspekte sorgt für eine tragfähige Vertrauensbasis. Und gerade in Zeiten der Finanzkrise sind Qualität, Nachhaltigkeit und Vertrauen die Garanten für einen hohen Kundenzuspruch.

Kommunikation als strategischer Erfolgsfaktor im Firmenkundengeschäft

Michael Ilg

1. Einführung

Der klassische Bankkredit war und ist nach wie vor die wichtigste Finanzierungsquelle für mittelständische Unternehmen. Umgekehrt vergeben Kreditinstitute den überwiegenden Teil ihres Kreditvolumens an mittelständische Unternehmen, Existenzgründer und Selbstständige. Damit stehen Unternehmen und Kreditinstitute in einer engen, wechselseitigen Beziehung, die für beide Seiten von grundlegender geschäftlicher Bedeutung ist.

Die Qualität dieser Geschäftsbeziehung wird zu einem Großteil durch den Austausch von Daten, Zahlen und Fakten bestimmt. Darüber hinaus nimmt auch in einer sachorientierten Geschäftsverbindung die Kommunikation als Sozialhandlung eine herausragende Rolle ein. Dies gilt umso mehr im Zuge der Finanz- und Wirtschaftskrise seit Mitte 2008: Sie hat die Eigenkapitalausstattung etlicher Kreditinstitute mehr oder weniger stark beeinträchtigt und die wirtschaftliche Lage vieler Unternehmen verschlechtert. In der Folge sind die Anforderungen an einen vertrauensvollen Dialog zwischen Unternehmer und Kreditinstitut weiter gestiegen.

Obwohl die Spielregeln und Mechanismen bekannt sind, sehen sowohl Unternehmer wie Kreditinstitute auf der jeweils anderen Seite häufig ein mangelndes Verständnis für die Anforderungen des anderen. Dabei empfiehlt es sich für beide Geschäftspartner, die Informationsasymmetrie zu überwinden und fortlaufend an der Kommunikation zu arbeiten, um das gegenseitige Verständnis zu verbessern und das Vertrauen zu erhöhen: So können Unternehmer lernen, warum und wie Kapitalgeber informiert werden müssen und informiert werden wollen. Parallel hierzu sollten die Kapitalgeber ihre Bereitschaft zum Dialog mit den Kunden erhöhen und ihre Anforderungen ebenso verständlich wie transparent formulieren.

Folglich ist es für beide Seiten empfehlenswert, die Inhalte und Abläufe des Informationsaustauschs gut zu planen und zu gestalten: Bei jedem Kontakt und jedem Zusammentreffen sollten bewährte Kommunikationsregeln eingehalten sowie unterstützend erprobte Instrumente und Methoden eingesetzt werden. Mit deren Hilfe können die wechselseitigen Bedürfnisse und Anforderungen formuliert und das eben zum Teil noch fehlende Verständnis für die gegenseitigen Positionen geschaffen werden. Dazu gehört es, dass Kapitalgeber und Kunde stets aktiv, umfassend, regelmäßig und zeitnah sowohl quantitative als auch qualitative Informationen austauschen. Dies führt nicht selten zu einer optimierten Beratung sowie einer schnelleren und leichteren Kreditentscheidung bei meist besseren Konditionen – zum Vorteil für beide Partner.

Somit ist Kommunikation kein Selbstzweck, sondern ein strategischer Erfolgsfaktor im Firmenkundengeschäft: Nur mit einem sachgerechten, individuellen Austausch kann das für eine stabile Geschäftsbeziehung erforderliche Vertrauensverhältnis zwischen Kreditinstitut und Kunde aufgebaut und erhalten werden. Wie wichtig Vertrauen ist, hat nicht zuletzt die Finanzmarktkrise aufgezeigt.

2. Das Phänomen der Kommunikation

2.1 Die vier Ebenen der Kommunikation

Zwischenmenschliche Kommunikation ist der Austausch von Informationen, Nachrichten oder Meinungen zwischen zwei Parteien auf der Sachebene. Dabei entwickelt sich zwischen den Partnern naturgemäß eine soziale Beziehung. Um die richtigen Schlüsse aus den vermittelten Äußerungen bzw. Botschaften zu ziehen, müssen die Sach- und die Beziehungsebene voneinander getrennt und eine übereinstimmende Beziehungsebene gefunden oder entwickelt werden.

Nach dem Diplom-Psychologen und Kommunikationstrainer Friedemann Schulz von Thun[1] gliedern sich Sprache und Kommunikation in drei Systeme:

- das verbale System, bestehend aus Wort, Schrift und Sprache,
- das paraverbale System, bestehend aus Tonfall, Sprechpausen, Tonhöhe und Lautstärke sowie
- das nonverbale System, bestehend aus Körpersprache wie Mimik, Gestik, Blick- und Körperkontakt und aus Objektsprache wie Kleidung und Schmuck.

Diese drei Systeme implizieren – jedes für sich betrachtet – einen anderen Sinn. Wenn Informationen ausgetauscht werden, dann kommt es in der Regel zu Überschneidungen zwischen den drei Systemen. Schwierigkeiten ergeben sich hier schnell; beispielsweise, wenn die verbalen und die nonverbalen Elemente einer Nachricht unterschiedliche Aussagen präsentieren.

---

1 Vgl. Schulz von Thun, Friedemann: Miteinander reden 1 – Störungen und Klärungen, 1981

Um die Vielfalt der Botschaften, die in einer Nachricht stecken, ordnen zu können, wählt Schulz von Thun das sogenannte Kommunikationsquadrat – auch bekannt als Vier-Ohren-Modell. Es basiert auf der Annahme, dass jede Nachricht vier Botschaften gleichzeitig enthält.

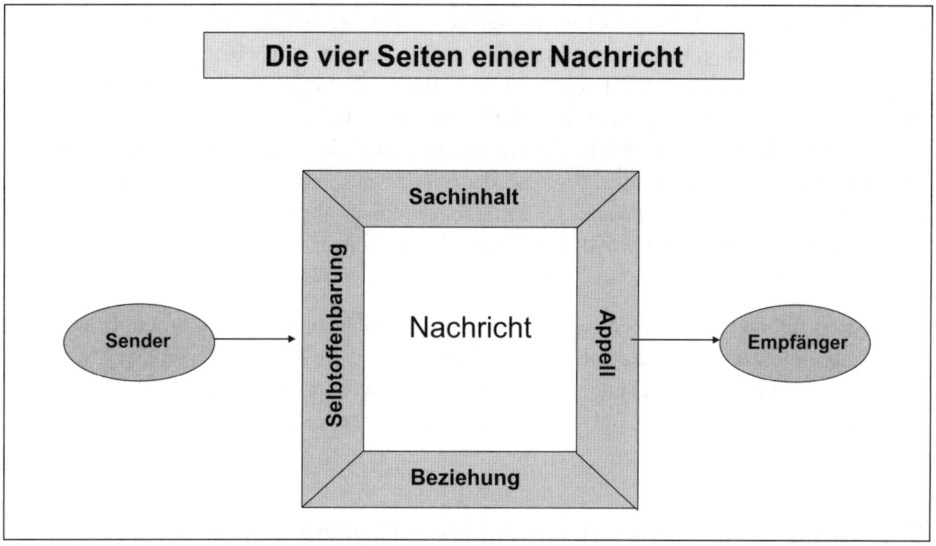

Abbildung 1: *Kommunikationsquadrat nach Schulz von Thun*

- **Sachinhalt**
  Als Sachinhalt bezeichnet er die reine Sachinformation, das Faktische einer Nachricht.

- **Selbstoffenbarung**
  Jeder Sender, der eine Nachricht übermittelt, tut dies nicht, ohne auch Informationen über sich selbst, wie etwa seine aktuelle psychische Verfassung, weiterzugeben. Dies kann sowohl bewusst als auch unbewusst geschehen.

- **Beziehung**
  Im Unterschied zur Selbstoffenbarung wird hier nichts über das „Ich“ des Senders erkennbar, sondern es werden Botschaften über das „Du“ des Empfängers oder das „Wir“ der Beteiligten offenkundig.

- **Appell**
  Der Appell bezeichnet die Intention des Senders, die dieser mit dem Übermitteln der Nachricht verbindet. In der Regel will der Sender etwas beim Empfänger bewirken. Eine Nachricht kann eine konkrete Handlungsanweisung enthalten, sie kann auf ein Feedback ausgerichtet sein oder auch nur stillschweigende Zustimmung zum Ziel haben.

Wie bereits angedeutet, können alle Botschaften sowohl explizit als auch implizit in einer Nachricht transportiert werden.

Die vier Ebenen der Kommunikation haben nicht nur Bedeutung für das private Miteinander, sondern auch und vor allem für den beruflichen Bereich, wo die Geschäftsbeziehung und der zwischenmenschliche Umgang ständig miteinander „verzahnt“ sind. Dabei kann es auf jeder der vier Ebenen zu Missverständnissen bzw. Fehlinterpretationen kommen. Das klassische Beispiel von Schulz von Thun ist der Beifahrer, der zum Fahrer sagt „Du, die Ampel ist grün“. Der Fahrer wird, je nachdem mit welchem „Ohr“ er gerade hört, etwas ganz anderes verstehen und entsprechend reagieren: Während er auf der Sachebene die Tatsache „Die Ampel ist grün“ verstehen wird, könnte er die gleiche Aussage als „Fahr’-endlich-los,-ich-habe-es-eilig“-Aufforderung oder auf der Beziehungsebene als „Du-passt-schon-wieder-nicht-auf“-Kritik auffassen. Auch die Gewichtung der vier Ebenen kann unterschiedlich gemeint bzw. verstanden werden. So kann der Sender beispielsweise das Gewicht der Nachricht auf den Appell gelegt haben, der Empfänger jedoch überwiegend den Beziehungshinweis empfangen. Dies ist nach dem Kommunikationsquadrat eine der Hauptursachen für Missverständnisse.

Aus diesen Gründen muss jede Kommunikation mit Bedacht gestaltet werden. Sowohl der Sender als auch der Empfänger sollten darauf hinarbeiten, die Sachebene von den Ebenen der Selbstoffenbarung, der Beziehung und des Appells zu trennen, alle Ebenen gleichermaßen zu analysieren und darauf aufbauend akzeptable Lösungen für beide Seiten zu gestalten.

2.2 Das Selbstwertgefühl des Gesprächspartners

Wesentliche Grundlage für das Kommunikationsverhalten des Einzelnen ist sein Selbstwertgefühl und seine Einstellung anderen gegenüber. Anders ausgedrückt: Wie ein Mensch in unterschiedlichen Situationen reagiert, wie er mit Schwierigkeiten umgeht, hängt wesentlich davon ab, welches Selbstwertgefühl er hat. Dieses wird ganz entscheidend von den Erfahrungen und Erlebnissen des Einzelnen im Verlauf seines Lebens geprägt.

Gute, erfolgreiche Kommunikation akzeptiert und beachtet das Selbstwertgefühl des Gesprächspartners. Ein Angriff auf das Selbstwertgefühl führt in der Regel zu Aggression und Gegenangriff („Wie du mir, so ich dir.“) oder zu Frustration und Resignation. Beide Reaktionen sind für eine konstruktive, gemeinsame Arbeit schädlich.

Daher setzt eine gute Kommunikation eine innere Einstellung voraus, die sich durch eine positive Grundhaltung, den offenen Umgang mit anderen und das Verständnis für die Interessen und Wünsche des Gesprächspartners auszeichnet. Folglich hat die Qualität der Kommunikation wiederum eine hohe Bedeutung für den Aufbau und Erhalt eines stabilen Selbstwertgefühls.

2.3 Hilfsmittel „Ich-Botschaften“

Als wichtiges Hilfsmittel, um Wünsche zu formulieren, Anregungen und Hinweise zu geben und gleichzeitig das Selbstwertgefühl des anderen zu achten, eignen sich Ich-Botschaften in der zwischenmenschlichen Kommunikation. Hiermit gelingt es, sachliche Tatbestände offen und vollständig mitzuteilen, die Beziehungsebene aber nicht unnötig zu belasten. Mit Ich-Botschaften kennzeichnet der Sprechende in schwierigen Gesprächssituationen seine Beiträge eindeutig als Erwartungen, Wünsche oder Einschätzungen. Er vermeidet damit unnötige Konfrontationen, da er den Sachverhalt lediglich dokumentiert.

Ich-Botschaften sind eine wichtige Methode der Deeskalation, da sie dem Empfänger das Nachgeben und Einlenken erleichtern. Mithilfe von Ich-Botschaften ist es zudem möglich, seinem Gesprächspartner mitzuteilen, wie eine bestimmte Situation selbst erlebt worden ist. Sie bestehen aus bis zu vier Aussagen: Neben der sachlichen Darstellung des Themas beinhalten sie die möglichen Folgen, die aus dem Sachverhalt resultieren können. Zudem bringt der Sender der Ich-Botschaft seine Gefühle und Empfindungen zum Ausdruck. Vervollständigt wird die Ich-Botschaft, wenn der Sender mitteilt, welche Wünsche und Erwartungen er an den Empfänger der Botschaft hat.[2]

3. Das Umfeld der Finanzkommunikation

3.1 Die Finanzierungserfordernisse des Mittelstands

Die Eigenkapitalausstattung deutscher Unternehmen hat sich zwar in den letzten Jahren infolge der konjunkturellen Entwicklung verbessert, ist aber im internationalen Vergleich nach wie vor unterdurchschnittlich. Insbesondere bei kleinen und mittleren Unternehmen ist die Eigenkapitalquote weiterhin niedrig (Abbildung 2).

Finanzierungsalternativen wie Beteiligungskapital sind für diese Firmen noch immer von untergeordneter Bedeutung. Sie neigen stattdessen zu einer Fremdkapitalfinanzierung, die durch das deutsche Steuerrecht begünstigt wird. Die klassische Bankfinanzierung, die lang-, mittel- und kurzfristige Bankdarlehen sowie Kontokorrentkredite umfasst, bleibt deshalb –

2 Vgl. Prof. Ilg, Michael: Die richtige Kommunikation mit den Banken, Vortrag im Rahmen des Wirtschafts-Seminars 2006: „Gezielte Kommunikation“ der Kieninger + Läpple GmbH Steuerberatungsgesellschaft am 06.02.2006

neben den verdienten Abschreibungen, Rückstellungen und der Gewinnthesaurierung – eines der wichtigsten Finanzierungsinstrumente für die kleinen und mittleren Unternehmen.

Mit diesen Finanzmitteln tätigte der Mittelstand im Durchschnitt über ein Drittel seines gesamten Investitionsvolumens. So wurde die bis Jahresmitte 2008 andauernde Wachstumsphase vom Mittelstand im Wesentlichen über Bankdarlehen finanziert: Die Unternehmenskredite im engeren Sinne – ohne Kredite für den gewerblichen Wohnungsbau – erhöhten sich in den Jahren 2002 bis 2008 um 125,7 Mrd. Euro auf 951,2 Mrd. Euro.[3] Auch in den kommenden Jahren wird sich die Bedeutung der klassischen Bankfinanzierung nicht wesentlich verändern. Vorteil der klassischen Bankfinanzierung ist und bleibt die hohe Planungssicherheit, die für viele Unternehmen sehr bedeutend ist.

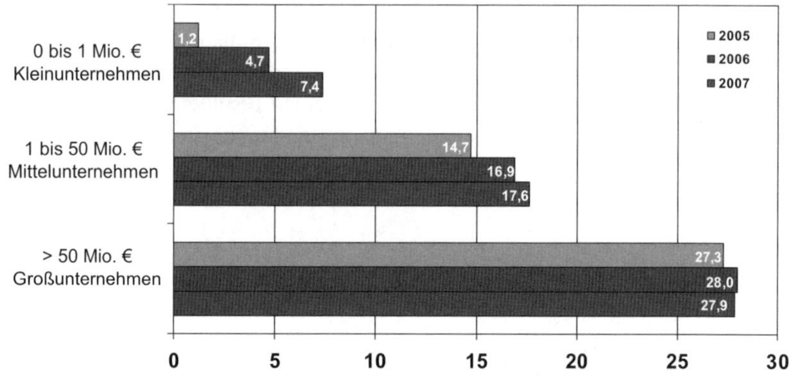

Abbildung 2: *Entwicklung der Eigenkapitalquote von Unternehmen[4] (in % nach Umsatzgrößenklassen)*

3.2 Rechtliche Rahmenbedingungen der Banken

Mit den Anfang 2007 in Kraft getretenen Vorschriften zur Eigenkapitalunterlegung von Bankrisiken („Basel II") sind die Anforderungen an die Kapitalgeber für die Ausgestaltung des Risikomanagements gestiegen. Gemäß den neuen bankenaufsichtlichen Vorgaben richten sich die Kreditkonditionen seitdem stärker am Risikoprofil des Kunden aus: Eine bessere Bonität führt in der Regel zu besseren Konditionen und umgekehrt.

3 Vgl. Deutsche Bundesbank: Bankenstatistik (Statistisches Beiheft 1 zum Monatsbericht), April 2009

4 Vgl. Deutscher Sparkassen- und Giroverband: Diagnose Mittelstand 2009, Januar 2009

Zur Ermittlung fairer Konditionen berücksichtigen Banken und Sparkassen insbesondere den Risikogehalt ihrer Kreditgeschäfte, aber auch die Kosten, die aus der Höhe der bankenaufsichtlich geforderten Eigenkapitalunterlegung resultieren.

Die Eigenkapitalunterlegung wird von den meisten Sparkassen nach dem Kreditrisiko-Standardansatz ermittelt, der die Zuordnung zu Forderungsklassen und – soweit vorhanden – die Nutzung von Ratings externer, von der nationalen Bankenaufsicht anerkannter Ratingagenturen in den Mittelpunkt stellt. Somit haben externe Ratings in Regulierungsvorschriften grundsätzlich an Bedeutung gewonnen. Den Sparkassen dienen sie jedoch überwiegend nur als ergänzendes Element in der Berechnung der Eigenmittelunterlegung, da die Mehrzahl der Unternehmen über kein externes Rating verfügt.

Der Risikogehalt der einzelnen Finanzierung hat großen Einfluss auf die Kreditkondition für den Kunden. Um die Bonität ihrer Kreditnehmer präzise bestimmen zu können, setzen Sparkassen bereits seit einigen Jahren bewährte interne Rating- und Scoringverfahren ein. Dabei handelt es sich um wissenschaftlich fundierte, mit dem Qualitätssiegel der bankenaufsichtlichen Abnahme versehene Verfahren, die auch die Einschätzung der Kundenberater am Ort berücksichtigen. Damit geben diese Verfahren genaue Auskunft über die wirtschaftliche Lage der Kreditnehmer und stellen eine sehr solide Basis für die Berechnung der fairen Kreditkondition dar.

4. Anforderungen an die Finanzkommunikation

4.1 Steigender Informationsbedarf ist kein Selbstzweck

„... Lägen bei ihnen [den Banken] die richtigen Informationen vor, wäre so manche Finanzierungsentscheidung schnell getroffen“, sagt Dr. Klaus Schweinsberg, früherer Chefredakteur und heutiger Herausgeber des Unternehmermagazins Impulse.[5] Damit hat er sehr treffend die Herausforderungen der Finanzkommunikation zwischen Kreditinstitut und Kunde beschrieben.

So muss dem Kunden bewusst sein, dass seine Hausbank fremdes Vermögen verwaltet und die Bankgeschäfte unter staatlicher Aufsicht sowie im Rahmen strenger rechtlicher Vorschriften tätigt. Dies betrifft insbesondere die Bereiche der Legitimation, der Geldwäsche, des Aufbaus und der Prozesse des Kreditgeschäfts (MaRisk) sowie der Offenlegung der wirtschaftlichen Verhältnisse gemäß Kreditwesengesetz. Die Vorgaben schränken den Handlungsspielraum – zu Recht – auf einen vertretbaren Rahmen ein.

---

5 Euler Hermes Kreditversicherungs-AG (Hrsg.): Studie „Finanzkommunikation im Mittelstand“, 2005

Zudem sind alle Kreditinstitute darauf angewiesen, erfolgreich und rentabel zu wirtschaften. Vor diesem Hintergrund müssen sie jedes Kundengeschäft objektiv bewerten, insbesondere im risikoreichen und volumenträchtigen Kreditgeschäft. Aufgabe des Kreditinstituts ist es, dem Kunden die gegebenen Rahmenbedingungen nachvollziehbar zu vermitteln sowie Verständnis für die erhöhten Anforderungen an den Informations- und Kommunikationsaustausch zu schaffen.

4.2 Die Bedeutung des Ratings

Die betriebswirtschaftlich und aufsichtsrechtlich getriebene Gesamtbanksteuerung bringt für Kunden mehr Transparenz, mehr Effizienz, mehr Anreize und damit mehr „Markt". Ein Rating objektiviert und quantifiziert die Beurteilung der Bonität des Kreditnehmers und ergänzt den bewährten Kreditvergabeprozess. Auf dieser Grundlage ermittelt das Kreditinstitut den risikoadäquaten Preis und steuert das Portfolio.

Der Vorteil für den Kunden liegt auf der Hand: Die Kreditkonditionen werden fair und anreizorientiert gestaltet. Gute Bonitäten bedeuten für die Kreditinstitute ein niedrigeres Risiko, das über niedrigere Zinssätze ausgeglichen wird und umgekehrt. So wird eine Quersubventionierung schlechter Bonitäten durch gute Bonitäten vermieden und die Transparenz in der Kundenbeziehung erhöht. Dadurch wiederum werden die Kreditinstitute zu mehr Effizienz getrieben – mit entsprechenden Auswirkungen auf die Konditionen.

Allerdings benötigt das Kreditinstitut für ein internes Rating oftmals mehr, teilweise auch andere und ausführlichere Informationen als bei der traditionellen Kreditvergabe. So bezieht das von den Sparkassen eingesetzte Sparkassen-StandardRating neben quantitativen Faktoren aus der Bilanz und der Gewinn- und Verlustrechnung auch qualitative Faktoren ein. Dabei kann es sich um harte Faktoren wie die Dauer der Geschäftsbeziehung oder die Anzahl der Überziehungstage handeln. Bei den weichen Faktoren ist die Einschätzung insbesondere des Kundenberaters gefragt, der mit seinem Wissen beispielsweise das Auskunftsverhalten, das Produktsortiment oder die Unternehmensstrategie beurteilt. Speziell diese Faktoren tragen dazu bei, das Unternehmen betriebswirtschaftlich umfassend zu beurteilen.

Folglich hat sich ebenso der Druck auf die mittelständischen Unternehmer erhöht, ihre Kapitalgeber aktiv, zuverlässig, offen und umfassend zu informieren und sich mit ihnen regelmäßig auszutauschen. Grundsätzlich lässt sich folgern, dass eine gute Informationspolitik des Unternehmens die Ratingnote und letztlich die Konditionen begünstigt.

Im Gegenzug erwarten die Kunden eine verstärkte Rückmeldung von ihrem Kreditinstitut: Zu welchem Zweck wurden die Informationen benötigt? Wie wurden sie verarbeitet? Zu welchen Schlussfolgerungen führten sie? Welche Entwicklungsmöglichkeiten lassen sich daraus ableiten? Welche Rolle spielt die subjektive Einschätzung des Beraters? Wie kann die Geschäftsbeziehung zukünftig noch besser gestaltet werden? Nur wenn der Kunde Antworten auf diese – explizit formulierten und implizit vorausgesetzten – Fragen erhält, wird er sich an das Kreditinstitut gebunden fühlen.

Nicht zu unterschätzen ist, dass diese Erkenntnisse für beide Partner vorteilhaft sein können, sofern sie genutzt werden, um bekannt gewordene Schwachstellen zu beseitigen. So kann das Rating durchaus den Anstoß zu einer Qualifizierungsoffensive bilden – und damit beiden Seiten weiterhelfen. Insbesondere kleinen Unternehmen wie Handwerksbetrieben, die ansonsten vergleichsweise wenige Kapazitäten auf die Unternehmenssteuerung verwenden, kann aus dem Ratingprozess eine wertvolle Beratung erwachsen, die sie durchaus ihren eigenen Bewertungen gegenüberstellen können.

Diese Prozesskette transparent zu machen, ist Aufgabe einer gelungenen Finanzkommunikation zwischen Kreditinstituten und Kunden.

4.3 Das Sparkassen-StandardRating als Kommunikationsbrücke

Die Sparkassenorganisation hat die kommunikativen Chancen des Ratings erkannt und aufgegriffen. Ihr Ziel ist es, dem Kunden das Rating als Dienstleistung und Potenzialanalyse zu vermitteln. Um dies zu erreichen, haben die Sparkassen das Instrument des Stärken-Potenzial-Profils (SPP) entwickelt, das die Kunden ergänzend zu ihrer Ratingnote erhalten können. Es stellt transparent dar, wie das Ratingergebnis für den Firmenkunden zustande gekommen ist, vermittelt ein Gesamtbild der Situation des Unternehmens aus Ratingsicht und gibt Hinweise für Handlungsmöglichkeiten.

Das Stärken-Potenzial-Profil wird automatisch und ohne zusätzlichen Erfassungsaufwand aus der Ratinganwendung erzeugt. Über den Umfang des SPP entscheiden das Ratingsegment und der Informationsbedarf des Kunden: Das Grundprofil des SPP zeigt dem Firmenkunden mithilfe des sogenannten Rating-Tachometers auf, in welchen Bereichen das Unternehmen gut positioniert ist, wo Potenziale liegen oder auch Handlungsbedarf besteht. So kann der Kunde erkennen, welchen Einfluss die Ratingfaktoren auf das Ratingergebnis haben (Abbildung 3). Das Premium-Profil des SPP vergleicht zusätzlich die Entwicklung des Unternehmens im Zeitverlauf und mit der Branche. Dabei greift das SPP auf die bundesweit größte Datenbasis über mittelständische Unternehmen zurück. In dieser Datenbank werden die beim Ratingprozess erhobenen Daten zentral in anonymer Form zusammengeführt. Da das SPP modular aufgebaut ist, kann der Berater das Profil ebenso wie die Anzahl der einzubeziehenden Faktoren selbst auswählen und auf den Informationsbedarf des Kunden abstimmen.

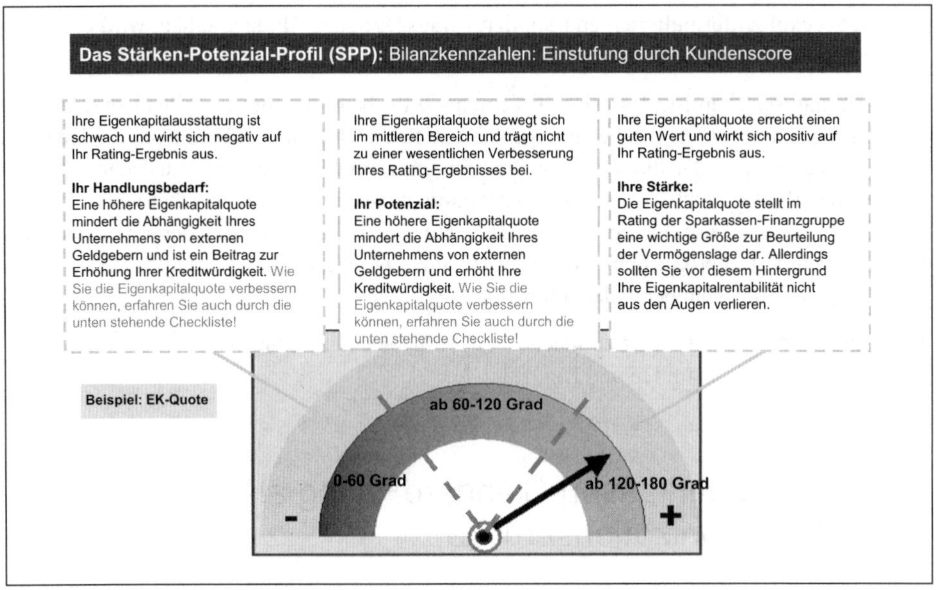

Abbildung 3: *Das Rating-Tachometer des Stärken-Potenzial-Profils (SPP)*

Die Vorteile des SPP für die Sparkassen sind eindeutig: Mit überschaubarem Aufwand wird eine objektive Grundlage für eine transparente und sichere Kundenkommunikation geschaffen. Die Kunden können individuell, kompetent und umfassend beraten werden, wodurch die Kundenbindung gestärkt wird. Auf Grundlage der identifizierten Kundenbedürfnisse können Vertriebsanlässe geschaffen werden. Zudem wird das Ratingergebnis nachvollziehbar vermittelt. Die Kunden wiederum erhalten wertvolle Erläuterungen und Hinweise für die weitere Ausrichtung des Unternehmens.

4.4 Kommunikationsanlässe schaffen und pflegen

Meist basiert die erfolgreiche Zusammenarbeit zwischen Kunden und Betreuer auf einem über Jahre aufgebauten Vertrauensverhältnis. Die Kommunikation des Ratings und insbesondere der Ratingnote kann somit nicht losgelöst von einer ganzheitlichen und strukturierten Beratung gesehen werden. Sie muss vielmehr in eine umfassende und durchgängige Betreuung im Firmenkundengeschäft eingebunden sein.

Eine effiziente Unterstützung für die Gespräche mit dem Kunden liefert das Sparkassen-Finanzkonzept Firmenkunden. Ziel des Konzepts ist es, den Kunden qualitativ hochwertig zu beraten, Produktbedarfe des Kunden zu identifizieren und ihm passende Produkte anzubieten. Dazu bedient sich dieses Betreuungskonzept strukturierter, haptischer Beratungsmedien, die den Betreuer im Kundengespräch unterstützen. Da der Fokus dieses Konzepts auf der umfassenden Kundenbetreuung liegt, ist neben der bedürfnisorientierten Beratung die betriebswirtschaftliche Begleitung des Kunden – dazu gehören insbesondere das Rating und die Ratingkommunikation.

Einen weiteren Schwerpunkt der Sparkassenberatung bildet die betriebswirtschaftliche Begleitung des Kunden. Um diesem Anspruch gerecht zu werden, führt der Betreuer einmal im Jahr mit jedem Kunden ein Strategiegespräch, das ebenfalls im Sparkassen-Finanzkonzept beschrieben und ein idealtypischer Ausgangspunkt der ganzheitlichen Kundenbetreuung von Firmen- und Gewerbekunden ist. Hierbei bespricht der Berater zunächst mit dem Kunden anhand des Jahresabschlusses die wirtschaftliche Situation des vergangenen Jahres und stellt das Ratingergebnis vor. Weitere Informationen und Zahlen zum Warenlager und zum Forderungsbestand geben Aufschluss über den Entwicklungsstand. Anhand der vorliegenden Bilanzen, der aktuellen Betriebswirtschaftliche Auswertung (BWA) sowie der Kredit- und Kostenübersicht kann wiederum der Unternehmer Trendentwicklungen erläutern und darstellen, welche Maßnahmen zur Beseitigung der Schwachstellen bereits eingeleitet wurden.

Besonders interessant sind Aussagen zur zukünftigen Entwicklung des Betriebs. Hier ist heute eine ertrags- und finanzkraftorientierte Unternehmenssteuerung gefragt, die der Unternehmer mit einer plausiblen Ertrags- und Finanzplanung erläutern kann. Insbesondere die Finanzplanung, in der die Zielgrößen für die zukünftigen Einnahmen und Ausgaben zur Sicherstellung jederzeitiger Zahlungsfähigkeit festgelegt werden, steht im Mittelpunkt des Interesses. Auf dieser Basis wird gemeinsam ein Maßnahmenplan für die identifizierten, betriebswirtschaftlichen Handlungsfelder erarbeitet. Die aus dem Grundsatzgespräch gewonnenen Informationen über das Unternehmen können sinnvoll mit den im Stärken-Potenzial-Profil veranschaulichten Potenzialen verknüpft werden: Der Kundenbetreuer kann unmittelbar bedarfsgerechte Lösungsansätze und entsprechende Finanzierungsprodukte anbieten und sich als ebenso kompetenter wie vertrauensvoller Partner positionieren. So schlägt das SPP eine Brücke zwischen Rating und Vertrieb.

Das Ziel für den Betreuer besteht darin, die erforderlichen betrieblichen Optimierungen aufzuzeigen und nach Möglichkeit gemeinsam mit dem Kunden umzusetzen. Dieses Ziel soll in vier Schritten erreicht werden (Abbildung 4):

- Zunächst stellt der Betreuer Kernkennzahlen wie die Eigenkapitalrendite aus der aktuell erstellten Jahresabschlussanalyse im Zeit- und Branchenvergleich vor.
- Anschließend geht der Betreuer mithilfe der Ratinginformationen auf die Ratingnote ein und erläutert, wie sie sich auf das Kreditengagement auswirkt, beispielsweise hinsichtlich der Kreditlinien oder der Besicherung. Für diese Präsentation bietet sich das Stärken-Potenzial-Profil an.
- Im nächsten Schritt wird der Blickwinkel des Gesprächs stärker in die Zukunft gerichtet: Ausgehend von der Unternehmensstrategie werden die bestehenden Planungen des Kunden, etwa zu möglichen Investitionen, erfragt.

- Anschließend besprechen Betreuer und Kunde die notwendigen Handlungsfelder und leiten Optimierungsvorschläge ab. Diese könnten sich beispielsweise auf Maßnahmen zu Kostensenkungen oder zur Ausweitung des Kundenkreises beziehen. Abschließend überführt der Betreuer die besprochenen Maßnahmen in einen Terminplan und bespricht, in welcher Form die Sparkasse den Kunden bei der weiteren betrieblichen Optimierung begleiten kann.

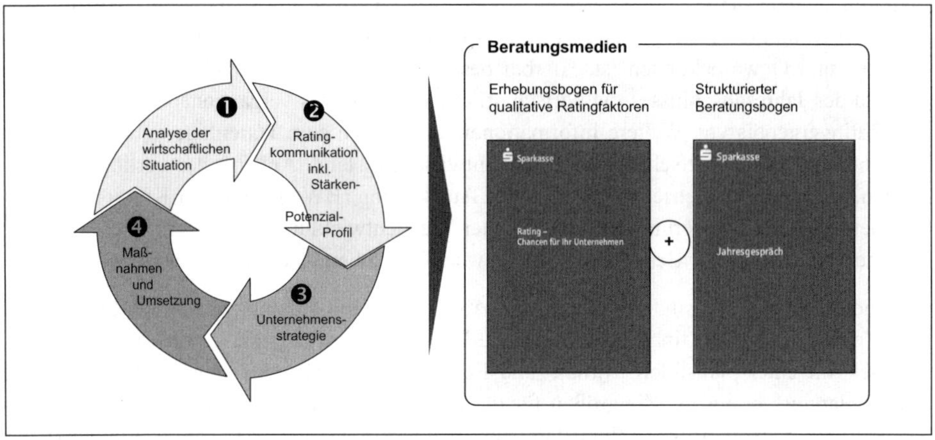

Abbildung 4: *Ablauf und Beratungsmedien des Jahresgesprächs*

Ergänzend hierzu sollen im Rahmen des Sparkassen-Finanzkonzepts unterjährig Telefonate und weitere Unterlagen den Informationsstand zur Geschäftsentwicklung fortschreiben. Sofern professionell vor- und aufbereitet, wird so eine gute Basis für die Darstellung der unternehmerischen Ziele und Strategien geschaffen, die nicht zuletzt auf die Kreditwürdigkeit eines Unternehmens Einfluss hat.

Eine offene Informationspolitik zwischen Kreditinstitut und Unternehmer kann dazu beitragen, das Unternehmen frühzeitig zukunftssicher aufzustellen und somit wichtige Geschäftsbeziehungen zu sichern. Wesentliche Bestandteile einer offenen Informationspolitik vonseiten des Unternehmens sind umfassende qualitative und quantitative Informationen, die kontinuierlich dem Kreditinstitut präsentiert werden. Dies reduziert in erheblichem Maße den zeitlichen und personellen Arbeitsaufwand bei Finanzierungs-/Kreditanfragen. Das Unternehmen erleichtert dem Kreditinstitut die Finanzierungsentscheidung durch gut vorbereitete Unterlagen, die dem Kreditinstitut bereits im Vorfeld der Finanzierungsgespräche zur Verfügung gestellt wurden. Die bereitzustellenden Unterlagen sollten dabei deutlich über Bilanz und Gewinn- und Verlustrechnung hinausgehen und können auch vertrauliche und qualitative Informationen einschließen. Neben Investitionsberechnungen und einer Beschreibung des Investitionsgegenstands und -vorhabens tragen Kapitalflussrechnungen, Liquiditäts- und Projektpläne als weitere aussagefähige Unterlagen zu einer schnellen Entscheidung bei. Zudem ist jede Kreditanfrage durch ein gerechtfertigtes Antragsmotiv nachvollziehbar zu begründen.

5. Fazit

Im Rahmen der vertrauensvollen und partnerschaftlichen Zusammenarbeit ist es also wichtig, dass Unternehmen ihr Kreditinstitut über alle Entwicklungen und Erwartungen rechtzeitig und zeitnah informieren. Dies gilt insbesondere für „Krisenzeiten", in denen die Aufarbeitung und Bereitstellung aussagefähiger Unterlagen ein „Muss" darstellt. Die eigene Situation „schön zu reden" bzw. nicht sehen zu wollen, zu taktieren und auf Zeit zu spielen, nützt nichts!

Denn:

- Kreditinstitute bekommen erste Krisenanzeichen ohnehin mit durch
  - Zahlenwerk (Jahresabschluss, kurzfristige Erfolgsrechnung),
  - Kontoführung (Umsatzvolumen, Überziehungen),
  - verstärkte Auskunftsanfragen.
- In Krisenzeiten dreht sich die Spirale „immer schneller".
- Kreditinstitute haben verschiedene Möglichkeiten zu helfen (z.B. Tilgungsaussetzung, Zinsstundung, Bereitstellung zusätzlicher Mittel), sofern
  - klare Transparenz besteht,
  - die Sanierungsfähigkeit und -würdigkeit gegeben sind und
  - sich der Unternehmer im Rahmen seiner Möglichkeiten beteiligt.

Für alle Gläubiger sind daher Aussagen zu den Ursachen eines Umsatz- bzw. Gewinneinbruchs, zur aktuellen und zukünftigen Liquiditätssituation wichtig und aufschlussreich für ein „Gegensteuern". Überdies schafft ein Unternehmen hierdurch und mit einem ersten (= eigenen) Maßnahmenplan für das Kreditinstitut Transparenz und die Möglichkeit, unterstützend einzugreifen. Hierzu zählt auch, die Finanzberater des Unternehmens – Kreditinstitut, Steuerberater, Unternehmensberater, u.U. Rechtsberater – frühzeitig zusammenzubringen, um ein ausgereiftes Konzept zur Krisenabwehr zu erarbeiten.

Finanz-Kommunikation zur Existenzsicherung im Mittelstand

Stephan Paul

1. Einleitung

Seit zwei Jahren erlebt Deutschland die schwerste Finanz- und Wirtschaftskrise seit dem zweiten Weltkrieg. Waren anfangs allein Kreditinstitute durch Abschreibungen und Wertberichtigungen in Milliardenhöhe betroffen, so hat die, in zuvor ungeahnter Geschwindigkeit, rückläufige Konjunktur mittlerweile tiefe Einschnitte in allen Branchen hinterlassen. Sowohl bei manchen Großunternehmen, die wie Opel, Arcandor oder Porsche besonders im Blickpunkt der Öffentlichkeit stehen, als auch bei mittelständischen Unternehmen, wie z.B. im Bereich der Automobilzulieferung, ist das Bild von Produktionsrückgängen, Kurzarbeit und mitunter sogar der Einleitung von Insolvenzverfahren geprägt.

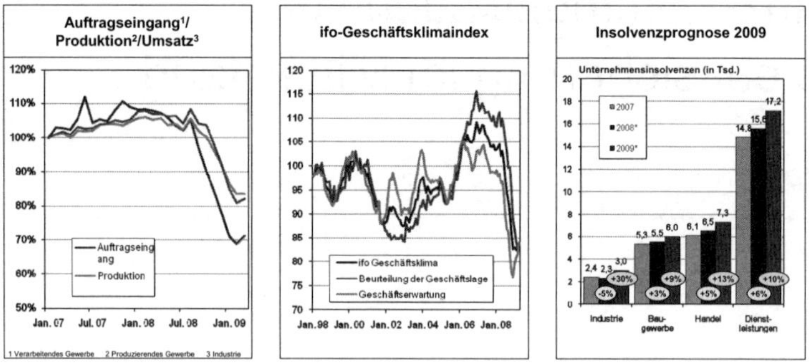

Abbildung 1: *Durchschlag der Finanzkrise auf die Realwirtschaft*[1]

Die betriebliche Finanzierung wird in diesem Umfeld zu einem zentralen Engpassfaktor: Flächendeckend geraten die Cashflows aus der Umsatztätigkeit – und damit die Hauptliquiditätsquelle „Innenfinanzierung" des Mittelstands – unter Druck; zugleich zeigen sich viele Banken bei der Kreditvergabe restriktiver als in der Vergangenheit, sodass auch die Verfügbarkeit externer Finanzierung rückläufig ist.

Im letzten Bank Lending Survey (August 2009) berichtet die Bundesbank von deutlich verschärften Angebotsbedingungen bei der Kreditvergabe. Bereits im Jahr 2007 beginnend, sind die Preise für Kredite im Durchschnitt der deutschen Kreditwirtschaft angestiegen, die Kredithöhen wurden zurückgefahren, die Sicherheitenanforderungen stiegen an und auch die in Kreditverträgen zu findenden Covenants (Auflagen wie das Einhalten bestimmter Kennziffern durch den Kreditnehmer) wurden ausgeweitet. Haupttreiber dieser verschärften Kreditstandards sind zum einen die verschlechterten Konjunkturbedingungen, zum anderen (damit zum Teil im Zusammenhang stehende) branchen- und firmenspezifische Faktoren.

1 Vgl. Vgl. Stephan Paul, Wim Kösters: Die Bankenkrise als Kern der weltweiten Finanz- und Wirtschaftskrise, in: politische Bildung, 42. Jg., 3/2009, S. 42-62

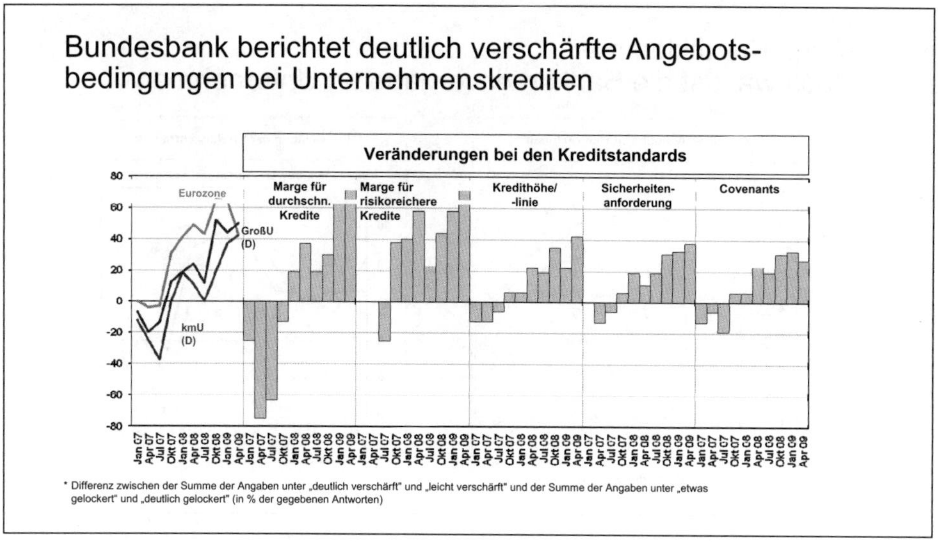

Abbildung 2: *Veränderungen bei den Kreditstandards*[2]

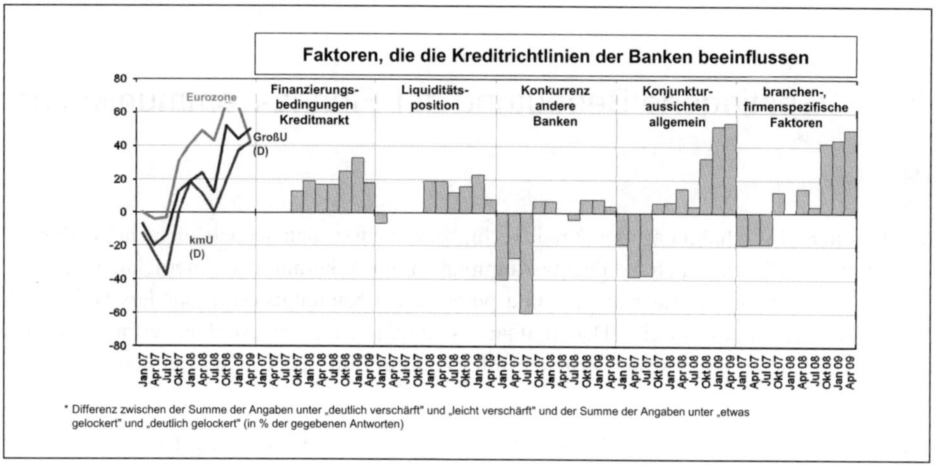

Abbildung 3: *Haupttreiber der Verschärfung von Kreditstandards*[3]

Die in der Öffentlichkeit bereits vielfach thematisierte „Kreditklemme" ist demnach nicht in Sicht. Zwar haben – wie eben gesagt – einzelne Kreditnehmer (speziell in bestimmten Branchen) größere Schwierigkeiten an Finanzmittel zu kommen, aber noch wächst die Kreditvergabe an Unternehmen, wenn auch mit rückläufigen Steigerungsraten.

---

2 European Central Bank: Bank Leading Survey

3 European Central Bank: Bank Leading Survey

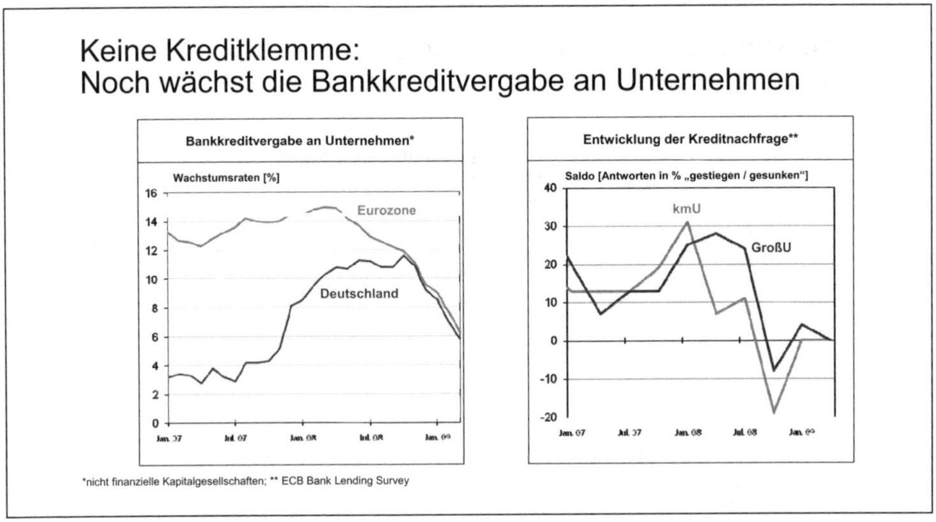

Abbildung 4: *Bankkreditvergabe an Unternehmen*[4]

2. Gestiegene Bedeutung der Finanz-Kommunikation

Eine weitere Einschränkung der Kreditverfügbarkeit lässt sich jedoch nicht ausschließen. Damit wird in diesen Zeiten die Finanz-Kommunikation (Fikomm) der Unternehmen, also ihr zielgerichteter Umgang mit aktuellen und potenziellen Kapitalgebern besonders bedeutend. Es handelt sich indes um eine Daueraufgabe, denn der dabei angestrebte Vertrauensaufbau durch verlässliche, umfassende, zeitnahe Informationspolitik geht nicht von heute auf morgen.

Gerade der Mittelstand hat hier Nachholbedarf. Dies ergab eine 2005 angefertigte, erste Studie der „Initiative Finanz-Kommunikation" unter der Führung der Euler Hermes Kreditversicherungs-AG und der Commerzbank AG. Die Ergebnisse zeigten, dass im Mittelstand eine ganze Reihe von Vorbehalten gegenüber der Finanz-Kommunikation bestehen. Nur jedes zweite Unternehmen informierte seinen Kapitalgeber gern. Dies erfolgte zudem häufig unzureichend, da fast die Hälfte der Firmen nicht wusste, wie die Informationen beim Kapitalgeber eigentlich genutzt werden. Viele Unternehmen könnten also ihre Finanz-Kommunikation

4 Nach Angaben der Deutschen Bundesbank vom 10. Februar 2009; vgl. ausführlicher zu dieser Frage Deutsche Bundesbank: Die Entweicklung der Kredite an den privaten Sektor in Deutschland während der globalen Fiannzkrise, in: Monatsbericht, 62. Jg., 9/2009, S. 17-36.

verbessern und somit sichtbar positive Ergebnisse erzielen – sowohl „harte“ in Form von besserem Zugang zu Kapital als auch „weiche“ als Unterstützung durch den Kapitalgeber, insbesondere in schwierigeren Zeiten.

Vor dem Hintergrund der Finanzmarktkrise entschloss sich die Initiative, diese Untersuchung im Jahr 2008 in veränderter Form zu wiederholen. Um repräsentative Ergebnisse zu erzielen, wurden insgesamt 716 Unternehmen aus unterschiedlichen Branchen, Größenklassen und Sektoren befragt. Und um die Einstellung von Unternehmern, Geschäftsführern und Managern mit den Ansichten, Erfahrungen und Meinungen der „Gegenseite“ zu spiegeln, wurden auch 300 Kapitalgeber telefonisch interviewt, zu zwei Dritteln Banken und Sparkassen. Die Befragung fand im Spätherbst 2008 nach den krisenhaften Zuspitzungen infolge der Pleite von Lehman Brothers statt.

Alle Unternehmen in der repräsentativen Stichprobe sind handelsregisterlich eingetragene, nicht börsennotierte Unternehmen mit einem Mindestumsatz von 500.000 Euro. Es dominieren Handelsbetriebe mit einem Anteil von 33 % und Dienstleister mit 27 % der Stichprobe; 18 % entfallen auf das verarbeitende Gewerbe. Rund 92 % der Unternehmen nennen einen Umsatz zwischen 0,5 und 10 Mio. Euro.

3. Erfolgsrezepte der Finanz-Kommunikation

Ziel der Studie war es nicht (wie häufig üblich), Durchschnittswerte mit Blick auf die Qualität der Finanz-Kommunikation über alle Unternehmen hinweg zu ermitteln, da diese die Realität mehr oder weniger stark einebnen. Es ging vielmehr darum, möglichst klar „Licht und Schatten“ zu unterscheiden. Tatsächlich lassen sich statistisch-objektiv (im Rahmen einer Faktoren- und nachgeschalteten Clusteranalyse) zwei Gruppen von Unternehmen identifizieren, die sich untereinander sehr viel stärker ähneln als im Vergleich miteinander: Die Apostel, zu denen 40 % der Befragten gehören, und die Skeptiker, die 60 % ausmachen.

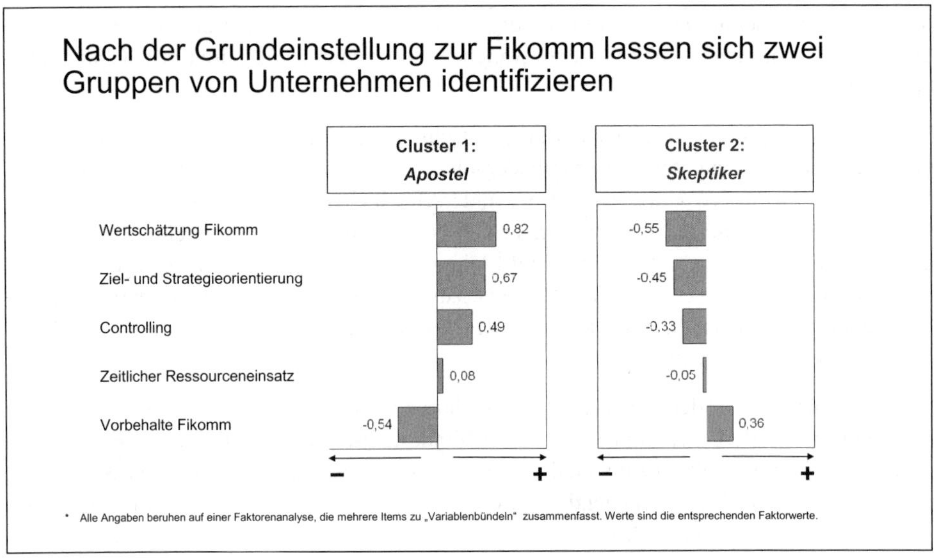

Abbildung 5: *Grundeinstellung der Unternehmen zur Finanz-Kommunikation*[5]

Apostel heben sich in ihrer generellen Wertschätzung der Finanz-Kommunikation deutlich positiv vom Durchschnitt ab. Sie glauben, eine gute Performance in dieser Frage sei nützlich und helfe ihnen bei der Steuerung des Unternehmens. Diese positive Einstellung lässt sich bei fünf wesentlichen Kriterien eindeutig feststellen. Im Gegensatz dazu weichen die Skeptiker bei allen Kriterien negativ vom Durchschnitt ab; sie haben umgekehrt größere Vorbehalte gegenüber der Finanz-Kommunikation und fühlen sich häufiger als Bittsteller bei ihren Kapitalgebern.

Lohnt sich aber der Mehraufwand für die Apostel überhaupt? Haben sie nachweisbare Vorteile bei ihrer Finanzierung? Sind sie vielleicht sogar die erfolgreicheren Unternehmer?

Die Finanz-Kommunikations-Typen unterscheiden sich zunächst in ihrer betriebswirtschaftlichen Performance deutlich. Die Apostel beurteilen ihre geschäftliche Lage besser als die Skeptiker. Von den Aposteln wird auch viel häufiger ein positiver Umsatz- und Gewinntrend berichtet. Umgekehrt: Unter den Skeptikern sind fast dreimal mehr Unternehmen, die sich in der Krise befinden.

Was bringt nun aber den Aposteln ihr Engagement konkret bei der Finanzierung? Zunächst einmal lässt sich sagen: nicht häufiger vom expliziten Zinssatz her „billigere" Kredite als für die Skeptiker. Die Aussage „unsere Finanzierung kostet uns weniger" machen 40 % der Skeptiker, aber auch nur 42 % der Apostel.

5 Vgl. Studie „Finanz-Kommunikation jetzt krisenfest machen", in: Euler Hermes Kreditversicherungs-AG (Hrsg.): Wirtschaft Konkret Nr. 421, Hamburg 2008, S. 10.

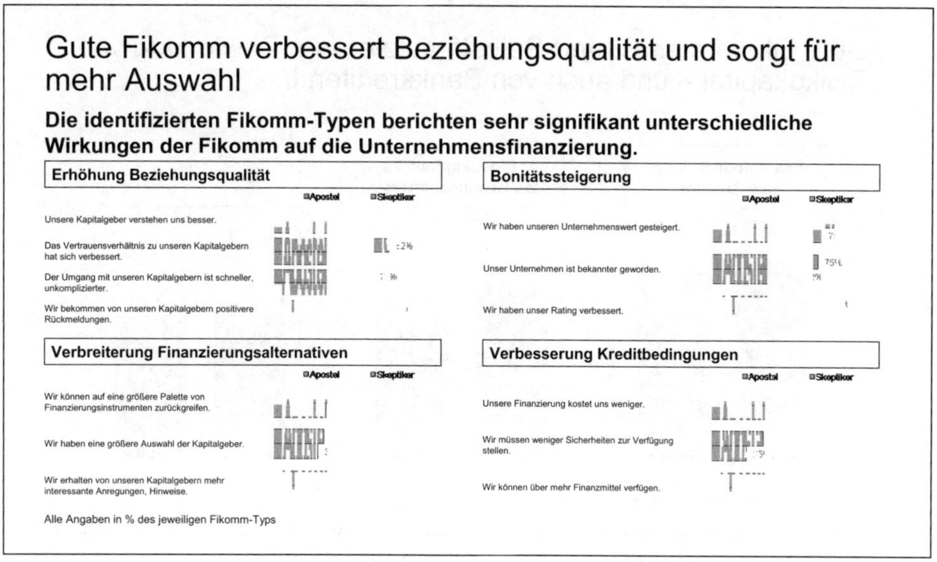

Abbildung 6: *Fikomm-Typen und die Wirkungen der Finanz-Kommunikation auf die Unternehmensfinanzierung*[6]

Sehr große Unterschiede zeigen sich indes bei anderen Kreditbedingungen: Gute Finanz-Kommunikation verbessert die Beziehungsqualität zu den Kapitalgebern und sorgt für größere Finanzierungsauswahl. Apostel bekommen von ihren Kapitalgebern wesentlich öfter positive Rückmeldungen als Skeptiker (+34 %-Punkte), sie können ihr Vertrauensverhältnis zu den Kapitalgebern erheblich verbessern (+ 30 %-Punkte) und sie sagen viel öfter „unsere Kapitalgeber verstehen uns besser" (+ 30 %-Punkte). Dass sie über mehr Finanzmittel verfügen können, bejahen 67 % der Apostel, während das nur 41 % der Skeptiker von sich behaupten.

Über diese direkten Folgen hinaus gewinnen Unternehmen, die sich intensiv um ihre Finanz-Kommunikation kümmern, noch weitere Vorteile: Sie haben es leichter bei der Selbstfinanzierung aus dem Umsatz, bei der Gewinnung von Risikokapital und als Folge auch von Bankkrediten. Dies zeigt sich besonders markant bei der Eigenkapitalausstattung: Eine wesentlich größere Zahl der Apostel als der Skeptiker verfügt über eine hohe Eigenkapitaldecke. 39 % der Apostel weisen Eigenkapitalquoten von 30 % und mehr auf, während es bei den Skeptikern nur 27 % sind.

6 Vgl. Studie „Finanz-Kommunikation jetzt krisenfest machen", in: Euler Hermes Kreditversicherungs-AG (Hrsg.): Wirtschaft Konkret Nr. 421, Hamburg 2008, S. 11.

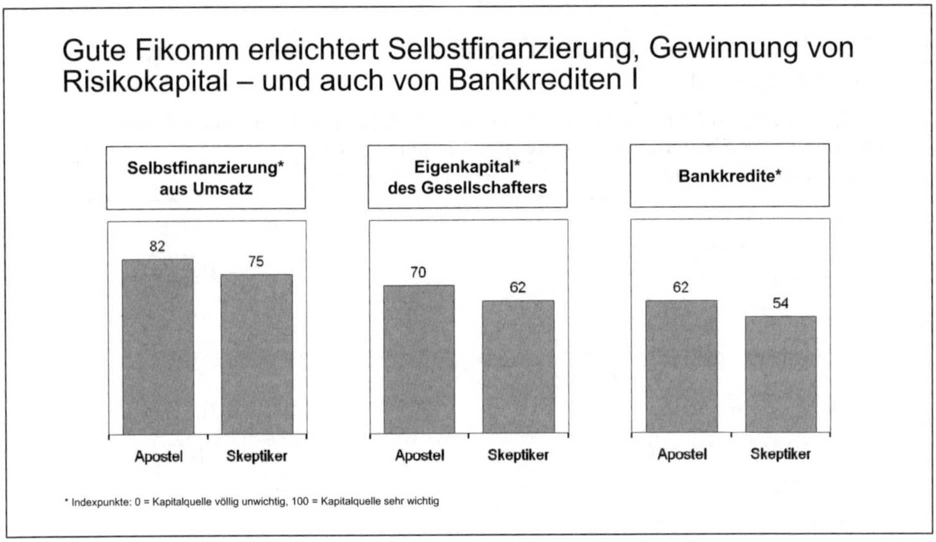

Abbildung 7: *Vorteile für Unternehmen durch gute Fikomm I*[7]

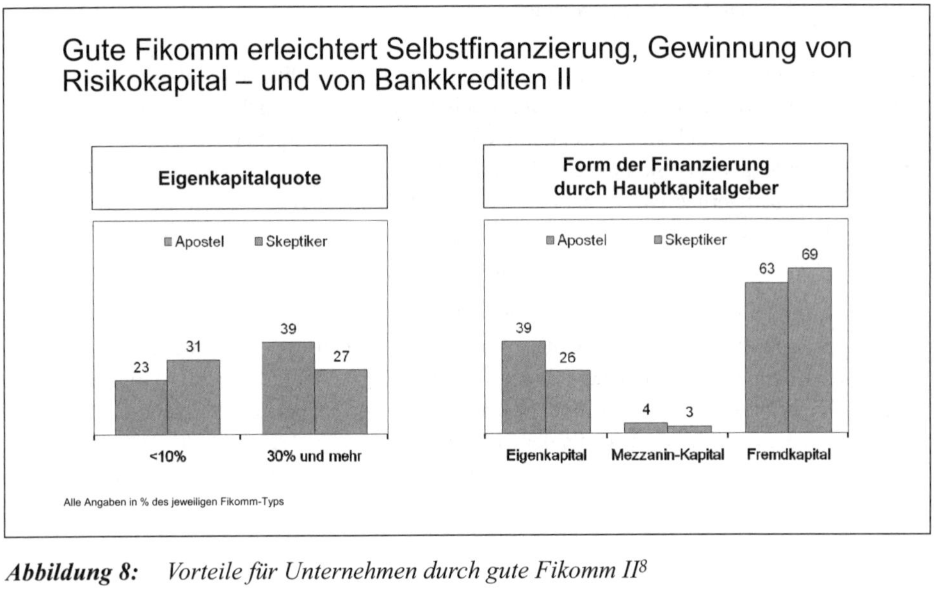

Abbildung 8: *Vorteile für Unternehmen durch gute Fikomm II*[8]

---

7 Vgl. Studie „Finanz-Kommunikation jetzt krisenfest machen“, in: Euler Hermes Kreditversicherungs-AG (Hrsg.): Wirtschaft Konkret Nr. 421, Hamburg 2008, S. 11.

8 Vgl. Studie „Finanz-Kommunikation jetzt krisenfest machen“, in: Euler Hermes Kreditversicherungs-AG (Hrsg.): Wirtschaft Konkret Nr. 421, Hamburg 2008, S. 11.

Damit lässt sich als Zwischenergebnis sehr deutlich ableiten: Unternehmen, die sich intensiv um ihre Finanz-Kommunikation kümmern, haben entscheidende Vorteile:

- Sie können mehr Verständnis von ihrem Kapitalgeber erwarten, gerade auch in Krisenzeiten.
- Sie haben mehr Finanzmittel zur Verfügung.
- Sie müssen weniger Sicherheiten stellen.
- Sie kommen unkomplizierter an ihre Finanzierung und sie sparen Zeit ein, die sie in anderen Unternehmensbereichen produktiver nutzen können.

Wenn sich das derzeitige Misstrauen an den Kapitalmärkten auch auf das persönliche Kreditgeschäft im Rahmen einer klassischen Hausbankbeziehung überträgt, dann werden Strategien, die eine vertrauensvolle Zusammenarbeit von Kapitalgeber und Kapitalnehmer fördern, sogar zu einer Überlebensfrage. Mittelständische Unternehmen müssen deshalb jetzt ihre Finanz-Kommunikation krisenfest machen.

4. Was Apostel besser machen

Wie kommen die Apostel zu diesem Erfolg? Zu aller erst durch eine klare Ziel- und Strategieorientierung. Apostel haben klare Ziele für die Gespräche mit ihren Kapitalgebern. Sie planen, welche Finanzierungsinstrumente grundsätzlich für sie in Frage kommen. Und darüber hinaus: Sie wissen, wie sie als Schuldner von den Kapitalgebern eingeschätzt werden.

Zweiter Punkt: Apostel vermitteln ihren Kapitalgebern ein klareres Unternehmensbild als Skeptiker, sowohl in der Breite der Informationen als auch in der Tiefe. Bilanzen, Gewinn- und Verlustrechnung oder unterjährige betriebswirtschaftliche Analysen werden von beiden Lagern weitgehend als notwendige Basisinformationen angesehen. Wesentliche Unterschiede von bis zu 30 %-Punkten zeigen sich aber bei denjenigen Informationsbereichen, die die Nachhaltigkeit des Geschäftsmodells und die Zukunftsfestigkeit des Unternehmens besonders stark betreffen:

- Innovationen
- Finanzierungsstrategie
- Finanzplan
- Risikosituation
- Marktstrategie

Auch die Wege, die bei der Finanz-Kommunikation genutzt werden, unterscheiden sich deutlich voneinander. Als wichtig werden von beiden Gruppen etwa gleich stark persönliche Treffen, Berichte, Telefongespräche und Briefe angesehen. Tatsächlich genutzt aber werden mit weitem Abstand von beiden etwa gleich stark die persönlichen Treffen. Eine klare Diskrepanz zeigt sich in den umfangreichen schriftlichen Berichten: Fast zwei Drittel der Apostel fertigen sie an, aber nur 40 % der Skeptiker. Und auch die Nachhaltigkeit der Informationen ist sowohl nach sachlichen als auch nach persönlichen Kriterien bei den Aposteln deutlich stärker ausgeprägt als bei den Skeptikern.

Größere Aufgeschlossenheit und das Verständnis für die Finanz-Kommunikation schlagen sich auch in dem Bild nieder, das die Unternehmer von ihren Hauptkapitalgebern haben. Die Apostel bewerten ihre Ansprechpartner in den Banken und anderen Finanzierungsinstituten durchweg positiver als die Skeptiker, ganz gleich, ob es sich um deren Fach-, Sozial- oder Methodenkompetenz handelt. Insgesamt ist das Verhältnis von Aposteln und Kapitalgebern offensichtlich angenehmer und effektiver. 85 % der Apostel kommen so zu der Aussage, sie würden bei zukünftigem Kapitalbedarf wieder auf den gewohnten Kapitalgeber zurückgreifen. Bei den Skeptikern sagen dies 72 % – ein Wert, der in wissenschaftlichen Forschungen über die Kundenbindung als kritisch eingestuft wird. Es droht akut die Gefahr, dass die Geschäftsbeziehung bei der (aus Sicht des Unternehmens) nächstbesten Gelegenheit verlassen wird; die Firmen suchen sich also einen anderen Finanzier.

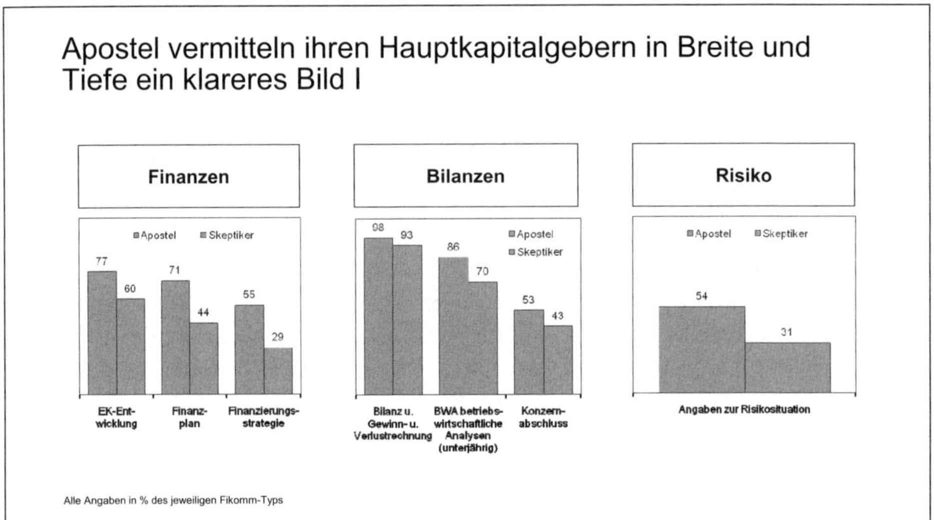

Abbildung 9: *Klareres Unternehmensbild der Apostel I*[9]

9 Vgl. Studie „Finanz-Kommunikation jetzt krisenfest machen“, in: Euler Hermes Kreditversicherungs-AG (Hrsg.): Wirtschaft Konkret Nr. 421, Hamburg 2008, S. 12.

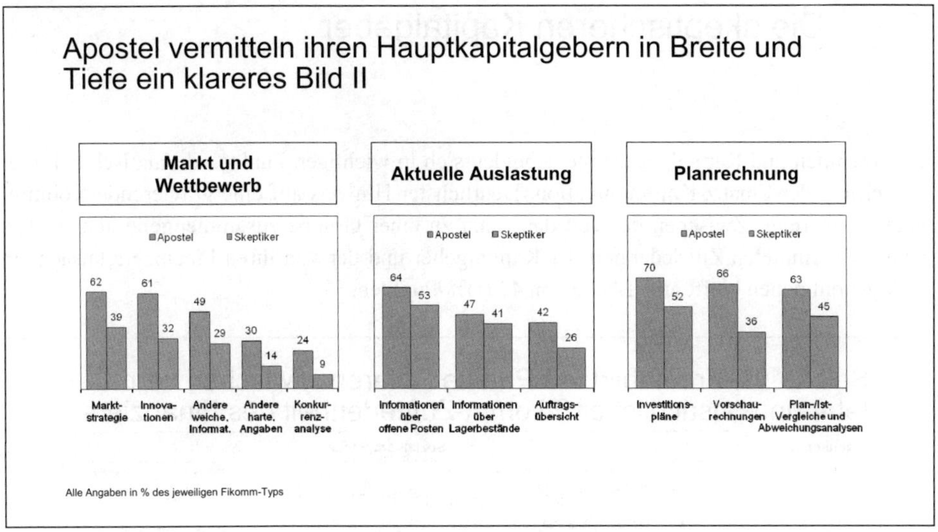

Abbildung 10: *Klareres Unternehmensbild der Apostel II*[10]

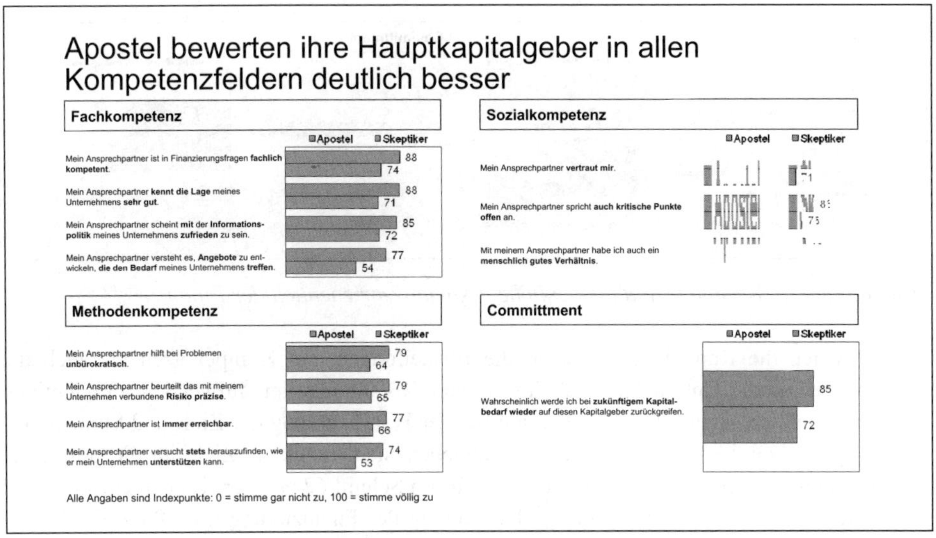

Abbildung 11: *Bewertung der Hauptkapitalgeber durch die Apostel*[11]

10 Vgl. Studie „Finanz-Kommunikation jetzt krisenfest machen", in: Euler Hermes Kreditversicherungs-AG (Hrsg.): Wirtschaft Konkret Nr. 421, Hamburg 2008, S. 12.

11 Vgl. Studie „Finanz-Kommunikation jetzt krisenfest machen", in: Euler Hermes Kreditversicherungs-AG (Hrsg.): Wirtschaft Konkret Nr. 421, Hamburg 2008, S. 14.

5. Die skeptischeren Kapitalgeber

Unternehmen und Kapitalgeber unterscheiden sich in wichtigen Punkten dramatisch bei ihrer Bewertung der Finanz-Kommunikation. Deutlichster Hinweis auf eine gravierende Kommunikationsstörung: Zwischen der von den (jetzt zu einer Gruppe zusammengefassten) Unternehmen vermuteten Zufriedenheit der Kapitalgeber und der von ihren Finanziers tatsächlich wahrgenommenen klafft eine Lücke von 42 (!)%-Punkten.

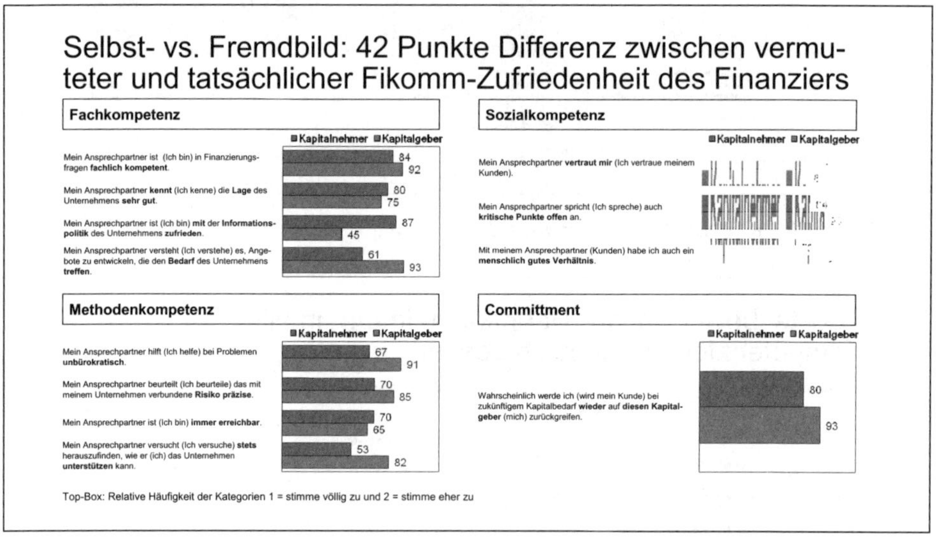

Abbildung 12: *Vermutete und tatsächliche Fikomm-Zufriedenheit der Finanziers*[12]

Zudem sehen die Kapitalgeber sowohl die Einstellungen und Kompetenzen als auch die Ressourcen, die die Unternehmen für ihre Finanz-Kommunikation aufwenden, in wichtigen Punkten erheblich skeptischer. Das beginnt bei der Wahrnehmung der Ziel- und Strategieorientierung. Während 88 % der Unternehmer angeben, sie hätten klare Ziele für die Gespräche mit den Kapitalgebern, nehmen diese das nur für im Schnitt 62 % ihrer Kunden entsprechend wahr. Noch größer ist der Abstand bei der Planung des Finanzierungsmix. 80 % der Unternehmen meinen hier, sorgfältig zu planen, die Kapitalgeber bestätigen dies aber lediglich zu 45 %. Ein weiterer extremer Unterschied besteht offenbar auch in der Wahrnehmung, wie viel Zeit für die Finanz-Kommunikation tatsächlich aufgewendet wird. Während nur 15 % der Unternehmer sagen, sie hätten keine Zeit, Kapitalgeber über ihr Unternehmen zu informieren, halten dies 42 % der Kapitalgeber für zutreffend.

---

12 Vgl. Studie „Finanz-Kommunikation jetzt krisenfest machen“, in: Euler Hermes Kreditversicherungs-AG (Hrsg.): Wirtschaft Konkret Nr. 421, Hamburg 2008, S. 16 f.

Kapitalgeber empfinden die Informationsübermittlung keineswegs als so zeitnah und schnell, wie von den Unternehmen behauptet wird (53 % zu 75 %) und keineswegs für so proaktiv auch in schwierigen Unternehmenssituationen (45 % zu 65 %). Was den Umfang des Datenmaterials anbelangt, fällt auf, dass ganz gleich, ob es um „harte" Fakten, wie die Entwicklung des Eigenkapitals, die Finanzplanung oder die Bilanz bzw. die Gewinn- und Verlustrechung geht, oder aber um „weiche" Faktoren, wie die Angaben zur Marktstrategie, zu Innovationen etc., stets sagen weniger Kapitalgeber als Unternehmer, sie bekämen die notwendigen Informationen.

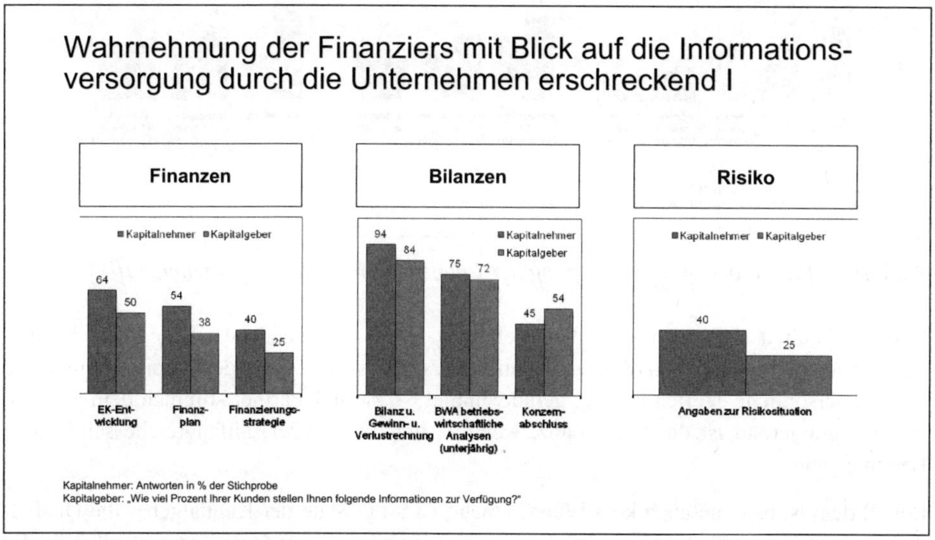

Abbildung 13: *Informationsversorgung der Finanziers durch die Unternehmen I*[13]

13 Vgl. Studie „Finanz-Kommunikation jetzt krisenfest machen", in: Euler Hermes Kreditversicherungs-AG (Hrsg.): Wirtschaft Konkret Nr. 421, Hamburg 2008, S. 17.

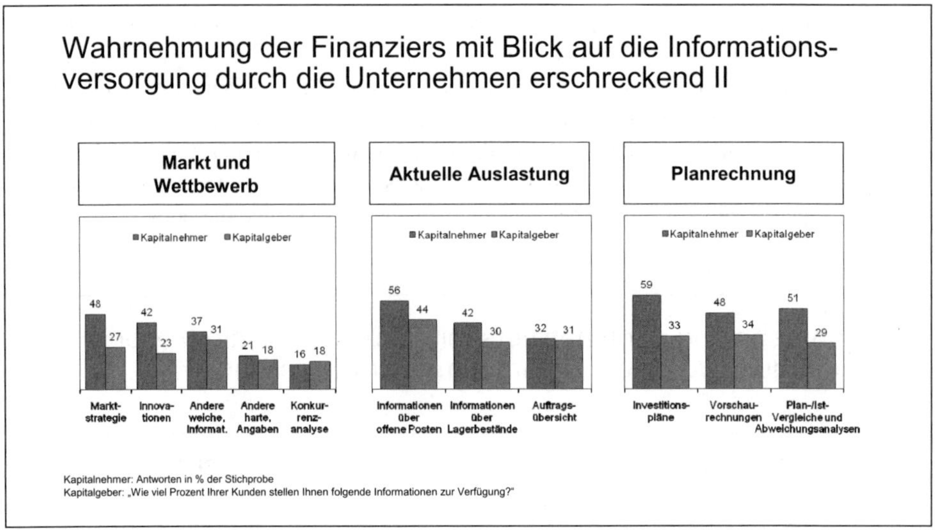

Abbildung 14: *Informationsversorgung der Finanziers durch die Unternehmen II*[14]

Und schließlich ist auch die Wahrnehmung, wie verschiedene Wege der Finanz-Kommunikation genutzt werden, gänzlich anders. So sagen 89 % der Kapitalnehmer, sie würden persönliche Treffen nutzen, gerade einmal 61 % ihrer Partner stimmen dem aber zu. Ähnlich gravierend ist die Diskrepanz, wenn es um Briefe oder umfangreiche schriftliche Berichte geht.

Bei all dem ist es dann auch kein Wunder mehr, dass die Seite der Kapitalgeber die Qualität der Finanz-Kommunikation wesentlich schlechter beurteilt als die Unternehmen selbst. In der Einschätzung der Kapitalgeber können viel weniger Unternehmen die relevanten Informationen im persönlichen Kontakt so gut überbringen, wie diese selbst glauben. Bemängelt wird von Kapitalgeberseite auch die Nachvollziehbarkeit der Informationspolitik der Unternehmen, ebenso wie die Präzision der Plandaten. Selbst bei der Einschätzung der Ehrlichkeit und Offenheit der Gesprächspartner bestehen gewisse Bedenken.

Das Gesamturteil fällt am Ende entsprechend aus: Während 92 % der Apostel und immer noch 79 % aller Unternehmen die Finanz-Kommunikation insgesamt als gut und sehr gut beurteilen, sagen dies gerade einmal 58 % der Kapitalgeber. Natürlich wird es aufgrund der unterschiedlichen Erwartungen immer Differenzen geben – hier aber liegen zwischen den Qualitätseinschätzungen Welten!

---

14 Studie „Finanz-Kommunikation jetzt krisenfest machen", in: Euler Hermes Kreditversicherungs-AG (Hrsg.): Wirtschaft Konkret Nr. 421, Hamburg 2008, S. 17.

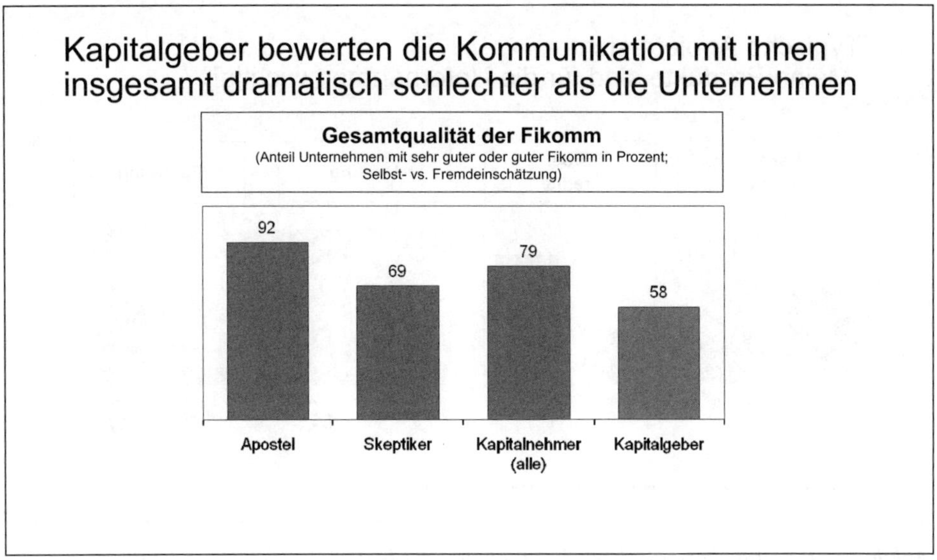

Abbildung 15: *Bewertung der Kommunikation der Unternehmen durch ihre Kapitalgeber*[15]

6. Beratung mitunter am Bedarf vorbei

Umgekehrt gelingt es aber auch den Kapitalgebern offenbar noch nicht ausreichend, ihre Angebotspolitik am Bedarf der Kunden auszurichten. Während 93 % der Kapitalgeber glauben, es gelänge ihnen, Angebote zu entwickeln, die den Bedarf ihrer Kunden treffen, sagen dies nur 63 % der Unternehmer. Dabei entwickeln die Kapitalgeber eine typische „Inside-out-Sicht". Sie halten ihre Produkte durchweg für wichtiger als dies ihr Kunde tatsächlich empfindet. Vergleichsweise „moderat" ist der Unterschied noch beim Bankkredit, den Banker mit 85 von 100 Wichtigkeitspunkten belegen, die Unternehmer aber nur mit 56. Noch viel stärker gehen die Sichtweisen bei Förderkrediten und Leasing auseinander und ganz drastisch beim Factoring: Factoringgesellschaften vergeben hier für ihre Finanzierung 95 Bedeutungspunkte, die Unternehmen aber gerade einmal 10 Punkte. Ähnliche Differenzen zeigen sich zwischen den Ansichten, wie Kundenprobleme gelöst werden. 91 % der Kapitalgeber halten sich hier für unbürokratisch; auf Kundenseite teilen diese Sicht aber nur 67 %.

---

15 Vgl. Studie „Finanz-Kommunikation jetzt krisenfest machen", in: Euler Hermes Kreditversicherungs-AG (Hrsg.): Wirtschaft Konkret Nr. 421, Hamburg 2008, S. 18.

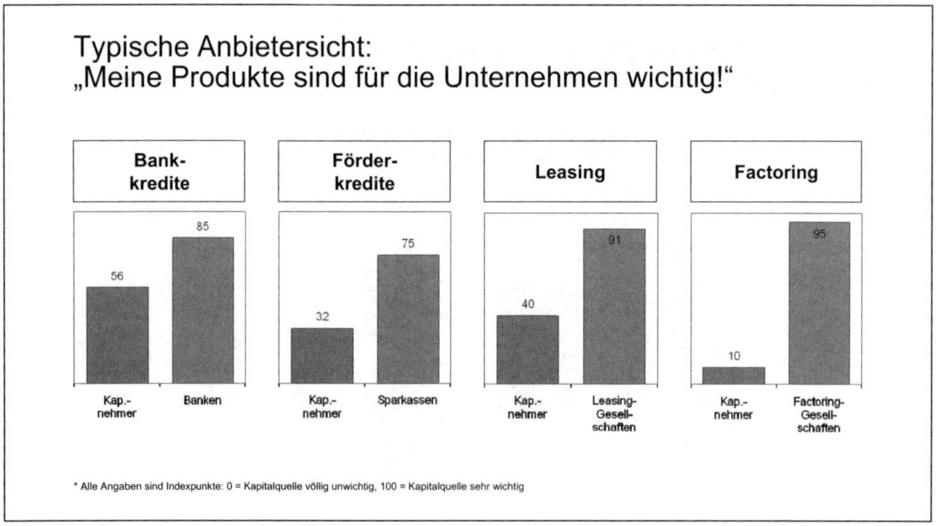

Abbildung 16: *Angebotspolitik der Kapitalgeber am Bedarf der Kunden vorbei*[16]

7. Kommunikationsklemme statt Kreditklemme

Als Fazit lässt sich feststellen: Die Erlebniswelten in der Beziehung der Kapitalgeber – also vornehmlich der Banken – zu ihren Kunden klaffen teilweise erheblich auseinander. Die Unternehmer überschätzen sich durchweg, was den Umfang, das Timing und die Wege ihrer Finanz-Kommunikation angeht.

Die Kapitalgeber andererseits bestätigen zwar die Wirkung der Finanz-Kommunikation im Hinblick auf eine verbesserte Beziehungsqualität und mehr Auswahl bei der Finanzierung. Sie glauben allerdings seltener als die Unternehmer selbst, dass die Bonität gesteigert würde. Optimistischer als die Unternehmen sind die Kapitalgeber sogar, wenn es um die Verbreiterung der Finanzierungsalternativen geht. Die Kapitalgeber glauben, im Schnitt könnten 51 % ihrer Kunden auf eine größere Palette von Finanzierungsinstrumenten zurückgreifen.

Selbst wenn es in diesen schwierigen Zeiten keine Kreditklemme geben sollte, die Ergebnisse dieser Studie zeigen aber ganz klar: Es gibt mit Sicherheit eine gefährliche Kommunikationsklemme bei den Finanzpartnern.

---

16 Vgl. Studie „Finanz-Kommunikation jetzt krisenfest machen", in: Euler Hermes Kreditversicherungs-AG (Hrsg.): Wirtschaft Konkret Nr. 421, Hamburg 2008, S. 19.

In diesem Zusammenhang zeigt sich aber auch: Ob es um den Unternehmenswert geht oder die Frage, ob Unternehmen mit guter Finanz-Kommunikation weniger Sicherheiten stellen müssen, immer sind die Banken erheblich skeptischer als alle anderen Kapitalgeber. Diese sehen die Wirkungen der Finanz-Kommunikation offensichtlich wesentlich positiver. Dies lässt den Schluss zu, dass es sich lohnt, gerade in einer Finanzkrise wie im Augenblick die Kapitalquellen möglichst zu diversifizieren.

So glauben die Kreditinstitute, dass bei lediglich 45 % ihrer Kunden der Unternehmenswert durch gute Finanz-Kommunikation gesteigert werde. Bei Leasinggesellschaften beträgt der entsprechende Wert dagegen 56 %, bei Beteiligungsgesellschaften 58 % und bei den Factoringanbietern sogar 65 %. Dass weniger Sicherheiten nötig sind, sehen Banken nur für 28 % ihrer Kunden, Beteiligungsgesellschaften aber für 44 % und Factoringunternehmen sogar für 54 %. Ähnlich ist das Verhältnis bei der Frage, ob gute Kommunikation mehr Finanzmittel zugänglich macht.

8. Defizite erhöhen Anforderungen an Unternehmen

Ohne Zweifel aber hat eine schlechte Finanz-Kommunikation negative Folgen für die Unternehmen. Die Anforderungen der Kapitalgeber an die Informationen und deren formale Aufbereitung erhöhen sich dann drastisch. Die Unternehmen können die Wirkungen offensichtlich nicht sehr präzise einschätzen, wie die Studie zeigt. Einerseits glauben sie häufiger als die Kapitalgeber selbst, dass mehr Sicherheiten verlangt werden, andererseits unterschätzen sie vor allem den bürokratischen Aufwand und die zusätzlichen Ansprüche an die Informationen.

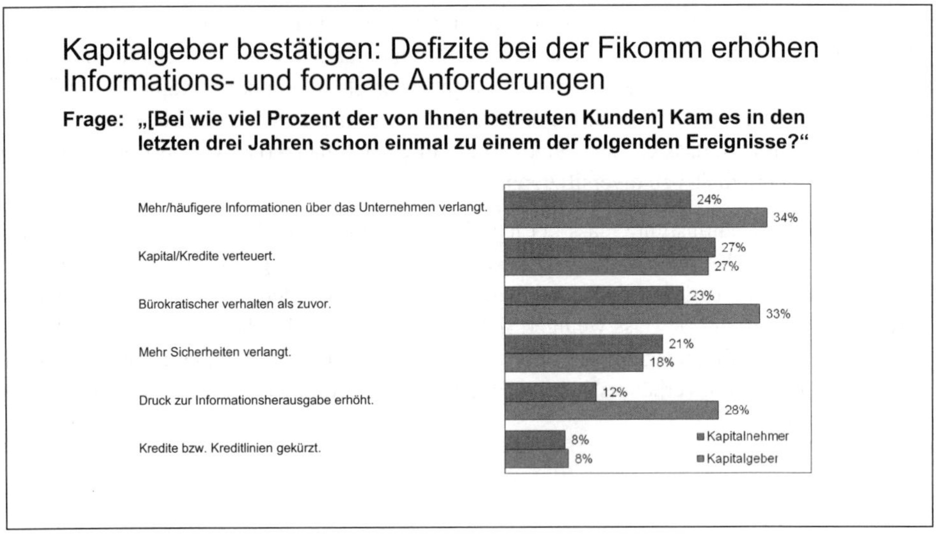

Abbildung 17: *Erhöhte Informations- und formale Anforderungen bei Defiziten in der Fikomm*[17]

Abschließend gefragt, welche drei Punkte in der Finanz-Kommunikation der Unternehmen am ehesten verbesserungsbedürftig wären, nennen die Kapitalgeber zunächst das Timing. Die Unternehmen sollen sich frühzeitig an sie wenden und nicht erst, wenn insbesondere negative Entwicklungen kaum noch zu verbergen sind.

Erst danach ist es für die Kapitalgeber wichtig, dass sie ausreichend harte Informationen und Zahlen bekommen, die entsprechend aufbereitet sind und schließlich, dass die Geschäftsbeziehung durch Ehrlichkeit, Offenheit, Partnerschaft und Zuverlässigkeit geprägt ist – auch in der Krise.

Mit anderen Worten: Zur Kommunikationsklemme kommt es bereits, wenn es nur um die rechtzeitige Informationsübermittlung geht. Das allerdings ist vergleichsweise leicht zu ändern, um die Finanz-Kommunikation wirkungsvoller zu gestalten.

---

17 Vgl. Studie „Finanz-Kommunikation jetzt krisenfest machen“, in: Euler Hermes Kreditversicherungs-AG (Hrsg.): Wirtschaft Konkret Nr. 421, Hamburg 2008, S. 20.

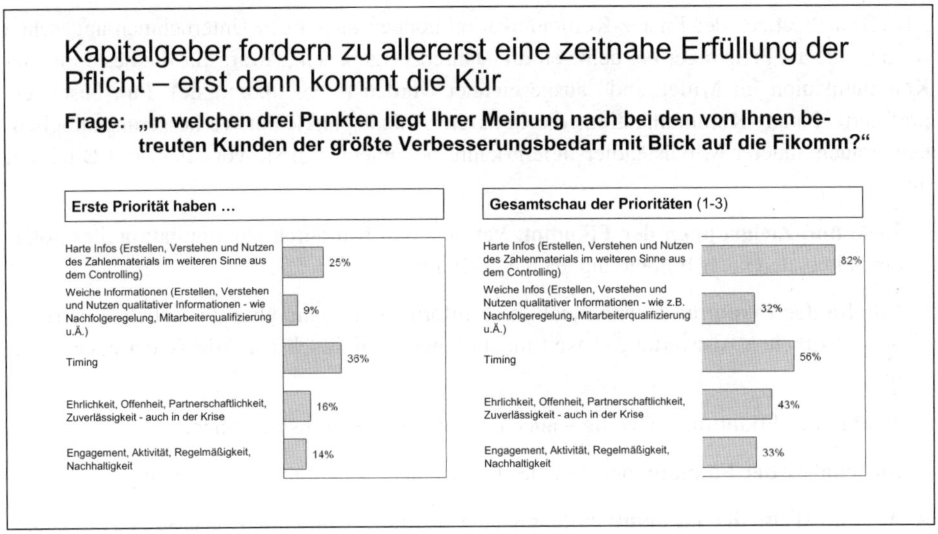

Abbildung 18: *Verbesserungsbedarf bei den Unternehmen mit Blick auf die Fikomm*[18]

9. Fazit und Handlungsempfehlungen für Unternehmen und Kapitalgeber

Jeder Unternehmer ist sein eigener Bonitätslenker. Er kann die Bedingungen seiner Finanzierung verbessern, wenn er der Finanz-Kommunikation mehr Zeit und Aufmerksamkeit widmet. Dabei kommt es auf folgende Punkte ganz besonders an:

- Der Finanz- und Liquiditätsplanung muss mehr Bedeutung eingeräumt werden.
- Es empfiehlt sich, die Partner der Finanzierung stärker zu diversifizieren.
- Emotionale Vorbehalte gegenüber der Finanz-Kommunikation sollten abgebaut und ihr mehr Wertschätzung gegeben werden.
- Das Timing muss verbessert werden; Informationen brauchen mehr Aktualität, Stetigkeit und Verlässlichkeit.
- Die Finanz-Kommunikation muss insgesamt stärker an den Erwartungen der Kapitalgeber orientiert werden.

18 Vgl. Studie „Finanz-Kommunikation jetzt krisenfest machen“, in: Euler Hermes Kreditversicherungs-AG (Hrsg.): Wirtschaft Konkret Nr. 421, Hamburg 2008, S. 20.

Als „Best Practice“ der Finanz-Kommunikation können diejenigen Unternehmen angesehen werden, die als Preisträger bei dem seit drei Jahren vergebenen „Award für die beste Finanz-Kommunikation im Mittelstand“ ausgezeichnet wurden (www.fikomm.de). Ihre besonders profilierte Finanz-Kommunikation, die konkrete Anhaltspunkte für Verbesserungsmöglichkeiten auch anderer Mittelständler liefern kann, dokumentieren sie vor allem mit Blick auf die

- **Ziele und Zielgruppen der Fikomm**: Vertrauensaufbau durch Kontinuität; breiter Fokus der Adressaten unter Einbindung auch der Mitarbeiter.
- **Inhalte der Fikomm**: weiche, qualitative Informationen, die über die üblichen betriebswirtschaftlichen Auswertungen weit hinausgehen; individuell auf Adressaten zugeschnitten.
- **Timing der Fikomm**: frühzeitig – auch und gerade in Krisensituationen.
- **Botschafter der Fikomm**: persönliches Engagement der Unternehmensleitung.
- **Art und Weise der Fikomm**: umfangreicher Instrumentenmix; teilweise sogar Anbindung an das Intranet; kreative „Verpackung“ z.B. in Form eines „Finanzbuchs“.
- **Ressourcen der Fikomm**: ausreichende zeitliche Freiräume und Budgets der Beteiligten.

Gerade der letzte Punkt zeigt, dass nicht nur die Unternehmer gefragt sind, ihre Einstellung und die Umsetzung der Finanz-Kommunikation zu verbessern. Auch die Kapitalseite muss etwas tun. Denn wenn ihre Erwartungen nur unzureichend erfüllt werden, dann auch deshalb, weil sie selbst diese nicht ausreichend verständlich und nachvollziehbar an die Unternehmen vermittelt. Die Kunden sollten immer klar wissen, woran sie sind. Bevor es böse Überraschungen gibt, sollten Probleme selbst bei kleinsten Anzeichen sofort angesprochen werden.

Deshalb kommt es besonders auf folgende Punkte an:

- Kapitalgeber müssen mehr mit ihren Kunden kommunizieren, vor allem mit den kleineren Unternehmen.
- Es gilt, mehr den Bedarf gerade im Mittelstand aufzuspüren und damit die eigene Produktsicht zu überwinden.
- Wünsche zu Umfang, Qualität und Aktualität der Informationen müssen nachdrücklicher artikuliert werden. Dabei sollte entsprechend der Größe der Unternehmen die jeweilige Leistungsfähigkeit in diesem Bereich im Auge behalten werden.
- Es muss mehr Feedback zu den empfangenen Informationen geben.
- Kapitalgeber müssen auch Mittelständlern innovativere Finanzierungskonzepte anbieten, der Finanzierungsmix ist derzeit zu einförmig.

Die Herausgeber

Jürgen Hilse
ist seit 30 Jahren im Firmenkundengeschäft einer Sparkasse tätig. Die Hälfte der Zeit als Marktverantwortlicher, die andere Hälfte als Marktfolge-Vorstand. Begleitet hat ihn immer sein reges Interesse an Fragen des Kreditrisikomanagements, der Früherkennung von Risiken und strategische Fragestellungen und Aufgaben.

Werner Netzel
ist seit 2006 als Geschäftsführendes Vorstandsmitglied des Deutschen Sparkassen- und Giroverbandes für die Markt- und Personalstrategie der Sparkassen-Finanzgruppe verantwortlich. Seine beruflichen Erfahrungen sammelte er u.a. bei der Sparkasse Köln-Bonn, dem Rheinischen- und Bayerischen Sparkassenverband sowie als stellvertretender Vorstandsvorsitzender bzw. als Vorstandsvorsitzender der Vereinigten Sparkassen Weißenburg und der Sparkasse Straubing-Bogen.

Professor Dr. Diethard B. Simmert
hat eine Professur an der International School of Management (ISM) in Dortmund und Frankfurt und ist dort Studiengangsleiter für „Corporate Finance“. Gleichzeitig ist er Geschäftsführer der „ISM Institut für Rating und Corporate Finance GmbH“ in Dortmund. Neben seinen zahlreichen wissenschaftlichen Veröffentlichungen und Fachpublikationen ist er Herausgeber von praxisorientierten Newslettern für Firmenkunden- und Anlageberater.

Die Autorinnen und Autoren

Sebastian Bergmann
Dipl. Sparkassenbetriebswirt. Berufliche Stationen: Landesbank Berlin-Girozentrale von 1994 bis 2005, u. a. Unternehmenskundenbetreuer für große Firmenkunden, Seniorreferent im Risikobereich Firmenkunden und in der Sanierungsabteilung Großkunden Gewerbeimmobilien, seit 2005 beim Deutschen Sparkassen- und Giroverband. Dort seit 2006 Abteilungsdirektor für den Bereich Öffentliche Hand/PPP/Institutionen.

Heinz-Josef Bickers
Dipl. Sparkassenbetriebswirt. Berufliche Stationen: Sparkasse Essen, nationales und internationales Firmenkundengeschäft 1984 bis 1990; Deutscher Sparkassen- und Giroverband, Referat Internationales Firmenkundengeschäft 1991 bis 1996; seit Juni 1996 Landesbank Hessen-Thüringen (Helaba) Zielkundenmanagement Sparkassen für die Sparkassen in Hessen; seit 2004 in Helaba Verbundbank verantwortlich für Betreuung der Sparkassen im Kundengeschäft (Privat- und Firmenkunden).

Frank Brockmann
Seit Oktober 2008 Firmenkundenvorstand der Hamburger Sparkasse AG. Zuvor war er u. a. Sector Head Consumer/Retail/Health Care und Mitglied der Geschäftsleitung Norddeutschland bei der Dresdner Bank sowie Leiter des Geschäftsbereichs Großkunden bei der WestLB. Insgesamt verfügt er über 20 Jahre Erfahrung im Firmenkundengeschäft.

Hermann Dittmers
Geschäftsführer der S-Beteiligungsgesellschaft der Sparkasse Freiburg-Nördlicher Breisgau mbH. Studium der Rechts- und Wirtschaftswissenschaften in Kiel und Freiburg. Ende 1988 Tätigkeit beim Badischen Sparkassen- und Giroverband, 1991 Verbandsprüferexamen mit den Schwerpunkten „Sparkassenrechtliches Prüfungswesen, Betriebswirtschaftslehre, Wirtschafts- und Steuerrecht", bis 1995 Verbandsprüfer Jahresabschluss-, Kredit- und Sonderprüfungen bei badischen Sparkassen sowie deren Tochtergesellschaften. Von 1995 bis 1997 zur Erlangung der Qualifikation nach § 33 KWG Leiter der Firmenkundenberatung, Bereichsleiter Kreditgeschäft und Verhinderungsvertreter des Vorstands bei der Sparkasse Lörrach-Rheinfelden. 1997 Rückkehr zum Badischen Sparkassen- und Giroverband, 1998 Verbandsoberprüfer. Seit 2001 hauptamtlicher Geschäftsführer der 1998 gegründeten S-Beteiligungsgesellschaft der Sparkasse Freiburg-Nördlicher Breisgau mbH. Dozent bei der Sparkassenakademie Baden-Württemberg.

Dr. Jan Engelke
Berufliche Stationen: BWL-Studium an der Fernuniversität Hagen (Dipl. Wi. Phy.), Physikstudium an der TH Darmstadt (Dipl. Phys.) und Promotion in Biophysik an der Universität Frankfurt von 1992 bis 1996. Partner bei SIMON-KUCHER & PARTNERS Strategy & Marketing Consultants im Competence Center Banking & Financial Services und Geschäftsführer des Zürcher Büros. Beratungsschwerpunkte: Unternehmensstrategien, Stärken-/Schwächenanalysen, Segmentierung/Positionierung, Marken- und Pricingstrategien, Pricingprozesse, Dienstleistungs-/Produktentwicklung, Vertriebsoptimierung, Entwicklung von Entscheidungsmodellen. Regelmäßige Publikationen in Fach- und Marketingzeitschriften.

Bernd M. Fieseler
Geschäftsführendes Vorstandsmitglied des Deutschen Sparkassen- und Giroverbandes seit 2001. Geschäftsführungsbereich Betriebsstrategie und Risikomanagement. 1987 bis 1995 Projektleiter bzw. Berater bei McKinsey & Comp. Schwerpunkt: Banken/Finanzdienstleister. Bis 1997 Direktor, Leiter der „Organisation“ bei der BHF-Bank. 1997 bis 2001 Vorstandsmitglied für das Ressort Information und Betrieb der CC-Bank und Mitglied der Geschäftsführung der CC-Holding.

Michael Fröhlich
Diplom-Sparkassenbetriebswirt. Berufsweg: 1979 bis 1991 Sparkasse Herford, 1991 bis 1995 Ostseesparkasse Rostock (ab 1993 stellvertretender Vorstand), seit 1996 im Vorstand der Sparkasse Bielefeld mit Zuständigkeit für Firmenkunden- und Immobiliengeschäft sowie Eigenhandel/Treasury.

Uwe Fröhlich
Seit Oktober 2008 Präsident des Bundesverbandes der Deutschen Volksbanken und Raiffeisenbanken (BVR). Er begann seine berufliche Laufbahn bei der Unternehmensberatung Arthur Andersen in Hamburg. Anschließend wechselte er zu IBM Deutschland, wo er verschiedene Fach- und Führungspositionen innehatte, zuletzt als Generalbevollmächtigter verantwortlich für den Geschäftsbereich Financial Services Deutschland. 2001 trat Herr Fröhlich in den Vorstand der Berliner Volksbank ein, bevor er zu Beginn des Jahres 2008 zum BVR-Vorstandsmitglied berufen wurde.

Rainer Fürhaupter
Vorstand bei der Versicherungskammer Bayern. Der Diplom-Mathematiker und Aktuar leitet seit Juni 2005 das Ressort Komposit Individual und verantwortet das Firmenkundengeschäft des größten öffentlichen Versicherers. Zuvor war er zehn Jahre im Vorstand der Deutschen Krankenversicherung AG sowie seit 2004 Vorstandsmitglied der Victoria Krankenversicherung AG. Seinen beruflichen Werdegang begann er 1985 bei der Allianz Versicherung AG, wo er mit verschiedenen Funktionen im Bereich der Haftpflichtversicherung betraut war. Darüber hinaus engagiert er sich im Vorstand und in Ausschüssen der Deutschen Aktuarvereinigung e. V. Er ist ferner in diversen Gremien des Gesamtverbands der Deutschen Versicherungswirtschaft e. V. und des Verbands der öffentlichen Versicherer tätig.

Markus Gigl
Diplom-Betriebswirt (FH). Berufliche Stationen: Referent beim Württembergischen Sparkassenverband 1996 bis 1999, Referent und Projektleiter für Wertpapiergeschäft/Altersvorsorge beim Deutschen Sparkassen- und Giroverband 1999 bis 2007, seit 2007 Direktionsbevollmächtigter bei der Sparkassen PensionsBeratung, zuständig für die Betreuung von Landesbanken, Sparkassenverbänden und Institutionen.

Dr. Ralf Goebel
Diplom-Mathematiker, wirtschaftwissenschaftliche Richtung. Berufliche Stationen: Institut für Mathematik an der RWTH Aachen 1978 bis 1984. DSL Bank Bonn 1984 bis 1992, zunächst im Controlling, später Leiter Zentraldisposition. Seit 1992 beim DSGV, seit 1998 dort Direktor und Leiter Controlling mit inhaltlichen Schwerpunkten Risiko- und Gesamtbanksteuerung. Seit 2004 zugleich Sprecher der Geschäftsführung der Sparkassen Rating und Risikosysteme GmbH (100-prozentige Tochter des DSGV).

Dr. Thomas Grützemacher
Vorstandsmitglied bei der Stadtsparkasse München. Nach einer mehrjährigen Tätigkeit bei der Dresdner Bank AG im Privat- und Wertpapiergeschäft wechselte er in den Sparkassenbereich. Zunächst war er in einem Regionalverband als Prüfer und Steuerberater tätig, um 1996 erstmals in den Vorstand einer Sparkasse einzutreten. Seit 2001 ist er im Vorstand der Stadtsparkasse München tätig. Neben diversen Veröffentlichungen in den Themenbereichen Vertrieb, Steuerung und Controlling waren seine beruflichen Tätigkeitsschwerpunkte Vertriebsvorstand Privatkunden, Handelsvorstand und Überwachungsvorstand. Als Überwachungsvorstand hält er eine dreidimensionale Risikotragfähigkeitssteuerung mit eindeutigem Schwerpunkt auf der Periodensteuerung für unabdingbar.

Thomas Grunwald
Dipl. Bankbetriebswirt, berufliche Stationen: Ausbildung zum Bankkaufmann 1991 bei der Berliner Bank, anschließend in unterschiedlichen Positionen im Firmenkundengeschäft tätig, zuletzt im Geschäftsfeldstab Firmenkunden der Landesbank Berlin. Seit 2001 Referent beim Deutschen Sparkassen- und Giroverband in Berlin, zuständig in der Abteilung Marktstrategie für vertriebsstrategische Fragestellungen im Firmenkundengeschäft der Sparkassen-Finanzgruppe, Projektleiter verschiedener bundesweiter Vertriebsprojekte der Sparkassen-Finanzgruppe. Unter seiner Federführung entstanden beispielsweise die Sparkassen-Finanzkonzepte für Firmenkunden und für Geschäftskunden, die Vertriebskonzeptionen Stiftungsmanagement und Freie Berufe sowie die Anwendung Musterkundenportfolios.

Hendrik Harms
Bankkaufmann, Assessor. Berufliche Stationen: 1990 bis 2003 Deutsche Bank, u. a. Assistent von Dr. Herbert Zapp, Mitglied des Vorstands, sowie Leiter des Geschäfts mit mittelständischen Firmenkunden in Berlin und Brandenburg, seit 2003 Mitglied der Geschäftsführung der Deutschen Factoring Bank in Bremen, zuständig u. a. für Vertrieb, Debitorenmanagement und EDV.

Josef Hastrich
Stellvertetender Vorsitzender der Kreissparkasse Köln. Begann seine Karriere 1974 bei der damaligen Stadtsparkasse Köln (heute Sparkasse KölnBonn), wo er zuletzt das Zentrale Firmenkundengeschäft verantwortete und als Verhinderungsvertreter den Vorstand vertrat. 1997 wechselte er in den Vorstand der damaligen Kreissparkasse in Siegburg, deren Vorstandsvorsitzender er 2002 wurde. Seit der Fusion mit der Kreissparkasse Köln zur drittgrößten deutschen Sparkasse im Jahr 2003 ist Herr Hastrich als stellvertretender Vorsitzender u. a. für das Firmenkundengeschäft zuständig.

Frank Haupt
Diplom-Betriebswirt. Berufliche Stationen: Bayerische Hypotheken- und Wechselbank AG 1991 bis 1996, Spezialist für Geschäftskunden und Freie Berufe bei der DZ BANK AG 1997 bis 2004, Senior-Firmenkundenbetreuer und Branchenspezialist Medien mit Fokus Finanzierung Filmproduktion und Filmlizenzhandel, seit 2004 Hallertauer Volksbank eG, Prokurist und Bereichsleiter für das Firmenkundengeschäft, sowie seit 2007 Mitglied des Kompetenzteams Firmenkunden des Bundesverbandes der Deutschen Volksbanken und Raiffeisenbanken.

Hans-Michael Heitmüller
Diplom-Sparkassenbetriebswirt. Berufliche Stationen: 1986 Regionaldirektor Kreissparkasse Köln, 1980 Vorstandsvorsitzender der Sparkassse Miltenberg-Obernburg, 1989 Vorstandsmitglied des Deutschen Sparkassen- und Giroverbandes, seit 1999 Vorstandsvorsitzender der Deutschen Leasing AG, Bad Homburg. Außerdem Mitglied in verschiedenen Gremien der deutschen Kreditwirtschaft, in Aufsichtsräten und Prüfungsausschüssen.

Roger Hellmich
Versicherungsbetriebswirt (DVA). Berufliche Stationen: Ausbildung zum Versicherungskaufmann bei der Alten Leipziger Lebensversicherung von 1990 bis 1992; Firmenkundenbetreuer bis 1996 und Fachbereichsleiter Leben im angestellten Außendienst bis 2000 bei der Alten Leipziger. Seit Oktober 2000 bei der DekaBank Deutsche Girozentrale, verantwortlich im Produktmanagement, seit 2006 für das Thema Zeitwertkonten. Senior Produktmanager, stellvertretender Abteilungsdirektor und Leiter Betriebliche Altersvorsorge und Zeitwertkonten seit 2008.

Hubert Herpers
Diplom-Sparkassenbetriebswirt. Berufliche Laufbahn in der Sparkasse Aachen: 1969 Ausbildung, Firmenkundengeschäft bis 1987 als Abteilungsleiter. Seit 1988 Vorstand in der Sparkasse Aachen, seit 2009 Vorstandsvorsitzender.

Christoph Holzem
Sparkassenbetriebswirt, Geschäftsführer der S-International Rhein-Ruhr GmbH in Essen. Berufliche Stationen: Stadtsparkasse Dortmund von 1978 bis 1988; Norddeutsche Landesbank, Hannover von 1988 bis 1995; BfG Bank AG (Gruppe Credit Lyonnais) von 1995 bis 2000 anschließend SEB AG, Hamburg. Seit 2002 Abteilungsleiter bei der Sparkasse Essen, Übernahme der Geschäftsführerposition mit Gründung der Tochtergesellschaft im Jahr 2004. Darüber hinaus seit 2007 Prokurist und seit Ende 2008 Geschäftsführer der S-CountryDesk GmbH, Köln.

Günter Högner
Banklehre und Studium zum Diplom-Sparkassenbetriebswirt. Berufliche Stationen: Seit 1973 Nassauische Sparkasse (Naspa), seit 2002 Mitglied des Vorstands. Zunächst zuständig für Risikomanagement, Organisation/IT, Verwaltung. Heute verantwortlich für das Firmenkundengeschäft, das Vertriebsmanagement Firmenkunden und die Bereiche Kapitalmärkte und Treasury sowie Institutionelle und Kommunen.

Bodo Ihlenburg
Diplom-Volkswirt. Berufliche Stationen: Seit 1989 bei der Sparkasse Harburg-Buxtehude, seit 2002 Marktbereichsdirektor. Aktuell verantwortlich für den Marktbereich Investoren- und Immobilienprojekte. Geschäftsführer Business- und Gründerzentrum Winsen, Gastdozent an der Hochschule 21 in Buxtehude.

Professor Michael Ilg
Dipl.-Betriebswirt (FH). Berufliche Stationen: 1991 bis 2001 Aalener Volksbank, zuletzt als Vorstandssprecher; 2001 bis 2006 stv. Vorstandsvorsitzender der Kreissparkasse Ostalb; 2006 bis 2009 Geschäftsführer des Westfälisch-Lippischen Sparkassen- und Giroverbandes in Münster, seit Januar 2010 als Mitglied des Vorstands. Seit dem Sommersemester 2005 Honorarprofessor an der HTW Aalen, Hochschule für Technik und Wirtschaft.

Horst Kary
Vorstandsvorsitzender der Sparkasse Freiburg-Nördlicher Breisgau. Von 1970 bis 1977 Verbandsprüfer mit Schwerpunkt „Sparkassenrechtliches Prüfungswesen, Betriebswirtschaftslehre, Wirtschafts- und Steuerrecht" beim Hessischen Sparkassen- und Giroverband, Frankfurt am Main. Seit 1977 Vorstandsvorsitzender bzw. Vorstandsmitglied der Sparkassen Felsberg/Hessen, Nördlicher Breisgau in Emmendingen, Freiburg-Nördlicher Breisgau in Freiburg. Zahlreiche Ehrenämter, u. a. Vizepräsident der Industrie- und Handelskammer Südlicher Oberrhein, Freiburg. Veröffentlichungen in unterschiedlichen Fachzeitschriften und Fachzeitungen. Referent und Dozent bei Einrichtungen und Tagungen in- und außerhalb der Sparkassenorganisation.

Dr. Ulrich Kirchhoff
Diplom-Ökonom. Berufliche Stationen: Bankausbildung Sparkasse Herne 1967 bis 1970, Studium Universität Duisburg 1971-1976, Bank für Gemeinwirtschaft 1977 bis 1980, wissenschaftlicher Assistent Universität Duisburg 1980 bis 1985, DSL Bank Bonn 1985 bis 1990, DSGV Bonn 1990 bis 1995, seit 1996 Landesbank Hessen Thüringen, Bereichsleiter Zielkundenmanagement Sparkassen 1996 bis 2004 und Geschäftsführer Innovationsfonds Hessen 1998 bis 2009, Leiter Verbundbank seit 2004, Mitglied des wissenschaftlichen Beirats des BVÖD.

Klaus Küsgen
Klaus Küsgen, Seelscheid, Sparkassen-Betriebswirt i. R., zuletzt Vertriebsdirektor bei der Kreissparkasse Köln, Referent bei mehreren Sparkassen-Akademien Autor von Fachpublikationen und Studienbriefen; Vorstandsverantwortung für drei gemeinnützige Stiftungen.

Georg Lixenfeld
Direktor des Vertriebsmanagements Firmenkunden und Verhinderungsvertreter des Vorstandes der Kreissparkasse Köln. Nach seiner Ausbildung zum Bankkaufmann und der Qualifizierung zum Sparkassenbetriebswirt war er von 1991 bis 2003 in verschiedenen Führungsaufgaben im Firmenkundengeschäft bei der Nassauischen Sparkasse, der Sparkasse Nürnberg und der Kreissparkasse in Siegburg tätig. In seiner Funktion bei der Kreissparkasse Köln ist er verantwortlich für die Vertriebsstrategie und die Vertriebssteuerung des Firmenkundengeschäftes sowie die zentralen Bereiche Leasing und Internationales Geschäft.

Britt Niggemann
Diplom-Kauffrau. Berufliche Stationen: M.M.Warburg Bank, Hamburg, Analyst Corporate Finance 1991 bis 1994; J. Henry Schroder & Co. Ltd., London, Executive European Corporate Finance Department 1994 bis 1998; Dresdner Bank-Gruppe Beteiligungsgesellschaft und Corporate Finance 1998 bis 2002, Projektleiterin Dresdner Corporate Finance GmbH; seit 2002 Partnerin am Institut für Wirtschaftsberatung Karl A. Niggemann & Partner GmbH & Co. KG.

Dr. Frank Niemeyer
Studium der VWL (Spieltheorie und Finanzwirtschaft) in Bonn (2000), Promotion im Bereich BWL/Finanzierungstheorie zum Thema „Informational Rents in Bank Lending“ in Bonn und Toulouse (2005). Direktor und Projektleiter bei SIMON-KUCHER & PARTNERS Strategy & Marketing Consultants im Competence Center Banking & Financial Services. Beratungsschwerpunkte: Strategie, Produktdesign und Preisoptimierung nach ökonomischen und psychologischen Aspekten, praxistaugliche Vertriebsstrategie und Marktbearbeitung, Market Due Diligence. Autor des Buches „Professionelles Preismanagement für Sparkassen“ (Deutscher Sparkassenverlag 2009) und regelmäßige Veröffentlichungen in den Betriebswirtschaftlichen Blättern, Thexis, FinanzBusiness, FAZ, Welt, Investment, Cash und Financial Times.

Professor Dr. Stephan Paul
Studierte Wirtschaftswissenschaft an der Ruhr-Universität in Bochum, wo er auch promovierte und sich habilitierte. Er war zunächst an der Universität Hannover tätig und kehrte 2000 an die Ruhr-Universität zurück, wo er seither den Lehrstuhl für Finanzierung und Kreditwirtschaft innehat. Dieser erhielt 2003 und 2007 die studentische Auszeichnung als „Lehrstuhl des Jahres“. Professor Paul leitet zudem das ikf institut für kredit- und finanzwirtschaft sowie den Arbeitskreis „Finanzierung“ der Schmalenbach-Gesellschaft. Seine Forschungsschwerpunkte liegen in den Bereichen Mittelstandsfinanzierung, Risikomanagement und Regulierung von Kreditinstituten sowie Bankmarketing.

Carsten Schmeding
hat nach einer Bankausbildung an der Universität Münster sein Studium der Wirtschaftswissenschaften als Diplom-Kaufmann und parallel sein Wirtschaftsenglisch-Studium abgeschlossen. Zuletzt war er bis 2009 neun Jahre als Alleingeschäftsführer der Equity Partners GmbH tätig, einer weltweit investierenden, integrierten Private Equity Fonds- und Dachfondsgesellschaft mit 1,1 Mrd. Euro Assets under Management. Zuvor war er Assistent des Vorstandsvorsitzenden und Geschäftsbereichsdirektor der sechstgrößten deutschen Sparkasse. Sein Fokus lag

hier u. a. auf Reorganisation und Strategie, Neuausrichtung und Optimierung der Gesamtbank Asset Allocation sowie Steuerung der Beteiligungsportfolien. Weiterhin verantwortete Herr Schmeding als Alleingeschäftsführer die Repositionierung von Immobilien-Bestands- und -Entwicklungsportfolien.

Christoph Schulz
Vorstandsvorsitzender der Braunschweigischen Landessparkasse seit 2006, zudem stellvertretender Vorstandsvorsitzender der NordLB. Beruflicher Werdegang: Ausbildung zum Bankkaufmann, Bankfachwirt und Diplom-Sparkassenbetriebswirt. Ab 1977 bei der Hamburger Sparkasse; 1994: Vorstand bei der Sparkasse Priegnitz; 2001: Vorstandsvorsitzender der Kreissparkasse Soltau; seit 2003 Geschäftsführender Vorstand des Deutschen Sparkassen- und Giroverbandes.

Rudolf Schüller
Vorstand des Instituts für Rating und Corporate Finance im Mittelstand an der ISM International School of Management (ISM), Dortmund, Frankfurt und München. 20 Jahre Erfahrung in der Kreditwirtschaft; zuletzt auf Vorstandsebene mit den Schwerpunkten Firmenkundengeschäft, Risikosteuerung und Retailbanking sowie Revision. Autor zahlreicher Veröffentlichungen zu Ratingthemen (Rating-Leitfaden, Rating-Ratgeber der Kfw). Lehrbeauftragter für „Unternehmensrating" und „Corporate Finance im Mittelstand" an der ISM International School of Management in Dortmund.

Rainer Steinhaus
1968 Abitur und BWL-Studium an der Universität zu Köln, Schwerpunkt: Finanzwissenschaft, Steuern, Revision und Treuhand bei Professor Rose; Assistenz und Durchführung von Gutachteraufträgen im Bereich „Finanzierung und Steuern", 1972 Trainee im Kölner Institut für Vermögensplanung, Dezember 1972 Gründungsgesellschafter der GIA Gesellschaft für Industrieberatung GmbH & Co. KG, Wipperfürth. 1976 Offizieller Kooperations-, Vertriebs- und Beratungspartner von Sparkassen, Sparkassen- und Giroverbänden, 2000 Gründungsgesellschafter und Vorstandssprecher der GIA AG Gesellschaft für Industrieberatung, 2002 Gründungsgesellschafter und Vorstandssprecher der GNP AG, GIA-Network-Partners, Düsseldorf. Seit 2008 Mitglied im Kuratorium des Bundesverbandes der Rechtsberater für betriebliche Altersversorgung und Zeitwertkonten e. V.

Dr. Jochen Struck
Berufliche Stationen: 1989 bis 1994 Assistent für emiprische Wirtschafts- und Sozialforschung an der Universität Dortmund sowie dem bifego – betriebswirtschaftliches Institut für empirische Gründungs- und Organisationsforschung. 1997 Promotion.1994 bis 2003 Deutsche Ausgleichsbank (DtA), dort zuletzt Leiter der Abteilung Markt- und Mittelstandsforschung. 2002 bis 2005 Berufung in der Mittelstandsbeirat des Bundesministeriums für Wirtschaft und Arbeit. 2003 bis 2009 KfW, Direktor der Abteilung Information und Beratung. Seit März 2009 im Bereich Vertrieb der KfW, Direktor der Abteilung „Multiplikatoren".

Dr. Manfred Theis
Nach Abschluss der Bankausbildung bei der Commerzbank AG in Solingen und anschließendem Wehrdienst studierte er zwischen 1991 und 1997 Betriebswirtschaftslehre an der Universität Passau. Seit über 10 Jahren nun Angestellter der Stadtsparkasse München, leitete dort lange Jahre den Bereich Adressenrisikosteuerung sowie die Abteilung Limitsachbearbeitung und Ratingsysteme. In dieser Zeit absolvierte er nebenberuflich seinen Master-Abschluss und im Anschluss seine Promotion an der Ludwig-Maximilians-Universität München. Aktuell setzt Herr Theis Sonderaufträge/-projekte des Gesamtvorstandes um.

Andreas Voglis
Diplom-Kaufmann. Berufliche Laufbahn: Firmenkundenbetreuung HSBC Trinkaus & Burkhardt 1995 bis 1999, Corporate Finance HSBC Trinkaus & Burkhardt (Equity Capital Markets, M&A sowie Debt Advisory) 1999 bis 2006, seit 2006 Leiter des Bereiches Financial Structuring & Advisory, dort verantwortlich für syndizierte Finanzierungen und Debt Advisory.

Wilhelm Freiherr von Haller
begann nach dem Abschluss seines Studiums der Betriebswirtschaftslehre an der Ludwig-Maximilian-Universität München seinen beruflichen Werdegang bei der Bayerischen Landesbank, München. Nach dem Traineeprogramm fing Herr von Haller in der Abteilung für Konsortialkredite an, dessen Leitung er 1984 übernahm. 1986 wechselte er zur Deutschen Bank AG. Nach Stationen in München und Chemnitz, wo er nach der Wende als Mitglied der Direktion maßgeblich am Aufbau der Filiale beteiligt war, wurde er 1992 Mitglied der Geschäftsleitung in Stuttgart. Hier war er zunächst für das Privatkundengeschäft und ab 1993 für das Firmenkundengeschäft in Baden-Württemberg verantwortlich. Seit 2007 leitet Herr von Haller als Co-Head von Frankfurt am Main aus das Firmenkundengeschäft der Deutschen Bank AG. Neben dieser Aufgabe ist er seit 2004 Mitglied des Management Committee Deutschland der Deutschen Bank AG und bekleidet diverse Beirats- und Aufsichtsratmandate.

Karl-Heinz Weber
Dipl.-Sparkassenbetriebswirt. Berufliche Stationen: 1983 bis 1985 Ausbildung bei der Sparkasse Koblenz, danach verschiedene Aufgaben in der Sparkasse Koblenz im Vertrieb und Betrieb, Bereichsleiter Kreditmanagement und Marktservice, seit Juli 2007 stellvertretendes Vorstandsmitglied.

Dr. Georg Wübker
Berufliche Stationen: Studium der Volkswirtschaft und Betriebswirtschaft mit Abschluss Diplom-Kaufmann (1993) an der Universität Osnabrück sowie der University of Hull (England). 1995 bis 1996 Visiting Scholar an der University of Texas at Austin (USA). 1997 Promotion an der Universität Mainz (Thema: Preisbündelung). Partner bei SIMON-KUCHER & PARTNERS Strategy & Marketing Consultants und globaler Leiter des Competence Centers Banking & Financial Services. Spezialgebiete: Preis- und Produktmanagement, Strategie, strategisches Marketing, Innovationsmanagement, Kundenbindungsprogramme und Bundling. Autor zahlreicher Bücher und Fachbeiträge.

Wolfgang Zender

Betriebswirt und Verbandsprüfer. Berufliche Stationen: Ausbildung und diverse Funktionen im Firmenkundenkreditgeschäft der Stadtsparkasse Trier, 1989 bis 1994 Verbandsprüfer der Prüfungsstelle des Sparkassen- und Giroverbandes Rheinland-Pfalz, 1995 bis 2007 Mitglied des Vorstandes Sparkasse Chemnitz, ab 2005 stellvertretender Vorsitzender des Vorstands, seit 2007 Verbandsgeschäftsführer des Ostdeutschen Sparkassenverbandes in Berlin.

Stichwortverzeichnis

A

Ablauforganisation 403
Absatz-Leasing 246
Abtretbarkeit 238
Abtretungsmodell 304
Abtretungsverbot 238
Agrarsektor 404
Akquisitionsgesellschaft 166
Aktien 322, 324, 329
Aktienfonds 329
Allfinanzdienstleister 254
Alternative Investments 324, 329
Alterspyramide 365
Altersteilzeit 316, 317, 318
Altersteilzeitmodell 316
Altersversorgung 173, 366
Altersvorsorge 367
Alterung der Bevölkerung 299
Anlagedauer 327
Anlageformen 322, 323
Anlagezeitraum 328
Anlageziele 328
Anleihe 324
Anreize 448
Anreizsysteme 449
Ansprechpartner 92
Arbeitslosigkeit 111, 116
Arbeitszeitkonto 309
Asset Allocation 324, 325, 327, 330
Asset Deal 162, 163, 164
Asset Management 46
Asset-Backed-Securities (ABS) 416
Aufbauorganisation 403
Aufgeschlossenheit 500
Ausbildung 153
Ausfallrisiko 132, 229, 233, 435
Ausfallwahrscheinlichkeit (PD) 436
Ausland 202, 210
Auslandsabteilung 203
Auslandsgeschäft 193, 195, 197, 198, 203, 204, 205, 206, 235
Auslandsinvestitionen 202
Auslandsnetz 88
Auslandszahlung 197
Auslandszahlungsverkehr 203
Außenhandel 195, 202

B

Bankenaufsicht 97
Bankenkrise 136
Bankenmarkt 446
Basel II 92, 100, 136, 331, 375, 444, 482
Bedarf 505
Bedarfsfelder 30, 44, 400
Bedarfsfeldpyramide 29
Beitragsbemessungsgrenze 317
Benchmarkvergleich 336
Bestandsaufnahme 411
Besuchsvorbereitung 54
Beteiligungen 330, 332
Beteiligungsgesellschaft 66
Beteiligungskapital 65, 66, 101, 129, 130, 132, 135, 150, 151, 481
Beteiligungsträgerstiftung 167, 347
Betreuungsaktivitäten 18
Betreuungsphilosophie 471, 473
Betreuungsworkflow 382

betriebliche Altersversorgung (bAV) 286, 287, 294, 295, 298, 305, 307, 312, 313, 374
Betriebsrentengesetz 288
Betriebsrentenzahlung 313
Betriebsunterbrechungsversicherung 197
Betriebsvereinbarung 300
Betriebsverlagerung 110
Bevölkerung 365
Bewertungsansätze 172
Bewertungsmethoden 170
beyond banking 93
Beziehungsebene 478, 480
Beziehungsmanager 404
Beziehungsqualität 497
Bilanzrechtsmodernisierungsgesetz (BilMoG) 285, 288, 289, 290, 291, 296, 298, 309
Binnenkonjunktur 202
Biotechnologie 366
Bis-auf-Weiteres-(B.a.W.-)Zusage 409
Blockmodell 317
Bonität 145, 328, 386, 442, 484
Bonitätsprämien 443
Börsengang 102
Branchentrends 88
Branchenumfeld 411
Bundesagentur für Arbeit 311, 317
Bürgermeister 30
Bürgerstiftung 357
Bürgschaft 105, 5
Bürgschaftsbank 67, 120
Business Angels 67, 130
Buy-out-Finanzierungen 132

C

Caps 177, 185
Captives 248
Cashmanagement 221, 222
ClientPlus 191
Cluster Plus 461
Collar 185
Collars 177
Combined Ratio 369
Contractual-Trust-Arrangement (CTA) 292
Corporate Bank 91
Corporate Finance 56, 97, 98, 99
Covenants 492
Creditor Identifier 215
Customer-Relationship-Management (CRM) 381

D

D&O-Police 377
Dachfonds 131
Datenbanken 368
DB Research 91
Debitorenbuchhaltung 230
Debitorenmanagement 74, 226
Deckungsbeitrag 460
Deckungsbeitragsrechnung 437, 442
Deleveraging 139
demografische Entwicklung 310
Derivate 177, 179, 191
Detailgespräche 55
Deutsche Bank 87, 94
Deutsche Leasing (DL) 249, 251, 252, 256, 258
Deutsche Rentenversicherung Bund 308
Devisenhandel 93, 203
Digitalisierung 368
Direktversicherung 287
Direktzusage 286, 287, 298
Diversifikation 326
Dokumentation 57
Doppelstiftung 347, 348
Due Diligence 157

E

Early Stage 101
EBIT 169
Effizienzsteigerung 18
Eigenkapital 15, 66, 101, 173, 231, 241

Eigenkapitalausstattung 15, 225, 331, 481, 497
Eigenkapitalquote 139, 140, 231, 232, 290
Eigenkapitalrendite 443
Eigenkapitalüberlassung 130
Eigenkapitalunterlegung 483
Eigenmittel 331
Eigenverwaltung 46
Einkommensteuer 164
Einlösungsvereinbarung 217
Einzelwertberichtigungen 81
Elastizitäten 465
Electronic Banking 56
Electronic Banking Internet Communication Standard (EBICS) 218, 219
Energieeffizienz 112, 118
Energieeffizienzberatungen 119
Entgeltumwandlung 307, 374
Entwicklungsphasen 133
Erbschaftsteuer 153, 342
ERP-Innovationsprogramm 117, 118
ERP-Kapital 65
ERP-Mittel 114
ERP-Umwelt- und Energieeffizienzprogramm 119
Ertrag-Risiko-Matrix 453
Ertragsorientierung 16
Ertragsteuern 342
erwarteter Verlust 436
EURIBOR 184, 185
Europäischer Zahlungsverkehr 210
European Payments Council (EPC) 212
EU-Vermittlerrichtlinie 364
Existenzgründung 59, 60, 61, 69, 72, 470
Exit 130
Exportfactoring 235

F

Factoring 103, 104, 200, 205, 225, 226, 228, 232, 236, 237, 238, 239
Factoringvertrag 226, 227, 229, 230
Fahrzeug-Leasing 244
Fälligkeitsfactoring 235
Familienmitglieder 160, 161
Familienstiftung 341, 348
Familienunternehmen 143, 144, 149, 346
Family Offices 131
Fehlinterpretationen 480
Feinsegmentierung 52
Festgeld 328
Festsatzempfängerswap 184
festverzinsliche Wertpapiere 328
Finance-Leasing 242
Financial Covenants 409, 410
Financial Engineering 201, 203
Finanz-Check 31, 32, 33
Finanzierungsalternativen 99, 393
Finanzierungsformen 100, 103
Finanzierungsfunktion des Factorings 228
Finanzierungskosten 414
Finanzierungslücken 74
Finanzierungssicherheit 414
Finanzierungsstruktur 140, 180, 181
Finanzkennzahlenanalyse 412
Finanz-Kommunikation 494, 495, 496, 497, 499, 500, 502, 504, 506, 508, 509, 510
Finanz-Kommunikations-Typen 496
Finanzkrise 24, 137, 147, 252
Finanzmarktkrise 98, 151, 397, 407, 410, 435, 447, 469, 495
Finanzplanung 323, 324
Firmenkunde im Fokus (FiF) 396
Firmenkundenbetreuer 92, 382, 383
Firmenkundenbetreuung 381
Firmenkundenkommunikationsstandard 218
Firmenübergabe 173
Firmenvermögen 321
Firmenwert 168
Flexi II 301, 311
Floors 177, 185

Flotten-Leasing 243
Fondsverwaltung 46
Förderprogramm 59, 62
Förderprogramme 91, 113, 120, 121
Forderungen 103, 226, 227, 231
Forderungsausfallversicherung 376
Forderungskaufvertrag 226
Forfaitierung 197, 205
Forward-Swap 177, 183, 186, 187, 188
Freistellung 300
Freistellungsphase 315
Fremdkapitalkosten 232
Früherkennung 78
Frühindikatoren 73
Führungskompetenz 154
Full-Service-Verfahren 228
Fundraising 354

G

Garantie 205
Gebäudemanagement 44
Geldanlagen 43, 93
Geldmarktfonds 328
Geldmarktinstrumente 324
Geldvermögen 322, 323
Gemeinden 26, 39, 40, 41
Gemeinwohl 340, 343, 344
Generationswechsel 152
German Centers 200
Gesamtrentabilität 16
Geschäftsbeziehung 477
Geschäftsführer 377
Gesetz zur Kontrolle und Transparenz im Unternehmensbereich (KonTraG) 375
Gesetz zur Verbesserung der betrieblichen Altersversorgung (BetrAVG) 286
gesetzliche Krankenversicherung (GKV) 373
Gesprächsführung 385
Gesundheitscoaching 373
Gesundheitswesen 366, 373
Gewährträgerhaftung 23
Gewerbepolice 375
Gewerbesteuer 40, 163, 164
Gewinnthesaurierung 15
Gewinnverteilung 348
Girokontenangebot 459
Girokonto 458
Gläubigeridentifikationsnummer 215
Globalisierung 206
Globalzession 237
Going International 202
Going Public 102, 133
Großbanken 90, 198
Großindustrie 195
Gründercoaching Deutschland 116
Gründerkultur 71
Grundsatzgespräch 54
Gründungsfinanzierung 61, 70
Gruppentreuhand 304

H

Haftung 364
Haftungsrisiken 377
Hamburg 68, 70, 71
Hamburger Sparkasse 68
Hausbankbeziehung 499
Hausbankfunktion 19
Haushaltsgemeindeordnung 42
Haushaltsplan 31, 42
Heimatmarkt 89

I

Ich-Botschaften 481
IFRS 293
Immobilien-Leasing 244, 246
Indikatoren 78, 79
Informationsfluss 84
Informationspolitik 488, 504
Informationstechnik 247
Informationsübermittlung 503, 508
Informationsversorgung 504
Infrastrukturprojekte 41

Inhouse-Factoring 230
Initiative Kleiner Mittelstand 122
Innenfinanzierung 15, 106, 492
Innovationen 112, 117
Insolvenz 74
Insolvenzsicherung 302, 303, 309
Institutioneller Buy-out 165
Internationale Bankkontonummer (IBAN) 213
Internationalisierung 247
Internationalisierungsgrad 195
Internet 392, 393
Investitionsberechnungen 488
Investitionskredit 100

J

Jahresgespräch 54, 427, 429

K

Kalkulationssicherheit 177
Kämmerer 30
Kapitalanlage 321, 322, 324, 325
Kapitalbeteiligungsgesellschaft 131, 134
Kapitalerhöhung 101
Kapitalgesellschaft 152, 163, 164, 167
Kapitalmarkt 331
Kapitalmarktzugang 110
Kassenkredite 40, 42
KfW Bankengruppe 109, 121
KfW Mittelstandsbank 62, 63, 64
KfW-Darlehen 109
KfW-Sonderprogramm 109, 114
KfW-StartGeld 63, 115
KfW-Unternehmerkredit 113, 114
Kleine und Mittlere Unternehmen (KMU) 469
Klimawandel 366, 367, 374
Klumpenrisiko 236, 333, 350
KMU-Definition 97
Kommunaldarlehen 26, 42
Kommunalkundenbetreuung 36
Kommunalkundengeschäft 23
Kommunalschuldverschreibung 47
Kommunalverwaltung 30
Kommunen 23, 24, 25, 29, 35, 36, 39, 40, 41, 43, 44, 47
Kommunikation 74, 477, 478, 480, 481, 486
Kommunikationsquadrat 479
Kommunikationsregeln 477
Kommunikationstechnik 247
Kommunikationsverfahren 223
Kommunikationsverhalten 480
Konditionengestaltung 446
Konditionenrecherche 391
Konjunkturpaket II 24
Konsortialkredit 415
Kontoführung 69
Kontokorrentkredite 100
Kontrahentenrisiko 191
Körperschaftsteuer 163
Kostenanalyse 336
Kostenminimierung 410
KPM-Cockpit 387
Kreditanstalt für Wiederaufbau (KfW) 61, 100
Kreditbepreisung 443
Kreditfähigkeit 238
Kreditfinanzierung 100
Kreditgenehmigung 449
Kreditgenossenschaften 397
Kreditklemme 493, 506
Kreditkonditionen 447, 483, 484
Kreditrisiko 16, 435
Kreditrisikostrategien 443
Kreditstandards 492
Kreditvergabe 492
Kreditversicherer 233
Kreditwesengesetz 483
Kreditwürdigkeit 238
Kreditzins 435
Kreissparkasse Köln 380, 382, 384, 390, 395
Krisen 78
Krisenzeiten 489

Kundenansprache 393
Kundenbedarf 391
Kundenbeziehungen 381
Kundenbindung 20, 393, 395
Kundenbonität 444, 448
Kundendaten 440
Kundendatenbank 57
Kundengruppensegmentierung 52
Kundeninformationen 381
Kundenkonditionen 439
Kundenportfoliomanager (KPM) 380, 381
Kundenveranstaltungen 395
Kundenverschlüsselung (KUSY) 440
Kundenzufriedenheit 20, 382, 384
Kurssicherung 197

L

Landkreise 26, 40
Landwirtschaft 404
Langfristkredit 416
Langzeitkonto 305
Lastschrift 214, 216, 219
Later Stage 101
Leasing 56, 102, 103, 200, 249, 388, 417
Leasingaffinität 250
Leasingfinanzierung 241
Leasinggeschäft 246
Leasingneugeschäft 243
Leasingquote 250
Lebensarbeitszeit 299, 310, 311
Lebensarbeitszeitkonto 300, 302, 314
Lebensunterhalt 343
Lebenswerk 343
Leistungsabhängige Vergütungen 448
Leistungsanreizsysteme 448
Leistungsdifferenzierung 459
Leverage 133
Leveraged Buy-out 165
Lieferbedingungen 196
Liquidität 93, 198, 229, 232, 233, 239, 242, 323, 325, 350, 408, 415, 418
Liquiditätslage 73
Liquiditätsplanung 222, 324, 325
Liquiditätsrechnung 324
Liquiditätsrisiko 409, 410
Liquiditätssicherungskonzept 410, 413, 414, 415, 418
Liquiditätsüberschuss 321

M

Made in Germany 193
magisches Dreieck der Geldanlage 325
Mahnwesen 230, 234
Management-Buy-in 133, 144, 150, 165
Management-Buy-out 133, 150, 165
Managementfehler 74
Managerhaftpflichtversicherungen 377
Margendruck 368
MaRisk 81
Marktpreise 465
Marktstellung 446
Medizin 366
Mentor 475
Mergers & Acquisition 91
Methodenkompetenz 473
Mezzanine Capital 102, 132, 133
Mindestanforderung an das Kreditgeschäft (MaK) 443
Mindestanforderung an das Risikomanagement (MaRisk) 443
Mindestanforderungen an das Risikomanagement (MaRisk) 75
Mitarbeiter 83, 475
Mitarbeiterauswahl 404
Mitbewerber 391
Mittelstand 60, 76, 87, 90, 94, 97, 98, 103, 121, 132, 151, 173, 195, 322, 379, 394, 397, 408, 469, 482, 494
Mittelstandsgeschäft 17, 59
Mobilien-Leasing 243, 244, 245, 246, 248, 249
Mosaikfinanzierung 173
Multiplikatoren 356

N

Nachfolgebörse 149
Nachfolgefinanzierung 175
Nachfolgegeneration 160
Nachfolgeprozess 159
Nachfolger 157, 162
Nachfolgeregelung 153, 165
Nachhaltigkeit 351, 499
Nachlass 343
Nachrangdarlehen 64, 118, 120
Nachrangigkeit 64
Nassauische Sparkasse (Naspa) 39
Netzwerkpartnerschaft 294
NewCompany 166

O

Öffentlichkeit 491
Onlinebanking 392
Onlineproduktvertrieb 392
Operate-Leasing 102, 242
Optionen 179, 190
Outsourcing 247

P

Patentstatistik 141
Payer Swaption 188, 189
Payer-Swap 180
Pensionsfonds 134, 293, 294
Pensionskasse 287
Pensionsrückstellung 285, 286, 288, 289, 290, 291, 294, 297, 298, 364
Pensionsverpflichtung 44
Pensionszusage 289, 297, 368
Performance 335
Performancekennzahlen 333
Personalentwicklung 83, 404
Personalkosten 299
Personalkosteneinsparung 315
Personengesellschaft 152
Planvermögen 292
Portfoliotheorie 326
Prämienkalkulation 374
Preisdifferenzierung 372, 439
Preisfindung 455, 457
Preisinformationssysteme 455, 457
Preis-Leistungs-Positionierung 453
Preismanagement 391
Preispolitik 451, 452
Preisprozesse 451
Preisstrategien 451, 452, 454, 464
Preisstrukturen 451, 460
Prenotification 215
PRICESTRAT-Systematik 463
Pricing-Datenbank 456
Pricing-Prozess 452, 454, 455, 457, 464
Principal-Agent-Problematik 448
Private Equity 91, 129, 130, 131, 132, 134, 135, 139, 145, 147, 150
private Krankenversicherung (PKV) 373
Private-Equity-Fonds 131, 132, 137
Privatvermögen 321
Produktangebot 391
Produktportfolio 391
Produktportfoliomanagement 390, 391
Produktspezialist 388
Professionalisierung im Firmenkundengeschäft (ProFi) 402, 471
Projektfinanzierung 203
Projektteams 84
Public-Private-Partnership 33, 42

Q

Qualifikation 154
Qualifizierung 473
Qualität 89

R

Rating 89, 93, 103, 232, 375, 386, 412, 441, 484, 485, 487
Rechtsformen 152
Regionalprinzip 61
Rendite 326, 350
Rentenversicherung 302

Rentenversicherungsbeitrag 317
Reverse-Factoring 235, 236
Richtlinie über Zahlungsdienste in Europa 219
Risikoabsicherung 375
risikoadjustiertes Pricing 435, 440, 450
Risikoaktiva 80, 84
Risikokennzahlen 335
Risikokosten 435, 444
Risikomanagement 363, 371
Risikomodellierung 372
Risikoneigung 325, 327, 328
Risikopolitik 446
Risikoprämien 436, 437, 438, 439, 442, 444, 445, 446, 447, 448, 449
Risikoreduktion 81, 83
Risikoschutz 372
Riskmanagement 371
Rohstoffpreisrisiko 179
Rückdeckungsversicherung 292
Rücklagen 43
Rücklagenbildung 350
Rückstellung 288, 290

S

Sabbatical 300
Sanierung 73, 74, 75, 78, 80, 81, 82, 83, 84
Schadeneintrittswahrscheinlichkeit 375
Schadenprävention 371
Schadenverhütung 374
Schenkungsteuer 153, 342
Schuldscheindarlehen 415, 416
Schutzgemeinschaft für allgemeine Kreditsicherung (Schufa) 69
S-CountryDesk 199, 200, 201
Seed-Finanzierung 133, 134
Segmentierung 16, 17, 384
Selbstfinanzierung 15
Selbstwertgefühl 480
Seniorengeneration 160
SEPA 90, 92, 220
SEPA Direct Debit Mandate 215
SEPA-Datenformat 213
SEPA-Lastschrift 214, 215, 216, 218, 220
SEPA-Mandat 215
SEPA-Überweisung 212, 213, 214, 218
SEPA-Verfahren 209, 212, 220
Serviceerwartung 89
Servicequalität 201
S-FinanzCheck-Gespräch 386
S-Finanzkonzept 295
Share Deal 162, 163, 164, 166
Sicherheiten 130, 326, 350
Simon-Kucher & Partners 452, 461, 463
Single Euro Payments Area (SEPA) 207, 208
Society for Worldwide Interbank Financial Telecommunication (SWIFT) 220
Solvency II 364, 367, 369, 375
Sonderkonditionen 454, 455, 456, 459, 460, 465
Sondersparformen 43
Sozialversicherungsbeiträge 303
Sozialversicherungsträger 315
Sparkassen 198
Sparkassen-Finanzkonzept Kommunen und Institutionelle 28
Sparkassen-Leasing 255, 256, 258
Sparkassenstiftung 344
Spenden 359
Spezialfonds 45, 46
Spezialisten 56, 92, 295, 296, 384
Spezialkreditinstitut 205
Städte 39, 40, 41
Stärken-Potenzial-Profil (SPP) 386
Start-up-Finanzierung 59, 62, 67, 133, 135
Steuerberater 296
Steuereinnahmen 24
Steuer-Reporting 336
Steuervorteil 341

Stiftung 166, 167, 168, 339, 341, 342, 344, 345, 346, 347, 348, 349, 351, 352, 353, 354, 356, 357, 359, 360
Stiftungen 45, 46, 47, 342, 361
Stiftungsfonds 359
Stiftungsgründung 341, 346
Stiftungsmanagement 339, 352, 357, 358, 360, 362
Stiftungsrecht 345
Stiftungssatzung 347
Stiftungsspezialisten 360, 361
Stiftungsvermögen 349, 350
Stiftungsverwaltung 349, 354, 355
Stilles Factoring 234
Strategiegespräche 400
Swap 179, 184
Swaption 177, 188, 189, 190
Swift-Bankidentifizierungscode (BIC) 213

T

Tagesgeld 328
Tarifvertrag 300
Teilamortisationsvertrag 103
Testament 345
Transaktionskosten 178
Transparenz 57, 74
Transportversicherung 197
Treuhand 304
Treuhandstiftung 342
Treuhandstiftungen 359
Trusted Advisor 410

U

Übergabe 156, 158
Überweisung 210, 212, 220
Umsatz 239
Umsatzfinanzierung 226
Umweltschadengesetz (USchadG) 376
Umweltschadenversicherung 376
unerwarteter Verlust 436
Unternehmensbewertung 170, 171, 172
Unternehmensfinanzierung 225
Unternehmensgründung 111, 115, 116
Unternehmensinsolvenz 77
Unternehmensnachfolge 91, 111, 117, 143, 149, 150, 152, 155, 158, 159, 160, 161, 164, 165, 171, 174, 355, 362, 470
Unternehmensplanung 323, 412
Unternehmenssanierung 81
Unternehmenssteuerung 487
Unternehmensstiftung 161, 167, 339, 346
Unternehmensteuerreform 242
Unternehmensträgerstiftung 167
Unternehmensübernahme 175
Unternehmensübertragung 144
Unternehmenswert 169, 507
Unternehmerkapital ERP-Kapital für Gründung 63
Unternehmerkredit 64, 65
Unterstützungskasse 294
Usancen 196

V

Value-at-Risk (VaR) 436
Venture Capital 101, 132, 135, 142
Verdrängungswettbewerb 369
Vergütungssystem 475
Vergütungssysteme 449
Verhandlungsmacht 447, 448
Verkaufsprospekt 156
Vermögensanalyse 335
Vermögenscontrolling 333, 335, 336, 337
Vermögensmanagement 351, 354
Vermögens-Reporting 334, 338
Vermögensverwalter 321, 333, 334
Vermögensverwaltung 45, 351
Verpfändete Vermögenswerte 293
Verpfändungsmodell 304
Versicherungen 364, 367
Versicherungskammer Bayern 371, 375
Versicherungsmarkt 369
Versicherungsprämien 375

Versicherungsunternehmen 363, 366, 367, 368, 370, 372, 378
Versicherungswirtschaft 370, 373
Versorgungswerke 313
Vertragserstellung 191
Vertrauen 20, 252, 470
Vertrauensschadenversicherung 376
Vertrauensverhältnis 497
Vertrieb 16, 52, 53
Vertriebsbetreuer 389
Vertriebskultur 401
Vertriebsmanagement 389, 390, 392, 395
Vertriebsplanung 390
Vertriebsprozess 53, 473
Vertriebssteuerung 381, 386
Vertriebssystematik 472
Vertriebswege 392
Verwaltung 25
Verwaltungstreuhand 304
Volatilität 329
Volksbanken und Raiffeisenbanken 397
Vollamortisationsvertrag 103
Vorsichtsprinzip 172
Vorteile des Leasings 242
vorweggenommene Erbfolge 165
VR-FinanzPlan Agrar 405
VR-FinanzPlan Mittelstand 398, 399, 400, 401, 404

W

Wagniskapital 132
Währungen 329
Währungsrisiko 179
Warenkreditversicherung 229, 230, 233
Weiterbildung 153
Welthandelsnationen 193
Werbebotschaften 394
Wertermittlung 168
Wertguthaben 315
Wertvorstellungen 343
Wettbewerbssituation 446
Wettbewerbsvorteilsmatrix 453
Wettergefahren 374
Wirtschaftskriminalität 376
Wirtschaftskrise 195, 379
Wirtschaftspolitik 41
Wirtschaftsprüfer 170, 296

Z

Zahlungsbedingungen 196
Zahlungsunfähigkeit 227, 229
Zahlungsverkehr 43, 207, 209, 210, 221
Zahlungsziel 227, 237
Zeitwertkontengarantie 300, 306, 307
Zeitwertkontenmodell 301
Zeitwertkonto 299, 301, 306, 307, 308, 309, 311, 312, 313, 315, 316, 318, 319
Zero-Cost-Collar 185
Zielkonflikt 325
Zielvereinbarungen 57, 475
Zinsänderungsrisiko 183
Zinsanpassung 184
Zinsderivat 181
Zinserwartung 178
Zinsfestschreibung 187
Zinsniveau 178, 182
Zinsobergrenze 185
Zinsrisiko 179
Zinsstrukturkurve 182
Zinsswap 177, 183, 188
Zinsuntergrenze 185
Zins-Währungsswap 183
Zukunftsfestigkeit 499